LA
MAISON DE MAILLÉ

PAR

L'Abbé AMBROISE LEDRU

Chanoine honoraire du Mans

ET

L'Abbé L.-J. DENIS

Avec Table Alphabétique des Noms

PAR

EUGÈNE VALLÉE

TOME TROISIÈME

PREUVES (700-1007). — TABLE

PARIS
ALPHONSE LEMERRE, ÉDITEUR
23-31, PASSAGE CHOISEUL, 23-31

M DCCCV

LA
MAISON DE MAILLÉ

TOME TROISIÈME

LA
MAISON DE MAILLÉ

PAR

L'ABBÉ AMBROISE LEDRU

Chanoine honoraire du Mans

ET

L'ABBÉ L.-J. DENIS

Avec Table Alphabétique des Noms

PAR

EUGÈNE VALLÉE

TOME TROISIÈME

PREUVES (700-1007). — *TABLE*

PARIS
ALPHONSE LEMERRE, ÉDITEUR
23-31, PASSAGE CHOISEUL, 23-31

M DCCCV

HISTOIRE
DE
LA MAISON DE MAILLÉ

PREUVES

(Suite)

700

1650, 13 février, Milly-le-Meugon. — *(Inventaire sommaire des archives de Maine-et-Loire, série E, supplément. — Paroisse de Milly-le-Meugon. — T. IV, p. 71.)*

« Décedda la personne de haut et puissant marquis Urbain de Maillé, chevalier des ordres du roi, maréchal de France, marquis de Brézé, sieur de Milly, et fut enterré le 17 dudit mois. »

1650, 17 octobre. — « Ledit jour, madame la Princesse a donné la chapelle de M^r le Maréchal à l'église de Milly. »

701

1650, 13 juin, Jalesnes. — (Arch. de la Sarthe, H 451.)

Acte passé devant Mathurin Chuché, notaire royal à Baugé, par lequel dame Eléonore de Maillé-Brézé, veuve de défunt messire Charles de Jalesnes, seigneur marquis de Jalesnes, après avoir lu les baux à ferme faits par R. P. Adrien Le Tellier, sous-prieur et procureur de l'abbaye de Mélinais, à M° Pierre Bodinau, avocat à Baugé, devant Pointeau, notaire, le 18 avril 1640, et l'acte de prolongation dudit bail, fait entre frère Durand, prêtre, religieux, procureur de ladite abbaye de Mélinais, et ledit Bodinau, devant ledit Pointeau, le 19 décembre 1646, déclare qu'elle agrée ladite continuation de bail et s'oblige à continuer à servir « le nombre de huit septiers quatre boisseaux sègle, mesure de Baugé, évalluez au lieu de douze septiers, mesure de la Grange Jaquelin, de rente foncière, don ou legs, requérable au château du Pin, paroisse de Vernantes, deubs chacuns ans à cause de la terre du Plessis Botard, au jour de Saint Michel Mont de Gargane, et outre payer, servir et continuer trois septiers aussi de bled sègle, mesure de Longué, deubz chacuns ans aussi de rente, don ou legs, requérable, à cause de la terre du Pin, audit château du Pin, paroisse de Vernantes, chacun an, audit jour de Saint Michel Mont de Gargane, tant si longtemps qu'elle sera dame et jouissante desdites deux terres »...

Fait et passé au château de Jalesnes, en présence de M° Michel Le Liepvre, s^r de Chammaudet, et de Emerand La Vinette, demeurant audit Jalesnes, témoins.

702

1650, 27 août, Crissé. — (Registres paroissiaux de Crissé.)

Le 27 août 1650, a été catéchisé en nostre dicte esglise (de Crissé), par Mre Pierre de Bouillé, curé de Chevigné, Louis, fils de Gilles de Cirard, écuyer, et de d^{lle} Renée de Maillé. Parrain : Louis de Maillé, seigneur de Saint Jean d'Assé; marraine : d^{lle} Marie de Sallaines. F. Chaignon.

703

1651, 2 septembre, Paris. — (B. N., *Carrés d'Hozier,* vol. 399, fol. 39.)

Transaction faite le 2 septembre 1651, entre M° Yves Amelon, prêtre, comme procureur de haut et puissant seigneur messire Henri de Maillé, chevalier, seigneur et marquis de Bénéhart, de Roujou, Guéauchat, etc., et de dame Françoise de la Barre, sa femme, principale héritière de feu messire Louis de la Barre et de feue dame Marguerite de Chambes, sa femme, ses père et mère, et haut et puissant prince monseigneur Louis de Rohan, prince de Guémené, comte de Rochefort et de Montauban, marquis de Marigné, et haute et puissante princesse madame Anne de Rohan, sa femme, par laquelle ledit Amelon remet auxdits prince et princesse la part qu'ils peuvent avoir des terres de Vaux et Saint Laurent des Mortiers, qui avaient été perçus en 1591 par feu Louis de Rohan, leur ayeul, pour le rachat qu'ils prétendoient leur être dû par la mort de Mre Jean Bouré, comte de Jarzé, lesquels revenus monseigneur Pierre de Rohan, fils du feu prince de Guémené, avoit été condamné à restituer par arrêt du 3 juillet 1619, rendu entre lui et le feu seigneur de la Brosse, comme ayant requis l'instance au lieu de dame Louise de Rivaux, veuve du s^r de la Brosse. Cet acte reçu par Huart, notaire au Châtelet de Paris.

704

1651, 7 décembre, Beaumont-le-Vicomte. — (Arch. de la Sarthe, G 359, fol. 63 verso.)

Présentation faite par « Louis de Maillé, chevallier, seigneur des chastellenie de la Forest et de Saint Jean d'Asséé, » à l'évêque du Mans, de la personne de Louis du Bouchet, prêtre, curé de Juillé, comme chapelain de la chapelle de Saint-Thuribe, en Saint-Jean-d'Assé, vacante par le décès de Louis Le Courtoys, dernier possesseur.

705

1652, 18 mai, Saint-Marceau. — (Arch. de la Sarthe, G 359, fol. 123.)

Acte de Jean Pissot, notaire royal au Maine, demeurant à Saint-Marceau, constatant que, le même jour, « M⁶ Louis de Maillé, escuyer, clerc, chappellain de la chappelle Saint Turibe, en la paroisse de Saint Jean d'Assé, en vertu de lettres de provision à luy faictes par Mʳᵉ Louis de Maillé, chevaillier, seigneur de Saint Jean d'Assée et de la Forest, et de la collation de monseigneur l'évesque du Mans, en datte du quinziesme du courant, signée Philibert-Emmanuel de Beaumanoir, » a pris possession de son bénéfice, en présence de nombreux témoins.

706

1653, 1ᵉʳ mai, la Bremeusière. — Vente par Renée de Maillé, femme de Gilles de Cirard, a Charles de Viviers, écuyer. — (Arch. de M. le chevalier d'Achon. *Expédition sur parchemin.*)

Par devant Louis Piau, notaire et tabellion du roi en la châtellenie de la Perrière, fut présente « damoiselle Renée de Maillé, espouse de Gilles de Cirard, escuyer, sieur de la Joncheraye, demeurantz au lieu seigneurial de Grillemont, en la paroisse de Cricé, filz unicque de deffunct David de Cirard, escuyer, sieur de la Vennerye, son père, et son héritier par bénéfice d'inventaire, et, en cette callité et par représentation dudit deffunct, héritier en titre, par bénéfice d'inventaire, de deffunct Jehan de l'Espinays, vivant escuyer, sieur de la Callabrière ; icelle de Maillé,... fondée de procuration de son mary pour l'effect des présentes,... a vendu, cedé, quitté et transporté... à Charles de Viviers, escuyer, sieur de la Bremeusière, ... demeurant au lieu seigneurial de la Bremeusière, en la parroisse d'Origny le Buttin,... tous et telz droictz... que ledit sieur de Cirard peut prétendre et espérer en la succession, tant mobillière que inmobillière, dudit défunt sieur de la Callabrière, son proche parend, en quelques lieux et endroictz qu'ilz puisent estre situez et assis... Laditte vendition faicte pour et moienant le prix et somme de sept cens cinquante livres tournois...

« Passé audit lieu seigneurial de la Bremeusière, demeure dudit sieur, en laditte parroisse d'Origny le Buttin, ès présences de Jehan de Musard, escuyer, sieur de Fay, advocat au siège royal de Beaumont, et maistre Charles Jousset, notaire royal, demeurant audit Beaumont, tesmoings signez avec laditte damoiselle de Maillé, de Viviers et nottaire, en la minutte des présentes.

« L. Piau. »

707

1653, 19 septembre, les Hayes. — Contrat de mariage de Hercule de Maillé et de Charlotte de la Barre. — (B. N., *Carrés d'Hozier,* vol. 399, fol. 108,109. *Copie papier collationnée en 1685.*)

Contrat de mariage de messire Hercules de Maillé, chevalier, seigneur de la Guéritaude, de l'Olive et de Verrières, demeurant dans son château de la Guéritaude, paroisse de Veigné en Touraine, fils de feu messire Hélie de Maillé, chevalier, seigneur desdits lieux, gentilhomme ordinaire de la chambre du roy, et de dame Madeleine de Chéritté, sa femme, ledit sieur de la Guéritaude assisté de messire Charles de Chéritté, sieur de la Verderie et de la Belinière, et de messire Jean Trajean, chevalier, seigneur du Puy, ses cousins, accordé le 19 septembre 1653, avec haute et puissante damoiselle Charlotte de la Barre, dame de Belouiners, des Ouschies, de Grangegueret, du Moulinneuf et de la Lepvraudière, etc., demeurante au château des Hayes, paroisse de Brion, fille de feu haut et puissant homme messire Louis de la Barre, seigneur de la Brosse, des Hayes en Brion, chevalier de l'ordre du roy, gentilhomme ordinaire de sa chambre, et de haute et puissante dame Marguerite de Chambes, sa femme; ladite damoiselle assistée de haut et puissant seigneur messire Henry de Maillé, chevalier, seigneur de Bénéhard, de Chéripeaux, de Pommerieux, de Jumelles, des Hayes en Brion, capitaine des chasses du comte du Maine, son beau frère, à cause de dame Françoise de la Barre, sa femme, de haute et puissante damoiselle Suzanne de la Barre, sa sœur, dame de la Brosse, de haute et puissante dame Suzanne de Chambes, sa tante, dame de la Gilberdière, etc., de messire René, marquis de Maillé de Bénéhard, de demoiselles DOROTHÉE et ANNE DE MAILLÉ, enfans dudit marquis de Bénéhard, neveu et nièces de ladite demoiselle de Belouines; en faveur duquel mariage ladite future se constitue en dote la maison de Belouines avec ses dépendances, les métairies des Ouschies, de la Grange Guéret, de la Usellière, du Moulinneuf, de la Lepvraudière et autres héritages, avec la somme de 13.000 livres en argent comptant, et celle de 9415 livres en vaisselle d'argent et autres effets mobiliers. Ce contrat, par lequel ledit futur déclare devoir la somme de 33.000 livres aux héritiers de feue Madame, sa première femme, fut passé au château des Hayes, devant Jean Trigueneau, notaire royal à Beaugé, et Jean Ponchien, qui en retint la minute, notaire royal à Beaufort, en présence de messire Jacques de Courtot, chevalier, seigneur baron de la Charte sur le Loir et de la Gidonnière, demeurant audit lieu, paroisse de Lommes, pais du Maine, et Maximilien de Hangest, s^r de Beaulieu, demeurant à la Bellemaison, paroisse de Savigné sur Brays, en Vendômois, et produit par copie collationnée le 14 juillet 1685, par Michel Vallée, notaire de la cour de Brion, sur une autre copie en papier, signée Panchien, notaire royal, représentée par Jacques du Perray, praticien; ladite collation signée du Peray et Vallée, notaires.

708

1653, 30 septembre. — (B. N., *Carrés d'Hozier*, vol. 399, fol. 102-105.)

Sentence arbitrale rendue par Barthélemy Auzanet, Jean-Marie Lhoste, Jacques Deffita, Jean Martinet et Michel Langlois, avocats en la cour, arbitres nommés par un compromis passé le 21 juillet 1653, entre dame RENÉE-MAURICETTE DE PLOEUC, veuve de messire DONATIEN DE MAILLÉ, chevalier, marquis de Carman, et tutrice de ses enfans, d'une part, et messire LÉONOR-CHARLES, comte DE MAILLÉ, messire ANTOINE DE MAILLÉ, comte de la Marche, damoiselles ANNE-ANGÉLIQUE, MARIE et CHARLOTTE DE MAILLÉ, d'autre part, portant pouvoir de juger les différens mus entre eux pour raison des biens délaissés par dame CHARLOTTE D'ESCOUBLEAU, veuve de messire CHARLES DE MAILLÉ, marquis de Carman, ayeule des mineurs. Par ce partage, il est adjugé à la dame de Carman, comme tutrice, la terre de l'Islette et la métairie du Puy, estimées 60.000 livres; la terre d'Hommes, estimée 147.800 livres et 250 livres de rente; une autre rente de 222 livres 4 sols 5 deniers. Adjugent aux s^rs comtes de Maillé et de la Marche et aux demoiselles de Maillé une rente de 722 livres 4 sols 6 deniers; autre rente de 222 livres 4 sols 5 deniers; autre de 333 livres 6 sols 8 deniers; autre de 111 livres 2 sols 2 deniers, et condamnent la marquise de Carman à faire cesser la saisie réelle de la terre du Plesseys Bonay, appartenante à damoiselle Angélique de Maillé. Cette sentence signée des arbitres, et plus bas : Sevin, clerc de Me Auzanet, comme étant la minute de ladite sentence par devers moy.

709

1654, 8 janvier. — (Arch. d'Eure-et-Loir, E 3532.)

Articles du mariage d'entre NICOLLAS DE MAILLÉ et ANNE DE PATHAY, son épouse, du 8 janvier 1654, signés : Anne de Pathay, de Cugnac, de Pathay du Val.

710

1654, 4 février, l'Islette. — (B. N., *Carrés d'Hozier*, vol. 399, fol. 110. *Orig. pap.*)

Accord fait entre messire LÉONOR-CHARLES, comte DE MAILLÉ, chevalier, seigneur baron de Cambezon, en son nom et pour dame MAURICETTE-RENÉE DE PLEUC, veuve de défunt messire DONATIEN DE MAILLÉ, chevalier, seigneur marquis de Carman, et tutrice de ses enfans, d'une part, et messire ANTOINE DE MAILLÉ, chevalier, comte de la Marche, damoiselles ANNE-ANGÉLIQUE et CHARLOTTE DE MAILLÉ, pour eux et pour demoiselle MARIE DE MAILLÉ, leur sœur, tous enfans et légataires de défunte dame CHARLOTTE D'ESCOUBLEAU, étant tous alors au château de l'Islette. Il est convenu que les meubles contenus en l'inventaire fait après le décès de la dame d'Escoubleau, le 26 décembre 1652, seroient remis au sieur comte de Maillé, qui en rendra la moitié à dame Mauricette de Pleuc, suivant la sentence arbitrale du 30 septembre 1653. Cet acte passé au chastel de l'Islette, reçu par M⁰ Cey, notaire royal à Chinon.

711

1655, 16 mars, Paris. — (B. N., *Carrés d'Hozier*, vol. 399, fol. 113, 114. *Copie en papier collationnée sur l'original en 1681.)*
 Constitution de 222 livres 4 sols 6 deniers de rente, au principal de 4000 livres, faite par dame CHARLOTTE DE MAILLÉ, épouse de messire RENÉ BARJOT, chevalier, seigneur marquis de Moussy, demoiselles ANNE-ANGÉLIQUE et MARIE DE MAILLÉ, damoiselles de Carman, filles majeures, ladite dame Charlotte de Maillé fondée de procuration de son mari, en tuteur honoraire des enfans mineurs de messire DONATIEN DE MAILLÉ, marquis de Carman, et de dame MAURICETTE-RENÉE DE PLEUC, du 4 octobre 1644, et par messire François Pasquier, comme tuteur onéraire desdits mineurs, à dame Marthe Parfait, veuve de messire Jean de Vion, chevalier, seigneur d'Anville, ladite somme de 4000 livres remise au sʳ Pasquier pour l'entretien de messire CHARLES-SÉBASTIEN, marquis DE MAILLÉ, et pour les frais de son voyage en Italie. Fait à Paris, reçu par Nicolas Charles et Claude Le Vasseur, notaires au Châtelet de Paris, produit par copie collationnée sur l'original.

712

1656, 13 septembre, Paris. — (Arch. de Maine-et-Loire, E 3250.)
 Sentence des « grands maistres enquesteurs et généraux réformateurs des eaues et forests de France, au siège général de la Table de Marbre du Pallais à Paris, » ordonnant aux nommés Germain Vallier, dit La Barre, Macé Fourmy et Simon Les Roptons, de payer dans huitaine à « dame LOUISE DE CHATEAUBRIANT, veufve de deffunct messire JEHAN DE LA TOUR-LANDRY, comtesse de Chasteauroux, dame de Saint Jean des Mauvers, » la somme de 50 livres tournois à laquelle ils avaient été condamnés par sentence de ladite cour du 13 septembre 1655, faute de quoi à y être solidairement contraints et par corps.

713

1657, 12 juillet, Marboué. — (Registres paroissiaux de Marboué, Eure-et-Loir.)

Le jeudi 12e jour de juillet 1657, j'ai conféré les cérémonies du baptesme à FERDINAND, né le 29e décembre 1656, fils de haut et puissant seigneur messire NICOLAS DE MAILLÉ, chevalier, comte dudit Maillé, seigneur des Coudreaux, le Grez, Genainville et autres lieux, et de haute et puissante dame ANNE DE PATHAY, son épouse. Le parain a esté illustrissime et révérendissime messire Ferdinand de Neufville, évesque de Saint Malo, nommé par S. M. à l'évesché de Chartres ; la maraine, haute et puissante dame DOROTHÉE CLAUSE, veufve de feu haut et puissant seigneur messire RENÉ DE MAILLÉ, vivant chevallier, marquis de Bénéhard et autres lieux. *(Signé :)* Ferdinand de Neufville, évesque de Saint Malo, nommé à l'évesché de Chartres ; D. Clause ; M. Baron.

714

1658, 20 mai, le Mans. — VENTE PAR PIERRE LE VEXEL, CHEVALIER, ET RENÉ DE HODON, ÉCUYER, DE LA TERRE DU BURON, A FRÉDÉRIC DE MAILLÉ. — (Archives du Cogner. *Expédition sur parchemin.*)

Par devant nous, Jean Fournier, notaire royal et tabellion au Mans, y demeurant et résident, furent présens en leurs personnes establis et submis Mre Pierre Le Vexel, chevallier, seigneur du Tertre Vimarcé, y demeurant, et René de Hodon, escuier, sieur de la Gruellerie, demeurant audit lieu, paroisse de Mayet, tant en leurs noms privés que se faisant fort de dame Suzanne de Hodon, épouze dudit sieur du Tertre, à laquelle ils promettent faire ratifier ces présentes,... ont vendu... à FRÉDÉRIC DE MAILLÉ, escuier, sieur de Chedreux, demeurant en sa maison seigneuriale de Voisines, paroisse de Noyan sur Sarthe,... la terre, seigneurie du Buron, située paroisse dudit Vimarcé, ainsy qu'elle se poursuit et comporte et qu'elle est affermée à Pierre Dohin et sa femme et appartient audit sieur du Tertre, sans rien y retenir ny réserver. La vendition faicte par lesdits sieurs vendeurs audit sieur de Chedreux pour la somme de dix huit cens livres tournois, laquelle somme leur a été présentement et à veue de nous et des tesmoings cy après payée en loys d'or, d'argent et autres monnoys ayant cours... Ladite vendition néanmoins faicte à condition de grâce accordé ausdits sieurs vendeurs par ledit sieur acquéreur telle qu'en luy remboursant à un seul payement en ladite maison de Voisines ladite somme de dix huict cens livres d'huy en six ans, avec la rente qui poura estre deube, ledit contract demeurera nul et résolu; pendant lequel temps ledit sieur acquéreur leur a relaissé la jouissance de ladite terre du Buron, pour luy en payer chacun an en ladite maison de Voisines la somme de cent livres tournois de rente, premier payement commençant d'huy en un an, et ainsy continuer jusques au remboursement actuel...

Faict et passé audit Mans, en notre estude, présens : Abraham Blondeau, bourgeois, et Mᵉ Charles Picard, praticien, demeurant audit Mans, tesmoins à ce requis et appellés. Signés en la minutte des présentes : Pierre Le Vexel, René de Hodon, Frédery de Maillé, Blondeau, Picard et nous, notaire royal, susdit et soussigné.

Fournier.

715

1659, 28 avril. — (Arch. d'Eure-et-Loir, E 3649.)

Devant Bonsergent, notaire, « Nicolas de Maillé, chevalier, comte dudit Maillé, seigneur de Coudreaux, le Grès, Genesville, Sereant et autres lieux, » baille pour trois ans à Pierrre Cousin, laboureur, demeurant à Genesville, paroisse Saint-Martin-du-Péan, le lieu du Grand et Petit-Genesville, à la charge par le preneur de payer chaque année « de la somme de trente sols livres le sieur curé d'Alluyes, trente sols livres le seigneur du Mée, vingt sols livres l'hostel Dieu de Chasteaudun, et sept sols livres le sieur Le Main de Theillau »; le bail fait pour la somme annuelle de 520 livres en argent, « un cochon d'un an ou pour iceluy la somme de 6 livres, au choix dudit seigneur bailleur, douze chappons et douze poullets, le tout de ferme et loyer ».

Signé : N. de Maillé; P. Cousin; Bonsergent.

716

1659, 1ᵉʳ juillet, Marboué. — (Registres paroissiaux de Marboué.)

Le 1ᵉʳ jour de juillet 1659, j'ai conféré les cérémonies du baptesme à RENÉ, né le 22 juin, fils de haut et puissant seigneur messire NICOLAS DE MAILLÉ, chevallier, comte dudit Maillé, seigneur des Coudreaux, le Grez, Genainville et autres lieux, et de haute et puissante dame ANNE DE PATHAY, son espouze. Le parain, haut et puissant seigneur messire RENÉ DE MAILLÉ, chevallier, marquis de Bénéhart et autres lieux, capitaine des chasses du comté du Maine; la marraine, dame Anthoinette Charton, femme de messire Noël Regnouart, conseiller du roy en ses conseils et correcteur en sa chambre des contes de Paris, seigneur de Misy sur Ionne et Montenson. *(Signé :)* Anthoinette Charreton; René de Maillé Bénéhart; M. Baron.

717

1659, 7 août, Marboué. — (Registres paroissiaux de Marboué.)

Le 7ᵉ jour d'aoust 1659, j'ay conféré les cérémonies du baptesme à DOROTHÉE-ESMÉE, née le 29ᵉ décembre 1657, fille de haut et puissant seigneur messire NICOLAS DE MAILLÉ, chevallier, comte dudit Maillé, seigneur des Coudreaux, le Grez, etc., et de haute et puissante dame ANNE DE PATHAY, son espouze. Le parain, haut et puissant seigneur messire Pierre de Neuchèzes, chevallier, seigneur de Persac et autres lieux; la maraine, haute et puissante dame DENYZE DE MAILLÉ, veuve de haut et puissant seigneur feu messire FRANÇOIS BARTON, chevallier, vicomte de Montbas, lieutenant général des armées du roy, mestre de champs de son régiment de chevalerie, gouverneur de Melun et de toute la Brie. *(Signé :)* D. de Maillé; P. de Nuchèzes; M. Baron.

718

1660, 3 février. — (Arch. de la Sarthe, E 288. *Remembrances de la seigneurie de Bazouges*, fol. 155 verso.)

Dame Françoise de la Barre, veuve messire Henry de Maillé, vivant chevallier, seigneur marquis de Bénéhard, dame de la terre, fief et seigneurye de la Baudinière et de Marigné, appellée pour jurer foys et hommage, tourner aux rachapts, payer les services, cens, rentes et debvoirs, bailler par adveu et randre les autres obéissances deubs à cette seigneurye, comparante par François Sardy, fermier dudit lieu de la Baudinière, lequel a requis délay pour ladite dame et en venir à la remise, que luy avons octroyé et pour cet effect assigné ladite remise au quinziesme mars prochain où ladite dame emporte inthimation; ledit Sardy a dict ne sçavoir signer.

719

1660, 24 août et 7 septembre. — (Arch. du Cogner. *Pièce parch.*)

Partage de la succession de « feu maistre Mathurin Louys, vivant sieur des Malicottes, advocat au siège présidial et sénéchaussée du Mans, bailli de la Guerche, et de feue damoiselle Anne Le Joyant, son épouze, que d^{elle} Marie Louys, veufve de messire Frédéric de Maillé, vivant chevalier, seigneur de Chederüe, fille aisnée desdits défunts, présente à Me André Louys, s^r des Malicottes, advocat èsdits sièges, et à demoiselle Margueritte Louys, fille majeure ».

Le 7 septembre 1660, devant Ambrois Bouvier, notaire au Mans, Marie Louys choisit le premier lot composé de la maison située paroisse Saint-Benoît du Mans; du lieu de Guimpot, paroisse de Saint-Aignan; de cinq clos de vignes au lieu de Hardois, paroisse de Mézières-sous-Ballon, de la somme de 2.000 livres, tiers de celle de 6.000 livres due à la succession par ladite d^{elle} de Chederue; de 40 livres dues par le deuxième lot et de 60 livres dues par le troisième lot.

720

1660, 9-29 septembre, Moléans. — (Arch. d'Eure-et-Loir, E 3532.)

Inventaire fait par Charles Maulduict, notaire, des biens, meubles et titres, trouvés au château de Moléans après le décès de « deffuncte haulte et puissante dame Dorothée Clausse, vivante dame de Moléans et autres lieux, et veuve de feu Mre René de Maillé, vivant chevalier, seigneur de Bénéhart, Rougeous, Loroy, Chéripeau et autres lieux, capitaine des chasses du comté du Maine, forest de Bersay et Chasteau du Loir, » à la requête « de hault et puissant seigneur Mre René de Maillé, chevalier, seigneur marquis de Bénéhard et des susdits lieux, aussi cappitaine des susdites chasses dudit comté du Mayne, forest de Bersay et baronnie de Chasteau du Loir, au nom et comme procureur... de haulte et puissante dame Françoise de la Barre, veuve de deffunct Mre Henry de Maillé, chevalier, seigneur marquis de Bénéhard et des autres lieux susdits, cappitaine desdites chasses; ladite dame mère et tutrice naturelle dudit seigneur procureur et de ses frères et sœurs, enfants dudit deffunct et seigneur son mary et d'elle, héritiers en partye, par représentation dudit feu seigneur, leur père, de ladite deffuntte dame de Moléan, leur ayeulle,... de hault et puissant seigneur Mre Nicollas de Maillé, chevallier, seigneur comte de Maillé, de Couldereaux et autres lieux, et de haulte et puissante dame Denise de Maillé, veuve de deffunct hault et puissant seigneur Mre François Barton de Monbas, vivant chevalier, seigneur vicomte de Montbas, maistre de camp du régiment royal et lieutenant général pour le roy en Brie, gouverneur de Melun, Corbeil et Lagny, lesdits seigneur comte de Maillé et ladite dame vicomtesse de Monbas, aussy héritiers de ladite deffuncte dame de Moléan, leur mère ».

Fait du 9 au 29 septembre 1660.

721

1660, 29 octobre, abbaye du Pré au Mans. — Traité entre Charlotte de Miée de Guespray, abbesse de Saint-

Julien-du-Pré, au Mans, et Françoise de la Barre, veuve de Henri de Maillé, pour l'entrée en religion de Dorothée de Maillé. — (Cabinet de M. L. Brière, au Mans. *Minute sur papier.*)

Du vingt neufviesme jour d'octobre mil six cens soixante, avant midy, en la cour royal du Mans, par devant nous Guillaume Moreau, licentié ès droits, notaire d'icelle, résident et demeurant au Mans, parroisse du Crucifix, personnellement establis et deuement submis chacuns de révérende dame Charlotte de Miée de Guespray, abbesse de l'abbaye de Sainct Jullian du Pré, près cette dicte ville du Mans, demeurante en ladite abbaye, d'une part, et vénérable et discret Mᵉ André Lannier, prebtre, sieur de la Chesnais, conseiller et aumosnier du roy et prieur de Channay, au nom, comme pour et ce faisant fort de puisante dame Françoise de la Barre, veuve feu messire Henry de Maillé, vivant chevallier, seigneur marquis de Bennéhard, tant de son chef que de mère et tutrice naturelle des enfans mineurs dudit deffunt seigneur marquis, son mary, et d'elle, et de damoiselle Dorothée de Maillé, fille aisnée de ladite dame et dudit deffunt seigneur, fondé de procuration spéciale, en dabte du vingt sept du présent mois, attesté devant Mᵉ Jean Vignau, demeurant à Chahainne, province de Touraine, la minutte de laquelle est demeurée attachée à ces présentes, pour y avoir recours, demeurant parroisse dudit Chahainne, et ausquelles ledit sieur procureur promet faire ratiffier et agréer ces présentes et en fournir acte de ratiffication vallable en bonne et deüe forme à ladite dame abbesse dans quatre sepmaines,... d'autre part; lesquels ont faict et accordé vollontairement ce qui ensuict :

C'est à sçavoir qu'en considération de ce que ladite dame abbesse a agréé et consenty l'entrée et réception de ladite damoiselle de Maillé en ladite abbaye pour y prendre l'abhit et estre admise au nombre des dames religieuses de ladite abbaye soubs l'ordre réformé de Sainct Benoist, ledit sieur Lannier, audit nom de procureur desdites dame et damoiselle, a promis, promet et s'oblige, par ces présentes, payer à ladite dame abbesse la somme de trois mil livres tournois de dot, plus la somme de quatre cens livres pour le présent d'églize, et

encores la somme de deux cens livres pour le festin et autres
considération et impences lors la prise de l'habhit et proffession de ladite damoisselle, desquelles sommes cy dessus de
trois mil livres, quatre cens livres et deux cens livres sera
payé à ladite dame abbesse une moitié montant dix huit cens
livres dans le jour que ladite damoiselle prendera l'abhit de
religieuse en ladite abbaye, et le surplus, montant pareille
somme de dix huit cens livres, lorsqu'elle fera profession,
comme aussy promet et s'oblige ledit sieur Lannier, audit nom,
bailler et fournir une chambre garnie et autres ameublements
nécessaires à une religieuse, tels et suivant le mémoire escript
de la main de dame Elisabeth de Beauville, religieuse en ladite
abbaye, cy devant envoyé ausdits dame et damoiselle constituante, moitié dans le jour qu'elle prendera l'abhit et l'autre
moitié dans le jour qu'elle fera profession. Et, outre ce que
dessus, a ledit sieur procureur promis et s'est obligé, audit
nom, payer et continuer à l'avenir, par chacun an, à ladite dame
abbesse ou à ses successeures abbesses, la vie durand de
ladite damoiselle de Maillé, par forme de pansion viagère, la
somme de cent cinquante livres livres tournois, payable par
advance par les demye années, à deux termes et payements,
montant soixante et quinze livres, commençant au jour de la
réception et vesture de ladite damoiselle de Maillé, et le
second, de pareille somme de soixante et quinze livres, six
mois après, et ainsy continuer de six mois en six mois pendant
la vie de ladite damoiselle, pour demeurer et participer tant
ladite dame de la Barre que ladite damoiselle de Maillé, sa
fille, et ceux de leur maison, aux prières ordinaires des dames
religieuses de ladite abbaye. Au payement et continuation de
laquelle pansion et effect des présentes ledit sieur Lannier, audit
nom, a affecté et hypotecqué tous et chacuns les biens meubles
et immeubles, présens et futurs, desdites dame de la Barre et
damoiselle de Maillé, et spécialement les terres et seigneuries
de Bennéhard et Fleuré, leurs appartenances et dépendances,
comme porté est par ladite procuration, et sans néantmoins
que telle retention spéciale déroge à la génteralle, ny la géné-
ralle à la spécialle. Accordé entre les partyes qu'au cas que
ladite damoiselle de Maillé, après avoir pris l'abhit, voullût

sortir de ladite abbaye ou vînt à mourir avant que d'avoir faict proffession, les meubles données et la somme de mil livres faisant le tiers du dot resteront à ladite dame abbesse, et le surplus de ce qui aura esté payé sera rendu à ladite dame de la Barre ou ses ayans cause; comme aussy, sy ladite damoisselle venoit à mourir pendant son année de noviciat et qu'elle fist profession avant de mourir, ladite somme de trois mil livres sera parachevée d'estre payée à ladite dame abbesse par ladite dame de la Barre, et laquelle, en ce cas, demeurera deschargée de fournir l'autre moitié des meubles qu'elle seroit obligée de bailler et fournir lors la proffession; comme aussy le cas avenant de mort de ladite damoiselle de Maillé ou qu'elle quite l'habhit et sorte de ladite abbaye, la somme de deux cents livres, pour une part, cent livres par an, faisant moytié des deux sommes cy dessus, et la somme de mil livres faisant le tiers du dot, resteront à ladite dame abbesse, et ladite dame de la Barre deschargée de payer le surplus; mais venant ladite damoiselle à mourir pendant son année de noviciat et faisant profession lors de son décéds, toutte ladite somme de quatre cens livres et deux cens livres cy dessus promise pour les présents d'esglize, impends, gratiffications et pour le festin, seront entièrement payez avec ladite somme de trois mil livres pour le dot à ladite dame abbesse, et laquelle ne sera tenue de rendre ce qui aura esté payé de la pansion par advance, mais ladite dame de la Barre deschargée seullement de la continuation de ladite rente doresnavant et de parfournir les meubles promis. Tout ce que dessus a esté voulu, stipullé et acepté par les partyes, èsdits noms, dont les jugeons de leur consentement.

Faict et arresté à la grille du parlouer de ladite dame abbesse, lesdits jour et an, ès présences de vénérables et discrets maistres Jullian Le Brun, prebtre, curé de la parroisse du Pré, et Maurice de la Haye, aussy prebtre, demeurans au forsbourg du Pré de cette ville, tesmoins à ce requis et appellez.

Sr Charlote de Miée de Guespray, abbesse du Pré; A. Lanier; J. Le Brun; M. de la Haye; G. Moreau.

722

1661, 7 mai, abbaye du Pré, au Mans. — Quittance donnée par Charlotte de Miéé de Guespray a Françoise de la Barre. — (Cabinet de M. L. Brière, au Mans. *Minute sur papier.*)

Par devant Guillaume Moreau, notaire royal, révérende dame Charlotte de Miéé de Guespray, abbesse de l'abbaye du Pré, confesse avoir reçu de « dame Françoise de la Barre, veuve messire Henry de Maillé, chevallier, seigneur marquis de Bénéhart, par les mains de vénérable et discret M⁰ André Lasnier, prebtre, sieur de la Chesnays, conseiller et aumosnier du roy et prieur de Channay, son procureur, la somme de dix huict cens livres tournois en espèces de louis d'argent, faisant moitié de la somme de trois mil six cens livres... » Ladite dame abbesse reconnaît en outre « qu'il a esté fourny à ladite damoiselle de Bénéhart, sur les ameublements promis,... un charlit, une table, un guéridon, une paire de pressin (?), le tout de bois de noyer neuf, un fauteuil, une petite chaize, un siège pliant, aussi de bois de noyer neuf, et le tout couvert de sarge verte, un lict garny de ciel rideaux avec frange de soye, paillasse, matelas, travers, oriller, deux mantes (?), l'une blanche et l'autre verte, qui est la couleur de la sarge, dont est faict ledit lict, forcé au hault de toile doublée de sarge, trois vergettes de fer, huict aunes de ras, trois aulnes de sargette et une aulne et demye de sarge noire, pour luy faire ses habits, dix draps dont il y a deux de lin, quatre souilles d'oriller, trois douzaines de serviettes, dont il y a une de lin, une douzaine de chemises, le tout de toile neufve, six aulnes de toile de brin, six aunes de futaine à grain, huict aulnes de toile blanche, trois aulnes et demye de quintin, deux aunes de baptiste, six aulnes de toile fine, un grand bréviaire monachal en deux tomes, grand et petit diurnal, grand semainier de semaine sainte, un psaultier, une reigle de saint Benoist et imitation en vers de Mʳ Corneille, une écuelle d'argent couverte, un étuit garny d'un couteau, fourchette et cuiller, et une coupe, le tout d'argent, etc., où sont apposée les armes du nom de ladite damoiselle, desquels meubles, cy dessus fournies, ladite dame de Bénéhart demeure quitte et deschargée, sans préjudice du surplus et de la demye année de pension de ladite damoiselle de Bénéhard, qui a deub estre payée par advance le quatre du présent moys. Et a ledit s^r de la Chesnays, pour ladite dame de Bénéhard, déclaré que ladite somme présentement payée et le prix desdits meubles procedde de l'emprunt faict par ledit s^r de la Chesnays, pour et au nom de ladite dame, de dame Jacqueline Gautier, veuve du feu s^r Cottereau, président au siège présidial de Tours, par contract receu devant Richer, notaire audit Tours, le vingt un avril dernier, ainsy qu'il a dict... »

Fait et passé à la grille du parloir de ladite dame abbesse, en présence de Me Pierre Chartier, prêtre, demeurant à Chahaignes, et de Me Pierre Mauboussin, receveur au siège de l'élection du Maine, y demeurant, témoins.

Signé : Sr Charlote de Miée de Guespray, abbesse du Pré; Lasnier; P. Chartier; P. Mauboussin; G. Moreau.

723

1661, 17 août, Marboué. — (Registres paroissiaux de Marboué.)

Le 17e aoust 1661, j'ay baptisé LOUISE-ANTHOINETTE, fille de hault et puissant seigneur messire NICOLAS DE MAILLÉ, chevallier, comte du dit Maillé, seigneur des Couldreaux, le Grez et autres lieux, et de haute et puissante dame ANNE DE PATHAY, son espouze. La maraine a été damoiselle Louise-Anthoinette de la Barde, fille de hault et puissant seigneur messire Jean de la Barde, conseiller du roy en tous ses conseils d'estat, marquis de Marolle, ambassadeur pour S. M. en tous les cantons de Suisse et Grisons. *(Signé :)* Anthoinette Charreton; M. Baron.

724

1662, 19 mai, abbaye du Pré, au Mans. — QUITTANCE DONNÉE PAR ANNE DE MONTALLAIS, ABBESSE DU PRÉ. — (Cabinet de M. L. Brière. *Minute sur papier.)*

Devant Guillaume Moreau, notaire au Mans, révérende dame

Anne de Montallays, abbesse du Pré, reconnaît avoir reçu de Mᵉ André Lanier, prêtre, sieur de la Chesnaye, fondé de pouvoir de FRANÇOISE DE LA BARRE, la somme de 1500 livres, restant à payer de la somme de 3000 livres, pour la dot promise pour la réception de dame DOROTHÉE DE MAILLÉ en ladite abbaye; 200 livres pour partie de la somme de 400 livres pour le présent de l'église, et encore 100 livres faisant moitié de 200 livres pour le festin des dames religieuses de ladite abbaye. Elle reconnaît aussi avoir reçu les ameublements ci-après : « Et premier, une tapisserie de douze aulnes, un matelas, deux habits d'yver et un d'esté, troys aulnes de ratinne blanche, un grand habit d'églize, six aulnes d'estamine espoize,... quatre draps de brin, quatre de lin, quatre souilles d'oreiller, deux douzainne de serviettes de brin, une douzaine de lin, douze chemises, six aulnes de toile de brin, troys aulnes de hollande forte, vingt aulnes de toile blanche, six aulnes de fusteinne de grain, une bague de un jongt d'or, un chandellier et un bénistier d'argent, un bassin et une esguière d'estain de glace, un grand et petit manteau fourré, un lit de fusteinne à grain, un rideau de fenestre, un tapis, une escriptoire fermante et dorée, le livre de la Théologie affective de Bal et le Nouveau Testament de la version des docteurs de Louvains. » Ledit Lanier déclare que les sommes ci-dessus versées et le prix des objets fournis procèdent d'un emprunt fait par lui, au nom de la dame de la Barre, de « Jacquelinne Gaultier, veufve du feu sieur Cottereau, vivant premier président au présidial de Tours, par contrat reçu devant Mᵉ Richer, notaire royal à Tours, le neuf du présent mois et an ».

Fait au parloir de ladite dame abbesse, en présence de Mᵉ Pierre Mauboussin, receveur en l'élection du Maine, et François Le More, praticien, demeurant au Mans, témoins. Signé : Seur Anne de Montallais, abbesse du Pré; P. Mauboussin; Lanier; Lemore; G. Moreau.

725

1662, 12 juin, Moléans. — (Arch. d'Eure-et-Loir, E 542.)
Inventaire fait par « Charles Maulduict, notaire royal, à la

requeste... de Mᵉ Jullian Pineau, demeurant à Moléan, et de vénérable et discrète personne Mᵉ Marin Baron, prebtre, curé de Marboé, y demeurant, ès noms et comme procureurs, ledit Pineau, de haulte et puissante dame FRANÇOISE DE LA BARRE, veuve de deffunt hault et puissant seigneur Mʳᵉ HENRY DE MAILLÉ, vivant chevalier, marquis de Bénéhart, Roujoux, Ruillé, le Lorouer, Fleuré, Chéripeau, Pommerieux et autres lieux,... mère et tutrice des enfants mineurs dudit deffunt seigneur et d'elle, et ledit sʳ Baron, de hault et puissant seigneur Mᵉ NI-COLLAS DE MAILLÉ, chevalier, comte dudit Maillé, seigneur des Couldreaux, du Grez, Genainville, Serrant et autres lieux, et de haulte et puissante dame DENISE DE MAILLÉ, veuve de deffunt hault et puissant seigneur Mᵉ FRANÇOIS BARTON DE MONTBAS, maistre de camp du régiment royal, lieutenant général pour le roy en Brie, gouverneur de Melun, Corbeil et Lagny ; lesdites dame de Bénéhart, audit nom, seigneur comte de Maillé et dame vicontesse de Montbas, héritiers de deffuncte haulte et puissante dame DOROTHÉE CLAUSSE, dame de Montléan et autres lieux, vivante veuve de hault et puissant seigneur Mʳᵉ RENÉ DE MAILLÉ, vivant chevalier, seigneur marquis de Bénéhart et autres lieux susdits, cappitaine des susdites chasses, des meubles et choses mobiliaires dellaissées par la mort et trespas de deffunct Estienne Quendeville, vivant agent des affaires de ladite deffuncte dame de Montléan, où ledit Quendeville est décédé... »

726

1662, 21 juillet, les Couldreaux à Marboué. — TESTAMENT D'ANNE DE PATHAY, FEMME DE NICOLAS DE MAILLÉ. — (Arch. d'Eure-et-Loir, E 5678. *Minute sur papier.*)

In nomine Domini. Amen. Aujourdhuy vingt et uniesme jour de juillet mil six cent soixante deux, par devant moy Marin Baron, prebtre, curé de l'église et paroisse de Marboué, fut présente en sa personne haute et puissante dame ANNE PATHAY, femme et espouse de haut et puissant seigneur messire NICOLAS DE MAILLÉ, chevallier, comte dudit Maillé, seigneur des Couldreaux, le Grez et autres lieux, laquelle, estant au lict malade, saine toutefois d'esprit et d'entendement, après avoir participé aux saincts sacrements de nostre mère la sainte église, comme bonne chrestienne et catholique, saichant qu'il n'y a rien plus certain que la mort ny de plus incertain que l'heure d'icelle, recognoissant aussy que tout ce qui est au monde passe et n'est que vanité et qu'il n'y a rien qui soit utile à un chrestien que l'amour de Dieu, elle a déclaré que son intention estoit de renoncer entièrement au monde et à tous ses attraits; néanmoins elle n'a pas voulu partir de ce monde sans avoir faict son testament et avoir disposé de ce qu'il a pleu à Dieu luy donner : elle a donc faict, en la présence des tesmoings cy après declarés, aagez ainsi que le requiert la coustume, en la manière qui ensuit.

Premièrement, elle a mis son âme autant qu'elle a peu entre les mains de Dieu, elle s'est recommendée aux prières de la Vierge sainte, de saint Pierre, son patron, de sainte Anne, dont elle porte le nom, et de tous les saints et saintes de Paradis.

Elle veut que quand Dieu aura disposé d'elle et que son âme sera séparée de son corps, sondit corps soit enterré dans le chœur de l'église de Marboué, sa paroisse, et que ses services soint honorablement faicts selon sa condition et moyens.

Elle veut avant toutes choses que l'on ait à satisfaire à toutes ses debtes et que l'on ait à réparer le tort qu'elle pourroit avoir faict à quelque personne que ce soit.

Item, ladite dame testatrice donne et lègue à l'église et fabrique de Marboué la somme de cinquante livres de rente annuelle et perpétuelle, et ce pour l'entretien d'une lampe ardente jour et nuict devant le très auguste, très adorable et très redoutable sacrement de l'autel, et ce pour réparer toutes les irrévérences, les tiédeurs et indévotions qu'elle pourroit avoir commises devant luy et pour servir de continuelle amande honorable pour elle devant la divine Majesté, laquelle somme de cinquante livres tournois sera prise sur le fond de son bien pour estre le propre de ladite église et fabrique, ou bien on payera à ladite fabrique la somme de mil livres pour estre employez en fond d'héritage pour l'entretien de ladite fondation, et les héritiers demeureront deschargez de ladite rente de cinquante livres, et affin que ladite fondation subsiste à tousjourmais, les gageurs et proviseurs d'icelle seront obligez de gager le marguiller pour avoir soing d'entretenir icelle lampe ardente le matin et le soir quand il ira sonner l'Angelus, si n'estoit que le sieur curé ou vicaire dudit lieu en voulussent prendre la peine; et outre sera mis contre la meuraille de l'église une placque d'airain ou de marbre où sera inscritte ladite fondation pour estre un mémorial perpétuel, ce qui sera faict à la diligence de son exécuteur testamentaire, et ce dans six mois au plus tard après son décez; et veut que un mois aussy au plus tard après son décez ladite fondation commence et qu'elle continue à tousjours comme dit est.

Item, ladite dame testatrice donne et lègue à René Millon, ancien serviteur de la maison, outre ses gages ordinaires, la somme de cent livres tournois, une fois payée.

Item, elle donne et lègue à Judith Boutard, veuve de deffunct Louis Vallant, aussy sa domestique, la somme de cent cinquante livres tournois, aussy une fois payée, et ce pour les bons services qu'elle luy a rendus principalement durant ses maladies qui ont esté assez fréquentes.

Item, elle donne à Jeanne Rosignol, veuve de Nicolas Flament, sa nourrice, la somme de quante *(sic)* livres de rente viagère qui luy seront payés de quartier en quartier par avance en cas qu'elle quitte le service et la maison de monsieur son mari, et, où elle voudroit demeurer dans la maison, monsieur son mari la nourrira et entretiendra de tout ce qui luy sera nécessaire convenablement à sa condition, et ce faisant demeuroit deschargé de ladite somme de quarante livres tournois par chacun an sa vie durant.

Item, elle donne à Pierre Vallant, son laquais, la somme de soixante livres tournois une fois payée.

Item, elle donne à Marie Vallant, aussy domestique, la somme de vingt livres une fois payée.

Item, elle donne à Jacques Arabie la somme de vingt livres une fois payée.

Item, elle donne à Marie Clément, veuve de deffunt René Le Roux, la somme de vingt livres une fois payée, outre ses gages.

Item, elle donne à Marie Le Roux, aussy domestique, la somme de dix livres une fois payée.

Item, ladite dame testatrice veut et entend qu'il soit donné de son bien aux pauvres de la paroisse de Marboué la quantité de trois muids de bled, mesure de Dunois, et ce lorsqu'ils en auront besoing.

Item, elle donne à Jeanne Flament, fille de ladite Rossignol, la somme de vingt livres tournois, outre ses gages, si aucuns luy sont deus quand elle s'en ira, et ce une fois payée.

Item, elle donne, une fois payée, à la veuve Louis Lescuyer la somme de vingt livres en recognoissance de ce qu'elle a alaicté son fils aisné.

Item, donne à la femme de Poupardeau, aussy une fois payée, la somme de vingt livres en recognoissance de ce qu'elle a alaicté son fils puisné.

Item, elle donne à Christophle Foulon la somme de quarante livres pour quelque temps de service qu'il luy a rendu.

Item, elle donne à Jean Sevin, berger, la somme de dix livres tournois une fois payée.

Et, pour exécuter son présent testament, ladite dame testatrice a nommé et esleu pour exécuteur d'iceluy la personne de haut et puissant seigneur messire Nicolas de Maillé, son mari, qu'elle a prié et requis d'en vouloir accepter la charge, entre les mains duquel elle s'est démise et démet de tous ses biens meubles et immeubles, voulant qu'ils y soint employez jusques à l'entier accomplissement d'iceluy; et faisant ainssy, elle a révocqué et révocque tous autres testaments ou ordonnances de dernière volonté, voulant que cettuy cy seul sorte son plein et entier effect comme le dernier dicté par elle, et encore leu et releu en sa présence et en la présence dudit seigneur de Maillé, son mari, qui l'a authorisée pour l'effect des présentes, et encore en la présence de noble homme François Léon, docteur en médecine, demeurant à Blois, et noble homme Michel Dupont, aussy docteur en médecine, demeurant à Marchenoir, estant de présent dans la maison des Couldreaux, demeure ordinaire de ladite dame, tesmoings, qui ont signé avec ladite dame testatrice et ledit seigneur de Maillé, et moy, curé susdit.

Faict et arresté ledit an et jour que dessus, audit lieu des

Couldreaux, parroisse dudit Marboué, dans la chambre où est malade ladite dame testatrice.

N. de Maillé; A. de Pathay; Léon; Dupont; M. Baron.

727

1662, 11 septembre. — Délai a Françoise de la Barre, veuve de Henri de Maillé, marquis de Bénéhard, pour rendre foi et hommage. — (Arch. de la Sarthe, E 288. *Remembrances de la châtellenie de Bazouges, fol. 199.*)

Ledit procureur demandeur.

Dame Françoyse de la Barre, veuve Mre Henry de Maillé, vivant chevallier, seigneur marquis de Bénéhard, dame de la terre, fief et seigneurie de la Baudinière et de la mettairye de Marigné, deffenderesse et appellée sur deffault, comparante par Me Charles Le Tendre, suivant le pouvoir à luy donné par la lettre messive de Me Jean Le Tuillier, procureur fiscal de ladite dame.

A présent que ledit procureur a conclud que ladite dame deffenderesse soict condamnée de jurer foy et hommage pour raison de sa terre, fief et seigneurie de la Baudinière, en tant qu'il y en a deppandant de cette seigneurye et pour raison de terres de sa mettairye de Marigné, qui ont auttrefois party de la terre, fief et seigneurye de Launay, et à ce que, comme mère et tutrice naturelle ou garde noble de ses enfans, elle soict condamnée d'en payer le rachapt par elle deub à cause de son mariage d'avecq ledit deffunt seigneur marquis, et qu'à cette fin notre jugement portant permission de saisir, du quinziesme mars mil six cens soixante, soict exécutté, faulte d'homme et hommage non faict, droicts et debvoirs non faicts, et payez amende et despans, et que ledit Le Tendre a requis délay de deffendre aux prochaines assises, nous avons, du consentement de Monseigneur, donné délay de tourner ausdits foy et hommage et payer lesdits rachapts dans le jour et feste de Toussaint prochain, autrement et à faulte d'y satisfaire par ladite dame, disons que notredit jugement du quinziesme mars, portant permission de saysir faulte d'homme et hommage non fait, sera exécutté selon sa forme et teneur, et, en cas d'opposition à ladite saisye, avons dès à présent renvoyé la cause et les parties par devant Mr le lieutenant général à la Flèche, sans que touttefois ledit renvoy puisse faire préjudice à notredit jugement, suivant la coustume.

C. Letendre.

728

1663, 30 janvier, Marboué. — (Registres paroissiaux de Marboué.)

Le 30ᵉ janvier 1663, j'ay enterré dans le cœur de l'église le corps de deffuncte haute et puissante dame ANNE DE PATHAY, vivante femme de haut et puissant seigneur messire NICOLAS DE MAILLÉ, chevalier, comte dudit Maillé, seigneur des Coudreaux, le Grez et autres lieux. *(Signé :)* M. Baron.

729

1663, 6 février. — EXTRAIT DU TESTAMENT DE NICOLAS DE MAILLÉ, CHEVALIER, COMTE DE MAILLÉ. — (Arch. d'Eure-et-Loir, G 5699.)

Du testament de haut et puissant seigneur Mʳᵉ NICOLAS DE MAILLÉ, chevallier, comte de Maillé, seigneur des Couldreaux, le Grés, Saint Père et autres lieux, demeurant au château de Coudreaux, paroisse de Marboé, reçu par Mᵉ Charles Maulduit, notaire du comté de Dunois, le mardy sixième jour de février l'an mil six cent soixante trois, a été extrait ce qui suit :

Item, pour ayder à fonder une confrérie de la charité en ladite paroisse de Marboé, pour le soulagement des pauvres malades d'icelle paroisse, ledit seigneur testateur a donné et légué, donne et lègue, par ces présentes, la somme de soixante livres tournois de rente foncière annuelle et perpétuelle, à l'avoir et prendre par chacun an, à pareil jour que ledit seigneur testateur décédera, par les gagers de laditte paroisse, suivant l'ordre du sieur curé d'icelle ou autres qui seront préposés pour régir laditte confrérie, et laquelle rente ledit seigneur testateur a, dès maintenant et présentement, assignée sur ledit lieu, terre et seigneurie des Coudreaux, ses appartenances et deppendances.

Ce que dessus extrait et collationné sur la minutte dudit testament par le notaire du roy au baillage de Blois résident à Châteaudun, soussigné, comme dépositaire des minuttes dudit M⁰ Mauduit, notaire, et commis à la délivrance d'icelle.

Le présent extrait délivré à M⁰ Delalande, curé de laditte paroisse de Marboé, ce jourdhuy sept juin mil sept cent quatre vingt un.

Raimbault.

730

1663, 10 février, Marboué. — (Registres paroissiaux de Marboué.)

Le 10ᵉ febvrier 1663, j'ay enterré dans le cœur de l'église le corps de deffunt haut et puissant seigneur messire NICOLAS DE MAILLÉ, vivant chevallier, comte dudit Maillé, seigneur des Coudreaux, le Grez et autres lieux. *(Signé :)* M. Baron.

731

1663, 10 mai. — (Arch. d'Eure-et-Loir, E 3549.)

Devant Charles Maulduict, notaire, Mathurin Hubert, jardinier, demeurant à Saint-Martin-du-Plan, confesse « avoir promis et s'être obligé à Mʳᵉ Henry de Pathay, chevalier, seigneur baron de Claireau et dudit Pathay et autres lieux, demeurant ordinairement audit Claireau, au nom et comme tuteur de damoiselle DOROTHÉE-AYMÉE DE MAILLÉ, fille mineure de deffunctz Mʳᵉ NICOLLAS DE MAILLÉ, vivant chevalier, seigneur comte dudit Maillé, seigneur du Grez et autres lieux, et de dame ANNE DE PATHAY, » d'entretenir le jardin du château des Couldreaux l'espace de trois ans, pendant lesquels tout ce qui proviendra dudit jardin appartiendra audit Hubert, à la réserve de ce qui sera nécessaire pour la fourniture du château lorsque ledit seigneur ou autres de sa parenté y seront. Ledit seigneur a promis, audit nom, de fournir un logement audit Hubert et à sa famille au lieu des Coudreaux durant ledit temps, ainsi que deux mères vaches que ledit Hubert sera tenu de bien et dument nourrir, et 40 livres de gages par an.

732

1663, 23 juin. — (Arch. d'Eure-et-Loir, E 3549.)

Devant Charles Mauduit, notaire du comté du Dunois, « Mre Marin Barron, prebtre, curé de Marboé, y demeurant, René Millon, homme de chambre de deffunct Me NICOLLAS DE MAILLÉ, vivant chevalier, seigneur comte dudit Maillé, seigneur des Couldreaux,... et Judich Boutard, veuve feu Louis Vallault, servente domestique du chasteau des Couldreaulx, » affirment sous serment que « lors de la maladye dudit deffunct seigneur de Maillé,... de laquelle il est décedé et en laquelle ils l'ont tousjours assisté jusques à son déceds, ils ont ouy dire audit deffunct seigneur de Maillé, depuis qu'il eût fait son testament,... qu'il donnoit à M^r et madame Regnouart un bassin d'esmail de Limoge, avec tous les vazes de mesmes façon qui estoient dans son cabinet, et que ledit seigneur fit appeller lesdits Millon et v^ve Vallault pour leur faire entendre sa vollonté et ledit don qu'il faisoit, lesquels vases, après son décéds, se sont trouvez estre un vase, une sallière et deux petites assiettes avec ledit bassin ».

733

1663, 5 septembre, Vernantes. — (Registres paroissiaux de Vernantes.)

Mariage de CHARLES DE MAILLÉ-BRÉZÉ, seigneur de la Tour-Landry, avec MARIE-MADELEINE DE BROC, célébré par l'évêque Henri Arnaud en l'église de Vernantes.

734

1663, 1er décembre, Angers. — (Arch. de Maine-et-Loire, E 3250. Audouys, *Notes et extraits généalogiques sur la famille de Maillé.*)

En la paroisse de Saint Germain en Saint Lau lès Angers, célébration du mariage de haut et puissant seigneur messire CHARLES DE MAILLÉ DE LA TOUR-LANDRY, chevalier, marquis de Jalesnes, fils de haut et puissant seigneur messire LOUIS DE

Maillé de la Tour-Landry, chevalier, seigneur de Gilbourg et de Bourmont, et de... haute et puissante d....., avec haute et puissante damoiselle Marie-Magdelaine de Broc. Fut présent : dame Marie-Magdelaine du Chesne, mère de l'épouse.

735

1664, 9 février, Bénéhard à Chahaignes. — Constitution de procureur par René de Maillé, chevalier, marquis de Bénéhard. — (Coll. de M. L. Brière, du Mans. *Expédition sur papier.*)

Par-devant Jean Vigneau, notaire royal en Touraine, résidant à Chahaignes, « hault et puissant seigneur Mre René de Maillé, chevallier, seigneur marquis de Bénéhard, fils aisné et principal héritier de deffunctz hault et puissant seigneur Mre Henry de Maillé, vivant chevallier, seigneur marquis de Bénéhard, et de haulte et puissante dame Françoise de la Barre, son épouse, dame de la terre, fief et seigneurye de Chasteau Sénéchal, fiefz, seigneuryes qui en deppendent, demeurant en son chastel de Bénéhard, paroisse de Chahaigne,... constitue Mre Jean Le Thuillier, advocat au siège présidial de la Flèche et son procureur fiscal de la chastellenye de Chasteau Sénéchal, demeurant en la ville de la Flèche, auquel il a donné pouvoir de plaider, composer, renoncer, substituer, etc., et, pour espécial, de comparoir pour luy par devant monsieur le bailly du compté de la Suze et messieurs les officiers dudit compté, et à déclarer que comme filz aisné et principal hérittier de ladite deffuncte dame de la Barre, sa mère, qu'il possède et jouist de ladite terre et chastellenye de Chasteau Séneschal et droictz qui en deppendent, et là offrir faire et jurer pour luy à monsieur le compte de la Suze les foy et hommage telle qu'elle est deube à cause dudit compté pour raison de ladite terre, fief, seigneurye et chastellenye de Chasteau Sénéchal et choses qui en deppendent...

« Fait et passé audit chasteau de Bénéhard, ès présences de Me Anthoine Lureau, advocat au siège de la baronnye de la Chartre, et Sébastien Chaillou, demeurant audit Bénéhard, tesmoings. »

736

1664, 9 avril, Vernantes. — (Registres paroissiaux de Vernantes.)

Mort de haute et puissante dame Éléonore de Maillé-Brézé, veuve de haut et puissant Charles de Jalesnes.

737

1664, 22 septembre. — (Archives du Cogner. *Parchemin.*)

Aveu rendu par René Besnard, journalier, demeurant au lieu de la Chohinnière, paroisse de Ligron, à « demoiselle Marie Louis, veuve de deffunt messire Frédéric de Maillé, vivant chevallier, seigneur de Chefderue et des Potteryes, mère et tutrice naturelle de damoiselles Françoise-Élisabeth, Margueritte, Charlotte-Catherine, Henriette de Maillé, filles mineures, yssues (d'elle) et dudit défunt, dame de fief et seigneurye des Potteries, la Ronse, Mallemouche et fief Pantin, » pour plusieurs objets tenus desdits fiefs.

738

1665, 2 janvier et 26 avril, Vernantes. — (Registres paroissiaux de Vernantes.)

Naissance le 2 janvier, et baptême le 26 avril, d'Henri-Georges, fils de haut et puissant seigneur Charles de Maillé de la Tour-Landry, marquis de Jalesnes, et de Marie-Madeleine de Broc. Parrain : messire Henri d'Estampes de Valancé, grand prieur de Champagne, ci devant ambassadeur du roi à Rome et abbé de Bourgueil; marraine : haute et puissante dame Marie-Madeleine du Chesne, veuve de haut et puissant seigneur Michel de Broc.

739

1665, 5 février. — (Arch. d'Eure-et-Loir, E 3669.)

Par-devant Henry Bonsergent, notaire en la baronnie de Brou, « haulte et puissante dame Denise de Maillé, veuve haut et puissant seigneur Mre François Barthon de Montbas, vivant chevallier, vicomte dudit Montbas, conseiller du roy, lieutenant général de ses armées, commandant son régiment de cavalerie, gouverneur de Melun, Corbeil et Lagny, demeurante aux Coudreaux, paroisse de Marboué, » nomme son procureur Henry de Pathay, baron de Clereau, Lathay et autres lieux, auquel elle donne pouvoir de « recepvoir de Mre Jean Barthon, chevallier, seigneur comte de Montbas, grand maître des eaux et forests de France en la province de Normandie, mestre de camp de cavallerie et infanterie pour le service de messieurs les Estats d'Hollande, » les sommes de 16.500 livres, en principal et de 2749 livres 10 sols pour les arrérages et intérêts dus par ledit seigneur à ladite dame ; de laquelle somme de 16.500 livres d'une part et 2749 livres 10 sols ladite dame demeure quitte sur plus grande par elle due au s^r de Clereau, par contrat passé devant Baglan et Michel, notaires au Châtelet de Paris, le 21 février 1665.

Présent à cet acte Jean de Maillasson, agent de ladite dame.
Signé : D. de Maillé ; De Maillasson ; Bonsergent.

740

1665, 13 juin, Paris (prison de la Bastille). — Constitution de procureur par René de Maillé, chevalier, marquis de Bénéhard. — (Archives de M. le comte de Maillé. *Minute sur papier.)*

Pardevant les notaires gardes nottes du roy, nostre sire, en son Chastelet de Paris, soubsignés, fut présent hault et puissant seigneur Mre René de Maillé, chevalier, seigneur marquis de Bénéhard, cappitaine des chasses de Sa Majesté au pays et comté du Mayne et baronnye de Chasteau du Loir, seigneur de Chaaigne, la Jaille, Molleand et autres lieux, tant en son propre et privé nom, comme fils ayné et principal hérittier de feu hault et puissant seigneur Mre Henry de Maillé, chevalier, seigneur marquis dudit Bénéhard, et de dame Françoise de la Barre, son espouze, ses père et mère, que comme curateur aux personnes et biens de messieurs et damoiselle ses frères et sœur, aussy hérittiers en partye desdits deffuncts seigneur et dame de

Bénéhard, demeurant ordinairement en son chasteau de Bénéhard en Tourraine, parroisse de Chaaigne, estant à présent à Paris, dans le chasteau de la Bastille, parroisse Saint Paul, lequel a fait et constitué son procureur général et spécial Mre André Lanier, prebtre, prieur de Chasnay, du diocèse d'Angers, et y demeurant, auquel il donne pouvoir et puissance de recevoir du concierge de l'hostel de Fleury, scis au bourg de Fontainebleau, Grande Rue dudit lieu, les loyers dudit hostel de Fleury, qui appartienent audit seigneur constituant èsdites qualités, et qui escherront jusques au jour et feste Saint Jean Baptiste prochain, et à cet effect faire et arrester tous comptes que besoin sera du receu desdits loyers à telle somme qu'il pourra monter, se tenir content et en donner touttes quittances et deschages nécessaires, et au reffus de payement d'iceux y contraindre ledit concierge et tout autre qu'il appartiendra par touttes voyes de justice que ledit procureur jugera nécessaires...

Faict et passé à Paris, audit chasteau de la Bastille, l'an mil six cent soixante cinq, le treiziesme jour de juin après midy, et a signé :

Maillé Bénéhard.

741

1667, 21 avril. — (B. N., *Carrés d'Hozier*, vol. 399, fol. 106, 107. *Copie papier, collationnée sur l'original en 1688.*)

Constitution de 150 livres de rente au principal [de 3000 livres] faite à Me Claude Roullin, bourgeois de Paris, par messire RENÉ BARJOT, chevalier, marquis de Moussy, dame CHARLOTTE DE MAILLÉ, son épouse, Me François Pasquier, bourgeois de Paris, ledit seigneur de Moussy tuteur honoraire de CHARLES-SÉBASTIEN DE MAILLÉ, marquis de Carman, et ledit Pasquier tuteur onéraire; lesdits seigneur et dame de Moussy se fesant fort de damoiselles ANNE-ANGÉLIQUE et MARIE DE MAILLÉ, filles majeures; ladite rente affectée sur le marquisat de Moussy, situé en Vexin, près Pontoise, sur le marquisat de Carman et la seigneurie de la Forest, en Bretagne, le comté de Maillé, les seigneuries de l'Islette et d'Hommes; ladite somme de 3000 livres destinée à mettre ledit marquis de Carman en équipage pour le service du roy. Fait à Paris; reçu par Pierre Muret et Claude Le Vasseur, notaires au Châtelet de Paris; ratifié le 11 mars 1671 par damoiselles Anne-Angélique et Marie de Maillé. Cet acte reçu par Christophe Loyer et Le Vasseur, notaires; ratifié par Charles-Sébastien de Maillé, étant majeur, le 17 juillet 1671; reçu par François Lange et Claude Le Vasseur, notaires au Châtelet de Paris; produit par copie collationnée le 26 mai 1688 sur l'original.

742

1667, 24 octobre. — (Arch. de la Sarthe, G 363, fol. 344 verso.)

Présentation faite par Louis de Maillé, chevalier, seigneur de la Forest et de Saint-Jean-d'Assé, à l'évêque du Mans, de la personne d'Antoine de Maillé, clerc tonsuré, pour être pourvu de la chapelle de Saint-Thuribe, en Saint-Jean-d'Assé, vacante par la démission que Louis de Maillé, écuyer, clerc tonsuré, dernier possesseur, en avait faite en les mains dudit seigneur de Saint-Jean, par acte reçu par Rodolphe Le Jetté, notaire royal à Beaumont, le 29 avril précédent. L'acte de présentation signé du seigneur de Saint-Jean et, à sa requête, de Guillaume Bigot et Charles Jousset, notaires royaux, demeurant à Beaumont.

743

1668, novembre, Moléans. — (Arch. d'Eure-et-Loir, E 3583.)

Vente des meubles trouvés au château de Moléans, après la mort de Henri de Maillé et de Françoise de la Barre, son épouse : « une escritoire à plusieurs layettes, 4 livres 10 sols; une seringue avec son estuit, 3 livres 1 sol; un grand bahu couvert de cuir avec cloux, 35 sols; un triquetrac ou damier avec les dames, 7 livres 5 sols; une tante de tapisserye à porticque contenant 26 aulnes, 95 livres; une grande table en façon de buffet avec un grand tapy de Turquie, contenant 2 aulnes 3 quarts, 53 livres; une tante de tapisserye de Bergame vert brun avec un tapy mesme couleur, 50 livres; deux tapis de Turquie, l'un à fond blanc, d'une aulne et demye, l'autre à fond rouge, d'une aulne trois quarts, 35 livres, etc. »

744

1669, 2 juillet. — Aveu par René de Maillé, marquis de Bénéhard, pour la Baudinière. — (Arch. de la Sarthe, E 284, fol. 14-18.)

De l'adveu rendu à très haut, très puissant, très magnanime, exelent et très crétien prince Louis quatorze, par la grâce de Dieu roy de France et de Navarre, par Gédéon Lenfant, écuyer, sieur de Boismoreau, et dame Suzanne Poitevin, son épouze, auparavant veuve de deffunt messire Philipes de la Vairye, vivant chevallier, gentilhomme ordinaire de la chambre du roy, seigneur de Bazouges, de la terre et seigneurie de Bazouges, à laquelle ont esté réunis et annexés les fiefs de Launay, du Ponceau, de la Gagnerie, de l'Échencau et des Pescharaières, pour raison de laquelle ils reconnoissent être les homme et femme de foy et hommage lige de Sa Majesté, à cause de son chastel et baronnie de la Flèche, membre dépendant de son duché de Beaumont, a esté extrait, folio second, verso, premier article de ceux qui treuvent de leur ditte seigneurie de Bazouges à foy et hommage lige... domaine à Sa Majesté.

Et premièrement, René de Maillé, chevallier, seigneur marquis de Bénéhard et du lieu, domaine, fief et seigneurie et apartenance et dépendance de la Baudinière, est notre homme de foy et hommage simple pour raison de sa maison dudit lieu de la Baudinière, sise en la paroisse de Fromières[1], composée de deux chambres basses, en une desquelles il y a une cheminée et un four, et l'autre sans cheminée, un apenty estant à un costé desdittes deux chambres, un autre apenty et estre estant au bout de laditte chambre sans cheminée, avec les planchers estant au dessus desdittes deux chambres basses, une grange, un aire, un pasty dans lequel il y a une mazure de muraille où estoit la fuye à pigeons dudit lieu, une portion des jardins dudit lieu, le tout contenant un journau ou environ; quatre pièces de terre labourable, la première nommée le

---

1. Sic, pour Crosmières.

Closteau, contenant deux journaux ou environ; la seconde nommée la Gagnerie, contenant huit journaux ou environ; la troisième nommée les Retours, contenant cinq journaux ou environ; la quatrième et dernière nommée les Orgeries, contenant sept journées ou environ; et un petit clos de vigne nommée la Plante, contenant quatre quartiers; le tout en un tenant, joignant d'un costé au chemin tendant de Bazouges à Crosmières, d'autre costé aux terres dépendantes du lieu de la Potardière, aboutant d'un bout au chemin tendant dudit Bazouges à Crosmières, à aller audit lieu de la Potardière, et d'autre bout en partie aux vergers et jardins dépendant du lieu seigneurial de la Bouillerie, autre partie au reste de pastys dudit lieu de la Baudinière où estoit l'ancienne maison de la Baudinière et des jardins dudit lieu, dépendant de l'homage tenu par ledit seigneur de Bénéhard, à cause de partie dudit lieu de la Baudinière, du fief et seigneurie de la Garde Chamaillard et bois de Vaux, apartenans au seigneur marquis de la Varenne, à tirer en droite ligne du puy dudit lieu de la Potardière, chacun par son endroit.

Item, deux autres pièces de terre labourable en un tenant, nommée la Souche Brullée, contenant neuf journaux ou environ, joignant d'un costé aux terres dépendant dudit lieu seigneurial de la Bouillerie, d'autre costé et aboutant d'un bout aux terres dépendant du lieu de la Burellière, apartenant à Paul de la Fosse, maître chirurgien, et d'autre bout au susdit chemin tendant de Bazouges à Crosmières, et pour son fief, hommes et sujets dudit lieu, nous en doit un cheval de service quand le cas y eschet, avec les loyalles tailles suivant la coutume.

Ledit aveu, avec le procès verbal et ratification d'iceluy,:... présenté à la chambre des comtes à Paris, le deux juillet mil six cens soixante neuf, et receu par arrest de ladite chambre du vingt quatre may mil six cens soixante douze.

745

1669, 3 juillet. — (B. N., Fr. 32.112. *Preuves de la noblesse des pages de la petite écurie du roi*, t. II, fol. 170.)

Partage donné le 3ᵉ de juillet de l'an 1669, par Mʳᵉ RENÉ DE MAILLÉ, chevalier, marquis de Bénéhard, à FRANÇOIS et à HENRI DE MAILLÉ, ses frères, écuyers, tant dans les biens de Mʳᵉ HENRI DE MAILLÉ et de dame FRANÇOISE DE LA BARRE, sa femme, leurs père et mère, que dans ceux de dame DOROTHÉE CLAUSSE, leur ayeule. Cet acte signé : Charlet.

746

1669, 3 juillet, Paris. — PARTAGE DES SUCCESSIONS D'HENRI DE MAILLÉ, DE FRANÇOISE DE LA BARRE, DE DOROTHÉE CLAUSSE ET DE DOROTHÉE DE MAILLÉ. — (Chartrier de Courvalain, à la Chapelle Saint-Rémy, Sarthe. *Expédition sur papier.*)

L'an mil six centz soixante et neuf, le 3ᵉ jour de juillet, par devant nous Claude Le Maistre, seigneur de Monssabert, conseiller du roy en sa cour de parlement, commissaire aux requestes du palais et en cette partye en nostre hostel, sis isle Nostre Dame, sur le quay Daulphin, paroisse Saint Louis, deux heures de relevée, est comparu Mᵉ Jean-Baptiste La Fouasse, procureur en ladite cour de messire RENÉ DE MAILLÉ, chevalier, marquis de Bénéhard, fils aisné et principal héritier de deffunctz messire HENRY DE MAILLÉ, vivant chevalier, marquis de Bénéhard, et de dame FRANÇOISE DE LA BARRE, ses père et mère, et aussy héritier de deffunte dame DOROTHÉE CLAUSSE, son ayeulle, et de deffunte damoiselle DOROTHÉE DE MAILLÉ, sa sœur, décédée religieuse, qui nous a dit, en vertu de nostre ordonnance, avoir faict assigner audit jour, lieu et heure, par devant nous, messire RENÉ DU GRENIER, chevalier, marquis d'Olléron, et dame ANNE DE MAILLÉ, son espouse, au domicille de Mᵉ... Soulière, leur procureur, et messire Jacques de Courtoux, chevalier, baron de la Chartre, tuteur et curateur subrogé à l'effect des partages aux personnes de FRANÇOIS et HENRY DE MAILLÉ, escuyers, au domicille de Mᵉ Jacques Marié, son procureur ; ladite dame d'Olléron et lesdits François et Henry de Maillé, aussy enfans et héritiers desdits deffunctz sieur et dame de Bénéhard, et pareillement héritiers desdites dame Dorothée Clausse et demoiselle Dorothée de Maillé ; pour procéder aux partages des biens desdites successions, suivant la sentence de ladite dour du 30 aoust 1668, portant qu'il sera procédé aux partages desdits biens à l'amiable ou en justice par devant nous, et, à cette fin, qu'estimation en seroit faicte par expertz dont les partyes conviendront pardevant les juges de la situation desdits biens ; en exécution de laquelle sentense et d'une autre rendue en conséquence le 28 septembre 1668, ledit sieur marquis de Bénéhard a faict faire lesdites estimations desdits biens par les expertz nommez d'office par lesdits juges, au moyen de quoy il eschet de procéder auxdits partages, à cet effect il a faict des lotz différents suivant les différentes coustumes de la situation desdits biens.

Et, pour l'intelligence desdits lotz, il est nécessaire d'observer qu'il y a plusieurs successions à partager entre lesdits sieurs frères et sœur, lesquelles doivent [être] partagées différemment comme elles consistent en différents biens situez en différentes coustumes. C'est pourquoy, pour éviter à la confusion, il est nécessaire de séparer lesdites successions, d'explicquer quels sont les biens qui appartiennent à chascun des cohéritiers desdites successions.

Les successions qui sont à partager sont celles de messire Henry de Maillé, père commun des partyes, celle de dame Françoise de la Barre, leur mère, celle de dame Dorothée Clausse, leur ayeulle, et celle de damoiselle Dorothée de Maillé, leur sœur.

La succession de messire Henry de Maillé consiste en la terre et seigneurie de Bénéhard, située en la province de Touraine, estimée par le procès verbal d'estimation du 23 febvrier dernier, qui a esté faict en exécution desdites sentenses des requestes des 30 aoust et 28 septembre 1668, à la somme de soixante quatorze mil neuf centz vingt six livres, en ce non compris la somme de dix mil livres à laquelle les maisons et préclostures ont esté estimées, et aussy en ce non compris les bois tant en fond que superficie qui ont esté estimez trois mil centz cinquante livres, de manière que la totalité de ladite terre monte à la somme de quatre vingtz huict mil soixante seize livres, de laquelle il n'y a que soixante dix huit mil soixante seize livres qui tombe en partage, la somme de dix mil livres à laquelle les maisons et préclostures ont esté estimés apparte-

nante au sieur fils aisné pour son préciput, suivant l'article...
de la coustume de Touraine.

Appartient à ladite succession paternelle la terre du Lorouer, estimée par ledit procès verbal à la somme de vingt mil livres.

Pendant la communauté d'entre ledit deffunct sieur Henry de Maillé et ladite dame de la Barre, il a esté faict quelques acquisitions en la terre de Bénéhard, province de Touraine, sçavoir : la mesterye du Pin, les prez contigus à ladite terre, le moulin de la Cresche, dix livres de rente fontière et deux poulles, et huict livres dix sept sols d'autres rentes, lesquelles mesterye, prez, moulin et rente ont esté estimez par ledit procès verbal à la somme de quatorze mil sept centz quarante cinq livres.

Il a encores esté acquis pendant la communauté la terre et seigneurie de la Jaille, moulin et mesterye en dépendant, qui a esté estimée, non compris la maison seigneurialle, jardins et préclostures, à la somme de cinquante sept mil sept centz cinquante livres, et ladite maison, jardins et préclostures estimez à la somme de six mil livres, ce qui faict en tout soixante trois mil sept centz cinquante livres.

Pendant la mesme communauté, il a esté acquis la terre et fiefs des Roches, de ladite province de Touraine, pour la somme de six mil six centz livres.

Partant, tous les acquestz de ladite communauté en ladite province de Touraine montent à la somme de quatre vingtz cinq mil quatre vingtz quinze livres, de laquelle il en appartient la moitié à la succession de messire Henry de Maillé, qui monte à quarante deux mil cinq centz quarante sept livres dix sols.

Ce faisant, tous les biens dudit messire Henry de Maillé en ladicte province de Touraine montent à la somme de cent cinquante mil six cent vingt trois livres dix solz, dans lesquels biens ledit messire René de Maillé, fils aisné, est fondé de prendre son préciput, qui monte à ladite somme de dix mil livres, et partant, il ne reste à partager que la somme de cent quarante mil six centz vingt trois livres dix solz, de laquelle il en appartient audit sieur René de Maillé les deux tiers, et l'autre tiers à tous les puisnez.

Dans la coustume d'Anjou, il appartient à la succession dudit messire Henry de Maillé la terre et seigneurye de Ruillé, estimée par ledit procès verbal soixante douze mil quatre centz cinquante livres, sçavoir : la maison et jardin, deux mil, et le surplus 70.450 livres, en ce non compris la mesterye de la Quindordière, vendüe par ledit sieur de Bénéhard, et de laquelle il tiendra compte à ses puisnés, en comptant par luy des jouissances qu'il a faictes des terres desdites successions.

La terre et seigneurye de Chéripeau, estimée par ledit procès verbal cent cinquante mil huit centz livres, sçavoir : trois mil livres pour la maison et jardin, et cent deux mil huit centz livres pour le surplus de ladite terre.

Pendant ladite communauté, il a esté acquis la terre du Boux pour la somme de dix neuf mil livres, et partant, il en appartient à la succession dudit messire Henry de Maillé la somme de 9.500 livres.

Tous les biens de ladite province d'Anjou de ladite succession paternelle montent à la somme de cens quatre vingtz sept mil sept centz cinquante livres.

Dans la coustume du Maine, il appartient à la succession paternelle la terre et seigneurye de Fleuré, estimée par ledit procès verbal soixante douze mil deux centz livres, sçavoir : six mil livres pour la maison et préclostures, et 66.200 livres pour le surplus de ladite terre.

Il appartient encores à ladite succession paternelle en ladite coustume du Maine la terre de la Pommeraye, estimée par ledit procès verbal dix mil six centz quatre vingtz livres.

Et, en ce faisant, il appartient à ladite succession paternelle en ladite coustume du Maine quatre vingtz deux mil huict centz quatre vingtz livres.

Les biens de la coustume d'Anjou se partagent d'une mesme manière et, dans ces deux coustumes, il n'y a qu'un seul préciput pour l'aisné; c'est pourquoy il fault joindre les biens desdites deux coustumes, lesquelles en ce faisant se trouvent monter à la somme de 270.630 livres, de laquelle il en fault distraire la somme 6.000 livres pour le préciput de l'aisné qu'il prend sur la terre de Fleuré, et partant il ne reste à partager que la somme de 264.630 livres, qui doibt estre divisée des deux partz au tiers, sçavoir : les deux tiers pour l'aisné, et l'aultre tiers pour les puisnez, suivant le testament du père, qui a donné en propriété à ses puisnez masles les parts et portions à eulx appartenantz aux biens situez soubs les coustumes du Maine et d'Anjou.

Dans la coustume de Blois, il appartient à ladite succession paternelle la terre et seigneurye de Roujoux et une maison scise en la ville de Blois.

La maison, terre et seigneurye de Roujoux a esté estimée par ledit procès verbal quatre vingtz deux mil huit centz quatre vingtz cinq livres, sçavoir : le préciput vingt cinq mil livres, et le surplus de ladite terre cinquante sept mil huit centz quatre vingt cinq livres.

La maison scize en la ville de Blois a esté estimée par ledit procès verbal à la somme de cinq mil livres.

Dans la terre et seigneurye de Roujoux, ledit sieur René de Maillé est fondé d'y avoir son préciput, estimé à ladite somme de 25.000 livres, et la moitié dans le surplus de ladite terre, suivant l'article... de ladite coustume de Blois, et l'autre moitié appartient aux puisnez.

A l'esgard de la maison sise à Blois, elle doibt estre partagée esgallement entre tous les cohéritiers, suivant la disposition de l'article... de ladite coustume.

Ainsy tous les biens de la succession du père monte à la somme de quatre cent soixante huit mil cent trente huict livres dix solz, non compris le préciput, lesquels biens doivent estre partagés en la manière cy dessus, suivant la disposition des coustumes où ils sont situez.

La succession maternelle de la province de Touraine consiste en la moitié des acquestz qui ont esté faictz pendant ladite communauté, tous lesquels acquestz, suivant qu'il a esté explicqué cy dessus en la succession du père, montent à la somme de quatre vingtz cinq mil quatre vingtz quinze livres, dont la moitié revient à 42.547 livres 10 sols, de laquelle somme il fault distraire la somme de trois mil livres pour le préciput dudit sieur René de Maillé, aisné, en ladite terre de la Jaille, et partant ne reste à partager que la somme de 39.147

livres dix solz, dont les deux tiers appartiennent à l'aisné et l'autre tiers à tous les puisnez.

Plus, il appartient encore à ladite succession maternelle la somme de quatre mil livres pour le principal d'une rente constituée par le curateur des enfans du sieur des Rues au profflict de la dame de la Brosse, qui en a faict cession à ladite dame de la Barre, mère commune des partyes, laquelle somme se doibt partager comme dessus des deux partz au tiers.

Et il appartient encores à ladite succession maternelle en ladite province de Touraine la somme de trois mil livres, pour un retour de partage sur le sieur de la Brisolière, qui se doibt pareillement partager des deux partz au tiers.

Partant, déduction faicte du préciput de trois mil livres, il reste à partager en ladite succession maternelle dans la province de Touraine la somme de quarante six mil cinq centz quarante sept livres dix solz.

Dans la province d'Anjou, il appartient à ladite succession maternelle la terre et seigneurye de Chasteau Séneschal, estimée par ledit procez verbal soixante douze mil livres.

Appartient encores à ladite succession maternelle la terre et seigneurye des Hayes, estimée quatre vingtz un mil sept centz livres, sçavoir : dix mil livres pour le préciput, et 71.700 livres pour le surplus de ladite terre, y compris les bois.

Il appartient encores à ladite succession maternelle la moitié de la terre du Boux, acquise pendant ladite communauté pour la somme de dix neuf mil livres, qui est, pour ladite moitié appartenant à ladite succession maternelle, la somme de neuf mil cinq centz livres.

Et partant, tous les biens maternels de ladite coustume d'Anjou montent à cent soixante trois mil deux centz livres, de laquelle il fault distraire dix mil livres pour le préciput, et ainsy ne reste à partager que la somme de 153.200 livres, dont il appartient à l'aisné les deux tiers, et dans l'autre il est fondé d'avoir en propriété la part de sa sœur religieuse, suivant l'article... de ladite coustume.

La succession de ladite dame Dorothée Clausse, ayeulle paternelle, consiste en la terre de Moulléans, située en la coustume de Dunois, qui a esté estimée par ledit procez verbal à la somme de cent vingt deux mil trois centz quatre vingtz trois livres, sçavoir : trente mil livres pour le préciput de l'aisné, et à 92.383 livres pour le surplus de ladite terre.

Dans cette terre l'aisné est fondé d'y avoir son préciput tel qu'il est cy dessus estimé, et dans le surplus la moitié.

En la mesme succession de l'ayeulle, appartient le tiers de l'hostel de Fleury, situé dans cette ville de Paris, qui a esté vendu la somme de trente huit mil huict centz trente huict livres pour ledit tiers.

Plus, il y a diverses partyes de rentes sur l'Hostel de cette ville de Paris, sçavoir : le tiers de cent quarante quatre livres quatorze solz sur les tailles, le tiers de sept centz cinquante livres sur le bois de l'Isle de France, et le tiers de quatre centz quarante livres sur le sel; lesquelles rentes produisent chascun an environ quatre centz livres et peuvent valoir en fond trois mil sept centz livres. Lesdites rentes et ladite somme de 38.838 livres pour le tiers de l'hostel de Fleury doivent estre partagez esgallement entre tous les cohéritiers.

La succession de damoiselle Dorothée de Maillé, qui a esté faicte religieuse professe, doibt estre partagée suivant les partz et portions qui luy ont appartenu ès biens de son père et de son ayeulle, suivant la disposition des coustumes où ils sont assis.

Dans la part du bien de ladite succession paternelle située dans la province de Thouraine, son frère aisné y succède, suivant l'article... de ladite coustume de Touraine.

Dans la portion des biens situez en Anjou et Maine, son frère aisné est fondé d'y avoir son préciput et les deux tiers au surplus, et, pour l'autre tiers, il doibt estre partagé entre les frères et sœurs puisnez.

La portion dans la coustume de Blois, en ce qui est en fief, appartient pour le tout à ses frères, à l'exclusion de sa sœur, suivant l'article... de ladite coustume. Et à l'esgard de ce qui est en roture, il doit estre partagé esgallement entre les frères et sœur.

Dans la portion qui luy appartient dans la succession de son ayeulle dans ladite terre de Moulléans, les frères excluent leur sœur, comme dans la coustume de Blois. Mais sa portion audit tiers de l'hostel de Fleury et èsdites rentes sur l'Hostel de cette ville de Paris doibt estre partagée esgallement entre les frères et sœur.

Ladite damoiselle Dorothée de Maillé a esté relligieuse professe auparavant le décedz de ladite dame de la Barre, sa mère, et, par conséquent, elle n'a point esté son héritière, mais suivant les articles... des coustumes d'Anjou et du Maine, la part et portion qu'elle devoit avoir en la succession de sa mère, estant située sur lesdites coustumes, doivent appartenir audit sieur René de Maillé, son frère aisné, en telle sorte qu'elle faict part en ladite succession maternelle et biens desdites coustumes d'Anjou et du Maine au proffict de son frère aisné.

Dans le présent partage ne sont compris les meubles et effectz mobiliers desdites successions ny les fruicts et fermes qui sont provenus desdits immeubles jusques en l'année 1667 inclusivement, attendu que ledit sieur René de Maillé est obligé de rendre compte de ce qu'il a touché depuis le décedz de la mère jusques en l'année 1667 inclusivement, et que le tout est rapporté et employé dans le compte qui sera par luy rendu, en procédant à l'examen et jugement duquel les portions qui doivent appartenir à chascun desdits cohéritiers èsdits meubles et fruictz seront réglez sans qu'il soit besoin d'en faire aulcune mention dans le présent partage.

Pour faire les lotz des biens situez en Touraine, Anjou et le Maine, et distinguer les successions paternelles et maternelles, l'on tomberoit dans un inconvénient qui seroit préjudiciable à touttes les partyes intéressées, car, par ce moyen, il faudroit morceler chaque terre, et bien souvent chasque portion de terre, et principalement à l'esgard des acquestz qui ont esté faictz pendant ladite communauté. C'est pourquoy, pour prévenir ce inconvéniens, ledit sieur René de Maillé consent de comprendre dans le mesme partage et division tous les biens situez dans lesdites coustumes de Touraine, Anjou et le Maine, tant de propre que d'acquest, tant des successions paternelles que maternelles, à la charge qu'il sera récompensé de ses préciputz et oultre partz et portions qui lui appartiennent èsdits biens d'Anjou et du Maine à cause de sadite sœur religieuse ou aultrement, suivant et en la manière qui sera explicquée par les lots qui seront cy après faictz. Et, en conséquence de quoy, ledit sieur René de Maillé offre de faire les lotz des biens desdites provinces d'Anjou et le Maine suivant et conformément aux coustumes desdites provinces, pour estre procédé par les puisnez à la choisie d'iceulx, suivant que l'option leur en est déférée par la disposition desdites coustumes ès articles...

Et, procédent à la confection desdits lotz, il en a esté faict deux, le premier des deux tiers des biens situés èsdites coustumes de Touraine, Anjou et le Maine, tant de la succession paternelle que maternelle, pour l'aisné, et l'autre tiers pour les puisnez, sauf à refendre ledit lot des deux tiers, sy bon semble, auxdits puisnez, suivant la disposition desdites coustumes.

Lot des deux tiers.

La terre et seigneurye de Bénéhard, ses appartenances et dépendances, estimée par le procès verbal d'estimation faict par les expertz nommez d'office par le bailly ducal du duché de la Vallière, en datte du 28 febvrier 1669, la somme de 78.076 livres, en ce non compris la somme de 10.000 livres à laquelle le préciput a esté estimé par ledit procèz verbal. Cy . . . . 78.076 l.

Le fief et seigneurye de la Crèche, avec le moulin en dépendant, ensemble la mesterye du Pin avec les prez en dépendants, et unze arpens d'aultre pré y annexé, contenu au présent article, acquis pendant la communauté des père et mère, le tout estimé par ledit procez verbal à la somme de 14.745 livres. Cy . . . . 14.745 l.

La terre, fief et seigneuryes de la Jaille et des Roches, avec les bois et toutes leurs appartenances et dépendances, acquis pendant ladite communauté, estimez ensemble par ledit procez verbal à la somme de 71.350 livres, et en ce non compris la somme de 3.000 livres pour la moitié du préciput de ladite terre de la Jaille, qui appartient en l'aisné en la succession de la mère. Cy . . . . 71.750 l.

La terre, fief et seigneurye du Lorouër, ses appartenances et dépendances, estimées par ledit procez verbal   20.000 l.

La terre, fief et seigneurye de la Pommeraye, avec les bois, estimez par ledit procès verbal . . . . . .   10.680 l.

La terre, fiefs et seigneuryes de Chérippeau et Pommerieux, avec leurs appartenances et dépendances, estimez avec les bois par le procez verbal du 18 décembre 1668, faict par les experts nommez d'office par le lieutenant général d'Angers. . . . . 105.800 l.

La terre, fief et seigneurye des Hayes, avec les bois, circonstances et dépendances et acquests, estimez par ledit procez verbal à la somme de 71.700 livres, en ce non compris la somme de 10.000 livres à quoy a esté estimé le préciput de l'aisné. Cy . . . . 71.700 l.

La terre, fief et seigneurie des Boulx, acquis pendant ladite communauté, estimée par ledit procez verbal à la somme de . . . . 19.000 l.

La rente de 200 livres constituée par contrat du 7 décembre 1655, par devant Simon, notaire d'Angers, par le sieur de la Charité, curateur des enfans mineurs du feu sieur des Rues, au proffict de demoiselle Suzanne de la Barre, dame de la Brosse, qui en a faict cession à ladicte deffuncte dame de Bénéhard, mère des partyes, par acte du 24 febvrier 1660, valant en principal . . . . 4.000 l.

La somme de 3.000 livres de retour de partages, deue par le sieur de la Brisolière en la succession de ladite deffuncte dame de la Barre, comme appert par le partage faict entre dame Margueritte de Chambes et Charles Le Royer, sieur de la Brisolière, passé devant Pelard, notaire royal à Baugé, le 22 décembre 1638. Cy . . . . 3.000 l.

Somme totalle dudit lot des deux tiers, en ce non compris les préciputs, la somme de . . . . . . 398.351 l.

Lot du tiers.

La terre et seigneurye de Ruillé, avec les bois en dépendant, le tout estimé par ledit premier procez verbal du 23 febvrier 1669 à la somme de soixante douze mil quatre cents cinquante livres. Cy. . . . . 72.450 l.

La terre, fief et seigneurye de Fleuré, estimée par ledit premier procez verbal, non compris le préciput, à la somme de soixante six mil deux cents livres. Cy. . . . . 66.200 l.

Les terres, fiefs et seigneuryes de Chasteau Séneschal, Vé-

ron, Saint Germain, appartenances et dépendances, avec les bois qui en dépendent, le tout estimé ensemble, par ledit second procez verbal du 18 décembre 1668, à la somme de 72.000 livres, en ce non compris le préciput. Cy.   72.000 l.
Somme totalle dudit lot du tiers. . . . . .   210.650 l.

Partant, le présent lot excède le lot de l'aisné de la somme de 11.474 livres 10 sols ; mais en procédant à la subdivision, il sera faict raison des souches et récompenses : c'est pourquoy il n'en sera faict en ce lieu.

Pour aussy comparus M⁰ Saulières, procureur desdits sieur et dame d'Oléron, et M⁰ Jacques Marié, procureur dudit sieur baron de la Chartre, tuteur à l'effect des partages desdits François et Henry de Maillé, qui nous ont dict estre prests de procéder aux partages ; mais auparavant que de faire la chosye desdits lots qui leur sont présentez, ils requièrent communication desdits lots, procez verbal des estimations desdits biens et aultres pièces nécessaires pour lesdits partages, et du dire dudit de la Fouasse, pour examiner les clauses et conditions sur lesquelles on prétend faire lesdits partages.

Et a, par ledit de la Fouasse, audit nom, esté dict qu'il consent que lesdits lots et pièces soyent communicquées, à la charge de les rapporter incessament, et qu'à cette fin il sera par nous baillé assignation aux partyes à jour certain pour estre procédé auxdits partages, et a signé la minutte.

Sur quoy, nous, conseiller commissaire susdit, avons auxdits partyes donné acte de leurs comparutions, dires et réquisitions et déclarations et présentations desdits lots, et de leur consentement, après avoir vacqué jusques à sept heures sonnées, nous avons dict que lesdits lots offerts par ledit René de Maillé aisné et lesdits procez verbaulx d'estimations desdits biens y contenus, ensemble les aultres pièces nécessaires pour parvenir auxdits partages avec le dire dudit La Fouasse, seroit présentement mis ès mains dudit Saulières, audit nom, par les mains duquel ledit Marié, audit nom, en prendra communication, et l'assignation continuée au samedy, sixiesme du présent mois de juillet. Ce faict, lesdits lots et pièces, paraffés par première et dernière de la main de nostre clerc, ont esté communiqués et baillés audit Saulières, audit nom, qui s'en est chargé.

Et ledit jour samedy, sixiesme de juillet audit an 1669, deux heures de relevé, en nostredite hostel, par devant nous est comparu ledit de la Fouasse, audit nom, qui nous a dict qu'il compare suivant l'assignation contenue en nostre procez verbal du dernier jour, pour procéder auxdits partages dont est question; aussy compare lesdits Saulières et Marié, èsdits noms, qui nous ont pareillement dict estre prests de procéder auxdits partages. Et, à cette fin, ledit Saulières, audit nom, nous a remis entre nos mains lesdits lots et pièces qui luy ont esté communiequés, dont il en demeure déchargé. Ce faict, ledit de la Fouasse a sommé et interpellé lesdits Saulières et Marié, èsdits noms, de déclarer s'ils veulent choisir le lot qui leur a esté offert ou le contester; en cas de refus d'accepter ledit lot, il les somme de refendre le premier lot des deux tiers, suivant la coustume. Et, par lesdits Saulières et Marié, èsdits noms, assistez desdits sieurs d'Oléron et de la Chartre, nous a esté dict, qu'après avoir veu et examiné lesdits lots et les pièces à eulx communiquées, ils font choix du second lot du tiers à eulx présenté par ledit sieur René de Maillé, aisné, aux charges et conditions de coustumes, dont ils ont requis acte. Signé : de Maillé Bénéhard; J. de Courtoux, et du Grenier d'Oléron.

Et par ledit de la Fouasse, audit nom, nous a esté pareillement requis acte de l'option et choisye dudit lot dressé et offert par ledit sieur de Bénéhard pour lesdits sieurs puisnés.

En conséquence, requert ledit sieur de Bénéhard que récompenses luy soyent faictes des préciputs qui luy pourroient appartenir èsdites terres du Maine et d'Anjou.

Et affin que l'on puisse cognoistre quels estoyent les droicts desdits puisnez et de quoy leur lot est composé à chascunne desdites coustumes, la liquidation en a esté faicte en la manière qui ensuit :

Tous les biens de la coustume de Touraine, tant paternels que maternels, montent à la somme de 204.171 livres, sur lesquels il doibt estre distraict au proffict de l'aisné la somme de 10.000 livres, pour son préciput en la succession du père, et 3.000 livres en celle de la mère, lesquels préciput il prend sur les terres de Bénéhard et la Jaille, laquelle distraction faicte, il reste à partager 191.171 livres, qui doibt estre divisée des deux parts au tiers, sçavoir : pour les deux tiers de l'aisné, 127.447 livres 6 sols 8 deniers, et pour les puisnez 63.723 livres 3 sols 4 deniers, de laquelle somme de 191.171 livres il y en a de la succession du père 142.623 livres 10 sols, et de la succession de la mère 48.547 livres 10 sols. Dans les 142.623 livres 10 sols de ladite succession paternelle, l'aisné, pour les deux tiers, doibt avoir 95.082 livres 6 sols 8 deniers, et les puisnez, pour l'autre tiers, 47. 541 livres 3 sols quatre deniers, laquelle somme de 47.541 livres 3 sols 4 deniers doibt estre divisée par quart entre les quatre puisnez qui estoyent vivants au jour du décheds dudit feu sieur marquis de Bénéhard, père commun des partyes; et en ce faisant chascun des puisnez doibt avoir en ladite somme de 47.441 livres 3 sols 4 deniers la somme de 11.885 livres 5 sols 10 deniers. La part de la sœur religieuse, montant à pareille somme de 11.885 livres 5 sols 10 deniers, doibt appartenir audit sieur de Bénéhard, frère aisné, suivant la disposition de la coustume de Touraine en l'article...

Les 48.547 livres 10 sols de la succession maternelle doibvent aussy estre divisez des deux parts au tiers, sçavoir : les deux tiers, pour l'aisné, montant à la somme de 32.366 livres, et le tiers, pour les puisnez, montant à 16.182 livres 10 sols doibt estre partagé par tiers entre les trois puisnez, ce qui faict pour chacun d'eux 5394 livres.

Les biens situez en la province du Maine sont tous du costé paternel, et, par le procez verbal d'estimation, ils montent à la somme de 82.880 livres, de laquelle somme, distraction du préciput qui a esté estimé à la somme de 6.000 livres sur la terre de Fleuré, il reste à partager 76.880 livres, laquelle somme doibt estre divisée des deux parts au tiers, et en ce faisant, en appartient à l'aisné 51.253 livres 6 sols 8 deniers, et aux puisnez 25.625 livres 13 sols 4 deniers, qui doivent estre divisez entre les quatre puisnez qui estoyent vivant au temps du décheds de leur père. Et laquelle division faicte, il se trouve qu'il en appartient à chacun 6.406 livres 13 sols 4 deniers, dont la portion de la religieuse doibt estre divisée entre l'aisné et les puisnez en telle sorte qu'à l'aisné appartient son préciput et les deux tiers, et l'autre tiers doibt estre divisé également entre tous les autres puisnez fils et filles.

Pour procéder à laquelle division, ledit aisné se contentera, pour son préciput, de la somme de 406 livres 3 sols 4 deniers, et en ce faisant il restera la somme de 6.000 livres à partager des deux parts au tiers, sçavoir : 4.000 livres pour l'aisné, et 2.000 livres pour les trois puisnez, ce qui fait pour chascun d'eulx la somme de 666 livres 13 sols 4 deniers.

La terre de Ruillé au Vendosmois, qui est un propre paternel, a esté estimée 72.450 livres.

La terre de Chérippeau, qui est pareillement un propre paternel, a esté estimée 105.800 livres.

Et la moitié du Boulx, qui est un acquest, a esté estimé 9.500 livres.

Touttes lesquelles terres situées en Anjou montent à 187.750 livres, et doibvent estre partagées des deux parts au tiers sans aulcun préciput, d'aultant que dans les coustumes du Maine et d'Anjou, il n'y a qu'un préciput et que ledit sieur de Bénéhard l'a prie cy dessus sur la terre de Fleuré.

Ruillé est estimé 72.450 livres : c'est pour l'aisné 48.300 livres, et pour tous les puisnez 24.150 livres, laquelle somme de 24.150 livres doibt estre divisée par quart entre les quatre héritiers qui estoyent vivant lors du décéds du père, et ce faisant il en appartient à chascun d'eulx 6.037 livres 10 sols. La portion de la fille religieuse, montant à la somme de 6.037 livres 10 sols, doibt estre partagée entre l'aisné et les puisnez, et l'aisné doibt avoir son préciput et les deux tiers, et les deux aultres puisnez masles et la fille l'aultre tiers; lequel préciput ledit sieur de Bénéhard consent de réduire à 537 livres 10 sols par faciliter le présent partage, et partant il ne reste à partager des deux parts au tiers que 5.500 livres, qui faict pour l'aisné 3.666 livres 13 sols 4 deniers, et pour les puisnez 1.833 livres 6 sols 8 deniers, à partager par tiers, qui faict pour chascun des puisnez 611 livres 2 sols 2 deniers.

La terre de Chérippeau et la moitié du Boulx ont esté estimez 115.300 livres, qui se partage des deux parts au tiers, sçavoir : 76.866 livres 13 sols 4 deniers pour l'aisné, et pour le tiers des puisnez 38.433 livres 6 sols 8 deniers, laquelle somme doibt estre divisée par quart, et, en ce faisant, c'est pour chascun desdits puisnez la somme de 9.608 livres 6 sols 8 deniers.

La part de la religieuse doibt estre partagée entre l'aisné et les puisnez en la manière cy dessus expliquée, sçavoir : le préciput pour l'aisné, et les deux tiers au surplus, et l'autre tiers doibt estre divisé égallement entre les aultres puisnez masles et femelles. Le préciput de l'aisné est icy estimé 608 livres 6 sols 8 deniers; le surplus, montant à 9.000 livres, doibt estre partagé des deux parts au tiers, ce qui faict, pour l'aisné, 6.000 livres, et pour les puisnez 3.000 livres, qui est pour chascun d'eulx 1000 livres.

Dans la mesme coustume d'Anjou, il appartient à la succession maternelle la terre de Chasteau Séneschal, estimée 72.000 livres; celle des Hayes, estimée 81.700 livres; et la moitié de celle du Boulx, estimée 9.500 livres; touttes lesquelles terres montent à la somme de 163.200 livres, sur laquelle, distraction faicte du préciput, prise sur la terre des Hayes, montant à 1.000 livres, il reste à partager des deux parts au tiers 153.200 livres, ce qui produist pour l'aisné, oultre son préciput, 102.133 livres 6 sols 8 deniers, et pour tous les puisnez 51.066 livres 13 sols 4 deniers, laquelle, estant divisée en quatre portions, c'est pour chascun 12.766 livres 13 sols 6 deniers, dont la portion de la fille religieuse appartient à l'aisné pour le tout. Et ainsy la portion de tous les puisnez montent, pour chascun d'eulx, èsdites successions paternelles et maternelles, à la somme de 51.708 livres 18 sols. Et leurs portions en la somme de 6833 livres 6 sols 6 deniers, à laquelle monte ladite secession collatéralle pour tous les puisnez, revenant à 2.277 livres 15 sols 6 deniers pour chascun d'eulx, estant joincte à celle de 51.708 livres 18 sols des successions directes, il se trouve qu'il en appartient à chascun des puisnez, tant desdites successions directes que collatéralles, 53.986 livres 13 sols 6 deniers, ce qui sera plus particulièrement explicqué cy après dans la subdivision, lorsque le partage sera faict avec ledit sieur de Bénéhard du lot choisy par lesdits puisnez pour prendre pour luy les parts et portions qui luy appartiennent à cause de sadite sœur religieuse.

Doibt aussy estre faict récompense sur lesdits biens du Maine et d'Anjou des préciputs appartenants audit sieur de Bénéhard èsdites terres de Fleuré et des Hayes, montant, suivant l'estimation qui en a esté faicte, à la somme de 16.000 livres, en la manière qui sera cy après explicquée.

Il ne reste à partager que les terres de Moléan et Roujoux, qui sont situées en deux différentes coustumes et qui proviennent de différentes successions, sçavoir : celle de Roujoux, de la succession du père, et celle de Moléan de la succession de l'ayeulle, lesquelles peuvent estre partagées en telle sorte que l'on en laisse l'une d'icelle auxdits puisnez et l'autre à l'aisné, en récompensant l'aisné de son préciput. Mais comme lesdits puisnez ne peuvent estre obligez à prendre lesdits préciputs, ledit sieur de Bénéhard consent que distraction soit faicte à son proffict et que le surplus desdites terres soit partagé entre l'aisné et les puisnez par moitié. Ledit sieur de Bénéhard consent que, pour empescher le démembrement desdites terres, l'une soit prise en l'un des lots et l'aultre en l'aultre lot, à la charge que le lot de la terre de Moléan sera tenu de faire soulte à celui de Roujoux de la somme de 17.250 livres, attendu que ladite terre de Moléan a esté estimée, non compris le préciput, à la somme de 92.385 livres, et celle de Roujoux, non compris le préciput ny la maison située à Blois, la somme de 57.885 livres, par le moyen de quoy le lot de Moléan se trouve plus fort que celuy de Roujoux de la somme de 34.500 livres, tellement que la soulte et récompense doibt estre faicte par le lot de Moléan à celuy de Roujoux de la somme de 17.250 livres, faisant moitié de ladite somme de 34.500 livres. Mais, parce que ladite terre de Roujoux est chargée d'une rente de 500 livres et 300 bourrées et deux cordes de bois par chascun an, de don pour la fondation d'une chappelle au chasteau de Roujoux, et que cette rente, estant foncière, dimme le revenu de ladite terre et doibt estre prise sur icelle comme une charge réelle et foncière, il doibt estre distraict du prix de l'estimation d'icelle terre la somme de 12.500 livres, à la charge que ladite terre de Roujoux sera tenue d'acquicter ladite fondation, et, en ce faisant, ladite terre demeurera seulement estimée à 45.385 livres, par le moyen de quoy ladite terre de Moléan demeurera chargée de 23.500 livres de soulte. Dans les terres de Roujoux et de Moléan, ladite sœur religieuse avoit ses parts et portions, qui consistoyent dans une huictiesme partye de chascune desdites terres, auxquelles portions ladite dame d'Oléron n'a point succédé en collateralle, les masles excluant les femelles dans les fiefs. Et partant, ledit la Fouasse, audit nom, avant que procéder aux partages desdits deux terres de Moléan et de Roujoux, il fault les jetter au sort, suivant la coustume; au moyen de quoy il a sommé et interpellé lesdits Saulières et Marié, auxdits noms, de déclarer s'ils veulent commettre quelqu'un pour prendre et jetter au sort deux billets desdites deux terres de Moléan et de Roujoux à l'effect dudict partage, déclarant ledit La Fouasse, audit nom, qu'il se rapporte à nous d'en nommer un d'office, et pour lesdits Saulières et Marié, èsdits noms, assistez dudit sieur d'Oléron et de la Chartre, a esté dict qu'ils sont prests et offrent procéder audit partage desdites terres de Moléan et Roujoux aux conditions cy dessus explicquées, et à cette fin ils se rapportent à nous de nommer d'office telle personne qu'il nous plaira pour jetter au sort les billets qui sont faicts desdites terres. Signé : de Maillé Bénéhard; J. de Courtoux, et du Grenier d'Oléron.

Sur quoy nous, conseiller et commissaire susdit, avons donné acte auxdits La Fouasse et Saulières et Marié, èsdits noms, de leurs dires, déclarations et réquisitions, et, y faisant droict, ordonné qu'il sera présentement procédé au jet desdits lots desdites deux terres de Moléan et Roujoux par le premier passant qui se trouvera devant la porte de nostredite hostel. Ce faict, nous avons faict entrer un particulier qui passoit dans la rue, auquel ayant demandé son nom, il nous a dict se nommer Jacques Dubois; et pour parvenir au jet desdits lots, avons faict faire par nostre clerc deux billets, dans l'un desquels avons faict escrire le nom de ladite terre de Moléan, contenant le nombre premier lot, et dans l'aultre billet, cotté second lot, nous avons faict mettre le nom de ladite terre de Roujoux, et ayant mis lesdits deux billets pliez séparément dans le chappeau dudit Dubois, nous luy avons ordonné, après les avoir meslez ensemble, d'en tirer un pour le donner audit sieur de Bénéhard aisné, et l'aultre pour les puisnez, pour à quoy satisfaire ledit Dubois auroit tiré de son chappeau un desdits billets qu'il a donné audit sieur de Bénéhard aisné, et l'aultre il le tire pour les puisnez, et après les avoir ouverts, il s'est trouvé que ledit billet donné audit sieur de Bénéhard aisné estoit celuy du lot de ladite terre de Moléan et que l'aultre billet baillé pour les puisnez estoit celuy dans lequel est escript ladite terre de Roujoux. Duquel jet desdits lots lesdites partyes nous ont respectivement requis acte, en conséquence il nous plaise les régler sur l'option et jet des lots de tous lesdits biens aux conditions cy dessus expliquées. Signé : de Maillé Bénéhard ; du Grenier, et de Courtoux.

Sur quoy, nous commissaire susdit, avons auxdites partyes donné acte de leurs comparutions, réquisitions, déclarations, option, choisye et jets desdits lots. En conséquence, ordonné que le lot des deux tiers, et ainsy qu'il a esté dressé par ledit sieur de Bénéhard et qu'il est cy dessus transcript, luy demeurera, ensemble ladite terre de Moléan, à luy escheues par le sort des billets tirez par ledit Dubois ; et le lot du tiers, offert par ledit sieur aisné, pareillement cy dessus transcript, demeurera auxdits sieurs puisnez, avec ladite terre de Roujoux, le tout ainsy que contiennent lesdits lots, pour jouir par lesdits partyes respectivement de ce qu'il leur est escheu, conformément aux coustumes de la situation desdits biens, et à la charge que lesdits lots demeureront garands les uns des aultres et aux conditions cy dessus explicquées.

Ce faict, ledit La Fouasse, audit nom, nous a dict qu'il y avoit encores à partager une maison sise en la ville de Blois, provenant de la succession du père, estimée à la somme de cinq mil livres, qui doibt estre partagée également, et en laquelle chascun desdits cohéritiers est fondé d'avoir chascun la somme de 1.250 livres, tant de son chef que de la succession de ladite religieuse. Nous a aussy dict qu'il reste à partager, de la succession de ladite ayeulle, la somme de 422 livres de rente sur l'Hostel de cette ville de Paris, estimée 3.700 livres, et le tiers de l'hostel de Fleury, qui a esté vendu 38.838 livres ; lesquelles deux sommes doibvent estre pareillement partagées également entre tous les cohéritiers de ladite religieuse, et, en ce faisant, les deux sommes joinctes ensemble reviennent à 42.538 livres. C'est pour chascun 10.634 livres 10 sols.

Après avoir réglé les partages de chascun des cohéritiers en tous les effects immobiliers des successions paternelle et maternelle, mesme de ladite dame Dorothée Clausse, ayeulle paternelle, et de ladite succession collatéralle de ladite Dorothée de Maillé, religieuse professe en l'abbaye du Pré, ledit La Fouasse, audit nom, nous a représenté qu'il est nécessaire de procéder à la liquidation des debtes passives desdites successions et de régler ce que chascun des cohéritiers en doibt payer, de quelle manière elles doibvent estre respandues sur chascune nature des biens, offrant de bailler à cette fin l'estat desdites debtes, comme en effect il a représenté et a requis de l'employer en nostre procès verbal; ce que luy aurions accordé du consentement des partyes. Signé : de Maillé Bénéhard; du Grenier d'Oléron, et de Courtoux.

  Estats des debtes passives desdites successions.
  Debtes de la succession du père.

Premièrement, la somme de 40.909 livres 19 sols, faisant moitié de 81.819 livres 18 sols de principal, qui a esté emprunté par cinq contracts de constitution passez au proffit de la dame de Beaumont Chassepot, l'aultre au proffit du sieur Le Nain, le troisiesme au proffit de dame Marie Loresher, veufve monsieur du Lorant, conseiller en la cour, et les deux aultres au proffit de sieur Baussan; de touttes lesquelles sommes principalles contenues auxdits cinq contracts, monte à la somme de 87.800 livres, il n'en a esté employé que ladite somme de 81.819 livres 18 sols au payement de ce qui estoit deub à la dame DENISE DE MAILLÉ, dame de Montbas, pour sa part du remploy deub par ledit deffunct Henry de Maillé, frère de ladite dame Dorothée Clausse, comme il paroist par transaction du 4 juillet 1665, l'aultre moitié de ladite somme de 81.819 livres devant estre portée par la succession de la mère, à cause de la communauté qu'elle a eue avec ledit feu sieur de Bénéhard, son mary, pour ce. . . . . . . 40.909 l. 19 s.

Plus, la somme de six mil livres de principal et 820 livres 2 sols 9 deniers pour les arérages et fruicts qui estoyent deubs au sieur Du Pont, de Vaulion, et qui a esté payée par ledit sieur de Maillé des deniers provenants du prix du tiers de l'hostel de Fleury, et lesdites deux sommes, revenant à 6.820 livres 2 sols 9 deniers, seront icy employées, sauf à tenir compte d'aultant sur ledit prix du tiers dudit hostel de Fleury. Cy.. . . . . 6.820 l. 2 s. 9 d.

Plus, la somme de 3.600 livres de principal, contenue au contract de constitution de deux cents livres de rente faict au proffict du sieur Grand Champs, de Blois, datté du. . . . . Cy. . . . . 3.600 l.

Plus, la somme de 500 livres de principal, deue aux héritiers du feu sieur de Biret, par contract de constitution de rente. Cy. . . . . 500 l.

Plus, la somme de 6.000 livres, à quoy peut revenir la construction qui sera faicte de ladite chappelle mentionnée en ladite fondation. Cy.. . . . . 6.000 l.

Plus, la somme de 8.438 livres 10 sols 9 deniers, pour le retour de partage de la succession de ladite dame Dorothée Clausse, deue aux héritiers de ladite dame de Montbas, comme il paroist par partages faicts le 9 novembre 1663. Cy. . . . . 8.438 l. 10 s. 9 d.

Plus, la somme de 6.000 livres, faisant moitié de celle de 12.000 livres de principal, deue au sieur de Saint Denis, et contenue au contract de constitution du..., passé par le père des partyes pendant la communauté, et c'est pourquoy la succession de la mère doibt porter l'aultre moitié. Cy. . 6.000 l.

Plus, la somme de 2.160 livres de principal, deue aux héritiers du feu sieur Durand, prieur de Saint Christophle, par contract de constitution. Cy. . . . . 2.160 l.

Somme de. . . . . 74.428 l.

Debtes de la succession de la mère.

Premièrement, la somme de 40.909 livres 19 sols, faisant moitié de celle de 81.819 livres 18 sols employée au payement de ce qui estoit deub à ladite dame de Montbas, comme il est cy dessus plus au long explicqué au premier article des debtes de la succession paternelle. Cy. . . . . 46.909 l. 19 s.

Plus, la somme de 6.000 livres de principal, faisant moitié de 12.000 livres, deues au sieur de Saint Denis, et dont il est faict mention par le huictiesme article des debtes de ladite succession paternelle. Cy. . . . . 6.000 l.

Plus, la somme de 4.500 livres de principal, deue à la dame

Cothereau, de Tours, par contract de constitution du......
Cy . . . . 4.500 l.
  Somme de. . . . . 51.409 l. 19 s.
  Oultre la somme cy dessus, dont ladite succession maternelle est tenue, elle est encores chargée d'une pension viagère de la somme de 300 livres, crée au proffict de maître André Lasnier, prebtre, chanoine et curé de la Trinité d'Angers.

Debtes de la succession de l'ayeulle.

Premièrement, la somme de 6.000 livres de principal, faisant le tiers de 18.000 livres, que ladite dame Dorothée Clausse, ayeulle, avoit empruntée de feu NICOLAS DE MAILLÉ, son fils, par contract de constitution du..., comme il paroist par la transaction faicte entre ledit sieur René de Maillé, aisné, et ladite dame de Montbas, dattée du 4ᵉ juillet 1665. Cy . . 6.000 l.
  Plus, la somme de 15.333 livres 6 sols 8 deniers du principal, faisant le tiers de la somme de 46.000 livres, qui estoit deue au sʳ Gué par ladite dame ayeulle, de la totalité de laquelle somme ladite dame de Montbas avoit faict le remboursement audit sieur Gué, bien qu'elle n'en debvoit que les deux tiers, et pour quoy ledit sieur de Maillé aisné a payé à ladite dame de Montbas ladite somme de 15.333 livres 6 sols 8 deniers pour ledit tiers, et 2.407 livres 15 sols 6 deniers pour les interests dont lesdits sieurs puisnez estoyent tenus; lesdites deux sommes revenants à la somme de 17.741 livres 2 sols 2 deniers. Et d'aultant que le payement de ladite somme de 17.741 livres 2 sols 2 deniers a esté faict par ledit sieur René de Maillé sur le prix de l'hostel de Fleury, ledit sieur de Bénéhard employe au présent article pour en faire le règlement sur les biens de ladite dame ayeulle, à la charge d'en tenir compte sur ce qu'il a touché du prix de l'hostel de Fleury.
Cy. . . . . 17.741 l. 2 s. 2 d.
  Somme de. . . . . 23.741 l. 2 s. 2 d.
  Oultre la somme cy dessus, dont ladite succession de l'ayeulle est tenue, elle est encores chargée d'une pension viagère de 33 livres 6 sols 4 deniers, crée au proffict de la mère Dorothée Perdreau, abbesse du Port Royal de Paris.
  Ce faict, ledit La Fouasse, audit nom, nous a représenté que

pour le bien commun des partyes et pour éviter aux contestations qui pourroyent survenir, il est nécessaire de procéder au calcul exact de touttes lesdites debtes et à la répartition et régallement qui en doibt estre faict sur chascune des terres contenues auxdits lots, et à cette fin il somme et interpelle lesdits Saulières et Marié, èsdits noms, de faire leur déclaration s'ils veulent le consentir ou l'empescher. Signé : de Maillé Bénéhard.

Et par lesdits Saulières et Marié, èsdits noms, assistez desdits sieurs d'Oléron et de la Chartre, que bien loin d'empescher ledit calcul et régallement et répartitions desdites debtes sur lesdits biens immeubles desdites successions, ils les requèrent de leur part et consentent qu'il y soit présentement procédé. Signé : de Courtoux, et du Grenier d'Oléron.

Et y procédant, les debtes de la succession paternelle s'estant trouvées monter à ladite somme de 74.428 livres, les partyes sont demeurées d'accord qu'elle doibvent estre portées par les biens d'icelle succession, qui consistent ès biens de la province de Touraine, montant à 140.623 livres 10 sols, distraction faicte du préciput; sur les biens de la coustume du Maine, montant à 76.880 livres, distraction du préciput; par les biens de la coustume d'Anjou, montans à 187.750 livres, et par la terre de Roujoux, montant, distraction faicte du préciput, à la somme de 45.385 livres; en ce non compris la somme de cinq cents livres, à laquelle la maison de Blois a esté estimée, qui ne sera icy employée, en considération de ce que l'on a point faict estat de quelque peu de roture qui se sont trouvées en ladite terre de Roujoux et en celle de Moléan.

A proportion desquelles sommes, ladite somme de 74.420 livres, à laquelle touttes les debtes de ladite succession paternelle se sont trouvées revenir, doibvent estre regaillées en deux partyes sur touttes lesdites terres de ladite succession paternelle, pour sçavoir ce que chascun en doibt porter.

Et après que la répartition en a esté faicte, il s'est trouvé que les biens de Touraine en doibvent porter la somme de 23.129 livres 3 deniers; ceulx du Maine, la somme de 12,754 livres 4 sols 3 deniers; ceulx d'Anjou, la somme de 31.147 livres 5 sols 9 deniers, et ceulx de Bloys, la somme de 7.187 livres 9 sols 4 deniers.

De la somme de 23.329 livres 8 deniers, que doibvent porter les biens de Touraine, l'aisné en doibt les deux tiers montans à 15.563 livres 6 sols 2 deniers, et les puisnez l'aultre tiers montans à 7.776 livres 6 sols 10 deniers, à la charge par l'aisné de porter son quart dudit tiers 1.944 livres 1 sol 9 deniers, comme estant seul héritier de sa sœur religieuse en ladite succession paternelle. Et partant, les trois autres quarts dudit tiers, qui doibvent estre portez par les puisnez, se montent à la somme de 5.832 livres 18 sols 3 deniers, qui est pour chascun d'eulx pareille somme de 1.944 livres 2 sols 3 deniers.

De la somme de douze mil sept cents cinquante quatre livres, 4 sols 3 deniers, que doibvent porter les biens de ladite succession de la province du Maine, l'aisné en doibt porter les deux tiers, montans à 8.502 livres 16 sols 2 deniers. Et en l'égard de l'aultre tiers, montans à 4.251 livres 8 sols 1 denier, chascun desdits puisnez en doibt porter de son chef, comme héritier de son père, un quart dudit tiers, montans à 1.062 livres 17 sols, et un neufiesme d'un aultre quart, montant à 118 livres 2 sols, comme héritiers de ladite sœur, qui est pour chascun d'eulx 1.180 livres 19 sols. Et l'aisné doibt porter, comme héritier de sa sœur religieuse, 708 livres 2 sols 4 deniers. Et ainsy, de ladite somme de douze mil 744 livres 4 sols 3 deniers, l'aisné en doibt porter la somme de 9.211 livres 7 sols 3 deniers, et pour chascun des puisnez, la somme de 1.180 livres 19 sols.

La somme de trente un mil 147 livres 5 sols 9 deniers, que doibvent porter les biens d'Anjou, doibt estre divisée des deux parts au tiers; l'aisné en doibt porter les deux tiers, montans à 20.764 livres 17 sols 2 deniers, et tous les puisnez l'aultre tiers, revenant à 10.382 livres 8 sols 7 deniers, laquelle somme de 10.382 livres 8 sols 7 deniers, divisée par quart, faict pour chascun des puisnez la somme de 2.595 livres 12 sols 2 deniers. Le quart que doibt ladite religieuse doibt estre divisé des deux parts au tiers; les deux tiers, montans à 1.730 livres 8 sols, sont deubs par les trois puisnez estant, ce qui faict pour chascun d'eulx 288 livres 8 sols. Et partant, desdits 31.147 livres 5 sols 9 deniers, l'aisné, tant de son chef que comme héritier de sa sœur religieuse, en doibt porter la somme de 22.495 livres 5 sols 2 deniers, et chascun des puisnez, de leur chef et comme héritiers de ladite religieuse, la somme de 2.884 livres 2 deniers.

La somme de 7.197 livres 9 sols 4 deniers, qui doibt estre payée par la terre de Roujoux, sise soubz la coustume de Blois, doibt estre portée par tous les enfans par portions égalles, et l'aisné n'en doibt pas porter davantage que les puisnez, qui faict à chascun desdits héritiers la somme de 1.439 livres 10 sols.

Et comme Dorothée de Maillé s'est faite religieuse depuis le décedz de son père, la cinquiesme portion qu'elle debvoit desdites debtes doibt estre portée par ledit sieur de Bénéhard et lesdits sieurs François et Henry de Maillé seulement, sans que ladite dame Anne de Maillé soit tenue y contribuer. Et ainsy, la cinquiesme portion que ladite religieuse debvoit porter sera divisée en trois portions égalles et payée également par ses trois frères, qui est pour chascun d'eulx la somme de 479 livres 16 sols 8 deniers.

Les debtes de la succession de l'ayeulle, montant à la somme de 23.741 livres 2 sols 2 deniers, doibvent estre portées sur la terre de Moléan, distraction faite du préciput, le tiers de l'hostel de Fleury et les rentes de l'Hostel de ville de Paris. Et doibt ladite somme de 23.741 livres 2 sols 2 deniers estre payée également par tous les héritiers en telle sorte que l'aisné n'en doibt pas plus que les puisnez. Mais, parce que ladite dame Anne de Maillé, dame d'Oléron, n'a pas succédé à la portion qu'auroit sadite sœur religieuse dans ladite terre de Moléan, il fault répartir la somme entière des debtes montans à ladite somme de 23.741 livres 2 sols 2 deniers à proportion de la valeur de ladite terre de Moléan et de la valeur du tiers de l'hostel de Fleury et desdites rentes de l'Hostel de ville de Paris, laquelle répartition faicte, ladite terre de Moléan en doibt porter la somme de 16.270 livres, et ledit hostel de Fleury et rentes de l'Hostel de ville la somme de 7.470 livres. De laquelle somme de 7.470 livres que doibt porter le tiers de l'hostel de Fleury et rentes sur l'Hostel de ville, ledit sieur de Bénéhard et les trois puisnez vivans, tant masles que femelle, en doibvent chascun un quart et luy l'aultre quart, qui est pour chascun 2.867 livres 10 sols.

A l'égard de la somme de 16.270 livres, que doibt porter ladite terre de Moléan, ledit sieur de Bénéhard et lesdits François et Henry, ses deux frères, en doibvent chascun un cinquiesme, qui produist pour chascun d'eulx 4.338 livres 13 sols 4 deniers. Et à l'égard de ladite dame Anne de Maillé, dame d'Oléron, elle n'en doibt qu'un cinquiesme, qui reviendra 3.254 livres.

Sur cette mesme proportion, sera payé la pension de 33 livres 6 sols 8 deniers, deue à l'abbesse du Port Royal, sçavoir : par chascun des trois masles, 8 livres 17 sols 8 deniers, et pour ladite d'Oléron, 6 livres 13 sols 3 deniers.

La somme de 51.409 livres 10 sols, deue pour la succession de la mère, doibt estre répartye sur le bien à elle appartenant en la province de Touraine et d'Anjou. Les biens de Touraine, montent à 45.547 livres 10 sols, distraction faicte du préciput, en doibvent porter la somme de 11.980 livres 2 sols 11 deniers; et ceulx d'Anjou, distraction faicte du préciput, montant 153.200 livres, en doibvent porter la somme de 39.429 livres 16 sols.

De la somme de 11.980 livres 2 sols, que doibvent porter les biens de Touraine, l'aisné en doibt les deux tiers, qui montent à la somme de 7.986 livres 7 sols 8 deniers, et les puisnez l'aultre tiers, montant à 3.993 livres 7 sols, qui faict pour chascun desdits trois puisnez la somme de 1.331 livres 2 sols 6 deniers.

De la somme de 39.429 livres 16 sols, que doibt porter les biens d'Anjou, l'aisné en doibt porter les deux tiers, qui montent à la somme de 26.286 livres 10 sols 8 deniers, et l'aultre tiers, montans à 13.145 livres 5 sols 4 deniers, doibt estre porté par les puisnez. Ladite dame d'Oléron en doibt une quatriesme portion montant à 3.285 livres 16 sols 4 deniers, et les deux puisnez masles doibvent chascun pareille somme de 3.285 livres 16 sols 8 deniers, et le sieur de Bénéhard aisné doibt l'aultre, montans à pareille somme de 3.285 livres 16 sols, attendu qu'il prend seul la part que sa sœur religieuse avoit eue èsdites terres.

Et partant, l'aisné doibt porter desdites debtes maternelles la somme de 37.558 livres 14 sols 8 deniers; ledit François de

Maillé la somme de 4.616 livres 18 sols 10 deniers; ledit Henry de Maillé pareille somme de 4.616 livres 18 sols 10 deniers, et ladite dame d'Oléron aussy 4.616 livres 18 sols 10 deniers.

Et à l'égard de la pension viagère de 300 livres deue par chascun an à maître André Lasnier, sieur de la Chesnaye, et dont ladite succession maternelle est tenue, elle sera payée de la mesme manière que les aultres debtes de ladite succession maternelle. Les biens de la province de Touraine en doibvent porter la somme de 69 livres, et ceulx de la province d'Anjou la somme de 231 livres.

De la somme de 69 livres que doibvent porter les biens de Touraine, l'aisné en doibt porter la somme de 46 livres, proportion de ce qu'il prend en ladite succession maternelle, et les trois puisnez chascun 7 livres 13 sols 4 deniers.

De la somme de 231 livres que doibvent porter les biens d'Anjou, l'aisné en doibt porter les deux tiers montans à 154 livres et un quart de l'aultre tiers montant à 19 livres 15 sols, et lesdits François et Henry de Maillé et ladite dame d'Oléron chacun un quart montans à pareille somme de 19 livres 15 sols.

Et attendu qu'il est sept heures sonnées, nous, commissaires susdits, avons, du consentement des partyes, continué l'assignation à mercredy prochain, dixiesme du présent mois, deux heures de relevé, en nostredit hostel. Et ont signé : La Fouasse; Saulières, et Marié.

Et le mercredy dixiesme juillet audit an 1669, sont lesdits La Fouasse, Saulières et Marié, èsdits noms, comparus, suivant l'assignation du dernier jour, assistez desdits sieurs de Bénéhard, d'Oléron et la Chartre.

Et par ledit La Fouasse, audit nom, a esté dit qu'après avoir faict partage desdites successions et faict liquidation des debtes et icelles répartyes sur tous les biens desdites successions et icelles divisées entre tous les cohéritiers à proportion de ce que chascun d'eulx en doibt porter, il nous a représenté qu'il ne reste plus qu'à procéder à la subdivision des terres qui sont tumbées au lot desdits puisnez. Pour régler ce qu'il appartiendra à chascun d'eulx et audit sieur de Bénéhard èsdites terres, comme héritier de sadite sœur religieuse, elle consiste : en la terre et seigneurye de Ruillé, estimée 72.450 livres; en la terre de Fleuré, estimée 66.200 livres, distraction faicte du préciput; en la terre de Chasteau Séneschal et annexes, estimée 72.000 livres, et en la terre de Roujoux, distraction faicte du préciput, estimée 45.885 livres. Touttes lesquelles sommes reviennent à 254.535 livres.

Et les parts et portions des puisnez, suivant les liquidations qui en ont esté faictes cy dessus dans la totalité des biens de la maison, tant de leur chef que comme héritiers de ladite Dorothée de Maillé, religieuse, reviennent, sçavoir : pour ladite dame Anne de Maillé, dans les biens situez dans la coustume de Touraine, du costé paternel 11.718 livres 12 sols; dans les biens situez dans la mesme coustume, du costé maternel, 5.171 livres 18 sols 10 deniers; dans les biens situez soubz la coustume du Maine, qui sont tous paternels, 6.406 livres 13 sols 4 deniers; et comme héritière de sadite sœur religieuse 666 livres 13 sols 4 deniers; dans la terre de Ruillé, qui est un propre paternel, 6.037 livres 10 sols; de son chef et comme héritière de sadite sœur religieuse, 611 livres 2 sols 2 deniers; dans la terre de Chérippeau et moitié du Boust, 9.608 livres 6 sols 8 deniers; de son chef et comme héritière de ladite Dorothée, religieuse, la somme de 1.000 livres; dans la terre de Chasteau Séneschal, les Hayes et moitié du Boulx, du costé maternel, 12.766 livres 13 sols 6 deniers; dans la terre de Roujoux, 5.673 livres 2 sols 6 deniers; en celle de Moléan, 11.545 livres 7 sols 6 deniers; en l'hostel de Fleury, 9.709 livres 10 sols; et les rentes de l'Hostel de ville de Paris, 925 livres. Touttes lesquelles sommes reviennent à celle de 80.840 livres 10 sols.

La part de François de Maillé consiste en mesmes portions, auxquelles il fault adjouster la somme de 5.677 livres 16 sols 8 deniers pour le tiers au quart en la moitié desdites terres de Roujoux et de Moléan, qui lui appartient comme héritier de sadite sœur religieuse, et, en ce faisant, ledit sieur François de Maillé doibt avoir 86.518 livres 6 sols 8 deniers.

Ledit Henry de Maillé doibt avoir pareille somme de 86.518 livres 6 sols 8 deniers.

Ladite dame d'Oléron doibt, pour sa part des debtes, tant de son chef que comme héritière de ladite Dorothée de Maillé, religieuse, la somme de 17.507 livres 12 sols.

Ledit François de Maillé doibt aussy, pour sa part des debtes, tant de son chef que comme héritier de ladite damoiselle Dorothée de Maillé, religieuse, la somme 18.072 livres 1 sol 8 deniers.

Et ledit Henry de Maillé doibt pareille somme de 18.072 livres 1 sol 8 deniers tant de son chef que comme héritier de ladite Dorothée de Maillé, sa sœur, religieuse.

Pour diviser entr'eulx les terres tombées en leurs lots jusques à la concurrense de ce qui doibt appartenir à chascun d'eulx, il seroit très difficille, à cause des portions inégalles, joinct qu'ils sont chargez des debtes et qu'il leur est expédiant de laisser un fond pour le payement d'icelles debtes, et que d'ailleurs il fault faire un lot desdites quatre terres pour ledit sieur de Bénéhard, comme héritier et comme représentant sadite sœur religieuse : c'est pourquoy lesdits Saulières et Marié, procureurs desdits sieurs puisnez, après avoir conféré ensemble avec lesdits sieurs d'Oléron et de la Chartre, ils ont trouvé à propos de prier ledit sieur de Bénéhard de retenir ladite terre de Ruillé, estimée 72.450 livres, tant pour les sommes de 17.507 livres 12 sols, d'une part, 18.072 livres 1 sol 8 deniers, d'aultre, et pareille somme de 18.072 livres 1 sol 8 deniers, encores d'aultre, qui sont deubs par lesdits Henry et François de Maillé et par ladite dame Anne de Maillé, pour leurs contributions au payement des debtes, à la charge de payer le surplus en la manière qui sera cy après explicqué par forme de soulte. Et parce que ladite terre de Ruillé est de très peu de revenu, qu'elle consiste en bois de haulte fustaye qu'il fault vendre et dont on ne peut retirer le prix qu'après plusieurs années, et que cependant il fault payer les interrests des debtes, ils consentent que ledit sieur de Bénéhard la prenne pour 60.000 seulement, ce qui a esté accepté par ledit Le Fouasse, audit nom. Et partant, sera ladite terre de Ruillé tirée des partages pour demeurer audit sieur de Bénéhard, pour ladite somme de soixante mil livres; les trois aultres terres appartiendront à ladite dame d'Oléron et auxdits sieurs François et Henry de Maillé, en la manière cy après explicquée.

Tout ce que peut prétendre ladite dame d'Oléron en tous les biens de la maison, tant de son chef que comme héritière de sadite sœur religieuse, reviennent à ladite somme de 80.840 livres 17 sols, sur quoy elle doibt porter pour 17.507 livres 12 sols de debtes. Partant, il ne luy reste que la somme de 63.332 livres 18 sols, sur laquelle il fault déduire 1.085 livres, à cause de la diminution du prix de ladite terre de Ruillé. Et par ce moyen, il n'appartient à ladite dame Anne de Maillé, dame d'Oléron, que la somme de 62.247 livres 18 sols.

Ce qui appartient audit sieur François de Maillé monte à 86.318 livres 6 sols 8 deniers, sur laquelle, distraction faicte de 1.085 livres pour la diminution de l'estimation de ladite terre de Ruillé, 18.072 livres pour sa part des debtes, il ne luy reste que 68.446 livres 5 sols.

Ce qui appartient audit sieur Henry de Maillé, estant pareil à ce qui appartient audit François, il se trouve qu'il doibt avoir pareille somme de 68.446 livres 5 sols.

Et pour régler quelle desdits terres appartiendra à chascun desdits puisnez, pour éviter subject de contestation, il a esté faict trois lots, à la charge que ceulx auxquels chascun desdits terres choisira seront récompensez ou feront soulte suivant qu'ils auront plus ou moins de leur portion, lesquelles soultes et récompenses seront payées par ceulx qui en seront chargez par lesdits lots; ce qui en défaudra sera payé par ledit sieur de Bénéhard, en effect de la succession, soit en ses préciputs ou aultrement.

Et après avoir faict faire trois billets, nous avons envoyé devant la porte de nostre hostel pour prendre le premier passant et le faire tirer lesdits billets au sort. Et s'estant rencontré un particulier que l'on a faict venir devant nous, nous luy avons demandé, en présence des partyes, son nom; il a dict se nommer Pierre Champagne, dans le chappeau duquel nous avons faict mettre lesdits billets pliez, sur l'un desquelz est escript : Roujoux; sur le deuxiesme : Fleuré, et sur le troisiesme : Chasteau Sénéschal. Et lesdits billets estans meslez audit chappeau dudit Champagne, nous luy avons ordonné de les distribuer auxdits sieurs Henry et François de Maillé et dame d'Oléron, et à cette fin a esté tiré un desdits billets pour ledit sieur Henry de Maillé, et s'est trouvé escript : Deuxiesme lot, Fleuré. Le deuxiesme billet a esté tiré pour ledit sieur François de Maillé, sur lequel s'est trouvé escript : Roujoux. Et le troisiesme lot pour ladite dame d'Oléron, sur lequel est escript : Chasteau Séneschal.

Et d'aultant que ladite terre de Chasteau Séneschal est estimée soixante douze mil livres, et qu'il n'en appartient à ladite dame d'Oléron que 62.247 livres 18 sols, elle sera tenue de faire soulte au lot de Roujoux de 9.752 livres 2 sols.

La terre de Fleuré n'est estimée que 66.200 livres, sans le préciput, et partant ne remplist le partage dudit Henry, qui monte à 68.446 livres 5 sols; pour payement de laquelle ledit sieur de Bénéhard luy délaisse son préciput, estimé 6.000 livres, et en ce faisant, il sera tenu de payer audit sieur de Bénéhard, ou en son acquit, au lot de Roujoux, 3.755 livres 15 sols.

La terre de Roujoux n'est estimée qu'à 45.385 livres, et partant il manque de ce qu'il appartient audit François de Maillé pour son partage 23.061 livres 5 sols, qui luy sera payée, sçavoir : 9.752 livres par ladite dame d'Oléron; 3.755 livres 15 sols par le sieur Henry de Maillé; et par ledit sieur de Bénéhard 9.555 livres 8 sols à prendre sur le préciput dudit sieur de Bénéhard en ladite terre de Roujoux.

Et à ce moyen, tous les aultres biens de la maison compris au présent partage reviennent et appartiennent audit sieur de Bénéhard, en payant par luy les debtes cy dessus exprimées et aux charges des garandyes respectives telles que des compartageants les lots peuvent debvoir. Le tout sans préjudice des comptes qui sont à rendre pour les jouissances et pour les meubles et aussy sans préjudice des droicts appartenants à chascune des partyes dans les successions de feue dame Susanne de Chambes, leur grande tante maternelle, et de damoiselle Susanne de la Barre, tante commune des partyes du costé maternel, qui n'ont esté comprises aux présents partages, et aussy sans préjudice des droicts que peuvent prétendre messire de Montbas contre la succession de feue la dame Causse *(sic)*, ayeulle, dont les partyes se deffendront conjoinctement.

Et par ledit La Fouasse, audit nom, a esté représenté qu'il a esté obmis de mettre entre les debtes la somme de 5.000 livres, deue par la succession de ladite Dorothée de Maillé, religieuse, et comme il faudrait changer tous les articles cy dessus pour mettre ladite somme de 5.000 livres dans son ordre et en refaire la répartition de ce qu'ils en doibvent porter, il nous a requis que la répartition en soiet faite, et par lesdits Saulières et Marié a esté consenty. Pour quoy, nous, conseiller et commissaire susdit, avons, du consentement, ordonné qu'il sera présentement procédé à la répartition de ladite somme de 5.000 livres, et en ce faisant, il s'est trouvé que ledit sieur de Bénéhard doit porter 2.970 livres, et ladite dame d'Oléron 394 livres, et chascun desdits François et Henry de Maillé 817 livres 19 sols 8 deniers.

Et partant, de la somme de 62.247 livres 18 sols, à quoy monte tout le bien de ladite dame d'Oléron, il fault déduire ladite somme de 394 livres 8 deniers, et ce faisant, ladite somme de 62.247 livres 18 sols demeurera réduite à celle de 61.855 livres 8 sols 4 deniers, et sera tenue de faire soulte au lot de Roujoux de la somme de 10.140 livres 2 sols 8 deniers.

De la somme de 68.446 livres 5 sols appartenant à chascun desdits François et Henry de Maillé, puisnez, fault en diminuer la somme de 817 livres 19 sols 8 deniers, à chascun d'eulx appartenant. Il ne leur appartient dans la totalité des biens que la somme de 67.628 livres 5 sols 4 deniers.

Et partant, ledit Henry de Maillé, à qui est escheu ladite terre de Fleuré, estimée, avec le préciput, 72.200 livres, doibt faire de soulte au lot dudit Roujoux 4.571 livres 14 sols 8 deniers.

Et la terre dudit Roujoux n'estant estimée que 45.585 livres, il manque audit François, de ce qu'il luy appartient pour son partage, la somme de 22.145 livres 5 sols 4 deniers, qui sera payée, sçavoir : 9.752 livres 2 sols 8 deniers par ladite dame d'Oléron; 4.571 livres 14 sols 8 deniers par ledit Henry, et la somme de 7.426 livres 8 sols par ledit sieur de Bénéhard.

Ce faict, ledit La Fouasse, audit nom, assisté dudit sieur de Bénéhard, nous a requis acte de l'estat auquel il a réduict les choses dépendantes desdits partages et biens desdites successions, et a sommé et interpellé lesdits Saulières et Marié, èsdits noms, de déclarer s'ils en veulent demeurer d'accord ou les contester, pour estre sur le tout les partyes réglées. Et a signé : La Fouasse.

Et par lesdits Saulières et Marié, èsdits noms, assistez desdits sieurs d'Oléron et de la Chartre, a esté dict que, pour faire leurs déclarations précises, il est nécessaires d'examiner encores plus particulièrement ce qui a été proposé cy dessus par ledit sieur de Bénéhard, et attendu qu'il est sept heures sonnées, ils nous ont requis de remettre l'assignation à demain, et à cette fin de leur communicquer nostre présent procez verbal pour en faire l'examen et pour faire telles déclarations qu'ils adviseront bon estre. Et par ledit La Fouasse, audit nom, a esté dict qu'il consent que nous donnions telle communiquation que nous jugerons à propos auxdits Saulières et Marié.

Sur quoy, nous, conseiller et commissaire susdit, avons, du consentement des partyes, ordonné que la minutte de nostre présent procez verbal sera communicquée audit Saulières, pour en prendre, par ledit Marié, communiquation, à la charge de le rapporter et de le mettre entre nos mains demain deux heures de relevée en nostre hostel, à laquelle heure les partyes emportent assignation pour estre procédé à la closture de nostre présent procez verbal.

Et à l'instant ledit Saulières s'est chargé de nostre présente minutte, par son récépissé qu'il a baillé entre nos mains. Et a signé : Saulières.

Et le jeudy unziesme de juillet 1669, est ledit La Fouasse, audit nom, comparu, assisté dudit sieur de Bénéhard, qui nous a dict comparaître pour satisfaire à nostre ordonnance. Signé : Maillé Bénéhard.

Sont aussy comparus lesdits Saulières et Marié, èsdits noms, assistez desdits sieurs d'Oléron et de la Chartre, qui nous ont dict avoir de nouveau examiné nostre présent procez verbal, que ledit Saulières a remis entre nos mains, dont il demeure déchargé, et déclarent qu'après avoir conféré ensemble ils n'ont rien trouvé à redire à ce qui a esté proposé et requis par ledit sieur de Bénéhard, au moyen de quoy ils en demeurent d'accord et consentent l'exécution des choses et ainsy qu'elles ont esté réglées par la subdvision dudit tiers lot, régallement et répartition desdites debtes communes, comme il a esté cy devant explicqué, dont il nous ont pareillement requis acte. Signé : J. de Courtoux; R. du Grenier.

Et par ledit de la Fouasse nous a aussy esté requis acte de la déclaration du consentement desdits sieurs d'Oléron et de la Chartre.

Sur quoy, nous, conseiller susdit, avons auxdits partyes présentes en personnes donné acte de leurs comparutions, des réquisitions et déclarations et consentement cy dessus, et en conséquence ordonné qu'elles jouiront respectivement de leurs lots, ainsy et aux charges et conditions cy dessus réglées et explicquées, et à cette fin qu'il leur sera délivré à chascun autant du présent procez verbal.

Sy mandons au premier huissier ou sergent royal sur ce requis ces présentes mettre à deue et entière exécution, selon leur forme et teneur, de ce faire luy donnons pouvoir. En foy de quoy les avons signées et à icelles faict apposer le sceau de nos armes.

Donné à Paris, ledit jour et an que dessus.

Signé : P. Rallet, avec paraphe.

Nous certifions la présente conforme à son original, ce sixiesme jour de mars mil six cents quatre vingt deux.

De Maillé, chevallier de Bénéhart.

747

1669, 14 octobre, la Flèche. — Quittance donnée par Gédéon Lenfant, écuyer. — (Arch. de la Sarthe, E 284, fol. 22. *Parch.*)

Par-devant Michel Pellisson, notaire royal à la Flèche, « Gédéon Lenfant, escuyer, sieur de Boismoreau et des terres, fiefs et seigneurie de Bazouges, mary de dame Suzanne Poitevin, auparavant veufve Mre Phelipes de la Vairye, vivant chevallier, seigneur de Bazouges, et donataire de l'universel des biens dudit deffunct, demeurant en son chasteau dudit Bazouges, » confesse avoir reçu de « Mre René du Grenier, chevallier, seigneur marquis d'Olléron, mary de dame Anne de Maillé de Bénéhard, et en ladite quallité seigneur des terres du Chasteau Sénéchal,

Sainct Germain du Val, Verron, la Baudinière et Marigné, demeurant au lieu de Pelonière, parroisse du Pin, province du Perche,... la somme de quatre cens livres tournois à laquelle a esté présentement finé et composé pour deux rachaptz deubz audit sieur de Boismoreau, l'un à cause du mariage de deffuncte dame FRANÇOISE DE LA BARRE avecq deffunt Mre HENRY DE MAILLÉ, vivant chevallier, seigneur marquis de Bénéhard, pour avoir payement duquel ledit sieur de Boismoreau a cy devant faict assigner Mre RENÉ DE MAILLÉ, vivant chevallier, seigneur marquis de Bénéhard, leur fils aisné et principal hérittier, par devant monsieur le lieutenant général de cette ville, l'autre à cause du mariage dudit seigneur marquis d'Olléron avecq ladite dame Anne de Maillé, lesquels rachapts estoient deubz sur et pour raison de leur fief et seigneurie de la Baudinière, en tant qu'il en relève à foy et hommage de ladite terre de Bazouges, et encores sur et pour raison du lieu, domaine et appartenance de Marigné et ès deppendances, en ce quy en a autresfois party de la terre, fief et seigneurie de Launay, lequel fief de Launay est réuny à ladite seigneurie de Bazouges, en ce comprins les chevaux de services deubz audit sieur de Boismoreau du passé jusques à ce jour; et ont esté les fruictz et revenuz desdites terres, en ce quy en relève dudit sieur de Boismoreau, etvalluez, sçavoir : ladite terre, fief et seigneurye de la Baudinière à cent soixante dix livres par an, et ladite terre et domaine de Marigné à six vingts livres par an, de laquelle somme de quatre cens livres, ainsy paié en louis d'or et d'argent et autres monnoyes bonne et ayant cours, ledit sieur de Boismoreau s'est tenu comptant et bien paié... Et a ledit seigneur marquis d'Olléron offert les hommages deubz à ladite seigneurie de Bazouges à raison desdits lieux de la Baudinière et de Marigné, fiefs et seigneuryes quy en deppendent, en tant qu'il en relève des fiefs de Bazouges et de Launay...

« Faict et passé audit la Flèche, en l'hostellerie où est pour enseigne les Quatre Vents, présents : (Me Jean) Le Thuillier, (Guy) Odiau, (sénéchal de ladite seigneurie de Bazouges,) Me Jacques Aumont, advocat au siège présidial de ce lieu, bailly dudit sieur marquis d'Olléron, et Me Pierre Guédon, sieur de la Mare, tesmoings requis, demeurant audit lieu. »

748

1670, 3 mars, Paris. — (B. N., *Carrés d'Hozier*, vol. 399, fol. 118-120. *Orig. pap.*)

Transaction faite entre le s^r Simon de l'Hôpital, marchand tapissier, bourgeois de Paris, procureur de Me François Pasquier, bourgeois de Paris, tuteur onéraire des enfans mineurs de messire DONATIEN DE MAILLÉ, chevalier, marquis de Carmen, et dame MAURICETTE-RENÉE DE PLEURS *(sic)*, sa veuve, à présent femme du s^r de Montgaillard, de lui fondée de procuration, passée par ledit Pasquier, en vertu du pouvoir à lui donné par messire RENÉ BARJOT, marquis de Moussy, du 10 février 1670, et dame Marie de la Croix, veuve du s^r de Voisin, procuratrice de dame Marie Couppé, femme de messire Antoine de la Fresnaye, auparavant veuve de Jacques de Lantivy, au sujet de la somme de 1100 livres due à Louis de Lantivy, par FRANÇOIS DE MAILLÉ et dame CLAUDE DE CARMEN, sa femme, par acte du 11 mars 1613, payables dans 4 ans, et à défaut de payement d'en payer les intérêts. Jacques de Lentivi, fils de Louis, poursuivit dame CHARLOTTE D'ESCOUBLAU, veuve de CHARLES DE MAILLÉ, fils de François, et obtint sentence de condamnation le 1er juillet 1638, 3 février 1652. Catherine Coupé, héritière de son mary, obtint sentence contre le sieur marquis de Moussy le 12 janvier 1662. Il est convenu que, pour terminer le différend, ledit Me Simon de l'Hôpital payera à la dame Voisin la somme de 3563 livres 14 sols, principal et intérests. Fait à Paris, reçu par Vincent et Langlois, notaires au Châtelet de Paris.

749

1670, 10 juin. — (Arch. de la Sarthe, E 288. Remembrances de la seigneurie de Bazouges, fol. 242.)

Le procureur de la cour de céans, demandeur; messire RENÉ DU GRENIER, chevallier, seigneur marquis d'Olléron, mary de dame ANNE DE MAILLÉ-BÉNÉHART, seigneur des seigneuries, fief et seigneurye de la Baudinière et Marigné, deffendeur, comparant par M° Jacques Aumont, advocat au siège présidial de la Flèche, son baillif, lequel a requis délay de bailler son adveu, que luy avons octroyé...

750

1671, 1ᵉʳ juillet, Paris. — (B. N., *Carrés d'Hozier,* vol. 399, fol. 121. *Orig. parch.)*

Constitution de 600 livres de rente faite par messire Alexis Barjot de Moussy de Roncée, bachelier en théologie, demeurant à Paris, au profit de messire Jean Méraut, seigneur de Villiers le Bâcle, conseiller au parlement de Normandie, moyennant la somme de 12.000 livres, ladite rente assignée sur la terre du Pressoir, en Touraine. Messire RENÉ BARJOT, chevalier, marquis de Moussy, et dame CHARLOTTE DE MAILLÉ, sa femme, se rendent cautions de ladite rente. Fait à Paris; reçu par Guillaume Lebert et Charles de Henaut, notaires au Châtelet de Paris.

751

1671, 2 novembre, Crissé. — (Registres paroissiaux de Crissé.)

Le 2 novembre 1671, fut inhumé en nostre église le corps de deffunct GILLES DE CIRARD, écuyer, sieur de la Joncheraie, par Étienne Esnault, prêtre, curé de Tannie, en présence de Mᵉˢ Jean Champion, curé de Neuvilalais, de Jacques Charpantier, curé de Neuvillette, de Mathurin Remond, curé de Crissé, etc.

752

1674, 30 août, Brest. — CONTRAT DE MARIAGE DE HENRI DE MAILLÉ, ET D'ANNE DU PUY-MURINAIS. — (B. N. *Carrés d'Hozier,* vol. 399, fol. 122, 123. *Orig. parch.)*

Contrat de mariage de messire HENRY DE MAILLÉ, chevalier, seigneur marquis de Carman, comte de Maillé, baron de la Forest et autres lieux, fils aîné, héritier principal et noble de messire DONATIEN DE MAILLÉ, marquis de Carman, et de dame

MAURICETTE DE PLEUC, à présent dame marquise de Montgaillard, demeurant ordinairement en son château de Carman, paroisse de Plounevez, évêché de Léon, étant alors en la ville de Brest, autorisée de messire Gilles de Boisbaudry, chevalier, seigneur de Langan, avocat général au parlement de Bretagne, son curateur, accordé le 30 août 1674, avec demoiselle ANNE DU PUY-MURINAIS, fille de deffunts messire Antoine-François du Puy-Murinais, chambellan ordinaire de feu monseigneur le duc d'Orléans, et de dame Anne Barbes; ladite demoiselle fesant sa résidence auprès de madame la duchesse de Chaulnes, sa parente, alors en la ville de Brest, et autorisée de très haut et très puissant seigneur monseigneur Charles d'Ailly, duc de Chaulnes, pair de France, chevalier des ordres du roy, gouverneur et lieutenant général des pays et duché de Bretagne et des camps et armées de Sa Majesté, très haute et très puissante dame madame Élisabeth Le Ferron, duchesse de Chaulnes, son épouse, étant alors à Brest, aux fins de la procuration de messire Pierre Barbes, chevalier, seigneur d'Aurelly et de Montchevreau, oncle maternel et tuteur de ladite damoiselle du Puy-Murinais, et de ses autres parents, passée par devant Monnier et François, notaires au Châtelet de Paris, le 20 juillet 1674; en faveur duquel mariage ladite future apporte tous les biens qui luy estoient advenus par le testament de ses deffunts père et mère, montant à la somme de 94.000 livres. Ce contrat passé à Brest, en l'hôtel dudit seigneur duc de Chaulnes, devant N. Marion et Aubin, qui en retint la minute, notaires et tabellions royaux de la cour et juridiction de Brest et Saint Renan; ladite minutte signée par les parties et encore: de Goesbriant et Jacques-Claude de Quergorlay.

753

1675, 5 juin, le Mans. — (Abbés Esnault et Chambois, *Inventaire des minutes anciennes des notaires du Mans*, t. VI, pp. 101, 102.)

LOUIS DE MAILLÉ, écuyer, sieur de Saint-Jean, demeurant paroisse de Saint-Jean-d'Assé, étant au Mans, devant Jean Loyseau, notaire, s'est adressé à Jacques Le Vayer, lieutenant général au présidial du Mans, et l'a prié de surseoir à l'adjudication des biens que celui-ci a fait saisir sur lui. Ledit Le Vayer y consent et donne jusqu'au 23 avril suivant.

754

1676, 23 juin. — (Étude de Saint-Jean-d'Assé. Minute de M° Pineau, notaire royal.)

Louis de Maillé, chevalier, seigneur de Saint-Jean-d'Assé, y demeurant en sa maison seigneuriale, au lieu de la Gesmerie, est en litige avec Jean de la Fontaine, chevalier, seigneur de Grand-Maison, demeurant paroisse de Chemillé en Touraine, lequel a fait saisir sept mères vaches chez ledit sieur de Saint-Jean, en 1675. La saisie est levée le 23 juin 1676.

755

1676, juillet. — (Étude de Saint-Jean-d'Assé. Minute de M° Pineau, notaire royal.)

Louis de Maillé, chevalier, seigneur de Saint-Jean, fait saisir les grains et récoltes de son fermier René Allard, de la Gesmerie, pour défaut de paiement.

756

1676, 25 septembre, Paris. — (B. N., *Carrés d'Hozier*, vol. 399, fol. 124, 125. *Copie pap. collationnée sur l'original.*)

Constitution de 200 livres de rente au principal de 4.000 livres, faite par messire René Barjot, chevalier, marquis de Moussy, dame Charlotte de Maillé, son épouse, et damoiselle Angélique de Maillé, fille d'honneur de la feue reine, mère du roy, en leurs noms et se fesant fort de damoiselle Marie de Maillé, au profit de M° Léonard Marchant, bourgeois de Paris, au nom et comme tuteur des demoiselles Auzanet, filles mineures de M° Barthélemy Auzanet, conseiller au grand conseil.

Fait à Paris et reçu par Jean Le Chanteur et Huguet Le Roy, notaires au Châtelet de Paris.

757

1677, 28 avril, Ruillé-sur-Loir. — (Registres paroissiaux de Ruillé-sur-Loir.)

Le vingt huict (avril) 1677, a esté inhumée JUDICH DU BOSQUET DE MAILLÉ, mère de madame La Rochère, dans l'église, par M. le prieur de l'Homme; ce que moy, vicaire, certifie estre véritable. M. Le Launier.

758

1677, 3 juin, Paris. — (Arch. de Maine-et-Loire, E 3250. Parch.)

Donation faite par « dame MARIE-URBAINE DE MAILLÉ-BRÉZÉ, veufve et donnatrice de... JEAN-FRANÇOIS BONNIN DE MESSEIGNAC, vivant chevalier, marquis de Challucet, s^r d'Artron, comte et vicomte de Montreveaux et baron de Bohardy, conseiller du roy en ses conseils et lieutenant pour S. M. au gouvernement, ville et chasteau de Nantes,... dame des comté et vicomté de Grands et Petits Montreveault, parroisse de N.-D. dudit lieu, en Anjou, baronie de Bohardy, des Dervallières, du Thimas, à Charles Bonnin Messeignac, chevalier, comte de Montrevault, lieutenant pour le roy au gouvernement, ville et chasteau de Nantes, paroisse Sainte Radégonde, présentement à Paris, son fils aîné, et à messire Louis-Armand Bonnin, prêtre, bachelier de théologie en Sorbonne, » des fiefs et seigneuries des « Dervallières en Bretagne, évêché de Nantes, celle de Thimat en l'évêché de Vannes, deux maisons à Nantes, sa part d'usufruit dans les comté et vicomté des Grand et Petit Montreveault et la baronnie de Bohardy, ses acquisitions dans la seigneurie d'Artron, sous réserve d'une donation de 90.000 livres à prendre sur les terres de Montrevault et Bohardy pour Louise Bonnin, fille de la donatrice et femme de Nicolas Lamoignon, chevalier, comte de Launay Courson et de Bruc ».

759

1677, 24 novembre, Paris. — (B. N., *Carrés d'Hozier,* vol. 399, fol. 126, 127. *Orig. pap.)*

Partage fait entre haut et puissant seigneur messire Henri de Maillé, comte dudit lieu, chevalier, marquis de Carman, baron de la Forest, seigneur de l'Islette, etc., demeurant ordinairement en son château de l'Islette, étant alors à Paris, d'une part, et messire Charles Tiercelin d'Appelvoisin, chevalier, marquis de la Roche du Mayne, baron du Foux, Chitré, etc., et dame Marie-Anne de Maillé, son épouse, demeurant ordinairement en leur château du Foux, étant alors à Paris, d'autre part, des biens à eux échus par les décès de messires Donatien de Maillé, leur père, Sébastien et Donatien-Antoine de Maillé, leur frère, et damoiselle Magdeleine de Maillé, leur sœur, et par la profession en religion de dame Louise-Renée de Maillé, leur sœur, par lequel partage la dame de la Roche du Mayne aura la terre d'Houlmes en Anjou, et généralement toutes les terres d'Anjou, à la charge de payer 721 livres 5 sols 9 deniers dus à dame Mauricette-Renée de Plouecq, dame de Montgaillard, sur les biens de messire Donatien de Maillé, marquis de Carman, son premier mary; le surplus des biens demeurera audit marquis de Carman. Fait à Paris, devant Néra et Claude Le Vasseur, notaires du roy au Châtelet de Paris.

760

1677, décembre. — (Étude de Saint-Jean-d'Assé. Minute de Mᵉ Pineau, notaire royal.)

Messire Louis de Maillé, chevalier, seigneur de Saint-Jean-d'Assé, y demeurant, se fait représenter le... décembre 1677, par Mᵉ Guillaume Mordret, prêtre dudit Saint-Jean, pour affermer, par bail de quatre ans et pour 24 livres de rente annuelle payable par quarts, son droit de billette attaché à son fief de Saint-Jean. Le fermier est Mᵉ Julien Chaudet, marchand à Saint-Jean.

761

1678, 16 mai. — (Étude de Saint-Jean-d'Assé. Minute de Mᵉ Pineau, notaire royal.)

Louis de Maillé, chevalier, seigneur de Saint-Jean, y demeurant, en sa maison seigneuriale de la Gesmerie, propriétaire du lieu et bordage du Grand-Riousse, loue cette terre à moitié, n'en réservant que le grand pré, à Marin Gasté, « homme de travail, » dudit Saint-Jean. Le bail est écrit en la maison de Mᵉ Guillaume Mordret, prêtre habitué à Saint-Jean-d'Assé.

762

1678, 1ᵉʳ juin. — (Étude de Saint-Jean-d'Assé. Minute de Mᵉ Pineau, notaire royal.)

Louis de Maillé, chevalier, seigneur de Saint-Jean, y demeurant, en sa maison seigneuriale, fait faire la montrée du Grand-Riousse, dont il est propriétaire.

763

1678, 13 juin, château de Jalesnes. — (Cabinet de M. L. Brière. *Minute sur papier.*)

Devant Mathurin Chuché, notaire royal en Anjou, au ressort de Baugé, résidant au bourg de Vernantes, messire Charles de Maillé de la Tour-Landry et de Châteaubriand, seigneur marquis de Bourmont, Jalesnes, etc., et dame Marie-Madeleine de Broc, son épouse, de présent au château de Jalesnes, paroisse de Vernantes, approuvent la cession faite le 11 juin par Jacques Pillet, leur procureur, en faveur de Jacques Le Vayer, écuyer, conseiller du roy, lieutenant général en la sénéchaussée du Maine et siège présidial du Mans, d'une créance de 13.000 livres à prendre sur Suzanne de Hodon, veuve de Mʳᵉ Pierre Le Vexel, Mʳᵉ René Le Vexel, leur fils aîné et principal héritier de noble Jean Guitton, sʳ des Bois.

Faict et passé au château de Jalesnes, en présence de Pierre

Lorendeau et de messire André de Jousseaume, chevalier, seigneur du Coudray, demeurant audit Vernantes, témoins.

C. de Maillé de la Tour-Landry de Châteaubriant; M.-M. de Broc ; André Jousseaume; P. Laurendeau; M. Chuché.

764

1678, 25 juin, Angers. — (Arch. de Maine-et-Loire, E 3250 *Pap.*)

Sommation faite par Guy Odiart, sieur de la Piltière, avocat au parlement, procureur de Mre Charles de Maillé de la Tour-Landry et de Châteaubriand, chevalier, seigneur marquis de la Tour-Landry et de Jalesnes, principal héritier de Louis de Maillé de la Tour-Landry, vivant chevalier, marquis de Gilbourg, « qui estoit unique héritier de deffuncte dame Louise de Chasteaubriand, sa mère, veufve de deffunct messire Jehan de la Tour Landry, comte de Chasteauroux, son père ». Ladite sommation faite à Mathurin Yver, s^r de la Coudre, procureur fiscal des terres, fiefs et seigneuries de Saint-Jean-des-Mauvrets, Juigné, Vigné, appartenances et dépendances, échues audit défunt s^r de Gilbourg de la succession de ladite dame comtesse de Châteauroux, de déclarer s'il n'a pas, en sadite qualité de procureur fiscal, des titres à lui délivrés par ladite comtesse de Châteauroux et intéressant les droits du s^r Charles de Maillé.

765

1679, 17 septembre, Jalesnes. — (Arch. de Maine-et-Loire, E 3259. *Orig. parch., scellé d'un très beau sceau de cire rouge.*)

« En mon chasteau de Jallesne, parroisse de Vernantes. » Présentation à l'évêque d'Angers, par « Charles de Maillé de la Tour Landry de Chasteaubriand, chevallier, marquis de la Tour Landry et de Jallesne, à présent seigneur propriettaire des terres, fiefs et seigneuries de Sainct Jean des Mauverais, de Pigné et de Tigné et leurs appartenances et dépendances, à raison d'icelles, patron fondateur et présentateur de la chapelle de monsieur Saint Jacques d'Escruye en l'église parroissiale

dudict Saint Jean des Mauverais, » de « René de Broc, clerc tonsuré... du diocèse d'Angers, comme habille à posséder ladicte chappelle, » vacante par la mort du dernier titulaire.
Signé : De Maillé de la Tour Landry de Chasteaubriant.

766

1680, 14 janvier, le Mans. — (L'abbé G. Esnault, *Inventaire des minutes anciennes des notaires du Mans,* t. V, p. 102.)

Devant Jean Loyseau, notaire au Mans, Claude de Thieslin, chevalier, demeurant à Auvers-le-Hamon, vend pour 30.000 livres à ANDRÉ DE MAILLÉ, comte de Maillé, la terre, fief et seigneurie de la Cesneric, en Courcemont.

767

1680, 20 novembre, le Mans. — (B. N., *Carrés d'Hozier,* vol. 399, fol. 41.)

Contrat de mariage de messire FRANÇOIS, comte DE MAILLÉ, chevalier, fils de feus messire HENRI DE MAILLÉ, vivant chevalier, seigneur marquis de Bénéhart, et de dame FRANÇOISE DE LA BARRE, sa femme, demeurant dans son château de Rougeou, paroisse de Fresne, province de Blois, du consentement de messire RENÉ DU GRENIER, son beau-frère, seigneur et marquis d'Oléron, mari de dame ANNE DE MAILLÉ, sœur du futur époux, demeurant dans sa terre de la Pelonnière, paroisse du Pin, province du Perche, accordé le 20 novembre 1680 avec damoiselle FRANÇOISE-MARGUERITE BOUTEILLER, fille majeure de vingt-quatre ans de feux Marin Bouteiller, vivant seigneur de Châteaufort, et de demoiselle Marie Préville, du consentement de demoiselle Marguerite Breton, son ayeule maternelle, veuve de M° François Préville, M° Charles Bouteiller, son frère, licentié ès droits, et Charles Richer, écuyer, seigneur de Montéhard, et dame Renée Bouteiller, sa femme. Ce contrat reçu par Guinoiseau, notaire royal au Mans.

768

1680, 25 novembre, Angers. — (B. N., *Carrés d'Hozier,* vol. 399, fol. 10. *Expédition en papier délivrée en 1688.*)

Accord fait sous seing privé le 25 novembre 1680, entre Charles de Chérité, chevalier, seigneur de Voisin, Marie et Louise de Chérité, frère et sœurs émancipés, procédants sous l'autorité de Mr Daburon, avocat au présidial d'Angers, leur curateur, d'une part, ANDRÉ DE MAILLÉ DE LA TOUR LANDRY de Châteaubriand, chevalier, seigneur comte de Maillé et Saint Jean des Mauvrets et ses dépendances, MARIE DE MAILLÉ, épouse et procuratrice de Mre CHARLES DE BUCHEPOT, chevalier, seigneur de Fromanteaux, et CHARLES DE MAILLÉ DE LA TOUR LANDRY, chevalier, émancipé et sous l'autorité de Mr Guinoyseau, avocat et échevin d'Angers, son curateur. Par cet accord et moyennant les partages entre eux faits des biens de feue madame de Soubz le Puy, de laquelle ils étaient héritiers, chaque partie s'oblige de payer en l'acquit de ladite succession les rentes mentionnées en cet accord et de payer tous, par moitié, les rentes viagères jusqu'aux décès de ceux auxquels elles étaient dues. Cet acte, arrêté double à Angers, signé des parties, est produit par expédition donnée le 13 novembre 1688, sur l'original attaché à la minute d'un acte fait entre les parties le 3 septembre 1681, devant Me René Raffray, cy devant notaire royal à Angers, par Étienne Yvard, notaire royal audit Angers, garde des minutes dudit Raffray.

769

1681, 18 mai, Saint-Michel-du-Tertre. — (Arch. de Maine-et-Loire, E 3250. Audouys, *Notes et extraits généalogiques sur la famille de Maillé.*)

A Saint Michel du Tertre, ondoyment d'un garçon, fils de haut et puissant seigneur messire ANDRÉ DE MAILLÉ DE LA TOUR LANDRY, seigneur de Châteaubriand, chevallier, comte de Maillé, et de feue dame MARIE THIÉLIN.

770

1681, 8 juin, Paris. — (B. N., *Carrés d'Hozier,* vol. 399, fol. 129, 130. *Orig. en papier.*)

Acte passé entre dame MAURICETTE-RENÉE DE PLOEUC, veuve en premières noces de messire DONATIEN DE MAILLÉ,

marquis de Carman, et en secondes noces de messire Charles
Persin, marquis de Montgaillard, demeurante ordinairement en
son château de Thimeur, étant alors à Paris, et messire Henry
de Maillé, chevalier, marquis de Carman, son fils, demeurant
ordinairement en son château de l'Islette, étant alors à Paris,
par lequel ils reconnaissent que, par traité passé présentement
entre eux, la dame de Montgaillard avoit fait cession à son fils
des fruits et revenus de tous ses biens jusqu'à ce qu'il soit payé
de toutes les sommes à luy dues par ladite dame; néantmoins
elle s'étoit réservée la somme de 6000 livres à toucher par les
mains dudit sieur marquis de Carman. Fait à Paris, devant Rallu
et des Notz, notaires au Châtelet de Paris.

771

1681, 4 août, Paris. — (B. N., *Carrés d'Hozier*, vol. 399,
fol. 133. *Orig. en parch.*)

Constitution de 400 livres de rente faite par messire Alexis
Barjot de Moussy, docteur en théologie de la faculté de Paris,
à Mᵉ Gabriel Pigis, conseiller du roy, au principal de 8000 livres.
Fait à Paris, reçu par Royer et Loyer, notaires au Châtelet de
Paris.

772

1681, 8 septembre, Angers. — (B. N., *Carrés d'Hozier*,
vol. 399, fol. 11, 12. *Expédition en papier.*)

Partage fait le 8 septembre 1681, entre dame Marie de
Maillé de la Tour Landry, tant en son nom que comme
fondée de procuration passée devant Huguet, notaire, le 24 octobre précédent, de messire Charles de Buchepot, son
mari, chevalier, seigneur de Fromantau, Foucquerolle, Piébouchard et autres lieux, demeurante avec luy en leur maison seigneurialle de Piébouchard, paroisse de Bl......, pays de Bour-
bonnois, et messire Charles de Maillé de la Tour Landry,
chevalier, son frère émancipé, procédant sous l'autorité de
Mᵉ Ignace Pouriaz, avocat au siège présidial d'Angers, son
curateur, demeurants, savoir : ledit chevalier au château de

Jalesne, paroisse de Vernante, ledit Pouriaz à Angers, paroisse Saint Michel du Tertre; savoir, des choses à eux échues des successions de feue dame LOUISE DE CHÉRITÉ, épouse de messire LOUIS DE MAILLÉ DE LA TOUR LANDRY, chevalier, seigneur marquis de la Tour Landry, Bourmont, Gilbourg, etc., leurs père et mère, et de dame Catherine de Goubiz, leur aveule maternelle, décédée veuve de messire François de Chérité, chevalier, seigneur de Soubz le Puy, suivant les partages nobles faits entre haut et puissant seigneur messire ANDRÉ DE MAILLÉ DE LA TOUR LANDRY de Châteaubriant, chevalier, seigneur comte de Maillé, leur frère aîné, passés devant Raffray, notaire royal à Angers, le 3 septembre 1681, desquelles choses, contenues dans le troisième lot échu auxdits seigneur et dame copartageants par lesdits partages, la subdivision en deux lots avoit été faite le 6 septembre devant ledit notaire, au choix desquels lots étant procédé, ledit seigneur chevalier de la Tour Landry prit le second. Fait à Angers, en présence de Mʳ Mᵉ Pierre Payneau, seigneur de Pegon, conseiller du roy, juge en la sénechaussée et siège présidial d'Angers, reçu par ledit Raffray, notaire royal, produit par expédition délivrée par Yvard, notaire royal, garde de la minute.

773

1682, 15 juillet. — (Arch. du Cogner. *Copie papier.*)

Déclaration féodale rendue à « hault et puissant seigneur messire RENÉ DU GRENIER, chevallier, seigneur marquis d'Olléron, et, à cause de haulte et puissante dame ANNE DE MAILLÉ-BÉNÉHARD, (son) espouze, seigneur de la terre, fief et seigneuryе du Chasteau Sénеschal, Ligron, Saint Germain du Val, Poil de Reue, Verron, la Gaudinière et autres lieux, » par « damoiselle FRANÇOISE DE MAILLÉ, fille et héritière de deffunct messire FRÉDÉRIC DE MAILLÉ, vivant seigneur de Chefdrеüc et de la terre, fief et seigneurie de Grande Potterye, » pour le fief de Grande-Potterie, la Ronse et fief Pantin, qu'elle tient dudit seigneur à foi et hommage simple, à cause de sa terre et châtellenie de Château-Sénéchal.

774

1683, 17 mars, Paris. — (B. N., *Carrés d'Hozier,* vol. 399, fol. 134. *Orig. en parch.)*

Constitution de 200 livres de rente, moyennant la somme de 4000 livres faite par messire René Barjot, chevalier, marquis de Moussy, au profit de dame Adrienne de Maupeou, veuve de messire Antoine, baron de Cottinville, seigneur de Bussay. Fait à Paris, reçu par Rallu et Auvray, notaires au Châtelet de Paris.

775

1684, 1er septembre, Paris. — (B. N., *Carrés d'Hozier,* vol. 399, fol. 137, 138. *Copie en papier, collationnée sur l'original en 1688.)*

Quittance donnée par Me Claude Roullin, bourgeois de Paris, à dame Charlotte de Maillé, veuve de messire René Barjot, chevalier, marquis de Moussy, et à damoiselle Angélique de Maillé, de la somme de 450 livres, en déduction des arrérages de 150 livres de rente à luy dues. Cette somme de 450 livres fesant partie de celle de 3000 livres qu'elles avoient empruntées à François Piges, argentier, pour laquelle elles lui avoient constitué 150 livres de rente. Et comme lesdites de Maillé avoient fait le 1er juin 1678 une transaction avec messire Henry de Maillé, chef du nom et armes de la maison de Maillé, leur neveu, par laquelle il s'étoit obligé de les acquitter de plusieurs rentes dans lesquelles celle cy dessus estoit comprise, elle protestent de répéter contre ledit seigneur, leur neveu, ladite somme de 450 livres.

Fait à Paris, reçu par de Troyes et Loyer, notaires au Châtelet de Paris, et produit par copie collationnée sur l'original le 24 mai 1688.

776

1684, 1ᵉʳ septembre, Paris. — (B. N., *Carrés d'Hozier*, vol. 399, fol. 139, 140. *Copie en papier collationnée sur l'original en 1688.*)

Quittance donnée par messire François Briçonnet, président en la troisième chambre des enquêtes, à dame CHARLOTTE DE MAILLÉ, veuve de messire RENÉ DE BARJOT, marquis de Moussy, et à damoiselle ANGÉLIQUE DE MAILLÉ, de la somme de 1000 livres pour deux années d'arrérages de la rente de 500 livres, avec mêmes protestations qu'en la quittance précédente. Passé à Paris; reçu par de Troyes et Loyer, notaires au Châtelet de Paris; collationné sur l'original le 24 mai 1688.

777

1684, 6 septembre, Paris. — (B. N., *Carrés d'Hozier*, vol. 399, fol. 141. *Copie en papier collationnée sur l'original en 1688.*)

Quittance donnée par messire Louis Bourgoing, maître ordinaire en la chambre des comptes, à damoiselle ANNE-ANGÉLIQUE DE MAILLÉ, de la somme de 200 livres, pour arrérages de rente, avec mêmes protestations que les deux quittances précédentes. Fait à Paris, reçu par de Troyes et Loyer, notaires au Châtelet de Paris, collationné sur l'original le 24 mai 1688.

778

1684, 15 novembre, Laval. — (B. N., *Carrés d'Hozier*, vol. 399, fol. 13. *Original en parchemin.*)

Contrat de mariage de haut et puissant seigneur messire CHARLES DE MAILLÉ, chevalier, comte de la Tour Landry, fils de deffunt haut et puissant seigneur messire LOUIS DE MAILLÉ de la Tour Landry, chevalier, marquis de Gilbourg, Bourbont, le Grelay, le Fresne, Saint Jean des Mauvrets, Yeug sur Loire et autres, et de puissante dame Louise de Cherité, demeurant alors au château de Saint Jean de Mauvrez, paroisse dudit lieu, province d'Anjou, et estant alors au lieu de Laval, accordé le 15 novembre 1684, avec haute et puissante dame Jeanne de Pellisson, veuve de haut et puissant seigneur messire Jacques, vicomte de Biragues, demeurante au château d'Entrasmes, paroisse dudit lieu. Ce contrat passé au château dudit Entrasmes, en présence et de l'avis de haut et puissant seigneur messire André de Maillé de la Tour Landry Châteaubriand, chevalier, comte de Maillé, marquis de Gilbourg, demeurant en son château de Mauvrez, paroisse dudit lieu, province d'Anjou, frère aîné dudit seigneur futur, étant alors audit lieu ; Daniel de Pelisson, écuyer, s^r de Montigné, et dame Magdelene Le Clerc, son épouse, père et mère de ladite future, demeurans en leur maison seigneuriale de Montigné, paroisse dudit Entrames ; et encore en présence de vénérable et discret Me Ambroise de Masseilles, prestre, curé dudit Entrasmes, y demeurant, et Me Roland Le Duc, avocat en parlement, demeurant audit Laval, devant Pierre Poulain, notaire et tabellion royal, établis et résidant à Laval.

779

1685, 5 mai, le Mans. — (B. N., *Carrés d'Hozier,* vol. 399, fol. 42.)

Extrait du registre des batesmes de la paroisse du Crucifix, au Mans, portant que Louis, fils de messire François, comte de Maillé, chevalier, seigneur de Roujou et de Fresne, etc., et de dame Françoise Bouteiller, sa femme, après avoir été batisé dans l'église de Fresne, au diocèse de Blois, le 5 mai 1685, reçut les cérémonies du baptême le 2 octobre 1699. Le parrain : messire Louis de la Vergne de Montenard de Tressan, évêque du Mans ; la marraine : haute et puissante dame Élisabeth de la Vergne de Tressan, femme de M^r le comte de la

Motte Houdencourt, maréchal des camps et armées du roi. Cet extrait délivré ledit jour 2 octobre 1699; signé Cailleau, curé de l'église du Crucifix, au Mans.

780

1686, 27 avril, Paris. — (B. N., *Carrés d'Hozier*, vol. 399, fol. 142, 143. Orig. parch.)

Arrêt des requestes de l'hôtel du roy en faveur de dame MAURICETTE-RENÉE DE PLEUC, veuve en premières noces de messire DONATIEN DE MAILLÉ, chevalier, marquis de Carman, et en deuxièmes noces de messire Charles de Persin, marquis de Montgaillard, demanderesse aux fins de la requête énoncée en l'arrêt de la cour du 27 septembre 1685, en saisie et délivrance de deniers contre les fermiers des terres et seigneuries de Carman, et contre ledit s^r de Carman. Les fermiers condamnés à luy payer 34.500 livres pour cinq années neuf mois d'arrérages de son douaire. Cet arrêt signé : Breheret.

781

1686, 11 juillet, Saint-Aignan. — (Arch. du Cogner. *Expédition sur parch.*)

Devant Mathurin Thibault, notaire de la châtellenie de Saint-Aignan, y demeurant, « damoiselle FRANÇOISE-ÉLIZABETH DE MAILLÉ de Chedreux, fille majeure usante de ses droicts, tant en son privé nom que comme procuratrice de damoiselle CHARLOTTE-CATHERINE DE MAILLÉ de Chedreux, sa sœur, demeurante en la ville du Mans, » donne à bail pour six ans à Macé Lesassier, bordager, et Anne Courtin, sa femme, le lieu du Quinepot, situé paroisse de Saint-Aignan, à la charge par les preneurs d'en faire chacun an à ladite demoiselle de Maillé 150 livres de rente payable au jour de la Toussaint.

782

1686, 14 septembre, le Mans. — BAILLÉE A RENTE PERPÉTUELLE PAR FRANÇOIS, COMTE DE MAILLÉ, ET FRANÇOISE

BOUTEILLER, SA FEMME, A LÉONOR DE LA RIVIÈRE, SEIGNEUR DE LA GROIRIE. — (Cabinet de M. Louis Brière. *Minute sur papier.)*

Devant les notaires royaux généraux de la province du Maine, demeurant au Mans, Mᵉ Julien Poirier, avocat au siège présidial du Mans, y demeurant paroisse Saint-Vincent, procureur de messire FRANÇOIS, comte DE MAILLÉ, chevalier, seigneur de Roujoux, et de dame FRANÇOISE BOUTEILLER, son épouse, baille à rente perpétuelle à « Léonor de la Rivière, escuier, seigneur de la Groirye, demeurant à Paris, parroisse Saint Estienne du Mont, rue Perdue, estant de présent en cette ville, logé en la maison de Mᵉ Nicollas Hossard, advocat au présidial du Mans, demeurant parroisse Saint Benoist,... la métairie du Tertre, scituée parroisse de Trangé, composée d'une maison pour le fermier, où y a deux chambres et un pressoir, une grange, l'estable aux bœufs y joignant, deux autres estables, l'une pour les vaches et l'autre pour les brebis, toicts à ports, estrises, jardins, vergers, deux clotteaux, contenant comme à l'estimation de trois journaux de terre, le champ de sur les Prés, contenant quatre journaux ou environ, le champ de l'Espinne et le clotteau, contenant quatre journaux, le Grand Champ, de huit journaux, le champ de l'Escottay, sept journaux, le champ de Pisserot, cinq journaux, le champ du Jauneau, quatre journaux, le champ des Varannes, cinq journaux, le champ des Grandes Mares, quatre journaux, le champ des Petittes Mares, deux journaux, le champ des Grandes Cheminées, deux journaux, les champs de la Grange et Petitte Cheminée, quatre journaux, le champ de la Fontainne, deux journaux, le champ Carré, deux journaux, le champ du Tertre et un clotteau estant au bas où y a une fontainne, contenant six journaux, le grand pré de Pisserot, contenant huit hommées, le pré de la Noc du Ruisseau, deux hommées, le pré de la Noe du Tremble, une hommée, le pré de l'Escrivain, contenant huit hommées, le tout ou environ, tant en hommées que journaux, lequel pré de l'Escrivain joinct une portion de pré contenant deux ou trois hommées dépendant de la chappelle de Sainte Marguerite, le chapelain de laquelle a seullement droit d'en faire faucher le foin et le faire emmener à ses despens, et en l'esgard du regain et autres herbes qui viennent dans lesdites deux ou trois hommées dépendent de ladite métairie du Tertre, les seigneurs de laquelle métairie sont fondés de jouir une année du foin qui se cuille dans lesdites deux ou trois hommées de pré, à chaque mutation de chappelain de ladite chapelle de Sainte Marguerite ; tout ainsy que lesdites choses... se comportent et qu'elles appartiennent audit seigneur comte de Maillé, dame Bouteiller, son espouse, comme héritiers de deffunct M⁰ Jullien Bouteiller, son ayeul, suivant les partages faicts avec le seigneur de Montéhard et dame Renée Bouteiller, son espouse, et le sieur Bouteiller de Châteaufort, devant M⁰ Jean Touschard, notaire de cette dite ville... » La présente baillée faite pour 175 livres de rente annuelle et perpételle, « jusqu'à l'extinction et amortissement d'icelle, que ledit sieur preneur pourra faire touttes foys et quantes audit sieur Poirier, auxdits noms, en cette dite ville, à raison du sol la livre ».

Fait en la maison de Butet (l'un des notaires), au Mans, lesdits jour et an.

De la Rivière ; Poirier ; Bouvier ; Buttet.

783

1686, 21 novembre, le Mans. — VENTE PAR FRANÇOIS, COMTE DE MAILLÉ, A ROLAND THOMAS, SIEUR DE LA PROUSTERIE. — (Cabinet de M. L. Brière. *Minute sur papier.*)

Devant les notaires royaux au Maine demeurant au Mans, messire FRANÇOIS, comte DE MAILLÉ, chevalier, seigneur de Roujoux, y demeurant ordinairement, paroisse de Fresne, et actuellement logé au Mans « en l'hostellerye où pend pour enseigne la Place Royalle, paroisse de la Couture, » agissant tant en son nom que comme fondé de procuration de dame FRANÇOISE DE BOUTEILLER, son espouse, cède, à « M⁰ Roland Thomas, sieur de la Prousterie, demeurant à Paris, rue Perdue, paroisse Saint Estienne du Mont, et, pour le fait des présentes, logé au Mans, paroisse Saint Benoist, chez M⁰ Nicolas Hossard, advocat au présidial, la somme de 175 livres de rente à prendre sur Léonor de la Rivière, escuier, sieur de la Groirye, qui est débiteur au seigneur de Maillé et à son épouse par contrat du 14 septembre dernier. Ladite cession faite par le seigneur de Maillé moyennant la somme de 3.500 livres que le sieur Thomas a payée en une lettre d'eschange qu'il a tirée sur Mʳ du Mouceau du Nollant, intendant des armées de Sa Majesté, demeurant à Paris, isle Nostre Dame, rue Bretonvilliers, payable au sieur de Maillé ou ordre le 20 novembre, et acceptée par ledit sieur du Mouceau... »

Fait au Mans, en la maison de Buttet, l'un des notaires.

François de Maillé; Thomas de la Prouterie;
Bouvier; Buttet.

784

1687, 22 janvier, Ruillé-sur-Loir. — (Registres paroissiaux de Ruillé-sur-Loir.)

Le vingt deuxiesme jour de janvier mil six cent quatre vingt sept après midy, a esté inhumée, dans le chœur de l'église de Ruillé, noble RENÉE DE MAILLÉ, veufve de deffunct Mᵉ JOACHIM DE CERVON de la Rochère de Cervon, seigneur de la Tousche, par nous, prebtre, curé de Ruillé, soussigné.

F. Hegron.

785

1687. — (Arch. de la Sarthe, II 228. *Inventaire des tiltres du prieuré de Mézières soubz Ballon, dépendant de l'office de sacristaim de l'abbaye de Saint Vincent,* fol. 25 verso.)

Déclaration par « ÉLIZABETH DE MAILLÉ, damoiselle, fille de deffunct messire FERDÉRIC DE MAILLÉ, chevallier, seigneur de Chedreux, et de deffuncte MARIE LOUIS, » pour « quatre quartiers de vignes ou environ, situées au clos appellé le Champ Hardois, en ladite paroisse de Mézière... »

786

1688, 8 août, Vernantes. — (Registres paroissiaux de Vernantes.)

Baptême de Charles-Henri de Maillé, fils de Georges-Henri de Maillé de la Tour-Landry et de Marie-Anne de Fraizeau, né à Jalesnes le 5 août.

787

1689, 2 mai, Noyen. — Reconnaissance donnée par Marie de Maillé, fille de défunts Frédéric de Maillé et Marie Louis. — (Arch. de M. L. Brière. *Minute.*)

Du second jour de may mil six cent quatre vingt neuf, après midi. Par devant nous François Buisneau, notaire et tabellion des baronnye et chastelenyes de Noyan et Pirmil, demeurant audit Noyan, fut présente establye et deuement soumise dame Marie de Maillé, fille aisnée de deffuncts Frédéric de Maillé, escuyer, seigneur de Chedreux et de la terre, fiefs et seigneuries de Voysines, et de dame Marie de Louis, demeurante en la maison seigneurialle de Voysines, parroisse dudit Noyan, laquelle, comme hérittière en partye de ladite dame de Louis, sa mère, a recogneu et confessé devoir estre tenue et obligée, conjoinctement avec dame Françoise de Maillé, espouze de monsieur de la Dorizière, et de dam^{elle} Charlotte-Catherine de Maillé, ses sœurs et cohérittières, bailler et payer aux enfans de Émery Thomas, escuyer, sieur de Beaumont, et de deffuncte dame Marguerite Louis, conformément aux partages des biens de la succession de deffuncts Me Mathurin Louis, sieur des Malicottes, avocat au siège présidial et séneschaussée du Mans, et de dame Anne Le Joyant, attestez devant Me Ambrois Bouvier, notaire royal, la somme de deux mil livres en principal, avec les intérests annuellement, jusques au payement, remboursement de ladite somme, en laquelle elle peult estre tenue pour sa part et portion personnellement et hippotecquèrement pour le tout, à quoy elle a affecté et hippotéqué d'abondant les biens de la succession desdits deffuncts sʳ des Malicottes et de Louis avec les siens, sans que le général et spécial hippotecqué se puissent préjudicier; et où ledit sieur Thomas, sʳ de Beaumont, ne trouveroit la présente reconnoissance valable pour voulloir qu'elle fust géneralle et faicte avec lesdits cohérittiers de ladite dame establye, elle a constitué et nommé *(en blanc)* son procureur général et spécial pour en passer telle autre devant notaire, conjoinctement avec sesdits cohéritiers, promettant avoir agréable ce qui sera faict par lesdits procureur, obligeant, etc... Dont jugé.

Passé audit Noyan, présents : Mᵉ François Tuffière, licentyé ès droicts, bailly desdites baronnye et chastelenyes, et Charles Gaultier, praticien, demeurants audit Noyan, tesmoins.

M. de Maillé; Tuffière; F. de Maillé; Charlotte-Catherine de Maillé; Gaultier; Buisneau.

788

1690, 24 avril, Paris. — (B. N., *Carrés d'Hozier*, vol. 399, fol. 145. *Orig. parch.*)

Cession faite par dame MAURICETTE-RENÉE DE PLOEUC, veuve en premières noces de messire DONATIEN DE MAILLÉ, chevalier, marquis de Carman, et en deuxièmes noces de messire Charles de Persin, marquis de Montgaillard, demeurante alors en la maison et communauté de madame de Miramion, sur le quay de la Tournelle, à messire HENRY, comte DE MAILLÉ et de la Marche, chevalier, marquis de Carman, baron de Lesquelen, colonel d'un régiment d'infanterie, son fils, de tous les revenus des terres qui luy restoient à titre de douaire, savoir : parties de celles de Caraman et de Lesquelen, dont le fond appartenoit à son fils, lequel s'oblige à luy payer 12.000 livres de pension viagère. Fait à Paris, devant François Lange et Claude Le Vasseur, notaires au Châtelet de Paris.

789

1690, 18 mai, la Flèche. — (Arch. de la Sarthe, G 370, fol. 12 verso.)

Présentation faite par Philbert-Emmanuel Richer de Montéhard, écuyer, seigneur de Montéhard et de Saint-Jean-d'Assé, à l'évêque du Mans, de la personne de Charles-Guillaume Richer, écuyer, écolier étudiant au collège royal de la Flèche, pour être pourvu de la chapelle de Saint-Thuribe, en Saint-Jean-d'Assé, vacante « par la mort de deffunct messire ANTOINNE DE MAILLÉ, » dernier titulaire.

790

1690, 20 mai, Saint-Jean-des-Mauvrets. — (Registres paroissiaux de Saint-Jean-des-Mauvrets.)

Sépulture de haut et puissant seigneur messire ANDRÉ DE MAILLÉ DE LA TOUR-LANDRY, sieur de Saint-Jean, Juigné, Tigné, les Granges, héritier présomptif des princes du Bas-Berry, âgé de trente-neuf ans.

791

1690, 19 juin, Paris. — (B. N., *Carrés d'Hozier*, vol. 399, fol. 146. *Copie en papier non signée, et par extrait.*)

Partage des biens et dettes de la succession de défunte damoiselle AIMÉ-ANGÉLIQUE DE MAILLÉ, nommée madoimeselle de Carman, entre messire HENRY, comte DE MAILLÉ et de la Marche, chevalier, marquis de Carman, baron de Lesquelen, colonel d'un régiment d'infanterie, et dame MARIE-ANNE DE MAILLÉ, épouse séparée de biens de messire Charles Tiercelin d'Appelvoisin, chevalier, marquis de la Roche du Maine, héritiers en partie de la défunte demoiselle, leur tante, par représentation de messire DONATIEN DE MAILLÉ, leur père, frère aîné de ladite damoiselle de Carman, et dame CHARLOTTE DE

Maillé, veuve de messire René Barjot, chevalier, marquis de Moussy, tant pour elle que pour demoiselle Marie de Maillé, sa sœur, aussi héritière en partie de la défunte demoiselle de Carman, leur sœur. Fait à Paris; reçu par Le Vasseur et son confrère, notaires à Paris.

792

1690, 30 juin, Angers. — (B. N., *Carrés d'Hozier*, vol. 399, fol. 14. *Copie en papier délivrée sur l'original en 1691.*)

Sentence rendue à Angers, le vendredy 30 juin 1690, par laquelle Louis Boyslève, écuyer, seigneur de Gillière, conseiller du roy, lieutenant général d'Anjou en la sénéchaussée et siège présidial dudit lieu, pourvoit pour curateur honoraire de *(en blanc)* Maillé de la Tour Landry, fils mineur de défunt messire André de Maillé, chevalier, comte de Saint Jean, et de dame Marie-Louise de Thieslin, messire Charles de Maillé, le jeune, chevalier, comte de la Tour Landry, et, pour curateur onéraire, noble homme Jean Normant, sieur du Hardas, de l'avis de messire Charles de Maillé de la Tour Landry, chevalier, seigneur marquis de Jalesne, oncle du mineur, messire Charles d'Andigné, seigneur marquis de Vezins, etc. Cette sentence signée sur l'original : Alleaume, produite par copie collationnée sur l'original le 16 janvier 1691, par Charlet et Borie, notaires royaux à Angers.

793

1691, 20 février, château de Roujoux. — (Cabinet de M. L. Brière. *Minute sur papier.*)

Devant Jacques Perseval, notaire royal au bailliage de Blois, résidant au bourg de Fresne, « hault et puissant seigneur Mre François de Maillé, chevalier, comte dudit lieu, seigneur de Rougeoux, Fresne et autres lieux, demeurant au chasteau dudit Rougeoux, paroisse dudit Fresne, et dame Françoise Bouteiller, son épouze, » ratifient et donnent leur approbation « à certain acte d'accord et licitation d'une maison scituée parroisse et faubourg Saint Vincent de la ville du

Mans, faict entre Mre Louis Le Rouge, conseiller du roy, garde des sceaux du siège présidial dudit lieu du Mans, Me Jullien Poirier, advocat audit lieu, fondé de procuration desdits seigneur et dame de Maillé, et dame Jeanne Bouteiller, veuve Me Adam Drouet, s^r de Valoutin, tous créanciers de la succession de deffunt René Gaignard, s^r des Maillets, devant Mes Louis Prudhomme et Jacques Doisseau, notaires royaux audit lieu du Mans.

« Faict et passé au château dudit Rougeoux, en présence de Jean Le Beau, menuisier, et Samuel Raby, marchand, demeumeurant audit Fresne, tesmoings, le vingtiesme de febvrier mil six cens quatre vingt et onze. »

De Maillé; F. Bouteiller; Lebeau; Rabi; Perseval.

794

1691, 25 février, Montboissier. — (Archives d'Eure-et-Loir, E, supplément, Montboissier, GG 4.)

Le dimanche 25e jour de febvrier 1691 ont esté mariés haut et puissant seigneur messire LOUYS-JOSEPH DE MAILLÉ, âgé de vingt-cinq ans, chevalier, marquis dudit Maillé, baron de Coulonce, seigneur et patron de Sicqueville et autres lieux, filz de haut et puissant seigneur messire RENÉ DE MAILLÉ, chevalier, marquis de Bénéhart, et de deffuncte haute et puissante dame dame GABRIELLE DE GUILLEBERT DE SICQUEVILLE, et damoiselle LOUISE-MARIE MALLIER DU HOUSSAY, âgée de trente ans, fille de haut et puissant seigneur messire Claude Mallier, chevallier, marquis du Houssay, vicomte de Bonneval, seigneur de Moriers, Chassonville, Montharville, Vouvray, Saint Maurice et autres lieux, et de haute et puissante dame Genevièfve de Houdetot.

795

1691, 26 février, Ruillé-sur-Loir. — (Registres paroissiaux de Ruillé-sur-Loir.)

Le vingt sixième jour de février mil six cent quatre vingt onze, après midy, a esté inhumée dam^elle ÉLISABETH DE MAILLÉ, fille, dans le chœur de l'église de céans. F. Hegron.

796

1691, 23 novembre. — (Arch. de Maine-et-Loire, E 3250. *Pap.*)

Acte par lequel dame Marie-Madeleine de Broc, comme procuratrice de Charles de Maillé de la Tour-Landry, marquis de Jalesnes, son mari, et de Georges-Henri de Maillé, chevalier, seigneur marquis dudit lieu, et dame Anne Marie de Frezeau, son épouse, pour pouvoir satisfaire leurs créanciers sur les bois vendus aux s^{rs} les Guyz, marchands à Vaas, le 27 juillet précédent, cèdent la somme de 70.000 livres.

797

1692, 11 février. — (Arch. de Maine-et-Loire, E 3250. Audouys. *Notes et extraits généalogiques sur la famille de Maillé.*)

Supplément des cérémonies du baptême à Charles-André, fils de haut et puissant messire André de Maillé de la Tour Landry Châteaubriand, chevalier, comte de Maillé et de Saint Jean des Mauvrais et Gilbourg, et de feue dame Marie Louis Thielin. Fut parrain : haut et puissant seigneur messire Charles de Maillé, marquis de la Tour Landry et de Jalene; fut maraine : dame Charlotte Thielin, dame de la Jallière.

798

1692, 10 mars, Vernantes. — (Registres paroissiaux de Vernantes.)

Baptême de Michel-François, fils de Georges-Henry de Maillé de la Tour-Landry et de Marie-Anne de Fraizeau, né le 11 octobre 1690. Parrain : haut et puissant seigneur messire François de Frezeau, marquis de la Frezclière, lieutenant général, dans les armées du roi, de l'artillerie de France, gouverneur des forteresse et château de Salins.

799

1692, 2 juin, le Mans. — Contrat de mariage de Louis de Clinchamps, écuyer, seigneur de Radray, et de

Marie de Maillé. — (Arch. du Cogner. *Expédition en parchemin.*)

Articles du futur mariage d'entre messire Louis de Clinchamp, chevalier, seigneur de Radray et autres lieux, colonel d'un régiment d'infanterie pour le service de Sa Majesté, fils de défunct messire Jacques de Clinchamp, chevalier, seigneur de Saint Marceau, Teillé et autres lieux, et de dame Françoise de Bergeau, ses père et mère, demeurant parroisse de Montbisot, d'une part;

Et damoiselle Marie de Maillé, fille aisnée et principalle héritière de messire Frédéric de Maillé, chevallier, seigneur de Chefdreux, de Voisine et autres lieux, et de dame Marie de Louis, son épouse, demeurant parroisse de Noyen, d'autre part.

Lesdicts sieur de Clinchamp et damoiselle de Maillé ont promis s'espouser l'un l'autre en face d'église catholique, apostolique et romaine, de l'avis et consentement de leurs parens et amis soussignés.

Lesdicts futurs n'entreront en aucune communauté de biens pour quelque temps que ce soit, s'il n'est cy après autrement convenu entr'eux.

Sera faict inventaire des meubles et effects que chacun desdits futurs époux aportera dans la maison où ils feront leur habitation pour demeurer à ceux ausquels ils apartiendront. Laditte damoiselle future aura douaire coustumier sur les biens dudict futur époux, le cas avenant, dont les fruicts couront du jour qu'il aura lieu sans qu'il soit besoin de faire sommation.

En considération duquel mariage lesdits futurs se sont mutuellement et réciproquement donné ce que la coustume de cette province leur permet de se donner l'un à l'autre, pour en jouir par le survivant d'eux en pleine propriété comme de ses autres biens.

Faict au Mans le trentiesme jour de may mil six cent quatrevingt douze. Signé : Louis de Clinchamp; Marie de Maillé; F. du Bergeau; Louis, évesque du Mans; Charles de Lorraine, prince d'Elbœuf; François de Maridor; Louise de Bergeau; de Clinchamp; G. Pavée; F. de Maillé; M. de Clinchamp; Maridor; Charlotte de Maillé.

L'an mil six cent quatre vingt douze, le second jour de juin avant midi, devant nous Louis Prudhomme et Jacques Doysseau, notaires royaux au Mans, y demeurans et résidens, furent présens en personne et deuement submis messire Louis de Clinchamp, chevallier, seigneur de Radray et autres lieux, colonel d'un régiment d'infanterie pour le service de Sa Majesté, demeurant parroisse de Montbisot, d'une part, et dame Marie de Maillé, son épouse, de luy suffisamment authorisée, de présent en cette ville du Mans, d'autre part, ausquels ayant esté donné lecture de leurs articles de mariage escrit de l'autre part, les ont reconnu et leurs sings y apposez et consentent qu'ils soient éxécutoires et hipothécaire sur tous et chacuns de leurs biens; et a ledict sieur de Clinchamp consenty que ladicte dame de Maillé, son épouse, demeure authorisée cy après, comme il l'autorise pour la poursuitte et discussion de ses droicts, pendant et si long temps qu'ils ne seront point communs en biens, dont les avons, de leur consentement, jugez.

Faict et passé audict Mans, lesdicts jour et an.

800

1694, 10 août, château de Jalesnes. — NOMINATION D'UN PROCUREUR PAR MARIE-MADELEINE DE BROC, FEMME DE CHARLES DE MAILLÉ DE LA TOUR-LANDRY. — (Cab. de M. L. Brière.)

Devant le notaire du marquisat de Jalesnes, « haulte et puissante damme MARYE-MAGDELENNE DE BROC, espouse non commune en biens de hault et puissant seigneur messire CHARLES DE MAILLÉ DE LA TOURLANDRY, chevallier, seigneur marquis de Jalesnes, Bourmont et autres lieux,... demeurant avecq le seigneur son mary au chasteau dudit Jalesne, paroisse de Vernantes, » nomme pour son procureur « maistre Jacques Pillet, notaire royal, son recepveur des Perrais, y demeurant, parroisse de Parigné le Pollin, province du Maine, auquel elle donne pouvoir de, pour et en son nom, se transporter » vers le « sieur commissaire des saizies réelles de la sénéchaussée du Maine et de luy recepvoir jusqu'à concurrence de la somme de 496 livres et d'y donner quittance à déduire sur ce qui est deub à ladite dame par la succession du deffunt sieur et dame Le Vexel...

« Faict et passé audit chasteau de Jalesne, parroisse dudit Vernantes, en présence de Claude Dorléans, cuisignier, et du sieur Louis-Simon Desmares, demeurant audit Vernantes, tesmoings. »

C. de Maillé de la Tour Landry; M.-M. de Broc; Louis-Simon des Mares; C. Dorléans; J. Hauterau.

801

1694, 29 septembre, Montboissier. — (Registres paroissiaux de Montboissier, Eure-et-Loir.)

Le mercredy 29º septembre 1694, ont été supplées les cérémonies du baptesme à MARIE-ANNE-GENEVIESVE, née le 13º octobre 1692, fille de haut et puissant seigneur messire LOUYS-JOSEPH DE MAILLÉ, chevallier, marquis de Maillé, baron de Coulonce, seigneur et patron de Sicqueville et autres lieux, et de haute et puissante dame LOUYSE-MARIE MALLIER. Fut son parrain : Claude de Mallier, chevallier, marquis du Houssay, vicomte de Bonneval, seigneur de Moriers, Chassonville, Montharville, Vouvray, Saint Maurice et autres lieux; la maraine : haute et puissante dame ANNE DE MAILLÉ, femme de haut et puissant seigneur messire RENÉ DU GRENIER, marquis d'Oléron. — P. Le Mareschal.

802

1694, 15 novembre, le Mans. — (Abbé G. Esnault, *Inventaire des minutes anciennes des notaires du Mans*, t. V, p. 102.)

Devant Prudhomme, notaire au Mans, RENÉ DU GRENIER, chevalier, marquis d'Oléron, époux d'ANNE DE MAILLÉ, propriétaire de la terre de Montecoublet, paroisse de la Fresnaye, déclare qu'il y a environ cinq ou six ans ladite dame de Maillé a fait tenir les pleds de ladite seigneurie de Montecoublet.

803

1695, 14 avril, Entrammes. — (B. N., Ms. Fr. 29.349, pp. 27-34.)

Testament de Jeanne de Pélisson de la Tour-Landry, fait à Entrammes le 14 avril 1695, dans lequel elle demande à être enterrée dans le cimetière d'Entrammes, et donne à M. de la Tour-Landry, son mari, tout ce que la coutume du Maine lui permet. — Codicilles du 5 juin 1596 et 27 janvier 1704.

804

1696, 26 mai, le Mans. — (Abbé Esnault, *Inventaire des minutes anciennes des notaires du Mans*, t. VI, p. 128.)

Devant Simon Cornilleau, notaire au Mans, « Claude-Charlotte de Thieslin, épouse de Guy Le Bel, chevallier, seigneur de la Jallière, lieutenant colonel du régiment de Guébriant, demeurant à leur terre de la Jallière, paroisse de la Chapelle Saint Sauveur, évêché de Nantes, étant de présent au Mans, logé en l'hôtellerie ou pend pour enseigne la Teste Noire, paroisse Saint Vincent, et noble Jean Normand, sieur du Hardas, curateur onéraire de Charles-André de Maillé, chevallier, marquis de Gilbourg, Saint Jean des Mauverets, etc., demeurant à Angers, de présent au Mans, logé en l'hôtellerie de la Place Royale, paroisse de la Couture, » reconnaissent avoir reçu de Julien Moulin, commis au greffe du présidial, ci-devant séquestre des revenus de la terre de la Cesnerie, la somme de 250 livres à valoir sur le reliquat du compte desdits revenus.

805

1696, 13 décembre, la Chapelle-Saint-Remy. — Partage de la succession de défunt Henri de Maillé. — (Cab. de M. L. Brière. *Expédition sur papier.*)

Partage et division des deux partz au tiers de la terre, fiefz et seigneurie des Grands et Petits Fleuré, terres, circonstances et despendances, escheues de la succession de deffunt M⁰ Henry de Maillé, vivant chevalier de l'ordre de Saint Jean de Jéru-

salem, pour les deux tiers, à hault et puissant seigneur Mre LOUIS-JOSEPH DE MAILLÉ, chevalier, seigneur marquis dudit lieu, baron de Coulonce, seigneur et patron de Sequeville et autres lieux, enseigne des gendarmes flamands de Sa Majesté, et Me JEAN-CHARLES-HARDOUIN DE MAILLÉ, chevalier, seigneur comte dudit lieu, et à Me RENÉ-FRANÇOIS DE MAILLÉ, chevalier, seigneur du Guesné, Vauville et autres lieux, nepveu et héritiers subtituez dudit deffunct Me Henry de Maillé, et pour le tiers, à haulte et puissante dame ANNE DE MAILLÉ, épouse séparée quand aux biens de hault et puissant seigneur Mre RENÉ DU GRENIER, chevalier, seigneur marquis d'Oléron, et à hault et puissant seigneur Mre FRANÇOIS DE MAILLÉ, chevalier, comte dudit lieu, seigneur de Roujoux, Fresnes et autres lieux, frère et sœur dudit deffunct; ledit partage faict et divisé par ledit Mre Louis-Joseph de Maillé, tant pour luy que pour lesdits Me Jean-Charles-Hardouin de Maillé et René-François de Maillé, ses frères puisnez, pour iceux présenter à ladite dame Anne de Maillé et audit Mre François de Maillé, affin de procedder à l'option et choisie d'iceux dans le temps et au désir de cette coustume du Mayne, où lesdits hérittaiges sont scituez, auxquels partage a esté proceddé comme il ensuit:

Et premièrement, au premier lot, partage des deux tiers, que ledit Me Louis-Joseph de Maillé, èsdits noms, a retenu avecq son préciput, a esté mis, sera et demeurera à tousjourmais, par hérittaiges, les domaines dudit Grand Fleuré et Petite Mestairie, *alias* la Méaulerie, avecq les fiefs, seigneuries, cens, rentes et droicts honorificques qui en despendent, la Grande Mestairie, le moullin dudit Fleuré, le bordage de Lussault, la mestaierie de Briot, avecq le fief qui en despend, la mestairie de Launay, le bordage de la Ville, le bordage de la Prousterie, la Rouairie et la Bonde, ainsy que lesdites choses ce poursuivent et comportent, avecq leurs circonstances et despendances, scituez dans la paroisse de la Chapelle Saint Remy et autres parroisses circonvoisines, tenues, tant à foy et hommage que censivement, des fiefs et seigneuries de Bresteau, Saint Aignan, Montfort, Courvallain, Tuffé et autres seigneuries, soubz les services, cens, rentes et debvoirs féodaux entiens et acoustumez que ledit Mre Louis-Joseph de Maillé, èsdits noms, sera tenu servir, payer et acquitter à l'avenir, non compris la rente de trente sept livres dix sols deubs par monsieur le marquis de Bénéhard au sieur de Gentilly, hipotecquée sur ledit lieu de la Petite Mestairie.

Et au second lot et partage pour le tiers que ledit seigneur de Maillé, èsdits noms, présente à ladite dame Anne de Maillé et audit François de Maillé, a esté mis, sera et demeurera par hérittage à perpétuitté, la mestaierie du Petit Fleuré, avecq les fiefs et seigneurie, cens, rente, debvoirs et autres droicts qui en deppendent, scituez dans la parroisse de Torcé et autres parroisses circonvoisines, la mestaierie de la Chapronnière, scituée en la parroisse de Tuffé, le bordage des Pressouers, avecq les vignes du Grand Arpant, au clos des Plantes, les bois taillis de Tausves, aultrement de Fleuré, le lieu des Tombes, les Petittes Ferrières, avecq les bois taillis des Grandes Ferrières, scituées en la parroisse de Saint Celerin le Géré et en celle de Prévelles, et un petit jardin scitué proche le moullin de Charreux, au bourg dudit Torsé, et la moitié d'une petite pièce de terre acquise du nommé Le Vanier, scituée ditte parroisse de Saint Célerin, avecq les circonstances et despendances desdites terres, et ainsy que lesdites choses ce poursuivent et comportent, lesquelz sont tenues, à la réserve dudit lieu des Pressouers, vignes et bois de Tausves, tant à foy et hommages que censivement, des seigneuries de Montfort, de Courteille, du prieuré de Saint Célerin et autres seigneuries, soubz les services, cens, rentes et debvoir féodaux entiens et acoustumez, que ladite dame Anne de Maillé et ledit Me François de Maillé seront tenus servir, payer et acquitter à l'avenir; et à l'esgard dudit lieu des Pressouers, vignes et bois de Tausves, seront tenus à foy et hommage simple de ladite seigneurie du Grand Fleuré, soubz le service et debvoir annuel de dix deniers, au jour des Trespassés, à la recepte dudit Grand Fleuré, expressément réservé par ledit Mre Louis-Joseph de Maillé.

Commanceront lesdits partageans à jouir chacun desdites partyes du jour de Toussaint dernière, lesquelz ce garantiront les uns aux autres lesdites choses partagez de tous troubles, et demeurent les baux que les fermiers ont, réservez; lesquelz présents partages Charles de Cailloüey, escuyer, sieur de la Conté, demeurant parroisse de Brion, province d'Anjou, au nom et comme procureur dudit M⁶ Louis-Joseph de Maillé, par procuration attestée par M⁶ François Guibert, notaire royal à Melun, le sixiesme jour de may dernier, controllée audit Melun le mesme jour par Chemeau, attachée à la minuttes des présentes, et encorres comme ayant pouvoir de hault et puissant seigneur Mʳᵉ René de Maillé, chevalier, seigneur marquis de Bénéhard et autres lieux, ès noms et qualitez qu'il procedde, ausquelz il a promis faire ratiffier les présens partages dans quinzaine, faulte de quoy ils demeureront nulz sans dommages ny interetz de part ny d'autres. Et faict attester par nous, Jullien Pineau, notaire et tabellion royal au Mayne en la résidance de la Chapelle Saint Remy, le treziesme jour de décembre mil six cent quatre vingt seize après midy, en présences de Michel Boudet, marchand, demeurant en ladite parroisse de la Chapelle, et François Huet, sieur du Bois, demeurant paroisse de Ligron, province d'Anjou, tesmoins. Signée la minutte desdites présentes : de Cailloüey la Comté ; Michel Boudet ; F. Huet, J. Pineau.

806

1697, 4 janvier. — Déclaration touchant la succession de feu Henri de Maillé. — (Cab. de M. L. Brière. *Minute sur parchemin.*)

Le quatriesme jour de janvier mil six cens quatre vingt dix sept, avant midy, à la requeste de haulte et puissante dame Anne de Maillé, espouze séparée quand aux biens de hault et puissant seigneur Mʳᵉ René du Grenier, chevalier, seigneur marquis d'Olléron, demeurant ordinairement au chasteau de la Plonnière, paroisse du Pain, au Perche, où elle a éleu son domicille, et de hault et puissant seigneur Mʳᵉ François de Maillé, chevalier, comte dudit lieu, seigneur de Roujoux, Fresne et autres lieux, demeurant ordinairement en son chasteau de Roujoux, paroisse de Fresne, pays Blaisois, où il a esleu son domicile, héritiers puisnez de deffunt Mʳᵉ Henry de Maillé, vivant chevalier de l'ordre de Saint Jean de Jérusalem, seigneur des Grands et Petits Fleuré, j'ay declaré à hault et puissant seigneur Mre René de Maillé, chevallier, seigneur marquis de Bénéhard et autres lieux, et à Mre Louis-Joseph de Maillé, chevalier, seigneur marquis dudit lieu, baron de Toulouse, seigneur patron de Sequeville, et à Mre Jean-Charles-Hardouin de Maillé, chevalier, seigneur dudit lieu, et encore à René-François de Maillé, chevalier, seigneur du Quesné, de Touville et autres lieux, en parlant à Charles de Cailloüey, escuier, sieur de la Comté, demeurant parroisse de Brion en Anjou, chargé de leur procuration et pouvoir pour l'effet du partage,... trouvé en la ville de la Flèche, que lesdits dame d'Olléron et seigneur comte de Maillé acceptent le partage de la terre de Fleuré et despendances, attesté devant Me Jullien Pineau, notaire royal au Mayne, résidant à la Chapelle Saint Remy, le treize de décembre dernier, que ledit sieur de la Comté leur a faict signifier le jour d'hier par nous huissier soubsigné, et sans préjudice ausdits seigneur comte de Maillé et dame d'Olléron de tous les droictz et actions qu'ilz ont contre lesdits seigneurs de Bénéhard et de Maillé, et soubz les protestations par eux faictte que la substitution faicte par ledit deffunt seigneur Henry de Maillé en faveur desdits Mre Louis-Joseph de Maillé, Mre Jean-Charles-Hardouin de Maillé et Mre René-François de Maillé ne leur pourra nuire ny préjudicier pour l'acquittement des debtes dont ledit seigneur marquis de Bénéhard est tenu les acquitter pour leurs partages, et de celle dudit deffunt seigneur Henry de Maillé, dont ledit seigneur est pareillement tenu, ayant seul disposé de tous les meubles despendant de la succession, protestant en tant qu'ilz soient inquiettez pour raison desdites debtes de ce pourvoir tant sur lesdits biens prétendus substituez que dudit seigneur marquis de Bénéhard, mesme pour ce qu'il leur peult debvoir, tant pour le revenu desdits biens partagés qu'il a touché depuis le décedz dudit deffunt Mre Henry de Maillé, que aultrement; n'aprouvant en aucune manière ladite substitution contre laquelle ils prétendent ce pourvoir, touttes fois et quantes et sans par eux approuver les baux qui ont esté faictz depuis la mort dudit deffunt Mre Henry de Maillé, vivant seigneur de Fleuré, car aultrement ils n'auroient accepté ledit partage, et encore sans préjudicier par lesdits seigneur comte de Maillé et dame d'Olléron de ce qui leur est deub pour les bois de haulte futais dont estimation a esté faitte esnoncée dans le comte qu'ilz en ont faict avec ledit s^r de la Comté, soubs seing privé, le jour d'hier, et de ce qu'il leur est aussy deub pour les bois taillis qui en a esté vendu depuis le décèds dudit deffunt s^r de Fleuré.

Dont acte fait par moy, René Grosse, archer et huissier inmatricullé en la chancellerie, sénéchaussée et siège présidial de la Flèche...

R. du Grenier d'Oléron; F. de Maillé; A. de Maillé; R. Grosse.

807

1697, 29 mai, Vernantes. — (Registres paroissiaux de Vernantes.)

Baptême de JOSEPH-ANTOINE-ÉLÉONORE-ISIDORE, fils de haut et puissant seigneur GEORGES-HENRI DE MAILLÉ DE LA TOUR-LANDRY, marquis de Jalesnes, et de haute et puissante dame MARIE-ANNE DE FREZEAU DE LA FREZELIÈRE. Parrain : haut et puissant Joseph-Antoine de Cotignon, seigneur de Chauvry et de Breil.

808

1697, novembre. — (Arch. de Maine-et-Loire, E 3250. Audouys, *Notes et extraits généalogiques sur la famille de Maillé*.)

Du... novembre 1697, devant..., notaire à..., contrat de mariage de haute et puissante d^elle [MARIE-HÉLÈNE] DE MAILLÉ DE LA TOUR LANDRI, fille de haut et puissant seigneur messire [CHARLES] DE MAILLÉ, chevallier, seigneur marquis DE LA TOUR LANDRY avec noble homme [MARIN-HENRI DE] GHAISNE, chevalier, comte de Ghaisne, lieutenant des maréchaux de France en la ville de Nantes, cy devant lieutenant en la gendarmerie, fils de feu noble homme Pierre Ghaisne, sieur du Genettay, intendant de la maison de Brissac, et de d^elle Périnne du Rocher.

809

1697, 19 novembre, Vernantes. — (Registres paroissiaux de Vernantes.)

Mariage, en la chapelle de Jalesnes, de haut et puissant seigneur messire MARIN-HENRI DE GHAISNES, chevalier, comte de Ghaisnes, capitaine enseigne d'une compagnie d'hommes d'armes des ordonnances du roi sous le titre de monseigneur le duc de Berry, avec très illustre demoiselle MARIE-HÉLÈNE DE MAILLÉ, fille de CHARLES DE MAILLÉ DE JALESNES.

810

1697, 17 décembre, le Mans. — (Abbé G. Esnault, *Inventaire des minutes anciennes des notaires du Mans*, t. I, p. 152.)

Devant Simon Péteillard, notaire royal au Mans, Charles de Baigneux, sieur de Montigny, y demeurant, paroisse de Montbizot, fils aîné de défunt Jean de Baigneux, écuyer, seigneur de Saint-Mars, et Marie-Magdeleine de Baigneux, veuve de Charles Le Febvre, sieur de la Valette, avocat en parlement, demeurant paroisse de la Couture, emprunte 2500 livres à FRANÇOIS, comte DE MAILLÉ, et FRANÇOISE BOUTEILLER, sa femme, demeurant en leur terre de Roujoux, paroisse du Fresne.

811

1699, 16 février, le Mans. — (Abbé G. Esnault, *Inventaire des minutes anciennes des notaires du Mans*, t. I, p. 78.)

Devant François Gendrot, notaire royal au Mans, JEAN AMIART, sieur de la Pommeraye, marchand, et damoiselle LOUISE DE MAILLÉ, son épouse, demeurant à Beaumont-le-Vicomte, cèdent à Pierre Feuilloley, expert juré au Mans, les arrérages à eux dus tant de leur chef que comme créanciers de défunte JEANNE-MARGUERITE DE MAILLÉ, leur sœur, de 27 l. 8 s. de rente, à prendre sur la métairie de la Tartannière, paroisse Saint-Bomer, au Perche, en déduction des arrérages de 18 l. de rente foncière qu'ils doivent audit sieur Feuilloley, par contrat du 17 juillet 1685, devant Le Hault, notaire royal audit Beaumont. Ils signent.

812

1699, 26 juin, Soullaines. — (Arch. de Maine-et-Loire, E 3250. Audouys, *Notes et extraits généalogiques sur la famille de Maillé.*)

Devant Pierre Tesnier, notaire royal à Angers, résidant à Soullaines, bail à ferme, pour le prix de 2500 livres, de la terre, fief et seigneurie de Gilbourg et dépendances, pour neuf années, par Mre CHARLES-ANDRÉ DE MAILLÉ, chevalier, marquis de Maillé et de Gilbourg, seigneur de Saint Jean des Mauvrais, Juigné, Monfrou, etc., émancipé procédant sous l'autorité de Mre CHARLES DE MAILLÉ, chevalier, seigneur de la Tour Landry, etc.

813

1699, 16 novembre, le Mans. — ACQUISITION PAR MESSIRE FRANÇOIS DE MAILLÉ, CHEVALIER, COMTE DUDIT LIEU, ET PAR DAME FRANÇOISE BOUTEILLER, SON ÉPOUSE, DES TERRES ET SEIGNEURIES DE L'ÉPICHELIÈRE, SOULIGNÉ-SOUS-VALLON, LA GRANGE, A VALLON, MAIGNÉ, VALLON, CRENON, LE PLESSIS, A MAREUIL-EN-CHAMPAGNE. — (Collection particulière. *Cah. pap.*)

Par devant les notaires royaux... demeurants au Mans... furent présents et submis maistre Pierre Vaubert, sieur de Vauluisant, advocat en la cour, demeurant ordinairement en la ville de Paris, rue Neuve des Petits Champs, paroisse de Saint Roch, de présent en cette ville, logé en l'hostellerie où pend pour enseigne l'Hostel de Bretagne, paroisse de la Coulture, au nom et comme procureur de messire Claude de Langlée, conseiller du roy, mareschal général des camps et armées du roy, suivant sa procuration passée devant les conseillers notaires au Chastelet de Paris,... et Mre FRANÇOIS DE MAILLÉ, chevallier, seigneur comte dudit lieu, tant en son nom privé que comme procureur et se faisant fort de dame FRANÇOISE BOUTEILLER[1], son épouse,... demeurant ordinai-

---

1. Bouteiller de Châteaufort. Châteaufort, ancien fief, commune d'Aigné (Sarthe).

rement en son chasteau de Roujoux, parroisse de Fresne au Blezois, aussy de présent audit Mans, logé en l'hôtellerie où pend pour enseigne la Place Royalle, parroisse susdite de la Coulture, d'autre part.

Entre lesquelles partyes a esté convenu et accordé ce quy ensuit, c'est asçavoir que ledit sieur Vaubert, audit nom de procureur dudit seigneur de Langlée, a vendu, ceddé, quitté, transporté et délaissé, et, par ces présentes, vend, cedde, quitte, transporte et délaisse, à tiltre de baillée à rente annuelle et perpétuelle, admortissable à la volonté dudit seigneur de Maillé, ladite dame son espouse, leurs enfants et héritiers stipullant et acquérant audit tiltre de baillée à rente annuelle et perpétuelle,... sçavoir est :

Le chasteau seigneurial de l'Épichelière, scittué en la parroisse de Souligné soubs Vallon, composé d'un grand parc clos de murs, où sont terres labourables, prez, pastures, vignes, cazinne, cours, jardins, vergers, fuye à pigeons, au milieu duquel est scittué le chasteau et bastyments en despendant, entouré de fossez plains d'eau, pont levis, forteresse et basse cour...

Item, la seigneurie de la parroisse dudit Souligné soubz Vallon, avec tous les droits honorifiques en ladite église, sépulture particullière en la chapelle des seigneurs, droits de listres, ceinture et prélature.

Item, la chastelenie, fiefs et seigneuries dudit Souligné, subjets, vassaux, cens, rentes, services, charges et debvoirs...

Item, le droit de présentation des chapelles de Saint Gilles de Lorezais et de la Barderie, quy se déservent en l'esglise dudit Souligné soubz Vallon...

Item, la mestairie de Monceau Ponnaveaux, seize parroisse de Flacé...

Item, la mestairie de la Roche, scittuée en laditte parroisse de Souligné soubz Vallon...

Item, la mestairie des Guignardières, scittuée en ladite parroisse de Souligné soubz Vallon...

Item, la mestayrie des Hayes, scittuée en laditte parroisse de Flacé...

Item, la mestairie de Monceau le Bérard, seize audit Souligné soubz Vallon...

Item, la mestairie de la Fauvelière, scittuée en la parroisse de Cranne soubz Vallon...

Item, la maison seigneurialle de la Grange[1] seize à costé et joignant le bourg de Vallon, consistant dans une allée, au devant de la principalle entrée, plantée d'ourmeaux, une avant cour, une cour principalle à l'entrée de laquelle sont deux pavillons, l'un composant une escuirie et l'aultre un apartement de deux chambres à feu, cave et grenier; le corps de logis principal est composé d'une salle, d'un sallon à manger, salle du commun et une cuisine, une lavanderie, deux chambres hautes à cheminée, grenier dessus sur le tout, une basse cour dans laquelle est un corps de logis composé d'escuirie, de remizes et appartement construit de murs, couvert d'ardoise.

Item, le droit de présentation du collège de Vallon, fondé par feue dame Catherinne Rose, mère dudit seigneur de Langlée...[2]

Item, tous les fiefs et seigneuries, subjets et vassaux, cens, rentes, services et debvoirs... deubz, attachez et despendans de ladite maison seigneurialle de la Grange...

Item, deux bordages au costé de la principalle avenue de la Grange, l'un appellé le bordage de la Grange...

Item, le bordage nommé le Temple (à Vallon)...

Item, le moulin Pren son droit, scittué en la parroisse de Vallon...

Item, la chastelenie, fief et seigneurie de Maigné; la maison seigneurialle a esté démolie de temps immémorial, il n'en reste aucun vestige, qu'un logement occupé par Mathurin Courcité...

Item, le moulin bannal dudit Maigné, nommé le moulin de Cochon, scittué au bourg dudit lieu.

Item, la métairie du Grand Noyau, scittuée en ladite parroisse de Maigné...

---

1. La Grange-Moreau. A. Coutard, *Vallon illustré*.

2. Ce collège avait été fondé le 13 novembre 1677, par Catherine Rose, veuve de messire Claude de Langlée, dame de la Grange-Moreau à Vallon. (Arch. de la Sarthe, G 367, fol. 390. A. Coutard, *Vallon illustré*, p. 26.)

Item, la mestairie du Petit Noyau, en ladite parroisse de Maigné...

Item, la seigneurie de parroisse dudit Maigné, avec tous les droits honorifiques, sépulture particullière en la chapelle des seigneurs, droits de listres, ceintures et prélatures...

Item, la seigneurie de la parroisse de Vallon, avec sépulture particullière en la chapelle des seigneurs, droits de listres, ceintures et prélatures...

Item, la chastelenie dudit Vallon avec droit de haulte, moyenne et basse justice, la jurisdiction dudit lieu,... le droit de nommer les officiers de ladite jurisdiction,... une halle servant aux marchands les jours de marchez et foires, le fourg banal au dessus duquel il y a une grande chambre où s'exerce la jurisdiction ordinaire de ladite chastellenye...

Item, la mestairie de Malvoisine, scittuée audit Vallon...

Item, le moulin de Launay, sur la rivière de Gé, en laditte parroisse de Vallon...

Item, le moulin de Cochet, en ladite paroisse de Vallon...

Item, la chastellenye, fiefz et seigneurie de Crenon, scituez ès parroisses dudit Vallon, Attenay, Cranne et Souligné, composée d'une seulle mestairie du même nom...

Item, la terre, fief et seigneuries et haulte justice du Plessis, située en la parroisse de Marcil en Champagne, avec tous les fiefs en despendant, cens, rentes, charges, debvoirs et services qui en despendent, y compris le fief de la Caresmière, la maison seigneurialle dudit lieu, composée d'une salle basse, chambre à costé et cuisine, trois chambres hautes, grenier dessus et cave voûtée soubs la ditte salle, une cour close de muraille, dans laquelle est une chapelle en un des angles, un petit pavillon servant de fournil, avec une chambre haulte, un puy dans la ditte cour, une grange, une escuirie et une estable soubs mesme faiste, un sellier, un arpenty au bout de ladite maison, un grand jardin derrière la ditte maison, les issues à costé d'icelles, et granges, une mare pour abreuver les bestiaux, un autre jardin derrière ladite grange, fossez, pont levis et colombiers, deux pastys devant laditte maison et l'autre à costé d'ycelle...

Item, la mestairie de Femusson, scittuée en la ditte parroisse de Mareil...

Item, le lieu et mestairie des Chesnes, en la ditte parroisse de Mareil...

Item, le lieu et bordage de la Potterye, scittuée en ladite parroisse de Joué en Charnye...

Item, la mestairie de la Restière, scittuée en ladite parroisse de Joué en Charnie...

Laquelle (baillée) est faitte à condition par ledit seigneur de Maillé... d'en faire et payer de rente annuelle et perpétuelle chascun an, en l'hostel dudit seigneur de Langlée, en ladite ville de Paris, la somme de six mil deux cent cinquante livres, admortissable à la volonté dudit seigneur de Maillé, èsdits noms, pour le principal de cent vingt cinq mil livres[1]...

Fait et passé en l'étude de nous, Péteillard, le seiziesme novembre mil six cent quatre vingt dix neuf, avant midy...

814

1699, 16 novembre, Crannes. — (Collection particulière. *Cahier papier.*)

Claude de Langlée, maréchal général des camps et armées du roi, vend à FRANÇOIS DE MAILLÉ, chevalier, et à FRANÇOISE BOUTEILLER, sa femme, la métairie de la Fauvelière, à Crannes-sous-Vallon.

815

1700, 22 avril, château des Perrais. — ASSIGNATION DE PENSION VIAGÈRE PAR CHARLES DE MAILLÉ DE LA TOUR-LANDRY ET SA FEMME MARIE-MADELEINE DE BROC. — (Cab. de M. L. Brière. *Minute sur papier.*)

Du vingt deuxiesme jour d'avril mil sept cent, après midy, par devant nous Simon Cornilleau et Jacques Pillet, notaires

---

1. François de Maillé revendit toutes ces terres, en 1713, à Jean de la Rivière, lieutenant-général de police au Mans, et à dame Marie Joanne, sa femme.

royaux aux pays et comté du Maine dans la résidence, savoir : nous, Cornilleau, de la ville du Mans, et nous, Pillet, de Parigné le Pollin, furent présents hault et puissant seigneur messire Charles de Maillé de la Tour Landry, chevallier, seigneur marquis de la Tour Landry, et haulte et puissante dame Marie-Magdelaine de Broc, son espouse non commune en biens avec luy,... demeurant en leur chasteau de Jalesne, paroisse de Vernantes, province d'Anjou, de présent en leur chasteau des Perrays, parroisse dudit Parigné, lesquels ont, par ces présentes, donné et assigné... à Charles-Hardouin de Maillé et Michel-Philipes de Maillé, chevallier de l'ordre de Saint Jean de Hiéreuzalem, ledit sieur Michel-Philipes de Maillé à ce présent, stipulant et acceptant, et ledit sieur Hardouin absent, nous, notaires, stipulant et acceptant pour luy, à chacun la somme de six cens livres de pension viagère, payable chacun an après le décneds dudit seigneur marquis de la Tour Landry, sur tous et chacuns leurs biens et spéciallement sur les droits qui peuvent compecter et appartenir audit seigneur marquis de la Tour Landry, tant comme héritier bénéficiaire de deffunct hault et puissant seigneur messire Louis de Maillé de la Tour Landry, marquis de Gilbourg, son père, que comme exersant les droits de haulte et puissante dame Éléonord de Jalesne, sa mère, de laquelle il est héritier pur et simple, et encore comme exersant les droits de deffunt hault et puissant seigneur Mre André de Maillé, seigneur de Saint Jean des Mauvrais, son frère, et d'autres créanciers dudit deffunt seigneur marquis de Gilbourg, sur les biens d'yceluy seigneur marquis de Gilbourg, en ce qui en reste, concistant, entr'autres choses, en contract et autres crédits deubs par la succession de deffunt Mre Claude d'Avaugourd, chevallier, comte de Vertu, et par la succession du deffunt seigneur marquis des Roches Baritaux et la succession du deffunt seigneur comte de Brullon ; du fond de laquelle pension ils pourront néanmoins disposer après le décneds dudit seigneur marquis de la Tour Landry, leur père, au cas qu'ils soient ou l'un d'eux engagez dans l'ordre desdits chevallier de Saint Jean de Hiéreusalem et faict leur veu, affin d'ailleurs de lever galère seulement pour les avencer dans ledit ordre ou pour les rachepter de captivité au cas qu'ils y tombent, et non pour autres causes. Sera néanmoins libres ausdits s^{rs} Hardouin, Michel-Philipes de Maillé, qui ont esté appellez aux successions desdits seigneur et dame de la Tour Landry, de partager les biens desdites successions avec le seigneur marquis de Maillé, leur frère aisné, et prendre leur partage aux susdites conditions ou de se tenir à la pension cy dessus. Et d'autant que, par acte du dernier septembre mil six cent quatre vingt deux, attesté de nous, Pillet, lesdits seigneur et dame de la Tour Landry ont assigné à dame Françoise de Broc, religieuse à l'abbaye de la Fontaine Saint Martin, la somme de deux cens livres de pension viagère sur les mestairies du Grand et Petit Plessis Bossard, dépendant de la terre et marquisat dudit Jalesne, par eux abandonnée audit seigneur marquis de Maillé, ils ont trensféré ladite pension de deux cens cinquante livres ou lieu de cent livres qu'ils lui debvoient payer en plus avant sur les mesmes droits dudit seigneur marquis de la Tour Landry, qu'il a sur la succession dudit seigneur marquis de Gilbourg, cy dessus expliquez, lesquels y demeurent affectez et hypotéquez au lieu desdites mestairies, ce qui a aussy esté stipulé et accepté pour ladite dame de Broc, religieuse, par nous, notaire stipulé, qu'en cas de remboursement desdits droits ou partyes d'yceux, les deniers en procédant seront employez en achapt de terre ou constitution, desquelz le seigneur marquis de la Tour Landry jouira pendant sa vie, fors de ladite somme de deux cens cinquante livres, qui sera prise pour payer ladite pension viagère de ladite dame de Broc, religieuse, jusques au décéds de ladite dame de Broc, religieuse, et, après le décéds dudit seigneur marquis de la Tour Landry, lesdits s^{rs} Hardouin et Michel-Philipes de Maillé jouiront de leur pension cy dessus, qui se prendront sur lesdites terres, si aucune sont acquises, ou sur lesdites constitutions... ou disposeront du fond comme dit est, et mesme pour achepter quelque employ en France pour le service du roy...

Dont et de ce que dessus avons jugé les partyes... Faict et arresté audit chasteau des Perrays, audit Parigné le Poslin, lesdits jour et an que dessus...

C. de Maillé de la Tour Landry; M. M. de Broc;
P. M. de Maillé; Pillet; Cornilleau.

816

1700, 21 juillet, Paris. — (Cab. de M. L. Brière. *Minute papier.*)

Par-devant les notaires royaux à Paris « haute et puissante dame ANNE DE MAILLÉ, dame de la Pelonnière, le Pin, Chanceaux, Saint Jouin, Montecouplet et autres lieux, veufve de hault et puissant seigneur Mre RENÉ DU GRENIER, chevalier, seigneur marquis d'Olléron, demeurant ordinairement en son château de la Pelonnière, paroisse du Pin, province du Perche, étant de présent à Paris, logée à l'hôtel d'Angleterre, rue de Savoye, paroisse Saint André des Arts, » nomme Charles Bouteiller, s^r de Châteaufort, officier de Monsieur, frère unique du roy, son procureur pour emprunter, « en son nom, d'une ou plusieurs personnes, par contracts de constitution produisant rantes au denier courant, jusques à concurrence de la somme de soixante mil livres,... dans lesquels contracts sera fait mention et déclaration que l'emprunt... de la somme de soixante mil livres... sera employé par la dame constituante avec la somme de quarante mil livres de ses deniers à l'acquisition de la terre de Bénéhard, circonstances et dépendances, scise au pays du Mayne ».

        A. de Maillé d'Oléron ; Dupuy ; Davou ;
        Bouteiller de Châteaufort.

817

1700, 2 novembre, le Mans. — (Abbé G. Esnault, *Inventaire des minutes anciennes des notaires du Mans*, t. V, p. 102.)

Devant Simon Péteillard, notaire royal au Mans, FRANÇOIS DE MAILLÉ, chevalier, seigneur comte dudit lieu, et ANNE DE MAILLÉ, dame de la Pelonnière, demeurant paroisse du Pin, au Perche, veuve de RENÉ DU GRENIER, chevalier, marquis d'Oléron, procèdent au partage de la somme de 18.300 livres pour laquelle ils ont vendu à Guillaume Fouin, conseiller du roi au grenier à sel de Ballon, et à Françoise Pinot, sa femme, la terre de Fleuré, à Torcé, et la métairie de la Hégronnière, à

Saint-Célerin, à eux échues des successions de défunte CHARLOTTE DE LA BARRE, veuve d'HERCULE DE MAILLÉ, et de HENRY DE MAILLÉ.

818

1700, 25 novembre et 4 décembre, le Mans. — (Abbé G. Esnault, *Inventaire des minutes anciennes des notaires du Mans*, t. II, p. 112.)

Le 4 décembre 1700, devant Simon Péteillard, notaire royal au Mans, FRANÇOIS DE MAILLÉ, chevalier, seigneur comte dudit lieu, Roujoux, Champ, etc., de présent au Mans, logé en l'hôtellerie la Place Royale, mari de FRANÇOISE BOUTEILLER, emprunte à Louis Renard, sieur de la Brainière, agent des affaires de Son Altesse Royale Monsieur, demeurant au Mans, 7265 livres pour payer au sieur de Langlée, sur le prix des héritages qu'il a acquis de lui.

Le 25 novembre 1700, devant ledit notaire, ledit FRANÇOIS DE MAILLÉ avait emprunté, pour le même motif, 15.000 livres à Marie Le Febvre, veuve de Claude-Pierre de Laistre, écuyer, gentilhomme servant du roi, demeurant à Blois, de présent au Mans.

819

1701, 4 janvier, le Mans. — (Abbé G. Esnault, *Inventaire des minutes anciennes des notaires du Mans*, t. I, p. 153.)

Devant Michel Martigné, notaire royal au Mans, Charles de Baigneux, écuyer, héritier de feu Jean de Baigneux, sieur de Saint-Mars, son père, demeurant paroisse de Montbizot, de présent « au Mans, logé en la maison où pend pour enseigne le Soleil, » s'accorde par transaction, avec François de Clinchamps, chevalier, seigneur de Saint-Marceau, demeurant au Mans, paroisse du Grand-Saint-Pierre, à propos des réclamations faites par ledit sieur de Baigneux audit sieur de Clinchamps, des sommes de 283 livres et 654 livres pour arrérages compris dans la sentence d'ordre et distribution du prix de la terre, fiefs et seigneurie de Saint-Jean-d'Assé et la Forest, vendue sur Louis de Maillé, seigneur de Saint-Jean-d'Assé, le 24 janvier 1684, rendue au siège présidial du Mans.

820

1701, 16 mars, Paris. — (Cab. de M. L. Brière. *Expéd. papier.*)

Devant les notaires du roi au Châtelet de Paris, « dame Anne de Maillé, veuve de Mre René du Grenier, chevalier, marquis d'Olléron, dame de la Plonnière, Chauffeau, la Sansonnière, Château Sénéchal et autres lieux, demeurante à Paris, rue de Savoye, parroisse de Saint André des Arts, » nomme Me Simon Péteillard, notaire royal au Mans, son procureur, et lui donne pouvoir « de pour elle... emprunter à constitution de rente, d'une ou plusieurs personnes, jusqu'à la somme de trante mil livres pour employer à l'acquisition de la terre de Bénéhard, scize parroisse de la Chassaigne[1] province de Tourainne, le Mayne et Vandoumois, dépendante et faisant partie des biens abandonnez par monsieur le marquis dudit Bénéhard... »

Fait et passé à Paris, en la demeure de ladite dame constituante. Signé : A. de Maillé d'Olléron ; Le Mercier et Verain.

821

1701, 22 mars, le Mans. — (Cab. de M. L. Brière. *Minute papier.*)

Devant René de la Vigne et Guillaume Fouin, notaires royaux au Mans, Simon Péteillard, notaire royal, demeurant au Mans paroisse Saint-Benoît, procureur de dame Anne de Maillé, veuve de René du Grenier, marquis d'Olléron, constitue à « dame Anne de Marest, veufve de monsieur Charles Richer, vivant escuyer, s^r de Monthéard, conseiller du roy, président au siège présidial du Mans, demeurante au Mans, » la somme de 150 livres de rente à prendre chaque année sur les biens

---

1. *Sic, pour* Chahaignes.

présents et futurs de ladite dame d'Oléron, jusques au rachat et amortissement qu'elle pourra faire à sa volonté et sans y être contrainte. La vendition faite pour la somme de trois mil livres, payée par ladite dame Marest, laquelle il a déclaré devoir être employée au paiement des terres de Bénéhart et dépendances, sises parroisses de Chahaignes, le Lorouer, Ruillé-sur-le-Loir et autres lieux, ès provinces du Maine, Touraine et Vendômois. Passé en l'étude de G. Fouin.

822

1701, 21 juin, château des Perrais. — (Arch. de la Sarthe, H 43. *Papier.*)

Devant Jacques Pillet, notaire royal à Parigné-le-Polin demeurant au bourg de Foulletourte, paroisse de Cérans, « haute et puissante dame MARIE-MAGDELEINE DE BROC, épouze de haut et puissant seigneur messire CHARLES DE MAILLÉ DE LA TOUR LANDRY, chevallier, seigneur marquis dudit lieu, non commune en biens avec luy, demeurante au château des Perrays, » baille « à Jean Besnardeau, l'aîné, moulnier, demeurant aux Moullins Neufs, paroisse de Cérans, » lesdits moulins, pour six années, moyennant 110 livres de rente annuelle payable par moitié aux deux termes de Noël et de Saint-Marc, et à charge par le preneur de payer chaque année du bail 100 sols de rente foncière dus à l'abbaye de la Couture.

Passé audit château des Perrais, en présence de Joseph Leconte, sarger, et Mathurin Cureau, garçon maréchal, demeurant paroisse de Cérans.

823

1701, 28 septembre, Parigné-le-Pôlin. — (Registres paroissiaux de Parigné-le-Pôlin. — A. Ledru, *Histoire de la maison de Broc*, p. 600.)

Inhumation dans le chœur de l'église de Parigné-le-Pôlin, à gauche, du corps « de messire CHARLES DE MALLEI, marquis de la Tour Landry, de Jalaines, etc., » par « Louis-Anthoine de Boursault de Viantais, prêtre, licentié en droit, abbé de la Chappelle aux Planches, chanoine prébendé et archidiacre du Château du Loir dans l'église du Mans, » avec permission de « messire Nicolas Métivier, prêtre, prieur, patron et fondateur... de l'église dudit lieu ».

824

1702, 11 janvier, le Mans. — (Abbé G. Esnault, *Inventaire des minutes anciennes des notaires du Mans*, t. V, p. 102.)

Devant Martigné, notaire au Mans, JOSEPH-ANTOINE DE COTIGNON, chevalier, seigneur du Breil, demeurant au château du Breil, paroisse de Saint-Pater, province de Touraine, époux de SUZANNE-LÉONORE DE MAILLÉ DE LA TOUR-LANDRY, et MARIE-HENRI DE GHAISNE, chevalier, seigneur de Ghaisne, lieutenant des maréchaux de France en Bretagne, demeurant à Nantes, époux de MARIE-HÉLÈNE DE MAILLÉ DE LA TOUR-LANDRY, se trouvant au Mans, autorisent leurs épouses pour la discussion de leurs droits dans la succession de CHARLES DE MAILLÉ, marquis de la Tour-Landry.

825

1702, 21 mars, Paris. — (B. N., *Carrés d'Hozier*, vol. 399, fol. 148, 149. Orig. en pap.)

Accord entre messire René Barjot, chevalier, marquis de Moussy, Roncée, etc., héritier pour un tiers de dame CHARLOTTE DE MAILLÉ, veuve de messire RENÉ BARJOT, marquis de Moussy, et messire Alexis Barjot de Roncé, seigneur de la Jumelière, héritier pour un autre tiers de ladite dame et seul héritier de messire Charles Barjot, chevalier profez de Saint Jean de Jérusalem, héritier pour un autre tiers de ladite dame, leur mère, par lequel, suivant le partage fait entre eux le même jour de la succession de leur mère, ils ont fait dresser un état des dettes immobilières de la succession, qu'ils s'obligent d'acquitter. Fait à Paris; reçu par Frémont et Laideguive, notaires au Châtelet de Paris.

826

1704, 2 décembre, Paris. — CERTIFICAT DE CHARLES

D'Hozier pour Louis de Maillé-Bénéhard. — (B. N., Fr. 32.112. *Preuves de la noblesse des pages de la petite écurie du roi,* t. II, fol. 171 recto.)

Nous, Charles d'Hozier, conseiller du roi, généalogiste de sa maison, juge général des armes et des blasons et garde de l'Armorial général de France et chevalier de la Religion et des ordres militaires de Saint Maurice et de Saint Lazare de Savoie, certifions au roi et à Mre Jacques de Beringhen, comte de Châteauneuf, premier écuyer de Sa Majesté, commandeur de ses ordres et gouverneur des citadelles de Marseille, que Louis de Maillé-Bénéhard a la noblesse nécessaire pour être reçu au nombre des pages que Sa Majesté fait élever dans sa petite écurie, comme il est justifié dans les actes qui sont énoncés dans cette preuve, laquelle nous avons vérifiée et adressée à Paris le 2e jour du mois de décembre de l'an 1704.

827

1705, 19 mars, Vallon. — (Registres paroissiaux de Vallon.)
Baptême à Vallon de Louis-Joseph, fils de Mre François, comte de Maillé, et de dame Françoise Bouteiller. Parrain : René-François de Maillé, chevalier, marquis de Bénéhard ; marraine : dame Louise-Marie Houssay, veuve de Mre Joseph-Louis de Maillé, enseigne des gendarmes flamands de Sa Majesté.

828

1705, 20 septembre, château des Perrais. — Analyse du testament olographe de Marie-Madeleine de Broc, veuve de Charles de Maillé de la Tour-Landry et de Sébastien de Broc. — (Arch. du château des Perrais. *Papier.*)

Marie-Madeleine de Broc ordonne que, après son décès, son corps soit enterré dans l'église de Parigné-le-Pôlin, dans la sépulture des « deffunts seigneurs Sébastien de Broc, vicomte de Foultourte, et Charle de Maillé, marquis de la Tour Landry, ses très chers et honorés maris ».

Elle ordonne qu'il soit dit trois cents messes basses à plusieurs autels privilégiés, dont un tiers devront être dites par les capucins du Mans et de la Flèche, un autre tiers par les capucins de Saumur, et un autre tiers par les prêtres de Cérans.

Elle établit messire JOSEPH-ANTOINE DE COTTIGNON, seigneur de Chauvry et du Breil, mari de sa fille SUZANNE-ÉLÉONORE, son exécuteur testamentaire.

Il devra distribuer, le jour de son décès, aux pauvres de Cérans et de Parigné, la somme de cent livres.

Elle lègue à sa sœur, Françoise de Broc, religieuse du prieuré de la Fontaine-Saint-Martin, la somme de deux cent cinquante livres de rente viagère.

Elle veut que ses domestiques, qui se trouveront à son service à son décès, soient payés d'une année de leurs gages en plus de ce qui leur sera dû de leursdits gages. Elle donne en plus trois cents livres à Marie-Anne Rousseau, sa femme de chambre, et cent livres à Renée Couson, sa cuisinière.

Elle donne à CHARLES-HARDOUIN DE MAILLÉ DE LA TOUR-LANDRY, et à MICHEL-PHILIPPE DE MAILLÉ, chevaliers de Malte, ses deux enfants cadets, la somme de dix mil livres de rente, qui leur sera faite jusqu'à ce qu'ils soient commandeurs. Ils contribueront aussi pour leur part au paiement de la rente de deux cents livres faite à Françoise de Broc, religieuse.

Elle donne, après expiration des rentes faites à ses deux fils les chevaliers de Malte, ladite somme de dix mille livres à ses deux filles, dont six mille à Suzanne-Éléonore de Maillé, sa fille aînée, épouse dudit seigneur de Chauvry, et quatre mille à MARIE-HÉLÈNE DE MAILLÉ, sa fille cadette, épouse de messire MARIE-HENRI comte DE GHESNE et seigneur de Bourmont, les priant de continuer à payer la rente à Françoise de Broc, sa sœur.

Elle prie le sieur de Chauvry, son gendre, de faire payer ses fermiers des terres de son douaire et des autres rentes dont elle jouit par usufruit.

Elle donne la somme de dix-sept cents livres, pour exécuter le testament du sieur d'Amancour.

Elle prie tous ses enfants de conserver entre eux une parfaite union d'amitié; elle leur donne sa bénédiction, et prie Dieu de les bénir avec elle.

Elle signe son testament aux Perrais, le 20 septembre 1705.

829

1706, 28 octobre, la Rochelle. — Contrat de mariage de Donatien de Maillé, chevalier, marquis de Carman, et de Marie-Louise Binet de Marcognet. — (B. N., *Carrés d'Hozier,* vol. 399, fol., 151-154. *Orig. en parch.*)

Contrat de mariage de haut et puissant seigneur messire Donatien de Maillé, chevalier, seigneur marquis de Carman, colonel d'un régiment d'infanterie de Bretagne en garnison dans la citadelle d'Olléron, fils de haut et puissant seigneur messire Henry de Maillé, comte de la Marche, marquis de Carman, ancien banneret de Bretagne, premier baron et protecteur de l'évêché de Léon, baron de Lesquelin et de Damany, seigneur de la terre et châtellenye du Plessis Igné, et de dame Marie-Anne du Puy de Murinais de Carman, son épouse, ledit futur procédant du consentement desdits seigneur et dame, ses père et mère, par actes des 14 et 15 octobre 1706, le premier, de ladite dame, passé devant Leleu et Lange, notaires au Châtelet de Paris, et le second, dudit seigneur comte, passé devant Guymard et son confrère, notaires royaux à Léon, les deux actes représentés par messire François de Bouton, chevalier, comte de Chamilly, lieutenant général des armées du roy, cy devant son ambassadeur extraordinaire en Danemark, et assisté de très haut et très puissant seigneur monseigneur Noël Bouton de Chamilly, maréchal de France, gouverneur de Strasbourg, commandant pour le service du roy dans les provinces de Poitou, Saintonge, Aulnis, isles et costes adjacentes, très haute et très puissante dame Élizabeth du Bouchet de Chamilly, son épouse, haute et puissante dame dame Catherine Poncet de la Rivière de Chamilly, épouse dudit seigneur comte, amis et amies, haut et puissant messire Louis de Courbon, chevalier, seigneur comte de Blenacq et autres places, demeurant en son château de Romegoux en Saintonge, alié dudit seigneur de Carman, accordé le 28 octobre 1706 avec haute et puissante dame Marie-Louise Binet de Marcognet, veuve de haut et puissant seigneur messire François de Chaligné, chevalier, seigneur marquis de la Chaise et autres places, lieutenant pour le roy en Poitou, demeurant ordinairement au château de la Chaize en Poitou, ladite dame procédant de l'autorité de mondit seigneur de Marcognet, gouverneur de la Rochelle, son père, et assistée de haut et puissant seigneur messire Léon-César Boscal de Réal, chevalier, seigneur comte de Mornacq et autres places, colonel du régiment dudit seigneur de Chamilly, haute et puissante dame Marie-Perrine de Saligné de la Chaize, marquise de la Chaize, et monsieur maître Valentin Mairocheau de Bonnemore, seigneur d'Aissé, des Rouaux et de la Salle en partie, conseiller du roy, lieutenant général en la sénéchaussée et siège présidial de la ville et gouvernement de la Rochelle, subdélégué de Mr l'intendant de cette généralité, ami dudit seigneur de Marcognet. Lesdits futurs se prennent respectivement à tous leurs droits, ceux de ladite dame consistans dans la dot qui luy avoit esté payée par ledit seigneur de Marcognet et haute et puissante dame Marie-Thérèze de Wanverden, son épouse, par son contrat de mariage avec ledit feu seigneur de la Chaise, devant Billon, notaire à la Rochelle, le 12 octobre 1703, dans les intérests de la dot, son douaire et autres droits, de toutes lesquelles sommes telles qu'elles se trouveroient monter après la liquidation qui en seroit faite avec les tuteurs et curateurs qui seroient nommés à la personne et biens de damoiselle Louise-Marie-Françoise de Saligné de la Chaize, sa fille, et dudit feu seigneur marquis de la Chaize, il seroit donné quittance lors des réceptions par ledit futur. Il est stipulé qu'au cas que ladite future décédât sans laisser d'enfans de ce mariage, ladite demoiselle de Saligné, sa fille, reprendroit les 120.000 livres portées par le contrat de mariage de ladite future avec ledit feu seigneur marquis de la Chaize et que ladite future prendroit pour son douaire 4.000 livres de revenu sur les terres de Lesquillin et de Damany, situées en Basse Bretagne. En faveur dudit mariage ladite dame marquise de Carman, comparant par ledit seigneur comte de Chamilly, muni de sa procuration, assure audit futur, son fils, en avancement d'hoirie sur sa future succession la somme de 40.000 livres. Ce contrat passé à la Rochelle, dans l'hôtel dudit seigneur maréchal, devant Billon, notaire royal, en présence de maître Jacques La Saigne, commis à l'exercice de l'office de sindic des notaires de la Rochelle; ratifié par ladite dame Marie-Anne du Puy, épouse séparée de biens dudit seigneur comte de Maillé, par acte du 5 mars 1704, passé à Paris, reçu par Lange et son confrère, notaires au Châtelet; par ledit Henry, comte de Maillé, par acte du 20 février 1707, passé au château de Maillé, reçu par Masson et Guymard, qui en retint la minute, notaires royaux de la cour de Léon à Lesneven, inséré par copie à la suite dudit contrat; le tout insinué sur le registre de la sénéchaussée et siège présidial de la Rochelle le 19 avril 1707, à la réquisition de M^r et Mme de Carman, par acte signé Mairocheau, Bonnemor et Morisset.

830

1706, 29 octobre, la Rochelle. — *(Mercure,* novembre 1706, p. 240.)

DONATIEN DE MAILLÉ, marquis de Carman, colonel du régiment d'infanterie de Bretagne, fils de HENRY DE MAILLÉ, marquis de Carman, épousa à la Rochelle, le 29 octobre, MARIE BINET DE MARCOGNET, fille du comte de Marcognet, gouverneur de la Rochelle, veuve du marquis de la Chaise.

831

1707, 2 août, Paris. — (B. N., *Carrés d'Hozier,* vol. 399, fol. 155, 156. *Orig. pap.)*

Vente des meubles de deffunte dame MARIE-ANNE DU PUY DE MURINAIS, épouse séparée de biens de messire HENRY DE MAILLÉ, chevalier, marquis de Carman, faite par Yves de Bougainville, huissier priseur au Châtelet, dans la maison où étoit décédée ladite dame, size rue Saint Louis Marais du Temple, conformément à l'inventaire fait le 29 juillet 1707, à la requête de Nicolas Labbé, commissaire au Châtelet, exécuteur testamentaire de ladite dame, messire Jean-Armand Fumée des Roches, abbé de Figéac, messire Jean Mérault, écuyer, trésorier de France en Berry, procureur de Me Marc Huchet, procureur général au parlement de Bretagne, aussi exécuteurs testamentaires, le 7 juin 1707; aussi à la requête de Mᵉ Jacques de la Vergne, avocat au parlement, fondé de procuration de messire DONATIEN DE MAILLÉ, marquis de Carman, fils aîné de ladite dame, habile à se porter héritier ou accepter le legs à lui fait par donation entre vifs en faveur de son mariage. Cette procuration du 19 juillet, et en présence de Mᵉ Charles Le Maître, substitut du procureur du roy au Châtelet, appelé pour l'absence de messire Henry, comte de Maillé et de la Marche, marquis de Carman, messire ROGATIEN DE MAILLÉ, chevalier de Carman, enseigne des vaisseaux du roy, messire CHARLES DE MAILLÉ, abbé de Carman, enfans mineurs dudit marquis de Carman et de ladite défunte dame, et encore pour l'absence de damoiselle LOUISE-GABRIELLE DE MAILLÉ, fille majeure. Lesdits Rogatien, Charles et Louise-Gabrielle de Maillé aussi habiles à se porter héritiers. Le procès-verbal de cette vente signé : Bougainville.

832

1708, 28 mai, le Mans. — (Abbé G. Esnault, *Inventaire des minutes anciennes des notaires du Mans,* t. V, p. 103.)

Devant Martigné, notaire au Mans, FRANÇOIS, comte DE MAILLÉ, chevalier, seigneur de Vallon, Maigné, Souligné, demeurant à sa terre de la Grange, paroisse de Vallon, reconnaît devoir à Nicolas Fréart, marchant hôte au Mans, 560 livres, pour dépense de bouche faite en sa maison depuis cinq ans.

833

1708, 10 septembre, Paris. — (B. N., *Carrés d'Hozier,* vol. 399, fol. 15. *Orig. en pap.)*

Contrat de mariage de messire CHARLES DE MAILLÉ, comte de la Tour Landry, baron d'Entrammes, demeurant alors à Paris, rue de Tournon, paroisse Saint Sulpice, accordé le 10 septembre 1708, avec demoiselle MARIE GUITTON, fille majeure, demeurante susdites rue et paroisse, par lequel il est stipulé entre autres choses que la donation faite par ledit sieur de la Tour Landry à ladite demoiselle Guitton par devant Dona, notaire à Paris, le 6 du présent mois, de la jouissance, sa vie durant, de la terre de Montigny et ses dépendances, lui tiendroit lieu de douaire. Ce contrat passé à Paris, devant Meunier et ledit Dona qui en retint la minute, conseillers du roy, notaires au Châtelet de Paris.

834

1708, 12 septembre, Paris. — (B. N., *Carrés d'Hozier*, vol. 399, fol. 16. *Orig. en pap.*)

Extrait du registre des mariages de l'église Saint Sulpice à Paris, portant que messire CHARLES DE MAILLÉ, chevalier, seigneur comte de la Tour Landry, Entrammes et autres lieux, veuf de dame JEANNE PELISSON, âgé de quarante neuf ans, demeurant rue de Tournon, chez monsieur Le Roux, d'une part, et demoiselle MARIE GUITTON, âgée de trente six ans, fille de sieur Robert Guitton, bourgeois, et de deffunte demoiselle Françoise Guesmer, demeurante même rue et maison en ladite paroisse, d'autre part, reçurent la bénédiction nuptiale le 12 septembre 1708, des mains du sieur Chaboureau, vicaire, en présence de Me Gérôme Dona, conseiller du roi, notaire au Châtelet de Paris, demeurant rue Neuve Saint Lambert, de Claude Pioche, sieur de Rondray, bourgeois de Paris, Nicolas Le Bègue, aussi bourgeois de Paris, demeurant tous deux chez ledit s^r Dona. Cet extrait délivré lesdits jour et an par ledit s^r Chaboureau, vicaire de ladite paroisse de Saint Sulpice.

835

1709, 6 mars, Blois. — (B. N., Fr. 32.130. *Preuves de la noblesse des demoiselles de Saint Cir,* t. XIII, fol. 7 recto.)

Contrat de mariage de haut et puissant seigneur LOUIS DE MAILLÉ-BRÉZÉ, seigneur de Valon, fils de haut et puissant seigneur FRANÇOIS DE MAILLÉ-BRÉZÉ et de dame FRANÇOISE BOUTEILLER, sa femme, accordé le sixième de mars de l'an mil sept cent neuf, avec d^{lle} CATHERINE LE FUZELIER, fille de René Le Fuzelier, seigneur de Cormerai et de d^{lle} Catherine Le Mercier. Ce contrat passé devant Le Mercier, notaire à Blois.

836

1709, 18 mars, le Mans. — (Arch. de la Sarthe, G 377, fol. 264.)

Lettres de Louis de la Vergne-Montenard de Tressan, évêque du Mans, datées du Mans le 18 mars 1709, et adressées au curé de l'église paroissiale de Chitenay, diocèse de Blois, accordant dispense de deux bans pour Louis, comte DE MAILLÉ DE BRÉZÉ, paroissien de Vallon, au diocèse du Mans, et pour demoiselle CATHERINE LE FUZELLIER DE CORMERAY, paroisienne dudit curé, et accordant permission de célébrer leur mariage malgré le commencement du temps de la Passion, dispense sur ce point ayant été accordée par l'évêque de Blois, à la condition toutefois qu'il n'y aurait ni danses ni réunions mondaines à l'occasion de cette cérémonie.

837

1710, 12 décembre, Paris. — *Livre-Journal de Pierre-Henri de Ghaisne de Classé, conseiller au siège présidial du Mans (1708-1732)*, publié par l'abbé G. Esnault, p. 18.)

Monsieur le comte DE GHAISNE, mon oncle paternel, marquis de Bourmont, est mort à Paris, à l'hostel de Château Vieux, rue Saint André des Arcs, le second vendredi du mois de décembre 1710, presque subitement, après avoir mangé des huitres, parce que, depuis longtemps, il étoit asmatique; il étoit marié à dame HÉLÈNE DE MAILLÉ DE LA TOUR LANDRY, qu'il a laissée veuve, avec un jeune garçon âgé de cinq ans. Il y avoit neuf ans qu'il étoit marié, et est mort âgé de quarante huit ans.

838

1711, 17 septembre, Paris. — *(État civil de Paris* publié par M. le comte de Chastellux; *Revue nobiliaire.)*

Baptême (en l'église Saint-Sulpice) de ANNE-CHARLOTTE DE MAILLÉ, née le 17 septembre 1711, de CHARLES-ANDRÉ DE MAILLÉ DE LA TOUR-LANDRY et de SUZANNE-ANTOINETTE DE REMEURE.

839

1711, 13 novembre, Courcelles. — Vente par Philippe-Claude de Montboissier-Canillac et sa femme Marie-Anne-Geneviève de Maillé, du fief de Chateau-Sénéchal et autres terres, a Michel Chamillart, ministre d'État. — (Minute de l'étude de feu M⁰ Trouvé, notaire à Cérans-Foulletourte.)

Le treizième jour de novembre mil sept cent unze, par devant nous Joseph Dupont, notaire à Foultourte, fut présent M⁰ Henry Fonteine, sʳ de la Crochinière, conseiller du roy, inspecteur général des fermes de Sa Majesté, demeurant en la ville de la Flèche, de présent en ce lieu, lequel, au nom et comme procureur de très hault et très puissant seigneur messire Philippe-Claude de Monboissier-Canillac, colonel du régiment de Condé infanterie, et de très haulte dame Marie-Anne-Geneviesve de Maillé, son épouze, demeurants à Paris, rue du Fouin, paroisse de Saint Paul, suivant leur procuration passée le cinquième du courant, en présence et par l'avis et consentement de très haulte et puissante dame Louise-Marie Mallier du Houssay, vefve de messire Louis-Joseph de Maillé, mère de ladite dame, a reconnu avoir vendu, cédé, quitté et transporté,... s'obligeant ledit seigneur de Monboissier de faire ratifier les présentes par ladite dame son épouze lorsquelle aura atteint son âge de majorité de vingt et cinq, et d'en fournir acte en forme,... à très hault et très puissant seigneur messire Michel Chamillart, ministre d'état, commandeur et grand trézorier des ordres du roy, et à très haulte et très puissante dame Élizabeth Le Rebours, son épouze, demeurants ordinairement en leur hostel sur le quay des Théatins à Paris, paroisse de Saint Sulpice, de présent en leur chasteau de Courcelles, parroisse du mesme nom, en cette province du Mayne,... sçavoir est : la terre fief et seigneurie du Chasteau Sénéchal, située parroisses de Clermont et Ligron, avec la seigneurie de la parroisse dudit Ligron, la garenne de Vauchoin, les deux tiers du fief de la Ralière, la métairie de la Fribaudière, la clauserye de la Loyère et le moulin du Boulay, plus la terre, fief et seigneurie de la parroisse de Véron, moulin et prés dudit lieu, une grande maison en le bourg, la clauserye de la Motaudière et trente et huit quartiers de vigne avec la métayrie, fief et seigneurie de la Baudinière, parroisse de Cromières, plus le fief et la seigneurie de la parroisse de Saint Germain du Val, près la Flèche, le fief des Bans, neuf quartiers de vigne, situés à Mont Levauz, parroisse dudit Saint Germain, avec le moulin du Poil de René, parroisse de Sainte Colombe, avec les droits de haute, moyenne et basse justice, création d'officiers, hommes, vassaux et sujets, services, cens et rentes foncières et féodales,... sans aucune réserve, et comme en jouissoit au temps de son décéds deffunte dame ANNE DE MAILLÉ, marquise d'Oléron, fors et excepté les taillys de la Ralière et d'Yvandeau, avec une rente féodalle de douze boisseaux de froment, qui auroit esté vendue par ladite dame Malier du Houssay, comme mère et tutrice de ladite dame de Maillé, au s^r Huger, excepté encore un droit de disme qui estoit dans ladite parroisse de Veron, dont ladite deffunte dame d'Oléron a disposé par son testament,... à la charge par lesdits seigneur et dame acquéreurs de tenir et relever lesdites choses du roy et autres seigneurs dont elles sont mouvantes, soit à foy et hommage lige ou simple, ou autrement, soubs les devoirs anciens et accoustumés, à quelques sommes qu'elles se puissent monter,... mesmes les rentes foncières, dons ou legs, si aucuns sont deus, notamment six sextiers de grain de rente deus sur ledit moulin du Boulay à la mesure et comme elle est deue, et six livres de rente deue au roy et six livres d'autre rente deue à un particulier sur ledit moulin de Poil de René, et de payer, pour le prix desdites choses vendues, la somme de soixante mil livres... aux créanciers privilégiés et plus anciens hypothèques de la succession de ladite dame d'Oléron, et encore celle de deux mil cinq cent livres de pot de vin, quoy faisant, lesdits seigneur et dame acquéreurs demeureront subrogés aux droits, privilèges et hypothèques desdits créanciers,... déclarants lesdites partyes que dans lesdites sommes de soixante mil livres et de deux mil cinq cent livres le fief du Chasteau Sénéchal, circonstances et dépendances, relevant du fief et seigneurie de Brouassin, est entré pour la somme de douze mil livres, ces présentes aussi faites à la charge que lesdits seigneur et dame vendeurs ne seront point guarands vers lesdits seigneur et dame à cause du trouble qui pouroit leur estre fait par la dame marquise de Sourches pour raison de l'instance actuellement pendante entr'eux et elle au parlement de Paris, mais en cas... que ladite dame de Sourches gaigne son procès, lesdits seigneurs vendeurs seront tenus d'en acquitter, guarantir et indemniser lesdits seigneur et dame acquéreurs vers elle, mesme de payer les sommes dont elle auroit obtenu condamnation et d'en raporter acquit trois mois après le trouble qui auroit esté fait en conséquence dudit arrest. S'oblige ledit sieur procureur pour lesdits seigneur et dame acquéreurs tous les titres qu'ils ont concernant la propriété desdites choses dans les temps de trois mois que lesdits seigneur et dame acquéreurs conserveront le bail fait au s^r Micault, receveur général des terres, fiefs et seigneuries, pour ce qui reste à en exprimer, ou le dédommageront et s'en accomoderont avec luy, ainsy qu'ils voiront bon estre...

Fait et passé audit chasteau de Courcelles, en présences dudit s^r Huger, qui s'appelle Louis, et Me Pierre Auvé, s^r de la Fonteine, advocats au siège présidial de la Flèche, y demeurant, de présent en ce lieu.

Fontaine de la Crochinière; Chamillart; Le Rebours de Chamillart; Auvé; Huger.

840

1711, 14 novembre, Courcelles. — VENTE PAR FRANÇOIS DE MAILLÉ, CHEVALIER, MARQUIS DE BÉNÉHARD, DU FIEF DE LA SANSONNIÈRE, EN LIGRON, A MICHEL CHAMILLART, MINISTRE D'ETAT. — (Minute de l'étude de feu Me Trouvé, notaire à Cérans-Foulletourte.)

Le quatorzième jour de novembre l'an mil sept cent onze, par devant nous, Joseph Dupont, notaire royal, demeurant à Foultourte, parroisse de Cérens, fut présent en sa personne très hault et très puissant seigneur messire FRANÇOIS DE MAILLÉ, chevalier, marquis de Bénéhard, légataire universel de très puissante dame ANNE DE MAILLÉ, vivante marquise d'Oléron, sa tante, demeurant ordinairement en son château de Bénéhard, parroisse de Chaheigne, province de Toureine, de présent au château de Courcelles, lequel a reconnu avoir ce jourdhui vendu, cédé, quitté, et transporté à très hault et très puissant seigneur messire Michel Chamillart, ministre d'estat, commendeur et grand trésorier des ordres du roy, et à très haute et très puissante dame Élisabeth-Thérèze Le Rebours, son épouze, demeurants ordinairement à Paris, en leur hostel sur le quay des Théatins, parroisse de Saint Sulpice, de présent en leur château de Courcelles, sçavoir est : la terre, fief, seigneurie de la Sansonnière, scituée parroisse de Ligron, hommes, sujets, vassaux, cens, rentes, services et autres droits qui en dépendent, consistants en la maison seigneuriale, cours, jardin, issues, domaines, métayrie de la Sansonnière, et dans les lieux et closerie de la Porte, Joyau, Loiselière, la Prioulière, la Perrerie, le tout scitué en ladite parroisse de Ligron, comme il se poursuit et comporte et que lesdites choses sont eschues audit seigneur vendeur par la donation à luy faite par ladite dame d'Oléron, et qu'en jouit actuellement à titre de ferme Marie Le Noir, veuve de deffunt Jean Le Boucher, pour la somme de huict cens livres de ferme, et qu'en ont joui les précédents fermiers, à la charge par lesdits seigneur et dame acquéreurs... d'acquitter à l'avenir, à commencer du jour de Saint Jean Baptiste dernier, la rente, don et legs de douze boisseaux de noix par an léguée à l'église dudit Ligron par ladite deffunte dame marquise d'Oléron pour l'entretien d'une lampe ardente. Ladite vendition faite, outre les charges cy dessus, pour la somme de seize mille livres, payable aux créanciers privilégiés et plus anciens de la succession de ladite deffunte dame d'Oléron, etc.

Fait et passé audit château de Courcelles, en présence de Mᵉ Pierre Auvé, sʳ de la Fonteine, et de Mᵉ Louis Huger, advocats au siège présidial de la Flèche, y demeurant, de présent en ce lieu, tesmoins.

Maillé Bénéhart; Chamillart; Le Rebours; Auvé; Huger; Dupont.

841

1711, 18 novembre, la Flèche. — VENTE PAR MICHEL CHA-

MILLART, MINISTRE D'ÉTAT, DU DOMAINE DE LA SANSONNIÈRE, EN LIGRON, AUX RELIGIEUSES DE LA VISITATION DE LA FLÈCHE. — (Minute de l'étude de feu M° Trouvé, notaire à Cérans-Foulletourte.)

Le dix huitiesme jour de novembre mil sept cent onze, par devant nous Sébastien Lépine, notaire royal demeurant à la Flèche, fut présent M° Henry Fontaine, s^r de la Crochinière, conseiller du roy, inspecteur général des fermes de Sa Majesté, demeurant en cette ditte ville de la Flèche, au nom et comme procureur de très hault et très puissant seigneur messire Michel Chamillart, ministre d'état, commandeur et grand trésorier des ordres du roy, et très haulte et très puissante dame madame Élisabeth-Thérèze Le Rebours, son épouze,... lequel a vendu... aux dames religieuses de la Visitation de Sainte Marie de cette ville... assemblées en la manière ordinaire et suivant leurs constitutions au parloir de leur couvent, ès personnes d'humble et dévote mère Marie-Victoire de Villaines-Gaignon, supérieure, sœurs Catherine-Angélique de Lévy, assistante, Jacqueline-Rosalie de Thory, Françoise-Marguerite Gohin et Anne-Louise Rousseau, conseillères, et des autres religieuses composant leur communauté soussignées,... sçavoir est : la maison, cour, jardin, issues et domaine de la Sansonnière et ses dépendances, qui consistent dans la métairie du même nom, les lieux et closeries de la Porte, Joyaux, Loiselerie, la Prioulière et la Perrerie, situés en la paroisse de Ligron, circonstances et dépendances, comme ils se poursuivent et comportent et que le tout a été acquis par lesdits seigneur et dame de Chamillard, par contract passé le quatorze du présent mois, non compris le fief dépendant de ladite terre de la Sansonnière, qu'ils ont réuni et consolidé à la seigneurie de Château Sénéchal par eux acquise par contract passé... le treize dudit présent mois,... pour ne faire à l'avenir ledit fief de la Sansonnière avec celuy de Château Sénéchal qu'un seul et même corps de fief,... aux charges par lesdites dames acquéreurs de relever ladite terre de la Sansonnière... roturièrement et en simple censive de ladite seigneurie du Chasteau Sénéchal sous le seul devoir de dix sols de cens payables chacun an à la recepte de ladite seigneurie au jour et feste de Toussaint,... à la charge en outre d'acquiter à l'avenir, à commencer dudit jour et feste de Saint Jean Baptiste dernier, la rente, don ou legs de douze boisseaux de noix léguée par la dame marquise d'Oléron pour l'entretien d'une lampe ardente dans ladite eglise,... outre les charges cy dessus, pour et moyennant le prix et somme de seize mille livres en principal, et de quatre cens livres de pot de vin, sur laquelle somme de seize mille livres demeure dès à présent déduite et compensée celle de sept mil livres, faisant le principal de trois cens cinquante livres de rente hypotéquaire au denier vingt, constituée au profit desdites dames acquéreures par ladite défunte dame marquise d'Oléron, par contract passé devant Couaslier, notaire royal en cette ville, le 7 aoust 1700;... et à l'égard de la somme de 9000 livres restant du prix principal de ladite vendition, les acquéreures promettent et s'obligent la payer aux plus anciens créanciers de la succession de ladite deffunte dame d'Oléron;... et au regard de ladite somme de quatre cens livres de pot de vin, ledit s^r de la Crochinière l'a déléguée à payer en l'acquit et décharge desdits seigneur et dame de Chamillart au seigneur de Bénéhart...

Fait et passé au parloir dudit monastère, présent : Me Pierre Auvé, avocat au siège présidial de cette ville, et Me Henry Cossé, prestre, tesmoins à ce requis, demeurants à la Flèche.

La minutte est signée : Fontaine de la Crochinière; s^r Marie-Victoire de Vilaines-Gaignon, supérieure; s^r Catherine-Angélique de Lévy; s^r Jacqueline-Rosalie de Thory; s^r Anne-Louise Rousseau; s^r Françoise-Marguerite Gohin; s^r Françoise-Angélique Gourreau; s^r Louise-Emanuelle Pauvert; s^r Anne-Magdelaine Gohin; s^r Renée-Lucie Nepveu; s^r Marie-Emée Piolin; s^r Marie-Anne Sibille; s^r Marie-Agathe de Vilaines de Gaignon; s^r Louise-Marie de Turbilly; s^r Marie-Françoise Louet; s^r Marie-Marthe Fontaine de la Crochinière; s^r Marie-Hyacinthe Gaudion; s^r Marguerite-Élisabeth Bouchez; s^r Marie-Angélique Duhalde; s^r Marie-Pacifique de Moré; s^r Catherine-Julie Le Vaché de la Chaise; s^r Marie-Josèphe Charon de Villesablon; s^r Louise-Ghilberte de Gaultier de Chifreville; s^r Renée-Angélique de Meaulne; s^r Marie-Genevieve du Clairay; s^r ANNE-ÉLISABETH DE MAILLÉ; Auvé; H. Cosset, prêtre.

842

1712, juin. — (Abbé G. Esnault, *Inventaire des minutes anciennes des notaires du Mans,* t. V, p. 103.)

ANNE DE MAILLÉ, marquise d'Oléron, eut pour héritière sa nièce MARIE-ANNE-GENEVIÈVE DE MAILLÉ, femme de PHILIPPE DE MONTBOISSIER-CANILLAC, cornette des mousquetaires du roi. Étant à l'armée, celui-ci donne procuration à Cambrai, le 9 juin 1712, ainsi que RENÉ-FRANÇOIS DE MAILLÉ, seigneur de Bénéhard, le 18 juin 1712, pour emprunter 1600 livres à Louis de Samson, seigneur de Martigny, pour compléter les 6000 livres qu'ils doivent à MARIE-ANNE-CHARLOTTE DE MAILLÉ, religieuse professe au couvent des Ursulines du Mans, à qui cette somme a été léguée par ladite marquise d'Oléron.

843

1712, 16 novembre, Courcelles. — (Minute de l'étude de feu Mᵉ Trouvé, notaire à Cérans-Foulletourte.)

Messire RENÉ-FRANÇOIS DE MAILLÉ, seigneur de Bénéhard, légataire universel de défunte très haute et puissante dame ANNE DE MAILLÉ, marquise d'Oléron, sa tante, donne délégation à messire Michel Chamillart, pour, par lui, payer la somme de 16.000 livres qu'il s'est engagé donner aux créanciers de ladite dame, savoir : 9000 livres à la veuve et héritiers de Mᵉ Nicolas Tartel, bourgeois de Paris, et 7000 livres aux dames religieuses de la Visitation de la Flèche.

844

1712, 21 décembre, Paris. — (Registres paroissiaux de Montboissier, Eure-et-Loir.)

L'an 1712, le 21ᵉ du décembre, a été baptisé, dans la paroisse de Saint Paul à Paris, M. Philippe-Claude, comte de Montboissier-Canillac, fils de M. le marquis PHILIPPE-CLAUDE DE MONTBOISSIER-CANILLAC et de Mᵐᵉ MARIE-ANNE-GENEVIESVE DE MAILLÉ, son épouse ; tenu sur les fonts baptismaux par messire Philippe-Claude, marquis de Canillac, et par Mᵐᵉ LOUISE-MARIE, marquise DE MAILLÉ DU HOUSSAY.

845

1713, 9 janvier, le Mans. — Abandon des terres de Maigné, Vallon, le Plessis, les Épichelières, Crenon, aux créanciers du comte de Maillé. — (Cabinet de M. L. Brière. *Minute sur papier.*)

Du neufiesme jour de janvier mil sept cens treize après midy, par devant nous Julien Dubois et Simon Cornilleau, notaires royaux, réservés au Mans, y demeurant, furent présents Mᵉ Pierre-Jacob Limosin, sieur de Ronchère, conseiller du roy, grenetier au grenier à scel du Château du Loir, y demeurant, parroisse de Saint Guingallois, au nom et comme procureur de messire François, comte de Maillé, chevalier, seigneur dudit lieu, tant en son nom que comme père et tuteur de messire Louis-Joseph de Maillé, chevalier, comte de Brézé, mineur, suivant sa procuration du troisiesme décembre dernier, attestée par Le Tourneur et Melin, nottaires au Chastelet de Paris,... et encore comme procureur de messire François de Maillé, chevalier, marquis de Roujoux, et Louis de Maillé, chevalier, seigneur marquis de Maillé, suivant leurs procurations attestées, sçavoir : celle dudit seigneur marquis de Roujoux par Dalibard et Guyon, notaires royaux, le huit du courant,... et celle dudit seigneur marquis de Maillé par Renard et Lermenier, notaires à Blois, le vingt neuf dudit mois de décembre dernier,... auquel seigneur comte de Brézé ledict sieur de Ronchère, audit nom de procureur desdits seigneurs comte de Maillé, père, et François et Louis de Maillé, ses enfants, s'oblige de faire ratiffier ces présentes... sytost... qu'il aura atteint sa majorité, qui sera le treize décembre prochain;... et monsieur Mᵉ Jacques Hoyau, conseiller du roy aux siège présidial et séneschaussée dudit Mans, messire Louis de Sanson, chevallier, seigneur de Martigny, tant en son privé nom que comme mary de dame Marie Le Vayer, héritière de deffunt Jacques Le Vayer, vivant escuyer, seigneur de Laubrière, Mᵉ Anthoine Pillon et Arnoul Le Vasseur, advocat esdit siège, Mᵉ Louis Renard, sieur de la Brainière, officier de Madame, comme héritier bénéficiaire de deffunte dame Marie Renard, à son décès veuve du seigneur de Sougé, Mᵉ Jean Amellon, sieur de la Mauvière, bourgeois,

Jean Beaupoil, escuyer, sieur de la Constantinière, conseiller du roy, lieutenant de la mareschaussée provincialle du Maine, Charles Ory, marchand espicier, et Jean-François de la Rivière, escuyer, conseiller du roy, juge prévost civil et criminel au siège de la prévosté royalle du Mans, lieutenant général de police et subdélégué en tiltre de monseigneur l'intendant de la générallité de Tours, comme cessionnaire d'Estienne Le Peltier, vivant aussy escuyer, sieur de la Foucaudière, conseiller du roy èsdict siège présidial et séneschaussée, tous demeurant audit Mans, ès parroisse de Saint Nicolas, Saint Pierre le Réitéré, Saint Padvin de la Cité, la Coulture, Saint Pierre de la Cour et Saint Benoist, tant pour eux que se faisant fort de messires Jacques de Cordouan, chevalier, seigneur de Courtoux, la Forrest et autres lieux, Honorat de Cordouan, chevalier, seigneur de Maresché, et dame Marguerite Cordouan, veuve Pierre de Gennes, vivant escuyer, conseiller du roy et son procureur èsdicts sièges présidial et séneschaussée, comme héritiers de deffuncte dame Marguerite Aubert, à son décéds veuve de messire de... de Cordouan, seigneur de la Forrest, et encore ledit seigneur de Maresché de son chef, au refus desquels seigneurs de Cordoüan et dame de Gennes de ratiffier ces présentes et de s'obliger avec eux, ils s'obligent d'en poursuivre l'homologation ; tous créantiers priviléigiez et hypotecquaires dudit seigneur comte de Maillé, père, et de deffuncte dame Françoise Bouteiller, son espouze, et desdits seigneurs de Maillé, leurs enfants; et très révérende dame madame Marie-Ignace de Braulle, abbesse de l'abbaye royalle des Filles Dieu de cette ville, et M⁰ Simon Péteillard, notaire royal audit Mans, y demeurant, créanciers hypothéquaires desdits seigneur et dame de Maillé et desdits seigneurs leurs enfants, lesquels, èsdits noms, pour terminer tous procès et instances pendentes entre ledit seigneur comte de Maillé, père, et lesdits créanciers, tant au parlement qu'ailleurs,... et empescher la consommation des biens dudit seigneur comte de Maillé, père, et de ceux provenant de la succession de ladite deffunte dame, son espouse, par les poursuittes qu'auroient peu faire lesdits créantiers pour avoir payement de leur deub, sont convenus et demeuré d'accord de ce qui suit :

PREUVES 133

C'est à sçavoir que ledit sieur de Ronchère, en ladite qualité de procureur,... pour demeurer quitte envers lesdits s^{rs} et dames créanciers, cy dessus nommés, des sommes principalles, intérest, frais et despens et autres choses génerallement quelconque qu'ils doibvent, leur a, par ces présentes, abandonné et délaissé dès maintenant et à tousjours... les terres, fiefs, seigneuryes et chastelenies de Maigné, Vallon, le Plessis, les Épichelières, Crenon et autres,... mantionnées au contract d'acquisition qui en a esté fait par ledit seigneur comte de Maillé, père, et ladite deffunte dame Bouteiller, son épouse, du feu seigneur de Langlée, passé devant ledit Péteillard,... le seize novembre mil six cens quatre vingt dix neuf, ensemble les annexes faictes èsdites terres depuis le susdit contract d'acquisition par lesdits seigneur et dame de Maillé,... renonçant ledit s^r de Ronchère, audit nom, à pouvoir inquietter monsieur le président Séguin et tous autres dans la poursuitte, décret, vente et adjudication de la terre de Champs, la Plante et autres héritages acquis par ledit seigneur Séguin desdits seigneur et dame de Maillé,... ledit abandonnement ainsy faict aux charges cy après, sçavoir : par lesdits s^{rs} et dames créanciers de payer et acquitter les cens, rentes et debvoirs, charges et droits seigneuriaux... deus à cause desdites terres,... plus, de payer par chacun an audit seigneur comte de Maillé, père, la somme de mil livres de pension viagère et allimentaire, monnoye sonnante, sur laquelle pension sera retenu le dixiesme denier tant qu'il aura lieu,... et sera payable de six mois en six mois et par avance en la ville de Paris ou en cette ville du Mans, franche de port et au choix dudit seigneur comte de Maillé, au jour du décedsduquel ladite pension demeurera esteinte ; plus, de payer audit sieur de la Brainière, cessionnaire de très haulte et très puissante dame madame Françoise d'Aubigny, marquise de Maintenon, ce qui peut estre deub à ladite dame, tant en principal, intérests, que frais, par lesdits seigneur et feue dame de Maillé... Lesdits s^{rs} et dame créanciers se sont obligez de payer et acquitter, sur le prix qui proviendra de la vente desdites terres, par préférences à tous créantiers, tout ce qui est deub à mondit sieur le marquis de Vilquier, à cause de madame de Guiscard, son espouse, tant en principal, intérests, que frais, et ce pendant jusques au payement actuel ou entier de payer les intérest de la somme principalle à luy deue, d'année en année, en donnant néanmoins par lesdits seigneur et dame de Vilquier main levée des oppositions par eux formées aux saisyes réelles des terres cy dessus abandonnée et de celle de Chemps...; comme aussy lesdits s^{rs} et dames créantiers ont renoncé et renoncent... à tous droits sur la terre de Roujoux et despendances, et ont consenty, en tant qu'à eux touche, que lesdits seigneurs de Maillé, fils, ainsy que ledit s^r de Ronchère, audit nom de procureur dudit seigneur comte de Maillé, leur père, le consent, jouissent et disposent de ladite terre en plaine propriété et comme de chose à eux apartenant, sans pouvoir jamais les inquiéter ny troubler dans la possession de ladite terre, sinon en cas qu'ils se trouvast des créantiers cogneuz ou incogneuz desdits s^{rs} de Maillé, père et fils, qui troublasse ledit sieur Séguin, en formant opposition à l'adjudication de ladite terre de Chemps et dépendances, et que lesdits s^{rs} et dames créanciers fussent troublés dans la jouissance et possession desdites terres et choses cy dessus abandonnées, auquel cas de trouble et opposition lesdits s^{rs} et dames créanciers demeureront confirmez dans tous leurs droits... Et pour d'autant plus libérer lesdites terres de Chemps et de Roujoux des hipothèques que ladite dame abbesse des Filles Dieu et ledict s^r Péteillard ont sur lesdites terres, lesquels n'ont aucun privilège sur les terres cy dessus abandonnées, les susdits s^{rs} et dames créantières ont bien voullu les unir par ces présentes à eux pour estre payés par concurence avec eux sur le prix desdites terres cy dessus abandonnées, sçavoir : ladite dame abbesse du principal et de tous les intérêts à elle deubz, et ledit s^r Péteillard du principal et de la moitié des interrest à luy deubs, se réservant ledit sieur Péteillard à estre payé de l'autre moitié desdits interrest après que tous les autres créantiers cy dessus nommez auront esté entièrement payé des sommes à eux deubs tant en principaux qu'interrest, à la charge par lesdits dame abbesse des Filles Dieu et s^r Péteillard de contribuer, ainsy que les autres créantiers, à ladite pension viagère de mil livres cy dessus... à proportion des sommes principalles deubs à chacun d'eux,... et à ce moyen ils ont deschargé lesdites terres de

Chemps et de Roujou de touttes actions et hypotèques et donnent main levée de touttes oppositions qu'ils pouvoient avoir formées aux adjudications tant desdites terres de Chemps, Roujou, que des susdites terres cy dessus abandonnée...

Faict et arresté audit Mans, au respect de ladite dame abbesse des Filles Dieu, en son parloir, et au respect des autres partyes en la maison de M° Neveu, lieutenant criminel...

846

1713, 7 février, le Mans. — (Abbé G. Esnault, *Inventaire des minutes anciennes des notaires du Mans,* t. V, p. 103.)

Devant Dubois, notaire au Mans, les créanciers de François, comte DE MAILLÉ, veuf de Françoise BOUTEILLER, et de ses enfants, donnent procuration pour présenter requête en leurs noms à la chambre des requêtes à Paris, afin de faire rayer la saisie réelle des terres de Vallon, l'Épichelière, le Plessis, Crenon, saisies sur lesdits seigneurs de Maillé.

847

1713, 15 novembre, Paris. —(B. N., *Carrés d'Hozier,* vol. 399, fol. 162, 163. *Orig. en pap.)*

Quittance donnée par les prêtres de l'Oratoire de la maison de Saint Magloire, à Paris, à messire René Barjot, marquis de Moussy, de la somme de 8.350 livres. Fait à Paris; reçu par Moet et de Savigny, notaires au Châtelet de Paris.

848

1713, 15 novembre, Paris. — (B. N., *Carrés d'Hozier,* vol. 399, fol. 164, 165. *Original en parchemin.)*

Constitution de 484 livres de rente faite par messire René Barjot, chevalier, marquis de Moussy, comte de Roncée, et dame Louise de Johanne de Saumery, son épouse, moyennant la somme de 1.000 livres. Passé à Paris; reçu par Moet et de Savigny, notaires au Châtelet de Paris.

849

1714, 22 février, le Mans. — (Abbé G. Esnault, *Inventaire des minutes anciennes des notaires du Mans,* t. V, p. 103, 104.)

FRANÇOISE-ÉLIZABETH DE MAILLÉ, veuve de FRANÇOIS PICARD, écuyer, sieur de la Dorissière, conseiller du roi, trésorier de France à Alençon, mourut au Mans, en sa maison, rue de Quatre-Roues, le 22 février 1714. Le même jour, Brossier, notaire au Mans, dresse inventaire, à la requête de Michel Maulny, avocat au Mans, bailli de Touvoie, exécuteur testamentaire de la défunte, en présence de LOUIS DE CLINCHAMPS, chevalier, seigneur de Voisine, époux de MARIE DE MAILLÉ, sœur de ladite défunte.

850

1714, 2 avril, Paris. — (Registres paroissiaux de Montboissier.)

L'an 1714, le 2ᵉ jour d'avril, a été baptisée dans la paroisse de Saint Paul, à Paris, Mˡˡᵉ Anne-Élisabeth-Constance de Montboissier, fille de M. PHILIPPE-CLAUDE, marquis DE MONTBOISSIER DE CANILLAC, et de Mᵐᵉ MARIE-ANNE-GENEVIESVE DE MAILLÉ, ses père et mère; laquelle a eu pour parrein M. RENÉ, marquis DE BENHART, et pour maraine Mᵐᵉ Élisabeth Ferrand, comtesse de Canillac, épouse de M. le comte de Canillac.

851

1715, 8 octobre, Entrammes. — (B. N., *Carrés d'Hozier,* vol. 399, fol. 18. *Original en papier.*)

Testament de messire CHARLES DE MAILLÉ, seigneur comte de la Tour Landry, baron d'Entrammes, demeurant en son château, paroisse d'Entrammes, fait le 8 octobre 1715, étant malade. Il veut être inhumé dans le chœur de l'église d'Entrammes, comme seigneur de la paroisse ; laisse le soin de ses funérailles à dame MARIE GUITTON, son épouse ; qu'on célèbre une messe chantée dans ladite église tous les ans, le jour de son décès, pour le repos de son âme et de celles de sa famille ;

veut qu'il soit posé une épitaphe de cuivre, où ses armes seront gravées, dans le chœur de l'église; que la donation des lieux et métairie du Plessis par lui faite à son épouse par leur contrat de mariage, le 10ᵉ septembre 1708, ait son effet, et l'augmente de la métairie du Pin; que sa femme demeure tutrice et garde noble de CHARLES DE MAILLÉ, leur fils unique; et si ladite dame et leurdit fils viennent à décéder sans enfants, il fait son héritier universel messire. . . . . . . DE MAILLÉ, marquis de la Tour Landry, son petit neveu, capitaine au régiment du roy, fils aîné de messire GEORGES-HENRY DE MAILLÉ DE LA TOUR LANDRY, auquel, en cas de décès, il substitue l'aîné qui le suivroit, et ainsi d'aîné en aîné. Fait au château d'Entrammes, et reçu par Charles Heaulme, notaire et tabellion royal héréditaire, résident à Laval.

852

1715, 9 novembre. — (B. N., *Nouveau d'Hozier,* vol. 197, dossier 4405, fol. 3.)

LOUISE DE KERSAINTGILLY, mariée, par contrat du 9 novembre 1715, à HENRI, comte DE MAILLE, marquis de Carman, seigneur de la Marche, dont elle était veuve le 21 juillet 1742, père et mère de HENRI-PROCOPE DE MAILLÉ-CARMAN, écuyer, et de damoiselle LOUISE DE MAILLÉ.

853

1715, 10 novembre, Morlaix. — (Communication de M. le vicomte de Kersaint-Gilly.)

Mariage de haut et puissant messire HENRY, comte DE MAILLÉ et de la Marche, chevalier, marquis de Carman, et de demoiselle LOUISE DE KERSAINT-GILLY, fille majeure de haut et puissant messire François de Kersaint-Gilly, chevalier, seigneur de Saint-Gilles et de Tronjulien, et de dame haute et puissante Marie-Catherine de Kerscau, célébré en l'église de Saint-Martin de Morlaix, par H. Roussel, docteur de Sorbonne, recteur de la paroisse, en présence de monseigneur le maréchal de Châteaurenault, commandant en cette province de

Bretagne, de monseigneur le comte de Châteaurenault, lieutenant de la même province, etc.

854

1717, 14 janvier, Chahaignes. — (Registres paroissiaux de Chahaignes.)

Nous soussignez, curé de cette paroisse, ce quatorze du mois de janvier (1717), avons béni nostre cloche qui a esté nommée Jean-Baptiste par hault et puissant seigneur messire RENÉ-FRANÇOIS DE MAILLÉ, chevalier, marquis de Bénéhard, seigneur de Chahaignes, la Jaille, Ruillé, le Lorouer... et autres lieux, représenté en la personne de Mre Basset de la Buraudière, aumosnier de feu madame la Dauphine, et par madame Catherine de Courtoux, épouze de messire Anne-Nicolas Robert, marquis de la Chartre, conseiller du roy en tous ses conseils, intendant général des turcies et levées de France, représentée en la personne de madame Françoise d'Ardrée de Percheron. F. Barbault.

855

1717, 17 avril, Paris (paroisse Saint-Paul). — (Registres paroissiaux de Montboissier.)

L'an 1717, le 17e jour d'avril, a été baptisé dans la paroisse de Saint Paul à Paris, Mr Jean-Éléonor de Beaufort-Canillac, abbé de Montboissier, fils de haut et puissant seigneur messire PHILIPPE-CLAUDE BEAUFORT-CANILLAC, marquis de Montboissier, sous lieutenant de la seconde compagnie des mousquetaires du roy, et de haute et puissante dame MARIE-ANNE-GENEVIESVE DE MAILLÉ, son épouse, lequel a eu pour parrein haut et puissant seigneur messire Jean de Beaufort-Canillac-Montboissier, conte de Canillac, lieutenant général des armées du roy, capitaine lieutenant de la seconde compagnie des mousquetaires du roy, et marreine haute et puissante dame Éléonore d'Estaing, épouse de Mr de Berville, brigadier des armées du roy.

856

1718, 6 septembre, Entrammes. — (B. N., *Carrés d'Hozier*, vol. 399, fol. 20. *Original en papier.*)

Codicille fait le 6 septembre 1718, par messire CHARLES DE MAILLÉ, seigneur comte de la Tour Landry, baron d'Entrammes, lequel, après avoir réfléchi sur son testament du 8 septembre 1715, veut que la messe qu'il avait instituée dans l'église d'Entrammes pour le repos de son âme et de la famille de Maillé soit aussi pour le repos de l'âme de dame MARIE GUITTON, son épouse. Cet acte passé au château d'Entrammes et reçu par Charles Heaulme, notaire et tabellion royal à Laval.

857

1718, 17 octobre. — (B. N., *Carrés d'Hozier*, vol. 399, fol. 167. *Original en papier.*)

Commandement fait par Joseph Frejucques, huissier aux requêtes du palais à Paris, à messire René Barjot, chevalier, marquis de Moussy, à la requête de Françoise Brossard, légataire de défunte damoiselle MARIE DE MAILLÉ, dame de Villeromain, savoir : de payer à ladite Brossard 1.800 livres pour neuf années de la pension viagère léguée à ladite Brossard par le testament de la dame de Villeromain, du 17 février 1693 ; confirmé par sentence contradictoire des requêtes du palais du 22 août 1712 ; arrêt confirmatif de cette sentence du 7 mai 1714. Cet acte signé : Beauregard.

858

1718, 26 octobre, Saint-Jean-des-Mauvrets. — (Registres paroissiaux de Saint-Jean-des-Mauvrets.)

Bénédiction de deux cloches, la plus grosse nommée Marie-Françoise, par messire François-Jean Le Corvasier, chevalier, sieur de Saint-Vallay et seigneur de Saint-Jean-des-Mauvrets, de Gilbourg, etc., conseiller du roi en ses conseils, grand maître enquêteur et réformateur des eaux et forêts de France au département de Touraine, Anjou et le Maine, et par dame MARIE-LOUISE DE LA GUERCHE-SAINT-AMAND, veuve de haut et puissant seigneur ANDRÉ DE MAILLÉ DE LA TOUR-LANDRY.

859

1719, 21 novembre, le Houssay. — (Registres paroissiaux de Montboissier.)

Le 21e novembre 1719, a été inhumée dans la cave de la chapelle de la Vierge, dans l'église paroissiale du Houssay, Mme LOUISE-MARIE MALIER, marquise de Maillé, dame du Houssay et autres lieux, âgée de 66 ans. (Signé :) Roche, curé de Saint Maur; Chasles, curé de Saint Germain; N. Sauvage, curé de Saint Maurice; Brivazac, chapelain d'Alluye; Laurens, curé de Morrhier; Laurent, chapelain du Houssay; Bourgarel, curé du Houssay.

860

1720, 26 février, le Mans. — (Arch. de la Sarthe, G 382, fol. 161 verso.)

Lettres de Pierre Rogier du Crévy, évêque du Mans, adressées au curé de Moullin-Chappelle, diocèse d'Évreux, lui accordant faculté de bénir l'union de RENÉ-FRANÇOIS DE MAILLÉ, chevalier, marquis de Bénéhard, paroissien de Chahaignes, avec noble demoiselle ANNE-MADELEINE-FRANÇOISE DE LA LUZERNE, sa paroissienne, malgré la non publication de deux bans.

861

1721, 9 janvier, Chahaignes. — (Registres paroissiaux de Chahaignes.)

Demoiselle DE MAILLÉ, fille de haut et puissant seigneur messire RENÉ-FRANÇOIS DE MAILLÉ, chevalier, marquis de Bénéhard, seigneur de la Jaille, Chahaigne, le Lorouer, et seigneur de la châtellerie de Ruillé et d'autres lieux, et de

haute et puissante dame Anne-Magdeleinne-Françoise de
la Luzerne, ses père et mère, est née le neufiesme jour de
janvier l'an mille sept cent vingt et un, à midy, et a esté
ondoyée le mesme jour, avec permission obtenue de monseigneur l'évesque du Mans, dans la chapelle de Bennéhard, par
nous, soussigné, curé de Chahaigne, en présence de haut et
puissant seigneur messire Henri, chevalier, comte d'Illiers,
seigneur de Beaumont Pied de Bœuf, capitaine des vaisseaux
du roy, et de plusieurs autres personnes.

    Maillé Bénéhart; d'Illiers; Limosin de Ronchère;
    A. Fourrier; Marie Mignot; de Lanoüe; Le
    Breton; Michel Le Tellier; Joüanne; Anne
    Hutel; Jacques Prinsseprez; J. Basset.

862

1721, 16-17 janvier, Chahaignes. — (Registres paroissiaux de Chahaignes.)

Demoiselle de Maillé, fille de haut et puissant seigneur messire René-François de Maillé, chevalier, marquis de Bennéhard, seigneur de la Jaille, Chahaigne, le Lorouer, et seigneur de la châtellerie de Ruillé et d'autres lieux, et de haute et puissante dame Anne-Magdeleinne-Françoise de la Luzerne, ses père et mère, est décédée le seize de jenvier 1721, et a esté inhumée le 17 du mesme mois dans la chapelle du cimetière de Chahaigne, tenant lieu d'église depuis l'incendie arrivé en 1705, par nous, soussignez, curé de la paroisse de Chahaigne, et a esté assistée de toutes les personnes sous-signeez.

    Maillé Bénéhart; Limosin de Ronchère; Marie
    Mignot; A. Fourier; de la Noue; Le Breton;
    Jouanne; J. Basset.

863

1722, 27 mai, Chahaignes. — (Registres paroissiaux de Chahaignes.)

Monsieur de Maillet, fils de haut et puissant seigneur messire René-François de Maillet, chevalier, marquis de Bennéhard, seigneur de la Jaille, de Chahaigne, du Lorouer et de la châtelerie de Ruillé, et de haute et puissante dame Anne-Magdeleinne-Françoise de la Luserne, son épouse, est né le vingt et sept de mai l'an mille sept cent vingt et deux, et a esté ondoyé le mesme jour dans l'église de Chahaigne par M. Guillaume-Louis Jean, prieur de Joué, soussigné.

864

1724, 8 novembre, Entrammes. — (B. N., *Carrés d'Hozier*, vol. 399, fol. 21, 22. *Expédition en papier délivrée en 1747.*)

Sentence rendue à Entrammes le 8 novembre 1724, par Rolland Le Duc, bailly civil et criminel du siège de la baronie d'Entrammes, qui nomme pour tuteur de la personne et biens de messire Charles-Louis de Maillé, chevalier, seigneur comte de la Tour Landry, fils unique et héritier de défunts Charles de Maillé, chevalier, seigneur de la Tour Landry, baron d'Entrammes, et de dame Marie Guitton : messire Charles-Henry de Maillé, chevalier, seigneur de la Tour Landry, son cousin germain, de l'avis de plusieurs parents du mineur. Et sur ce que le marquis de Maillé, tuteur, avoit remontré qu'il n'étoit pas de l'intérêt du mineur qu'il soit fait une vente générale de tous ses meubles non plus que des chevaux du haras, vu qu'il étoit âgé de plus de 12 ans et en état d'être émancipé dans peu d'années et d'entrer au service du roi, le juge ordonne que le tuteur se pourvoiroit incessamment à la levée des sceaux apposés sur les meubles, titres et papiers du mineur, et seroit ensuite procédé à leur inventaire, en présence des exécuteurs du testament de la défunte comtesse de la Tour Landry, et, l'inventaire clos et arrêté, procéder à la vente des meubles que le tuteur jugeroit à propos. Le tuteur ayant requis l'avis des parents et voisins du mineur sur l'exécution du testament de la feue contesse de la Tour Landry, reçu par René du Chemin, notaire, le 10 octobre précédent, dont il leur avoit fait donner lecture, le juge donne acte aux parents de ce qu'ils avoient déclaré être d'avis que le testament fût exécuté en toutes ses dispositions. Cette sentence expédiée le 12 janvier 1747, sur la minute étant au greffe du siège de la baronnie d'Entrammes, par Rozière, greffier.

865

1725, 28 mai, Chahaignes. — (Registres paroissiaux de Chahaignes.)

L'an de grâce mil sept cens vingt cinq, le vingt et huit may, a esté inhumé dans la chapelle Mr le chevalier DE MAILLÉ, second fils de Mr le marquis de Bennéhard, seigneur de cette paroisse. Ont assisté à la sépulture : Mr Conebis (?), prêtre, et Mr Potier, vicaire. Narays, curé.

866

1727, 16 juin, Chahaignes. — (Registres paroissiaux de Chahaignes.)

L'an de grâce mil sept cens vingt sept, le seizième juin, haut et puissant seigneur messire RENÉ-FRANÇOIS DE MAILLÉ, chevalier, marquis de Bénéhart, seigneur de cette paroisse, le Lorouer, Ruillé et autres lieux, nous a d'abondant déclaré qu'il luy est né un fils, le vingt huit décembre dernier, de son mariage avec haute et puissante dame ANNE-MAGDELAINE-FRANÇOISE DE LA LUZERNE, lequel a été batisé dans son château de Bénéhart, attendu le danger de mort, par le sr Louis-François Fresneau, notaire à la Chartre, en présence de la dame Chouane, concierge, du nommé Lemoy, d'Etienne de la Roche, soussignés, et duquel les cérémonies de batême ont été différées par permission de monseigneur l'évêque du Mans, en datte du 14 février 1727; laquelle déclaration a été signée par cesdits seigneur et dame, ledit Fresneau et autres dénommez, et par nous curé, soussigné.

   Maillé Bénéhart; la Luserne Bennéhart; Narrays,
    curé, etc.

867

1730, 23 juin, Angers. — CONTRAT DE MARIAGE DE CHARLES DE MAILLÉ DE LA TOUR LANDRY, ET DE MARIE-FRANÇOISE de Savonnières. — (B. N., *Carrés d'Hozier,* vol. 399, fol. 26-31. *Orig. parch.*)

Contrat de mariage de haut et puissant seigneur messire Charles de Maillé, chevalier, comte de la Tour Landry, baron d'Entrammes et autres lieux, fils de feus haut et puissant seigneur messire Charles de Maillé, chevalier, seigneur comte de la Tour Landry, baron d'Entrammes et autres lieux, et dame Marie Guitton, son épouse, demeurant au château de Jalesne, paroisse de Vernantes, et assisté de haut et puissant seigneur messire Charles-Hardouin de Maillé de la Tour Landry, son cousin germain, chevalier de l'ordre de Saint-Jean de Jérusalem, commandeur de l'Isle Bouchard et capitaine des vaisseaux du roy, demeurant en sa commanderie de l'Isle Bouchard, paroisse de Brisé en Touraine, tant en son nom que comme fondé de procuration passée devant Pierre Bruère, notaire et tabellion royal à Baugé, résidant à Vernoil, le 21 juin 1730, de haut et puissant seigneur messire Charles-Henry de Maillé de la Tour Landry, chevalier, marquis de Jalesne et d'Amaillou, Saint Germain et autres lieux, mestre de camp d'infanterie, chevalier de l'ordre militaire de Saint Louis, de messire Michel de Maillé, chevalier de Jalesne, son frère, tous deux cousins issus de germain du futur, et de messire René de Jumeau, chevalier, seigneur de Salvert, curateur aux causes dudit futur, accordé le 23 dudit mois de juin 1730, avec haute et puissante damoiselle Marie-Françoise de Savonnières, fille unique de haut et puissant seigneur messire Henry-François de Savonnières, chevalier, seigneur de Meaulne, du Perray et autres lieux, et de feue dame Marie-Hélène des Champs, son épouse, demeurant au château de Meaulne, paroisse de Broc en Anjou; la future assistée de haute et puissante dame Renée de Savonnières, sa cousine issue de germain, veuve de haut et puissant seigneur messire René-Henry Robin, seigneur marquis de la Trembloye, demeurante au couvent des Ursulines de la ville d'Angers, paroisse de Saint Maurille, et de damoiselle Marie-Catherine de Savonnières de la Troche, sa cousine, fille majeure, demeurante en l'abbaye du Ronceray de ladite ville d'Angers, paroisse de la Trinité. Ladite future se marie avec tous ses droits, noms, raisons et actions immobilières à elle échues de la succession de ladite feue dame des Champs, sa mère, qui consistoient en la terre, fief et seigneurie de Boistravers, située paroisse de Saint Clément de la Place, avec toutes ses appartenances et dépendances, plus, les lieux de la Galloizière, de la Petite Clozerie, de la Soutière, des Bougreaux, situées paroisse de Pontigny, et le lieu de la Hurollière, paroisse du Vieil Baugé, avec toutes leurs appartenances et dépendances; plus, en une partie de rente au principal de 7.542 livres 10 sols faisant partie de 17.542 livres 10 sols du principal, due sur les tailles de l'élection de Beaugé, en conséquence de la quittance de finance expédiée par M^r le garde du trésor royal, le 30 juin 1724, au profit de Mre Louis-Joseph de Savonnières, comme tuteur de ladite future, sa nièce; Jean des Champs, sieur du Plessis; Jean-Baptiste-Urbain Laurent, chevalier, seigneur du Plessis Joreau, et Louise des Champs, son épouse, héritiers de défunt Adam des Champs, président au siège royal de Beaugé; plus, en une autre partie de rente, au principal 1.174 livres 6 sols 8 deniers, faisant le tiers de 3.523 livres de principal, contenu dans la quittance de finance expédiée par monsieur le garde du trésor royal, le 31 décembre 1723, au profit de Jean des Champs; messire Jean-Baptiste-Urbain de Lorent, chevalier, seigneur de Joreau, et de dame Louise des Champs, son épouse, à cause d'elle, et de damoiselle Françoise de Savonnières, comme héritier de Michel-Clément des Champs. Et en faveur de ce mariage, ledit seigneur de Savonnières marie ladite future, sa fille, comme sa principale héritière noble, avec tous les avantages qui dépendoient de cette qualité, à la charge qu'elle laisseroit jouir, après le décès de son père, de la terre, fief et seigneurie du Perray, annexes et dépendances, située paroisse de la Chapelle des Choux, évaluée à 400 livres ou environ de revenu, et qui fesoit partie de ses biens : messire Jean de Savonnières, chevalier, capitaine de cavalerie réformé dans la mestre de camp générale, chevalier de l'ordre militaire de Saint Louis; Mre Louis-Joseph de Savonnières, chevalier, capitaine réformé au régiment de la Couronne infanterie; Élisabeth et Marie de Savonnières, damoiselles, frères et sœurs dudit seigneur de Savonnières; après le décès desquels ladite future entreroit en jouissance de ladite terre du Perray et dépendances ; comme aussi ledit seigneur de Savonnières donne en avancement de droits successifs sur sa succession les rentes cy après, savoir : 500 livres de rente au principal de 16.000 livres créée par ledit feu seigneur comte de la Tour Landry, père dudit futur, par contrat passé devant Artus, notaire de la baronnie d'Entrammes, et René Bourdais, notaire royal, résidant au bourg et paroisse de Parenne, le 4 mai 1720; item, la rente de 166 livres 13 sols 4 deniers au principal de 4.000 livres, crée par Mre Claude Le Jumeau, chevalier, seigneur des Perrières, les Aubiers, les Marais et autres lieux, tant en son nom que comme procureur de dame Anne-Élizabeth des Ecottez de Chantilly, son épouse, au profit dudit seigneur de Savonnières, par contrat passé devant Antoine Marchesseau, notaire royal à la Flèche, résidant au Lude, le 28 août 1727; item la rente de 66 livres 13 sols 4 deniers, au principal de 2.000 livres, due par ledit messire René Le Jumeau, chevalier, seigneur de Salvert, et dame Jeanne Cholle, son épouse, au terme du 16 mars 1726, avec une année d'arrérages de ladite rente, échue le 16 de mars 1730; item, la rente de 33 livres 6 sols 8 deniers, à laquelle avoit été réduite celle de 45 livres crée pour 900 livres de principal par Me Antoine Chenon, avocat au Lude, comme procureur de dame Françoise des Loges, veuve de Mre Félix de Savonnières, chevalier, seigneur du Perray, tant en son nom que se faisant fort de Mre Henri-François de Savonnières, son fils, au profit de la Charité de la Flèche, par contrat passé devant Jacques Le Tessier, notaire royal à la Flèche, le 22 avril 1699, ladite rente remboursée par ledit seigneur Henry-François de Savonnières au procureur de ladite Charité, le 6 juillet 1720; ce contrat passé à Angers, devant Bardoul et Drouault, qui en retint la minute, notaires royaux audit Angers, Amable-Robin de la Tremblaye, seigneur marquis du Pinpéan, étant alors sénéchal d'Anjou.

A la suite est la procuration donnée le 21 juin 1730, par haut et puissant seigneur Charles-Henry de Maillé de la Tour Landry, chevalier, marquis de Jalesne et d'Amaillou, Saint Germain et autres lieux, mestre de camp d'infanterie, chevalier de l'ordre militaire de Saint Louis, demeurant au château de Jalesne ; messire Michel de Maillé, chevallier de Jalesne, son frère, demeurans au château de Jalesne, paroisse de Vernante, en Anjou, et par messire René Le Jumeau, chevalier, seigneur de Salvert, demeurant paroisse de Meillé, curateur aux causes de haut et puissant seigneur messire Charles de Maillé de la Tour Landry, baron d'Entrammes, et messire Charles-Hardouin de la Tour Landry, chevalier de l'ordre de Saint Jean de Jérusalem, commandeur de l'Isle Bouchard et capitaine des vaisseaux du roy, demeurant en sa commanderie de l'Isle Bouchard, paroisse de Brisé en Touraine, pour, en leurs noms, comparoistre au contrat de mariage et célébration nuptiale dudit seigneur de Maillé de la Tour Landry, baron d'Entrammes, avec damoiselle Marie-Françoise de Savonnières, fille de haut et puissant seigneur messire Henry-François de Savonnières, seigneur de Meaulne, du Perray et autres lieux, demeurant en son château dudit Meaulne, paroisse de Broc en Anjou.

Cet acte passé au château de Jalesne, paroisse dudit Vernante; reçu par Pierre Bruère, notaire et tabellion royal à Baugé, résidant à Vernoil. Et le tout a été publié en l'audience du siège royal de Laval, le vendredy 24 novembre 1730, et en l'audience de la sénéchaussée de Château-Gontier, le samedy 2 décembre suivant.

868

1730, 18 décembre, Angers. — (Arch. de Maine-et-Loire, E 3250, Audouys, *Notes et extraits généalogiques sur la famille de Maillé.*)

Du 18 décembre 1730, en la paroisse de Saint Pierre d'Angers, célébration du mariage de messire JOSEPH-ANTOINE-ÉLÉONORE-ISIDORE DE MAILLÉ DE LA TOUR LANDRY, chevalier, fils de messire GEORGE-HENRY DE MAILLÉ DE LA TOUR LANDRY, et de dame ANNE FREZEAU DE LA FREZELLIÈRE, avec d[lle] HENRIETTE-CATHERINE-MARIE-PÉLAGIE CHARLERIE, fille de noble homme François Charlerie et de demoiselle Jacquine Guignard.

869

1732, 5 octobre, Broc. — (B. N., *Carrés d'Hozier*, vol. 399, fol. 32. *Expédition en parchemin délivrée en 1747, légalisée.*)

Extrait des registres des baptêmes de la paroisse de Broc, élection de Beaugé, généralité de Tours, diocèse d'Angers, portant que CHARLES-RENÉ, fils de haut et puissant seigneur messire messire LOUIS DE MAILLÉ DE LA TOUR LANDRYE, et de haute et puissante dame MARIE-FRANÇOISE DE SAVONNIÈRES, son épouse, naquit le 5 octobre 1732, et fut baptisé le 10 septembre 1733. Le parrain : haut et puissant seigneur messire CHARLES-HENRY DE MAILLÉ DE LA TOUR LANDRYE, marquis de Jallaine, colonel d'infanterie, chevalier de l'ordre militaire de Saint Louis; sa marraine : haute et puissante dame Renée de Savonnières, marquise de la Tremblaye. Cet extrait délivré le 7 janvier 1747, par messire Jean Personne, curé de Broc, et légalisé le 8 janvier 1747, par Charles Le Noir, s^r de la Cochetière, bailly, juge civil, criminel et de police du comté et Motte sous le Lude.

870

1735, 15 juillet, Chahaignes. — ACTE DE BAPTÊME DE PHILIPPE-FRANÇOIS DE MAILLÉ-BÉNÉHARD. — (Registres paroissiaux de Chahaignes.)

L'an de grâce 1735, le quienziesme juillet, les sérémonies du baptême ont été administrées par messire Nicolas Hersant, prêtre de l'Oratoire, du consentement et pouvoir de nous, curé soussigné, à PHILIPPE-FRANÇOIS DE MAILLÉ-BÉNÉHARD, fils aîné de haut et puissant seigneur messire RENÉ-FRANÇOIS DE MAILLÉ, chevallier, seigneur marquis de Bénéhard, la Jaille, Chahaignes, le Loroir, Ruillé et autres lieux, et de haute et puissante dame ANNE-MAGDELAINNE-FRANÇOISE DE LA LUZERNE, son épouse, né le vingt sept mai mil sept cent vingt deux, et ondoié le même jour, par le s^r Guillaume-Louis Jean, prieur de Joué, comme il est porté sur les registres de cette église et signé : Jean, avec témoins ; lesquelles cérémonies avoient été différées par permission de monseigneur l'évêque du Mans, en datte de..., ledit seigneur ayant été présenté sur les fond baptismaux et nommé par haut et puisant seigneur messire Philippe de Montboissier-Beaufort-Canillac, chevallier, marquis de Montboissier, maréchal des camps et armées du roy et capitaine lieutenant commandant de la seconde compagnie de ses mousquetaires, et par haute et puissante dame Marie-Elisabeth de Lamoignon, épouse de haut et puisant seigneur César-Antoine de la Luzerne, chevalier, seigneur comte de Beusville, seigneur du Moulin, Chapelle et autres lieux, maréchal des armées du roy. Ledit seigneur de Monboessier représenté par messire Mathurin-François Pintore, chanoine régulier, prieur de Saint Pierre du Bois et chapelain de Chambord ; ladite dame de Lamoignon représentée par damoiselle Marthe-Marie-Catherine-Joséphine Huger, épouse du s^r Pierre Percheron, écuier, s^r de Crousille, maréchal des logis de Son Altesse Sérénissime le duc d'Orléans, premier prince du sang ; en vertu des procurations desdits seigneur et dame devant les notaires du Chastelet de Paris, en datte du 27 juillet 1734, signé : Montboissier, Deniau et Melin, lesquels demeurent attachées au registre. Lesdits seigneurs et dame de Bénéhard présens en personnes, Hersant, procureur et procuratrice, et autres présents à ladite sérémonie, ont signé avec nous. Signé : Philippe-François de Maillet ; Maillé Bénéhard ; la Luserne Bénéhard ; M. Huger ; C. Huger ; M. F. Pintars ; Ch. R. Besnard, curé de Flé, doyen rural du Château du Loir ; M. de Vasbres ; Garnier de Cinq Mars ; Vaidie, doyen de la Chartre ; Martin, curé de Ruillé ; Cheneau ; J. Coneau, prêtre ; F. Hersant, p. dt. ; R. Gourdin, sacriste ; Narays, curé de Chahaignes ; Rottier, notaire.

871

1735, 15 juillet, Chahaignes. — ACTE DE BAPTÊME DE RENÉ-CÉSAR DE MAILLÉ. — (Registres paroissiaux de Chahaignes.)

L'an de grâce 1735, le quienziesme de juillet, les sérémonies du baptême ont été administrées par messire Nicollas Hersant, prêtre de l'Oratoire, du consentement et pouvoir de nous, curé soussigné, à RENÉ-CÉSAR DE MAILLÉ, fils puiné de haut et puissant seigneur RENÉ-FRANÇOIS DE MAILLÉ, chevallier, seigneur marquis de Bénéhard, la Jaille, Chahaigne, le Loroir, Ruillé et autres lieux, et de haute et puisante dame ANNE-MAGDELAINE-FRANÇOISE DE LA LUSERNE, son épouze, né le vingt huit décembre 1726, et ondoié dans le château dudit seigneur, attendu le cas de nécessité, par M° Louis Fresneau, notaire, en présence de plusieurs thémoins, comme est porté sur le registre, et dont lesdites cérémonies avaient été différées par permission de monseigneur l'évêque, suivant une lettre de son grand vicaire, en datte du quatorze février 1727, signé : Le Vayer. Ledit seigneur ayant été présenté sur les fons baptismaux et nommé par messire René Herault, chevallier, seigneur de Fontainne, l'abbé de Vanusson, conseiller d'État, lieutenant général de police de la ville, prévôté et viconté de Paris, et par haute et puissante dame Marie-Anne Rippart, marquise de Silly; ledit seigneur Herault représenté par maître Claude Huger de Montilly, bailly de Ruillé; ladite dame de Silly représentée par demoiselle Françoise Hersant, épouse du sieur Huger, en vertu des prorogations des seigneurs et dame, devant les notaires du Châtelet de Paris, en datte du vingt sept may 1735, signé : Silly, Loison et Pallu, et du cinq juin 1735, signé : Heroul, Le Verrier et Doyen. Lesdits seigneurs établis ont signé, avec les autres personnes, avec nous, curé. Signé : René-César de Maillé; Maillé Bénéhard; la Luzerne Bénéhard; C. Huger; Besnard, curé de Flée, doyen rural de Château du Loir; F. Hersant; Pintiers, prieur; Vaidie, doyen de la Chartre; Garnier de Cinqmars; Martin, curé de Flé; Chesneau; P. de Vabres; J. Cocuau, prêtre; F. Hersant, p. d. o.; R. Gourdin; Rottier, notaire; Naray, curé de Chahaignes.

872

1735, 13 août, Paris. — (B. N., *Carrés d'Hozier*, vol. 399, fol. 170, 171. *Orig. parch.*)

Sentence rendue en la chambre du conseil du Châtelet de Paris entre dame MARIE-LOUISE BINET DE MARCOGNET, épouse de messire DONATIEN DE MAILLÉ, veuve en premières noces de messire François de Saligné, marquis de la Chaize, demanderesse en séparation de biens, d'une part, et ledit seigneur marquis de Carman, deffendeur. Il est dit que la demanderesse est et demeurera séparée quant aux biens d'avec le s^r son mary, en conséquence de la renonciation par elle faite à leur communauté, par acte du 4 juillet 1735. Cette sentence signée : Tardiveau; insinué à Paris, le 17 août 1735, par acte signé Thierry.

873

1736, 17 septembre, Angers (paroisse Sainte-Croix). — (Arch. de Maine-et-Loire, E 3250. Audouys, *Notes et extraits généalogiques sur la famille de Maillé.*)

Le 17 septembre 1736, fut épousé en la paroisse de Sainte Croix d'Angers, messire MARIE-URBAIN-CHARLES, marquis DE MAILLÉ, seigneur de la Pouèze et de la Jousselinnière, fils de messire CHARLES DE MAILLÉ, seigneur marquis de Gilbourg et de Saint Jean des Mauvrais, et de dame SUSANNE-ANTOINETTE DE RANEUVEL, avec d^{elle} CHARLOTTE GRUDÉ, fille de Charles Grudé, écuier, seigneur de l'Échasserie, et de d^{elle} Charlotte de Maunoir.

874

1736, 25 octobre, Chahaignes. — (Registres paroissiaux de Chahaignes.)

L'an de grâce mil sept cent trente et six, le vingt cinq octobre, a été inhumé dans le caveau de l'église, par nous, Nicolas Hersant, supérieur de l'Oratoire, en présence et à la prière de M. le curé, le corps de haut et puissant seigneur messire RENÉ-FRANÇOIS DE MAILLÉ, chevalier, marquis de Bénéhart, seigneur de cette parroisse, Ruillé, Lorrouer et autres lieux, décédé le vingt dudit mois, à l'âge de soixante cinq ans. Ont officié à la ditte cérémonie Mrs Jacques Vaidie, prier *(sic)* curé de Châtillon, doyen de la Chartre, et Urbain Besnard, curé de Flée et doien du Château du Loir. Le clergé du canton, la noblesse, ont assisté à la ditte inhumation en fort grand nombre, et les autres soussignés.

875

1737, 2 mai, Chahaignes. — (Registres paroissiaux de Chahaignes.)

L'an de grâce mil sept cens trente sept, le deux may, est né et a été batisé par M⁰ Nicolas Hersant, prêtre de l'Oratoire, en présence de nous, curé, et avec notre permission, FRANÇOIS-CASIMIR, fils de feu haut et puissant seigneur messire RENÉ-FRANÇOIS DE MAILLÉ, chevalier, seigneur de cette paroisse, Ruillé, Lorrouer et autres lieux, et de haute et puissante dame ANNE-MAGDELAINE-FRANÇOISE DE LA LUZERNE-BEUSSEVILLE. A été tenu sur les fons baptismaux par PHILIPPES-FRANÇOIS DE MAILLÉ, son frère aîné, marquis de Bénéhard, et illustre dame Marie-Anne-Victoire-Casimir Romé Breteville, chanoinesse séculière en Lorraine, soussignés. Ont aussy été présens plusieurs autres personnes de considération, lesquelles ont aussy signé : la chanoinesse Romé Bretteville ; Philippe Maillé ; René de Maillé, le chevalier ; Hersant, p. d. l'O. ; Narays, curé ; J. Cocuau, prêtre ; Rottier, prêtre ; R. Gourdin ; J. Gourdin ; J. Baratte.

876

1737, 27 juin, Paris. — CERTIFICAT DE L.-P. D'HOZIER EN FAVEUR DE MARIE-CATHERINE DE MAILLÉ. — (B. N., Fr. 32.130. *Preuves de la noblesse des demoiselles de Saint-Cir*, t. XIII, fol. 8.)

Nous, Louis-Pierre d'Hozier, juge général d'armes de France, chevalier de l'ordre du roi, conseiller en ses conseils, maître ordinaire en sa chambre des comptes de Paris, généalogiste de la maison, de la chambre et des écuries de Sa Majesté et de celles de la reine, certifions au roi que demoiselle MARIE-CATERINE-LOUISE DE MAILLÉ-BRÉZÉ-BÉNÉHARD a la noblesse nécessaire pour être admise au nombre des filles demoiselles que Sa Majesté fait élever dans la maison royale de Saint-Louis, fondée à Saint-Cir, dans le parc de Versailles, ainsi qu'il est

justifié par les actes[1] qui sont énoncés dans cette preuve, laquelle nous avons vérifiée et dressée à Paris ce vingt septième jour du mois de juin de l'an mil sept cent trente sept.
D'Hozier.

877

1737, 9 juillet, Angers (paroisse Sainte-Croix). — (Archives de Maine-et-Loire, E 3250. Audouys, *Notes et extraits généalogiques sur la famille de Maillé.*)

Baptême à Sainte Croix d'Angers de CHARLES-MARIE-JOSEPH, fils de messire URBAIN-CHARLES DE MAILLÉ, chevalier, seigneur marquis de la Tour Landry et de la Jousselinnière, et de dame CHARLOTTE GRUDÉ.

878

1737, 17 septembre, Cheillé. — (Registres paroissiaux de Cheillé, Indre-et-Loire.)

Sépulture dans l'église de haute, puissante et noble dame MARIE-ANNE DE MALLÉ, âgée de quatre-vingt-neuf ans, veuve de haut et puissant seigneur CHARLES D'APPELVOISIN DE TIERCELIN, marquis de la Roche-du-Maine.

879

1739, 19 février. — (B. N., *Carrés d'Hozier*, vol. 399, fol. 43. *Expédition en papier délivrée en 1749, non légalisée.*)

Extrait des registres des baptêmes de la paroisse de Fresne, diocèse de Blois, portant que MARIE-FRANÇOISE, fille légitime de messire LOUIS, comte DE MAILLÉ, chevalier, seigneur de Roujoux, Mareuil, Terreneuve et autres lieux, et de dame FRANÇOISE-BONNE DE ROCHEFORT, de ladite paroisse, naquit le 19 février 1739, et fut batisée le 23 desdits mois et an. Cet extrait délivré le 30 août 1749, par le sieur G. Baisnée, curé de Fresne.

---

1. Ces actes sont placés à leur rang dans ces volumes de *Preuves*.

880

1740, 31 octobre, Paris. — (B. N., *Carrés d'Hozier,* vol. 399, fol. 172-175. *Original en papier.)*

Accord fait entre haut et puissant seigneur messire Donatien de Maillé, chevalier, comte de Maillé, capitaine de cavalerie au régiment de Clermont prince, messire Jean-Baptiste-Joseph-François, comte de Sade, et dame Marie-Eléonore de Maillé, son épouse, non commune en biens, ledit comte de Sade curateur de messire Charles-Henri de Maillé, abbé de Karman, son beau-frère émancipé par lettres du 26 octobre 1737, lesdits seigneur comte de Maillé, comtesse de Sade, et abbé de Carman, frères et sœurs, seuls héritiers, par bénéfice d'inventaire, de dame Louise-Marie Binet de Marcognet, leur mère, femme de messire Donatien de Maillé, marquis de Carman, et les créanciers de ladite dame. Il est convenu que les créances privilégiées et les petites seroient payées en entier, entre autres 24 livres pour blanchissage fait par ordre de ladite dame pour le s^r abbé de Carman, son fils, décédé en Allemagne. Fait à Paris, reçu par Le Chanteur et Sylvestre, notaires.

881

1740, 12 décembre, Chahaignes. — (Registres paroissiaux de Chahaignes.)

L'an de grâce mil sept cens quarante, le douze décembre, a été inhumé dans le chœur, par nous, curé, soussigné, le corps de monsieur le chevalier Casimir de Maillé-Bénéhart, décédé à l'âge de quatre ans. Ont été présens : messieurs Rottier, prêtre; Guillon, vicaire; René Gourdin et Jacques Baratte, sacristes, soussignés.

    C. Guillon, prêtre; R. Gourdin; Rottier
   J. Baratte; Narays, curé.

882

1741, 6 août, Paris. — (B. N., *Carrés d'Hozier*, vol. 399, fol. 176. *Expédition originale en papier délivrée en 1743.*)

Contrat de mariage de haut et puissant seigneur messire DONATIEN DE MAILLÉ, comte de Maillé, chevalier de Saint-Louis, accordé le 6 août 1741 avec haute et puissante dame ELISABETH-MARIE D'ANGLEBERMER, veuve de messire Jean-Louis d'Alsace, comte d'Hénin-Liétard, chevalier, marquis de Saint-Fal, etc. Par ce contrat est stipulé qu'il n'y auroit point de communauté de biens entre les futurs et que la dame d'Anglebermer auroit seule administration des biens et personnes des enfans mineurs dudit feu seigneur marquis de Saint-Fal, en qualité de tutrice. Ce contrat passé devant Le Court, notaire, et son confrère, notaires au Châtelet de Paris; produit par extrait délivré le 17 avril 1743.

883

1741, 8 août, Paris. — (B. N., *Carrés d'Hozier*, vol. 399, fol. 177. *Expédition en papier délivrée en 1748 et légalisée.*)

Extrait des registres des mariages de la paroisse de Saint Laurent à Paris, portant que haut et puissant seigneur DONATIEN DE MAILLÉ, comte de Maillé, chevalier de Saint Louis, baptisé en l'église Saint Jean de la Rochelle en 1707, le 22 août, fils de haut et puissant seigneur DONATIEN DE MAILLÉ, marquis de Carman, et de feue dame LOUISE BINET DE MARCOGNET, inhumée à Saint Paul en 1737, demeurant rue Saint Antoine, paroisse Saint Paul, d'une part, et haute et puissante dame MARIE-ELISABETH D'ANGLEBERMER DE LAIGNY, baptisée à Saint Gobert, diocèse de Laon, en 1709, veuve de haut et puissant seigneur Jean-Louis d'Alsace, comte d'Hennin, marquis de Saint Fal, inhumé en son château de Saint Fal, le 30 septembre 1732, furent fiancés et mariés le 8 août 1741, en présence, du côté de l'époux, de Jean-Baptiste Perrette, gentilhomme de monseigneur le prince de Pont, Jean Lothien, officier du roy; du côté de l'épouse, messire Pierre Perrette, prêtre du diocèse de Dijon, et Nicolas Bacou, bourgeois de Paris. Cet extrait délivré le 16 décembre 1748, par le s^r Perrier, vicaire, légalisé le lendemain par le s^r Urvoy, vicaire général de l'archevêque de Paris.

884

1742, 11 février, Laigny (Aisne). — (B. N., *Carrés d'Hozier*, vol. 399, fol. 178. *Expédition en papier délivrée en 1748 et légalisée.*)

Extrait du registre des baptêmes de l'église paroissiale de Saint Martin de Lagny, diocèse de Laon, portant que mademoiselle MARIE-LOUISE-ÉLISABETH, fille de messire DONATIEN, comte DE MAILLÉ, chevalier de Saint Louis, et de dame MARIE-ELISABETH D'ANGLEBELMER DE LAGNY, son épouse, naquit et fut baptisée le dimanche 11 février 1742. Le parrain : messire DONATIEN DE MAILLÉ, marquis de Carman; la marraine : dame Louise-Marie de Flohault, comtesse de Lagny. Cet extrait délivré le 10 décembre 1748, par le s^r Denis, curé de Voulpaix et de Lagny, légalisé le 10 janvier 1749, par Pierre-Bonnaventure Le Clerc, seigneur de Montafief, premier président et lieutenant général au baillage de Vermandois et siège présidial de Laon.

885

1742, 8 juin, Paris (paroisse Saint-Paul). — Registres paroissiaux de Montboissier.)

L'an 1742, le 8e jour du mois de juin, a été inhumé dans la paroisse de Saint Paul, à Paris, le corps de hautte et puissante dame Mme MARIE-ANNE-GENEVIEFVE DE MAILLÉ, marquise de Montboissier, dame de cette paroisse, âgée de 50 ans moins 4 mois, qui, pendant sa vie, a toujours bien édifié cette paroisse et l'a soulagée dans tous ses besoins. (Signé :) Bourgarel, curé.

886

1743, 8 juin. — (B. N., *Chérin*, vol. 113, pp. 5 et 7. — *Carrés d'Hozier, Titres de la maison de Kersaintgilly.*)

Haut et puissant messire Guy-François, chevalier, seigneur de Kersaintgilly-Saint-Gilles, fils aîné, héritier présomptif, principal et noble, de la dame sa mère (haute et puissante dame Marie-Catherine de Kerseau, veuve et douairière de haut et puissant messire François, chevalier, seigneur de Kersaintgilly-Saint-Gilles), reçut la démission qui lui fut faite, ainsi qu'à ses frères et sœurs, (parmi lesquels LOUISE-MARQUISE DE KERSAINTGILLY, dame comtesse de Maillé-Carman,) par ladite dame, le 8 juin 1743, devant Le Flô et Kerguadavern, notaires royaux de la ville de Saint Paul, et, par le même acte, partagea sesdits frères et sœurs puisnés dans lesdits biens, après avoir examiné que de tous tems immémorial leurs ancêtres avoient partagé noblement et avantageusement, et s'être toujours comportés dans leurs partages suivant et conformément à l'assise du comte Geoffroy, et que tous les héritages à partager entre eux étoient nobles. Par lequel acte, en partageant des deux tiers au tiers, il revint à chacun desdits puisnés 200 livres de rente, en payement de laquelle il leur assigna différents héritages.

887

1743, 28 décembre, Laigny. — (B. N., *Carrés d'Hozier*, vol. 399, fol. 179. *Expédition en papier délivrée en 1750 et légalisée.*)

Extrait du registre des baptêmes de l'église paroissiale de Saint Martin de Lagny, diocèse de Laon, portant que LOUISE-GABRIELLE DE MAILLÉ-CARMAN, fille de messire DONATIEN, comte DE MAILLÉ, chevalier de Saint Louis, et de dame MARIE-ÉLISABETH D'ANGLEBELMERE DE LAGNY, son épouse, naquit et fut baptisée le 28 décembre 1743. Le parrain : messire CHARLES DE MAILLÉ-CARMAN, prêtre, docteur en théologie, abbé commendataire de Notre-Dame de Moreaux, chanoine et vicaire général de Laon, représenté par Étienne Polhar; la marreine : dame Louise-Gabrielle de Maillé-Carman, représentée par Marie-Madelene Gobert. Cet extrait délivré le 29 juin 1750, par M⁰ Denis, prêtre, curé de Voulpaix et de Lagny, légalisé le 5 juillet suivant par Pierre-Bonnaventure Le Clerc, seigneur de Montafief, premier président et lieutenant général au baillage de Vermandois et siège présidial de Laon.

888

1745, 16 septembre, Contres (Loir-et-Cher). — (B. N., *Carrés d'Hozier*, vol. 399, fol. 44. *Expédition en papier délivrée en 1757 et légalisée.*)

Extrait des registres de baptêmes de la paroisse de Saint Cyr et de Sainte Julitte de Contres, diocèse d'Orléans, archidiaconé de la Sologne, portant que Marie-Anne de Maillé-Brézé, fille de haut et puissant seigneur messire Louis, comte de Maillé-Brézé, chevalier, seigneur de Roujeoux, Fresne, Terreneufve, le Guyanchat, Mareuil, la Terre du Bois, Vaujelay, l'Almandière et autres lieux, et de haute et puissante dame Françoise-Bonne de Rochefort, son épouse, née le 16 septembre 1745, fut baptisée sous condition le 18 des mêmes mois et an, en présence de M⁰ Augustin Berthe, notaire royal de Fresnes. Le parrain : messire François Joubert, prêtre, curé de Contres; la marraine : demoiselle Marie-Anne de la Richardie. Cet extrait délivré le 3 mai 1757 par le s^r Joubert, curé de Contres, légalisé le 6 desdits mois et an par Pierre-Jacques Droullon, écuyer, sieur de Chéry, conseiller du roy, lieutenant général au baillage et siège présidial de Blois.

889

1745, 22 novembre. — (*Mercure*, novembre 1745, p. 254.)

Le 22 novembre 1745, Donatien de Maillé, marquis de Carman, comte de Maillé, premier banneret de l'évêché de Léon, mourut en Basse-Bretagne, dans sa 71e année, étant né en juin 1675. Il avoit été colonel du régiment d'infanterie de son nom. Il étoit fils de Donatien de Maillé, mort le 4 décembre 1728, et de Marie-Anne du Puy de Murinais, sa première femme.

890

1746, 16 avril, Paris. — Certificat de L.-P. d'Hozier pour Catherine-Bonne de Maillé. — (B. N., Fr. 32.132, fol. 28 verso.)

Nous, Louis-Pierre d'Hozier... certifions au roi que damoiselle Caterine-Bonne de Maillé a la noblesse nécessaire pour être admise au nombre des filles demoiselles que Sa Majesté fait élever dans la maison royale de Saint Louis, fondée à Saint Cir..., ainsi qu'il est justifié par les actes qui sont énoncés dans cette preuve, laquelle nous avons vérifiée et dressée à Paris le samedi seizième jour du mois d'avril de l'an mil sept cent quarante six.

D'Hozier.

891

1749, 6 mars, le Mans. — (Abbé Émile-Louis Chambois, *Obituaire des Ursulines du Mans, 1621-1790*, Laval, 1896, p. 23.)

Le 6 mars 1749 est décédée la mère Marie-Anne de Maillé de Brézé, âgée de 67 ans.

892

1749, 22 mars, Paris. — Certificat de Louis-Pierre d'Hozier pour Marie-Louise-Élisabeth de Maillé. — (B. N., Fr. 32.132. *Preuves de la noblesse des demoiselles de Saint Cir,* t. XV, fol 120 verso.)

Nous Louis-Pierre d'Hozier, juge d'armes de France, chevalier de l'ordre du roi, conseiller en ses conseils, maître ordinaire en sa chambre des comptes de Paris, généalogiste de la maison, de la chambre et des écuries de Sa Majesté et de celles de la reine et de madame la Dauphine, certifions au roi que d^{lle} Marie-Louise-Élisabeth de Maillé a la noblesse nécessaire pour être admise au nombre des filles demoiselles que Sa Majesté fait élever dans la maison royale de Saint Louis fondée à Saint Cir, dans le parc de Versailles, comme il est justifié par les actes qui sont énoncés dans cette preuve, laquelle nous avons vérifiée et dressée à Paris le samedi vingt deuxième jour du mois de mars de l'an mil sept cent quarante neuf.

D'Hozier.

893

1750, 14 janvier, Paris (paroisse Saint-Sulpice). — *(Archives de l'État Civil de Paris,* publiées par le comte de Chastellux, dans la *Revue nobiliaire.)*

Inhumation de RENÉ-CÉSAR-FRANÇOIS DE MAILLÉ, seigneur de Bénéhart, fils de RENÉ-FRANÇOIS et d'ANNE-FRANÇOISE-MADELEINE DE LA LUZERNE, mort le 14 janvier 1750, à l'âge de vingt-trois ans.

894

1753, 1er février, Entrammes. — *(Mercure,* mai 1753, p. 208.)

Mre CHARLES-FRANÇOIS DE MAILLÉ DE LA TOUR-LANDRY, baron de Gastines, fils unique de Mre CHARLES-HENRI DE MAILLÉ DE LA TOUR-LANDRY, baron de Jalesne, colonel d'infanterie, aîné et chef de la maison de Maillé, a épousé, le 1er février 1753, MARIE-ANTOINETTE DE MAILLÉ DE LA TOUR-LANDRY, sa cousine, fille de Mre CHARLES-LOUIS DE MAILLÉ, comte de la Tour-Landry, baron d'Entrasme. Ils ont reçu la bénédiction nuptiale dans la chapelle du château d'Entrasme, proche Laval.

895

1755, 2 février. — *(Mercure,* juin 1755, p. 221.)

Le 2 février 1755, CHARLES-RENÉ DE MAILLÉ DE LA TOUR-LANDRY, comte de Maillé, capitaine de dragons, fils de CHARLES-LOUIS DE MAILLÉ, comte de la Tour-Landry, baron d'Entrasmes, et de dame MARIE-FRANÇOISE DE SAVONNIÈRES, dame de Méaune, a été marié avec MARIE-RENÉE-BONNE-FÉLIcité de Savary-Brèves de Jarzé. L'évêque de Senlis leur a donné la bénédiction nuptiale dans la chapelle de l'hôtel de Condé, en présence de Leurs Altesses monseigneur le prince et Mme la princesse de Condé.

896

1764, 10 mars, Tours. — *(Mercure,* octobre, p. 211.)
L'abbé de Maillé de Carman, abbé de l'abbaye royale de Moreaux, ordre de Saint-Benoît, au diocèse de Poitiers, est mort à Tours le 10 mars 1764, âgé de soixante-dix ans.

897

1769, 11 avril, Château-du-Loir. — *(Inventaire sommaire des archives de la Sarthe,* Château-du-Loir.)
Sépulture, dans l'église Saint-Martin de Château-du-Loir, du corps de très haute et très puissante dame Anne-Marie-Joséphine de la Luzerne, veuve de très haut et très puissant seigneur messire René-Louis-François de Maillé, marquis de Bénéhard, seigneur de Chahaignes, Ruillé et le Lorouer, en présence de très haut et très puissant seigneur messire César-Henri de la Luzerne, comte de Beuzeville, seigneur de Ruillé et autres lieux, colonel des grenadiers de France, brigadier d'infanterie.

898

1769, 12 avril, le Mans. — Lettres de vicaire-général données par Louis-André de Grimaldi, évêque du Mans, a Jean-Marie de Maillé de la Tour-Landry. — (Archives de la Sarthe, G 401, fol. 34 verso.)
Ludovicus Andreas de Grimaldi, e principibus Monaci, De gratia et apostolica ordinatione Cenomanensis episcopus,... dilecto viro Joanni-Mariæ de Maillé de la Tour Landry, presbytero nostræ diœcesis consultissimo, facultatis Parisiensis in utroque jure licentiato, salutem in Domino.
Nos de tuis fide, pietate, prudentia et experientia, plurimum in Domino fiduciam habentes, sperantesque quod ea que tibi

commiserimus fideliter et studiose curabis adimplere, idcirco te vicarium nostrum in spiritualibus et temporalibus generalem, in civitate et diœcesi nostra Cenomanense, fecimus et deputamus per presentes, dantem tibi plenam et liberam potestatem et mandatum speciale ut vice et loco nostris quæ corrigenda erunt prudenter corrigas, concedenda canonice concedas, ubi pro bono ecclesiæ dispensandum dispenses, beneficiis vacantibus seu vacaturis per cessum, decessum, causa permutationis, aut alio quovismodo, de personis capacibus et benemeritis ac utilitati publicæ sollicite providas, præsentatos idoneos ad beneficia curata admittas et in eis instituas, ecclesias parrochiales et alias vice et loco nostris, quoties opus erit, visites, commissiones apostolicas et alias debitæ executioni demandes, litteras provisionis, institutionis *de visa* nuncupatas, commenditias, dimissoriales ad tonsuram clericalem et quosvis ordines suscipiendos prout expedierit tribuas, omnia demum quæ sunt officii nostri et in concilio nostro decreta erunt... benignitate et vigilantia exequaris, præsentibus... ad libitum tantum valituris.

Datum Cenomani, in palatio nostro episcopali, sub signo sigilloque nostris, necnon chirographi secretarii episcopatus nostri, die decima secunda mensis aprilis, anno Domini millesimo septuagesimo sexagesimo nono, præsentibus ibidem magistris Renato Foucqué et Renato-Francisco Desile, presbyteris, Cenomani commorantibus, testibus ad præmissa vocatis ac in minuta præsentium signatis. Signatum : Lud. A., episcopus Cenomanensis. Et infra : de mandato, Rolland, et sigillatum.

899

1769, 19 mai, le Mans. — ABANDON PAR JEAN-MARIE DE MAILLÉ DE LA TOUR-LANDRY DE SON CANONICAT DE L'ÉGLISE DE SENLIS. — (Cabinet de M. L. Brière. *Minute.*)

Aujourduy dix neufiesme de may mil sept cent soixante neuf, après midy, devant les notaires royaux apostoliques du diocèse du Mans, receus au siège présidial et sénéchaussée dudit Mans, y demeurans, soussignés, a comparu messire JEAN-MARIE DE MAILLÉ DE LA TOURLANDRY, prêtre du diocèse du Mans, chanoine prébendé de l'église cathédrale de Senlis et vicaire général de monseigneur l'illustrissime et révérendissime évêque du Mans, demeurant audit Mans, paroisse de Saint Ouen, sur les fossés, lequel, en bonne santé de corps, sain pareillement d'esprit et d'entendement, ainsy qu'il est apparu aux notaires soussignés par ses discours, a dicté auxdits notaires ce qui suit : c'est à savoir qu'il se démet purement et simplement, par ces présentes, desdits canonicat et prébende de l'église cathédrale de Senlis, et de tous ses droits, appartenances et dépendances, entre les mains d'illustrissime et révérendissime seigneur monseigneur l'évêque de Senlis, collateur ordinaire desdits canonicat et proebende, pour estre d'iceux pourvu par Sa Grandeur qui bon luy semblera, consentant ledit s^r de Maillé de la Tour Landry qu'à cet effet toutes provisions desdits canonicat et proebende et autres actes nécessaires soient expédiées, même jurant et affirmant qu'en ces présentes il n'est intervenu et n'interviendra aucun dol, fraude, simonie ny autres pactions vicieuses et illicittes et contraires aux dispositions canoniques ; duquel présent acte lecture a esté faitte par l'un des nottaires soussignés, l'autre présent, audit s^r de Maillé de la Tour Landry, qui a dit l'avoir bien entendu et y persévérer. Dont acte fait et passé audit Mans, lesdits jour et an, en l'étude de Nouel Rolland, l'un desdits notaires, et a ledit s^r de Maillé de la Tourlandry signé.

De Maillé, vic. gén. ; Pelu ; Rolland.

900

1770, 10 janvier, et 1771, 21 juin, Paris (paroisse Saint-Sulpice). — (*Archives de l'État Civil de Paris,* publiées par le comte de Chastellux dans la *Revue nobiliaire.*)

Baptêmes de CHARLES-FRANÇOIS-ARMAND DE MAILLÉ, né le 10 janvier 1770, et de CHARLES-JEAN DE MAILLÉ, né le 21 juin 1771, tous deux fils de CHARLES-RENÉ, comte DE LA TOUR-LANDRY et de MADELEINE-ANGÉLIQUE-CHARLOTTE DE BRÉHAN.

901

1772, 26 juin, Paris (paroisse Saint-Eustache). — *(Archives de l'État Civil de Paris,* publiées par le comte de Chastellux dans la *Revue nobiliaire.)*

Inhumation de CHARLES-ANTOINE DE MAILLÉ, fils naturel de CHARLES-RENÉ, comte DE LA TOUR-LANDRY, maréchal de camp, et de Catherine-Élisabeth Ray de la Cour, né le 28 mars 1767, mort le 26 juin 1772.

902

1777, 14 janvier, Paris (paroisse Saint-Jacques-du-Haut-Pas). — *(Archives de l'État Civil de Paris,* publiées par le comte de Chastellux dans la *Revue nobiliaire.)*

Inhumation de MARIE-ÉLÉONORE DE MAILLÉ, veuve de JEAN-BAPTISTE-FRANÇOIS-JOSEPH, comte DE SADE, morte le 14 janvier 1777, à l'âge de soixante-cinq ans.

903

1777, 20 août, et 1781, 26 mars, Paris (paroisse Saint-Sulpice). — *(Archives de l'État Civil de Paris,* publiées par le comte de Chastellux dans la *Revue nobiliaire.)*

Baptêmes de FORTUNÉ-CHARLES-LOUIS-FRANÇOIS DE MAILLÉ, né le 24 août 1777, et de BLANCHE-FÉLICITÉ-CHARLOTTE DE MAILLÉ, née le 26 mars 1781, tous deux enfants de JEAN-LOUIS, vicomte DE LA TOUR-LANDRY, et de PERRINE-JEANNE-MARGUERITE LE ROUX.

904

1778, 6 novembre, Paris (paroisse Saint-Sulpice). — *(Archives de l'Etat Civil de Paris,* publiées par le comte de Chastellux dans la *Revue nobiliaire.)*

Mariage de FRANÇOIS-ALEXIS DE MAILLÉ, comte de Brézé, veuf de MARIE-ANGÉLIQUE HURAULT DE VEUIL, remarié le 6 novembre 1778, à ROSALIE DE LA BOURDONNAYE, veuve de Louis-Marie Juchault, comte des Jamonières.

905

1782, 22 septembre, au camp de Saint-Roch. — Lettre du comte de Maillé. — (*Autographe* de la collection de M. le comte de Maillé.)

Au camp de Saint Roch, le 22 septembre 1782.

Je suis bien étonné, mon cher Durtebis (?), que, quoique suppléé dans mes fonctions au département de Lorient par Mr le comte de Murinais, vous ne m'ayés rendu aulcun compte cet été de ce qui concerne votre sous direction, ny de ce qui a pu se passer sur la coste tant pour le service qui s'y fait, que pour les nouvelles de mer (?). Je m'attendois à plus de régularité de votre part pendant mon séjour en Espagne, et que je serois au courans de ce qui se passe sur les costes de Bretagne. Nous avons manqué Gibraltar, nos batteries ayants succombées au feu de l'ennemy et étées abandonnées après en avoir sauvé les hommes, et dont un grand nombre ont étés victimes; c'est une place à laquelle il faut renoncer. Cet événement fait repartir dans peu de jours monseigneur le comte d'Artois. J'ay prevenu Mr le marquis de Ségur que je quitterai le prince à Bordeaux pour retourner à Lorient où je pourrois estre vers les derniers jours du mois prochain; votre service d'hiver y sera desja ordonné, et je pense que la cour n'y aura rien changé. Je n'y fairai qu'un séjour très court, d'autant que je n'y aurai ny maison ny établissement quelconque. Vous connoissés, mon cher Durtebis (?), les sentimens du très sincère attachement avec lequel j'ay l'honneur d'estre vostre très humble et très obéissant serviteur.

Le Cte de Maillé.

Vous pouvés me respondre à cette lettre en me l'adressant à mon passage à Bordeaux poste restante.

906

1786, 24 avril, Vernantes. — (Registres paroissiaux de Vernantes.)

Mariage, dans la chapelle de Jalesnes, de messire Anne-

PIERRE BOYLESVE, chevalier, seigneur de la Modetaie, ancien capitaine de Royal-Auvergne infanterie, lieutenant des maréchaux de France, fils de Anne Boylesve du Planty et de Marie-Perrine Sourdeau de Beauregard, avec demoiselle FÉLICITÉ-ÉMILIE DE MAILLÉ DE LA TOUR-LANDRY.

907

1787, 10 mars, Paris (paroisse Saint-Sulpice). — (*Archives de l'État Civil de Paris,* publiées par le comte de Chastellux dans la *Revue nobiliaire.*)

Baptême de ALEXANDRE-ARMAND-FORTUNÉ DE MAILLÉ, fils de FRANÇOIS-ALEXIS, comte DE BRÉZÉ, et de MARIE-JEANNE JOLLY, né le 10 mars 1787.

908

1791, 15 janvier, Paris (paroisse Saint-Sulpice). — (*Archives de l'État Civil de Paris,* publiées par le comte de Chastellux dans la *Revue nobiliaire.*)

Inhumation de CHARLES-RENÉ DE MAILLÉ, mort le 15 janvier 1791, à l'âge de cinquante-huit ans, époux de MADELEINE-ANGÉLIQUE DE BREHAN.

PREUVES

(Supplément)

909

1350. — (B. N., *Pièces orig.*, 1798, doss. 41.587, n° 6. *Pap.*)
JAQUETTE DE MAILLÉ esp[ousa] en 1350 PIERRE ERRAULT, es[cui]er, seigneur de Libaud[ière (?)] et de la Roche de Fresnay; et furent les aïeulx de François Eraut, seigneur de Chemans, garde des seaux de France.

910

1360, 10 septembre. — JEANNE DE MAILLÉ ET SON MARI PIERRE DE LARSAY VENDENT LA BOUSSINIÈRE A JEAN LE CLERC. — (B. N., *Pièces orig.*, 1798, doss. 41.597, n° 25.)
D[elle] JEANNE DE MAILLÉ, unique héritière de Boisneuf[1], le Petit Baugé, épousa Pierre de Larsay, seigneur de Larsay[2] en Touraine. Ils vendirent la Boussinière, parroisse de Coesme, à Mre Jean Le Clerc, tenu de Chasteau en Anjou à deux esperons dorez, à mouvance de seigneur, le 10 septembre 1360.

911

1380, 5 septembre, Cléry. — (B. N., *Titres scellés de Clairambault*, 61, p. 4670.)
Montre de messire TRISTAN DE LA JAILLE[3], chevalier, d'un autre chevalier et de trois écuyers de sa compagnie.

---

1. Voir n° 135.
2. Jean, seigneur de Larsay, de Boisneuf, de Champart, épousa d[elle] Jeanne Daen, fille de monsour Guillemot Daen, seigneur de la Roche, Brosserain, les Haies de Maillé, etc., et de d[elle] Jeanne de la Roche, suivant une transaction du 25 décembre 1407. (B. N., *P. orig.*, 1798, doss. 41.597, n° 25.)
3. Mari d'ALIÉNOR ou ÉLÉONORE DE MAILLÉ.

912

1380, 1ᵉʳ décembre, Angers. — (B. N., *Titres scellés de Clairambault*, 61, p. 4670.)

Montre de Tristan de la Jaille, chevalier bachelier, de deux autres chevaliers bacheliers et de onze écuyers de sa compagnie.

913

1380, Tours. — (Archives des Perrais, Sarthe, vol. Turbilly, fiefs détachés. *Copie pap.*)

« Jean et Jean les Raouls, enfans de Jean Raoul, tous paroissiens de Mettray, » confessent avoir acheté de « noble homme messire Pierre de Beuil, chevalier, seigneur du Bois, et de noble dame Margueritte de Chaussé (sa femme), pour eux, pour leurs hoirs et pour ceux qui d'eux ont et auront causes... une métérie appellé la métérie de la Forterie,... séant en fié de Maillé, en la ditte parroisse de Mettray[1]... »

914

1381, 21 juin. — (Archives d'Indre-et-Loire, H 928, fonds Chahaignes[2]. *Parch.*)

Accord entre les religieux de Marmoutier et Jean de la Barre, bourgeois de Chinon, par lequel ce dernier décharge les dits religieux de la foi et hommage, d'un roussin de service et autres corvées qu'ils lui devaient à cause de la métairie des Grandes-Boyres, « sita in parrochia de Nulleyo de Ponte Petrino, » qui leur avait été léguée par défunte Catherine de Mailly.

915

1385, 9 octobre. — Transaction sur hommage entre

---

1. Il existe, dans l'église de Mettray, un beau vitrail du xvɪᵉ siècle, où se trouve l'écusson de la famille de Maillé : *fascé, ondé, d'or et de gueules*.
2. Chahaignes, seigneurie à Semblençay (Indre-et-Loire). Voir, sur cette seigneurie, le n° 202.

PAYEN DE MAILLÉ ET DENIS DU BREIL, SEIGNEUR DE LASSE.
— (Cabinet de M. le marquis de Rasilly, au château de Beaumont, par Saint-Pierre-de-Moutiers (Nièvre). *Parch. scellé de cire rouge.)*

Sachent touz que nous, PAYEN DE MAILLÉ, seigneur de Brézé et de Saint George, avons aujourduy reçeu en notre foy et homaige Denis du Breil, seigneur de Lasce, d'un habergement et appartenances sis en la ville de Saint George, près l'églyse dudit lieu, lequel ledit Denis a eu et tient affoy... par eschange de Jehan Landri; pour les ventes duquel herbergement et appartenances et aussi de vingt et quatre quartiers de vignes ou environ sis sous le bourc de Saint George et *(en blanc)* souls et *(en blanc)* de rente qu'il a euz dudit Landri, ledict Denis affiné avecques nous à la somme de huyt livres tournois, lesquelles nous avons eues et receues de luy en deniers comptans, et nous en tenons à bien paiez et en quitons absolument ledit Denis et touz aultres à qui il peut toucher et appartenir. Si donnons en mandement à notre recevours dudit lieu de Saint George et à tous nos aultres officiers que, à cause dudit hommage non faict, ilz ne donnent aucune paine ou travail audit Denis ne aussi desdictes vendes, mais l'en tiengnons quitte et paisible, et si aucune chouse antien avoit esté pris ou aresté pour cause de ce, nous, dès maintenant, le luy mectons à plaine délivrance, sauf tout droict d'autruy.

Donné soubz nostre scel, le IXe jour de octobre l'an de grâce mil CCC IIII^{xx} et cinq.

916

1385. — *(Cartulaire de la Couture, p. 411.)*
Aveu à HARDOUIN DE MAILLÉ, seigneur de Saint-Denys, et à ANNE DE VILLERS, son épouse, par Colas Le Clerc, écuyer, seigneur de Juigné-Verdelles.

917

1455 (n. s.), 6 février. — (Archives du château des Perrais, vol. Le Breil, 1377-1525. *Orig. parch.)*
Déclaration par Jehan Bigoteau à « honnorable et saige

homme Jehan Dosdefer, l'esné, seigneur de la Gauleraye et du fié appellé le Breil, sis icelluy fié en la parroisse de Vaux-landry ».

918

1457 (n. s.), 3 janvier. — (Archives du château des Perrais, vol. Le Breil, 1377-1525. *Orig. parch.*)

Déclaration par Quentin Drouillet à « noble dame madame Honneur de Chemens, damme du Breil et du fié Gelant ».

919

1457 (n. s.), 3 février. — (Archives du château des Perrais, vol. Le Breil, 1377-1525. *Orig. parch.*)

Déclaration par Denis Bonart à « noble dame madame Honneur de Chemens, dame du Breil ».

920

1458, 27 juin. — (Archives du château des Perrais, vol. Le Breil, 1377-1525. *Orig. parch.*)

Aveu par Jehan Bigoteau à « noble homme Guion de Maillé, escuier, s^r de Marolles et du fié du Breil, à cause de damoiselle Honneur de Chemens, » sa « femme[1] ».

921

1460, 8 mai. — (Archives du château des Perrais, vol. Le Breil, 1377-1525. *Orig. parch.*)

Déclaration par Laurent Bonart à « noble homme Guion de Maillé, escuier, seigneur de Marolles et du fié Gellant ».

922

1460, 8 mai. — (Archives du château des Perrais, vol. Le Breil, 1377-1525. *Orig. parch.*)

---

1. Ce document contredit les n°s 422, 430 et 440, qui disent Honneur de Chemens, veuve de René de Maillé. Voir aussi les n°s 926 et 932.

Déclaration par Perrin Mezengeau à « noble homme Guion de Maillé, escuier, seigneur du Brueil ».

923

1462. — (Bibl. de Vendôme, *Extrait des titres de l'Oratoire*, ms., p. 154.)

Lettres de Jean d'Illiers, écuyer, seigneur des Radrets et du Tertre, et de Catherine de Mailly, son épouse, par lesquelles ils affranchissent, entre les mains des frères de l'Hôtel-Dieu de Vendôme, un morceau de terre faisant partie de la ferme des Ruelles, à Lignières.

924

1463 (n. s.), 12 mars. — (Archives du château des Perrais, vol. Le Breil, 1377-1525. *Orig. parch.*)

Déclaration par Pierre Drouet, prêtre, curé de Vaulandry, à « noble et puissant s^r Guion de Maillé, s^r de Marolles, à cause de son fief et seigneurie du Breil ».

925

Vers 1467. — *(Cartulaire de Notre-Dame de Chartres, t. III, p. 76.)*

... nobili viro Johanne d'Illiers, domino temporali de Radderets, et nobili domicella Katherina de Mailly, ejus uxore, patre et matre magistri Milonis d'Illiers, presbiteri, succentoris Carnotensis.

926

1476 (n. s.), 27 mars, Baugé. — Extrait d'une enquête faite ledit jour par « Robert Richomme, greffier enquesteur de la court de honorable homme et saige James Louet, lieutenant a Baugé et ou ressort de Monsr le sénéchal d'Anjou ». — (Archives du château des Perrais, vol. Le Breil, 1475-1764. *Cahier papier.*)

Xristofle Maupertuys, laboureur, paroissien de Pontigné[1], aigé de LXVIII ans ou environ, tesmoin produict... pour la partie de RENÉ DE MAILLÉ ayant reprins le procès de feu GUYON DE MAILLÉ, son père, deffendeur, contre maistre Thomas Legay, demandeur, sur les X, XI, XII (etc.) articles contenus ès escriptures dudit deffendeur.

Et premièrement, enquis sur les X, XI et XIIes articles, deppose, par son serment, qu'il est natif de la parroisse de Pontigné, en laquelle il a tousjours demeuré, fors durant les guerres, qui s'en alla demeurer à Sauge, et retourna demourez audit lieu de Pontigné XXXV ans a et plus (vers 1440), et pour ce a bien congnoissance du fié Frotier, dit Geslant[2], sis en la parroisse de Vaullendry, joignant et contigu ladicte parroisse de Pontigné, lequel fié il vit tenir, possider et exploicter premièrement à ung nommé Ollivier Legrant, qui le tenoit par partaige... et le possida tant qu'il voullut et jusques à ce qu'il vit ung nommé Jehan Dosdeffer, s[r] de la Gaulleraye, tenir, possider et exploicter ledit fié, XX ans a ou environ (vers 1455), comme lui semble, qui tenoit et possidoit ledit fié au moien de la vendicion que lui en avoit faicte ledit Legrant...

Requis sur les XIIII, XV et XVIes articles, dit qu'il a veu depuis ledict temps de XX ans posseder ledict fié Frotier audict Dosdeffer...

Aussi dit que, XVIII ans a ou environ, il vit tenir les plez ledict Dosdeffer, s[r] dudict fié Frotier, par Jehan de Montortier, lors séneschal, comme lui semble, et lors ne luy estoit donné aucun empeschement ne contredit, et jusques au trespas dudict Dosdeffer, qui décéda a XVI ans ou environ (vers 1458), et délaissa en vie damoiselle HONNEUR DE CHEMENS, sa femme, qui a eu droit de le tenir moictié à viaige et moictié à héritaige, comme il a oy dire et maintenir que la coustume du pays est telle, pour ce qu'il fut acquis dudict feu Dosdeffer et d'elle.

Après le trespas duquel a veu ladicte Honneur posseder ledict fié Frotier...

Requis sur les XVIIe, XVIIIe et XIXe desdicts articles, dit que

---

1. Canton et arr. de Baugé (Maine-et-Loire).
2. Frotier ou Mortier-Branche.

depuis le trespas dudict Dosdeffer, il a veu ladicte Honneur conjoincte par mariaige à ses secondes nopces avecques noble homme Guyon de Maillé, qui a eu droit pour lui et ses hoirs de possider ledict fié par appoinctement fait entr'eux.

Thomas Couet, laboureur, parroissien de Saint-Martin, aigé de LX ans ou environ, (dit qu'après la mort de Jean Dosdefer) ladicte Honneur de Chemens fut conjoincte par mariaige avecques feu Guion de Maillé...

(Les autres témoins déposent comme les précédents.)

927

1485, 29 octobre. — (Archives du château des Perrais, vol. Le Breil, 1377-1525. Orig. parch.)

Déclaration par « missire Jehan Coutour, prebtre, » à « noble et puissant seigneur monss^r René de Maillé, escuier, s^r de Latan et de Mairolles, au regard de » sa « seigneurie du Breil ».

928

1495 (n. s.), 3 avril. — (Arch. du château des Perrais, vol. Le Breil, 1377-1525. Orig. parch.)

Déclaration par « Michau Royer et Jehanne, veufve de feu Estienne Droullet, » à « noble homme Pierre de Maillé, escuier, seigneur de Latan et de Merrolles, au regart de » son « fié et seigneurie du Breil ».

929

1499 (n. s.), 5 février. — (Archives du château des Perrais, vol. Le Breil, 1377-1525. Orig. parch.)

Déclaration par « Jehan Quoquery » à « damoyselle Honneur de Chemens, damme de Mayrolles, du Breil et du fié de Frotier, dit Gellant ».

930

1499 (n. s.), 5 février. — (Archives du château des Perrais, vol. Le Breil, 1377-1525. Orig. parch.)

Déclaration par Jehan Bonneau à « noble homme PIERRE DE MAILLÉ, escuyer, s^r de Latan et de Merroles et du Breil ».

931

1499 (n. s.), 5 février. — (Archives du château des Perrais, vol. Le Breil, 1377-1525. *Orig. parch.*)

Déclaration par Michau Bigoteau à « noble damoiselle HONNEUR DE CHEMENS, dame de Marolles et du Breil ».

932

1499, 29 juin, la Flèche. — (Archives du château des Perrais, vol. Le Breil, 1377-1525. *Orig. parch.*)

Jehan Maupertuis reconnaît être « homme de foy simple » de « noble homme PIERRE DE MAILLÉ, escuyer, procureur général et espicial de noble et puissante damme HONNEUR DE CHEMENS, » sa « mère, damme de Merrolles et du Breil ».

933

1499, 22 juillet. — RATIFICATION PAR GUYONNE DE MAILLÉ D'UNE TRANSACTION FAITE ENTRE ABEL DE MAILLÉ, SEIGNEUR DE L'ISLETTE, ET GUILLAUME FRÉTART, MARI DE LA DITE GUYONNE. — (Archives du Morbihan. Pièces non classées. *Orig. parch., scellé sur double queue d'un sceau en cire brune frustre.*)

Sachent tous présens et avenir comme, dès le vingtiesme jour d'aoust l'an mil quatre cens quatre vings dix sept, noble homme ABEL DE MAILLÉ, chevalier, seigneur de l'Islette, Cecygné et la Roche Rabaté, d'une part, et noble homme GUILLAUME FRÉTART, mary et espoux de damoiselle GUYLLONNE DE MAILLÉ, seur germaine et utérine dudit chevalier, eust esté transigé entre eulx touchant vingt livres de rente que ledit Frétart disoit luy avoir esté assignez sur la terre et seigneurie de la Roche Rabaté amortissans dedens dix ans lors ensuivens le traictié de mariage d'entre lesdit Frétart et damoiselle Guillonne de Maillé, lequel traictié de mariage fut fait le dix neufviesme jour de may l'an mil quatre cens soixante dix sept, pour la somme de deux cens escuz restans de la somme de cinq cens escuz promise oudit mariage faisant par feu messire DE MAILLÉ, père desdits messire Abel et Guyllonne de Maillé; par laquelle transaction ledit messire Abel eust payé contant pour l'admortissement de ladite rente de vingt livres ladite somme de deux cens escuz et huyt vingt dix livres tournois pour les arréraiges lors eschus de ladite rente, que ledit Frétart avoit receuz; et avoit promis ledit Frétart faire lyer et obliger ladite damoiselle Guillonne de Maillé à avoir et tenir ferme establé ladite transaction à paine de tous interestz, et icelle transaction ratifier, gratifier et approuver par ladite damoiselle dedens Pasques lors prochain ensuivent : pour ce est il que, en notre court de Passavant, en droit, par devant nous personnelment establye, ladite damoiselle Guillonne... a confessé les choses dessusdite estre vroyes, et avoit veu, oy, lue et entendu les lettres de ladite transaction sur ce faictes et passées soubz la court du roy à Chinon,... et icelles lettres de transaction et le contenu en icelles a loué, gratifié et approuvé, loue, gratifie et approuve de point en point... Et a confessé que lesdites sommes de deux cens escuz d'une part et huyt vingt et deux livres tournois d'autre ont esté solues et payées par ledit messire Abel de Maillé, son frère ainsné, audit Frétart, son espoux...

Ce fut fait et donné ès présences de messere Allain Raimbaut, demourant à Touarcé, Franczoys Chauvin, demourant à Lerné, et Philipon Viau, demourant à la Lande de Verché, le vingt deuxième jour de juillet l'an mil quatre cens quatre vingts dix neuf. J. Doussin.

934

1501, mai. — FRANÇOIS DE MAILLÉ, MARI DE MARGUERITE DE ROHAN, ET SES DEUX FILLES. — (B. N., Fr. 20.223, fol. 13.)

De Maillé.

Au moys de may mil cinq cens et ung, mourut à Maillé FRANÇOYS, seigneur dudict lieu, de Rochecorbon, de Baulçay, de Rillé, de Champchevrier, de la Ferrière, de Aulmont en

Verron, lequel avoict esté faict chevallier delà les monts, luy estant à la guerre avecques le roy Loys 12, lors duc d'Orléans...

Ledict FRANÇOYS DE MAILLÉ estoict, lors de son trespas, eagé de trente ans ou environ, avoict espouzé une dame nommée MARGUERITTE DE ROHAN, fille de monsieur de Guyemené en Bretaigne, laquelle estoict vivante eagée de vingt deulx ans ou environ. De leur mariaige yssirent deulx filles, touttes deulx nommées FRANÇOYSES, l'aisnée d'icelles eagée de unze ans, et la puisnée eagée de six ans ou environ.

Ledict messire Françoys, seigneur de Maillé, chevalier, par son testament et derrenière vollonté, ordonna... que sa fille aisnée feust baillée par mariaige au filz aisné de monsieur de Loué, nommé ledict père Pierre DE LAVAL, lequel filz, eagé de dix sept ou dix huict ans, espouza ladicte damoyselle FRANÇOYSE DE MAILLÉ en la chappelle de l'Hermittière, elle estant au dedans de l'eage de douze ans, en l'an cinq cens et deulx. Duquel mariaige ne furent contans aulcuns : le seigneur de Gyé, lors mareschal de France, son oncle maternel, le sieur de Chauvigné, son prochain parent, auquel icelle damoyselle de Maillé et sa sœur debvoient succedder, et plusieurs aultres parens d'icelle, lesquelz sieurs, mesmement ledict seigneur de Gié, mareschal, fist prandre ladicte fille et sa mère, et les fist mener au chasteau d'Emboyse avecques madame d'Angoulesme, qui là gardoict son filz, lors estant la seconde personne du royaulme de France, eagé de dix ou unze ans. Et furent séparées lesdictes mère et fille, et n'avoyent congnoissance et ne parloyent poinct l'une à l'autre. Et là furent en cest estat ung moys ou six sepmaines, après lequel temps ladicte mère fut menée à Sainct-Aygnan en Berry, au chasteau, avecques sa seur, dame dudict lieu, mariée avecques le conte de Tonnerre, et là entretenue honnestement en arrest par l'espace de *(en blanc)*.

Laquelle fist impettrer mandement du roy à sa chancellerye pour estre délivrée, etc. Et estoit lors ledict sieur de Guyé avecques le roy delà les monts à Millan.

Ce pendant, le sieur de Loué fist dilligence et impétra mandement de la chancellerye pour avoir ladicte damoyselle Françoyse de Maillé, qui estoict en arrest ou chasteau d'Amboyse, comme dict est dessus. Et sur ce, ce meut procès, lequel fut commis à l'official de monsieur de Tours, pardavant lequel a esté proceddé par plusieurs termes et assignations, etc.; et estant partyes contraires ledict sieur de Guié, lequel c'estoict faict curateur d'icelle dicte damoyselle, et disoict par ses raisons et deffences, contre ledict seigneur de Loué, que sondict filz ne l'avoict espouzée, et que, si espouzée l'avoict, que c'estoict mariaige clandestin, lequel debvoict estre déclairé nul, que ladicte fille n'estoit en eage, et plusieurs aultres raisons; et ledict de Loué disoict le contraire, et que ledict mariaige avoict esté faict et copullation charnelle exécutée : par quoy fut appoincté par la court que ladicte fille seroict visittée par les matrosnes, ce que fut faict. Et là finist le nom de ceulx de Maillé, par la mort dudict feu messire Francoys de Maillé.

Et au regard de la fille puisnée dudict de Maillé, en l'an dessusdict mille [cinq cens] et deulx, environ la Pentecouste, fut icelle dicte fille accordée par mariaige avecques le fils aisné du seigneur DE BOUSCHAGE, lequel, après l'accord faict, emmena ladicte fille, eagée de six ans ou environ; lequel seigneur du Bouschage, dès celluy j[ou]r, rachapta de ses deniers mille mettre (?) troys cens livres de rente sur Rochecorbon, l'Isle de Rochecorbon, cent livres de rente sur Passetemps, lesquelles choses avoyent esté vendues par ledict feu messire Françoys à plusieurs personnes, et desdictes choses fist ledict du Bouschage son propre acquest, sauf qu'il donna VII ou IX ans de grâce à ladicte damoyselle Françoyse, ainsnée fille, de ravoir la moictyé desdictes choses en luy rendant la moictyé des deniers.

935

1505, 4 décembre. — (Archives du château des Perrais, vol. Le Breil, 1377-1525. *Orig. parch.*)

Déclaration par Jean Bellanger à « noble homme PIERRE DE MAILLÉ, escuier, et comme procureur de damoyselle HONNEUR DE CHEMENS ».

936

1509 (n. s.), 21 mars. — (Archives du château des Perrais, vol. Le Breil, 1377-1525. Orig. parch.)

Déclaration par Ambrois Belin et autres à « noble homme PIERRE DE MAILLÉ, escuyer, s^r de Latan,... procureur de damoyselle HONNEUR DE CHEMENS, dame de Latan, de Merrolles et du Breil ».

937

1509, 19 avril. — (Archives de la Sarthe, H 728.)

Aveu à « noble et puissante damoyselle JEHANNE LEBRIONEZ (sic), veufve de feu noble et puissant s^r RENÉ DE MAILLÉ, en son vivant s^r de Brenart (sic) et de la chastellenye et seigneurie de Champaigne, ayant à présent le bail et garde de RENÉ DE MAILLÉ, myneur d'ans, filz dudict deffunct, au regard d'icelle chastellenye, terre et seigneurye de Champaigne[1] ».

938

1519. — (C. Port, *Dictionnaire de Maine-et-Loire*, t. I, p. 429, art. le Bouchet.)

Jacques de Périers, seigneur du Bouchet, en Lasse, 1519; sa veuve AMBROISE DE MAILLÉ fonda au Bouchet, conformément aux dernières volontés de son mari, une chapelle de Notre-Dame-de-Bon-Conseil, augmentée par Jacques de Périers, le 19 juillet 1557[2].

---

1. 1[4]11. — Jeanne de Beaumont, « dame du Hommet et de Champaigne ». Fragment de parchemin dans les Registres paroissiaux de la Bosse (Sarthe).
1436, 7 novembre. — Aveu rendu à « noble home monseigneur Guillaume de Villers, seigneur de la terre et chastelenie de Champaigne ».
1460, 17 novembre. — Aveu rendu à « noble damoiselle mademoiselle Anne de Villiers, dame de Champagne ». Arch. de la Sarthe, H 728.

2. 1473. 22 juin. — Aveu à « noble homme Macé de Périers, écuyer, seigneur dudit lieu de Périers et du Bouchet, par Bertrand de Gennes écuyer, seigneur de Launay de Gennes et de Bonnette ».
1517 (v. s.). 3 février. — Appointement entre Jean de Gennes, écuyer, s^r de

939

1520, 13 juin. — (Archives du château des Perrais, vol. Le Breil, 1377-1525. *Orig. pap.*)

Déclaration par Noël et Jean les Coutenceaulx à « noble et puissant seigneur monseigneur Pierre de Maillé, sr de Latan et de Marrolles ».

940

1525, 14 décembre. — (Archives du château des Perrais, vol. Le Breil, 1377-1525. *Orig. parch.*)

Déclaration par « Denis Cormier, conterolleur du grenier à sel estably par le roy... à la Flèche et seigneur de la Ferrandière, » à « noble homme Pierre de Maillé, escuyer, seigneur de Latan, de Merrolles, du Breil et du fief Geslant ».

941

1526, 11 juin. — (Archives du château des Perrais, vol. Le Breil, 1475-1764. *Cahier pap. et parch.*)

Aveu à « noble et puissant seigneur Jehan de Dureil, chevallier, sieur dudit lieu de Dureil et de la Barbée, par noble homme Pierre de Maillé, escuyer, sieur de Lathan, de Masrolles et du Breil ». Il reconnaît être homme de foi simple dudit Jean de Dureil, au regard de sa seigneurie de la Barbée, « pour raison des chouses et appartenances dudit lieu du Breil et du lieu de la Merguetière[1], où » il a « édiffié maison et mes-

---

Launay de Gennes, et Ambrois de Périers, écuyer, sr du Bouchet. Présents : Jean du Fresne, seigneur dudit lieu; Jean Foureau, seigneur du Breil de Faings; Geoffroy de Chemens, seigneur dudit lieu, etc.

1595. — Aveu à « hault et puissant seigneur messire Ambroys de Périers, chevallier de l'ordre du roi, seigneur du Bouchet et de Périers, par René de Gennes, écuyer, fils aîné de Jean de Gennes, écuyer, seigneur de Launay de Gennes ».

(Archives des Perrais, vol. Turbilly, fiefs détachés.)

1. La Mégrettière, en Pontigné.

tayrie,... situées lesdites chouses ès paroisses de Pontigné et Vaulandry... »

942

1529 (n. s.), 1ᵉʳ mars. — (Archives du château des Perrais, vol. Le Breil, 1525-1597. *Orig. parch.*)

Ajournement par « noble homme Pierre de Maillé, sʳ de Breueil ».

943

1538, 10 octobre. — (Archives du château des Perrais, vol. Le Breil, 1525-1597. *Orig. parch.*)

Déclaration par Jean Droullet et Jean Janvier à « noble damoyselle mademoyselle Anne de Monberon, dame de Marolles et du Breil ».

944

1541, 17 septembre. — (Archives du château des Perrais, vol. Le Breil, 1525-1597. *Orig. parch.*)

Déclaration par Jean Droullet et Jean Janvier à « noble damoyselle mademoyselle Anne de Montberon, veuve de deffunct noble homme Pierre de Maillé, dame de Mesrolles et du fief de Breil ».

945

1567, 14 septembre, Latan. — (Archives du château des Perrais, vol. Le Breil, 1525-1597. *Orig. parch.*)

Transaction, passée en la cour de Baugé, entre « noble et puissant seigneur Loys de Maillé, signeur de Latan, de Bresie *(sic, pour* Breil*)* et de Marolles, » et « discrept messire Michel Lhuillier, prebtre, vicaire de Pontigné... Fait et passé au lieu et chastel de Latan, paroisse de Breil, ès présences de noble homme Jehan de Menon, signeur de la Pommeraye, » et autres.

946

1567. — Extrait de la « Description générale du pais

ET DUCHÉ DE BERRY ET DIOCÈSE DE BOURGES... LE TOUT FAICT ET OBSERVÉ DE LIEU EN LIEU PAR EXPRÈS COMMANDEMENT DU TRÈS PUISSANT ET TRÈS CHRESTIEN ROY DE FRANCE CHARLES DE VALOYS, IXe DU NOM, ET DE TRÈS HAULTE ET TRÈS VERTUEUSE ROYNE CATHERINE DE MÉDICIS, SA TRÈS HONNORÉE DAME ET MÈRE, PAR H. DE NICOLAY, DAULPHINOIS, GÉOGRAPHE ORDINAIRE... DU ROY, 1567 ». — (B. N., Fr. 2790, fol. 28-31.)

De la ville et baronnie de Chasteau Roulx, appartenant au seigneur de la Tour Landry, baron dudict Chasteau Roulx. Chapitre XXXVI.

Chasteau Roulx est ville et chasteau du Bas Berry... au bout duquel, du cousté d'occident, sur ledict fleuve (d'Indre), est le donjon et manoir de messire FRANÇOIS DE LA TOUR, baron dudict Chasteau Roulx[1].

Ladicte ville et baronnie et ses appartenances... ont esté party en deux pars, il y a environ trente ans : ledict partaige encommencé du vivant de messire HARDOIN et paraschevé par messire JEHAN, son filz, avec feue dame FRANÇOISE DE MAILLÉ, vefve de feu messire JEHAN D'AUMONT, iceux Hardoin et Françoise frères et cousins germains de feu messire André de Chauvigny, s^r et baron dudict Chasteau Roulx. Et l'une des pars et moictié, en laquelle est comprinse le chastel et donjon appellé le lot d'Orient qui tire au septentrion, escheut et demeura audict Jehan, de laquelle est à présent seigneur François de la Tour, son filz, et en icelle part sont les parroisses de S. Martin, S. André et S. Denis ; et l'autre part et moictié, (appellée le lot d'Occident en tirant vers le midy,) à ladicte dame Françoise de Maillé, de laquelle moictié est à présent seigneur messire Pierre d'Aumont, chevallier, son filz, et à présent en jouist messire Jehan d'Aumont, chevallier de l'ordre du roy, gentilhomme ordinaire de la chambre et lieutenant de cinquante hommes d'armes soubz la charge de monseigneur de Montpensier ; et en sa part et lot est la parroisse ou anexe de S. Marcial,

---

1. Les mots : *messire François de la Tour baron dudict Chasteau* paraissent avoir remplacé des mots grattés.

avec le couvent des Cordelliers; le chastel et lieu du Parc, sciz sur ledict fleuve d'Indre, du cousté d'occident, à trois cens pas ou environ du susdict chasteau et donjon, auquel manoir faict sa demeurance ledict s^r d'Aumont. Aiant chascun desdictz seigneurs tous droictz de justice en sa part et moictié, bailly, soubz bailly, procureur fiscal, notaires, sergent et séel aux contractz, se dévoluant les appellations desdictz juges par devant le bailly de Berry ou son lieutenant à Yssouldun. Ont aussi chascun maistres et juges des eaues et forestz de ladicte baronnie, les appellations desquelz se dévoluent directement... à la Table de Marbre de Paris.

Chascun desdictz barons a aussi justice ordinaire, de laquelle du cousté du s^r de la Tour est sa part et moictié de ladicte ville et faulxbourgs, et oultre la parroisse S. Denis, en ce qui est hors la ville, dudict cousté la parroisse d'Estrechy et partie de la parroisse de Louvrouer, avec anciens villaiges des autres parroisses, et Boisbertrand, et selon l'ancienne estandue de la chastellenye de la Mothe. Et, oultre lesdictes justices ordinaires que chascun desdictz baron a en sa part, ont chascun d'eulx plusieurs chastellenies et justices ressortissans par appel par devant leursdictz baillifz :

Sçavoir est, du cousté de messire François de la Tour : la chastellenie de Boullon, lequel lieu est tenu et mouvant dudict Chasteau Roulx, tant en fief que justice, et en icelle chastellenie sont les parroisses de Sacierges, Maron, Diors et dudict Boullon, duquel lieu sont tenuz plusieurs beaux fiefz en arrière fiefz dudict Chasteau Roulx;

Bommiers l'Eglise, en laquelle justice est comprins la plus part d'icelle parroisse et la parroisse d'Ambraux, où y a aucuns petitz fiefz tenuz en arrière fiefz dudict Chasteau Roulx;

La chastellenye de Presles, en laquelle y a séel aux contractz et plusieurs notables fiefz soubz icelle tenuz en arrière fiefz dudict Chasteau Roulx;

La chastellenie de S. Aoust, mouvant en fief dudict Chasteau Roulx;

La chastellenie de Maignet;

La prévosté du Chassin, ayant soubz elle plusieurs fiefz, tenuz en arrière fief de Chasteau Roulx;

La prévosté et véherie de Thézen ;

La chastellenie du Lys S. George, à laquelle y a séel aux contractz ;

La prévosté de Fougerolles, y comprins Fromentau et le fief.

La chastellenie de Cluys dessus, auquel lieu y a ville murée et plusieurs fiefz et justices estans en arrière fief dudict Chasteau Roulx ;

La prévosté des Marches, appartenant par moictié au seigneur d'Orsaine et du Chastellier ;

La prévosté de Courtailhet, tenue en fief du s^r de Cluys et en arrière fief dudict Chasteau Roulx ;

La chastellenie de Buxières, d'Aillat et des fiefz mouvans d'icelle en arrière fief dudict Chasteau Roulx ;

Les prévosté d'Ardente et Jeu, estans des appartenances de ladicte baronnye comme sont les bourgs et terres desdictz lieux qui appartiennent audict messire François de la Tour.

A esté, puis le dernier édit du roy, anexé la prévosté et justice dudict Chasteau Roulx avec le bailliage, comme aussi a esté l'ancienne chastellenie de la Mothe.

Il y a autres fiefz tenus et mouvans dudict s^r de la Tour, à cause de sadicte part et moictié, et entre autres : la ville et chastel de S. Chartier, certains fiefz en la baronnye de Lignières, Neufvy, Pailloux, Rochefolle, Préveraiges, le Chastellier, Aigurande, Auzans, la Peuge, Menoys, Chasteau Fort, Fougères, la Mothe, la Roche Guillebault, Vallières, Montroc, Boisbertrand, Broullebrun, le Chaillou, le Plessis, les Combres, Bauzelles et autres.

Est ledict François de la Tour, à cause que dessus, fondateur des abbayes de S. Genoulx, Nostre Dame de Varennes et de la Prehée, et du prieuré de Gramont en la forest dudict Chasteau Roulx, ensemble des chanoines et chapitre de S. Cyre d'Yssouldun ;

Comme aussi, estant descendu en droicte ligne de Ebbes de Déolz, prince du Bas Berry et fondateur de l'abbaye du bourg de Déolz, est garde de ladicte abbaye ; et, à cause desdictes fondations et garde luy appartiennent les droictz et honneurs telz qu'ilz ont esté convenuz entre ses prédécesseurs, seigneurs de Chauvigny, barons dudict Chasteau Roulx, et les religieux, abbé et couvent dudict bourg de Déolz.

Le partaige de ladicte ville et baronnye de Chasteau Roulx, faict sans préjudice du droict d'appanage prétendu par feu messire Hardoin, duquel droict est procès pendant, et autres droictz à luy appartenant en ladicte baronnye et succession dudict feu seigneur de Chauvigny; et aussi sans préjudice de ladicte baronnye de la Rue d'Indre, appartenances et deppendances d'icelle, scise au comté de Bloys et ressort d'icelluy, laquelle baronnye a esté adjugée audict messire Jehan de la Tour, père dudict messire François, par arrest de la court de parlement à Paris, donné entre messire Jehan et dame Françoise de Maillé, sa tante et sœur dudict messire Hardoin, le 19ᵉ juillet 1533, sur l'exécution duquel ont esté adjugé partie de la moictié de ladicte Rue, du costé de Leuroux et Bloys, qui est le cousté du fleuve dont ledict messire Françoys jouist, y aiant officiers pour l'exercice de la justice d'icelle baronnie en ce qui luy est adjugé, et dont les appellations ressortissent audict Bloys; et pour le surplus de ladicte moictié de Rue d'Indre, ensemble des droictz et appartenances d'icelle, est procès pendant et indécis sur ladicte exécution d'arrest.

(Suivent des notes sur Ebbes de Déolz et ses descendants, fol. 30, 30 verso, 31 ; mentions de Catherine de Laval, Jeanne de Rays, etc.)

ANTHOINETTE, sœur dudict François (François de Chauvigny, mari de Jeanne de Rays), fut mariée à messire Hardoyn de Maillé, et d'eulx issirent François de Maillé, HARDOIN DE MAILLÉ, dict de la Tour, et Françoise de Maillé, depuis femme de feu messire Jehan d'Aumont; lesquelz Hardoyn de Maillé, dict de la Tour, et Françoise de Maillé, sa sœur, ayant survescu ledict André de Chauvigny, leur cousin germain, et ledict François de Maillé, leur frère, décédé avant ledict André, auroient succeddé audict André, comme ses plus proches parens habilles à succéder, et entre autres à la ville et baronnye de Chasteau Roulx, et ledict Hardoin ladicte baronnye de la Rue d'Indre, forcluant en icelle ladicte Anthoinette, sa sœur, par la coustume de ladicte baronnye de la Rue d'Indre, réformée par l'arrest sus déclaré.

Dudict Hardoin de Maillé et de la Tour, et Françoise, baronnesse de ladicte Tour Landry, issit messire JEHAN DE LA TOUR LANDRY; et dudict Jehan et de ANNE CHABOT, sa femme, est issu messire François de la Tour Landry, à présent s^r baron desdictes baronnyes de Chasteau Roulx, la Tour Landry et la Rue d'Indre, seigneur de S. Chartier et de Bourmont, lequel a espousé madame DIANE DE ROHAN, fille de feu messire François de Rohan, chevallier de l'ordre du roy, seigneur de Gié, lieutenant au gouvernement de Bretaigne, filz de Charles de Rohan,... filz de messire Pierre de Rohan...; et de ladicte dame Françoise de Maillé et de messire Jehan d'Aumont est descendu messire Pierre d'Aumont, leur filz, à présent s^r baron dudict Chasteau Roulx, pour la part de ladicte Françoise, duquel estoit filz ledict messire Jehan d'Aumont.

La présente déclaration a esté extraicte des anciennes pancartes et registres trouvez au cabinet dudict messire François de la Tour Landry, seigneur baron dudict Chasteau Roulx, et a esté délivrée, par son commandement, par ses officiers, lieutenant et procureur fiscal soubz signez à l'original, à moy, N. de Nicolay, varlet de chambre et géographe ordinaire du roy, le 7e jour de septembre 1565, suyvant la commission à moy donnée par Sa Majesté.

De la ville et baronnie de Chasteau Roulx, appartenant au seigneur d'Aumont et baron dudict Chasteau Roulx. Chapitre XXXVII.

Pour la part et moictié dudict messire Pierre d'Aumont, aussi baron dudict Chasteau Roulx, qui pour son lot, appellé d'Occident tirant au midy, luy est demeuré par partage faict entre feu dame Françoise de Maillé et messire Hardoyn de la Tour, frère et sœur germains, et à eux escheux par le décès de messire André de Chauvigny, lorsqu'il vivoit baron dudict Chasteau Roulx : à cause de laquelle baronnie, qui a esté partie en deux, y a tout droict de justice haulte, moyenne et basse...

947

1569, 18 janvier, au camp de Chinon. — LETTRE DE HENRI,

frère de Charles IX, a « M. de l'Illette ». — (Archives du Morbihan. Pièces non classées. *Pap.*)

Monsieur de l'Illette, aiant à vous fère entendre aucune chose concernans grandement les affaires et service du roy, monseigneur et frère, je vous prie de me venir trouver incontinant la présente receue, à quoy m'asseurant que ne vouldrez faillir et n'estant la présente à autre fin, je ne vous diray autre chose fors pour prier Dieu qu'il vous ayt, monsieur de l'Illette, en sa saincte et digne garde.

Escript au camp de Chinon, le XVIIIe jour de janvier 1569.

Henry.

948

1569, 23 août, Tours. — (Arch. du Morbihan. Pièces non classées. *Orig. parch. scellé en placard d'un sceau sur papier.*)

Lettres par lesquelles le roi « aiant esgard aux bons et agréables services » à lui faits par « François de Maillé, seigneur de l'Islette », le nomme gentilhomme ordinaire de sa chambre.

Signé : De par le roy : Brulart.

949

1570, 27 juillet, Saint-Germain-en-Laye. — Lettre du roi Charles IX a « monsieur de l'Islette ». — (Archives du Morbihan. Pièces non classées. *Pap.*)

Monsieur de l'Islette, les chevaliers de mon ordre, estans icy près de moy, ont a advisé de vous eslire et associer en la compagnie des chevaliers dudict ordre, pour laquelle élection vous notiffier et vous présenter de ma part le collier dudict ordre, si vous l'avez aggréable, j'envoye présentement mémoire et pouvoir au s[r] du Belay, vous priant, monsieur de l'Islette, de vous rendre devers luy pour cest effect et estre content d'accepter l'honneur que la compagnye vous désire faire, qui sera pour augmenter de plus en plus l'affection et bonne volunté que je vous porte et vous donner occasion de persévérer en la dévotion qu'avez de me faire service, ainsy que vous fera plus plenement entendre de ma part mondit sieur du Belay, auquel je vous prie sur ce adjouster autant de foy que vous feriez à moy mesmes. Priant Dieu, monsieur de l'Islette, qu'il vous ayt en sa saincte et digne garde.

Escript à Sainct Germain en Laye le XXVIIe jour de juillet 1570.

Charles.

950

1571, 30 septembre, Blois. — LETTRE DE CHARLES IX A « MONSIEUR DE L'ISLETTE ». -- (Archives du Morbihan. Pièces non classées. *Pap.)*

Monsieur de L'ISLETTE, pour vos vertus, vaillances et mérites, je vous ay choisy et esleu au nombre des chevaliers de mon ordre pour estre associé avec iceulx, pour laquelle ellection vous notiffier et vous bailler de ma part le collier dudit ordre, j'escriptz présentement à mon cousin le duc de Monpensier, pair de France, gouverneur et mon lieutenant général en Bretagne, auprès duquel vous vous rendrez affin de recevoir de luy le collier dudit ordre; qui sera pour augmenter de plus en plus l'affection et bonne volunté que je vous porte et vous donner occasion de persévérer en la dévotion que vous avez de me faire service. Priant sur ce le Créateur, monsieur de l'Islette, qu'il vous ayt en sa saincte garde.

Escript à Bloys le dernier jour de septembre 1571.

Charles.

951

1574, 9 juin, au port d'Albevoys. — MONTRE DE LA COMPAGNIE DE « MONSIEUR DE LONE ». — (B. N., *Titres scellés de Clairambault,* 129, p. 1237-1242; n°s 36-38. *Orig. parch.)*

Roolle de la monstre et reveuc faicte en armes au port d'Albevoys, le neufiesme jour de juing l'an mil cinq cens soixante et quatorze, de vingt hommes d'armes et trente deux archers, du nombre de cinquante lances, réduictes à trente, des ordonnances du roy, estans soubz la... conduicte de monsieur de Lone..., suivant laquelle monstre et reveue payement a esté faict ausdictz chefz, hommes d'armes et archers, de leurs estatz... pour le quartier de janvier, février et mars dernier passé...

. . . .
Hommes d'armes.
. . . .
Archers.
. . . .

Henry de Villiers, seigneur de Boisy, demourant à Greny soubz Bourg en Rethelois, faict homme d'armes le dit IX° juing MV^c LXXIIII; en son lieu, dudit jour, FLORESTAN DE MAILLÉ, seigneur de Chedcrue, paroisse de Bray, en Anjou, cy L livres.

952

1574, 5 octobre, Bourmont. — RATIFICATION PAR FRANÇOIS DE LA TOUR-LANDRY DE LA VENTE DE LA MOTTE-CHÉORCHIN FAITE PAR PAUL DE LA TOUR-LANDRY, SON FRÈRE, A LOUIS DE ROHAN, PRINCE DE GUÉMENÉ. — (Collection de M. Déan de Saint-Martin. *Orig. parch. scellé.*)

Saichent tous présens et à venir que en nostre court de Bourmont, par devant nous Salomon Buymier et Paoul Joullain, notaires jurés, receus en ladite court, personnellement estably hault et puissant messire FRANÇOIS DE LA TOURLANDRY, chevalier de l'ordre du roy, nostre syre, baron de Chasteau Roulx, la Tourlandry, Clairambault et Bourmont, demeurant audit lieu de Bourmont, paroisse de Freigné près Candé, soubzmettant luy, ses hoirs, avec tous et chacun ses biens meubles et immeubles, présens et advenir, quelz qu'ils soient, au pouvoir, ressort, juridiction, seigneurie et obéissance de nostre dite court, quant à ces faicts, confesse de son bon gré et après lecture à luy faicte par nous, notaire soubsigné, veu, leu et de mot à mot entendu le contrat de vendicion fait par hault et puissant messire PAOUL DE LA TOURLANDRY, aussi chevalier de l'ordre du roy, seigneur de la Motte Sorchin, Cosmes et Cossé, tant en son nom que pour et ou nom et comme soy faisant fort dudit estably, et en chascun desdits noms seul et pour le tout, à haut et puissant prince messire LOYS DE ROHAN, prince de Guyméné, chevalier de l'ordre du roy, conte de Monbazon et baron de Marigné, du Verger, la Motte Chastelier, Mortécroulle, Runefort[1], et dame Léonore de Rohan, son épouse, desdites terres, fiefs et seigneuries, domaines, appartenances et deppendances de la Motte Sorchin et de la Chapelle Craonnoise, scis et situés en ladicte parroisse de la Chapelle Craonnoise et ès envyrons, composés, entr'autres choses, d'une haulte mothe et anxienne place de maison ruynée, appellée la Motte Sorchin, de la mestairye de la Mothe, d'une aultre mestarye, appellée la Chapelle, d'un estang appellé l'estang des Landes, des fiefs, cens, rentes et debvoirs qui en deppendent. Ladicte vendition faicte pour le prix et somme de vingt deux mil livres tournois, poyée ainsi et en la forme et manière portée par ledict contract de vendicion faict et passé soubz la court royale d'Angers, pardevant Mathurin Grudé, notaire d'icelle, le 2ᵉ jour d'octobre dernier, avoir aujourdhuy, ledit sieur estably, loué, ratiffié, confirmé et aprouvé, et par ces présentes loue, ratiffie, confirme et aprouve ledit contract de vendicion et tout le contenu en icelluy, et icelluy a pour agréable en tous ses poincts et articles, veult et consent qu'il sorte son plain et entier effect et a promis icelluy garder et entretenir de point en point, et d'article en article, sans jamays y contrevenir, et a promis et demeure tenu et obligé avecques ledit messire Paoul de la Tourlandry, son frère, et chacun d'eulx seul et pour le tout, garantir lesdites choses vandues par ledit contract audit sieur prince et princesse de Guémené, et a ledit estably accepté et accepte la recousse et réméré fait par ledit messire Paoul sur ledit sieur prince, desdictes choses qui auroyent par cy devant estées vandues audit sieur prince, spécifiées et déclarées par contract de ladite vendicion passé par davant ledit Grudé le 28ᵉ jour d'apvril 1573. Aussy a ledit sieur estably pour agréable paiement qui sera faict cy après par lesdits sieurs prince et princesse audit messire Paoul de la somme de 2.000 l. restans du prix de ladite vendicion, et de la somme de 3.000 l. pour acquitter ledit sʳ prince des vantes dudit contract et du paiement desdictes sommes qui en sera faict audit messire Paoul ; ledit sieur estably en a quitté lesdits sieurs prince et

---

1. Romfort, commune de Gennes (Mayenne).

princesse comme sy luy mesme recepvoit lesdites sommes 2.000 l. par une part et 3.000 l. par autre ; et en tant que besoin est, ou seroit, a ledit sieur estably constitué et constitue ledit messire Paoul, son frère, pour icelle recepvoir et en bailler acquit et quittance, promettant avoir agréable le poyement qui luy en sera faict comme sy luy mesme l'avoit receu, nous notaire soubsigné, stipullant et acceptant ladicte ratifficacion et tout le contenu ès presentes pour lesdits sieurs prince et princesse absens, leurs hoirs et ayans cause. A laquelle ratifficacion et tout le contenu en ladicte vandicion tenir et accomplir sans jamays aller, fère ne venir encontre en auculne manière, oblige ledit sieur estably, luy, ses hoirs, avecques tous et chacuns ces biens meubles et immeubles présens et à venir, quels qu'ils soyent, renonce par devant nous quant à ce à toutes et chacunes les choses à ce contraires. Et en est tenu ledit sieur estably par la foy et serment de son corps sur ce de luy donné en nostre main, dont nous l'avons jugé et condempné par le jugement et condampnation de nostre court, à sa requeste et de son consentement.

Faict et passé au chastel dudit Bourmont, ès présence de noble homme René de Fontenelles, seigneur dudit lieu, et sire François Recoquillé, marchand, demeurant à Louzillé, parroisse de Bazouges, témoins à ce requis et apelez à tel feign.

Ainsi signé en la minutte, avec nous, notaires : F. de la Tourlandry, R. de Fontenelles, et ledit Recoquillé a dit ne savoir signer, le 5ᵉ jour d'octobre l'an 1574.

(*Signé :*) Buymier. Joullain. (*Sceau*).

953

1575, 24 septembre, Chiray, près de Niort. — Montre de la compagnie de M. de Malicorne. — (B. N., *Titres scellés de Clairambault,* 125, p. 711-717, nᵒˢ 41, 44.)

Roolle de la monstre et reveue faicte en armes à Chiray près Nyort, le vingt quatriesme jour de septembre mil cinq cens soixante quinze, vingt sept hommes d'armes et quarante quatre archers... estans soubz la conduicte de monsieur de Mallicorne, cappitaine,... suivant laquelle paiement a esté faict ausdictz chefz, hommes d'armes et archers, de leurs estatz... du quartier de janvier, febvrier et mars mil cinq cens soixante et quinze...

Hommes d'armes.

. . . .
Hector de Maillé, présent; pour sa solde. . . . C livres.

954

1577, 9 janvier, Baugé. — (Archives du château des Perrais, vol. Le Breil, 1525-1597. *Orig. parch.*)

Vente par « hault et puissant Loys de Maillé, signeur de Lathan et de Mesrolles, estant de présent en sa maison signeurial de Lathan, parroisse de Breil, » à « honneste personne Loys Le Boyst, marchant, demeurant en la parroisse de Vaulandry ».

955

1578, 22 février, Baugé. — (Archives du château des Perrais, vol. Le Breil, 1525-1597. *Orig. parch.*)

Retrait lignager en faveur de « noble homme Loys de Maillé, sieur de Lathan, ou nom et comme bail et garde de noble damoiselle Barbe de Maillé, sa fille, et de feu damoiselle Jehanne de Baïf, vivant sa femme ».

956

1582, 2 mai, Baugé. — (Archives du château des Perrais, vol. Le Breil, 1525-1597. *Orig. parch.*)

Retrait lignager en faveur de « messire Loys de Maillé, chevalier de l'ordre, signeur de Latan, père et tuteur naturel de noble damoyselle Barbe de Maillé ».

957

1586, 11 juin. — (Archives du château des Perrais, vol. Le Breil, 1525-1597. *Orig. parch.*)

... Noble et puissant messire Loys de Maillé, sieur de Lathan, deffendeur, et enjoinctz avecq noble homme Félix de Patras[1], sieur de la Mothe, en sainct Martin,... à l'encontre de noble et puissant messire Jacques de Dureil, s^r de de la Barbée et de Moulines, demandeur...

958

1587, 3 mai. — *(Registres paroissiaux de Lhomme.)*
« Noble Jacques de Maillé, escuier, seigneur de Bénéhart, » parrain à Lhomme de Jacques de Courtoux.

959

1589, décembre. — *(Mémoires-Journaux de Pierre de l'Estoile, édit. Brunet, Champollion, etc., t. V, p. 12.)*

Sur la fin de cest an 1589, Dieu adjousta aux victoires du roy, qui lors l'invoquoit et s'attendoit à son secours, plusieurs bonnes places et villes qu'il lui mist entre les mains, entre les autres la ville de Vendosme, de son ancien patrimoine, et qui de double droit lui appartenoit, en laquelle il ne voulut entrer, et cependant fist faire justice du gouverneur qui y commandoit pour la Ligue, apelé Maillé-Bénéhard, et d'un séditieux cordelier, nommé Jessé[2], qui animoit le peuple au sang et à la rébellion ; puis prist la ville du Mans, laquelle commandoit Bois-Dauphin, qu'il rendist incontinent et assez laschement, attendu sa brave response, qui estoit de s'y enterrer et tous ceux qui estoient avec lui, plutost que d'en sortir.

---

1. Dans une autre pièce, du 21 mai 1586, on lit : « Le sieur de la Roche Patras. »

2. On voit exposés sous globe, au musée de Vendôme, les crânes de Maillé-Bénéhart et du P. Chessé.

960

1589. — (Extrait de l'*Histoire de Vendôme et ses environs*, par l'abbé Simon, Vendôme, 1834, t. I, p. 426.)

MAILLÉ DE BENHART était pour lors gouverneur de Vendôme : Henri IV lui-même l'avait mis en place : il osa se révolter contre son souverain et contre son bienfaiteur : c'était un homme d'assez peu de courage, d'un esprit très borné et d'une religion mal éclairée; il manqua au roi qu'il devait servir, à la ville qu'il devait maintenir dans le devoir, et à lui-même en déshonorant sa famille; il ne comprit pas que le meilleur parti est celui de la fidélité : ayant embrassé le parti de la révolte, il ne sut pas se défendre : vaincu, il n'eut pas assez d'adresse pour faire sa paix. Robert Chessé, religieux cordelier, gardien du couvent de Vendôme, ligueur en titre, homme hardi et entreprenant, fut celui qui souffla le feu de la révolte par ses entretiens, par ses prédications et par la direction qu'il inspirait comme une œuvre agréable à la première Majesté de résister à la seconde, et dans Vendôme on crut en conscience qu'il n'était pas permis d'obéir à un prince hérétique. Henri IV parut avec sa petite armée; il n'avait pas de canon, il pensait que sa seule présence ferait rentrer Vendôme dans son devoir; il fallut attendre et se résoudre à faire les préparatifs d'un siège. Le roi, en attendant, prit son logement au château de Meslay, distant de Vendôme d'environ trois quarts de lieue. S'il eut le temps de s'ennuyer pendant ce délai, il eut aussi une députation des échevins de Vendôme qui lui donna occasion de rire, quoiqu'il eût sujet d'être en colère. Les députés entrant dans la grande cour du château virent le roi qui se promenait; comme il était vêtu fort simplement, ils le prirent pour un Suisse qui montait la garde, et le prièrent de les faire parler au roi de Navarre. Allez, leur dit Henri IV, le roi de Navarre vous fera bientôt voir qu'il est roi de France. Ils s'en retournèrent avec précipitation sans oser en dire davantage. Le roi dit, en plaisantant, que d'un seul mot il les avait rendus invisibles.

Maillé de Benhart se croyait en état de soutenir un siège : il avait fait faire des ouvrages avancés aux fortifications du château qui étaient en bon état; il fit abattre des maisons qui étaient au pied de la montagne, afin de la rendre d'un accès plus difficile, et avec quinze cents hommes de troupes, vingt-quatre pièces de canon et toutes les munitions de guerre et de bouche, il se flattait de faire une vigoureuse et honorable résistance.

Henri IV résolut de commencer l'attaque par le château qui commande la ville. Il prit son logement à la Béguinière qui est une closerie de l'abbaye de la Trinité. Les batteries étaient près la Guinebaudière. Le feu... fut si vif que... le rempart tomba... Les troupes du roi entrèrent par la brèche... Ainsi Vendôme fut pris d'assaut.

... Le gouverneur s'était retiré dans la ville avec ses soldats; il fut pris en haut d'un escalier et amené à un des officiers généraux de l'armée royale : il lui demanda la vie avec larmes, et le roi venant à passer dit qu'il fallait faire justice : il fut pendu, et sa tête, séparée de son corps, fut mise au haut de la porte chartraine... Le père Chessé prêchait dans la paroisse de Saint-Martin, et son sermon n'inspirait que la fureur de la ligue : on le fit descendre de chaire et il fut pendu à un des quatre ormeaux qui étaient devant le portail de cette église; mais comme il ne se trouvait point de corde, le religieux donna sa ceinture.

961

1593, 4 février, Latan. — PARTAGE DE LA SUCCESSION DE FEU LOUIS DE MAILLÉ, SEIGNEUR DE LATAN. — (Chartrier de Latan, liv. 8, n° 62. *Copie du XVIIe siècle.*)

Comme après le décèds de deffunt noble et puissant seigneur Mre LOUIS DE MAILLÉ, vivant sieur de Latan, Breil, le Plessis Bougeau, la Fontayne etc., la succession a esté appréhendée par hault et puissant seigneur Mre JEAN DU FOU, baron de Piremil et de Noyen, la Plaise Chamaillard et la Fourelière, et dame JEANNE DE MAILLÉ, fille aysnée et principalle héritière d'icelluy deffunct, et à cause d'elle, et par deffunte demoiselle MARGUERITE DE MAILLÉ, femme épouze de noble homme JACQUES LEGAY, sieur de l'Inberlière, défunte dame LOUISE DE MAILLÉ, vivante femme épouze de Mre LOUIS LEGAY, chevallier, vicontc de Sorges, seigneur de Foultrais, et par damoiselle LUCRAISSE DE MAILLÉ, dame uzante de son droit, et par damoiselles BARBE, SUZANNE LES DE MAILLEZ; et ont esté ledit seigneur de Noyen et ladite dame, son espouze heritière, sommez par leurs seurs puisesneez de leurs bailler leur partaiges de ladite succession, ce que ledit sieur baron de Noyen et sadite femme et espouze leur auroit offert faire; et pour cet effect auroit faict pourvoir de curateur, quand au partaige seullement de ladite succession, ausdites demoiselle [Barbe] et Suzanne les de Maillé, de la personne de hault et puissant seigneur Mre FRANÇOIS DE MAILLÉ, chevallier de l'ordre du roy, gentilhomme ordinaire de sa chambre, seigneur de l'Ilette, Homme, comte de Carmant, et à Jean et à Marquize les Portz de la Porte, enfants mineurs de ladite deffuncte dame LOUISE DE MAILLÉ et de deffunct hault et puissant seigneur JACQUES LE PORT de la Porte, vivant baron de Vezins, son premier mary, de la personne de noble et puissant Claude de la Porte, seigneur de Geerge et de Lorgerais; comme aussy, pour recongnaissance ce quy est de la succession, ils auroient faict faire inventaire des tiltres et enseignements d'icelle succession et ce quy étoit à partaiger entre les parties, par nous, notaire soubsigné, le quatorze, quinze, seize et dix septiesme jour de juillet mil cinq cens quatre vingtz douze et dernier passé, et pareillement de meuble, bestiaux, fruiz, et aultres choses de nature de meubles; faisant lequel inventaire il auroit esté recogneu que ledit deffunct sieur de Lathan, quy avoit espouzé en premières nopces demoiselle ANTHOINETTE DE CAZEAU, auroit vendu et allienné les propres de ladite de Cazeau, quy luy auroient esté baillée en forme de mariaige, pour la somme de deux mil deux cens cinquante livres, pour laquelle récompenser ledit deffunct sieur de Lathan luy auroit baillé... le fief et seigneurie de Fontayne et aultres choses contenues par contract du quatorziesme jour de juin mil cinq quarante cinq pour estre censez et réputez de pareille nature de propre et patrimoigne à ladite de Cazeau comme les choses vendues par ledit deffunt... et partant disoient lesdits sieur et dame de Noyen, avecq les autres enfans issus dudit défunct sieur de Lathan et de ladite de Cazeau, que ledit lieu de la Fontayne et aultres contenuz audit contract leur debvoit estre distrait comme estant de leur succession maternelle, en laquelle lesdites damoiselles Barbe et Suzanne, yssues du second lit du mariaige dudit deffunt sieur de Lathan et de demoiselle JEANNE DE BAÏF, leur mère, ne pourroient rien prétendre ny demander.

Demandoient pareillement ladite dame de Noyan et ladite Lucresse distraction et deslivrance des acquetz faictz constant le mariage de ladite du Cazeau, pour une moityé pour leur chef maternel, revenant à la moityé de la somme de trois centz trante neuf livres dix solz.

Et encore particullièrement par ledit sieur de Noyen et ladite dame Jeanne de Maillé, son espouze, fille aysnée et principale héritière, estoit dit qu'en proceddant ausdits partaiges, oustre la maison principalle, les deux tiers de la succession directe dudit deffunct sieur de Lathan et de ladite de Cazeau, luy debvret estre bailléc et laissée la part et portion de religieuse dame FRANÇOISE DE MAILLÉ, qui auroit faict profession en l'abbaye du Ronceray, la portion de laquelle luy estoit et debvoit estre accordée, suyvant la coustume de ce pays d'Anjou, et pareillement les deux parts de la succession de ladite deffuncte Marguerite de Maillé, femme dudit sieur de l'Imberlière, qui seroit décéddée depuis peult de temps après le décedz dudit feu sieur de Lathan, o tout le moings jusque à la concurance des deux partz et en davantaige, aussy suyvant la coustume, et oustre leur estre pareillement fait raison de la composition pour les rachaps deubz par ladite demoiselle Lucresse, lesdites Barbe et Suzanne et aultres puisesnées ou leurs représentations, et oustre descharger le fief de Loumais et aultres choses vendues par contrat... par icelluy deffunct sieur de Lathan vendu à ladite deffunte dame Louise de Maillé lorsqu'elle estoit veufve dudit deffunct seigneur de Vezins; de la part duquel sieur de l'Islette, audit nom, auroit esté dit respondant ausdites demandes, tant à la dite Jeanne de Maillé, héritière principalle, que à ladite Lucresse respectivement, assavoir: quant audit assinat et récompense, pour ladite somme de deux mil deux cens cinquante livres pour le propre de ladite de Cazeau, qu'ilz n'estoient recepvable en leurs demandes, par ce que ladite somme de deux cents cinquante livres estoit entrée à la communaulté desdits deffunct sieur de Lathan et [de] ladite de Cazeau qui auroit esté d'autant occmantiée, laquelle auroit esté recuillye par ladite dame aysnée et principalle héritière, tellement que ladite somme demeureroit confuse entr'eux, entre touz, lesquels estoient héritiers dudit deffunct sieur de Lathan, et davantaige auroit esté ladite somme de deux mil deux cent cinquante livres ou la pluspart d'icelle convertye en acquestz peult de temps après la réception de ladite somme, et desquelz acquestz avecq aultres précedants ilz demandoient distraction, tellement qu'en tout cas il falloit desdhuyre et deffalquer lesdits acquestz et le surplus passé par confusion à l'encontre d'eux, leur faisant aussy raison des acquestz concernant leur chef maternel fait pendant le second mariaige dudit deffunt sieur de Lathan et de ladite de Baïf ; et oultre disoit ladite damoiselle Barbe, o l'octhorité de sondit curateur, que, à cause de la succession de ladite de Baïf, sa mère, et comme sa fille esnée, luy appartenoit la moityé des meubles communs entre ledit sieur de Lathan et elle et demeurés du décez de ladite de Cazeau, dont ne luy auroit esté faict aucun inventaire ne partaiges, par le moien de quoy elle disoit debvoir estre délivrée franchement jusque à la concurrance de la quarte partye comme ayant ledit deffunt accepté son bail et garde noble, et encor demandoit luy estre faict raison des fruicts de ses immeubles depuis ledit bail et garde noble finy, sans que pour raison de ce elle soit tenue en aulcune debte personnelle, suyvant ladite coustume.

Sur toutes lesquelles demandes et deffences et sur la manière de partaiger se seroit ladite dame Jeanne de Maillé, comme procuratrice dudit sieur baron de Noyen, par procuration passée en la cour royal du Mans, le vingt septiesme jour de janvier dernier, passé devant Prigeot, notaire en ladite cour, assistée de honorable homme Me René de la Follye, docteur en droit, sieur de la Moussardière, conseiller du roy au Chasteau du Loir, son conseil, assemblé en ladite maison seigneuriale de Lathan avecq ledit sieur de l'Ilette, audit non, en la présance desdites demoiselles Lucresse, Barbe et Suzanne les de Maillez, pour recongnoistre la valleur et estimation de ladite succession paternelle dudit sieur de Lathan, tant génerallement que particullièrement, ensemble de ce que pouvoit estre subjette à récompense pour le chef des acquestz de ladite de Cazeau et celuy de Baïf ; quoy faisant, auroit esté faict plusieurs ouvertures de la manière dudit partaige et par ladite dame de Noyan, audit non, presenté locts pour deslivrer la tierce aux puisesnés qui leur peulvoit appartenir, apprès que ladite dame, audit non, sera satisfaicte de la portion de ladite relligieuze et des deux partz de ladite succession ; desquelz locts ledit sieur de l'Ilette, audit non, et ladite Lucresse, n'auroient voullu accepter, mais offert leurs contrats, c'est assavoir : ladite Lucresse, des lieux et appartenances de Bellebot, le Tranblay, les Boullays et le Vigneau ; ledit sieur de l'Ilette, audit non, d'icelluy fief de la Fontayne, du lieu et mestairie des Trois Chiens, avecq la terre... sur le lieu de Morillandes et terre appartenant audit deffunt audit lieu des Morillandes, que tient afferme Urbenne Ollivier, feame du sieur de Prouze, plus le lieu, fief et seigneurie de la Beaudousnière, et les terres feu Urbain Mesnier, affermées à Colas Herault, affin de lesser à leur sœur aynée ladite seigneurie de Lathan avecq les fiefs qui en despendent, moullins, prez, terres, rante féodalle et aultres profitz féaudaux et honorificques, pour de plus en plus laisser ladite terre de Lathan a accommodée de proche en proches pour l'utillité, bien, commodité d'icelle, estant lesdites choses de beaucoup plus grande valleur et estimation que les choses cy dessus par eux requises, quoy faisant, elle sera plus suffisament récompensé de la portion à elle appartenant pour la profession de ladite relligieuze et deux partz et advantaiges qu'elle pourroient prétendre par le décedz de ladite damoiselle d'Imberlière, en quoy luy sera facille de partaiger et bailler part... sur ce quy luy est et sera délaissé pour les portions des enfans de ladite deffuncte Louise de Maillé, desquelz ledit sieur de Sorge est curateur.

Et apprès que lesdits parties ont sur ce que dessus et aultres quy en despendent murement advisé, deslibéré, et affin de facilliter lesdits partaiges et conserver lesdits fiefs en leur entier et éviter divers partaiges et divers soubzdivissions... [a été] par lesdites parties transigé et paciffié en la forme et manière cy après, par l'advis de leurs admis et conseil.

Et partant, cejourdhuy quatriesme jour de febvrier mil cinq cens quatre vingz treize apprès midy, en la cour du roy nostre sire, par devant nous Pierre Vincelot, notaire d'icelle, demeurant à Breil, furent presents... Jeanne de Maillé, femme espouze dudit sieur de Noian, fille aynée et principalle héritière dudit deffunt sieur de Lathan et de ladite de Cazeau,... et ladite Lucresse de Maillé, aussy fille dudit deffunt sieur de Lathan et de ladite de Cazeau, dame uzante de ses droiz, estant de présent audit lieu, maison seigneurialle de Lathan, parroisse de Breil, d'une part, et ledit sieur de l'Illette, audit non de curateur... desdites demoiselles Barbe, Suzanne les de Maillez, filles dudit deffunt sieur de Lathan et de ladite demoiselle de Baïf, leur mère, estant aussy audit chastel de Lathan, à ce présent, d'autre part, lesquelz, pour tant que touche ledit assinat fait par ledit deffunt pour les clauses contenues par ledit contrat de l'an cinq cent quarante cinq, pour la récompence des biens maternelz appartenant aux enfans du premier lit de ladite de Cazeau, ont accordez que les acquestz faitz par ledit deffunt sieur de Lathan depuis l'assinat dudit contrat, en conséquence duquel il auroit touché les deniers de laditte somme de deux mil deux cents cinquante livres, seront baillées et délivrées auxdits enfans du premier lit jusque à la consommation (?) des sommes de deniers portées par lesdit contracts d'acquests, lesquelles sommes ont esté vériffyée sur lesdits contracts d'acquisitions et montent à la somme de deux mil deux cents cinquante livres, et pareillement la moityé par indivis des acquest faicts précédemment lesdits contracts par ledit deffunct sieur de Lathan et durant la communaulté de ladite de Cazeau, revenant pour ladite moityé à la somme de cent soixante et neuf livres dix sols, avec récompence en deniers de ladite moytié d'icelle somme de trois cens trente et neuf livres dix sols, quy sera fournye par les enfans du second lit aux puisesnez du premier lit, et le surplus de ladite somme de deux mil deux cents cinquante livres, revenant à la somme de dix huit cent cinquante livres tournoiz seulement, leur sera baillé et deslivré, desdhuction faicte par confession de ce que lesdits enfans du premier lit en debvoient porter comme héritiers dudit défunt sieur de Lathan, par le moien de quelle confession sera desdhuit et précompté à ladite dame de Noien de la somme de cinq cents cinquante livres pour sa part offérante en ladite succession paternelle, comme fille aisnée et principalle héritière dudit deffunt sieur de Lathan, et desdhuction aussy faite de la somme de cent dix sept livres par confession en la cotte part du droit successif que les puisnés du premier lit ont en ladicte succession paternelle ; demeureront lesdites Barbe, Suzanne les de Maillé, yssus du second mariage, tenues paier ausdites filles plus esnées du premier lit pareille somme de cent dix sept livres, comme à semblable demeureront lesdites Barbe, Suzanne de Maillez tenus fournir pour la moityé des acquests, montant trois centz trente neuf livres dix solz, à ladite dame esnée la somme de cent douze livres dix sols, et aux puisesnées la somme de soixante et dix livres, sur lesquelles sommes sera desdhuite par ladite dame de Noyan, l'esnée, ausdites Barbe et Suzanne les de Maillé, la somme de trente et six livres six sols huit deniers, et par lesdites puisesnées du premier lit sera pareillement desdhuite d'ycelle dite Barbe et Suzanne la somme de cent sols pour la recorpsion (?) de leur part de conte et quard des acquests faits constant le mariaige dudit deffunt sieur de Lathan et de ladite de Baïf, leur mère, montant, la moytié desdits acquests, la somme de cinquante huit livres dix sols.

Et ce fait ladite dame de Noyen... a baillé en partaige à ladite Lucresse de Maillé : (les lieux de Bellebot, la closerie du Tremblay, le lieu et métairie des Boullays, etc., etc., à charge par ladite Lucresse : de payer 12 sols tournois de franc devoir à la recette de Lathan, de contribuer pour 100 sols par an à la pension viagère de sa sœur Francoise de Maillé, religieuse.)

Et ce fait a ladite Lucresse renoncé au profit de ladite dame aînée aux droits qu'elle avoit sur le lieu de la Brestaiche, paroisse de Restigné, à cause de la succession des deffunctz sieur et dame des Couvières (ou Cormières), ses ayeuls et ayeulles, et de Gabrielle Boudet, sa biayeulle ; (moyennant quoi ladite dame aînée s'est obligée payer à ladite Lucresse 66 écus 2 livres.)

(Et auxdites Suzanne et Barbe de Maillé : le fief de la Fontaine, paroisse de Parsay ; le lieu des Trois-Chiens, la métairie de la Bordoinnière, etc., etc., à charge par lesdites d[lles] de contribuer pour 100 sols chacune à la pension de leur sœur Françoise, religieuse.

Reste à la dame de Noyen : les terres de Latan, Breil, le Plessis, Loumons les Aubiers.

Auquel partage de ladite dame de Noyen est compris) le droit d'accroissement de religieuse de ladite dame Françoise de Maillé, avecq les deux lots, principal et advantaige... de la succession de ladite deffunte demoiselle Marguerite, femme dudit s^r de l'Imberlière, (à la charge de bailler sur ce par ladite dame de Noyen aux enfants de dame Louise de Maillé ce qui peut leur revenir de la succession dudit sieur de Latan...)

962

1597, 1er février, Bouloire. — (Registres paroissiaux de Bouloire.)

A esté enséputuré en l'églize dudit Boulloire par Mre Gervais Garnier, prêtre, curé dudit lieu, le corps de deffunct hault et puissant missire JEHAN DE LA TOUR LANDRY, chevallier de l'ordre du roy, gentilhomme ordinaire de sa chambre, seigneur et baron de Boulloire et Maisoncelles, et fust amené du pays de Lyonnois le vingtsixiesme jour de janvier 1597.

963

1599, 18 avril, Veigné. — (Registres paroissiaux de Veigné.)

Baptême de MAGDELON, né le treize mars, fils d'HÉLIE DE MAILLÉ, escuier, sieur de la Guéritaude, et de MADELEINE DE CHÉRITÉ.

964

1600, 23 novembre, Veigné. — (Registres paroissiaux de Veigné.)

Baptême de FRANÇOIS, fils d'HÉLIE DE MAILLÉ, escuier, sieur de la Guéritaude, et de MADELEINE DE CHÉRITÉ. Marraine : Madeleine de Bournen, femme de François de Chérité, sieur de Voisin.

965

1602, 24 décembre, Veigné. — (Registres paroissiaux de Veigné.)

Baptême de MADELEINE, fille d'HÉLIE DE MAILLÉ, écuier, sieur de la Guéritaude, et de MADELEINE DE CHÉRITÉ.

966

1604, 24 août, Veigné. — (Registres paroissiaux de Veigné.)

Baptême de FRANÇOISE, fille d'HÉLIE DE MAILLÉ, écuier, sieur de la Guéritaude, et de MADELEINE DE CHÉRITÉ.

967

1607, août. — *(Mémoires-Journaux de Pierre de l'Estoile,* édit. Brunet, Champollion, etc., t. VIII, p. 335.)

En ce mois, y eust, entre le Poictou et Anjou, un duel donné entre trente gentilshommes, quinze d'un costé et quinze de l'autre; auquel il en demeura vingt-cinq de morts sur le champ du combat, et les cinq autres blessés, qui ne valoient guère mieux. Les chefs de la querelle estoient les sieurs de Brézé et St-Gemme. M. le maréchal de Brissac alla trouver exprès le roy, pour lui dire : lequel se contenta de l'advis.

968

1612, août, Paris. — (Arch. du Morbihan. Pièces non classées. *Registre, fol. XLIV et suivants.*)

Lettres patentes du roi Louis XIII, qui, en considération des « vertueux et recommandables services que les feuz sire de Quermanan ont cy devant et de longtemps faictz à (ses) prédécesseurs roys et ductz de Bretaigne, » et tout particulièrement son « amé et féal CHARLES DE MAILLÉ, seigneur dudit lieu de Quermanan, fils de dame CLAUDE DE QUERMANAN, dame dudit lieu et des seigneuries de Sezploue et de la Forest, assizes ès... païs et duchés de Bretaigne, » érige « la seigneurie de Quermanan, qui s'estend en quinze ou seize paroisses,... en non, tiltre et qualité de marquizat, et celle de Sezploue, qui s'estend... sur sept paroisses, en non et dignitté de comté, » à laquelle (il) joint, unit et incorpore la seigneurie de la Marche et la seigneurie de la Forest, « qui aussy est de grande estendue, en dignitté et qualitté de baronnye, » décernant audit seigneur de Quermanan et à ses héritiers lesdits titres de marquis, comte et baron.

969

1617, 14 mars, Paris. — LOUIS XIII CHARGE CHARLES DE MAILLÉ, MARQUIS DE « CARMAN », DE LEVER UNE COMPAGNIE DE SOIXANTE HOMMES A CHEVAL. — (Archives du Morbihan. Pièces non classées. *Orig. parch., sceau perdu.*)

Louis, par la grâce de Dieu roy de France et de Navarre, à notre très amé et féal le s^r MARQUIS DE CARMAN, salut.

Aians résolu de faire lever et mettre sus un bon nombre de gens de guerre, tant de cheval que de pied, et en bailler la charge et conduite à de vaillans et expérimentez cappitaines, dont la fidélité et affection à notre service nous soit cogneue, afin de s'opposer aux mauvais et pernicieux desseings de nos ennemis rebelles, et sachans qu'en vous sont toutes les susdites qualités, à ces causes,... nous vous... commettons... pour lever et mettre sus, vers le quinziesme jour de juin prochain, une compagnie de soixante hommes de guerre à cheval, armez de toutes pièces, des plus vaillans et aguerris que vous pourrez trouver et choisir, pour estre prests à servir au premier juillet précisément, lesquelz vous conduirez et exploicterez soubz l'authorité de notre très cher et bien amé le comte d'Auvergne, colonnel général de notre cavalerie légère...

Donné à Paris, le XIIIIe jour de mars l'an de grâce mil six cens dix sept, et de notre règne le septiesme.

Louis.

Par le roy,
de Richelieu.

970

1620, 20 juillet, Angers. — COMMISSION DONNÉE PAR

Marie de Médicis pour lever des compagnies qui devront servir « soubz la charge du sʳ marquis de Carman ». — (Archives du Morbihan. Pièces non classées. *Orig. parch., sceau perdu.*)

Marie, par la grâce de Dieu royne de France et de Navare, mère du roy, au sʳ *(en blanc)*, salut.

La longue patience que nous avons eüe ayant endurcy le cœur de ceux qui abusent du nom et de la bonté du roy, nostre très honnoré seigneur et fils, jusques à tel poinct que voulant faire servir touttes choses à leur ambition desréglée et avarice insatiable, après avoir employé en vain tous les artifices dont ils se sont peu adviser pour nous opprimer d'avecq les princes du sang, autres princes et grands seigneurs du royaulme, ne se contantant pas de les tenir avec nous dans ung mespris insuportable, ilz sont si audacieux que de voulloir à force ouverte perdre et ruyner par les armes du roy ceux qui en doibvent attendre leur protection; pour à quoy obvier, voyant qu'au lieu d'entendre les remonstrances sallutaires que nous avons faictes au roy, on prend ces voyes pernicieuses qui ne tendent qu'à la ruyne de l'estat et à la désolation du pauvre peuple, protestant devant Dieu que nous n'agissons que pour empescher le cours et nous garder d'oppression, nous avons, de l'advis desdits princes, ducs et pairs, officiers de la couronne et autres grands seigneurs du royaulme, résolu de lever et mettre sus un bon nombre de gens de guerre, tant de pied que de cheval. A ces causes,... nous vous... commettons... pour lever et mettre sus pied incontinant... une compagnie de cent hommes de gens de pied des plus vaillans et aguéris que vous pourrez trouver et eslire, lesquelz vous conduirez et exploicterez soubz la charge du sʳ marquis de Carman, vostre maistre de camp, la part et ainsy qu'il vous ordonnera pour nostre service...

Donné à Angers, le vingtiesme jour de juillet l'an mil six cent vingt.

Marie.

Par la royne mère du roy,
Bouthillier.

971

1629, 18 mai. — (B. N., Fr. 32.132. *Preuves de la noblesse des demoiselles de Saint Cir,* t. 15, fol. 120.)

Transaction faite le dix huit mai mil six cent vingt neuf, entre dame Charlotte d'Escoubleau, veuve de haut et puissant seigneur Mre Charles, comte de Maillé, marquis de Carman, tant en son nom que comme mère, tutrice et ayant la garde noble de ses enfants, d'une part, et noble homme Victor de Chauvrays, s^r de la Morinière, d'autre part, par laquelle ils reconnaissent que Jacques de Maillé, écuyer, seigneur de Cessigny, au nom et comme fondé de procuration de Mre François de Maillé, son frère, chevalier, seigneur de l'Islette, et de dame Claude de Carman, sa femme, père et mère dudit feu Charles, comte de Maillé, avoit vendu à feue dame Lucrèce Tardif, mère dudit sieur de la Morinière, la terre et châtellenie d'Hommes en Anjou, moyennant la somme de 2400 livres.

972

1638, 19 novembre, Plassac. — Lettre de Gaston de la Vallette au comte de Maillé. — (Arch. de M. le comte de Maillé. *Autographe.*)

Monsieur,

J'ai esté extrêmement aise d'apprendre de monsieur de Mages que vous estes en bonne santé et que vostre présence et vos soins ont chassé la fièvre qui tourmentoit monsieur de Beaupui; je me resjouis infiniment de son bien et de vostre contentement, d'autant plus que j'espère en avoir plus tost l'honneur de vous voir céans près de Monsieur et de me rendre par vos bonnes instructions meilleur et plus capable de servir mes amis et de vous tesmoigner toute ma vie et à monsieur de Beaupui, que je suis,

Monsieur,

Vostre très humble et obéissant parent et serviteur,

Gaston de la Vallette.

De Plassac, ce soir du 19 novembre 1638.

Suscription : A monsieur Monsieur le comte de Maillé, à Beaupui.

973

1643, 10 novembre. — (B. N., Fr. 32.132. *Preuves de la noblesse des demoiselles de Saint Cir*, t. XV, fol. 120.)

Quittance de la somme de 4.000 livres, donnée le dix novembre mil six cent quarante trois, par Guillaume Baugé, prestre, curé d'Hommes, à haute et puissante dame CHARLOTTE D'ESCOUBLEAU, veuve de messire CHARLES DE MAILLÉ, chevalier, seigneur marquis de Kerman, comme tutrice de Mre DONATIEN DE MAILLÉ, chevalier, marquis de Kerman, LÉONARD-CHARLES, comte DE MAILLÉ, et ANTOINE DE MAILLÉ, comte de la Marche, ses enfans, pour le rachat d'une rente de 250 livres audit sieur Baugé. Cet acte reçu par Le Guen, notaire royal à Lesneven, ressort de la cour de Léon.

974

1648, 19 octobre, Blois. — (B. N., Fr. 32.132, fol. 27 verso et 28.)

Transaction faite le dix neuf octobre mile six cent quarante huit, entre Mre HENRI DE MAILLÉ, seigneur de Bénéhard, et dame DOROTHÉE CLAUSSE, sa mère, veuve de haut et puissant seigneur, Mre RENÉ DE MAILLÉ, seigneur de Bénéhard, de Roujou, etc., gentilhomme ordinaire de la chambre du roi, capitaine des chasses du comté du Maine, sur les diférends qu'ils avoient pour le remboursement des deniers dotaux de la dame de Maillé. Cet acte reçu par Adouet, notaire à Blois.

975

1655, juillet. — (Arch. du Morbihan, B 19, f^{os} V et suivants.)

Baux de terres en Plaudren, Vannes, Plumergat, saisies sur ÉLÉONORE-CHARLES DE MAILLÉ, seigneur de Camzon.

976

1656-1657. — (Arch. du Morbihan, B 21 et 23.)

Saisie de la terre de Camzon, en Plaudren, à la demande des

créanciers de messire Éléonor-Charles de Maillé, seigneur dudit Camzon.

977

1667, 30 août, Lhomme. — (Registres paroissiaux de Lhomme.)

« Haulte et puissante dame Gabrielle Guillebret de Secqueville, marquise de Bénéhard, » représentée par « haulte et puissante dame Louise d'Apchon, sa mère, » est marraine à Lhomme de « Gabriel-Eustache, fils d'honorables personnes d'Heustache Monge, officier de Mr de Bénéhard, et de Marie Fresneau ».

978

1672, 20 février, Saint-Germain-en-Laye. — (Arch. du Morbihan. Pièces non classées. *Orig. parch.*)

Brevet de nomination du marquis de Carman à la charge de colonel au régiment de Navarre, dont était pourvu le marquis de Lavardin. Signé : Louis.

979

1674, 21 avril. — (Archives de Maine-et-Loire, E 3250. Audouys, *Notes et extraits généalogiques sur la famille de Maillé.*)

Adjournement fait à ban et cry public, à la requeste de Charles de Maillé de la Tour-Landry, marquis de Jallaines, fils aîné et principal héritier, sous bénéfice d'inventaire, de deffunt messire Louis de Maillé de la Tour-Landry, vivant chevalier, seigneur de Bourmont, demeurant à Vernante, en vertu d'ordonnant du lieutenant général de la sénéchaussée d'Angers, aux créanciers inconnus dudit deffunt de Maillé, à comparoir à la huitaine devant ledit s^r lieutenant général en l'audiance du pallais, pour voir enthériner les lettres de bénéfice d'inventaire par luy obtenues en chancellerie à Paris le 21 février dernier, et assister à l'ouverture des cosfres, iceux dépendant de la succession dudit seigneur de Bourmont.

980.

1675, 5 mars, Ruillé-sur-Loir. — (Registres paroissiaux de Ruillé-sur-Loir.)

« Marie Mussière, subdéléguée de haute et puissante dame FRANÇOISE DE BILLE, espouse de hault et puissant seigneur messire RENÉ DE MAILLÉ, chevalier, seigneur marquis de Bénéhard, » marraine à Ruillé de François Oger.

981

1678, 11 juin, le Mans. — (Cabinet de M. L. Brière. *Pap.*)

Devant Jean Loyseau, notaire royal au Mans, Mº Jacques Pillet, notaire à Parigné-le-Pôlin, comme procureur de messire CHARLES DE MAILLÉ DE LA TOUR-LANDRY et de Châteaubriant, seigneur marquis de Bourmont, Jalesnes et autres lieux, et de dame MARIE-MADELEINE DE BROC, son épouse, cède à Jacques Le Vayer, écuyer, conseiller du roi, lieutenant général en la sénéchaussée du Maine et siège présidial du Mans, y demeurant, paroisse du Grand-Saint-Pierre, et à dame Marie Sevin, son épouse, et leurs enfants, la somme de 13.000 livres à recevoir de Suzanne de Hodon, veuve de Pierre Le Vexel, vivant chevalier, seigneur du Tertre de Vimarcé, des héritiers de défunt René Le Vexel, fils aîné des susdits, et de noble Jean Guitton, sieur des Bois, débiteurs, par contrat du 5 mai 1663, de ladite somme, envers Mº Arnoul Hérisson, avocat au siège présidial du Mans, qui a subrogé ladite dame de Broc en ses droits. La présente cession faite par ledit Pillet pour pareille somme de 13.000 livres, qui lui sont comptées. Ledit sʳ Le Vayer se réserve le droit, au cas de non paiement de la créance, de s'adresser au seigneur de Maillé et à ladite de Broc, et ceux-ci demeurent libres de reprendre ladite cession en remboursant ladite somme. Présents : René Dubois, praticien, et Jean Pilleau, marchand orfèvre, demeurant au Mans, témoins.

982

1680, 9 décembre, le Mans. — Mariage de François, comte de Maillé, et de Françoise-Marguerite Bouteiller. — (Registres paroissiaux de la Couture, au Mans.)

Du neufiesme jour de décembre 1680, dans la chapelle du pallais épiscopal, ont esté mariez et receu la bénédiction nuptialle par monseigneur l'illustrissime et révérendissime évesque du Mans, messire François, comte de Maillé, de la paroisse de Fresne, au pays Blésois, et damoiselle Françoise-Marguerite Bouteiller, de la parroisse de la Coulture, avec dispense des deux derniers bans en faveur dudict comte de Maillé, signée : Christophle Boyssard, grand vicaire de monseigneur l'évesque de Chartres, et, plus bas : de Malescot, son greffier, scellée du sceau de mondit seigneur l'évesque de Chartres ; en présence de René du Grenier, marquis d'Olléron, beau-frère de mondit comte de Maillé ; Charles Richer, escuyer, seigneur de Montéhard, oncle de ladite espouze ; damoiselle Margueritte Breton, grande-mère ; Mᵉ Arnoul Pillon ; Mᵉ Julian Poirier, advocats au siège présidial de cette ville ; Mᵉ François de Poix, prestre, chanoine en l'église collégialle de Saint-Callais ; Mᵉ Patrice de Vauguion, prestre, et plusieurs aultres.

983

1681, 11 septembre, le Mans. — (Registres paroissiaux de la Couture, au Mans.)

L'onziesme jour de septembre 1681, a esté baptisé sans les cérémonies du baptesme, par dispense de monseigneur l'illustrissime et révérendissime évesque du Mans, datée de ce jour, le fils de monsieur le comte de Maillé et de dame Françoise-Marguerite Bouteiller, son épouse.

(En marge :) Délivré le 7 juin 1707.

984

1683, 30 novembre. — (Archives du Morbihan, B 2851. *Copie pap.*)

Déclaration et dénombrement des manoirs, terres et seigneuries de la baronnie de la Forest, Querbarvet et Sébrevet, des droits de fiefs, juridictions hautes, moyennes et basses, prééminences et autres droits seigneuriaux en dépendans, que messire Henry, chef de nom et armes, comte de Maillé et de la Marche, chevalier, seigneur marquis de Carman et baron de la ditte baronnie de la Forest, Querbarvet et Sébrevet et autres lieux, déclare tenir prochement et noblement du roy, notre sire, sous son domaine de Hennebond,... présentée au roy devant Jacques Guillon, escuyer, sieur de Beauregard, conseiller du roy, secrétaire et auditeur en sa chambre des comptes de Bretagne...

Pour cause de laquelle terre et maison ducale et baronnie de la Forest, ledit seigneur... confesse avoir et estre en bonne possession de faire exercer sa juridiction sur ses hommes et sujets, tant chefs rentiers que domainiers,... comme haute, moyenne et basse justice à patibulaire élevé à quatre pilliers, auditoire et prisons, sep et collier, au bourg de Languidic...

Lesquelles terres lui sont échues par le décès du feu seigneur marquis de Carman, son frère aisné, auquel elles estoient aussy échues de la succession de messire Donatien de Maillé, marquis de Carman, leur père...

985

1687, 19 octobre, Saint-Brieuc. — (Arch. du Morbihan, B 2749, fol. 137 verso et suivants.)

Devant les notaires royaux de la cour de Rennes, contrat de vente des terres et seigneuries de la Forêt, Sébrevet et Kerbrevet, s'étendant sur les paroisses de Languidic, Quistinic et trêve de Lomelec, lesdites terres vendues par « haut et puissant seigneur messire Henry, comte de Maillé et de la Marche, chevalier, marquis de Carman, et haute et puissante dame Marianne du Pui de Murinaie, son expouze,... demeurant ordinairement en leur chasteau de Maillé, paroisse de Plouvenez, évesché de Léon, de présent dans la ville de Saint Brieuc, logés au palais épiscopal, » à François de la Pierre, « escuyer, sieur des Salles, conseiller secrétaire du roi, maison et couronne de France en la chancellerie, servant près le parlement de Bretaigne, demeurant en sa maison dans la ville d'Hennebond, aussy de présent à Saint Brieuc ». Ladite vente faite pour la somme de 125.000 livres, payables à des créanciers dudit marquis de Carman.

986

1688, 18 février. — (Archives de Beaumont-sur-Sarthe.)
Devant François Le Hault et Christophe Launay, notaires royaux demeurant à Beaumont, Jean Amiard, s^r de la Pommeraye, et d^{elle} LOUISE DE MAILLÉ, sa femme, vendent à Pierre Amiard, marchand mégissier, et à Élisabeth Le More, sa femme, une pièce de terre... appelée le Champ-Noir... contenant trois journaux un quart... située en la paroisse de Montbizot, appartenant au s^r de la Pommeraye, de la succession de son père... pour la somme de 300 livres.

987

1688, 4 juin. — (Arch. du Morbihan, B 2860. *Liasse.*)
Oppositions faites à la vente de la baronnie de la Forêt, Kerbrevet et Sébrevet, par certains créanciers du marquis DE CARMAN, et en particulier par François de la Rivière, chevalier, marquis dudit lieu, se disant « créancier dudit seigneur marquis pour des sommes considérables ».

988

1690, 24 avril, Paris. — (B. N., Fr. 32.132. *Preuves de la noblesse des demoiselles de Saint Cir,* t. XV, fol. 119.)
Cession faite le 24 avril mil six cent quatre vingt dix, à haut et puissant seigneur Mre HENRI, comte DE MAILLÉ et de la Marche, chevalier, marquis de Carman, baron de Lesquelin, colonel d'un régiment d'infanterie, par dame MAURICETTE-RENÉE PLOEUC, sa mère, veuve en premières noces de haut et puissant seigneur messire DONATIEN DE MAILLÉ, chevalier, mar-

quis de Carman, savoir : de tous les revenus des terres qui lui restoient à titre de douaire provenant de la succession dudit feu marquis de Carman et dont le fond appartenoit audit Henry, comte de Maillé, son fils. Cet acte reçu par Le Vasseur, notaire au Châtelet de Paris.

989

1691, 12 mars, Ruillé-sur-Loir. — (Registres paroissiaux de Ruillé.)

Baptême de Louise-Marie-Henriette de Vabres. « Le parain a esté messire HENRY DE MAILLÉ, chevallier de l'ordre de Saint-Jean de Jérusalem, vulgairement appellé Malthe, seigneur de Fleuray, la Chappelle Saint Remy, Torcé et autres lieux ; la maraine a esté haute et puissante dame LOUISE-MARIE DU HOUSSAY DE MALLIER, espouze de hault et puissant seigneur messire LOUIS-JOSEPH DE MAILLÉ, marquis dudit lieu, baron de Coulonces, seigneur et patron de Sigueville et autres lieux... »

990

1699, 2 octobre, le Mans. — (Registres paroissiaux du Crucifix, au Mans.)

Le 2 octobre 1699, LOUIS, fils de messire FRANÇOIS, comte DE MAILLÉ, et de dame FRANÇOISE BOUTEILLER, qui a été baptisé dans l'église de Fresne, diocèse de Blois, le cinquiesme octobre 1685, a receu les cérémonies du baptesme par messire Louis de la Vergne, évesque du Mans, son parrain. Sa marraine a esté haute et puissante dame Elizabeth de la Vergne de Tressan, femme de M. le comte de la Motte Houdancourt, maréchal des camps et armées du roy.

991

1709, 14 décembre, Fresne. — (B. N., fr. 32.132, fol. 27.)

Extrait du registre des baptêmes de la paroisse de Saint Hilaire de Fresne, au diocèze de Blois, portant que LOUIS DE

Maillé, fils de Louis de Maillé, écuyer, seignuer de Roujou, et de d^{lle} Caterine Le Fuzelier de Cormerai, sa femme, fut batisé le quatorze décembre mile sept cent neuf. Cet extrait signé : Cholet, curé de ladite église.

992

1711, 14 novembre, château de Courcelles. — (Arch. de la Sarthe. Fonds La Suze, liasse La Sansonnière. *Orig. parch.*)

Devant « Joseph du Pont, licentié ès loix, notaire royal au Mayne, demeurant au bourg de Foultourte, parroisse de Cerens », vente par « très hault et très puissant seigneur messire René-François de Maillé, chevalier, marquis de Bénéhard, légataire universel de très haulte et très puissante dame Anne de Maillé, vivante marquise d'Oléron, sa tante, demeurant ordinairement en son chasteau de Bénéhard, parroisse de Chaheigne, province de Touraine, de présent au chasteau de Courcelles, » du lieu de la Sansonnière, à Ligron, à « très hault et très puissant seigneur messire Michel Chamillart, ministre d'état... et à très haulte et très puissante dame Elisabeth-Thérèse Le Rebours, son espouse... »

993

1714. — (Arch. de la Sarthe. Fonds municipal, dossier Saint-Jean de la Chevrerie.)

« Le lieu et bordage de la Fumière, situé au dehors de Saint-Jean de la Chevrerie » du Mans, à vendre. Il venait de la succession de « défunte dame Élisabeth de Maillé,... veuve de François Picard, écuyer, sieur de la Dorissière, conseiller du roy, trézorier de France au bureau des finances d'Alançon ».

994

1725, 10 juillet, Fresne. — (B. N., Fr. 32.130. *Preuves de la noblesse des demoiselles de Saint Cir*, t. XIII, fol. 7.)

Extrait du registre des baptêmes de la paroisse de Saint-Hilaire de Fresnes au diocèse de Blois, portant que MARIE-CATHERINE-LOUISE DE MAILLÉ, fille de LOUIS DE MAILLÉ, écuyer, seigneur de Roujou, et de d^lle CATERINE LE FUZELIER DE CORMERAI, sa femme, naquit le dixième de juillet de l'an mil sept cent vingt cinq et fut batisée le quinzième du même mois. Cet extrait délivré le treizième de mars de l'an mil sept cent trente cinq, signé : Cholet, curé de ladite église de Fresnes, et légalisé.

995

1370, 21 avril. — ACCORD EN PARLEMENT ENTRE LE SIRE DE MAILLÉ ET LE SIRE DE LA GRÉSILLE. — (Arch. Nat., X^1c, n° 42. *Orig. parch. scellé.*)

Dou debat pendant en parlement à Paris entre nobles hommes le sire DE MAILLÉ, d'une part, et le sire de la Grésille, d'autre part, en cause de appellation faite ja pieçà dou feu sire de la Grésille, père dou dit sire que est à présent, d'un deffaut qui portait sentence ou jugement pour la damme DE MAILLÉ et à son proufit, lors tenant le bail dou dit sire de Maillé qui est à présent, à laquelle cause les diz nobles se sont en heers chascun par devers sa partie, sont venus les diz nobles en cas que il pleroit à noz seigneurs de parlement sanz amende de eulz, à paiz et à accort en la manière qui s'ensuyst : c'est à savoir que les chouses dou débat se départiront aux diz nobles chascun en la moytié par non devis, en fessant audit sire de Maillé du dit sire de la Grésille et de ses heers foy et homage, telle comme elle souloit estre faite pour les dites chouses, et en li paiant la maytié des devairs et la maytié de touz les autres droiz seignoriaux que les dites choses souloient devoir, et y aura le dit sire de la Grésille et ses heers justice et signorie, comme ses prédécessours ont acoustumé ès dites chauses, et par cest accort en cas qu'il pleroit à noz diz seigneurs de parlement comme dit est, demoront le dit sire de Maillé et sa mère quites et dechargiez de tous les proufiz et esmolumenz que ilz en ont euz et levez dez dites chouses ou temps passé, et dès meintenant demeure le dit sire de la Grésille vray seigneur propritare, luy et ses heers, de sa dite moy-

tié, et de l'asentement des dites parties est et demeure à la ditte damme de Maillé les fruiz, revenues et esmolumenz qui craistront et vendront en ceste présente année ès dites chauses.
Ce fut fait le jour de Quasimodo, l'an mil IIIIᶜ LXX.

996

1488, 10 novembre. — Quittance de gages par Antoine de la Tour. — (B. N., Fr. 29.349, n° 6. *Parch.*)

Je Anthoine de la Tour, maistre d'ostel du roy, notre sire, sʳ de Cleresvaulx, viguier de Najac pour ledit sire, confesse avoir eu et receu de... et receveur ordinaire de la séneschaussée de Rouergue, la somme de cent livres tournois, et ce à cause de mes gaiges de mondit... commançant à la feste Saint Jehan Baptiste mil CCCC quatre vingt et sept et finissant à ladite feste mil IIIIᶜ IIII^{xx} et huict. De... suis content et en tient quicte ledit trésorier et tout autre. Tesmoing mon seing manuel, cy mis, le dixiesme jour de novembre...

A. de la Tour.

997

1489, 10 novembre. — Quittance de gages par Antoine de la Tour. — (B. N., Fr. 29.349, n° 7. *Parch.*)

Je Anthoine de la Tour, maistre d'ostel du roy, notre sire, sieur de Cleresvaulx, viguier de Najac pour ledit sire, confesse avoir eu et receu de noble homme Anthoine Cadel, trésorier et receveur ordinaire de la séneschaussée de Rouergue, la somme de cent livres tournois, et ce à cause de mes gaiges de mondit office de viguier et pour l'année commençant à la feste Saint Jehan Baptiste mil CCCC IIII^{xx} et huit et finissant à ladite feste derrière passée mil IIIIᶜ IIII^{xx} et neuf. De laquelle somme de cent livres tournois suis content et en quicte ledict trésorier et tout autre. Tesmoing mon seing manuel, cy mis, le dixiesme jour de novembre mil CCCC quatre vings et neuf.

A. de la Tour.

998

1503, 3 août, Paris. — Dire du parlement de Paris qu'il y a lieu de fixer la résidence de Françoise de Maillé. — (B. N., Fr. 16.417. *Copie.*)

Du jeudy troisiesme jour d'aoust mil cinq cens trois.

La cour a, ce matin, mandé maistre Yves Brinon, procureur du seigneur de Gié, mareschal de France, et Jean Le Breton, procureur du seigneur de Loué et son filz, et leur a enjoinct qu'au lever de ladicte court ilz viennent devant Me Thibaut Baillet, président, pour accorder entre eux de lieu convenable auquel sera mis damoiselle Françoise de Maillé, que on amène en cette ville, en ensuivant l'arrest de la cour.

Et cependant a esté ordonné par ladicte cour que ladicte damoiselle ne descendra au logis ne communiquera avec la duchesse de Nemours, et a ladicte court enjoinct audict Brinon que ladicte ordonnance il signiffie aux gens dudict seigneur de Gié.

999

1503, 4 août, Paris. — Ordonnance du parlement de Paris confiant la garde de Françoise de Maillé a Mme Ruzé. — (B. N., Fr. 16.417. *Copie.*)

Du vendredy quatriesme aoust mil cinq cens trois.

Aujourd'huy a esté ordonné que damoiselle Françoise de Maillé, amenée en cette ville par ordonnance de la cour, sera mise en la maison de la vefve de feu Me Guillaume Ruzé, en son vivant conseiller à la cour.

1000

1504, 1er avril, Paris. — Plainte du conseiller Bruslard sur une tentative d'enlèvement a main armée de Françoise de Maillé par les gens du maréchal de Gié. — (B. N., Fr. 16.417. *Copie.*)

Du premier avril mil cinq cens trois.

Ce jour, M⁰ Jean Bruslard, conseiller du roy en la cour de céans, a dict que, depuis deux heures en çà, le sieur d'Aspremont[1] et autres, jusques au nombre de quatre ou cinq embastonés, sont venus en sa maison luy dire qu'il eût à luy rendre la fille du feu sieur DE MAILLÉ, estant en sa maison; lequel a faict responce qu'elle y estoit par ordonnance des juges ecclésiastiques, et ce jour avoir esté baillée requeste à la cour pour la mettre entre les mains de sa mère, et que, sur icelle, la cour avoit commis pour ouyr les parties un des présidentz et conseillers de ladicte cour, et qu'à cette cause il ne le bailleroit jusques à ce que par justice autrement en soit ordonné.

Mais, de ce non content, ledit sieur d'Aspremont, parce que ledict Bruslard ne le vouUoit laisser entrer en saditte maison, pour ce qu'il ne savoit ce qu'il estoit, a mis la main à son espée et l'a presque tirée, et s'est efforcé de la tirer sur ledit Bruslard.

Et a ledit d'Aspremont et ses complices dict plusieurs injures et paroles mal sonnantes audict Bruslard, cuidant faire contre luy... *(sic.)*

Requérant la cour estre faict sur ce infformation et luy pourvoir.

1001

Vers 1504, 14 juin, Paris. — LETTRE DU MARÉCHAL DE GIÉ AU SIRE DU BOUCHAGE, RELATIVEMENT A SON PROCÈS POUR LE DUCHÉ DE NEMOURS ET A MADEMOISELLE DE MAILLÉ LA JEUNE. — (B. N., Fr. 2911, fol. 16. *Orig.*)

A mon compère M. du Bouchage.

Mon compère, je me recommande à vous tant comme je puis.

J'envoye ce porteur devers le roy, pour l'advertyr que ses advocat et procureur ont fait de rechef saisir le revenu du duché de Nemours, qui n'est pas ensuivy les termes de justice et me faire tort : car, puisque je suis appellant et par ce moyen

---

[1]. Bernard de la Rocque, maître d'hôtel du maréchal de Gié.

la matière remise en la court du parlement, et, sans en estre décidé par icelle, je ne doy point estre dépossédé, et seroye trecté autrement que le moindre des subjectz du royaulme, ce que je croy que le roy n'entend ne ne veult. J'en escriptz au surplus à monseigneur le légat et à monseigneur le chancellier. Je vous prye, mon compère, que en parlez à eulx, afin qu'ilz congnoissent la desraison qui m'est faicte en ceste article, que je ne puis croire qui vienne du roy.

Au surplus, mon compère, je vous advise que, depuis que je suis en ceste ville, la douairière DE MAILLÉ a baillé requeste à la court[1] pour avoir la fille que vous avez; mais, comme j'ay dit, elle fut mariée en sa présence, par quoy je cuyde que la court aura peu d'esgart; et s'il est est *(sic)* question que je doive dire quelque chose de ceste matière, devez croyre que je ne fauldray à en dire ce que je dois, car je ne vouldroys ma niepce ailleurs, et auroient bien affaire à la mectre myeux.

Pour ce que ce porteur vous dira le surplus, plus n'en aurez.

Priant Dieu, mon compère, qu'il vous doint ce que vous désirez.

A Paris, le XIIIIe jour de juing

Par votre bon compère, cousin et alyé,

Pierre de Rohan.

1002

1504, juillet, Maillé. — ENQUÊTE SECRÈTE, PAR LE LIEUTE-NANT DE CHINON, SUR LES REQUÊTES DE MARGUERITE DE ROHAN, VEUVE DE FRANÇOIS DE MAILLÉ ET NIÈCE DU MARÉ-CHAL DE GIÉ, ET DE GILLES DE LAVAL, SEIGNEUR DE MAILLÉ. MANIÈRE VIOLENTE DONT LE MARÉCHAL SE SERAIT EMPARÉ, LES ARMES A LA MAIN, DE LA TUTELLE DE SA PETITE-NIÈCE, MALGRÉ UN ARRÊT DU PARLEMENT. (Trésor des chartes de Bretagne, E 191. — De Maulde, *Procédures politiques du règne de Louis XII.*)

---

1. A la cour ecclésiastique, à la juridiction canonique.

Informacion secrète faicte par nous, Gérald Francboucher, licencié en loix,... commissaire du roy,... en sa court de parlement... par la partie de haulx et puissans MARGUERITE DE ROHAN et GILES DE LAVAL, seigneur de Maillé et de la Haye, à l'encontre de hault et puissant messire Pierre de Rohan, chevalier, Rolant de Ploret, François Le Gay, Francoys Cochinart, Prégent de Livilion, Pierre Odet, Giles Mareschal et autres. Pour laquelle informacion faire nous avons prins pour adjoinct... maistre Jehan Marche, .. procureur du roy... audit Chinon...

Et premier, en la ville de Maillé, en la maison de René Christofle, le 12 juillet 1504.

René Christofle, notaire,... ville de Maillé,... aagé de cinquante-six ans,... tesmoing produit de la partie desdits haulx et puissans Marguerite de Rohan et Gilles de Laval,... à l'encontre dudit hault et puissant messire Pierre de Rohan, chevalier, Rolant de Ploret, François Le Gay, François Cochinart, etc., dit et deppose par son serement, qu'il cognoist, quatorze ans sont... ladite dame Marguerite de Rohan, qui en celuy temps espousa feu messire FRANÇOIS DE MAILLÉ, chevalier, seigneur dudit lieu,... qui la mena demourer audit lieu de Maillé, où ilz se sont depuis tenuz jusques au descès d'iceluy feu de Maillé, qui décéda, deux ans sont,... au chasteau... de Maillé; et vingt ans sont et plus qu'il cognoist ledit messire Pierre de Rohan, et souvent l'a veu, tant audit lieu de Maillé que ailleurs; et pareillement cognoist ledit Gilles de Laval depuis deux ans en çà, qu'il expousa la dite d[elle] FRANÇOISE DE MAILLÉ : laquelle d[elle] ledit depposant cognoist de ce qu'elle fut née : et ne cognoist point, ledit depposant, le bailly de Touraine, bien a oy dire qu'il est filz dudit messire Pierre de Rohan. Et se remembre que, au mois de janvier derrenier passé a eu ung an, il vit, audit lieu de Maillé, à certain jour de dimenche, entre sept et huit heures du matin, noble homme Hugues Bretin, seigneur de Lessay, qui se disoit lieutenant du prévost des mareschaulx et serviteur domesticque et commensal dudit messire Pierre de Rohan; et, luy estant audit chasteau de Maillé, il manda quérir ledit depposant pour aler parler à luy, et, quant il depposant y fut arrivé, il oyt et entendit que ledit Bretin luy dist que ledit messire Pierre de Rohan avoit esté commis tuteur ou curateur de ladite damoiselle Françoise de Maillé, sa niepce, par le bailly de Touraine... et que, à ceste cause, il estoit venu audit chasteau de Maillé pour et de par ledit messire Pierre de Rohan, et qu'il failloit garder ledit chasteau et place de Maillé pour et au nom dudit messire Pierre de Rohan, et qu'il failloit inventorier les biens meubles estans audit chasteau de Maillé pour en rendre par lui compte en temps et lieu à qui il appartiendra. Et pareillement manda ledit Bretin quérir Jacques Chesneau, demourant... à Maillé, et lui venu par devers ledit Bretin audit chasteau, lui dist semblables paroles qu'il avoit dictes par avant audit depposant. Et lors ledit Bretin, acompagné de deux ses serviteurs qu'il ne sauroit nommer et d'un nommé Sanxon, dont autrement il ne scet le nom, que l'en dit estre pannetier ou boulenger dudit messire Pierre de Rohan, et d'un nommé Pierre Sainct, armeuriez, qui a acoustumé suyvre la compaignie des ordonnances dudit messire Pierre de Rohan. Et dès lors, feist ledit Bretin fermer ledit chasteau, et en print les clefs entre ses mains, lesquelles il bailla à ung sien serviteur qu'il ne sauroit nommer. Et oyt dire lors, ledit depposant, que ledit Bretin et ceulx de sa compaignée estoient entrez ledit jour de dimenche audit chasteau de Maillé parce qu'ilz avoient trouvez les portes ouvertes, et oyt et entendit... que noble homme Nicolas des Croix, seigneur de Saint Anthoine du Rocher, lors capitaine dudit chasteau de Maillé et estant en icelui, demanda audit Bretin de par qui il estoit ilec venu et s'il avoit mandement de ce faire. A quoy ledit Bretin respondit qu'il y estoit venu pour et au nom dudit messire Pierre de Rohan, tuteur ou curateur de ladite d[elle] Françoise de Maillé et que, en temps et lieu, il lui monstreroit bien son mandement dudit messire Pierre de Rohan de soy mettre audit chasteau et y estre le plus fort. Et avec ledit seigneur de Saint Anthoine estoit noble homme Fiacre de la Barre, seigneur de la Barraudière, et veit que lesdits seigneurs de Saint Anthoine et de la Barraudière s'en issirent hors dudit chasteau et demandèrent que on leur ouvrist la porte pour eulx en yssir et aler à la messe. Et ne sceit s'ilz retournèrent depuis audit chasteau ne qu'ilz feirent pour celle heure. Et pour ce que ledit Bretin vouloit que ledit inventaire fust fait par ledit depposant et ledit Chesneau, comme notaires, iceulx depposant et Chesneau lui respondirent que, autres foiz et lors n'avoit guères, ledit inventaire avoit esté fait par eulx mesmes, et que les tapiceries et autres choses précieuses avoient esté mises et enfermées en coffres audit chasteau et en plusieurs chambres où il y avoit pluseurs meubles, le tout fermé à clef, et qu'ils n'en avoient pas les clefs, et que mieulx estoit, sans riens rompre ne lever les sarrures desdits coffres et huys, que ledit Bretin scellast lesdits coffres et huys de son sceau, afin que personne n'y entrast ou touchast qu'il ne l'aperceust bien, mesmement que les gens qui estoient audit chasteau estoient à luy et audit messire Pierre de Rohan, dont ledit Bretin fut content. Et, ce fait, ledit Bretin demanda une escriptoire et du papier, et, après ce qu'il en eut eu en la présence dudit déposant et dudit Chesneau, escripvit unes lettres missives audit messire Pierre de Rohan, qui lors estoit logé en l'abbaye de Sainct Julien de Tours, comme l'en disoit, contenans que, en ensuivant le bon plaisir et commandement dudit messire Pierre de Rohan, il estoit audit chasteau le plus fort, et que, si son plaisir estoit de y venir sans quelque difficulté, il le mettroit dedans. Et, lesdites lettres ainsi escriptes, les monstra audit depposant et Chesneau et les leut en leur présence, et, ce fait, les cloyt et bailla à ung nommé Jehan de la Forest, demourant audit bourg de Maillé, pour les porter audit messire Pierre de Rohan, et, pour ce faire, donna trois solz tournois audit de la Forest. Et au soir dudit jour ledit messire Pierre de Rohan arriva audit bourg de Maillé et se logea en l'ostellerie où pend pour enseigne le Mouton, et, là, vindrent par devers lui lesdits Bretin et de la Croix, seigneur de Saint Anthoine; et le lendemain au matin s'en alla ledit messire Pierre de Rohan, et disoit on qu'il s'en aloit à sa maison du Vergier, et laissa pour et de par lui audit chasteau de Maillé ung nommé Prégent de Livilion, l'un des archiers de la garnison du chasteau d'Amboise, dont lors ledit messire Pierre de Rohan estoit cappitaine, et autres archiers et gens de guerre que l'en disoit estre de la garnison d'Amboise, jucques au nombre de sept ou huit en tout, qui se y tindrent depuis; lesquelz, depuis et tantost après, il cogneut bien, et y en avoit l'un que l'on appelloit François Le Gay, que on disait estre concierge dudit chasteau d'Amboise, et ung autre nommé Clémens Chesneau, que l'on disoit estre natif du païs et duchié de Bretaigne, ung autre nommé Pierre Odet, que l'on disoit estre du païs et duchié de Lorraine ou autre païs loingtain et hors du royaume, et estoit marié près Nostre Dame de Chemisson, en Touraine, comme l'on disoit; et aucunes foiz se changeoient lesdits gens de guerre et s'en alloient dudit chasteau de Maillé, et en revenoit d'autres en leur lieu de la garnison dudit lieu d'Amboise. Et néanmoins que audit chasteau de Maillé ne y eust aucune pouldre d'artillerie par avant leur venue, toutesfoiz lesdits gens de guerre, estans en icelui chasteau, toutes les nuyts, par forme d'esbat, tiroient desdits canons et artilleries, et y estoient encore lesdits gens de guerre, quoy que soit, si les dessus nommez ne y estoient, d'autres y estoient en leur lieu, car souvent ilz muoient, comme dit est, lorsque monseigneur maistre Michel Biguet, conseillier du roy, nostre sire, en sa court de parlement, vint audit lieu de Maillé.

Sur les VIIe, IXe, X^e, XIVe, XVe, XVe, XVIe XVIIIe, XIXe, XXe, XXIe, XXIIe, XXIVe et XXVe desdits articles, dit qu'il y a certaine mémoire que, le jour et feste Sainct Caliste, XIVe jour du mois d'octobre derrenier passé, ou le jour précédant, ne sceit lequel, ledit monseigneur Biguet arriva audit lieu de Maillé et se logea à ladicte hôtellerie où pend pour enseigne le Mouton. Et disoit on qu'il estoit venu pour exécuter certain arrest donné par ladite court de parlement, pour et au prouffit de ladite dame Marguerite de Rohan et ledit Gilles de Laval, seigneur de la Haie, contre et au préjudice dudit messire Pierre de Rohan; par lequel arrest il estoit dit et ordonné que ladite dame Marguerite de Rohan aurait le régime, gouvernement et administracion de ladite damoyselle Françoise de Maillé, sa fille, et lui seroit ledit chasteau et place de Maillé remis entre ses mains. Et en ladite hostellerie du Mouton se tint ledit monseigneur Biguet par trois ou quatre jours, comme lui semble. Pendant lequel temps il feit adjourner, à haulte voix et cric public, lesdits gens de guerre et autre tenans ledit chasteau de Maillé et estans en icelui à comparoir par devant lui, pour voir procéder à la-

dite exécucion dudit arrest. Et pour ce que, à la première assi-
gnacion, ilz ne se voulurent comparoir, il feist venir la trompete de la ville de Tours et, ladite trompete venue, fist dere-
chief adjourner lesdits gens de guerre et autres estans et tenans
ledit chasteau de Maillé, à son de trompe et cric publicq, à
comparoir pardevant lui, audit lieu de Maillé; et furent faiz lesdits adjournement, préconisacions et son de trompe, aux quatre
coings dudit chasteau de Maillé et en la halle et bourg dudit
lieu de Maillé. Et furent lesdits adjournemens réitérez par pluseurs foiz, audit cry et son de trompe, en la forme dessusdite,
et nommoit on pluseurs desdits gens de guerre que l'on disoit
estre oudit chasteau de Maillé; mais aucun d'eulx ne soy y
voulut comparoir, comme l'en disoit, et telement qu'ilz furent
déclairez contumax par sentence dudit monseigneur Biguet,
exécuteur dudit arrest. Et, en ce temps pendant, fut rapporté
et tesmoigné audit monseigneur Biguet, mesmement par ung
nommé Bertrand Dampierre et ung autre nommé Guyon, qu'ilz
avoient veu noble homme Roland Ploret[1] qui, de nuyt, estoit
entré oudit chasteau de Maillé et y avoit mené grant nombre
de gens de guerre avecq lui, et disoient que ledit Ploret estoit
serviteur dudit messire Pierre de Rohan et son lieutenant oudit
chasteau d'Amboise; et la nuy ensuivant la venue dudit Ploret
audit chasteau de Maillé, fut amené au logis de monseigneur
Biguet un nommé Sanxon, sergent royal, demourant à Tours,
dont autrement ne sceit le nom, et ung nommé Jehan Danjou,
demourant à Vallières, qui est une maison abbacial de ladite
abbaye de Sainct Julien, qui avoient une beste chevaline chargée de xviii pains fétiz, autrement appellez pains de mesnaige,
certain nombre de livres de chandelle et environ demy boiceau
de sel. Lequel Sanxon declairast, dist et confessa audit monseigneur Biguet, commissaire exécuteur dudit arrest, que lesdites
choses il menoit et conduisoit audit chasteau de Maillé pour la
provision des gens de guerre qui y estoient lors, pour et par
ladite demoyselle Françoise de Maillé. Lequel monseigneur Bi-

---

1. Dans un autre acte, Roland Ploret est dit « escuier, natif de Bretaigne, aagé de cinquante ans ou environ ».

guet, veu que ledit Sanxon se disoit sergent royal et qu'il savoit qu'il aloit contre ladite exécucion d'arrest en avitaillant ceulx qui tenaient contre le roy, ladite court de parlement et lui, exécuteur dudit arrest, il le retint prisonnier et le fit mener et conduire ès prisons royaulx de Tours, et de là en la Conciergerie du Palais à Paris, comme l'on disoit, et ledit Danjou feist délivrer et envoyer, parce qu'il trouva qu'il y estoit venu par commandement dudit Sanxon, sergent, et en obéissant aux commandemens que icelui Sanxon, sergent, lui avoit fait de ce faire ; et la jument ou beste chevaline sur quoy estoient menez et conduitz lesdits vivres et avitaillemens fut depuis advouée par ung nommé Corbeau, demourant au lieu de Vallières, et depuis lui fut délivrée par ledit monseigneur Baiguet, après que ce ledit Sanxon eut declaré, dit et confessé audit monseigneur Biguet qu'il avoit fait commandemens, de par le roy, audit Danjou et audit Corbeau, c'est assavoir audit Danjou de conduire et mener lesdites choses, et audit Corbeau de bailler sadite jument. Et ordonna ledit monseigneur Biguet que lesdits vivres seroient données pour l'onneur de Dieu aux pouvres. Ce que depuis fut fait. Et ledit Sanxon fut retenu prisonnier, comme dit est.

Et ne sauroit déclairer combien de gens de guerre il y avoit audit chasteau de Maillé lorsque ledit monseigneur Biguet y vint, ne combien ledit Ploret y en avoit amené de renfort, ne leurs noms. Et scet que tousjours, en faisant les adjournemens dont dessus a parlé, que injonction estoit faicte ausdits gens de guerre de vuyder ledit chasteau de Maillé et en bailler la jouissance à ladite dame Marguerite de Rohan, jouxte et selon ledit arrest de la court de Parlement : ce que toutesfoiz ne vouldrent faire et ne feirent lesdits gens de guerre, quelque commandement et injonction que de ce faire leur fust fait de par le roy, ladite court de parlement et ledit monseigneur Biguet, exécuteur dudit arrest. Ainçois, en lieu d'obéir à l'eure que ledit monseigneur Biguet, accompaigné de noble homme Pierre de Laval, seigneur de Loué, de ladite dame Marguerite de Rohan, ledit Gilles de Laval, le seigneur de Maillé, frère dudit seigneur de Loué, les enfans du seigneur de Créant et icelui seigneur de Créant, comme il croit, autrement il n'est certain que ledit seigneur de Créant y fust, honourable homme et saige maistre Jacques Berthelot, prévost de Tours, maistre Jehan Regueneau et autres pluseurs se transportèrent devant ledit chasteau de Maillé, et lors commanda, ou fist commander, ledit monseigneur Biguet, de par le roy et ladite court, ausdits gens de guerre estans audit chasteau, que on nomma lors par nom et surnom ainsi que dessus les a nommez, qu'ilz vuydassent icelui chasteau et le meissent entre les mains de ladite dame Marguerite de Rohan, jouxte et en ensuivant l'arrest et ordonnance de ladite court de parlement, et que l'on rompist le premier huys ou guychet du pont leveys d'icelui chasteau pour savoir s'il y avoit personne en icelui chasteau qui le voulsist empescher ne l'exécucion dudit arrest. Et, adonc que le premier huys fut rompu, qui n'estoit pas de grande force, lesdits gens de guerre estans oudit chasteau commancèrent à getter de grosses pierres dudit chasteau dudit lieu de Maillé contre ledit monseigneur Biguet et autres dessusdits. A l'occasion de quoy ladite dame Marguerite de Rohan, Pierre de Laval, seigneur de Loué, François de Laval, seigneur de Marcillé, lesdits enfans dudit seigneur de Créant, lesdits maistre Jehan Ragueneau, procureur du roy, Julien Chalopin, advocat dudit seigneur audit sieige de Tours, maistre Jacques Berthelot, prévost dudit Tours, acompaignans ladite dame Marguerite de Rohan et autres pluseurs en grant nombre, qu'il ne sauroit à présent nommer, non armez ne embastonnez, se cachèrent et mussèrent darrière ung mur, jouxte ladite porterie, pour dangier et doubte que lesdites pierres ne leur meffeissent et les blessassent; et les gettoit on de ladite place et chasteau de Maillé à ladite place et darriere les murs où ilz estoient cachez à ladite porterie, et telement que l'une d'icelles, de bout ou de vollée, tomba sur les espaules dudit seigneur de Marcillé, mais ne le bleça aucunement; quoy que soit, ne laissa à faire ses euvres comme auparavant; et après lesdites pierres ainsi gettées, lesdits gens de guerre tirèrent pluseurs coups de canon et de feu dont ilz ne blecèrent personne, et avecques ce plusieurs traictz d'arbaleste dont ilz blecèrent trois personnes par les cuisses : c'est assavoir ung nommé Lyonnet, sergent royal, qui, par commandement dudit monseigneur Biguet, avoit rompu l'uys de ladite porterie, et ung autre, filleur de soye, demourant à Tours, tenant une couleuvrine en main, et ung autre jeune compaignon mal abillé, presque tout nud, qui par l'inspection de sa personne povait estre aagé de quatorze à quinze ans; et en furent menez tout blecez audit lieu de Tours. Et s'efforcèrent lors en moult de façons de tirer contre ledit monseigneur Biguet, ladite dame Marguerite de Rohan et autres de leur compaignée, en gettant des pierres comme dit est.

Et ung des enfans dudit seigneur de Créant, voyant ledit dangier où estoient ledit monseigneur Biguet, ladite dame et autres de leur compaignée, darrière ledit mur, il print une fenestre ou huys de ladite porterie qu'il atacha à des cordes au barres d'icelui huys ou fenestre et le mist sur lui, et en feist taudis et couverture pour tirer de dangier de darrière ledit mur lesdits monseigneur Biguet, dame Marguerite de Rohan et autres de leur compaignée dessus nommez qui y estoient latitez et mussez, et de là s'en allèrent au logis dudit commissaire en ladite hostellerie où pend pour enseigne le Mouton; mais ne sceit si ce fut ledit jour ou le lendemain après.

Et ledit jour que ledit monseigneur Biguet alla audit chasteau, acompaigné comme dessus, ne lendemain, lesdits gens de guerre qui estoient audit chasteau ne se monstrèrent. Mais, deux ou trois jours après, se monstrèrent et descendèrent dudit chasteau ou bourg et ville dudit lieu de Maillé : c'est assavoir lesdits Clémens Chesneau, ung archier nommé le Lambalays, autrement ne scet son nom, qui, longtemps avoit, estoit venu audit lieu de Maillé, et autres qu'il ne sauroit nommer, jucques au nombre de cinq en tout, qui vindrent quérir des vivres qu'ilz payèrent, et tousjours ont payé voulentiers ce qu'ilz ont prins en ladite ville de Maillé, et jamais n'oyt plaincte que on feist d'eulx de excès qu'ils eussent fait à personne, comme il dit, et n'oyt jamais que lesdits gens de guerre se moucquassent dudit arrest, ne de l'exécucion d'icelui, ne dudit monseigneur Biguet, ne de ceulx de sa compaignée, mais bien chantèrent des chançons en langaige de gascon à la despartie dudit monseigneur Biguet et de ceulx de sa compaignée dudit chasteau. Et autre chose ne autrement du contenu èsdits articles à présent ne sauroit depposer, sur iceulx diligemment enquis, et est ce qu'il deppose.

(Suivent les dépositions analogues de Léon Christofle, notaire à Maillé; Antoine Chesneau, marchand à Maillé; Jean Turpin, sergent et officier de Maillé; Pierre Goyau, corroyeur à Maillé; Louis Raoul, sergent ordinaire de la prévôté de Tours; Pierre de la Noue, rouyer[1] à Maillé; Benoît Roche, sergent ordinaire au bailliage de Touraine.)

1003

1506, 16 avril. — INTERROGATOIRE DE ROLAND DE PLORET SUR LE SIÈGE DU CHATEAU DE MAILLÉ. — (De Maulde, *Procédures politiques du règne de Louis XII.*)

Noble homme Rolend de Ploret, aagé de cinquante ans ou environ, est adjourné à comparoir en personne par ordonnance de la court, à la requeste de GILLES DE LAVAL, seigneur de Maillé, et damoyselle MARGUERITE DE ROHAN, sa femme *(sic)*.

Interrogé par nous, Jehan Boucher et Loys Picot... sur les charges et informacions faictes à l'encontre dudit Ploret et ses complices, après serment par lui fait de dire vérité, interrogué s'il scet les causes pour lesquelles il est adjourné à comparoir en personne : dit que non.

Interrogué s'il a pas sceu et esté adverty que, par arrest de la court, donné au prouffit dudit Gilles de Laval, il a esté dit que la place dudit lieu de Maillé, que tenoit pour lors messire Pierre de Rohan, mareschal de France, ou ses gens pour lui, seroit remise ès mains dudit Giles de Laval, et, à ce faire et souffrir, seroit contrainct ledit messire Pierre de Rohan et autres, par toutes voyes et manières dues et raisonnables : dit que non.

Interrogué s'il n'est pas allé audit chasteau de Maillé, accompaigné de grant nombre de gens de guerre, pour donner services et aides à ceulx qui estoit *(sic)* dedans ledit chasteau, en venant contre les défenses et proclamacions faictes par mon-

---

1. Fabricant de roues.

seigneur Biguet, exécuteur dudit arrest, et s'il a pas esté adverty desdites défenses et proclamacions : dit que ung an devant que monseigneur le mareschal s'en alast avec le roy delà les monts, il manda il qui parle, et luy dit que, si le seigneur de Loué faisoit aucune oppression à ceulx qui estoient dedans ledit chasteau pour et ou non de sa niepce, qu'il leur aydast et secourust, et que, aucun temps après le partement de mondit seigneur le mareschal, ung nommé Françoys Le Gay, estant en ladite place de Maillé, luy manda par ung page que les gens dudit seigneur de Loué les tenoient en grande subjection, telement qu'il ne pouvoit avoir nulles vivres, et qu'il les envoyast ou faist mener; à ceste cause il qui parle, lors estant au chasteau d'Amboyse, en ensuivant ledit commandement de mondit seigneur le mareschal, son maistre, partist dudit lieu environ de huit heures du matin, sans nul baston et à son simple estat, acompaigné de dix ou douze archiers, avec leurs paiges, de la garde de monseigneur d'Angolesme, duquel il qui parle avoit la garde lors, pour aler audit chasteau de Maillé, et feist porter avec lui deux sac plains de pain; auquel chasteau il arriva environ une heure après midy, et n'entra, il qui parle ne aucun de sa compaignée, audit chasteau, mais leur feist délivrer ledit pain, et leur dist : « Vela ce que m'avés demandé; au surplus vous savez pour qui vous estes léans et qu'i avés à faire, et à Dieu. » Et de là, sans descendre ne sans entrer audit chasteau, il qui parle s'en revint coucher audit lieu d'Amboise, et ramena tous ledits archiers et leursdits paiges, et n'en demoura nulz audit chasteau de sadite compaignée.

Dit que, en allant audit chasteau, ne veit personne estant au devant d'icelui et ne sceut jamais riens desdites défenses faictes par mondit seigneur Biguet. Bien dit que après qu'il fut retourné, mondit seigneur Biguet lui rescripvit touchant ceste matière; à quoy il qui parle fist responce que ne savoit riens desdites défenses, et s'il eust sceu que mondit seigneur Biguet y eust esté par ordonnance de la court, que jamais n'y fust allé, mais luy aideroit voulentiers et lui donneroit confort et aide en ce qu'il pourroit.

Dit que depuis ne fut audit lieu de Maillé; sceut bien qu'il y avoit quelque commissaire, ne se enquist qu'il feroit ne pourquoy il estoit venu, combien qu'il sceust la question qui estoit lors entre sadite maîtresse et ledit de Laval; mais ne cognoist en procès et cuidoit bien faire et sans répréhencion de justice et pour obéyr à sondit maistre et non autrement.

Dit qu'il ne veit léans audit chasteau fors ledit Le Gay et un autre qui vint à lui sur le pont et n'y entra point.

Sur ce que lui avons remonstré que, quelque chose qu'il die, qu'il se treuve par informacion qu'il avoit avec lui le nombre de quarante ou cinquante personnes, la pluspart d'iceulx en brigandines ayans arcs, arbalestes, coulevrines et sallades en leurs testes, et y en avoit environ vingt à cheval, qu'il n'est pas vraysemblable que, pour mener deux sacs de pain, il eust mené si grant nombre de gens, et est à présumer qu'il menoit lesdites gens de guerre pour donner secours et aide à ceulx qui tenoient ledit chasteau, en empeschant l'exécucion de l'arrest de la court, et venant contre les défenses faictes de ne donner secours ne avitailler ceulx dudit chasteau; à quoy a respondu, comme dessus, qu'il y alla en son simple habit avec les dix ou douze archiers de mondit seigneur d'Angolesme avec leurs paiges, et povoient bien estre vingt-quatre ou vingt-cinq, tant à pié que à cheval, et qu'il y alloit porter seulement ledit pain; et, sans y entrer ne descendre, s'en revint coucher avec sadite compaignée audit lieu d'Amboise, dont il estoit party, et ne veit ledit monseigneur Biguet ne autres, et, s'il eust sceu lesdites défenses, jamais n'y fust allé.

Dit qu'il y fut en ladite compaignée, pour se garder que ledit seigneur de Loué ne l'oultrageast, et pour la seureté de sa personne seulement, non pas pour donner secours ne aide à ceulx dudit chasteau, ne pour empescher l'exécucion dudit arrest, et qu'il n'en savait rien lors.

Dit qu'il ne scet si lesdits archiers estoient en brigandinez, et, s'ilz l'estoient, s'estoit dessoubz leurs robes, sans que il qui parle ne veist ou sceust aucune chose, ne qu'il leur eust commandé prendre lesdites brigandines.

Bien dit qu'il y avoit ung varlet ou deux qui avoient deux arbalestes, mais ne leur commanda prendre lesdites arbalestes.

Interrogué s'il s'en fust rapporté aux tesmoings examinez ès informacions, dit que non, parce qu'il ne les cognoist et ne scet qu'ilz sont; s'en rapporte à toutes gens de bien non suspectz ou du parti dudit de Laval.

1004

1505, 17 avril, Blois. — DÉPOSITION DE JEAN CALVEAU, MAÎTRE DES REQUÊTES DE Mme D'ANGOULÊME. — (De Maulde, *Procédures politiques du règne de Louis XII.*)

Du 17 avril, à Blois, par nous, de Luynes et Buynart, M° Jehan Calveau, maistre des requestes de l'ostel de madame d'Angoulesme, aagé de trente-six ans ou environ, tesmoing produict par le procureur général du roy,... dit et dépose, après serment par luy fait de dire vérité, que, l'an 1501 ou environ, autrement du temps n'est recors, madicte dame d'Angoulesme dist à luy qui deppose que ledit de Rohan luy avoit fait requeste de luy donner les ventes et honneurs qu'estoient deuz à ladite dame à cause de l'achapt de la Fouretz d'Estampes, que ledit de Rohan avoit achaptée d'ung nommé messire ARDOUYN DE MAILLÉ, avec la seigneurie de Frontenay : et disoit ledit de Rohan, ainsi que madicte dame dist audit depposant, que, en l'achapt par luy fait de ladite terre de Frontenay, ladite Fouretz d'Estampes, qui estoit mouvant du fief de madite dame à cause de sa chastellenye de Chizé, avoit esté estimée de IV mil escuz ; et commanda madicte dame audit depposant de faire la despêche audit de Rohan desdits ventes et honneurs qu'elle avoit donneez audit de Rohan, qui estoit la sixiesme partie desdits quatre mille escuz ; et ledit depposant dicta ladite despêche à ung des secrétaires de madite dame, qui, depuis, la fist despêcher. Et est recors ledit déposant que, peu après ladite despêche, les officiers de madicte dame en ladicte chatellanie de Chysé saisirrent et mirent en la main de madicte dame ladite Forestz d'Estampes, pour ce qu'ilz disoient que ledit de Rohan devoit la tierce partie du revenu de l'année de ladite fourest, dont ledit de Rohan escripvit à madite dame et audit depposant ; et, par le commandement de madite dame, luy qui deppose luy fit fère la despêche du don de la tierce part et de tout et tel droit qui, à cause dudit achapt, pouvoit conpéter et apartenir à madite dame; et luy fit ladicte dame lesdits dons bien libellement, ainsi que ledit depposant vid.

Dit plus ledit depposant que, peu après lesdits dons ainsi faitz, comme dessus a depposé, ledit de Rohan fut convenu par ung des lignagers dudit Ardouyn de Mailhé, en matière de retraict; et en parla ledit de Rohan à madite dame, et depuis, luy qui deppose, par ordonnance de madicte dame, laquelle commanda audit depposant entendre diligemment allafère dudit de Rohan, et luy fère tout le pleisir et service que pourroit faire, et luy fit ledit depposant mémoires pour empescher ledit retraict, qui furent baillez à maistre Jehan Picard, secrétaire dudit de Rohan...

1005

1716, 21 septembre, Saint-Paterne. — (Registres paroissiaux de Saint-Paterne, Indre-et-Loire.)

Mariage de messire Antoine-Pierre de Bueil, chevalier, seigneur de la Roche, du Plessis-Barbe et autres lieux, maréchal de camp des armées du roi, d'une part, et de Jeanne-Catherine Madeleine de Cotignon, fille de haut et puissant seigneur messire JOSEPH-ANTOINE DE COTIGNON, chevalier, seigneur de Chauvry, le Breuil et autres lieux, et de haute et puissante dame SUZANNE-ÉLÉONORE DE MAILLÉ DE LA TOUR-LANDRY, d'autre part, en présence de hauts et puissants seigneurs messire Claude-Rolland, comte de Laval-Montmorency; messire Séraphin des Écotais, chevalier, seigneur de Chantilly; messire Michel, comte de Broch; Jean-Baptiste Coicaud, chevalier, seigneur de Chérigny, marquis du Châtelet; Henri-François de Savonnières; Jean de Savonnières, capitaine de cavalerie, et Marc Simon, doyen de Bueil.

1006

1050-1063. — DONATION PAR AIRARD DE BANNES DE REVENUS SUR L'ÉGLISE DE SAINT-PIERRE-DE-CHEVILLÉ, AU FIEF DE GELDUIN DE MAILLÉ. — (Archives de la Sarthe, H 359. Orig. parch.)

Nosse debebitis, si qui eritis posteri nostri Majoris scilicet hujus habitatores Monasterii Sancti Martini, Airardum de Bonae, cum filio suo Ivone, in beneficii nostri susceptura societatem, donasse pro anima sua Sancto Martino et nobis, sub regimine nunc agentibus domni abbatis Alberti, medietatem sepulture et terciam partem omnium reditus cujusdam ecclesie in honorem Sancti Petri dicatam; auctorizasse vero hoc idem uxorem ejus, Elisabeth nomine, et filios filiasque suas his nominibus : Airardum, Godefredum, Arenburgem atque Lisoiam, et ita, per ejus donationem et illorum favorem, memoratam ecclesie partem solitam et quietam, sicut ipse habuerat, tenuerat et possederat, in nostrum perpetuo devenisse dominium.

Est autem eadem ecclesia in pago Cenomannico, loco videlicet illo quem Chivilei dicunt, pertinens ad GELDUINI DE MALLIACO casamentum, absque cujus assensu ne videretur fieri donatio Airardi, de illius etiam faventia promisit. Quam donationem dum eo quo premissum est modo in capitulo et oratorio, presente filio suo Ivone et annuente quodam fuste ut moris est faceret.

Hii interfuerent testes : Adelardus, ejusdem ecclesie presbiter; Bernardus Hospiellus; Gauscelinus, forestarius; Giraldus, pistor; Stephanus, capicerius; Johannes, conversus; Berlaudus de Tristega.

1007

Vers 1069. — APPROBATION DONNÉE PAR FOULQUES IV, COMTE D'ANJOU, A LA DONATION D'UNE PARTIE DU BOIS DU FOUILLOUX ET DE LA TERRE DE BOUCHEMAINE, FAITE PAR GAUZBERT DE MAILLÉ, SEIGNEUR DE TRÈVES, EN FAVEUR DU CHAPITRE DE SAINT-LAUD D'ANGERS. — *(Cartulaire de Saint-Laud d'Angers,* publié par M. Planchenault, n° 4.)

Ego, Fulco, Andegavorum comes, volo notum fieri tam futuris quam presentibus quod, cum GOBERTUS DE MALLIACO, dominus de Trevis, mee se presencie presentaret, partem suam quam habebat in foresta mea, cui nomen est Communalis, necnon eciam Foillosus, hoc est octavam partem, cum terra sua de

Bucca Meduane, prope dictum nemus, canonicis Sancti Laudi dedit et concessit. Rogavit etiam idem Gobertus THEHELDAM, sororem suam, cum HARDOINO, nepote suo, ut aliam partem, id est octavam, monachis Sancti Nicholai concederent, qui, respondentes se, Deo dante, hoc in brevi facturos. Ego vero, comes Fulco, donum istud auctorizavi [ut] prout melius et liberius reliquas tres partes possideo et ita possideant dicti canonici, hoc est cum omni libertate et omni quitancia.

Huic donacioni interfuerunt : Thehelda de Trevis cum Hardoino, filio suo, et magistro Raginaldo Garnerio, camerario, Girardo celerario. Ego Fulco ✠ comes, firmitatem facti hujus sancte crucis impressione roboravi, et quicumque contraierit anathema maranatha sit.

FIN DES *PREUVES*

CORRECTIONS AUX PREUVES

Premier volume (1 - 699)

Preuve **1**, p. 2, ligne 3. C'est par erreur que le nom *Gilduinus* a été imprimé en petites capitales, puisqu'il s'agit, non de Gelduin de Maillé, mais de Gelduin de Saumur.

7, p. 9, ligne 16, supprimer la virgule après le mot *sororis*.

14, p. 13, ligne 30. La leçon *fratre* est préférable à celle de *filio*, indiquée en note, car *Hardouin* est bien *frère* et non *fils* de Bernard Bloi le jeune.

14, p. 14, ligne 1. Le nom *Rainaldo* est sans raison imprimé en petites capitales : rien ne dit que le Gelduin oncle de Rainauld soit un Maillé.

22, p. 23. *Hardouin* et son père, *Foucher de Maillé*, ne sont pas membres de la famille de Maillé. Ces deux noms n'auraient donc pas dû être imprimés en petites capitales.

27, p. 27, ligne 3 du sommaire, au lieu de : *Josbert*, lire : *Gauzbert*.

27, p. 28, note. Il est bien certain, comme nous venons de le dire, que *Foucher de Maillé* et son fils *Hardouin* ne sont pas de la maison de Maillé.

36, p. 34, ligne 1 du texte. Le nom *Hugo* aurait dû être imprimé en petites capitales. Cet Hugues, chevalier d'Amboise, est le mari de *N. Bloi*, fille de Bernard Bloi et de Milsende de

Maillé, dont nous avons parlé à la p. 8 de l'*Histoire généalogique*.

52, p. 42. Célestin Port[1] attribue la date de 1127 à la partie des *Chroniques d'Anjou* dans laquelle Jacquelin de Maillé accompagne Geoffroy le Bel à Rouen. Les faits relatés dans la suite des *Chroniques* doivent être datés après 1129. C'est seulement à partir de l'année 1129 que le comte Geoffroy fut investi complètement du gouvernement de l'Anjou.

54, p. 44, ligne 16 du texte, les mots : *Gualterius de Filgereto* doivent être imprimés en petites capitales.

55, p. 44, ligne 1, au lieu de : *Geoffroy Martel*, lire : *Geoffroy le Bel*.

58, p. 47, ligne 1 du sommaire, au lieu de : *reli-*, lire : *religieuses*.

61, p. 48, ligne 2 du sommaire, au lieu de : *duc*, lire : *comte*.

63, p. 51, ligne 11, mettre une *virgule* au lieu d'un *point-virgule* après le mot *movebatur*.

76, p. 63. Rectifier la date et lire : *17 mai*, au lieu de : *16 juin*.

82, p. 69, ligne 3, au lieu de : *Compoto*, lire : *compoto*.

96, p. 76, ligne 2 du texte, au lieu de : *ad*, lire : *ac*.

108, p. 82, lignes 15 et 16, au lieu de : *Ruillé*, lire : *Rillé*.

112, p. 86, ligne 15, le mot : *Jehane* doit être imprimé en petites capitales.

123, p. 96, ligne 5 du texte, au lieu de *l'abbaye*, lire : *l'Abbaye*.

152, p. 125, ligne 2 du texte, au lieu de : *burgi*, lire : *Burgi*, et supprimer la note 2. Cf. *Histoire généalogique*, p. 110, note 5.

202, p. 149, lignes 12 et 13, les mots : *Pierre de Larçai* doivent être imprimés en petites capitales.

275, p. 192, ligne 13, au lieu de : *Chenezay*, lire : *Chenezay* (Chançay).

290, p. 202, note 5, ligne 3. N. de Beauçay, femme de Guillaume de Prez, est Jeanne de Beauçay. Cf. ci-dessus, t. Ier des Preuves, p. 186, note 2.

---

1. *Dict. de Maine-et-Loire*, t. II, p. 254.

291, p. 203, ligne 2 du texte. Le nom de *Jeanne* doit être imprimé en petites capitales. Rectifier la note d'après ce que nous avons dit au volume d'*Histoire généalogique*, p. 125.

306, p. 211, ligne 21 du texte, au lieu de : *Peston*, lire : *Peuton*.

308, p. 212, ligne 17, au lieu de : *Chaunay*, lire : *Channay*.

309, p. 213, ligne 7, mettre une virgule après le mot *Brézé*.

329, p. 213, ligne 2 du sommaire, au lieu de : *du Breil*, lire : *de Breil*.

333, p. 225, lignes 1 et 2 du texte, les mots *Alain* et *de Rohan* doivent être imprimés en petites capitales.

390, p. 258, ligne 2 du sommaire, au lieu de : *François de Linières*, lire : *François de Beaujeu*, et tenir compte de cette rectification dans le texte de la pièce.

395, p. 268, ligne 5, au lieu de : *Laillau*, lire : *Laillou*.

397, p. 268, rectifier la date générale et lire : 1491-1622, au lieu de : 1491-1596. — P. 269, l'acte daté : 1522 doit être daté : 1622.

431, p. 285, ligne 4 du texte, les mots : *du Verger* doivent être interprétés : *de Gohier*.

435, p. 286, les mots : *Françoys de Batarnay* doivent être imprimés en petites capitales.

440, p. 289, ligne 1, les mots *Anne de Montbron* doivent être imprimés en petites capitales.

447, p. 303, ligne 34, ajouter une virgule après les mots *Jehan Garnier*.

452, p. 340, ligne 11, ajouter une virgule après le mot *Boutin*. — P. 341, lignes 4 et 10, lire : *Laillou*, au lieu de : *Laillon*.

456, p. 347, ligne 8, lire : *Barbecane*, au lieu de : *Barberaue*.

459, p. 348, lignes 6 et 7 du texte, lire : *Marcillé*, au lieu de : *Mareille*.

480, p. 360, ligne 2 du texte, lire : *Léaumont*, au lieu de : *Beaumont*. Cf. *Histoire généalogique*, p. 147, note 3.

483, p. 361, ligne 12, lire : *Paoul*, au lieu de *Raoul*. Cf. *Histoire généalogique*, p. 347, note 2.

497, p. 368, ligne 3 du texte, lire : *Léaumont*, au lieu de *Beaumont*.

558, p. 420, lire : *Saint-Michel-de-Ghaisne*, au lieu de : *Saint-Michel-de-Ginarde*. Cf. *Histoire généalogique*, p. 341, note 6.

596, p. 444, avant-dernière et dernière lignes, lire : *Bois-de-la-Motte* et *Trigavou*.

617, p. 455, ligne 4 du texte, les mots *Elizabetha de Baigneux* doivent être imprimés en petites capitales.

627, p. 459, ligne 2, au lieu de : *Ferre*, lire : *Ferré*.

641, p. 469, ligne 9 du texte, les mots *de Charnacé* doivent être imprimés en petites capitales. Même remarque pour les **644, 656** et **659.**

653, p. 484, ligne 7 du texte, au lieu de : *Pomerie*, lire : *Pomeraie*. Ligne 17, au lieu de : *Blouisse*, lire : *Blouines*.

679, p. 506, lire : *Cervon*, au lieu de : *Cernon;* ligne 2 du texte, lire : *de la Rochère et de la Touche*, au lieu de : *de la Rochère et... Tranchée*. Cf. Abbé Angot, *Dictionnaire de la Mayenne*, verbo *Cervon*.

683, p. 508, lire : *Plounevez*, au lieu de : *Plouvenez*, et imprimer en petites capitales le mot *Sebastianus*.

688, p. 510. Lire : *Cervon*, au lieu de : *Cernon; Rochère*, au lieu de : *Roche*, et imprimer en petites capitales les mots *Judic du Bosquet* et *Elisabeth de Maillé*.

694, p. 512, lire : *le Gué-au-Chat*, au lieu de : *Ségnéauchapt*.

695, p. 513, ligne 7, les mots *Françoise de la Barre* doivent être imprimés en petites capitales.

698, p. 516, ligne 5 du texte, lire : *Poulaouen* (Poullaouen), au lieu de : *Poularuen*.

Second volume (700 - 1007)

720, p. 13, ligne 6 du texte, interpréter : *le Lorouer*, au lieu de : *Loroy*.

722, p. 17, ligne 15 du texte, ajouter une virgule après le mot *ciel*. Ligne 28, lire *Imitation* avec une majuscule.

739, p. 30, ligne 6, lire : *Pathay*, au lieu de : *Lathay*.

764, p. 76, ligne 11 du texte, lire *Tigné*, au lieu de : *Vigné*.

765, p. 76, ligne 6 du texte, lire : *Juigné*, au lieu de : *Pigné*.

773, p. 80, ligne 6 du texte, lire : *Poil de Rène,* au lieu de : *Poil de Reue,* et *la Baudinière,* au lieu de : *la Gaudinière.*

778, p. 83, ligne 2, lire : *le Grolay,* au lieu de : *le Grelay,* et *Juigné,* au lieu de : *Yeug.*

791, p. 90, les mots *Charles Tiercelin d'Appelvoisin* doivent être imprimés en petites capitales.

803, p. 97, ligne 7, lire : 1696, au lieu de : 1596.

805, p. 98, ligne 7, lire : *Neuville,* au lieu de : *Vauville.*

806, p. 101, lignes 3, 4 et 7, lire : *Coulonse,* au lieu de : *Toulouse; Guesné,* au lieu de : *Quesné; Neuville,* au lieu de : *Touville.*

808 et **809,** pp. 102 et 103, lire : *Marie-Henri,* au lieu de : *Marin-Henri.*

829, p. 120, ligne 12, supprimer la virgule après le mot *Mairocheau.*

838, p. 123, lire : *Rancurel,* au lieu de : *Remeure.*

867, p. 146, ligne 32, supprimer le trait d'union entre les mots *Amable* et *Robin.* P. 147, ligne 4, lire : *Neuillé,* au lieu de : *Meillé.*

870, p. 149, ligne 11, lire : *Moulin-Chapelle,* au lieu de : *Moulin, Chapelle.*

871, p. 150, ligne 14, lire : *Fontaine-l'Abbé,* au lieu de : *Fontaine, l'abbé,* en mettant une virgule avant les mots *de Vanusson.* Ligne 28, lire : *Ruillé,* au lieu de : *Flé.*

873, p. 151, lire : *Rancurel,* au lieu de : *Raneuvel.*

886, p. 157, ligne 4 du texte, lire : *Kerscau,* au lieu de : *Kerseau.*

889, p. 159, ligne 1. Le texte du *Mercure* est fautif. Il faut lire : *Henri,* au lieu de : *Donatien.*

934, p. 175, dernière ligne, lire : *Beaumont,* au lieu de : *Aulmont.*

937, p. 178. Il faut rectifier le texte de cet aveu selon ce que nous avons dit au volume d'*Histoire généalogique,* p. 189.

946, p. 183, ligne 12, les mots *Buxières* et *d'Aillat* ne forment qu'un seul nom (Buxière-d'Aillac). P. 184, ligne 15, lire : *Levroux,* au lieu de : *Leuroux.* P. 185, lignes 1 et 2, les mots *Françoise... de la... Tour-Landry* doivent être imprimés en petites capitales.

953, p. 190, sommaire, lire : *Chizé,* et ligne 1 du texte, *Chizay,* au lieu de : *Chiray.*

957, p. 192, ligne 3, lire : *Saint,* au lieu de : *saint.*

967, p. 202, les mots *de Brézé* désignent Charles de Maillé. Cf. *Histoire généalogique,* pp. 164 et 165.

985, p. 210, ligne 8, lire : *Plounevez,* au lieu de : *Plouvenez.*

986, p. 211, ligne 2 du texte, les mots *Jean Amiard* doivent être imprimés en petites capitales.

996 et 997, p. 215. Nous avons imprimé ces deux pièces parce qu'elles semblent prouver que, contrairement à ce que dit M. de Montaiglon dans la préface au *Livre du Chevalier de la Tour-Landry,* Françoise de la Tour-Landry avait eu un frère probablement mort sans héritiers. Voir *Histoire généalogique,* p. 336.

TABLE ALPHABÉTIQUE

TABLE ALPHABÉTIQUE

A

Aalo, testis. II, 2.
Abbaye (la prison de l'), à Paris I, 411.
Abbeville (Clémentine de Boubers-). Voir Boubers-Abbeville (Clémentine de).
Abd-el-Kader. I, 426.
Abilly (Indre-et-Loire). II, 443.
Abiron. II, 17.
Abraham (Guillaume), chapelain de Maillé et Millé. II, 361, 366.
Achardus (Harduinus). II, 26.
Achères (baron d'). Voir Mornay (N. de).
Achon (le chevalier d'). I, vii, 133, 147, 177; II, 208, 212, 220, 224, 232, 236, 253, 267, 271, 272, 274, 337, 344, 345, 352, 366, 387, 426; III, 4.
Acre, Accon. Voir Saint-Jean-d'Acre.
Ada, soror Jaguelini. Voir Maillé (Ada de).

Adeladis, uxor Jaguelini de Malliaco. Voir Papebœuf (Adèle).
Adelaidis, abbatissa de Creonis. II, 47.
Adelardus de Lavari. II, 20, 21.
Adelardus, filius Reginardi. II, 6.
Adelardus, presbyter Sancti Petri de Chivilei. III, 232.
Adelaudus, moine de Marmoutier et prévôt de Lavaré, Adelaudus, prepositus obedientie Lavariaci. I, 31, 32; II, 40.
Adèle, femme de Jacquelin de Maillé. Voir Papebœuf (Adèle).
Adèle, fille de Foucher Le Riche de Vendôme et d'Hildegarde, femme de Roger de la Tour et mère d'Agnès de la Tour. I, 15; II, 9.
Adelelmus, cantor. II, 26.
Adelelmus de Samblanciaco. Voir Semblançay (Aleaume de).
Adeline, fille de Geoffroy et d'Aremburge, Adelina. I, 14; II, 13.

Adelisia. Voir Papebœuf (Adèle).
Ademarus, monachus. II, 6.
Adouet, notaire. III, 206.
Adraldus de Ambiliaco. II, 14.
Agen. I, 112; II, 134.
Agnes de Campochevrier. Voir Champchevrier (Agnès de).
Agnes de Malliaco. Voir Tour (Agnès de la).
Agnès, femme de Guillaume Le Fornier. I, 47; II, 86.
Agnès, filia Agnetis de Malliaco. Voir Maillé (Agnès de).
Agnes, relicta Roberti Eschampart. II, 67.
Agnes, soror Jaguelini de Malliaco. Voir Maillé (Agnès de).
Agnes, uxor Gualterii de Filgereto. Voir Maillé (Agnès de).
Agon (Bouchart d'), trésorier de Tours. II, 86.
Aigné (Sarthe). III, 104.
Aiguillon (Lot-et-Garonne). I, 112; II, 133, 134.
Aiguillon (Marie-Madeleine de Vignerot, dame de Combalet, duchesse d'), Esquillon. I, 166, 167; II, 496.
Aigurande (Indre). III, 183.
Aillat. III, 183. Voir Corrections, III, 239.
Aillières (Sarthe). — (seigneur d'). Voir Le Vasseur (Antoine).
Ailly (Antoine d'). II, 248.
Ailly (Charles d'), duc de Chaulnes. III, 71.
Airardus (domnus), testis. II, 11.
Airardus de Bonæ. Voir Bannes (Airard de).
Airardus, filius Airardi de Bonæ. III, 232.
Aire (Pas-de-Calais). II, 504.
Aisse (Bertrand), écuyer. II, 247.
Aissé (seigneur d'). Voir Mairocheau de Bonnemore.
Aix en Provence. I, 352.
Alais. I, 168.
Alanus de Redon... II, 55.

Alart (Antoine). II, 240.
Albano (évêque d'). Voir Colmieu (Pierre de).
Alberici (Gaufridus). II, 53.
Albericus de Monte Johannis. II, 6.
Albert, abbé de Marmoutier, Albertus, abbas Majoris Monasterii. I, 4, 12, 15; II, 3, 6-9, 11, 16; III, 232.
Albert (Charles, marquis d'), duc de Luynes, connétable de France. I, 106.
Albert (Charles-Philippe d'), duc de Luynes. I, 286.
Alberti, Auberti (Matheus). II, 58, 59.
Albevoys (le port d'). I, 307; III, 187.
Albigeois (les). I, 41.
Albret (Jeanne d'), reine de Navarre, dame de Béarn et du Dovesan, duchesse de Vendômois et de Beaumont, baronne de Saint-Calais. I, 343, 349; II, 373-375.
Alcherius de Rupibus. Voir Roches (des).
Alcherius, filius Martini. II, 12.
Alcherius, filius Sulpitii. II, 13.
Alcherius, testis. II, 2.
Aldegarius, pater Hildeberti. II, 26.
Aldemarus (Galterius). Voir Hildemart (Gautier).
Alegret (d'). II, 492.
Alençon. I, 31, 312; III, 136, 213. — (le comte d') (1331). I, 50, 60; II, 122, 123. — (le duc d') (1429). I, 83. — (1581). I, 350. Voir Anjou (François d').
Alençon (Catherine d'), fiancée de Guy de Gavre. II, 121.
Alençon (Jean de Saint-Denis d'). Voir Saint-Denis-d'Alençon (Jean de).
Alexander, cardinalis de Farnesio, archiepiscopus Turonensis. II, 356.
Alexander Cochius. II, 24.

Alexander de Rupibus. Voir Roches (des).
Alexander, testis. II, 29.
Alexandre V, pape. II, 122.
Alfonsus, comes Pictavensis et Tholosanus. Voir Poitiers (Alfonse de).
Alfred, de Maillé, chevalier, Alfredus Francus; Aufridus *vel* Alfredus Franciscus, miles, homo Gelduini de Malliaco, tenens tertiam partem terræ quæ Martiniacus vocatur; Alfredus, frater Witburti Francesi; Alfredus de Malliaco; Alfredus, unus de tribus militibus qui in terra de Martiniaco partes habebant; Colfredus, Alfredus, pater Gausberti. I, 15, 20; II, 4, 7-9, 14-16, 19, 21, 26.
Alfredus Francus *vel* Franciscus. Voir Alfred, de Maillé.
Alfredus, frater Witburti Francesi. Voir Alfred, de Maillé.
Alger. I, 379.
Algérie (l'). I, 426.
Algerius, frater Leonis. II, 4.
Aline (Étienne). II, 251.
Alise, Aleis, Aler, femme de Jean du Tertre. II, 88.
Allard (René), fermier. III, 72.
Alleaume. III, 91.
Allemagne (l'). I, 161, 169, 284; II, 488; III, 154.
Alloia. Voir Alluyes.
Allongny (Louis d'), marquis de Rochefort-sur-Creuse et seigneur de Rochefort-sur-Loire. II, 462.
Allougny (Louise d'), Dallougny. II, 458.
Alluyes (Eure-et-Loir). III, 140. — (le curé d'). III, 10. — (chapelain d'). Voir Brivazac.
Alluyes (Hugues d'). Hugo de Aloia (1109-1129). II, 42. — Hugo de Alloia, miles, filius Johannis (1243). I, 41; II, 69, 70.
Alluyes (Jean d'), Johannes de Alloia, pater Hugonis. I, 41; II, 69, 70.

Almandière (seigneur de l'). Voir Maillé (Louis de).
Almodis, femme de Geoffroy de Preuilly. II, 11.
Alnesii (redditus). II, 68.
Alneto (via quae ducit per calciatam storini [*vel* stagni] de sub). II, 58.
Alneto (Harduinus de). II, 44, 47.
Alneto (Paganus de). II, 44.
Aloia. Voir Alluyes.
Alouettière (Jean de l'), seigneur de l'Alouettière. II, 358, 359.
Alouis (Victor). I, 81; II, 215, 255, 281.
Alo de Losduno. II, 6.
Alpes (les). I, 102.
Alsace (l'). II, 476.
Alsace (Jean-Louis d'), comte d'Hénin-Liétard, marquis de Saint-Phal, premier mari d'Élisabeth-Marie d'Anglebermer de Laigny. I, 285; III, 155.
Alsace (N. d'), fille de Jean-Louis d'Alsace et d'Élisabeth-Marie d'Anglebermer de Laigny, femme de M. du Muy. I, 285; 286.
Alvagorio (Inhelus). Voir Avaugour.
Amaillou (marquis d'). Voir Maillé de la Tour-Landry (Charles-Henri de).
Amancour (le sieur d'). III, 117.
Amanieu (Arthur), marquis d'Anglade, fils d'Hippolyte, marquis d'Anglade, et d'Angélique-Antoinette Lair de Vaucelle, mari de Marthe-Raymounda-Mathilde de Maillé de la Tour-Landry. I, 381.
Amanieu (Hippolyte), marquis d'Anglade. I, 381.
Ambillou (Indre-et-Loire), Ambiliacum, Ambilo. I, 326; II, 72, 84, 117.
Ambillou. Ambiliaco (Gauzfridus, filius Adraldi de). II, 14.
Ambillou (Geoffroy d'), Gaufridus de Ambillou. I, 44; II, 72, 73.
Ambleio (Gilo de). II, 51.

Amboise, Ambaciendum castrum. I, 6, 8, 24, 63, 93, 102, 103, 150, 235; II, 31, 34, 150, 255, 256, 358; III, 176, 177, 221-229.
Amboise (le sire d'), dominus Ambazie, le sire d'Ambaize (1350). II, 138. — (vers 1360). II, 146. — (après 1367). II, 150. — (1426). I, 83; II, 193. Voir Pierre.
Amboise (commandeur d'). Voir Maillé de la Tour-Landry (Jean-Hardouin de).
Amboise (lieutenant du château d'). Voir Ploret (Roland de).
Amboise (prévôt d'), prepositus Ambianensis. II, 65. Voir Herbertus.
Amboise (Huc d'), seigneur de Maisonfort. II, 150.
Amboise (Hugues d'), Hugo Ambaziacensis. II, 42, 43.
Amboise (Ingelger II d'), seigneur de Rochecorbon et de Benais. I, 80; II, 179.
Amboise (Louis d'), seigneur de Rochecorbon. I, 80.
Amboise (Louis d'), seigneur de Thouars. I, 87.
Amboise (Perrinelle d'), fille d'Ingelger II d'Amboise et de Jeanne de Craon, femme d'Hardouin VIII de Maillé, dame de Rochecorbon. I, 79-88, 90, 251; II, 179, 210, 213, 215.
Amboise (Sulpice II d'), Sulpicius, Supplicius. I, 31; II, 42, 43.
Ambrault (Indre). III, 182.
Ambrières (seigneur d'). Voir Maillé Hardouin VIII de). — (dame d'). Voir Maillé (Renée de).
Amelina. II, 10. Voir Maillé (Ameline de).
Amelina de Poivendre. Voir Poivendre (Ameline de).
Amellon (Jean), sieur de la Mauvière. III, 131-135.
Amelon (Yves), prêtre. I, 204; III, 3.
Aménard (Denise), vassale de Milly. II, 415.

Aménard (Jean), seigneur de Chanzé. I, 124; II, 203.
Aménard (Jean), seigneur du Mesnil. I, 137; II, 336.
Aménard (Jean), seigneur de Moubonnault. I, 137; II, 336.
Aménard (Jeanne), dame de Fontaine-Guérin et de Bouillé-Ménard. I, 124, 125; II, 203.
Aménard (Jeanne), fille de Jean Aménard, femme de Gilles de Maillé. I, 124-129; II, 203; III, 237.
Aménard (Renée), femme de Christophe de Goulaine. I, 137; II, 336.
Aménine (Bois d'). Voir Bois-d'Aménine.
Ameryau (Julien), chapelain de Saint-Benoît. II, 511.
Amète, chambrière. II, 85.
Amiard (Pierre), mégissier. III, 211.
Amiart (Jean), sieur de la Pommeraie, mari de Louise de Maillé. I, 225; III, 103, 211, 240.
Amiens. I, 114.
Amiot (Jean d'), seigneur de Saintonge. II, 441, 442.
Amoribus (Johannes de) II, 67.
Ampignelle (seigneur d'). Voir Périers (Jacques de).
Amplepuys (seigneur d'). Voir Beaujeu (François et Jacques de).
Ampoigné (Mayenne). I, 78, 152, 340, 341, 351; II, 372, 430. — (seigneur d'). Voir Cheorchin (Guillaume), Héliand (Pierre-Philippe d'), Maillé de la Tour Landry (Hardouin X, Jean Ier, Raphaël et René de), Tour-Landry (Louis de la).
Ampure (seigneur d'). Voir Maillé (Jacques de).
Ancenis. I, 126; II, 226, 227.
Ancre (le maréchal et la maréchale d'). I, 166.
Ancy (la Grange d'). Voir Grange d'Ancz (la).

Andigné (Charles d'), baron d'Angrie, Vézins et Pordic, seigneur de Rouez, mari de Marthe Le Porc. I, 353; II, 500, 515.
Andigné (Charles d'), marquis de Vezins. III, 91.
Andigné (Lancelot d'). I, 134.
Andreas de Calona. II, 30.
Andreas de Chavigniaco. II, 66.
Andreas de Coudrellis. II, 137.
Andreas de Morniaco. II, 30.
Andreas de Sabolio. Voir Sablé (André de).
Andreas, filius Archembaldi Boirelli. II, 16.
Andreas, hospitalarius. II, 26.
Andreas Popinus. II, 33.
Anet (seigneur d'). Voir Brézé (Jacques de). — (prince d'). Voir Vendôme (César de).
Anez (la Grange d'). Voir Grange d'Anez (la).
Angelus Cavaccia, mercator de Janua. II, 51.
Angennes (le seigneur d'). II, 378.
Angennes (Claude d'), évêque du Mans. I, 345; II, 431.
Angennes (Jean d'), seigneur de Poigny. I, 156.
Angennes (Julienne d'), fille de Jean d'Angennes et de Madeleine Thierry, femme de Guillaume de Cozerieu et de Jacques de Maillé-Brézé. I, 156, 157; II, 446.
Angers, Andegavis. I, 53, 70, 83, 142, 147, 151, 157, 158, 161, 167, 169, 242, 308, 340, 347, 362, 368, 391, 392, 396, 400, 428, 436; II, 18, 91, 92, 118, 147, 167-169, 176, 177, 186, 192, 215, 221, 222, 234, 245, 246, 272, 273, 345, 346, 359, 360, 365, 366, 368, 372, 388, 394, 410, 436-438, 455, 468, 469, 495, 511, 514-516; III, 27, 44, 55, 76-80, 91, 97, 104, 143-147, 151, 153, 168, 189, 203, 204, 207, 232, 233.

Angers (le château d'). II, 221, 222, 246.
Angers (le diocèse d'), diocesis Andegavensis. II, 70, 97, 194, 276, 468; III, 31, 77, 148.
Angers (l'évêque d'). I, 93, 129, 132, 136, 145, 151, 153, 157, 248, 295, 341, 363, 371; II, 228, 253, 254, 270, 271, 274, 284, 285, 293, 354, 359, 360, 361, 365, 366, 393, 395, 409, 511; III, 76. Voir Arnaud (Henri), Balue (Jean), Guillaume, Hubert, Le Maire, Lézin (saint), Miron (Charles), Nicolas, Rumeau. — (élu évêque d'). Voir Brie (Augier de).
Angers (les Cordeliers d'). I, 347.
Angers (l'église des Carmes d'). I, 161.
Angers (l'hôpital, l'hôtel-Dieu Saint-Jean d'), elemosinaria Sancti Johannis Andegavensis. I, 29, 48, 50; II, 54-57, 91, 92, 126.
Angers (Saint-Jean d'), l'église de Saint-Jean-Baptiste et Saint-Lézin, les chanoines de Saint-Jean, canonici Sancti Johannis et Sancti Licinii. I, 11; II, 5.
Angers (prieur de Saint-Jean d'). Voir Eudo.
Angers (Saint-Martin d'), G., decanus Sancti Martini [Andegavensis]. II, 6.
Angers (le chapitre et l'église Saint-Maurice d'). I, 115, 179; II, 141, 163, 175, 209, 211.
Angers (les Ursulines d'). III, 144.
Angers (commandeur du Temple d'). Voir Maillé de la Tour Landry (Jean-Hardouin de).
Angers (lieutenant d'). Voir Boylesve (Louis), Lasnier.
Angers. Voir les articles Lévière, Ronceray, Saint-Aubin, Saint-Benoît, Saint-Germain-en-Saint-Laud, Saint-Laud, Saint-Maurille, Saint-Michel-du-Tertre, Saint-Ni-

colas, Saint-Pierre, Saint-Serge, Sainte-Croix, Sainte-Marie, Toussaint, Trinité.
Anges (le champ des), à Bouloire. II, 319, 320.
Angevins (les). I, 38; II, 48, 49.
Angier (Jean), seigneur du Plessis-Angier, mari de Mahaud de Maillé. I, 87; II, 110.
Anglade (marquis d'). Voir Amanieu (Arthur et Hippolyte).
Anglais (les), Anglici. I, 56, 63, 68, 75, 76, 80, 81, 83, 84, 247, 437; II, 113, 114, 152, 158, 171-174, 197.
Angle (Guichard d'). II, 160.
Angle-Beaumanoir (Louis-Marie-René, marquis de l'), premier mari de Jeanne de Shéridan. I, 376.
Anglebermer de Laigny (Élisabeth-Marie d'), femme de Jean-Louis d'Alsace et de Donatien III de Maillé. I, 285, 286; II, 155-158.
Angleterre (l'), Anglia. I, 80, 81, 350; II, 49, 113, 157, 183, 187. — (rois d'). Voir Édouard III, Henri Ier, Henri II, Henri VI. — (reine d'). Voir Élisabeth. — (régent d'). Voir Le Maréchal (Guillaume).
Angleterre (l'hôtel d'), à Paris. III, 111.
Anglou (Georges d'), *alias* Georges Langlois, seigneur de Beauregard, en Savoie, mari de Françoise de Maillé. I, 316; II, 269.
Angot (l'abbé). I, 78, 120, 146, 185, 198, 206, 210, 332, 340-342, 351, 393, 406, 410, 411, 439; II, 119, 186; III, 238.
Angoulême. I, 57; II, 142.
Angoulême (le comte d'), connétable de France. I, 114.
Angoulême (Mgr d'). III, 228, 229.
Angoulême (Mme d'). III, 176, 230.
Angrie (baron d'). Voir Andigné (Charles d').

Anjou (l'), Andegavia. I, 5, 12, 29, 42, 46, 63, 75, 80, 83, 125, 134, 136, 141, 145, 147, 150, 166, 169-171, 177, 191, 273, 277, 305, 327, 338, 346, 349, 355, 393, 441; II, 41-43, 72, 82, 118, 138, 150, 152, 158, 159, 179, 197, 199-202, 211-215, 221-223, 228, 231, 232, 234, 246-249, 283, 345, 355, 360, 361, 372, 388, 392, 393, 411, 416, 420, 425, 430, 437, 440, 441, 447, 459, 493, 495, 500, 502, 505, 514, 516; III, 38-67, 73-75, 83, 91, 100, 101, 109, 140, 144-147, 167, 171-173, 188, 196, 202, 205, 236.
Anjou (comtes, ducs d'). Voir Anjou (Charles Ier, Charles II, François, Henri, Louis Ier, Louis II, René d'), Foulques III, Foulques IV, Foulques V, Geoffroy II, Geoffroy III, Geoffroy IV, Henri II, Jean II. — (comtesse, duchesse d'). Voir Aragon (Yolande d'), Hildegarde.
Anjou (le duc d'). II, 388.
Anjou (receveur, trésorier d'). Voir Louet (James), Pellé (Jean).
Anjou (sénéchal d'). Voir Beauvau (Bertrand de), Robin de la Tremblaye, Roches (Guillaume des).
Anjou (Charles Ier d'), comte d'Anjou et roi de Sicile. I, 42, 46; II, 72, 79.
Anjou (Charles II d'), comte d'Anjou et roi de Sicile. I, 47.
Anjou (Charles d'), comte du Maine, de Guise, de Mortain et de Gien, vicomte de Châtellerault. II, 218, 219.
Anjou (Charles d'), duc de Calabre. II, 118.
Anjou (Ermengarde d'), mère de Geoffroy le Barbu. II, 10.
Anjou (François, duc d'), duc d'Alençon, frère d'Henri III. I. 340.
Anjou (Henri, duc d'), frère de

TABLE ALPHABÉTIQUE

Charles IX. I, 265; III, 185, 186.
Anjou (Louis Ier d'), duc d'Anjou et de Touraine, Ludovicus, dux Andegaviae. I, 76; II, 117, 118, 159, 162-164.
Anjou (Louis II d'), duc d'Anjou, comte de Provence et du Maine. II, 118.
Anjou (Macé d'), seigneur de la Roche-Talbot. II, 114.
Anjou (Marie d'), reine de France, femme de Charles VII. I, 247, 248; II, 203-205.
Anjou (René d'), roi de Jérusalem et de Sicile, duc d'Anjou, de Bar, de Lorraine et Marches, comte de Provence, de Forcalquier, du Maine et de Piémont. I, 85, 90, 93, 125, 291; II, 205, 209, 210, 213, 221, 222, 225, 234, 235, 245-247.
Anjou (Robert d'), seigneur de la Roche-Talbot et de la Courbe, second mari d'Éléonore de Maillé. I, 116.
Anjoubault (Julien et Pierre), seigneurs du Crocil et de Girardet. II, 333.
Anlezy (Damas d'). Voir Damas d'Anlezy.
Annae (capella B.), in ecclesia Sancti Martini Turonensis. II, 115.
Anna habes (Rainardus). II, 10.
Ansbert, abbé de Pontlevoy. II, 17.
Anselme. (le P.) I, 19, 37, 40, 47, 55, 77, 78, 87, 88, 96, 98, 100, 110, 111, 113-117, 120, 122, 125, 127, 129, 132, 136, 140, 145, 147-149, 152, 154-158, 186, 192, 194, 197, 199, 211, 220, 226-228, 241-247, 252-271, 273-277, 280, 282, 289, 293, 295, 297, 299, 300, 303-312, 316-318, 321, 329, 335-343, 347, 349, 351, 357, 358, 360, 362, 365-367, 380, 387, 388, 390, 437; II, 105, 112, 160, 162, 165, 175-177, 202, 213, 379.
Ansoldus, camberlarius Tetbaldi [III], comitis Blesis. II, 18.
Antoigné, à Sainte-Jamme-sur-Sarthe (Sarthe). I, 222; II, 407, 408. — (seigneur d'). Voir Beaumanoir (Jean de).
Antoinette, servante d'Yves de Maillé. II, 405.
Anvers (Belgique). I, 352.
Anville (seigneur d'). Voir Vion (Jean de).
Apchon (Louise d'), femme de Louis Guillebert. I, 211; III, 207.
Appelvoisin (Tiercelin d'). Voir Tiercelin d'Appelvoisin.
Apremont (le sieur d'). I, 104.
Apremont (seigneur, baron d'). Voir Chabot (Robert), Rocque (Bernard de la).
Apremont (Guillaume d'), Guillelmus de Asperomonte. I, 43; II, 79.
Apremont (Raoul d'), neveu de Jacquelin de Maillé, Radulphus de Asperomonte. I, 43; II, 79, 80.
Aquitaine (le duché d'). II, 152.
Aquitaine (primat d'). Voir Bourges (l'archevêque de).
Arabie (Jacques). III, 22.
Aragon (l'). II, 84.
Aragon (le roi d'). I, 47.
Aragon (Yolande d'), femme de Louis II d'Anjou, duchesse d'Anjou, reine de Jérusalem et de Sicile. II, 122, 203.
Arbertus, testis. II, 2.
Archambaudi (bivium). II, 73.
Archant (seigneur de l'). Voir Grimonville (Nicolas de).
Archembaldus Boirellus. II, 16.
Archembaldus de Losduno. II, 16.
Archembaldus, filius Girulfi. II, 21.
Archembaldus, nepos Beringerii. II, 16.

Archenfredus, testis. II, 29.
Archevêque (l'). Voir L'Archevêque.
Archiac (Foucaut, Jacques et Odet d'). II, 247.
Arcis (baron des). Voir Cervon (René de).
Ardanne (seigneur d'). Voir Cherbaye (Jacques de).
Ardenay (Paul d'), seigneur de la Roterie. II, 332.
Ardentes (Indre). III, 183. — (seigneur d'). Voir Maillé de la Tour-Landry (François de).
Ardrée de Percheron (Françoise d'). III, 138.
Arduinus de Mailliaco. Voir Maillé (Hardouin de).
Arduinus, vicecomes. II, 4.
Aremburge, femme de Foulques V, comte d'Anjou et du Maine. II, 41.
Aremburge, femme de Geoffroy, Aremburgis. I, 14; II, 13.
Arenburgis, filia Airardi de Bonæ. III, 232.
Argenson (Guillaume d'). II, 198-202, 233.
Argenson (Jean d'). II, 233.
Argenson (Jeanne d'), femme de Jean Le Vasseur. II, 198-202, 233.
Argenson (Patry d'). II, 201, 202.
Argentan. II, 196.
Argenteuil (marquis d'). Voir Le Bascle (Jean-Louis-Marie).
Argenteuil (Blanche-Joséphine Le Bascle d'), fille de Jean-Louis-Marie Le Bascle, marquis d'Argenteuil, et de Marie-Joséphine-Caroline Barjot de Roncé, seconde femme de Charles-François-Armand de Maillé de la Tour-Landry. I, 419, 420.
Argenton (Brunissant d'), femme de Thibaut Chabot. I, 125; II, 205, 206.

Argentré (Charles d'), seigneur de la Boissière. I, 308.
Argyle (la maison des ducs d'), en Écosse. I, 376.
Ariège (le régiment des chasseurs de l'). I, 420.
Arles. II, 149.
Armagnac (Monseigneur d'). II, 235.
Armaillé (le comte d'). I, 275.
Armançay, paroisse du Louroux, Ermentayum, Ermençay, Hermençay. I, 48, 72; II, 86, 93, 153. — (seigneur d'). Voir Maillé (Hardouin V de).
Arnaldi (Ato). II, 65.
Arnaud (Henri), évêque d'Angers. III, 27.
Arnauld, fils d'Asceline. I, 25; II, 34, 35.
Arnulfus, clericus. II, 26.
Arnulfus Faber. II, 26.
Arnulfus Faucardus. II, 44.
Arnulfus Frumentinus. II, 12.
Arnulfus Parvus. II, 26.
Arpent (les vignes du Grand-), au clos des Plantes, à Saint-Célerin-le-Géré ou à Prévelles. III, 99.
Arquenay (Mayenne). I, 332.
Arquené (Hugues d'). II, 169.
Arquilles (Jean), prêtre. II, 295, 302, 310, 312, 315, 318.
Arquilles (Macé). II, 307, 310, 316, 318.
Arrant (Jacques). II, 104.
Arras. II, 103, 503.
Artaldus, filius Vulgrini prepositi. II, 18.
Artannes (capitaine d'). Voir Dolisy.
Artaud (Jean), seigneur du Puy de Montbazon, mari de Marie de Maillé. I, 253.
Artins (Loir-et-Cher). — (seigneur d'). Voir Loges (Jacques des).
Artois (le comte d'). I, 416, 419; III, 165. Voir Charles X.
Artron, seigneurie. III, 73. — (seigneur d'). Voir Bonnin de Messignac (Jean-François).

Artus, notaire. III, 146.
Asceline, mère d'Arnauld. I, 25; II, 34, 35.
Ascelinus Bornius, pater Lancelini de Carcere. II, 14.
Ascelinus, pater Petri. II, 21.
Asinus (Constancius). II, 26.
Asnières (le chemin d'), via Asneriorum. I, 36; II, 47.
Asperomonte (de). Voir Apremont (d').
Assé-le-Riboul (le sire d'). II, 138. Voir Riboul.
Asselineau (Charles). I, 173.
Assomption (l'église de l'), à Paris. I, 380.
Ast. I, 258.
Athenay, ancienne paroisse, réunie à Chemiré-le-Gaudin (Sarthe). III, 107.
Ato Arnaldi. II, 65.
Aubance (l'), rivière. II, 126.
Auberici (Hubertus). II, 66.
Aubert (Jean), sieur du Bruignon. II, 442.
Aubert (Marguerite), femme de N. de Cordouan. III, 132.
Aubert. II, 376.
Auberti, Alberti (Matheus). II, 58, 59.
Aubeterre (seigneur d'). Voir Bouchard (Louis).
Aubeterre (le régiment d'). II, 498, 499.
Aubiers (les). III, 201.
Aubiers (les), à Blou. — (seigneur des). Voir Le Jumeau (Claude).
Aubiers (la Roche-des-). Voir Roche-des-Aubiers (la).
Aubigné (Sarthe). I, 248.
Aubigné (Françoise d'), marquise de Maintenon. III, 133.
Aubigné (Jeanne d'), femme de Philippe Paumard. I, 315; II, 268.
Aubin, notaire. III, 71.
Aubin (M.). II, 394, 408.
Aubri (Guillaume), notaire. II, 410.
Aubusson (François d'), seigneur et baron d'Aubusson et de la Pérusse, mari d'Isabeau Brachet. I, 354; II, 457.
Auchie (le vicomte d'). II, 377.
Audebaut (Guillaume). II, 177.
Audouys. II, 179, 210, 213, 345, 346, 360, 365, 368, 372, 410, 443, 446, 447, 451, 454, 458; III, 27, 78, 93, 100, 104, 147, 151, 153, 207.
Auffremont (sire d'). Voir Néelle (Guy de).
Aufredus, testis. II, 47.
Aufridus Francus vel Franciscus. Voir Alfred, de Maillé.
Auger, oncle d'Arnauld. I, 25; II, 34, 35.
Augustin (Claude d'), alias Claude-Augustin de Courbat, seigneur de Courbat, en Touraine, de Coullon ou Collon et de Presblame, second mari de Marguerite de Maillé. I, 264.
Aulmont. III, 175. Lire Beaumont. Voir III, 239.
Aulnoy (baron d'). Voir Escoubleau (Georges d').
Aumale (comte d'). Voir Rieux (Jean de).
Aumale (duc d'). Voir Lorraine (Claude II et François de).
Aumale (le duc d'), fils de Louis-Philippe. I, 174, 175.
Aumont (Jacques), avocat. III, 68, 70.
Aumont (Jean d'), vicomte d'Aumont, baron de Conches et d'Estrabonne, second mari de Françoise de Maillé. I, 97, 336; III, 181-185.
Aumont (Jean d'), fils de Pierre d'Aumont. I, 97; III, 181-185.
Aumont (Pierre d'), fils de Jean d'Aumont et de Françoise de Maillé. I, 97; III, 181-185.
Aunis (l'). I, 177; III, 118.
Aurelianensis (ecclesia). Voir Orléans.

Aurelly (seigneur d') Voir Barbes (Pierre).
Ausfredus, pater Gausfredi. II, 28.
Ausseure (Guy d'), mari de Françoise de Maillé. I, 316.
Authée, métairie à Veigné. II, 425.
Authon (le seigneur d'), mari de Renée de la Haye. II, 337.
Authon (baron d'). Voir Batarnay (François de).
Auton (Jean d'). I, 336.
Autriche (la maison d'). I, 161.
Autriche (Anne d'). I, 271.
Auvé (Pierre), sieur de la Fontaine. III, 126, 127, 129.
Auvergne (l'). I, 213.
Auvergne (le comte d'). I, 269 ; III, 203.
Auvernaux (Seine-et-Oise). II, 135, 136.
Auvers-le-Hamon (Sarthe). I, 162 ; III, 77.
Auvours, à Yvré-l'Évêque (Sarthe). I, 122 ; II, 180, 220. — (seigneur d'). Voir Souligné (Guillaume de).
Auvray, notaire, III, 81.
Auxerre. I, 194 ; II, 368.
Auzance (Creuse). III, 183.
Auzanet (Barthélemy), avocat. II, 511 ; III, 6, 7, 72.
Auzanet (Jean), auditeur des comptes. II, 507.
Auzanet (Mlles), filles de Barthélemy Auzanet. III, 72.
Availlé. Voir Évaillé.
Avallioles (Hector d'), seigneur de Roncé. II, 291.
Avaugour (Catherine d'), fille de Charles d'Avaugour et de Catherine de Bernezay, première femme de René de Maillé. I, 317, 318.
Avaugour (Charles d'), seigneur de Cherville en Bretagne. I, 317.
Avaugour (Claude d'), comte de Vertus. III, 109.
Avaugour (Claude d'), dame de la Ferrière. I, 341.
Avaugour (Isabelle d'). II, 119.

Avaugour (Jean d'), seigneur de Saint-Laurent et du Bois-de-la-Motte, baron du Guildo. I, 267 ; II, 440-442.
Avaugour (Jean d'), fils de Jean d'Avaugour et de Françoise de Coetquen, mari d'Urbaine de Maillé, seigneur du Bois-de-la-Motte et de la Grée. I, 266, 267 ; II, 440-442, 444.
Avaugour (Juhel d'), seigneur du Parc, capitaine de Mayenne, Inhelus (*pour* Juhelus) Alvagorio. II, 119.
Avein (le combat d'). I, 169, 359.
Avénières (prieuré d'). Voir Maillé (Yvonne de).
Averton (Payen d'), seigneur de Belin, mari d'Anne de Maillé de la Tour-Landry. I, 346.
Avesnes. II, 498.
Avezay (Teodoricus de). II, 18.
Avignon. I, 166 ; II, 246.
Avignon (l'état d'). I, 284.
Aviré (Maine-et-Loire). — seigneur d'). Voir Thévalle (Jean de).
Avoines (Jean-François d'), seigneur de la Jaille, de Gâtines, baron de Fougeré, mari de Françoise Gourreau et de Suzanne de Maillé de la Tour-Landry. I, 360, 361.
Avoines (Marie-Madeleine d'), fille de N. d'Avoines et de Marie Bigot de Linières, femme de Charles-Henri de Maillé de la Tour-Landry, dame de Gâtines. I, 370, 371.
Avoines (N. d'), marquis de la Jaille. I, 370.
Avoir (Aimery d'). II, 97.
Avoir (seigneur, baron, marquis d'). Voir Chambes de Maridor (Charles de), Montberon (Hector et René de), Shéridan (Jacques de).
Avoise (Sarthe). I, 306.
Avort (la Fontaine d'), ruisseau affluent de la Loire. II, 415.
Avrilly-lès-Beaufort. I, 111 ; II, 129.
Axa (Philippa). II, 136.

Axo, pater Guillelmi. II, 30.
Aymericus Theobaldus. II, 75.
Ayneaux (de Sainte-Marie d'). Voir Sainte-Marie d'Ayneaux (de).
Ays (Jean d'). II, 84.
Azay-le-Rideau (Indre-et-Loire). I, 326; II, 457.

Azay-sur-Indre (Indre-et-Loire). I, 293.
Azay-sur-Indre ou Azay-sous-Loches (seigneur d'). Voir Rillé (Damien de).
Azincourt (la bataille d'). I, 84, 244; II, 182.

B

Babin (François), clerc. II, 516.
Babineau (Jean), chapelain de Chevré. II, 416.
Bachelart (André), vassal de Milly. II, 415.
Bacou (Nicolas). III, 156.
Badon (Robinet), notaire. II, 260, 263.
Baglan, notaire. III, 30.
Bagneul. Voir Baigneux.
Baïf (Jean de), seigneur de Riverelles. II, 331.
Baïf (Jean de), seigneur de la Rochefardière. I, 297.
Baïf (Jeanne de), fille de Jean de Baïf, femme de Louis de Maillé. I, 296-300; III, 191, 196-201.
Baigneux, fief en Saint-Mars-sous-Ballon et Courcebœufs. I, 223, 223; II, 407.
Baigneux (Antoinette de), et non de Baignaux, Françoise Beigneult, femme de Jacques Filleul. I, 321, 441; II, 269, 383.
Baigneux (Charles de), seigneur de Montigny. I, 232; III, 103, 112.
Baigneux (Élisabeth de), femme de Louis de Maillé, seigneur de la Forêt. I, 223; II, 455; III, 238.
Baigneux (François de), seigneur

de la Chapelle de Courcival. II, 379.
Baigneux (Jean de), seigneur de Saint-Mars. III, 103, 112.
Baigneux (Marie-Madeleine de), femme de Charles Le Febvre. III, 103.
Baigneux (Petrus de). II, 448.
Baigneux (René de), seigneur de Courcival. I, 222.
Baigneux (Renée de), fille de René de Baigneux et de Marthe des Écottais, femme de Louis de Maillé-Ruillé. I, 221-226; II, 378, 379, 383, 387, 407, 408, 443, 448.
Bailleau (baron de). Voir Kaerbout (Lancelot de).
Bailles (les), village. II, 405.
Baillet (Thibaut), président au parlement. III, 216.
Bailleul (Jean du), seigneur dudit lieu, au Maine, mari de Jeanne de Maillé. I, 253.
Bailleur (Le). Voir Le Bailleur.
Baillollière (seigneur de la). Voir Voyer (Pierre de).
Baillon (Odet de). II, 368.
Baillou, à Maisoncelles. II, 330.
Baisnée (G.), curé de Fresne. III, 153.

Bal. III, 19.
Balduinus, testis. II, 2.
Baleur (Le). II, 349.
Balgiacum. Voir Baugé.
Balincourt (seigneur de). Voir Testu.
Balincourt (Testu de). Voir Testu de Balincourt.
Balista (Haimericus). II, 4.
Ballée (Mayenne). I, 162.
Ballon (Sarthe). I, 81, 86; II, 202, 216-219, 233, 273, 407; III, 111.
— (seigneur de). Voir Maillé (Hardouin VIII de), Surgères (Jacques de). — (dame de). Voir Maillé (Renée de).
Ballon (le prieuré de). II, 216, 217.
— (prieur de). Voir Cohardi (Hervé de).
Ballue (Jeanne), femme de René Despeaux. II, 451.
Baltholomeus. Voir Bartholomeus.
Balue (Jean), cardinal, évêque d'Angers. I, 92; II, 251.
Baluze. II, 183, 196, 202, 233, 268.
Balzac (François de), seigneur d'Entragues. I, 349.
Balzac (Guez de). I, 163.
Bamberg (Allemagne). II, 477.
Bancs (les), seigneurie. I, 204; III, 125. — (seigneur des). Voir Barre (Louis de la), Maillé (Henri de).
Ban-Davy (le), à Milly. I, 138; II, 339.
Bannes, ancienne paroisse, réunie à Dissay-sous-Courcillon (Sarthe). II, 86.
Bannes (Airard de), Airardus de Bonæ. I, 15; III, 231, 232. Tome Ier, p. 15, ligne 10, lire : Airard, au lieu de : Herbert.
Bapaume. I, 170; II, 502-504.
Bar (le comté de). II, 145.
Bar (duc de). Voir Anjou (René d').
Baratte (Jacques), sacriste à Chahaignes. III, 152, 154.

Barbacane (la), arrière-fief de Trèves. I, 130; II, 347; III, 237.
Barbault (F.), curé de Chahaignes. III, 138.
Barbe (Raoulet). II, 169.
Barbée (la), seigneurie à Bazouges (Sarthe). III, 179. — (seigneur de la). Voir Dureil (Geoffroy, Jacques et Jean de).
Barbelerie (la), à Bouloire. II, 296.
Barberaue (la). Lire Barbacane (la).
Barbes (Anne), femme d'Antoine-François du Puy-Murinais. I, 278; III, 71.
Barbes (Pierre), seigneur d'Aurelly et de Montchevreau. III, 71.
Barbezieux (dame de). Voir Rochefoucauld (Marguerite de la).
Barcardus (Haimericus). II, 43.
Barcelone. I, 170.
Barde (Jean de la), marquis de Marolles. III, 18.
Barde (Louise-Antoinette de la). III, 18.
Barderie (la chapellenie de la), à Souligné-sous-Vallon. III, 105.
Bardinière (la), à Bouloire. II, 307, 315, 323.
Bardo (Isembardus). II, 18.
Bardoul (René), chapelain de Millé. II, 366.
Bardoul, notaire. III, 146.
Bardoullière (sieur de la). Voir Fournier (Guillaume).
Barentin (M.), intendant en Poitou. I, 330.
Bariller (Macé), chapelain de Sainte-Catherine. II, 393.
Bariller (Le). Voir Le Bariller.
Barin (Jacques), seigneur de la Haye. II, 381.
Barjot (Alexis), de Moussy, de Roncé, seigneur de la Jumellière, fils de René Barjot et de Charlotte de Maillé. I, 272; III, 70, 79, 115.
Barjot (Charles), fils de René Bar-

jot et de Charlotte de Maillé. I, 272; III, 115.

Barjot (René), marquis de Moussy, mari de Charlotte de Maillé. I, 271, 272, 275; III, 8, 31, 32, 69, 70, 72, 81, 82, 91, 115.

Barjot (René), fils de René Barjot et de Charlotte de Maillé, marquis de Moussy, comte de Roncé, etc. I, 272; III, 115, 135, 139.

Barjot de la Pallu (Marie), femme de Jean de Maillé de la Tour-Landry, dame de Bouloire. I, 344; II, 427-429, 431, 452, 453.

Barjot de Roncé (Marie-Joséphine-Caroline), dame de la Jumellière, femme de Jean-Louis-Marie Le Bascle, marquis d'Argenteuil, I, 420.

Baro (François), bailli de Rillé. II, 385, 386.

Baron (Marin), curé de Marboué. I, 200; III, 9, 11, 18, 20-24, 26, 27.

Baronnière (la), à Saint-Mars-de-Locquenay, fief vassal de Meslève. II, 302. — (seigneur de la). Voir Richer (Olivier).

Barra de Brullio. I, 25; II, 33.

Barram Monachi (via quae vocatur ad). II, 58.

Barraudière (seigneur de la). Voir Barre (Fiacre de la).

Barre (la), à Bouloire. II, 299, 316, 324.

Barre (seigneur de la). Voir Primaudaye (Pierre de la).

Barre (sieur de la). Voir Hervé (Quintien).

Barre (Charlotte de la), dame de Blouines, des Ouches, de la Grange-Guéret, du Moulin-Neuf et de la Levraudière, fille de Louis de la Barre et de Marguerite de Chambes, seconde femme d'Hercule de Maillé. I, 321, 322; III, 5, 6, 112.

Barre (Eléonore de la), femme d'Antoine de Vachés. II, 485.

Barre (Fiacre de la), seigneur de la Barraudière. I, 102; III, 220-227.

Barre (Françoise de la), fille de Louis de la Barre et de Marguerite de Chambes, femme d'Henri de Maillé-Bénéhart, dame de la Baudinière, Marigné et Château-Sénéchal. I, 203-208, 210, 231, 322, 439; II, 484, 485, 508, 509, 513; III, 3, 5, 12, 13, 14-20, 24, 28, 31, 32, 35-68, 77, 238.

Barre (Guy de la), Guido de Barra. I, 35; II, 52.

Barre (Hardouin de la), châtelain et receveur de Rillé. II, 251, 277.

Barre (Jean de la), bourgeois de Chinon. III, 168.

Barre (Jean de la), seigneur de Bosses et de la Chabossière. II, 459-461.

Barre (Jean de la), seigneur de la Brosse, mari de Louise du Rivau. I, 205; III, 3.

Barre (Louis de la), seigneur de la Brosse, les Haies de Brion, Blouines, Château-Sénéchal, Verron, Breil, Frinles, Bans et des moulins de la Pail-Dreux. I, 203, 205, 322; II, 484, 485; III, 3, 5.

Barre (Raoul de la), seigneur de la Tuffière-le-Vieil. II, 485.

Barre (René de la), seigneur de Lanssai. II, 485.

Barre (René de la), seigneur de Launay et d'Onglée, mari de Françoise de Maillé. I, 320.

Barre (Suzanne de la), dame de la Brosse. III, 5, 40, 44, 64.

Barre (N. de la), mari de Marguerite de Bourré, I, 205.

Barre (M. de la), Marin Ier de Vanssay, seigneur de la Barre, à Conflans (Sarthe). II, 439.

Barré (Calixte). II, 350.

Barré (Drouyn). II, 307, 310, 312, 317, 321, 325.

Barré (Étienne), lieutenant du bailli de Vendômois à Saint-Calais. II, 318, 320, 330.
Barré (Gallin). II, 318.
Barré (Grégoire). II, 299, 307, 311, 317, 320.
Barré (Guillaume), prêtre. II, 314, 317, 318, 321, 325.
Barré (Jean). II, 318.
Barré (feu Jean). II, 308, 309, 312, 317, 318.
Barré (Mathurin), seigneur de la Bonnardière. II, 297, 303, 305, 307, 309, 314, 318, 325.
Barré (Michel). II, 306, 308, 310, 311, 316, 319, 320, 322.
Barré (Roland). II, 307, 311, 318, 319, 322, 325.
Barthélemy, abbé de Marmoutier, Bartolomeus, Bartholomeus, abbas Majoris Monasterii. I, 7, 21, 22 ; II, 11, 12, 15, 16, 22-26, 32.
Barthélemy, archevêque de Tours, Bartolomeus, archiepiscopus Turonensis. I, 37 ; II, 48, 53.
Barthélemy, Bartholomeus, suscipiens monachatum. I, 25 ; II, 34.
Bartholomeus de Insula. II, 19.
Bartholomeus de Rosaria, Bertolomeus de Roseria. II, 47, 48.
Bartholomeus de Ulmis, frater Gauffredi de Ulmis. II, 33, 34.
Bartholomeus, frater Jaguelini. Voir Maillé (Barthélemy de).
Bartholomeus, prepositus Turonensis. II, 19.
Bartolomeus, vicarius. II, 16.
Barton (François de), vicomte de Montbas, mari de Denise de Maillé-Bénéhart. I, 202 ; III, 11, 13, 20, 30.
Barton (Jean), comte de Montbas. III, 30, 64.
Bas-Breil (seigneur du). Voir Esperonnière (Antoine de l').
Basferrière (la), seigneurie. II, 434.
Basilie, nièce de Geoffroy, Basilia. I, 14 ; II, 13.

Basoge (Fouquet de la), écuyer. II, 169.
Basset (J.), curé de Chahaignes. III, 141.
Basset de la Buraudière, aumônier de la Dauphine. III, 138.
Bassompierre (le maréchal de). I, 269.
Bastard (la maison de). II, 368.
Bastard (Nicolas), notaire. II, 380, 382.
Bastardus (Gausfredus). II, 26.
Bastardus (Johannes). II, 9.
Bastille (la), à Paris. I, 210 ; III, 30, 31.
Batarnay (François de), baron d'Authon, seigneur de Rillé et de la Ferrière, mari de Françoise de Maillé. I, 99, 100 ; II, 284, 286, 288 ; III, 177, 237.
Batarnay (René de), fils de François de Batarnay et de Françoise de Maillé. I, 100 ; II, 288.
Bauçay. Voir Beauçay.
Baucheron, commune de Verrie (Maine-et-Loire). I, 125 ; II, 207, 208, 343. — (seigneur de). Voir Fay (Jacques de), Hées (Guillaume des), Maillé (Arthus de). — (dame de). Voir Maillé (Jeanne ou Catherine de).
Baudellet (Guillaume), seigneur des Épinettes et du Ruau. II, 333.
Baudinière (la), fief à Crosmières, vassal de Bazouges. I, 206, 208, 212 ; III, 12, 24, 33, 34, 68-70, 125. — (seigneur de la). Voir Grenier (René du), Maillé (Henri de). — (dame de la). Voir Barre (Françoise de la).
Baudoin. II, 201.
Baudon de Mony (Marie-Eudoxie-Mathilde), fille de Pascal-Auguste-Joseph Baudon de Mony et de Clémentine de Boubers-Abbeville, femme de Charles-Hardouin-Jules-Xaxier de Maillé de la Tour-Landry. I, 379-382.

Baudon de Mony (Pascal-Auguste-Joseph). I, 380.
Baudry (Guillaume), seigneur de Longhome. II, 336.
Bauffart (Gervais). II, 309, 315.
Bauffart (Michel). II, 309.
Baugé (Maine-et-Loire), Balgiacum. I, 12, 291, 294; II, 6, 56, 59, 176, 202, 223, 228, 231, 234, 235, 263, 279, 346, 392, 432-434, 441, 459; III, 2, 6, 44, 75, 144, 145, 147, 148, 171-173, 180, 191. — (lieutenant de). Voir Louet (James).
Baugé, à Bouloire. II, 296, 322.
Baugé (le Petit-), seigneurie. III, 167. — (dame du). Voir Maillé (Jeanne de).
Baugé (Guillaume), curé d'Hommes. I, 276; II, 460, 502, 507, 508; III, 206.
Baugé (Macé de). II, 324.
Baugé (Simon de), seigneur de la Gagnerie. II, 334.
Baugenci. Voir Beaugency.
Bauges (Guillaume). II, 257.
Baussan (le sieur). III, 53.
Baussin, notaire. II, 440.
Bauzelles, en Berry. III, 183.
Baveux (Guy le). I, 75; II, 152.
Bavière (la). II, 475, 477.
Bavière (Son Altesse de). II, 469, 470, 476.
Bazile (saint). I, 141.
Bazoge (la) (Sarthe). I, 223.
Bazougers (Mayenne). I, 321, 332.
Bazouges-sur-le-Loir (Sarthe). I, 206, 208; II, 435; III, 12, 24, 33, 34, 67-69, 190. — (seigneur de). Voir Lenfant (Gédéon), Vairie (Philippe de la).
Béarn (dame de). Voir Albret (Jeanne de).
Béatrix, femme d'Hardouin II de Maillé, Beatrix, uxor Harduini de Mailliaco. I, 19-32; II, 32, 33, 35-38, 40, 41.
Beau (Le). Voir Le Beau.

Beauçay ou Bauçay, baronnie relevant du château de Loudun. I, 81, 83, 85, 86, 93; II, 192, 202, 210, 213, 233, 246, 247. — (baron de). Voir Chabot (Robert), Maillé (François, Hardouin VIII, Hardouin IX de), Maillé de la Tour-Landry (Paul de), Prez (Olivier de). — (dame de). Voir Illiers (Antoinette d'), Maillé (Françoise de).
Beauçay (la Motte-de-). Voir Motte-de-Beauçay (la).
Beauçay (la famille de). I, 61; II, 199-202, 217.
Beauçay (le sire de). II, 138.
Beauçay (Amaury de), seigneur de la Motte-de-Beauçay, fils d'Hardouin II de Beauçay et d'Isabelle de Châteaubriant, second mari d'Aumur de Maillé. I, 55, 57; II, 130, 136, 142, 147, 148, 158.
Beauçay (Denise de), fille d'Hugues de Beauçay, dit le Grand, femme de Patrice de Sourches. II, 199-202.
Beauçay (Eustache de), fille d'Hugues de Beauçay, dit le Grand, femme de Guillaume d'Usages et d'André de Laval, dame de Laval. II, 198-202.
Beauçay (Guy de). II, 105, 196.
Beauçay (Hardouin II de). I, 55; II, 158.
Beauçay (Hugues de), dit le Grand. I, 47, 81; II, 202.
Beauçay (Hugues de), fils d'Hugues de Beauçay, dit le Grand, mari de Jeanne de Doucelles. II, 202.
Beauçay (Jean de), fils d'Amaury de Beauçay et d'Aumur de Maillé. I, 55; II, 136, 158.
Beauçay (Jeanne I de), fille d'Hugues de Beauçay, dit le Grand, femme de Guillaume de Prez. II, 186, 202; III, 236.
Beauçay (Jeanne II de), fille d'Hugues de Beauçay, dit le Grand,

seconde femme d'Hardouin V de Maillé, Johanna de Beauceyo. I, 44-64, 67, 109; II, 84, 86-89, 93, 98, 202, 217.
Beauçay (Marguerite de), veuve de Guy de la Forêt. I, 111.
Beauçay (Marie de), femme de Guillaume de Chahannay. II, 183.
Beauçay (Pierre de). II, 87.
Beauchêne, à Noyen. II, 369. — (seigneur de). Voir Fou (Jean II du).
Beauchesne (le comte de). I, 116.
Beauchesne (le marquis de). I, 332; II, 376.
Beaudousnière (la), seigneurie. III, 198.
Beaufort (Maine-et-Loire). I, 346; III, 6. — (le comte de). II, 138. Voir Maillé (Armand-Jean de). — (dame de). Voir Maillé (Claire-Clémence de).
Beaufort (duc de). Vendôme (César de).
Beaufort. Bellifortis (Gaufridus Samoel, prepositus). II, 56.
Beaufort-Canillac (Anne-Élisabeth-Constance de), *alias* de Montboissier, fille de Philippe-Claude de Beaufort-Canillac et de Marie-Anne-Geneviève de Maillé. III, 136.
Beaufort - Canillac - Montboissier (Jean de), comte de Canillac. III, 136, 138.
Beaufort-Canillac, *alias* Montboissier-Canillac (Jean-Éléonor de), abbé de Montboissier. III, 138.
Beaufort-Canillac, *alias* Montboissier-Canillac (Philippe-Claude de), marquis de Montboissier, mari de Marie-Anne-Geneviève de Maillé. I, 212, 213; III, 124-126, 130, 136, 138, 149.
Beaufort-Canillac (Philippe-Claude de), comte de Montboissier-Canillac, fils de Philippe-Claude de Beaufort-Canillac et de Marie-Anne-Geneviève de Maillé. III, 130.
Beaugency. Baugenci (Jofrei de). II, 85.
Beaugendre (Robert). II, 317.
Beaujeu (François de), baron de Linières, Rezay et Thevé, seigneur d'Amplepuis, premier mari de Françoise de Maillé. I, 96; II, 258-264. Page 258, n° 390 des *Preuves*, ligne 2 du sommaire, lire : *François de Beaujeu* au lieu de : *François de Linières*. Voir III, 237.
Beaujeu (Jacques de), seigneur de Linières et d'Amplepuys. II, 258-263.
Beaujeu (Monseigneur de), fils de Louis XI. II, 242.
Beaujeu (le maréchal de). I, 57; II, 137.
Beaujolais (le). II, 254.
Beaulieu (l'abbaye de), près Loches. I, 18.
Beaulieu (seigneur de). Voir Hangest (Maximilien de), Le Simple (Albert).
Beaulieu (Johan Le Camus de). II, 153.
Beaumanoir (le seigneur de). I, 83.
Beaumanoir (Henri de), marquis de Lavardin, baron de Tucé, la Milesse, Malicorne et le Mortier. I, 223; II, 511, 512.
Beaumanoir (Henri de), fils du précédent II, 512.
Beaumanoir (Jean de), baron de Lavardin et seigneur d'Antoigné. I, 222; II, 407, 408.
Beaumanoir (Philibert-Emmanuel de), évêque du Mans. III, 4.
Beaumont (le château de), par Saint-Pierre-de-Moutiers. III, 169.
Beaumont (la maison Bonnin de la Bonninière de). I, 436.
Beaumont (sieur de). Voir Thomas (Émery).

Beaumont (le comte Charles de). I, vii, 144, 172, 180, 181.
Beaumont (Geoffroy de). II, 138.
Beaumont (Jacques de), baron de la Haye. II, 258.
Beaumont (Jean de), seigneur de Bressuire, mari d'Isabelle de Maillé. I, 62, 68 ; II, 124, 441.
Beaumont (Jean de), erreur pour Léaumont. Voir Léaumont.
Beaumont (Jeanne de), dame du Hommet et de Champagne. III, 178.
Beaumont (Philippa de), femme de Pierre de Laval. I, 101.
Beaumont (Thibaut de), seigneur de Bressuire, mari d'Aliénor de Derval. II, 110.
Beaumont-Chassepot (la dame de). III, 53.
Beaumont - en - Véron (Indre - et - Loire). I, 81, 97, 98, 263 ; II, 187, 202, 233, 265, 373. — (seigneur de). Voir Maillé (François, Hardouin VIII, Hardouin IX de). — Au tome III, p. 155, lire : Beaumont, au lieu de : Aulmont. Voir Corrections, III, 239.
Beaumont-la-Chartre (Sarthe). I, 320.
Beaumont-lès-Tours (l'abbaye de), abbatia Belli Montis Turonensis. I, 41, 44 ; II, 66, 67, 74, 117. — (abbesse de). Voir Maillé (Jeanne de), Sarilla.
Beaumont-Pied-de-Bœuf (Sarthe). — (seigneur de). Voir Illiers (Henri d').
Beaumont-sur-Sarthe ou Beaumont-le-Vicomte. I, 224, 225 ; III, 3, 5, 32, 33, 103, 211. — (le vicomte de), vicomes de Bellomonte. II, 113, 138. Voir Bourbon (Charles de). — (duchesse de). Voir Albret (Jeanne d').
Beaupoil (Jean), sieur de la Constantinière. III, 132-135.
Beaupréau (le sire de). II, 138. —

(baronne de). Voir Haye (Renée de la).
Beaupréau (de). Voir Bello Pratello (de).
Beaupuy. III, 205.
Beaupuy (M. de). III, 205.
Beauregard, en Savoie (seigneur de). Voir Anglou (d').
Beauregard (sieur de). Voir Guillon (Jacques).
Beauregard (Marie Sourdeau de), femme d'Anne de Boylesve. I, 396.
Beauregard (Marie - Perrine Sourdeau de), femme d'Anne Boylesve du Planty. I, 374 ; III, 166.
Beauregard, greffier. III, 139.
Beausse, notaire. II, 274.
Beauvais (Guillaume de), seigneur des Tommelleries. II, 515.
Beauval (seigneur de). Voir Forget (Pierre).
Beauval ou Beauvau (Isabeau de), femme de Guyon Le Roy et peut-être de René de Maillé. I, 259.
Beauvau (Bertrand de), baron de Précigné et sénéchal d'Anjou. I, 87, 248.
Beauvau (Catherine, alias Mathurine de), fille de Bertrand de Beauvau et de Françoise de Brézé, femme de Charles de Maillé de la Roche-Bourdeuil. I, 247, 248.
Beauville (Élisabeth de), religieuse au Pré. III, 15.
Beauvillier (Jean de), seigneur de la Ferté-Hubert, premier mari d'Antoinette d'Illiers. I, 337.
Beauvilliers (Charles-Paul-François de), comte de Buzançais, mari de Marie-Ursule de Maillé de la Tour-Landry. I, 409.
Beauvoir (Jourdain de), Jordanus de Bello Visu. I, 36 ; II, 52.
Beauxoncles (Jean de), seigneur de Bourguérin. I, 344 ; II, 428, 429.
Bec (le baron du). II, 492.
Bechart. II, 102.

Béchet (Aimery), seigneur des Landes. II, 188.
Béchet (Guillaume), seigneur de Genouillé, second mari de Catherine de Maillé, remarié à Alips de Mornay. I, 116, 119; II, 183-185, 188-190.
Béchet (Pierre), seigneur de Genouillé. II, 185.
Béchet (Radegonde), fille d'Aimery Béchet. II, 188.
Bécon (Maine-et-Loire). I, 401.
Becquet (feu). II, 312.
Bedford (le duc de). II, 196.
Begeon (François), seigneur de la Roche-Froissard. II, 414.
Bègue (Le). Voir Le Bègue.
Béguinière (la), closerie de la Trinité de Vendôme. III, 194.
Behuart (la chapelle et l'île de), paroisse de Denée. II, 217.
Beigneux, Beigneult. Voir Baigneux.
Bel (Le). Voir Le Bel.
Belas (Jean), curé de Parcé (Maine-et-Loire). II, 228.
Beleu (Guillaume), vassal de Meslève. II, 301.
Belfonds (M. de). II, 497-499.
Belin (seigneur de). Voir Averton (Payen d').
Belin (Ambroise). III, 178.
Belini ad Brolium (mansura), apud Sanctum Solemnem. II, 25.
Bélinière (seigneur de la). Voir Chérité (Charles de).
Bellanger (Jean). III, 177.
Bellangerie (le sieur de la). II, 378.
Bellargia (Gauterius). II, 19.
Bellay (Hue, seigneur du). II, 174.
Bellay (Jean du), écuyer. II, 165, 166, 174.
Bellay (Jean du), seigneur de la Flotte. II, 333.
Bellay (Jean du), seigneur d'Hauterives. I, 331.
Bellay (René du), évêque du Mans. II, 349-352.
Bellay (René du), seigneur de la Flotte. II, 452, 453.
Bellay (Renée-Claude Langeay du), femme d'Ambroise de Gravy. I, 151.
Bellay (le seigneur du). III, 186, 187.
Bellebot. III, 198, 200.
Bellefonds (Louis Pissonnet de). I, 395.
Bellefonds (Marie-Hyacinthe-Françoise Pissonnet de), fille de Louis Pissonnet de Bellefonds et de Marie-Augustine-Hyacinthe du Bois-de-Maquillé, femme de Philippe-Joseph-Augustin de Maillé de la Tour-Landry. I, 395, 396, 399.
Belle-Maison (la), à Savigny-sur-Braye. III, 6.
Bellepoule (la forêt de), en Anjou. I, 145; II, 355.
Belleville (Maurice de), second mari de Jeanne de Thouars. I, 42.
Bellier (Blanche), femme de Jacques de Maillé de la Roche-Bourdeuil. I, 60, 246.
Bellier (Guillaume), mari d'Anne de Maillé. I, 59, 244, 247; II, 182.
Bellifortis (prepositus). Voir Beaufort.
Belli Montis Turonensis (abbatia). Voir Beaumont-lès-Tours.
Bellomonte (de). Voir Beaumont.
Bello Pratello (Fulco, frater Girorii de). II, 10.
Bello Pratello, Bellopratorio (Girorius de). II, 10, 19.
Bello Visu (de). Voir Beauvoir (de).
Belnave. II, 488.
Belon (Hervée). II, 87.
Belordière (la), à Milly. II, 413.
Belot (Berthin), seigneur de la Jucquelière et de Mortève. II, 302.
Belot (Gervais). II, 314, 321, 325.
Belouines. Voir Blouines.
Beloys (Jean), procureur. II, 364, 365.

Beloysel (Jean), maître des comptes. II, 204.
Belu (René). II, 318.
Benais (Indre-et-Loire), Benaist, Bennets. I, 329, 336; II, 265. — (seigneur de). Voir Amboise (Ingelger II d'), Laval (Guy II, Jean et Pierre de), Maillé (Hardouin X de).
Benastonnière (la), à Bouloire. II, 296, 299, 300, 305, 318.
Bencourt. II, 504.
Bénédictines (les). Voir l'article Laval.
Bénéhart, château et seigneurie à Chahaignes (Sarthe). I, 186, 189, 194, 196, 199, 208, 210, 216, 221, 439; II, 232, 281-283, 348-351, 358, 512, 513; III, 15, 28, 31, 36-67, 111, 113, 114, 127, 143, 213. — (seigneur, marquis de). Voir Maillé (Hardouin, Henri, Jacques, Jean, Philippe-François, René, René-César-François, René-Louis-François de). — (dame, marquise de). Voir Guillebert de Sicqueville (Gabrielle de), Matz (Jeanne du), Poncé (Renée de).
Bénéhart (le Petit-). I, 219. — (seigneur du). Voir Maillé (Antoine, Jean et Louis de). — (dame du). Voir Maillé (Renée de).
Bénéhart (la chapelle de). II, 349-352; III, 141. — (chapelain de). Voir Duchesne (René).
Bénéhart (le moulin de), à Chahaignes. II, 350.
Beneraye (la). Voir Besneraye (la).
Bengues (le bois de), II, 151.
Bennets. Voir Benais.
Bennon (seigneur de). Voir Pierre.
Benoist (Anne de), alias de Beuris. I, 318; II, 404, 419, 420, 425.
Benoist (Guillemine de), alias de Beuris, religieuse au Pré. I, 318; II, 404.
Benoist (Jean de), alias de Beuris, sieur du Dauson. I, 317, 318; II, 404, 425.
Benoist (Louise de), alias de Beuris. I, 318; II, 404.
Benoist (N. de), alias de Beuris, second mari d'Anne de la Vove. I, 317, 318.
Benoît (saint). III, 17.
Benoît, écuyer, mari de Félicie. I, 26; II, 36, 37.
Benserade. I, 170, 180.
Bensheim. II, 488.
Benvilliers. II, 504.
Bérard (Pierre), seigneur de Bléré et de Chissé. II, 229-231.
Bérard (Simon), marchand. I, 204; II, 512.
Berardus de Bosco Corbonis, II, 30.
Berçay (la forêt de). I, 198, 203, 209; II, 350, 484, 512, 513; III, 3.
Bérenger le Grammairien, Beringerius Grammaticus. I, 19; II, 16.
Bergame. III, 32.
Bergeau (Françoise de), femme de Jacques de Clinchamps. I, 312; III, 94, 95.
Bergeau (Louise de). III, 94.
Bergeon, notaire. II, 517.
Berguin (Simonin), mari d'Henriette de Maillé. I, 243.
Beringerius, avunculus Archembaldi. II, 16.
Beringerius Curbatus vel Turbatus. II, 10, 14, 20.
Beringerius (Drogo). II, 44.
Beringerius, filius Ludovici de Rupibus. Voir Roches (des).
Beringerius Grammaticus. Voir Bérenger le Grammairien.
Beringerius Turbatus vel Curbatus. II, 10, 14, 20.
Béringhem (les héritiers). I, 283.
Béringhen (Jacques de), comte de Châteauneuf. III, 116.
Berlaudus de Tristega. III, 232.
Bernard, abbé de Marmoutier, Bernardus, abbas Majoris Monasterii.

I, 22, 25; II, 26, 27, 29, 31-33.
Bernard (Jean), seigneur de Goullard. I, 304; II, 289, 395-400, 430.
Bernard (Marie), fille de Jean Bernard et de Catherine Deplays, femme de César de Maillé. I, 304; II, 289, 395-400, 430, 439.
Bernardus Bloius. Voir Bloi (Bernard).
Bernardus, coquus. II, 12.
Bernardus de Spineto. Voir Épine (Bernard de l').
Bernardus, filuis Frotmundi. II, 16.
Bernardus Hospiellus. III, 232.
Bernardus, major. II, 20.
Bernardus, piscator. II, 26.
Bernardus, prior. II, 34.
Bernardus Tortus, Torti. II, 26, 32, 33.
Bernardus, vitrarius. II, 55.
Bernay (seigneur de). Voir Nicolaï (Aymar de).
Berneçay (le prieuré de), à Saint-Quentin (Indre-et-Loire). II, 30.
Bernezay (Catherine de), femme de Charles d'Avaugour. I, 317.
Bernusse, fief à Saint-Pierre-sur-Orthe. II, 114.
Berranger, fief vassal de Milly. II, 414.
Berrie, Berrys, baronnie à Nueil-sur-Dive (Vienne). I, 151; II, 465.
Berruère (la), à Sargé (Loir-et-Cher). — (seigneur de la). Voir Illiers (François d').
Berruière de Saint-Laon (Alfred-Pierre de la), premier mari de Louise-Marie-Bérengère de Maillé de la Tour-Landry. I, 398.
Berruyer. Voir Le Berruyer.
Berry (le). I, 361; III, 120, 176, 181-185.
Berry (le duc de, monseigneur de). I, 76, 115, 365; II, 171-173; III, 103.
Berry (la duchesse de), Marie-Caroline, femme de Charles-Ferdinand de Bourbon. I, 376.
Berry (les princes du Bas-). I, 348, 358, 389; II, 489, 499, 514; III, 90, 181, 183. — Voir Déols (Ebbes de).
Berry (Le). Voir Le Berry.
Berrys. Voir Berrie.
Bertaudière (la). I, 296.
Berthe (Augustin), notaire. III, 158.
Berthellot, blasphémateur. I, 138; II, 340.
Berthelot (Jacques), prévôt de Tours. I, 103; III, 225-227.
Berthelot de Villeneuve (Philippe-Théodore), second mari de Louise-Claire de Maillé de la Tour-Landry. I, 396.
Berthelot de Villeneuve (Théodore), seigneur de la Platterie, mari de Charlotte - Henriette - Françoise - Jacquine de Maillé de la Tour-Landry. I, 394.
Berthelotus Moys. II, 95.
Berthereau (Georges), greffier. II, 391, 428.
Berthereau ou Brethereau (Nicolas), avocat. II, 293, 376.
Berthier de Wagram (Marie-Anne-Wilhelmine-Élisabeth), femme de Charles-Louis-Alexandre-Jules Le Brun, comte, puis duc de Plaisance. I, 427.
Bertilina, priorissa de Sancta Genovefa. II, 47. Voir Sainte-Geneviève.
Bertolomeus de Rosaria, Bartholomeus de Roseria. II, 47, 48.
Bertrand (Charles), notaire. II, 395-400.
Bertre (Jean). II, 251.
Berville (M. de). III, 138.
Berziau (Guillaume de), seigneur des Hayes, à Beaumont-la-Chartre, mari d'Anne de Maillé. I, 320.
Berziau (Guillaume et Hercule de),

fils de Guillaume de Berziau et d'Anne de Maillé. I, 320.
Besançon. II, 149.
Besnard (Guillaume), notaire. II, 462.
Besnard (Jean). II, 325.
Besnard (René), vassal de Marie Louys. III, 29.
Besnard (Urbain), curé de Flée, doyen rural de Château-du-Loir. III, 149-151.
Besnard (l'abbé). I, 224.
Besnardeau (Jean), meunier. III, 114.
Besneraye (la), *alias* la Beneraye, fief vassal de Château-Gontier et métairie vassale de la Bourgonnière-Gaultier. I, 134; II, 345.
Bessé-sur-Braye (Sarthe). I, 223; II, 335, 442.
Beton (Jean), clerc. II, 208.
Beugnot (le comte). II, 92.
Beure (Frion de la), *alias* Frion de le Bieure, mari de Jehèse de Maillé. I, 73; II, 148.
Beunèche (seigneur de la). Voir Maillé de la Tour-Landry (Louis de). Voir Bunèche.
Beuris (de). Voir Benoist (de).
Beuvrier (A.). I, 94.
Beuvrière (seigneur de la). Voir Poncé (René de).
Beuxe, en Loudunois (seigneur de). Voir Jaille (Tristan de la).
Beuzeville (comte, marquis de). Voir Luzerne (de la).
Beysus (E.), imprimeur. I, 142.
Bezai, en Vendômois. I, 15; II, 9.
Béziers. I, 426.
Biard (le), à Montaillé. II, 335.
Biardeau, sculpteur. I, 161.
Bibault (Mathieu), écuyer. II, 338.
Bibe Vini (Gauzfridus). II, 4.
Bidault (Jacques), notaire. II, 431-435.
Biderière (la). II, 433.
Bienlevault (Henri et Louis), vassaux de Maisoncelles. II, 333.

Bieure (de le). Voir Beure (de la).
Bignet, *alias* Binet (Nicolas), comte de Marcognet, I, 282; III, 119, 120.
Bignet, *alias* Binet de Marcognet (Marie-Louise), fille de Nicolas Bignet et de Marie-Thérèse de Wanverden, femme de François de Chaligné et de Donatien II de Maillé. I, 282-284; III, 118-120, 150, 151, 154, 155.
Bigorre (le). I, 111.
Bigorres (sénéchal de), erreur probable pour : sénéchal de Périgord. II, 125, note.
Bigot (Guillaume), notaire. III, 32.
Bigot. II, 325.
Bigot (Le). Voir Le Bigot.
Bigot de Linières (Marie), femme de N. d'Avoines. I, 370.
Bigoteau (Jean). III, 169, 170.
Bigoteau (Michau). III, 174.
Bigotière (la), à Bouloire. II, 290, 307, 311, 313, 318, 320.
Biguet (Michel), conseiller au parlement. I, 103; III, 222-231.
Billardière (la). I, 296.
Billes (Antoine de), seigneur du Foyer. I, 211.
Billes (Jacqueline-Françoise de), fille d'Antoine de Billes et de Françoise de Vipart, seconde femme de René II de Maillé-Bénéhart. I, 209-213; III, 208.
Billon, notaire. III, 119.
Binet, Binet de Marcognet. Voir Bignet.
Birague (Jacques, vicomte de), baron d'Entrammes, premier mari de Jeanne Pélisson. I, 406; III, 83.
Biret (le sieur de). III, 54.
Bl..., en Bourbonnais. III, 79.
Bl. (la). II, 488.
Blaison (Maine-et-Loire). I, 140; II, 347.
Blaison (seigneur de). Voir Goulaine (Christophe de).

Blanchandinière (la). I, 86; II, 215.
Blanchard (R.). I, 42, 43.
Blanchardière (la), ancienne métairie à Maisoncelles ou aux environs. II, 331.
Blanchefort (Jean de), seigneur de Saint-Jeanvrin. II, 262.
Blanchefort (le seigneur de). I, 247.
Blandellière (la). II, 249, 250.
Blandinerie (la), à Breil. II, 433.
Blanou (Jean de). II, 221, 222.
Blasmecourt (seigneur de). Voir Maillé (René Ier de).
Blaye (Gironde). I, 376.
Blays, pour Blois (?). II, 343.
Blenac (comte de). Voir Courbon (Louis de).
Bléré (Indre-et-Loire). — (seigneur de). Voir Bérard (Pierre).
Bléré (frère Guillaume de). II, 87.
Blesensis (Girardus). Voir Blois (Girard de).
Blesi (Hemmeno de). II, 9.
Blesis. Voir Blois.
Blésois (le). III, 77, 100, 105, 209.
Bloc (Robert de), chevalier. II, 49.
Blocus vel Blotus (Durandus). II, 10, 14.
Bloi (Bernard I), mari en premières noces de N., et, en secondes, de Milsende de Maillé, Bernardus Bloius (1034-1037); uxor Milesendis de Malliaco (1050); testis (vers 1060); pater Gausfredi (1050, vers 1060); testis (vers 1063); Milesendis, uxor quondam Bernardi Bloii... duo ipsius Bernardi de altera conjuge filii (1079). I, 5-12; II, 4, 7-11, 24; III, 235.
Bloi (Bernard II), fils du premier mariage de Bernard I Bloi, Bernardus Bloius (avant 1069, 1079). I, 5, 6, 15; II, 13, 23, 24; III, 235.
Bloi (Eudes), fils de Geoffroy Bloi, Odo, filius Gauffredi de Malliaco (1108). I, 7; II, 39.

Bloi (Gauzbert), fils de Bernard I Bloi et de Milsende de Maillé, Gausbertus, frater Harduini, Bernardi Bloii et Gaufredi (avant 1069); filius Milesendis (1079). I, 6-8, 10, 14; II, 13, 24.
Bloi (Geoffroy), nommé aussi Geoffroy de Maillé, fils de Bernard I Bloi et de Milsende de Maillé, seigneur de Maillé en 1067, Gausfridus, Gaufredus, filius Milesendis et Bernardi Bloii (1050); filius Bernardi Bloti (vers 1060); Gosfredus de Mailliaco, frater Hervei (vers 1060); Gauffredus, filius Bernardi Bloii, eo tempore quo tenebat castrum Malliacum (1067); frater Harduini, Bernardi et Gausberti (avant 1069); Gaufredus de Malliaco, frater Bernardi Bloii, Harduini et Hervei (1079); filius Milesendis (1079); Gauffredus de Malliaco, pater Giraldi (1096); pater Odonis (1108). I, 5-12, 14, 15, 19; II, 8, 10-13, 23, 24, 34, 39.
Bloi (Girard), fils de Geoffroy Bloi, Giraldus, filius Gauffredi de Malliaco (1096). I, 7, 8; II, 34.
Bloi (Hardouin), fils de Bernard I Bloi et de Milsende de Maillé, Harduinus, frater Bernardi Bloii, Gaufredi et Gausberti (avant 1069); frater Gaufredi de Malliaco, Bernardi Bloii et Hervei (1079); filius Milesendis (1079). I, 6-8; II, 13, 24; III, 235.
Bloi (Hervé), fils de Bernard I Bloi et de Milsende de Maillé, Herveus, frater Gausfredi de Mailliaco, Bernardi Bloi et Harduini (vers 1060, 1079); filius Milesendis (1079); filius Milesindis de Rupibus (1096). I, 6-8; II, 10, 24, 34.
Bloi (Théhelde), peut-être fille de Bernard Bloi et de Milsende de Maillé. I, 9, 10.

Bloi (N.), fils du premier mariage de Bernard I Bloi, « duo ipsius Bernardi de altera conjuge... » I, 5, 6; II, 24.
Bloi (N.), fille de Bernard I Bloi et de Milsende de Maillé, femme de Hugues, chevalier d'Amboise. I, 8; II, 34; III, 235.
Bloio *vel* Boloio (Robertus de), baro. II, 42.
Blois, Blesis. I, 23, 166, 190, 234, 265; II, 17, 264, 282, 494; III, 23, 26, 39-67, 91, 112, 122, 131, 158, 184, 187, 206, 230. Voir Blays. — (prévôt de). Voir Hugo.
Blois (le comté de). III, 184. — (comte de). Voir Eudes de Champagne, Thibauld II et Thibauld III. — (vicomte de). Voir Gelduin.
Blois (le diocèse de). I, 234; III, 83, 123, 153, 212, 214.
Blois (l'évêque de). III, 123.
Blois (Girard de), archiprêtre de Sainte-Maure, Giraldus, archipresbyter de Sancta Maura, Girardus Blesensis. II, 81, 82.
Blois. Blesi (Hemmeno de). II, 9.
Blois (Marie de), *alias* Marie de Bretagne, femme de Louis Ier d'Anjou, Maria de Britannia, regina Siciliae. II, 115, 117, 118, 119.
Blois (M. de). II, 148.
Blondeau (Abraham). III, 10.
Blotus (Durandus). Voir Blocus.
Blou (Maine-et-Loire). I, 81, 134, 374; II, 202, 233, 346. — (baron de). Voir Le Jumeau (N.).
Blouines, Belouines, logis noble, à Brion. II, 484; III, 6, 238. — (seigneur de). Voir Barre (Louis de la). — (dame de). Voir Barre (Charlotte de la). — Au t. II, p. 484, lire : Blouines, au lieu de : Blouisse.
Bocées (Martin). II, 308. Voir Bossées.
Bochardus de Marellio. II, 57.

Bodineau (Pierre), avocat. III, 2.
Bogar (Guillaume de), archidiacre de Vannes. II, 381.
Bohardy, baronnie relevant du château d'Angers. I, 308; III, 73. — (baron de). Voir Bonnin de Messeignac (Jean-François de). — (baronne de). Voir Maillé (Marie-Urbaine de).
Bohyon (le régiment de). II, 498, 499.
Boille (le), à Montmirail (Sarthe). — (seigneur du). Voir Le Picart (Guillaume).
Boirelli (Andreas, filius Archembaldi). II, 16.
Boirellus (Archembaldus). II, 16.
Boires (les Grandes-), à Neuillé-Pont-Pierre. III, 168.
Bois (le), fief à Écorpain, vassal de Maisoncelles. II, 332. — (seigneur du). Voir Le Bariller (Jean).
Bois (le), à Maisoncelles. II, 331.
Bois (le), à Mazé. — (seigneur du). Voir Hamelin (Claude et René de).
Bois (la chapelle du), à Mazé. I, 346.
Bois (le), château à Plo. II, 509.
Bois (seigneur du). Voir Bucil (Pierre de).
Bois (sieur des). Voir Guitton (Jean).
Bois (sieur du). Voir Huet (François).
Boisbaudry (Gilles de), seigneur de Langan. III, 71.
Boisbertrand, près de Châteauroux. III, 182, 183.
Boisbouvart (sieur de). Voir Corban.
Bois-Clereau (seigneur de). Voir Bosquet (Jacques du). — (dame de). Voir Le Bailleur (Antoinette), Le Porc (Madeleine).
Boiscorbon. Bosco Corbonis (Berardus de). II, 30.
Boisdauphin (le maréchal de, seigneur de). Voir Laval (Urbain de).

Bois-d'Aménine (la terre du). II, 86.
— (seigneur de). Voir Maillé (Hardouin V de).
Bois-de-la-Motte, château à Trigavou (Côtes-du-Nord). II, 44; III, 238. — (seigneur du). Voir Avaugour (Jean d').
Bois-de-Maillé (le), fief vassal de Milly. II, 347, 413.
Bois-de-Maquillé (Marie-Augustine-Hyacinthe du), femme de Louis Pissonnet de Bellefonds. I, 395.
Bois-du-Pin (seigneur du). Voir Vaux (Guillaume des).
Boisgaudin, *alias* le Grand-Mesnil, fief à Écorpain, vassal de Maisoncelles. I, 338; II, 294, 332. — (seigneur de). Voir Chabot (Thomas), Guillart (Ambroise et Jacques), Le Bariller (Guillaume).
Bois-Gaultier (Martin de), franciscain, Martinus de Bosco Gualteri, guardianus F. F. Minorum Turonensium. I, 69; II, 111-122.
Boisguinot, château à Bécon. I, 401.
Boisherault (l'étang de), à Bouloire. II, 295.
Boisjoly (sieur de). Voir Falaiseau (Joseph).
Boisjourdain (Charles du). II, 431.
Boisjourdain (Françoise du), femme d'Urbain de Maillé. I, 260, 261; II, 427, 429, 431, 438.
Boislanfray (la famille de). I, 186, 187.
Boislanfray (René de), seigneur de Fontaines, à Montreuil-le-Henry, mari de Jeanne de Maillé-Bénéhart. I, 187; II, 255.
Boislève. Voir Boylesve.
Boislinard (Silvain-Claude de), seigneur du Lys, mari de Catherine-Bonne de Maillé-Brézé. I, 235. Voir Lys (le seigneur du).
Bois-Mignot, fief à Parennes et Rouez-en-Champagne. I, 227; II, 468, 484. — (seigneur du). Voir Le Clerc (Pierre).

Boismoreau (seigneur de). Voir Lenfant (Gédéon).
Boisneuf-sous-Chasteau, en Anjou. II, 104; III, 167. — (seigneur de). Voir Larçay (Jean de), Maillé (Jean de). — (dame de). Voir Maillé (Jeanne de).
Boispouilly (seigneur de). Voir Daillon (Guy de).
Bois-Preuilly. I, 93, 105; II, 245-247. — (seigneur de). Voir Maillé (Hardouin IX de).
Bois-Rou, fief vassal de Milly. II, 415. — (seigneur de). Voir Grésille (Claude de la).
Boissière (l'abbaye de la), Beata Maria de Buxeria in Andegavo. I, 44; II, 69, 72, 73.
Boissière (la), paroisse. I, 300; II, 450, 451.
Boissière (la), au terroir de la Roche-Bernard. I, 126; II, 228.
Boissière (seigneur de la). Voir Argentré (Charles d').
Boissière (la Petite-), paroisse. I, 156; II, 388.
Boissonnade (Anne de), fille de Guillaume de Boissonnade et de Charlotte de Maillé. I, 261; II, 469.
Boissonnade (Donatien de), fils de Guillaume de Boissonnade et de Charlotte de Maillé. I, 261; II, 460.
Boissonnade (Guillaume de), sieur de la Roguegautier, mari de Charlotte de Maillé. I, 261; II, 458, 460, 469.
Boissonnade (Louise de), fille de Guillaume de Boissonnade et de Charlotte de Maillé. I, 261; II, 458.
Bois-Travers, fief à Saint-Clément-de-la-Place. III, 145.
Boisy (seigneur de). Voir Villiers (Henri de).
Boiteau (Gervais), curé de Saint-

Pierre et de Notre-Dame de Noyen. I, 229.
Bollandistes (les). I, 69.
Bologne (Italie). II, 122.
Boloio *vel* Bloio (Robertus de), baro. II, 42.
Bomez (Robertus de). II, 66.
Bomius. Voir Bornius.
Bommiers-l'Église (Indre). III, 182.
— (seigneur de). Voir Trémoille (Jacques de la).
Bonæ (Airardus de). Voir Bannes (Airard de).
Bonaparte. I, 410. Voir Napoléon Ier.
Bonart (Denis et Laurent). III, 170.
Bonaventura (Romanus), cardinal diacre de Saint-Ange, évêque de Porto et de Sainte-Rufine. II, 64.
Bonchereau (J.). I, 156; II, 388.
Bon-Conseil (la chapelle de Notre-Dame de), au château du Bouchet. I, 134; III, 178.
Bonde (la), à la Chapelle-Saint-Rémy. III, 98.
Bonde (l'étang de la), à Maisoncelles. II, 331.
Bongars. II, 50.
Bonichon (le P.), oratorien. I, 179.
Bonlieu (l'abbaye de), à Bannes (Sarthe), Bonleu, Beata Maria de Bonoloco. I, 48, 49; II, 86, 89-91.
Bonnardière (la), fief à Bouloire, vassal de Bouloire. II, 302, 303, 305. — (seigneur de). Voir Barré (Jean), Gallet (Michel), Narrays (Colas).
Bonnardière-Tigerie (la), *alias* la Tigerie, à Bouloire. II, 307. Voir Tigerie (la).
Bonnart (Pierre), élu de Tours. I, 81; II, 187, 188.
Bonneau (Charles). II, 443, 445.
Bonneau (Jean). III, 174.
Bonnemore (Mairocheau de). Voir Mairocheau de Bonnemore.
Bonnet (Guillaume), seigneur de Chambrêtes, premier mari de Catherine de Maillé. I, 116; II, 188.
Bonnet (Jean). II, 217.
Bonnet (Philippon). II, 341.
Bonnette (seigneur de). Voir Gennes (Bertrand de).
Bonneval (la terre de). I, 252.
Bonneval (vicomte de). Voir Mallier (Claude).
Bonneval (Saint-Jean-de-). Voir Saint-Jean-de-Bonneval.
Bonnières (Marie-Louise-Philippine de), femme d'Armand-Charles-Augustin de la Croix, duc de Castries. I, 420.
Bonnin (Guillaume), mari d'Anne de Maillé. I, 436.
Bonnin (Louise), fille de Jean-François Bonnin de Messeignac et de Marie-Urbaine de Maillé, femme de Nicolas Lamoignon. I, 308, 309; III, 73.
Bonnin (Pierre), fils de Guillaume Bonnin et d'Anne de Maillé. I, 436.
Bonnin de Chalucet (Louis-Armand), fils de Jean-François Bonnin de Messeignac et de Marie-Urbaine de Maillé, évêque de Toulon. I, 308; III, 73.
Bonnin de Messeignac (Charles), fils de Jean-François Bonnin de Messeignac et de Marie-Urbaine de Maillé, comte de Montrevault. I, 308; III, 73.
Bonnin de Messeignac (Jean-François), marquis de Chalucet, seigneur d'Artron, comte et vicomte de Montrevault, baron de Bohardy, mari de Marie-Urbaine de Maillé. I, 308; III, 73.
Bonninière (Anne de la). I, 435.
Bonoloco (Sancta Maria de). Voir Bonlieu.
Bonort (Laurent). I, 295; II, 284.
Bonsergent (Henri), notaire. III, 10, 11, 29, 30.
Bonshommes (le prieuré des), à Monnaie. II, 415.

Bontemps (Macé). II, 305, 318.
Bontemps. II, 492, 493.
Bonus Amicus de Molinherna. II, 47.
Bonvaslet, neveu de Bernard Torti. II, 32.
Booleto (de). Voir Bueleto (de).
Borc Neuf. Voir Bourg-Neuf.
Borde (la Petite-), à Bouloire. II, 321.
Borde (le sire de la). II, 195.
Borde (sieur de la). Voir Le Roux (Charles).
Borde (Françoise de la), femme de Drouyn Barré. II, 307, 312, 317, 321, 325.
Borde (Gillet de la). II, 301, 302, 306-310, 312, 314, 316-318, 321, 325.
Borde (Jean de la). II, 305, 310, 313.
Borde (Julien de la). II, 311.
Borde (Mathurin de la). II, 310, 313.
Borde (Pierre de la). II, 251.
Borde (René de la), seigneur de la Sauvagère. II, 303, 310, 316, 322.
Borde (N. de la), femme de Mathurin Odineau. II, 301, 302, 307, 312.
Bordeau (Jean). II, 297, 313, 321.
Bordeau (Perrin). II, 309, 322.
Bordeaux. I, 111, 173; II, 481, 482; III, 165.
Bordeaux (l'archevêque de). II, 481, 482.
Bordebeure, à Maisoncelles. II, 299.
Borde-Frain (la), à Bouloire. II, 306, 315, 320.
Bordeil (Hugues et Raoul), Hugo et Radulphus Borduil. I, 44; II, 72, 73.
Bordelais (le). I, 178.
Borderie (Arthur de la). I, 266.
Bordes (les), fief à Cravant, vassal de Montsoreau. II, 448.
Bordier (Perrin). II, 232.
Bordoinnière (la), métairie. III, 200.

Bordueil, fief à Saint-Martin-des-Monts (Sarthe). — (seigneur de). Voir Illiers (François et Jean Ier d').
Borduil. Voir Bordeil.
Borgne (Le), presbyter. II, 508.
Boric, notaire. III, 91.
Bornius vel Bomius (Ascelinus), pater Lancelini de Carcere. II, 14.
Borrel (Johannes), filius Isabellis. II, 55. — filius Pagani et Florentie. II, 56.
Borrel, Borriel (Paganus), dominus de Fontanis Borrel. II, 56.
Borrellus (Gausfredus). II, 26.
Borrellus, telonearius. II, 26, 38.
Borrellus, testis. II, 44.
Borsart (Gaufridus, Hemericus et Johannes). II, 55.
Borsart (Pierre), Petrus Borsart. I, 29; II, 54, 55.
Boscal de Réal (Léon-César), comte de Mornac. III, 119.
Bosco Corbonis (de). Voir Boiscorbon.
Bosc-Roger (seigneur du). Voir Monthiers (Jacques-Casimir-Emmanuel de).
Bosquet (Georges du), seigneur de Cossé. I, 227.
Bosquet (Jacques du), seigneur de Bois-Clereau II, 455.
Bosquet (Judith du), fille de Georges du Bosquet et d'Antoinette Le Bailleur, femme d'Antoine de Maillé-Ruillé. I, 227, 228; II, 448, 451, 456, 458, 468, 484, 510; III, 73, 238.
Bosredon (Ph. de). II, 125.
Bossard (le Grand et le Petit-), au marquisat de Jalesnes. III, 110.
Bosse (la) (Sarthe). III, 178.
Bossées (Jean). II, 311. Voir Bocées.
Bosses (seigneur de). Voir Barre (Jean de la).
Botevilla (Willelmus de). II, 56.
Boubers-Abbeville (Clémentine de),

TABLE ALPHABÉTIQUE 269

femme de Pascal-Auguste-Joseph Baudon de Mony. I, 380.
Boucart (Jean). II, 237.
Bouchage (le sire, le comte du). I, 99; II, 371, 372; III, 177, 217, 218.
Bouchard (Jeanne), fille de Louis Bouchard et de Catherine de Laubanière, seconde femme de Payen II de Maillé. I, 114-117, 119; II, 188-190.
Bouchard (Louis), seigneur d'Aubeterre. I, 116.
Bouchardière (la), à Bouloire. II, 326.
Bouchardière (la), à Saint-Cyr-en-Bourg, fief vassal de Berrie ou de Milly. I, 151; II, 387, 413. — (seigneur de la). Voir Ferrières (Jean de), Maillé (Arthus de).
Bouchardus de Malliaco. Voir Maillé (Bouchard de).
Bouchemaine, Bucca Meduane. I, 9; III, 232, 233.
Boucher (Jean), enquêteur. III, 227.
Boucher (Le). Voir Le Boucher.
Bouchet (le), à Écorpain. II, 335.
Bouchet (le), château à Lasse. I, 134; III, 178. — (seigneur du). Voir Périers (Ambroise, Jacques et Macé de).
Bouchet (Louis du), curé de Juillé et chapelain de Saint-Turibe. I, 223; III, 3.
Bouchet de Chamilly (Élisabeth du), femme de Noël Bouton. III, 118.
Bouchez (Marguerite-Élisabeth), visitandine. III, 129.
Boucicaut (Jean Le Mengre de), maréchal de France. I, 75; II, 151.
Boudet (François), notaire. II, 293, 376.
Boudet (Gabrielle). III, 200.
Boudet (Michel). III, 100.
Bougainville (Yves de), huissier. III, 120, 121.
Bougreaux (les), à Pontigné. III, 145.

Bouillac, Brouillac, Bruillac (la terre de), en l'évêché de Tréguier. II, 440, 441. — (seigneur de). Voir Kerman (Maurice de).
Bouillé ou Bouillé-Thévalles, château à Montguillon (Maine-et-Loire). I, 162. — (seigneur de). Voir Thévalle (Jean de).
Bouillé (Pierre de), curé de Chevigné. III, 2.
Bouillé (Renée de), femme d'Henri de Daillon. II, 515.
Bouillé-Ménard (Maine-et-Loire). II, 203. — (dame de). Voir Aménard (Jeanne).
Bouillerie (la), château à Crosmières. III, 34.
Bouillon (le duc de). I, 174.
Bouillon-de-Vaudavy (le), en la forêt de Milly. II, 412.
Bouju (Michel), seigneur de la Sorinière. II, 381.
Boulainvillier (Philippe de), comte de Dammartin. I, 436; II, 291.
Boulay (le), moulin. III, 124, 125.
Bouleux, notaire. I, 346.
Boulin (Claude), dame de la Cour et de Chambellan, femme de Charles d'Argentré et de Charles de Maillé. I, 308.
Boullais (les). III, 198, 200.
Boullay (le), fief à Évaillé, vassal de Maisoncelles. II, 331.
Boullay (le), à Saint-Gervais-de-Vic. II, 335.
Boullay (Jacob). II, 400.
Boullay (Jean). II, 305.
Boullenger (Macé Le), conseiller. II, 505, 506.
Boullon, fief vassal de Châteauroux. III, 182.
Bouloire (Sarthe), la ville, le château, la baronnie. I, 337, 338, 340, 343-346, 349; II, 287-330, 348, 373-376, 388-391, 421-424, 427-431, 445, 451-453, 462-464, 477-480; III, 201. — (seigneur, baron de). Voir Chabot (Paul),

Hamelin (Claude et Louis de), Maillé de la Tour-Landry (Hardouin X, François, Jean, Jean, *alias* Pierre, Paul, Raphaël, René de), Poillé (Geoffroy de), Rosmadec (Jean III de), Testu de Balincourt. — (dame de). Voir Barjot de la Pallu (Marie), Illiers (Antoinette d'), Maillé de la Tour-Landry (Françoise de).

Bouloire (le curé de). II, 295, 296, 305, 306, 310-312, 315, 317, 318, 320, 324. — Voir Ferrant (Marin), Garnier (Gervais), Granger (R). — (vicaire de). Voir Périer (Mathurin), Saillant (Charles).

Bouloire (la fabrique de). II, 308-310, 312-314, 320.

Bouloire (les étangs de). II, 290, 295, 299.

Boulx (le), fief. I, 210; III, 38-67.

Boumellerie (la), au May-en-Mauges. II, 514.

Bouquet (dom). I, 41; II, 38, 67-69, 80, 84, 103.

Bour (Jean de), chevalier. II, 158.

Bourassé (l'abbé). I, 63, 66, 67; II, 111, 112, 115, 120.

Bourbon (duchesse de). Voir Hesse-Rinfeld (Charlotte de).

Bourbon (Antoine de), duc de Vendômois et seigneur de Saint-Calais. II, 348, 355, 390.

Bourbon (Charles de), duc de Vendômois, comte de Marle et de Soissons, vicomte de Meaux et de Beaumont, seigneur d'Hesdin, de la Guerche en Bretagne, de Nogent, Sonnois, la Flèche, Épernon, baron de Mondoubleau et de Saint-Calais. I, 100; II, 286, 287, 291-335, 390.

Bourbon (Jacques de), comte de la Marche. I, 69; II, 119.

Bourbon (Louis de), comte de Vendôme. I, 242; II, 178.

Bourbon (Louis de), duc d'Enghien et prince de Condé, mari de Claire-Clémence de Maillé-Brézé. I, 172-175.

Bourbon (Louis de), prince de la Roche-sur-Yon. I, 337.

Bourbon-l'Archambault. I, 160.

Bourbonnais (le). I, 247, 361; III, 79.

Bourdais (René), notaire. III, 146.

Bourdeuil (Louise de), dame de la Roche-Bourdeuil, femme de Jean Ier de Maillé de la Roche-Bourdeuil. I, 241.

Bourdigné (le Grand-), à Bouloire, fief vassal de Bouloire et de Meslève. II, 296, 298, 301, 304. — (seigneur du). Voir Le Vasseur (Pierre), Périer (Madelon), Rougemortier (Geoffroy).

Bourdigné (le Petit-), à Bouloire, fief vassal de Meslève. II, 301. — (dame du). Voir Charlot (la veuve Mathurin).

Bourdigné (Jean de), chroniqueur. I, 338.

Bourdin (Jean). II, 311.

Bourdin (Roland), seigneur de la Guérinière. II, 381.

Bourdinière (sieur de la). Voir Fergon.

Bourdon (Guillaume et Jean), meuniers. I, 75; II, 158, 159.

Bourdon (Macé). II, 85.

Bourdonnaye (Rosalie de la), veuve de Louis-Marie Juchaut et seconde femme de François-Alexis de Maillé-Roujoux. I, 237; III, 164.

Boureau (Renault). II, 313.

Bourg (la ville de), Burgus, peut-être Bourg-sur-Mer. I, 110, 111; II, 125; III, 236.

Bourg (prévôt de). Voir Hugues.

Bourg-en-Moutiers (le prieuré de). I, 320. — (prieure de). Voir Maillé (Madeleine de).

Bourg, en Rethelois. III, 188.

Bourgarel, curé du Houssay ou Montboissier. III, 140, 156.

Bourgère (Perrault), sire de Loubeau. II, 109.
Bourgerie (Guillaume), laboureur. II, 343.
Bourgerie (Raoullet), laboureur. I, 138, 139; II, 338-343.
Bourges. I, 75, 173; II, 151.
Bourges (le diocèse de). III, 181-185.
Bourges (l'archevêque de), primat d'Aquitaine. I, 350; II, 421, 436.
Bourges (Monseigneur de). II, 132.
Bourges (archidiacre de). Voir Maillé (Jacques de).
Bourg-Neuf, Borc Neuf. II, 102.
Bourgogne (la), Burgundia. I, 7; II, 11.
Bourgogne (le duc de). II, 152.
Bourgogne (la reine Jeanne de). I, 62; II, 149.
Bourgoing (Louis), maître des comptes. III, 82.
Bourgonnière-Gaultier (la), seigneurie. I, 134; II, 345, 346.
Bourgueil (l'abbaye, la forêt de). I, 53; II, 174, 194. — (abbé de). Voir Étampes de Valençay (Henri et Léonard d'), Maillé (Eustache de).
Bourguérin (seigneur de). Voir Beauxoncles (Jean de).
Bourmerie (Mlle de la). II, 455.
Bourmont, seigneurie et château à Freigné. I, 341, 349, 359; II, 361, 514, 515; III, 188-190. — (seigneur, marquis de). Voir Ghaisne (Marie-Henri de), Maillé de la Tour-Landry (Charles, François, Hardouin X, Jean Ier, Jean II et Louis de), Tour-Landry (Louis de la). — (comtesse de). Voir Maillé de la Tour-Landry (Marie-Hélène de).
Bourmont (Louis-Auguste-Victor, comte de Ghaisne de), maréchal de France. I, 379.
Bournan (dame de). Voir Tour (Catherine de la).

Bournaye (la), fief à Sainte-Cerotte, vassal de Saint-Calais. II, 335.
Bourneau (Louis), enquêteur à Saumur. II, 338-344.
Bournée (la), en Anjou. I, 248. — (seigneur de la). Voir Maillé (Charles de).
Bournen (Madeleine de), *alias* Madeleine des Durans (II, 269), femme de François de Chérité. I, 319; II, 269; III, 201.
Bouron (la prairie de), à Veigné. II, 418, 424.
Bourré (François), seigneur de Jarzé et du Plessis-Bourré, premier mari de Marie de Maillé-Brézé. I, 147.
Bourré (Jean), comte de Jarzé. III, 3.
Bourré (Marguerite de), femme de N. de la Barre. I, 205.
Boursart. Voir Borsart.
Boursault de Viantais (Louis-Antoine de), abbé de la Chapelle-aux-Planches. III, 114, 115.
Boussard (Jean), seigneur de la Gasselinière. II, 334.
Boussardière (seigneur de la). Voir Mauber (François).
Boussinière (la), à Couesmes. I, 62; III, 167. — (seigneur de la). Voir Le Clerc (Jean).
Boutard, messager. II, 488.
Boutard (Judith). III, 22, 27.
Boutart (Phelippot). II, 284.
Boutaric (E.). II, 77, 78, 79, 83, 96, 103-106, 108.
Bouteiller (Charles), seigneur de Châteaufort. III, 77, 111.
Bouteiller (Françoise-Marguerite), fille de Marin Bouteiller et de Marie Préville, femme de François-Henri de Maillé-Roujoux. I, 231-233, 439; III, 77, 83-87, 91, 92, 103-108, 112, 116, 122, 132-135, 209, 212.
Bouteiller (Jeanne), femme d'Adam Drouet. III, 92.

Bouteiller (Julien). I, 232; II, 86.
Bouteiller (Marin), seigneur de Châteaufort. I, 232; III, 77, 86.
Bouteiller (Renée), femme de Charles Richer. III, 77, 86.
Bouthillier (Claude), surintendant des finances. I, 162, 168, 172, 438; II, 474-477, 487, 488, 494; III, 204.
Bouthillier (Mme), femme du surintendant. I, 172.
Bouthillier, évêque de Troyes. I, 162.
Boutiller, greffier. II, 205.
Boutillier. Voir Bouthillier.
Boutin (Jean), sieur de la Cour. II, 381.
Boutin. II, 340.
Bouton (François de), comte de Chamilly. III, 118-120.
Bouton de Chamilly (Noël), maréchal de France. III, 118-120.
Bouverie (la), à Maisoncelles. II, 331.
Bouvier (Ambroise), notaire. III, 12, 86-88.
Bouvines (la bataille de). I, 66.
Bouyère (la), à Bouloire. II, 298, 307; 311, 312, 316, 323.
Boylesve (Alexandre-Clément de), fils d'Anne de Boylesve et de Marie Sourdeau de Beauregard, premier mari de Louise-Claire de Maillé de la Tour-Landry. I, 396.
Boylesve (Anne de), des anciens seigneurs du Plantis. I, 396.
Boylesve du Planty (Anne). I, 374; III, 166.
Boylesve (Anne-Pierre), fils d'Anne Boylesve du Planty et de Marie-Perrine Sourdeau de Beauregard, mari de Félicité-Émilie de Maillé de la Tour-Landry, seigneur de la Modetaie. I, 374; III, 165, 166.
Boylesve (Claude de). I, 275.
Boylesve (Louis), lieutenant d'Angers. II, 516.

Boylesve (Louis), seigneur de la Gillière. III, 91.
Boys (Jacquine), femme de Jean Lancelin. II, 313.
Boyssard (Christophe), grand vicaire de l'évêque de Chartres. III, 209.
Boyst (Louis Le), marchand. III, 191.
Brachesac. Voir Brissac.
Brachet (François), seigneur de la Pérusse, mari de Françoise, *alias* Diane de Maillé de la Tour-Landry. I. 354.
Brachet (Isabeau), fille de François Brachet et de Françoise, *alias* Diane de Maillé de la Tour-Landry, femme de François d'Aubusson. I, 354; II, 457.
Bragelongnes (De). II, 289.
Brainière (sieur de la). Voir Renard (Louis).
Branchu (Jacques), fermier de la châtellenie de Saint-Calais. II, 480.
Brandebourg (l'électeur de). II, 477.
Brandelay (seigneur de la). Voir Fontaine (Louis de la).
Brandonnée (le bois de), à Bouloire. II, 300.
Brantôme. I, 269.
Braulle (Marie-Ignace de), abbesse des Filles-Dieu du Mans. III, 132-135.
Bray, fief à la Croix-de-Bléré, vassal du château d'Angers, Brez. I, 89; II, 221, 222.
Bray (seigneur de). Voir Maillé (Hardouin IX de).
Bray. Voir Breil.
Bray-sur-Somme. I, 92; II, 242.
Braye (la), affluent du Loir. II, 331.
Brèche-Chaloux (seigneur de). Voir Menon (François III de).
Bréda. I, 161.
Brée (seigneur de). Voir Laval (Jean et Thibaud de).
Bréhabert (baron de). Voir Shéridan (Jacques de).

Bréhan (Madeleine-Angélique-Charlotte de), fille de Marie-Jacques, marquis de Bréhan, et de Marie-Jeanne-Angélique Delpech, seconde femme de Charles-René de Maillé de la Tour-Landry. I, 414-418; III, 163, 166.

Bréhan (Marie-Jacques, marquis de). I, 417.

Brehault, fief à Lavenay (Sarthe), vassal de Maisoncelles. II, 333.

Breheret, greffier. III, 84.

Breil (Maine-et-Loire), Breuil, Brueil, Bray, Notre-Dame de Breil. I, 290-297, 441; II, 221, 223, 239, 249, 250, 270, 285, 357, 391-393, 395, 409, 432-435; III, 180, 188, 191, 199, 201, 237. — (curé de). Voir Garnier (Pierre), Mesme (Urbain), Morin (Urbain), Nédelet (Jean de), Neveu (René), Riou (Guillaume).

Breil (le) (Sarthe). II, 478. — (curé du). Voir Lemaignan (Nicolas).

Breil (le), château à Saint-Paterne (Indre-et-Loire). III, 115. — (seigneur de). Voir Cotignon. — (dame du). Voir Leroyer (Madeleine).

Breil (le), fief à Vaulandry. III, 169-174, 177-180, 191. — (seigneur du). Voir Dosdefer. — (dame du). Voir Chemans (Honneur de), Montberon (Anne de).

Breil (seigneur de). Voir Barre (Louis de la), Maillé (Louis, Pierre, René de). — (dame de). Voir Soucelles (Jeanne de).

Breil (le). Voir Breuil le).

Breil (le Bas-), fief à Freigné, vassal de Bourmont. I, 359.

Breil (seigneur du Bas-). Voir Esperonnière (Antoine de l').

Breil (Denis du), seigneur de Lasse. III, 169.

Breil-de-Foin (seigneur du). Voir Foureau (Jean).

Brémeusière (la), à Origny-le-Butin.

III, 4. — (seigneur de la). Voir Viviers (Charles de).

Brenne (Geoffroy de), dit des Roches, seigneur de Rochecorbon. Gaufridus de Brena. I, 37; II, 48.

Brero (le). II, 151.

Breslay (Julien). II, 292, 323, 324.

Breslay (Pierre de), seigneur de Posset. I, 310.

Bressuire. I, 263.

Bressuire (le seigneur de). II, 242. Voir Beaumont (Jean et Thibaud de), Laval (Gilles de). — (dame de). Voir Derval (Aliénor II de).

Brest. I, 177, 278, 413; III, 70, 71.

Bresteau, seigneurie à Beillé (Sarthe). III, 98.

Bretagne (la), Britannia. I, 7, 76, 82, 88, 128, 160, 265, 266, 269, 271, 273, 275, 278, 280, 282, 283, 307, 308, 317, 348; II, 11, 110, 164, 165, 168, 170, 187, 191, 211, 227, 231, 236, 294, 361, 379, 381, 505; III, 71, 73, 115, 118-120, 158, 165, 176, 185, 187, 202, 210, 211, 218, 222, 223.

Bretagne (duc de). Voir Dreux (Pierre de), Geoffroy II, Pierre II.

Bretagne (Jeanne de), femme de Jean de Surgères. II, 273.

Bretagne (Marie de). Voir Blois (Marie de).

Bretagne (l'hôtel de), au Mans. III, 104.

Brète (Jean), trésorier de l'église de Tours. I, 96; II, 266.

Breteau (Patry). II, 306, 313.

Bretèche (la), à Restigné. II, 433; III, 200.

Bretellus (Guillelmus). II, 94.

Bretenaium. II, 79.

Brethereau. Voir Berthereau.

Brétignolles (dame de). Voir Le Vayer (Mahaud).

Bretin (Hugues), seigneur de Lessay. I, 102; III, 219-227.

Brétoisière (la), à Écorpain. II, 335.

Breton (Marguerite), femme de François Préville. III, 77, 209.
Breton (Le). Voir Le Breton.
Bretonnière (Macé de la), bourgeois de Tours. I, 82, 437; II, 190, 191, 200.
Bretons (les). II, 160, 242.
Bretonvilliers (la rue), à Paris. III, 87.
Breuil (le), fief à Sonzay (Indre-et-Loire). II, 409.
Breuil (seigneur du). Voir Vonnes (Louis de).
Breuil (Mlle du). I, 195; II, 409, 410.
Breuil (le). Voir Breil.
Breuil (Ameil du), alias Ameil Dubreuil, archevêque de Tours. I, 72, 73; II, 119.
Breuil-Hamon (du). Voir Brolio Hamonis (de).
Brèves (le sieur de), ambassadeur à Rome. I, 160.
Brèves (Paul-Louis-Camille-Jean-Baptiste de Savary de), marquis de Jarzé. I, 414.
Brèves de Jarzé (Louise, alias Marie-Bonne-Félicité de Savary de), fille de Paul-Louis-Camille-Jean-Baptiste de Savary de Brèves et de Bonne Damaris de Briqueville la Luzerne, première femme de Charles-René de Maillé de la Tour-Landry. I, 414-418.
Brez. Voir Bray.
Brézé (Maine-et-Loire). I, 109, 110, 125, 127, 140, 142, 151, 166, 172; II, 213, 344, 346, 363, 364, 391, 410-416, 435, 478. — (seigneur, comte, marquis, duc de). Voir Maillé (Armand-Jean, Arthus, Charles, Claude, Gilles, Guy, Hardouin, Louis-Joseph, Payen, Urbain de). — (dame, marquise de). Voir Étang (Jeanne de l'), Maillé (Claire-Clémence de).

Brézé (le sieur de). III, 202. Voir Maillé (Charles de).
Brézé (Catherine de), femme de Mathieu de l'Étang. I, 109, 110.
Brézé (Françoise de), femme de Bertrand de Beauvau. I, 248.
Brézé (Jacques de), grand sénéchal de Normandie, seigneur d'Anet. I, 133.
Brézé (Jean de) (1332). I, 110.
Brézé (Jean de), grand sénéchal de Normandie, fils de Jacques de Brézé, mari de Marie de Maillé (1470). I, 133.
Brézé (Jeanne de l'Étang, dite de). Voir Étang (Jeanne de l').
Brézé (Philippe de). Voir Maillé (Philippe de).
Briand (Jean). II, 373.
Briant (dom). II, 90.
Briais (le sieur). II, 493.
Bricius, capellanus. II, 46.
Briçonnet (François). III, 82.
Briçonnet (Jean), receveur du Languedoc. II, 237, 239-241.
Brie (la). I, 136, 420; II, 457; III, 11, 13, 20.
Brie (Augier de), fils d'Auger de Brie et de Perronnelle Courtet (C. Port, Dict., I, 498), élu évêque d'Angers, abbé de Saint-Evroul. I, 96; II, 266.
Brie (Augier de), fils de Jean II de Brie et d'Isabelle de Maillé, abbé de Saint-Georges-sur-Loire (1445-1468). I, 121, 438; II, 209.
Brie (Augier de), serviteur de Gilles de Maillé. II, 341.
Brie (Gilles de), fils de Jean II de Brie et d'Isabelle de Maillé, seigneur de Serrant et de la Rouaudière. I, 121, 122; II, 209, 210, 220, 225, 227, 231.
Brie (Jean II de), seigneur de Serrant, de la Roche-au-Duc et de la Roche-Brochart, bailli de Senlis, second mari d'Isabelle de Maillé.

I, 121, 122, 438; II, 210, 220, 225.
Brie (Jean de), fils de Jean II de Brie et d'Isabelle de Maillé. I, 122; II, 220.
Brie (Renée de), femme de François de Faudoas. II, 512.
Brienne (Blanche de), femme de Guillaume de Fiennes. II, 82.
Brière (Louis). III, 14, 17, 19, 28, 75, 85, 86, 88, 91, 95, 97, 100, 108, 111, 113, 131-135, 162, 208.
Brignemont (le sieur). II, 447.
Brigon (dame de). Voir Ploeuc (Renée-Mauricette de).
Brihemu (Hugo de). II, 48.
Brileio (Hevrardus de). II, 47.
Brinon (A.). II, 256.
Brinon (Yves), procureur. III, 216.
Briolay (prieur de). Voir Guédois (Louis de).
Brion (Maine-et-Loire). I, 321, 322; II, 508; III, 5, 6, 100, 101. — (dame de). Voir Chabot (Anne).
Briot, à la Chapelle-Saint-Rémy. I, 211; III, 98.
Briqueville la Luzerne (Bonne Damaris de), femme de Paul-Louis-Camille-Jean-Baptiste de Savary de Brèves, dame de Jarzé. I, 414, 415.
Brisé. Voir Brizay.
Brisceau (feu). II, 318.
Brislou (Guifrei de). Voir Brûlon (Geoffroy de).
Brisoles (seigneur des). Voir Jalesnes (Charles de).
Brisolière (sieur de la). Voir Le Royer (Charles).
Brissac (Maine-et-Loire), Brachesac. II, 126, 414. — (comte de). Voir Cossé (Charles II de).
Brissac (la maison de). I, 365; III, 102.
Brissac (Mathieu de), Matheus de Brachesac. I, 44; II, 72, 73.
Brissac (le maréchal de). Voir Cossé (Charles II de).

Britannia. Voir Bretagne (la).
Britannia (Maria de). Voir Blois (Marie de).
Britannia (beatus Yvo de). II, 115.
Brivazac, chapelain d'Alluyes. III, 140.
Brizay, Brisé (Indre-et-Loire). III, 144, 147.
Broc (Maine-et-Loire). I, 409; III, 144, 147, 148. — (curé de). Voir Personne (Jean).
Broc (Françoise de), religieuse à la Fontaine-Saint-Martin. III, 110, 117.
Broc (Marie-Madeleine de), fille de Michel de Broc et de Marie-Madeleine du Chesne, femme de Sébastien de Broc et de Charles de Maillé de la Tour-Landry. I, 362-366, 388; III, 27-29, 75, 76, 93, 95, 96, 108-110, 114, 116, 117, 208.
Broc (Michel de), baron d'Échemiré. I, 362; III, 29.
Broc (Michel, comte de). III, 231.
Broc (Sébastien de), vicomte de Fouletourte et des Perrais, premier mari de Marie-Madeleine de Broc. I, 362, 363; III, 116.
Broc (René de), chapelain de Saint-Jacques d'Escruye. I, 363; III, 77.
Broce (Jean de la), chantre de Saint-Pierre-de-la-Cour du Mans. II, 82.
Broce (Pierre III de la), seigneur de Langeais, Louplande et Mouliherne, mari d'Isabeau de Maillé. I, 46, 50; II, 82.
Brois, Broys (Rideau de), seigneur de Brois. II, 109, 147.
Brolio (haie de). II, 81.
Brolio Hamonis (Carbonellus et Hugo de). II, 52, 53.
Brolio Hamonis (Johannes de). II, 66.
Brolium (mansura Belini ad), apud Sanctum Solemnem. II, 25.
Brondes (les Grands-), en la forêt de Milly. II, 412.

Brondes-Marquis (les), en la forêt de Milly. II, 412.
Brossard (Françoise). III, 139.
Brossay (seigneur du). Voir Vieulxmont (Philippe de).
Brosse (seigneur de). Voir Valette (René de la).
Brosse (vicomte de). Voir Chauvigny (Guy de). — (vicomtesse de). Voir Maillé (Françoise de).
Brosse (le seigneur de la). III, 3. — Voir Barre (Jean et Louis de la), Launay (Louis de). — (dame de la). Voir Barre (Suzanne de la).
Brosse (René de), comte de Penthièvre, mari de Jeanne de Commines et de Françoise de Maillé. I, 100.
Brosserain (seigneur de). Voir Daen (Guillemot).
Brosses-Marquet (les), fief vassal de Milly-le-Meugon. I, 132, 140; II, 267, 271, 352, 414. — (seigneur des). Voir Cadu (Jean), Hune (Jean et Louis de la).
Brossier, notaire. III, 136.
Brou (Eure-et-Loir). III, 29.
Brou (Guillaume). II, 317.
Brouassin, fief à Mansigné (Sarthe). III, 125.
Brouillac. Voir Bouillac.
Broullebrun, en Berry. III, 183.
Broullier (Jean), archidiacre de Passais. II, 352.
Broussillon (le comte Bertrand de). I, 68, 77, 79-81, 85, 105, 106, 120; II, 12, 120, 121, 179.
Broys. Voir Brois.
Bruc (comte de). Voir Lamoignon (Nicolas).
Brucia (Sanzio de). II, 33.
Brueil. Voir Breil.
Bruère (Jean de la). II, 232.
Bruère (Jeanne), femme de Jean Marsault. II, 365.
Bruère (Pierre), notaire. III, 144, 147.

Bruignon (sieur du). Voir Aubert (Jean).
Bruillac. Voir Bouillac.
Bruillon (Guifrei de). Voir Brûlon (Geoffroy de).
Brulard (Jean), conseiller. I, 104; III, 216, 217.
Brulart, secrétaire d'état. III, 186.
Brullio (Barra de). I, 24; II, 33.
Brûlon (Sarthe). II, 122.
Brûlon (le comte de). III, 109.
Brûlon (Geoffroy de), Guifrei, Guifreis de Buislou, de Bruillon, de Brislou, de Bruslou. II, 49.
Brun (Le). Voir Le Brun.
Bruneau (Étienne), curé de Meslay. II, 506.
Bruneau de Tartifume. I, 142.
Brunet (G.) II, 266.
Brunet (Jean Dye, dit), écuyer. II, 162.
Brunet. II, 377; III, 192, 202.
Bruneterie (la) et la Brunetière, à Bouloire. II, 314.
Brunneau (Jean), paroissien de Poillé. II, 122.
Bruslou (Guifreis de). Voir Brûlon (Geoffroy de).
Bruyère (Pierre de la). I, 69.
Buat (Jean du), seigneur du Buat, de la Guierche et de Saint-Mahé. I, 128; II, 252.
Buccellus (Martinus). II, 26.
Buchardus de Mailliaco. Voir Maillé (Bouchard de).
Buchepot (Charles de), seigneur de Fromenteau et de Fougerolles, en Berry, et de Piébouchard, en Bourbonnais, mari de Marie de Maillé de la Tour-Landry. I, 361; III, 78-80.
Budan de Russé (Julien-Gabriel), mari de Jacqueline-Mathilde-Blanche de Maillé de la Tour-Landry. I, 381.
Budé, greffier. II, 197.
Budé (Jean), procureur. II, 364.
Bueil (Indre-et-Loire). II, 104; III,

231. — (doyen de). Voir Simon (Marc).

Bueil (Antoine de), seigneur de Bueil et de Chasteau, comte de Sancerre. II, 104.

Bueil (Antoine-Pierre de), seigneur de la Roche et du Plessis-Barbe. III, 231.

Bueil (Jean de). II, 158.

Bueil (Pierre de) (1380-1381). I, 52 ; II, 166, 168, 170.

Bueil (Pierre de), seigneur du Bois (1380). III, 168.

Bueleto (Guarin, Guarinus de), Guarinus de Booleto. I, 23 ; II, 26, 29.

Buffart (Étienne), chapelain de Saint-Michel-de-Ghaisne. II, 420.

Buffes (le seigneur de). I, 298.

Bugné (sieur de). Voir Gueffron (Salomon de).

Buguerius, presbyter de Fundetis. II, 46.

Buisard (Sainton), seigneur de la Buisardière. II, 301.

Buisardière (la), à Saint-Mars-de-Locquenay, fief vassal de Meslève. II, 301. — (seigneur de la). Voir Buisard.

Buislou (Guifrei de). Voir Brûlon (Geoffroy de).

Buisneau (François), notaire. III, 88, 89.

Buisson (le), à Écorpain et Maisoncelles. II, 331, 335.

Bulle-Charpentier (seigneur de la). Voir Rasiné.

Bullion (M. de), surintendant des finances. II, 485-488, 494.

Bunèche (baron de la). Voir Jalesnes (Charles de). Voir Beunèche.

Burellière (la), proche Crosmières. III, 34.

Burgaut (André). II, 85.

Burgensis (Marie), femme de Cosme Clausse. I, 205.

Burgi (prepositus). Voir Hugo. Voir aussi l'article Bourg.

Burgundia. Voir Bourgogne (la).

Buron (le), seigneurie à Vimarcé. I, 311 ; III, 9, 10.

Buron (Pierre), receveur de Rillé. II, 277.

Buronnière (la), château à Juvardeil. I, 396.

Bussay (seigneur de). Voir Cottinville (Antoine de).

Bussu (Marie de), femme de René II de Laval. I, 105.

Bussy-Rabutin (le régiment de). II, 498, 499.

Butet, notaire. III, 86, 87.

Buxcio (Henricus de). II, 47.

Buxeria. Voir Boissière (la).

Buxeuil-sur-Creuse (Indre-et-Loire). I, 54 ; II, 149.

Buxière-d'Aillac (Indre). III, 183, 239.

Buymier (Salomon), notaire. III, 188-190.

Buynart, enquêteur. III, 230.

Buzançais (le sire de). II, 138.

Buzançais (comte de). Voir Beauvilliers (Charles-Paul-François de).

C

Cabucière (la), à Bouloire. II, 297, 298, 299.
Cadase (le bois du), à Bouloire. II, 299.
Cadel (Antoine), trésorier de Rouergue. III, 215.
Cadilo, pater Tebaldi. II, 5.
Cadilo (Rainaldus). II, 26.
Cadix. I, 176.
Cadour (Yves), sous-curé de Plounevez. II, 508.
Cadu (Hélie), fils de Jean Cadu et seigneur de la Touche-Cadu et de Montguillon. I, 140; II, 352, 414.
Cadu (Jean), seigneur de la Touche-Cadu et des Brosses-Marquet. I, 140; II, 352.
Caen. I, 213, 383. — (la Visitation de). I, 213.
Caillault (Gervais). II, 319.
Caillaut (P.), prêtre. II, 161.
Cailleau, curé du Crucifix, au Mans. III, 84.
Caillel (Hildebertus). II, 44.
Cailloüey (Charles de), sieur de la Comté. III, 99-102.
Cainone (de). Voir Chinon.
Calabre (duc de). Voir Anjou (Charles d').
Calabrière (sieur de la). Voir Épinay (Jean de l').
Calais. I, 169; II, 399.
Calendini (l'abbé L.). I, 122.
Calmonte (de). Voir Chaumont.
Calona (Andreas de). II, 30.
Calonna (Gradulfus de). II, 10.
Calvaire (le couvent du). I, 276.

Calveau (Jean). III, 230, 231.
Calvus Mons, de Calvo Monte. Voir Chaumont.
Camboneau (seigneur de). Voir Frotier (Guy).
Cambrai. I, 145; II, 399; III, 130.
Cambray (le château de), à Germignonville, canton de Voves (Eure-et-Loir). I, 380.
Cambray (Lambert de). Voir Lambert de Cambray.
Cambrésis (le). II, 399.
Cambrésis (le régiment de). I, 392.
Cambrésis-infanterie (le régiment de). I, 411.
Cameliacensis (Petrus). II, 42.
Campbell (Isabelle de), seconde femme de Charles-Henri-François de Maillé de la Tour-Landry. I, 375, 376.
Campénéac (Morbihan). I, 266; II, 380.
Camps (de). II, 96.
Campuschevrier, Campus Caprarius. Voir Champchevrier.
Camu de Tucé (Le). II, 150.
Camus (Jacques de). II, 230.
Camus de Beaulieu (Johan Le). II, 153.
Camzon (la terre de), à Plaudren (Morbihan). III, 206. — L'annuaire Didot-Bottin mentionne deux châteaux de ce nom, à Grand-Champ et à Locqueltas, communes voisines de Plaudren. — (baron de). Voir Maillé (Léonor-Charles de).

TABLE ALPHABÉTIQUE 279

Canais (Mlle). II, 449.
Candé (Loir-et-Cher). II, 17.
Candé (Maine-et-Loire). III, 188.
Candé (Fulco de). II, 42.
Candes (Indre-et-Loire). I, 82, 83, 263; II, 190-192, 373.
Canevosa (silva). Voir Chenevose.
Cange (du). I, 8; II, 14, 121.
Canillac (de, comte de). Voir Beaufort-Canillac.
Canillac (comtesse de). Voir Ferrand (Élisabeth).
Cantarellus (Ingenaldus). II, 16.
Cantiaco (Lisiardus de). II, 12.
Capella (A. de). II, 201.
Capella (Gauterius de). II, 20.
Capella (Herbertus de), senescallus Pictavensis. II, 83.
Capelle (la). II, 492, 498.
Capitain, notaire. II, 457.
Caprarius (Stephanus). II, 12.
Capucins (les). Voir les articles Flèche (la), Mans (le), Saumur.
Carbonellus de Brolio Hamonis. II, 52, 53.
Carbonellus de Perronaio. II, 44.
Carcassonne. II, 149. — Carcasonensis (episcopus). II, 65.
Carcé (seigneur de). Voir Cluz (Olivier de).
Carcere, Carcers (de). Voir Chartre (de la).
Cardonal (Jehan), archidiacre d'Outre-Loire. II, 86.
Caresmeau (Nicolas), lieutenant du bailli de Touraine. I, 57; II, 144.
Caresmière (la), fief. III, 107.
Carhaix (Finistère). II, 380.
Carignan. I, 168.
Carman. Voir Kerman.
Carmel (le), Carmes (les). Voir Angers, Tours.
Carnaye (Bernard de la), seigneur de Chermant, mari de Charlotte de Maillé. I, 264; II, 443.
Carné (Guy de), seigneur du Lude. II, 221.

Carnoto (Teduinus de), prior Lavariaci. II, 38.
Caron, notaire. II, 511.
Caron de Fleury (Le). Voir Le Caron de Fleury.
Carré (le champ), à Trangé. III, 85.
Carré de Busserolle. I, 6, 11, 18, 50, 53-55, 59, 71, 73, 94, 113, 120, 244-247, 252, 257, 263, 281, 326; II, 2, 101, 102, 112, 116, 117, 160, 182, 213, 222.
Carrion (Pierre), chevalier. II, 179.
Carroy-Bourai (le). II, 253.
Cars (le duc des). II, 371.
Cartes (les), fief à Hommes (Indre-et-Loire), vassal de Rillé. II, 212.
— (seigneur des). Voir Espinoy (Olivier de l'). — (dame des). Voir Hommes (Anne d').
Carthagène. I, 178, 180.
Carthusiensis (ordo). II, 116.
Cartier (Huguet), receveur de Thouars. II, 240, 242-245.
Cartier (le sieur). II, 482.
Casal. I, 167.
Casaria (Gauffredus). II, 33.
Casse-de-l'Espron (la), à Milly, II, 412.
Cassereau (l'étang du), à Bouloire. II, 295, 297, 298, 299.
Cassin de la Loge (Joséphine), femme de Stanislas-Charles de Maillé de la Tour-Landry. I, 396.
Cassinus (Petrus). II, 26.
Castelfidardo (la bataille de). I, 381.
Castello (Gausbertus, canonicus de). II, 33.
Castello Celso (Odricus de). II, 6.
Castello Duno (de). Voir Châteaudun.
Castello Rainaldi (de). Voir Château-Renault.
Castelnaudary. I, 169.
Castres. I, 127.
Castriboni (vicecomes). Voir Foix (Roger-Bernard II, comte de).

Castries (Armand-Charles-Augustin de la Croix, duc de), pair de France. I, 420.

Castries (Edmond-Eugène-Philippe-Hercule de la Croix, marquis de), fils d'Armand-Charles-Augustin de la Croix, duc de Castries, et de Marie-Louise-Philippine de Bonnières, mari de Claire-Clémence-Henriette-Claudine de Maillé de la Tour-Landry. I, 420.

Castri Radulfi (Willelmus de Chavigniaco, dominus). II, 65. Voir Châteauroux et Chauvigny.

Castrobrientii (de). Voir Châteaubriant.

Castrogunterii (de). Voir Château-Gontier.

Catalogne (la). I, 170, 171, 177, 305.

Catelet (le) (Aisne). II, 492.

Caumartin (la rue), à Paris. I, 375.

Caumont (duc de). Voir Maillé (Armand-Jean de).

Caumont (Olivier-Emmanuel-Auguste-Louis-Ghislain-Nompar de), duc de la Force, mari d'Anne-Blanche-Élisabeth-Jeanne de Maillé de la Tour-Landry. I, 428.

Caumont-La-Force (le duc de). I, 283.

Causile (le ruisseau de). II, 23.

Cavaccia (Angelus), mercator de Janua. II, 51.

Cazeau (Antoinette de), femme de Louis de Maillé. I, 296-300, 353; III, 195-201.

Célestins (l'église des), à Paris, ecclesia Caelestinorum Parisiis. II, 118.

Celiers (les), à Bouloire. II, 297, 299, 300, 305, 308, 318, 320, 323, 324.

Celle (le prieur de la). II, 140.

Cens (la seigneurie de). I, 93; II, 243.

Centigny, fief à Villaines-la-Gonais. I, 305.

Centigny (Adrien de), seigneur de Centigny. I, 305.

Centigny (François de), curé de Saint-Maixent (Sarthe). I, 305; II, 420.

Centigny (Marguerite de), fille d'Adrien de Centigny et de Jeanne Goheau, première femme de Louis de Maillé. I, 305, 306; II, 420.

Ceps (Marguerite de), fille de Pierre de Ceps et de Charlotte Le Cirier, première femme d'Hélie de Maillé. I, 319, 320.

Ceps (Pierre de), seigneur de la Ferrière. I, 319.

Cérans-Foulletourte (Sarthe). III, 114, 117, 124, 126, 128, 130, 213. Voir Foulletourte.

Cerisay, château. II, 388. — (seigneur de). Voir Maillé (Claude de).

Cernon (de). Lire : Cervon partout où ce nom est écrit Cernon. Voir Corrections, I, 439; III, 238.

Certaines (Anne-Françoise de), fille de Jean-Pierre de Certaines et d'Anne-Françoise Cotignon, femme de Charles-François de Maillé de la Tour-Landry. I, 413.

Certaines (Jean-Pierre de), seigneur de Villemolin. I, 413.

Cervon (Christophe de). II, 510.

Cervon (Joachim de), et non de Cernon, fils de René de Cervon et de Catherine de Vauguefin, mari de Renée de Maillé, seigneur de la Rochère et de la Touche. I, 228; II, 506, 510; III, 87.

Cervon (Joachim de), fils de Joachim de Cervon et de Renée de Maillé. I, 228; II, 510.

Cervon (René de), baron des Arcis. I, 228; II, 506.

Cesarius, testis. II, 19.

Cesnerie (la), à Courcemont. III, 77, 97.
Cessigny, fief à Lerné (Indre-et-Loire), vassal de Montsoreau. I, 259, 263, 266, 440; II, 223, 380, 381, 438, 459, 461. — (seigneur de). Voir Maillé (Abel, Charles Ier, Hardouin, Jacques et René de), Roche-Rabasté (Jean de la). — (dame de). Voir Roche-Rabasté (Agnès de la).
Cessigny (Anne de), femme de Jean de la Roche-Rabasté. I, 256.
Cévandière (la). Voir Cyvandière (la).
Cey, notaire. III, 8.
Chabannes (Antoine de), comte de Dammartin. I, 131, 132.
Chabossière (seigneur de la). Voir Barre (Jean de la).
Chabot (Anne), dame de Brion, fille de Robert Chabot et d'Antoinette d'Illiers, femme de Jean Ier de Maillé de la Tour-Landry. I, 339-348; II, 374; III, 185.
Chabot (Eustachie), veuve de Béraud de Maillé (1279). I, 43.
Chabot (Isabeau), dame de Croisé et de Montarry. I, 343, 349; II, 374.
Chabot (Jeanne), femme de Jean II de Chambes. II, 206.
Chabot (Louis), seigneur de Montsoreau. II, 206.
Chabot (Paul), fils de Robert Chabot et d'Antoinette d'Illiers, seigneur de Clervaux, Bouloire et Maisoncelles. I, 343, 349; II, 373, 374, 390.
Chabot (Robert), baron d'Apremont, seigneur de Beauçay et Clervaux, troisième mari d'Antoinette d'Illiers. I, 337, 340.
Chabot (Thibaut), seigneur de la Grève et de Montsoreau. I, 125; II, 206.
Chabot (Thomas), seigneur du Grand-Mesnil. II, 332.

Chabotelaie (Jean de la). II, 169.
Chaboureau, vicaire à Saint-Sulpice. III, 122.
Chacé (la terre de). II, 111.
Chahaignes (Sarthe). I, 129, 215, 216, 439; II, 214, 348-351, 368, 512, 513; III, 14, 18, 28, 31, 113, 114, 127, 138, 140-143, 148-152, 154, 213. — (seigneur de). Voir Maillé (Henri et René-Louis-François de). — (curé de). Voir Barbault, Basset (J.), Narrays. — (vicaire de). Voir Potier.
Chahaignes, fief à Semblançay (Indre-et-Loire). I, 52, 62, 63, 75; II, 109, 110, 139, 140, 148, 149; III, 168. — (dame de). Voir Maillé (Catherine de).
Chahannay (Guillaume de). II, 183.
Chaignon (F.), prêtre. III, 2.
Chaignonnière (la), à Bouloire. II, 298, 308, 321, 322, 324, 326.
Chailles (Loir-et-Cher). II, 17.
Chaillou (le), en Berry. III, 183.
Chaillou (Sébastien). III, 28.
Chainoie (Jofroi de). II, 85.
Chaise (le château de la), en Poitou. III, 119. — (seigneur, marquis, marquise de la). Voir Chaligné, Vachés (Antoine de).
Chaise (Catherine-Julie Le Vaché de la), visitandine. III, 129.
Chaise (Chaligné ou Saligné de la). Voir Chaligné.
Chale (Th.). II, 50.
Chaligné (François de), alias de Saligné, marquis de la Chaise, en Poitou, premier mari de Marie-Louise Bignet de Marcognet. I, 282; III, 118, 119, 151.
Chaligné ou Saligné de la Chaise (Louise-Marie-Françoise de). III, 119.
Chaligné ou Saligné de la Chaise (Marie-Perrine de), marquise de la Chaise. III, 119.
Challou (René). II, 420.

Chalmel. II, 18, 156, 157.
Chalonge (seigneur du). Voir Cheminart (Pierre).
Chalonne (M. de). I, 175.
Chalonnière (la seigneurie de la). II, 347.
Chalons-sur-Marne. I, 145; II, 355.
Chalopin (Julien), avocat. III, 225-227.
Chalucet (marquis de). Voir Bonnin de Messeignac (Jean-François).
Chalumeau (l'étang de), à Maisoncelles. II, 331.
Chamaillart (Guillaume). II, 138.
Chamalardus, testis. II, 47.
Chambellan (dame de). Voir Boulin (Claude).
Chambellan (Marguerite), femme de Pierre de Refluge. I, 258.
Chambellay (seigneur de). Voir Montalais (Hugues de).
Chambelles (Pierre de). II, 169.
- Chambes-Montsoreau (Anne de), fiancée d'Yves de Maillé. I, 318.
- Chambes (Charles de), seigneur de Montsoreau. I, 205; II, 393.
- Chambes de Maridor (Charles de), marquis d'Avoir. II, 485.
- Chambes (Jean II de). II, 206.
- Chambes (Jean IV de). II, 371.
- Chambes (Jean de), seigneur de Montsoreau. II, 426.
- Chambes (Marguerite de), femme de Louis de la Barre. I, 293, 205, 322; II, 485; III, 3, 5, 44.
Chambes (Philippe de), seigneur de de Montsoreau. I, 205, 259; II, 223.
Chambes (Suzanne de), dame de la Gilberdière. III, 5, 64.
Chambois (l'abbé Émile-Louis), curé de Rahay. II, 409; III, 71, 159.
Chambord (chapelain de). Voir Pintore.
Chambray (Indre-et-Loire). II, 124.

Chambrètes (seigneur de). Voir Bonnet (Guillaume).
Chamenay (De). II, 287.
Chamillart (Michel), ministre d'état, seigneur de Courcelles. I, 212, 215, 233; III, 124-130, 213.
Chamilly (comte de). Voir Bouton (François).
Chamilly (du Bouchet de). Voir Bouchet de Chamilly (du).
Chamilly (Bouton de). Voir Bouton (de).
Chamilly (Poncet de la Rivière de). Voir Poncé.
Champ (seigneur de). Voir Maillé (François-Henri de).
Champ (le Grand-), à Trangé. III, 85.
Champagne (la). I, 420; III, 29.
Champagne (grand prieur de). Voir Étampes de Valençay (Henri d').
Champagne (Eudes de). Voir Eudes de Champagne.
Champagne (Renée de), femme de René Le Clerc. I, 195.
Champagne (Jean de), chevalier. II, 150.
Champagne (Jean V de). I, 299.
Champagne (Pierre). III, 63.
Champagné (Sarthe). II, 180.
Champagne-Hommet. I, 189, 198; II, 216; III, 178. — (seigneur de). Voir Maillé (Hardouin et Jacques de), Villiers (Guillaume de). — (dame de). Voir Beaumont (Jeanne de), Matz (Jeanne du).
Champart, Champart-sous-Chasteau, en Anjou, fief à Souvigné (Indre-et-Loire), vassal de Château-la-Vallière. II, 104. — (seigneur de). Voir Champart (Robert de), Larçay (Jean de), Maillé (Michel de). — (dame de). Voir Champart (Sédelle de).
Champart (Robert de), seigneur de Champart-sous-Chasteau, premier

mari de Sédelle de Champart. II, 104.

Champart (Sédelle de), dame de Champart-sous-Chasteau, en Anjou, femme de Robert de Champart et de Jean de Maillé. I, 62 ; II, 104, 105.

Champbourdon, à Avoise. — (seigneur de). Voir Lespervier (François de).

Champchevrier, à Cléré (Indre-et-Loire), Campus-Chevrier, capella S. Valeriani de Campo-Caprarii. I, 48, 64, 100, 137, 140; II, 73, 85, 89-91, 117, 265, 337, 347, 410-416. — (seigneur de). Voir Daillon (Guy de), Maillé (François, Hardouin V, Hardouin VI, Hardouin VII, Hardouin VIII et Hardouin IX de). — (dame de). Voir Maillé (Françoise de).

Champchevrier (Agnès de), religieuse et abbesse de Bonlieu, Agnes de Campochevrier. II, 90.

Champchevrier (Étienne le Forestier de). II, 85.

Champchevrier (Jocelin de), Joscelinus de Campochevrier. I, 44 ; II, 72, 73.

Champchevrier (Macée de), Mathea de Campochevrier, monialis de Bonoloco. II, 90.

Champchevrier (Simon de), Symon de Campochevrier. I, 48 ; II, 89-91.

Champeaux (les). II, 317.

Champ-Geneteux (le), à Saint-Mars-de-Ballon et Courcebœufs. I, 222 ; II, 407.

Champ-Hardois (le). Voir Hardois.

Champigné (Maine-et-Loire). I, 160. — (la chapelle Saint-Julien de). I, 161.

Champion (Jean), curé de Neuvillalais. III, 70.

Champit, à Maillé ou Luynes, la forêt de Champit, nemus des Champit, domus, homines de Champith, Champis, Champiz. I, 38, 41 ; II, 52, 53, 60, 66.

Champlais (Jeanne de), dame de Souvré, femme de Jean de Fallais et de Jean Ier de Maillé. I, 331.

Champ-le-Roy (dame de). Voir Maillé (Jehèse de).

Champollion. II, 377 ; III, 192, 202.

Champs (la terre de). III, 133-135.

Champs (Adam des), président à Baugé. III, 145.

Champs (Bernard des), grenetier de Pézenas. II, 204.

Champs (Jean des), sieur du Plessis. III, 145-147.

Champs (Louise des), femme de Jean-Baptiste-Urbain de Lorent. III, 145-147.

Champs (Marie-Hélène des), femme d'Henri-François de Savonnières. I, 408; III, 144-147.

Champs (Michel-Clément des). III, 145.

Champtocé. Voir Chantocé.

Chançay (Indre-et-Loire). I, 50, 57, 60, 247, 248; II, 84-86, 108, 135, 145, 150, 182, 274, 275 ; III, 236. — (seigneur de). Voir Launay (Hardouin de), Maillé (Charles, Hardouin V, Jean Ier, Jean II et Jean III de), Raynier (Lancelot du).

Chanceaux (canton de Loches, Indre-et-Loire). — (seigneur de). Voir Le Breton (Antoine ou François).

Chanceaux ou Chauffeau (seigneur de). Voir Grenier (René du). — (dame de). Voir Maillé (Anne de).

Chandio (Claude de). I, 155.

Channais (seigneur de). Voir Daillon (Guy de).

Channay (Indre-et-Loire). I, 90, 292 ; II, 212, 216, 224, 225, 249 ; III, 237. — (prieur de). Voir Lanier (André).

Chantelou (le sieur de). II, 433.

Chanteloup, métairie aux Loges, commune de Coudrecieux (Sarthe). II, 286.
Chanterac (de). I, 269.
Chanteur (Le). Voir Le Chanteur.
Chantille (Robertus de). II, 47.
Chantilly (Oise). I, 173. — (seigneur de). Voir Clermont (Jean de).
Chantilly, à Courcelles (Indre-et-Loire. — (seigneur de). Voir Écottais (Séraphin des).
Chantocé (Maine-et-Loire). II, 495.
Chanvrier (Jean), l'aîné et le jeune, paroissiens de Gennes. II, 343, 344.
Chanzé (seigneur de). Voir Aménard (Jean).
Chaourses. Voir Sourches.
Chapeau (Jean), fondateur de la chapellenie de Sainte-Marie du Ronceray. II, 359.
Chapelle (la), métairie à la Chapelle-Craonnaise. III, 189.
Chapelle (seigneur de la). Voir Escoubleau (Antoine d'), Maillé de la Tour-Landry (Raphael de), Penhoet (Guillaume de), Tryac (Olivier de).
Chapelle (Henri de la). Voir Maillé de la Tour-Landry (Henri de).
Chapelle (Jeanne de la), femme de Pierre de Rohan. I, 88.
Chapelle (Jeanne de la), femme de Jean de Rosmadec. II, 287.
Chapelle (Nicole de la), doyen de l'église de Chartres. II, 200.
Chapelle (Olivier de la). I, 131.
Chapelle-aux-Choux (la) (Sarthe). III, 145.
Chapelle-aux-Planches (abbé de la). Voir Boursault de Viantais.
Chapelle-Craonnaise (la) (Mayenne). I, 341; III, 189, 190.
Chapelle de Courcival (seigneur de la). Voir Baigneux (François de).
Chapelle-Gaugain (la) (Sarthe), fief vassal de Maisoncelles. II, 333-335. — (seigneur de la). Voir Le Grand (Huet), Ronsard (Louis et Olivier de). — (dame de la). Voir Larçay (Catherine de).
Chapelle-Saint-Remy (la) (Sarthe). III, 35, 97-100.
Chapelle-Saint-Sauveur (la) (Loire-Inférieure). III, 97.
Chapellière (la), fief à Bouloire, vassal de Bouloire. II, 296, 299, 305. — (seigneur de la). Voir Gaignart (Jean), Saint-Denis-d'Alençon (Jean de).
Chappée (Julien). I, VII.
Chappelays (Jean Le). II, 150.
Chapronnière (la), à Tuffé. III, 99.
Chapusset (Antoine de). II, 383.
Charavay (Eugène). II, 148, 495.
Charbonelli (Guillermus). II, 66.
Charbottière (la), fief à Évaillé, vassal de Maisoncelles. II, 331.
Charcenay, à Fondettes, Charchenaium, Sarsenay. I, 44; II, 67, 74.
Chardoine (Jean), capitaine de Rochecorbon. I, 245; II, 182.
Charité (le sieur de la). III, 44.
Charlemont. II, 497.
Charlerie (François). I, 368; III, 147.
Charlerie (Henriette-Catherine-Marie-Pélagie), fille de François Charlerie et de Jacquine Guignard, femme de Joseph-Antoine-Éléonor-Isidore de Maillé de la Tour-Landry. I, 368, 369; III, 147.
Charles IV, le Bel, roi de France. II, 108.
Charles V, roi de France. I, 63, 75, 76, 86; II, 124, 125, 158-160. Voir Charles, régent de France.
Charles VI, roi de France. II, 118, 152, 206.
Charles VII, roi de France. I, 80, 83-85, 124, 247; II, 183, 195, 197-199, 203, 205, 206.

Charles VIII, roi de France. I, 93, 97, 98; II, 255, 256.
Charles IX, roi de France. I, 150, 154, 265, 349, 352; II, 360; III, 181-187.
Charles X, roi de France. I, 418, 419. Voir Artois (le comte d').
Charles, comte d'Anjou et du Maine. Voir Anjou.
Charles de Valois, frère de Philippe III. I, 50; II, 103.
Charles le Mauvais, roi de Navarre. I, 114.
Charles, marquis d'Albert. Voir Albert.
Charles, régent de France (1356). I, 56, 59; II, 145. Voir Charles V.
Charles (Nicolas), notaire. III, 8.
Charles (l'abbé Robert). II, 252.
Charlet, notaire. III, 35, 91.
Charleville (Ardennes). II, 499.
Charlot (la veuve de Mathurin), dame du Petit-Bourdigné. II, 301, 317, 319, 320, 322, 325, 326.
Charmaye (la), à Bouloire. II, 299, 320.
Charme (Hubert du), vassal de Maisoncelles. II, 334.
Charnacé (le château de), à Champigné. I, 160.
Charnacé (Hercule de), fils de Jacques de Charnacé et d'Adrienne Legaiger, mari de Jeanne de Maillé, marquis de Charnacé, seigneur de Gastines et du Plessis. I, 159-163; II, 447, 469, 474-477, 487, 489; III, 238.
Charnacé (Jacques de), conseiller au parlement de Rennes. I, 160.
Charnacé (Mathurin de). II, 377.
Charnie (la Petite-). I, 222; II, 378.
Charny (le comte de). I, 194; II, 361, 365, 367, 368, 370.
Charon de Villesablon (Marie-Josèphe), visitandine. III, 129.
Charonne-lès-Paris. II, 491, 492.
Charpentier (Jacques), curé de Neuvillette. III, 70.

Charreton. Voir Charton.
Charreux (le moulin de), à Torcé (Sarthe). III, 99.
Charrier (Guillaume), receveur des finances. II, 197.
Charron, notaire (1475). II, 244. — (1649). II, 515.
Charruau (Jean), chapelain de Saint-Michel-de-Ghaisne. II, 420.
Chartier (Clément). II, 318, 320.
Chartier (Guillaume), sieur de la Rivière et du Pérucher. II, 468.
Chartier (Jean). II, 297, 318, 322, 332.
Chartier (Julien). II, 307, 311, 313, 318, 320.
Chartier (Maurice). II, 297.
Chartier (Pierre), prêtre. III, 18.
Charton, Charreton (Antoinette), femme de Noël Regnouart. III, 11, 18.
Chartrains (les prés des), à Chahaignes. II, 350.
Chartre (la), en la forêt de Milly. II, 412.
Chartre-sur-le-Loir (la) (Sarthe). I, 213; II, 335; III, 28, 143, 149-151. — (l'église, la paroisse de Châtillon de la). I, 202; III, 151. Voir Vaidie (Jacques). — (l'église Saint-Vincent-de-la). I, 213. — (doyen de la). Voir Vaidie (Jacques).
Chartre (le sire de la). II, 138. — (baron de la). Voir Courtoux (Jacques de). — (marquis de la). Voir Robert (Anne-Nicolas).
Chartre (Charles de la), *alias* de la Chastre, receveur des aides. II, 383, 385.
Chartre (Jean de la), Johannes de Carcers. II, 34.
Chartre (Lancelin de la), Lancelinus de Carcere, filius Ascelini Bornii. II, 14.
Chartres (comte de). Voir Thibault II. — (vidame de). Voir Ferrières (Jean de).

Chartres (la cathédrale, l'église de). I, 368; II, 200; III, 171. — (chevecier de). Voir Maillé de la Tour-Landry (Michel-François de). — (doyen de). Voir Chapelle (Nicole de la). — (sous-chantre de). Voir Illiers (Milon d'). — (grand vicaire de). Voir Boyssard.

Chartres (le diocèse, l'évêché de). I, 106, 201.

Chartres (l'évêque de). III, 209. Voir Étampes de Valençay (Léonard d'), Neufville (Ferdinand de).

Charuelle (Jamette la). II, 233.

Charzé (de). Voir Chazé (de).

Chasles, fief à Longué, vassal de Milly. II, 415.

Chasles (Simon de), seigneur de Chasles. II, 415.

Chasles, curé de Saint-Germain. III, 140.

Chassin (le), fief vassal de Châteauroux. III, 182.

Chassonville (seigneur de). Voir Mallier (Claude).

Chasteau, Chasteaux en Anjou. Voir Château-la-Vallière.

Chastellon (Simon de). II, 46.

Chastellux (le comte de). III, 123, 160, 163, 164, 166.

Chastenaio (Johannes de). II, 51.

Chastigny. Voir Chatigny.

Chastre (de la). Voir Chartre (de la).

Chastres (seigneur de). Voir Voyer (Pierre de).

Châtaigneraie (la), fief à Courléon. — (seigneur de la). Voir Guantineau (Jacques de).

Châtaigneraie (la), seigneurie à Campénéac (Morbihan). I, 266; II, 380.

Châtaigneraie (le château de la), à Langeais. I, 381.

Châtaigneraie (seigneur de la). Voir Vivonne (Charles de).

Château (l'étang du), à Maisoncelles. II, 331.

Château (Jean du). II, 150.

Châteaubriant. II, 113. — (le sire de). II, 138.

Châteaubriant (marquis de). Voir Maillé de la Tour-Landry (Charles-André de).

Châteaubriant (Aliénor de), seconde femme de Bonabes de Derval. II, 110.

Châteaubriant (Geoffroy de), dit Brideau, seigneur du Lion-d'Angers et de Chevannes. I, 251, 252.

Châteaubriant (Isabelle de), femme d'Hardouin II de Beauçay. I, 55; II, 158.

Châteaubriant (Isabelle de), fille de Geoffroy de Châteaubriant, dit Brideau, et de Marguerite de Parthenay ou de Jeanne de Sainte-Maure, femme de Juhez de Maillé. I, 251-253, 289.

Châteaubriant (Jean de), seigneur de Saint-Jean-des-Mauvrets, Juigné, Clervaux, Tigné et les Granges. I, 356; II, 436.

Châteaubriant (Louise de), première femme de Guy XII de Laval. II, 121.

Châteaubriant (Louise de), fille de Jean de Châteaubriant et de Suzanne de Montausier, femme de Jean II de Maillé de la Tour-Landry, dame de Saint-Jean-des-Mauvrets. I, 356, 357; II, 436, 439, 514-516; III, 8, 76.

Châteaubriant (Robert de), Robertus de Castrobrientii. II, 57.

Châteaudreux (Jean de), conseiller du roi. II, 275, 276.

Château-du-Loir, Chasteau dou Loir. I, 189, 198, 203, 209, 348; II, 91, 281-283, 484, 512, 513; III, 13, 30, 115, 131, 149-151, 161, 197. — (l'église Saint-Martin de). I, 215; III, 161. — (baron de). Voir Rohan (François de). — (doyen rural de). Voir Besnard (Urbain).

Châteaudun. III, 26. — (l'hôtel-Dieu de). III, 10.
Châteaudun. Gosfredus, miles de Castello Duno. II, 18.
Châteaufort, fief à Aigné (Sarthe). III, 104.
Châteaufort, en Berry. III, 183.
Châteaufort (seigneur de). Voir Bouteiller (Charles et Marin).
Château-Gontier. I, 52, 53, 134, 152, 327, 351; II, 166, 167, 345, 372, 420, 430; III, 147. — (bailli de). Voir Hocquedé. — (le prieur de). II, 113.
Château-Gontier (Renaud de), Raginaldus de Castrogunterii (avant 1040). II, 4.
Château-la-Vallière (Indre-et-Loire), Chasteau, Chasteaux, Châteaux en Anjou, II, 104, 117, 212, 434, 441; III, 167. — (seigneur de). Voir Bueil (Antoine de).
Châteauneuf (comte de). Voir Béringhen (Jacques de).
Châteauneuf-sur-Cher. I, 421-423.
Châteauneuf, près de Perpignan. I, 47; II, 84-87.
Châteauneuf-lès-Tours. I, 45; II, 78.
Château-Raoul (le), à Châteauroux. I, 175.
Château-Renault (Indre-et-Loire). II, 187.
Châteaurenault (le comte de). III, 138.
Châteaurenault (le maréchal de). III, 137.
Château-Renault. Castello Rainaldi (Guicherius de). II, 30.
Châteauroux (Indre), Castrum Radulfi. I, 174, 175, 336, 350, 357; II, 65; III, 181-185. — (seigneur, baron, comte de). Voir Chauvigny (André, Guillaume et Guy de), Maillé de la Tour-Landry (Charles, François, Hardouin X, Jean Ier et Jean II de).

Châteauroux (le Château-Raoul, à). I, 175.
Châteauroux (les Cordeliers de). III, 182.
Châteauroux (l'église et la paroisse Saint-André de). I, 338; III, 181.
Châteauroux (la paroisse Saint-Denis de). III, 181, 182.
Châteauroux (la paroisse Saint-Martial de). III, 181.
Châteauroux (l'église et la paroisse Saint-Martin de). I, 175; III, 181.
Châteauroux (Mlle de). Voir Maillé de la Tour-Landry (Paule de).
Château-Salins. II, 492.
Château-Sénéchal, fief à Clermont (Sarthe), vassal de Brouassin. I, 204, 208, 212, 312; III, 28, 40-67, 80, 124-129. — (seigneur de). Voir Barre (Louis de la), Grenier (René du), Maillé (Henri et René II de). — (dame de). Voir Barre (Françoise de la), Maillé (Anne de).
Château-Vieux (l'hôtel de), à Paris. I, 365; III, 123.
Châteaux en Anjou. Voir Château-la-Vallière.
Châtel (Claude, marquis du). I, 274.
Chatel (Charles-Nicolas-Emmanuel Rapin du), mari d'Henriette-Julienne Le Mayre de Millières et d'Aurélie-Jenny-Charlotte de Maillé de la Tour-Landry. I, 396.
Châtelet (le), à Paris. I, 199, 283, 406; II, 364, 440, 454-457, 490, 507, 511, 514-517; III, 3, 8, 30, 32, 69-74, 79-82, 89, 104, 113-122, 131, 135, 149, 150, 155, 212.
Châtelet (marquis du). Voir Coicaud.
Châtellerault, Chastelcraut. I, 262, 270; II, 106, 292. — (vicomte de). Voir Anjou (Charles d'), Harcourt (Louis de).
Châtellier (le), à Savigny-sur-Braye.

II, 464. — (seigneur du). Voir Salmon (Jean de).
Châtellier (le seigneur du), en Berry. III, 183.
Chatigny *ou* Chatigné, à Fondettes (Indre-et-Loire), Chastigny. I, 291, 292; II, 208, 236, 253. — (seigneur de). Voir Maillé (Guy et René de).
Châtillon (l'église, la paroisse de), à la Chartre-sur-le-Loir. I, 202 ; III, 151.
Châtillon (le maréchal de). I, 169; II, 497.
Châtillon-sur-Indre. I, 309.
Châtre (la) (Indre). I, 337. — (seigneur de la). Voir Maillé (Hardouin X de).
Chaulnes (duc de). Voir Ailly (Charles d').
Chaulnes (la duchesse de). I, 279. Voir Le Ferron (Élisabeth).
Chaulnes (le maréchal de). I, 169.
Chaudefonds (Maine-et-Loire). II, 136.
Chaudet (Julien), marchand. III, 74.
Chaumont (Loir-et-Cher), Calvus Mons. I, 31 ; II, 43.
Chaumont (Geoffroy de), fils de Geldüin de Saumur ; Gaufredus, Gaufridus, Gauzfridus de Calmonte, filius Gelduini de Salmuro. I, 12; II, 2, 6, 8.
Chaumont (Lisois de), seigneur de Loches et de Verneuil, Lisodius, frater Sulpicii de Calvo Monte. I, 23; II, 18.
Chaumont (Pierre de), Petrus de Calvo Monte. II, 39.
Chaumont (Sulpice de), Sulpicius de Calvo Monte. I, 23 ; II, 18.
Chaumont-en-Bassigny (Haute-Marne). I, 111; II, 129. — (bailli de). Voir Fay (Gondemart du), Maillé (Payen 1er de).
Chaunay. II, 212, lire : Channay. Voir cet article.

Chaussé (Marguerite de), femme de Pierre de Bueil. III, 168.
Chausseroye (Guy de), seigneur d'Oirvau, mari d'Éléonore de Maillé. I, 113.
Chaussis (seigneur du). Voir Gasteblé.
Chauveau (Julien), procureur. II, 359.
Chauvel (Jean), trésorier des guerres. II, 137, 144.
Chauvière (les vignes de la), à Bouloire. II, 300, 314, 315, 317, 318.
Chauvigny, Chauvigné, *ou* Chavigny, fief à Lerné. II, 223, 425.
Chauvigny (la famille de). I, 342 ; III, 184.
Chauvigny, Chauvigné (le sieur de). III, 176.
Chauvigny (André de), Andreas de Chavigniaco. II, 66.
Chauvigny (André de), baron de Châteauroux. I, 97, 101, 336, 337; III, 181-185.
Chauvigny (Antoinette de), fille de Guy de Chauvigny et de Catherine de Laval, première femme d'Hardouin IX de Maillé. I, 89-98, 335 ; II, 264; III, 184.
Chauvigny (François de). II, 260; III, 184.
Chauvigny (Guillaume de), Willelmus de Chavigniaco, dominus Castri Radulfi. II, 65.
Chauvigny (Guy de), seigneur de Chauvigny, baron de Châteauroux, vicomte de Brosse. I, 89 ; II, 259, 261.
Chauvin (François), notaire à Paris. II, 440.
Chauvin (François), paroissien de Lerné. III, 175.
Chauvin (Guillaume), serviteur d'Hardouin IX de Maillé. II, 266.
Chauvrays (Victor de), sieur de la Morinière. I, 270; III, 205.
Chauvry (seigneur de). Voir Coti-

gnon (Joseph-Antoine et Nicolas de).
Chavaignes (les landes de), à Maisoncelles. II, 335.
Chavaignes (Vau de). Voir Vau-de-Chavaignes.
Chavigniaco (de). Voir Chauvigny (de).
Chavigny, fief à Lerné. Voir Chauvigny.
Chavigny (le sieur de) (1458). II, 219. — (M. de), capitaine (1567). II, 367. — (M. de) (1636-1641). I, 162, 170, 177; II, 492, 493, 499.
Chazé (Maurice de), *alias* de Charzé. II, 165, 166.
Chederue, paroisse de Bray (Breil), en Anjou. I, 441; III, 188.
Chédru, ferme à Meigné-le-Vicomte. I, 303, 441.
Chef-de-Bois (Françoise de), dame du Tymur, femme de Florestan de Maillé. I, 307-309.
Chefderue (seigneur de). Voir Maillé (Charles, Florestan, Frédéric et René de).
Cheffes (Maine-et-Loire). I, 161.
Cheillé (Indre-et-Loire). I, 260, 261, 263, 268, 271, 277, 284; II, 373, 379-385, 427, 429, 431, 438, 444, 446, 456, 458, 460, 461, 469; III, 153.
Chemans (seigneur de). Voir Errault (François).
Chemans (Geoffroy de), père d'Honneur de Chemans. I, 292.
Chemans (Geoffroy de), seigneur de Chemans. III, 179.
Chemans (Honneur de), fille de Geoffroy de Chemans, femme de Jean Dosdefer et de René de Maillé (ou de Guy de Maillé), dame du Breil, à Vaulandry, de Marolles et du fief Geslant. I, 291-293, 295; II, 279, 284, 288; III, 170-174, 177, 178.
Chemeau, contrôleur. III, 100.

Chemillé, en Touraine. I, 224; III, 72.
Chemillé (le sire de). II, 138.
Chemillé (Maine-et-Loire). I, 427, 430. — (baronne de). Voir Haye (Renée de la).
Chemin (seigneur du). Voir Despeaux (René).
Chemin (René du), notaire. III, 142.
Cheminart (Louise), fille de Pierre Cheminart et de Barbe de Maillé, femme de Pierre Despeaux. I, 300; II, 451.
Cheminart (Pierre), seigneur du Chalonge et de Cheviré, mari de Barbe de Maillé. I, 300; II, 451.
Cheminées (les champs des Grandes et des Petites-), à Trangé. III, 85.
Chemisson (Notre-Dame de), en Touraine. III, 222.
Chêne (le), à Saint-Jean-d'Assé. — (seigneur du). Voir Tillon.
Chêne-à-Gui (le bois du), à Bouloire. II, 299.
Chêne-Coupé (le), en la forêt de Milly. II, 412.
Chêne-Doré (le), à Saint-Denis-des-Puits (Eure-et-Loir), baronnie vassale de l'évêché de Chartres. — (seigneur, baron du). Voir Daillon (Guy de), Illiers (Jean d'). — (dame du). Voir Illiers (Antoinette d'), Schomberg (Françoise de).
Chêne-Rond (le), à Milly. II, 412.
Chênes (les), à Évaillé. II, 335.
Chênes (les), à Mareil-en-Champagne. III, 108.
Chenevose (la forêt de), *silva quæ Canevosa dicitur*. I, 24; II, 28.
Chenezay. Voir Corrections, t. III, 236.
Chenon (Antoine), avocat. III, 146.
Cheorchin (la famille). I, 78.
Cheorchin (Guillaume), seigneur

d'Ampoigné, mari de Jeanne de Maillé. I, 78.
Cherbaye (Jacques de), seigneur d'Ardanne, Moréac et Pantigny. II, 515.
Cherbonne-le-Vic (seigneur de). Voir Loges (Jacques des).
Cherboys (De). II, 292.
Chereau (Julienne), femme de Drouyn Barré. II, 312, 317, 321, 325.
Chereau (Roger), seigneur des Pélonnières. II, 303, 307, 312, 317, 319, 321, 325.
Chérière (le clos). II, 253.
Chérigny (seigneur de). Voir Coicaud.
Chéripeau, fief à Ampoigné (Mayenne). I, 210; III, 38-67. — (seigneur de). Voir Maillé (Henri, René Ier et René II de), Poncé (René de).
Chérité (Charles de), sieur de la Verderie et de la Bélinière. III, 5.
Chérité (Charles de), seigneur de Voisin. III, 78.
Chérité (François de), seigneur de Voisin, la Grasse, la Pidourière, Sous-le-Puy et Chèvre, mari de Madeleine de Bournen. I, 319; II, 269, 515-516; III, 201.
Chérité (François de), seigneur de Sous-le-Puy et Chemans, mari de Catherine de Goubiz. I, 360; II, 514-516; III, 80.
Chérité (François de), seigneur de Voisin. II, 514-516.
Chérité (Louise de), fille de François de Chérité et de Catherine de Goubiz, seconde femme de Louis de Maillé de la Tour-Landry. I, 358-361, 364, 387, 405; II, 513-516; III, 80, 83.
Chérité (Louise de). III, 78.
Chérité (Madeleine de), fille de François de Chérité et de Madeleine de Bournen, seconde femme d'Hélie de Maillé. I, 319, 320; II, 269, 448; III, 5, 201, 202.
Chérité (Marie de). III, 78.
Chérité (Philippe de), seigneur de Saint-Aurois. II, 514-516.
Chermant (seigneur de). Voir Carnaye (Bernard de la).
Cherville, en Bretagne (seigneur de). Voir Avaugour (Charles d').
Chéry (sieur de). Voir Droullon.
Chesnaye (la), à Bouloire. II, 300.
Chesnaye (sieur de la). Voir Lanier (André).
Chesne (André du). II, 63, 103.
Chesne (Marie-Madeleine du), femme de Michel de Broc. I, 262; III, 28, 29.
Chesne (Nicolaus), medicus. II, 112.
Chesneau (Antoine). III, 227.
Chesneau (Clément). III, 222-227.
Chesneau (Jacques). III, 220-227.
Chesneau (Jean). II, 236, 237.
Chesneau. III, 149, 150.
Chessé (le P. Robert), gardien des Cordeliers de Vendôme. I, 197; III, 192-194.
Cheuteria. II, 73.
Cheux-Gangneux, en la forêt de Milly. II, 412.
Chevalerie (la), fief à Sainte-Cerotte. II, 332. — (seigneur de la). Voir Tiercelin (Jean).
Chevalerie (seigneur de la). Voir Maumeschin (François de).
Chevalier (Mgr). I, 63.
Chevalier (l'abbé C.). I, 17.
Chevalier (Jean). II, 317.
Chevalier (Pierre). II, 314, 317, 321.
Chevancière (la), fief à la Chapelle-Gaugain, vassal de Maisoncelles. II, 333. — (seigneur de la). Voir Deschamps (Michelet), Ronsard (Louis de). — (dame de la). Voir Larçay (Catherine de).
Chevannes (seigneur de). Voir Châteaubriant (Geoffroy de).

Chevau (François), notaire. II, 444.
Chevecière (les terres de la). II, 350.
Cheverny de Veuil (Marie-Angélique Huraut de), première femme de François-Alexis de Maillé-Roujoux. I, 237; III, 164.
Chevery (le président). II, 493.
Cheveteau. II, 200.
Chevigné (curé de). Voir Bouillé (Pierre de).
Cheviré (seigneur de). Voir Cheminart (Pierre).
Chèvre (seigneur de). Voir Chérité (François de).
Chevré, fief vassal de Milly. II, 416.
Chevré (la chapelle de), en l'église de Milly. II, 416. — (chapelain de). Voir Babineau.
Chevreul (Laurent), curé de Corzé. II, 515.
Chevreul (René), chapelain de Voisin. II, 515.
Chevrier (Jean), chanoine et archiprêtre de Tours. I, 82; II, 190, 191, 193.
Chevrun (Gosbertus). II, 19.
Chèze (Philippe de la). I, 68; II, 113.
Chézelles (Indre-et-Loire). I, 246, 247; II, 117. — (seigneur de). Voir Maillé (Charles de).
Chiché (Deux-Sèvres). I, 330.
Chifreville (Louise-Ghilberte Gaultier de), visitandine. III, 129.
Chillou (seigneur du). Voir Le Roy (Guyon).
Chinon. I, 43, 83, 243, 262, 273, 315, 317; II, 69, 158, 177, 192, 258, 265, 268, 369, 380-385, 405, 457, 460-462, 505, 517; III, 8, 168, 175, 185, 186, 218, 219. — (le camp de). I, 265. — (la forêt de), foresta Chynonensis. I, 41, 254, 262; II, 68, 369.
Chinon (Jean de), Johannes de Cainone. II, 6.

Chiponnière (la), à Bouloire. II, 305, 311, 323, 324.
Chiray. Voir Chizé.
Chissé (seigneur de). Voir Bérard (Pierre).
Chitardière (dame de la). Voir Schomberg (Françoise de).
Chitenay (Loir-et-Cher). I, 234; III, 123.
Chitré (baron de). Voir Tiercelin d'Appelvoisin.
Chivileum. Voir Saint-Pierre-de-Chevillé.
Chizé (Deux-Sèvres), et non Chiray. I, 332; III, 190, 230, 240.
Chogon (Michel), prêtre. II, 306, 313.
Chohinnière (la), à Ligron. III, 29.
Choisy (M. de). II, 499.
Cholet (Maine-et-Loire). I, 430.
Cholet, curé de Fresnes. III, 213, 214.
Cholle (Jeanne), femme de René Le Jumeau. III, 146.
Chopin (René), avocat. II, 394.
Chotard (Innocent), praticien. II, 515.
Chotardus, miles. II, 31.
Chouane (la dame), concierge. III, 143.
Christianus, monachus. II, 36.
Christophe (Léon), notaire. III, 227.
Christophe (René), notaire. III, 219.
Chuché (Mathurin), notaire. III, 75, 76.
Ciaconius. II, 64.
Cibert ou Cibest (Jean de), mari de Jeanne de Maillé-Ruillé. I, 220.
Cimetière (le bordage du), à Bouloire. II, 316.
Cimetière (le bordage du), à Maisoncelles. II, 331.
Cinais (Indre-et-Loire). II, 380, 381.

292   TABLE ALPHABÉTIQUE

Cinq-Mars (Garnier de). III, 149, 150.
Ciral (Jacques), sieur de Grillemont. II, 465.
Cirard (David de), seigneur de la Vennerie. I, 225; III, 4.
Cirard (Gilles de), fils de David de Cirard, mari de Renée de Maillé, seigneur de la Joncheraie. I, 225, 226; II, 510; III, 2, 4, 5, 70.
Cirard (Louis de), fils de Gilles de Cirard et de Renée de Maillé. I, 225; III, 2.
Cirard (Urbaine de), fille de Gilles de Cirard et de Renée de Maillé. I, 225; II, 510.
Cirier (Le). Voir Le Cirier.
Cîteaux (l'ordre de), Cisterciensis (ordo). II, 60, 66, 70, 77, 89, 97, 101.
Clain (Jeanne), *alias* Jeanne Daen, femme de François de Maumeschin. I, 304; II, 289.
Clairambault (baron de). Voir Maillé de la Tour-Landry (François de).
Clairay (Marie-Geneviève du), visitandine. III, 129.
Claireau. III, 26. — (baron de). Voir Pathay (Henri de).
Clairembault (Hugues), Hugo Clarembaldus, Hugues Clérembault. I, 26-28; II, 26, 28, 34, 36, 38.
Clairembault (Jean). I, 40, 41. — Johannes Clerenbaut, vavassor de Malleio (1195). II, 52, 53. — Clarambaudus de Malleio, miles (1226). II, 62, 63. — Johannes Clarembaudi, vavassor de Malleio (1232). II, 66. — Johannes Clarembaudi, miles (1233). II, 66, 67.
Clara (sancta). II, 119.
Clarambaudus de Malleio (1226). Voir Clairembault (Jean).
Clarembaldus (Hugo). Voir Clairembault (Hugues).

Clarembaldus de Malliaco (vers 1060). II, 10.
Clarembaldus de Malliaco, testis (1136). II, 44.
Clarembaldus, testis (1136). II, 44. — Clarenbaudus, testis (1147-1155). II, 47.
Clarembaudi (Johannes). Voir Clairembault (Jean).
Clarevallis (Paganus de). II, 42.
Clarté (dame de la). Voir Le Vayer (Mahaud), Maillé (Mahaud de).
Clarté-Dieu (l'abbaye de la), à Saint-Paterne (Indre-et-Loire). II, 100-102. — (abbé de la). Voir Hugues.
Classé (Ghaisne de). Voir Ghaisne de Classé.
Clausse (Cosme). I, 205.
Clausse (Dorothée), fille d'Henri Clausse et de Denise de Neuville-Villeroy, femme de René Ier de Maillé-Bénéhart, dame de Moléans. I, 198-210, 232; II, 454, 484, 485, 513; III, 9, 13, 20, 35-67, 206.
Clausse (Henri), seigneur de Fleury et de Moléans. I, 199, 205; II, 454.
Clavel. II, 130, 131.
Cleder (Finistère). II, 395.
Cleers (Hugo de). II, 48.
Clément (Marie). III, 22.
Clérambault (Étiennette), femme d'André Bachelart. II, 415.
Clerc (Le). Voir Le Clerc.
Cléré (Indre-et-Loire), Cleriacus. II, 73, 84, 117.
Clérembauld (Gilles), seigneur de Richelieu, mari de Marie de Maillé. I, 120.
Clérembault (Hugues). Voir Clairembault (Hugues).
Clerenbaut (Johannes). Voir Clairembault (Jean).
Cléret (Madeleine), femme de Jean de Louan. I, 136, 137; II, 336.
Cléret (le général). I, 427.

Clergeret (le sieur de). I, 299.
Cleriacus, Cléré. Voir Cléré.
Clericelle (la feue). II, 306.
Clermont (Sarthe). III, 124.
Clermont (le comte de). I, 83.
Clermont (la comtesse de), femme de Jacques de Montberon. I, 242.
Clermont (l'évêque de). II, 195.
Clermont (Jacques de). I, 247.
Clermont (Jean de), seigneur de Chantilly, maréchal de France. I, 51, 52; II, 144, 145.
Clermont-Prince (le régiment de). I, 285; III, 154.
Clervaux, en Poitou. II, 84-86, 290, 292, 390. — (seigneur, baron de). Voir Chabot (Paul et Robert), Châteaubriant (Jean de), Maillé (Hardouin V, Jean Ier et Jean II de), Maillé de la Tour-Landry (François, Hardouin X, Jean Ier et René de), Tour (Antoine de la), Tour-Landry (Louis de la). — (la dame de), en 1351. II, 139. Voir Illiers (Antoinette d'), Parthenay (Jeanne de).
Cléry. III, 167.
Clinchamps (François de), seigneur de Saint-Marceau. III, 112.
Clinchamps (Jacques de), seigneur de Saint-Marceau et Teillé. I, 311; III, 94, 95.
Clinchamps (Louis de), seigneur de la Ménarderie. I, 223; II, 501.
Clinchamps (Louis de), seigneur de Radray et de Voisines, fils de Jacques de Clinchamps et de Françoise de Bergeau, mari de Marie de Maillé. I, 311, 312; III, 93-95, 136.
Clinchamps (Marguerite de), fille de Louis de Clinchamps, femme de Louis de Maillé. I, 223, 224; II, 501.
Clinchamps (M... de). III, 94.
Clivetière (la), à Bouloire. II, 299.
Clos de Villemore (le), paroisse de Saint-Hilaire-l'Abbaye (Maine-et-Loire). I, 65; II, 96.
Closerie (la Petite-), à Pontigné. III, 145.
Closteau (le), pièce de terre de la Baudinière. III, 34.
Clouseau (le), à Bouloire. II, 310, 315, 321.
Cluis (Indre). III, 183.
Cluz (Jean de), seigneur de Cluz. II, 227.
Cluz (Olivier de), seigneur de Carcé. II, 227.
Coblentz (Allemagne). II, 472, 473.
Cocai (Willelmus de). II, 55.
Cochet, moulin à Vallon. III, 107.
Cochet (Jamet). II, 305, 310, 311, 314, 316, 321-324.
Cochet (Pierre). II, 309, 310, 314, 315, 319, 323.
Cochetière (sieur de la). Voir Le Noir (Charles).
Cochinart (François). III, 219-230.
Cochinière (la) ou la Cochonnière, à Breil (Maine-et-Loire). II, 357, 432. — (seigneur de la). Voir Maillé (Louis II et Louis de).
Cochionus vel Cochonus (Haimericus). II, 25, 31.
Cochius (Alexander). II, 24.
Cochon (le moulin de), à Maigné. III, 106.
Cochonnière (la). Voir Cochinière (la).
Cochonus. Voir Cochionus.
Cocorcan (Simon, presbiter de). II, 55.
Cocuau ou Coneau (J.), prêtre. III, 149, 150, 152.
Coesme (la paroisse de). Voir Couesmes.
Coesmes (Brisegaut de). II, 150.
Coesmes (Charles de), seigneur de Lucé (1422). I, 81.
Coesmes (Charles de), seigneur de Lucé et de Pruillé (1509). I, 189-192; II, 281-283.

Coesmes (François de). II, 215.
Coesmes (Perronelle *ou* Pétronille de), femme de Guillaume de Sillé. II, 114, 120, 186.
Coetquen (Françoise de), femme de Jean d'Avaugour. I, 267; II, 441.
Cogneau (J.). II, 510.
Cogner (les Archives du), au Mans. I, 310, et *passim*.
Cogners (Sarthe), fief vassal de Maisoncelles. II, 332, 334. — (seigneur de). Voir Le Vasseur (Antoine et Jacques).
Cohardi (Hervé de), prieur de Ballon. I, 86; II, 216, 217.
Cohémon *ou* Courthamon (le prieuré de), à Vouvray-sur-le-Loir. I, 157; II, 438. — (prieure de). Voir Maillé (Yvonne de), Pierres (Charlotte).
Coicaud (Jean-Baptiste), seigneur de Chérigny, marquis du Châtelet. III, 231.
Colfredus. Voir Alfred, de Maillé.
Colin (Marthe), femme de Pierre du Pont. II, 416.
Coliue, près Chinon. II, 405.
Collemedio (P. de). Voir Colmieu (Pierre de).
Collioure. I, 170.
Collon (seigneur de). Voir Augustin (Claude d').
Colmieu (Pierre de), *alias* Pierre de Collemezzo, prévôt de Saint-Omer, archevêque de Rouen, cardinal évêque d'Albano, P. de Collemedio. II, 63-66.
Cologne (Allemagne). II, 470-472. — (l'électeur de). I, 237.
Colombiers. I, 67; II, 124. — (sire de). Voir Craon (Guillaume II de).
Columbeaux (chapelain des). Voir Noguette.
Combalet (Mme de), duchesse d'Aiguillon. Voir Aiguillon.
Combrand (Saint-Jean-de-). I, 157; II, 458.
Combres (les), en Berry. III, 183.

Commines (Jeanne de), première femme de René de Brosse. I, 100.
Commodol (le bois de), foresta Communalis. Voir Fouilloux.
Compiègne. I, 423, 428; II, 345.
Comtat-Venaissin (le). I, 283.
Comté (sieur de la). Voir Cailloüey.
Conches (baron de). Voir Aumont (Jean d').
Conciergerie du Palais (la), à Paris. I, 103; III, 224.
Condé (la maison de). I, 415, 416.
Condé (l'hôtel de). I, 415; III, 161.
Condé (le prince de). I, 150, 353, 357, 415; II, 225; III, 161. — — Voir Bourbon (Louis de).
Condé (la princesse de). I, 414-416; III, 161. — Voir Maillé (Claire-Clémence de).
Condé (la légion de). I, 411.
Condé-infanterie (le régiment de). I, 370, 372, 416; III, 124.
Coneau *ou* Cocuau (J.), prêtre. III, 149, 150, 152.
Conebis, prêtre. III, 143.
Conflans (Sarthe). II, 334.
Conlie (curé de). Voir Mallet (Noël).
Connival, fief à Sargé-sur-Braye, vassal de Maisoncelles. II, 331. — (seigneur de). Voir Le Jeune (Yves), Mathefelon (Jean de).
Constance, abbé de Preuilly. II, 31.
Constance, femme de Robert Knolles. II, 113.
Constancius Asinus. II, 26.
Constantinière (sieur de la). Voir Beaupoil.
Constantinople. I, 309.
Contades (Camille-Auguste de), marquis de Contades-Gizeux, mari d'Isabelle de Maillé de la Tour-Landry. I, 376.
Contres (Loir-et-Cher). I, 236; III, 158. — (curé de). Voir Joubert (François).
Coq (Le). Voir Le Coq.
Coral (Johannes de Cremeilles, prior de). II, 55.

Corban (Aimé de), sieur de Boisbouvart. II, 420.
Corbeau (un nommé). III, 224.
Corbeil, Corbolium. I, 202; II, 79, 80, 135; III, 13, 20, 30.
Corbie (l'abbaye de). II, 248. — (abbé de). Voir Maillé (François de).
Corbin (François). I, 190; II, 282.
Corcellis (Johannes de). II, 30, 33.
Cordeliers ou Frères mineurs (les). II, 122. Voir les articles Angers, Châteauroux, Loudun, Tours, Vendôme.
Cordouan (Honorat de), seigneur de Maresché. III, 132.
Cordouan (Jacques de), seigneur de Courtoux et la Forêt. III, 132.
Cordouan (Marguerite de), femme de Pierre de Gennes. III, 132.
Cordouan (N. de), seigneur de la Forêt. III, 132.
Coreguegnan (vicomtesse de). Voir Ploeuc (Renée-Mauricette de).
Cormeray (seigneur de). Voir Le Fuzelier (René).
Cormerium. II, 73.
Cormery (Indre-et-Loire). II, 406. — (l'abbaye de). I, 36, 71; II, 47, 161, 162. — (abbé de). Voir Roger.
Cormier (le), à Bouloire. II, 303.
Cormier (Denis), seigneur de la Ferrandière. III, 179.
Cormier (Pierre), notaire. II, 444.
Cormières (les sieur et dame des). III, 200.
Corneille (Pierre), le poète. III, 17.
Cornilleau (Simon), notaire. III, 97, 108-110, 131-135.
Cornouaille (dame de la). Voir Maillé de la Tour-Landry (Madeleine de).
Cornouailles (bailli de). Voir Kermynytry (Alain de).
Cornouailles (l'évêché de). II, 516.
Cornouailles (le comte de). I, 80.
Cornouailles (seigneur de). Voir Maillé de la Tour-Landry (François, Hardouin X, et Jean Ier de), Tour-Landry (Louis de la).
Cornue (Macée la). II, 309, 310.
Coron (Maine-et-Loire). II, 176.
Corvaisier (Le). Voir Le Corvaisier.
Corvisini (Herveus). II, 18.
Corzé (Maine-et-Loire). I, 346, 360; II, 514. — (curé de). Voir Chevreul (Laurent).
Cosmes (Mayenne). — (seigneur de). Voir Maillé de la Tour-Landry (Jean Ier, Paul et Raphaël de).
Cossé (seigneur de). Voir Bosquet (Georges du).
Cossé (Charles II de), comte de Brissac, seigneur de la Fosse de Grésillé, maréchal de France, dit le maréchal de Brissac. I, 165; II, 413; III, 202.
Cossé (Henri), prêtre. III, 129.
Cossé (la maréchale de). II, 394, 408.
Cossé, Cossé-le-Vivien (Mayenne). — (seigneur de). Voir Maillé de la Tour-Landry (Paul et Raphaël de).
Cosson (le), affluent de la Loire, fluvium Culsonem. I, 23; II, 17.
Costardière (la), près Château-Gontier. — (seigneur de la). Voir Daen (Guillemot).
Coste (comte de la). Voir Sade.
Cothereau (la dame). III, 55.
Cotignon (Anne-Françoise), femme de Jean-Pierre de Certaines. I, 413.
Cotignon (Jeanne-Catherine-Madeleine de), femme d'Antoine-Pierre de Bueil. III, 231.
Cotignon (Joseph-Antoine de), fils de Nicolas de Cotignon et de Madeleine Leroyer, mari de Suzanne-Éléonore de Maillé de la Tour-Landry, seigneur de Chauvry et du Breil. I, 365, 366; III, 102, 115, 117, 231.

Cotignon (Nicolas de), seigneur de Chauvry. I, 365.
Cottereau (le sieur), président à Tours. III, 18, 19.
Cottinville (Antoine, baron de), seigneur de Bussay. III, 81.
Couairerie (la), à Bouloire. II, 298, 299, 307, 311, 319, 322, 325.
Couaslier, notaire. III, 129.
Couaslin (la marquise de). II, 494.
Couchard (J.). II, 338.
Couche, notaire. II, 402.
Couchon (Pierre), trésorier des guerres. II, 165.
Coudraie (la), à Bouloire. II, 319.
Coudrais (les), en la forêt de Milly. II, 249, 250, 412.
Coudray (le), à Saint-Denis-du-Maine. II, 376. — (seigneur du). Voir Rotours (Robert des).
Coudray (le seigneur du). II, 222.
Coudray (seigneur du). Voir Despeaux (René), Jousseaume (André de).
Coudray (Barbe du), dame de Souvré, probablement femme de Jean IV de Maillé. I, 332.
Coudray (Jean). II, 319.
Coudray (Olive du), femme de François de Peschart. I, 271.
Coudray-Gallamard (le), seigneurie. II, 434.
Coudre (sieur de la). Voir Yver (Mathurin).
Coudreaux (les), seigneurie à Marboué (Eure-et-Loir). I, 200, 201; III, 20-27, 30. — (seigneur des). Voir Maillé (Nicolas de).
Coudrecieux (Sarthe). I, 220. — (seigneur de). Voir Maillé (Jean de).
Coudrellis (Andreas de). II, 137.
Couesmes, Coesme (Indre-et-Loire). I, 62; II, 104; III, 167.
Couesne (l'étang de), à Milly. II, 412.
Couet (Thomas). III, 173.
Couetnan. II, 382.

Coulans (Sarthe). II, 120.
Coulans (Béatrix de), dame de Sillé-le-Guillaume et de Coulans. II, 120.
Coulenne (sire de). Voir Craon (Tristan de).
Couléon, château à la Chapelle-Saint-Remy (Sarthe). I, 311. — (seigneur de). Voir Kaerbout (Lancelot de).
Couleuvrier (le pré du), à Chahaignes. II, 350.
Coullon (seigneur de). Voir Augustin (Claude d').
Couloir (le), à Bouloire. II, 310, 311, 321.
Coulon (seigneur de). Voir Maillé (Pierre II de).
Coulonce. III, 239. (baron de). Voir Guillebert (Louis), Maillé (Louis-Joseph de).
Coulonges, château à Rahay. II, 438.
Coupe (la), en la forêt de Milly. II, 412.
Couperie (la), à Maisoncelles. II, 331.
Couppé (Marie), femme de Jacques de Lantivy et d'Antoine de la Fresnaye. III, 69.
Cour (le clos de la), à Bouloire. II, 296.
Cour (la), terre dépendant de Villeromain. I, 254, 256; II, 178, 198, 485.
Cour (sieur de la). Voir Boutin (Jean).
Cour (dame de la). Voir Boulin (Claude).
Cour (Catherine-Élisabeth Ray de la), mère de Charles-Antoine de Maillé de la Tour-Landry. I, 418; III, 164.
Cour-au-Berruyer (seigneur de la). Voir Le Simple (René Ier et René II).
Courbat (le), château au Liège (In-

dre-et-Loire). — (seigneur de). Voir Augustin (Claude d').
Courbat (Claude-Augustin de). Voir Augustin (Claude d').
Courbaullain (Guillemin). II, 307, 309.
Courbe (le bois de la), à Bouloire. II, 299, 319.
Courbe (seigneur de la). Voir Anjou (Robert d').
Courbon (Louis de), comte de Blenac. III, 118.
Courcebœufs (Sarthe). I, 222; II, 407.
Courceilles. Voir Courteille.
Courcelles (Sarthe). III, 124-127, 130, 213. — (seigneur de). Voir Chamillart.
Courcelles (Louis de). I, 131.
Courcemont (Sarthe). III, 77.
Courceriers (Guillaume de), mari de Jeanne de Laval. I, 120.
Courchamps (Maine-et-Loire). I, 134; II, 346.
Courcité (Mathurin). III, 106.
Courcival (seigneur de). Voir Baigneux (René de).
Courcival (le marquis de). I, 222.
Courçon (Jean Duplessis de), secrétaire des guerres. II, 275, 276.
Cour-de-Breil (la). I, 299; II, 432-435.
Courdemanche (Sarthe). I, 189-192; II, 281-283.
Courjaret. II, 318.
Courléon (Maine-et-Loire). — (seigneur de). Voir Épinay (François de l').
Couronne-infanterie (le régiment de la). III, 145.
Court (Le), notaire. III, 155.
Courtailhet (la prévôté de), au comté de Châteauroux. III, 183.
Courtarvel (Charles de), seigneur de Pezé. II, 441, 442.
Courtarvel (René de), seigneur de Courtarvel. II, 441.
Courteille, Courteilles, ou Courceilles, seigneurie au Maine. I, 122; II, 220, 512; III, 99. — (seigneur de). Voir Landuron (Jean de). — (dame de). Voir Souligné (Catherine de).
Courthamon. Voir Cohémon.
Courtin (la famille). I, 306.
Courtin (Anne). III, 84.
Courtoux (seigneur de). Voir Cordouan (Jacques de).
Courtoux (Catherine de), femme d'Anne-Nicolas Robert. III, 138.
Courtoux (Jacques de), baron de la Chartre-sur-le-Loir et de la Gidonnière. II, 387; III, 6, 35-67, 192.
Courtoys (Louis Le), chapelain de Saint-Turibe. III, 3.
Courvalain, château à la Chapelle-Saint-Rémy (Sarthe). III, 35, 98.
Cousin (Pierre), laboureur. III, 10, 11.
Cousinet, notaire. II, 514.
Couson (Renée). III, 117.
Coussaie (la), à Saint-Jean-de-Combrand. I, 157; II, 458.
Cousteaux (seigneur des). Voir Gravy (Ambroise de). — (baron des). Voir Maillé (Claude de).
Coustellier (Thomas), sieur du Puy. II, 406. Voir Le Coutelier (Thomas).
Coutances (Paul de), seigneur de la Fredonnière. II, 390, 391.
Coutard (l'abbé A.). I, 222; III, 106.
Coutelier (Le). Voir Le Coutelier.
Coutenceau (Noël et Jean). III, 179.
Coutour (Jean), prêtre. I, 292; III, 173.
Coutras (la bataille de). I, 156.
Couture (l'abbaye et la paroisse de la), au Mans. III, 86, 97, 103-105, 114, 132, 209.
Couture (le pré de la), à Bouloire. II, 318.
Coutures (Loir-et-Cher). I, 128.
Coutures (les), au Maine. — (seigneur des). Voir Ferré (René).

Couvières (les sieur et dame des). III, 200.
Couzière (la), fief. II, 418.
Coysnon (Pierre), notaire. II, 369.
Cozerieu (Guillaume de), seigneur de la Rivière. I, 156.
Crance (la), à Bouloire. II, 297, 299.
Crannes (Sarthe). III, 106-108.
Craon. I, 53; II, 169, 170. — (seigneur de). Voir Craon (Amaury III, etc., de), Trémoille (Georges de la).
Craon (Amaury III de), sire de Craon. II, 106, 107.
Craon (Amaury IV de), sire de Craon. I, 58, 86; II, 113, 138, 150, 151.
Craon (Guillaume Ier de). II, 138.
Craon (Guillaume II de), sire de Marcillac, de Colombiers et de Montsoreau, second mari de Jeanne de Montbazon. I, 67, 68, 79; II, 124, 125.
Craon (Jean de), évêque du Mans. II, 143.
Craon (Jeanne de), femme d'Ingelger II d'Amboise. I, 80; II, 179.
Craon (Jeanne de), femme de Renaud de Montbazon. I, 68.
Craon (Maurice de), Mauricius de Credunte. II, 42.
Craon (Olivier de), archevêque de Tours. II, 86.
Craon (Pierre de). II, 138.
Craon (Tristan de), sieur de Coulenne. II, 429.
Craonnais (le). II, 372.
Craulet (Jean), poulailler. I, 112; II, 133.
Cravant (Indre-et-Loire). I, 113, 243, 244, 246; II, 160, 177, 192, 448. — (seigneur de). Voir Maillé (Charles, Jacques et Jean II de).
Cré (Adam de). II, 169.
Créancière (Guillemette la). II, 321.
Créans, château, près de la Flèche. II, 454. — (seigneur de). Voir Fresneau (Jean). — (comte de). Voir Thévalle (Jean de).
Créant (le seigneur de). I, 104; III, 224-227.
Crèche (la), fief et moulin à Chahaignes. I, 210; II, 351; III, 37-67. — (seigneur de la). Voir Maillé (Antoine, Hardouin, Jacques Ier, Jacques II et Jacques III de). — (dame de la). Voir Matz (Jeanne du).
Credunte (de). Voir Craon.
Cremeilles (Johannes de), prior de Coral. II, 55.
Crémilles (seigneur de). Voir Paumart (Jean).
Crenon, châtellenie à Vallon (Sarthe). I, 232; III, 104-108, 131-135. — (seigneur de). Voir Maillé (François-Henri de).
Creonis (Adelaidis, abbatissa de). II, 47.
Crépy. I, 111; II, 129.
Creux (le), à Écorpain. II, 335.
Creuzé (Jacquine), femme de Michel Ronssart. II, 389.
Crévy (Rogier du). Voir Rogier du Crévy.
Crilloire (la), fief vassal de Milly. I, 126; II, 229. — (seigneur de la). Voir Savary (François).
Cripta (Hugo et Yvo de). II, 4.
Crissé (Sarthe). I, 225, 226; II, 510; III, 2, 4, 70. — (curé de). Voir Remond.
Crochinière (sieur de la). Voir Fontaine (Henri).
Crissé (le comte de). II, 434.
Crocil (le), fief à Sougé-sur-le-Loir, vassal de Maisoncelles. II, 333. — (seigneur du). Voir Anjoubault (Julien et Pierre).
Croise (dame de). Voir Chabot (Isabeau).
Croissant (l'ordre du). I, 125.
Croix (la), à Bouloire. II, 321.
Croix (Armand-Charles-Augustin de

la), duc de Castries, pair de France. I, 420.
Croix (Edmond-Eugène-Philippe-Hercule de la), marquis de Castries, fils d'Armand-Charles-Augustin de la Croix, duc de Castries, et de Marie-Louise-Philippine de Bonnières, mari de Claire-Clémence-Henriette-Claudine de Maillé de la Tour-Landry. I, 420.
Croix (Geoffroy de la), trésorier des guerres. II, 275, 276.
Croix (Marie de la), veuve du sieur de Voisin. III, 69.
Croix (Nicolas des), seigneur de Saint-Antoine-du-Rocher, capitaine du château de Maillé. I, 102; III, 220-227.
Croix-Blanche (la), à Bouloire. II, 312.
Croix-de-Bléré (la) (Indre-et-Loire). I, 71, 72; II, 153-157, 222. — (seigneur de la). Voir Haye (Geoffroy II de la). — (dame de la). Voir Maillé (Marie de).
Croix-de-Pierre (la), à Bouloire. II, 296.
Crosmières (Sarthe). III, 33, 34, 125.
Crossonnière (la), nom de deux métairies à Bouloire. II, 300, 308, 309, 317, 321-324, 326.
Crousille (sieur de). Voir Percheron (Pierre).
Crousilles. II, 419.

Cru (la maison abbatiale, la seigneurie, les bois de), à Meigné (Maine-et-Loire). I, 139; II, 341-344. — (prieur de). Voir Richer.
Cruche (la), fief à Teillé (Sarthe). — (seigneur de la). Voir Kaerbout (Louis de).
Cruché (Mathurin), notaire. III, 2.
Crucifix (l'église et la paroisse du), au Mans. I, 234; III, 14, 83, 84, 212. — (curé du). Voir Cailleau.
Cubsonem (fluvium). Voir Cosson (le).
Cuens (Guillaume le). II, 158.
Cueur (Jacques). II, 204.
Cugnac (de). III, 7.
Cuismes. II, 464.
Culsonem (fluvium). Voir Cosson (le).
Cumont (Thimothée, marquis de), mari de Caroline de Maillé de la Tour-Landry. I, 392.
Cunaud (Maine-et-Loire), l'église le prieuré de Notre-Dame de Cunault. I, 65; II, 98-100, 343, 416.
Curbatus *vel* Turbatus (Beringerius). II, 10, 14, 20.
Curcellis (Frodo de). II, 44.
Cureau (Mathurin), maréchal. III, 114.
Cutesson, à Écorpain. II, 335.
Cutner (le sieur). II, 476.
Cyvandière *ou* Cevandière (la), à Bouloire. II, 298, 299.

D

Dabonnière (la), à Bouloire. II, 308.
Daburon, avocat. III, 78.
Dado de Sancto Aniano. II, 18.
Dado, testis. II, 4.
Daen (François), seigneur de la Roche-Daen. I, 328.
Daen (Guillemot), seigneur de la Costardière, près Château-Gontier, de la Roche, Brosserain, les Haies de Maillé. I, 327 ; III, 167.
Daen (Jean), sieur de la Féraudière, fils de Guillemot Daen et mari de Marguerite de Maillé-Lournay. I, 327.
Daen (Jean), seigneur de la Roche-sous-Chasteau. II, 104.
Daen (Jeanne), femme de Jean de Larçay. III, 167.
Daen (Jeanne), femme de François de Maumeschin. Voir Clain (Jeanne).
Dagué (Clarembaut). II, 87.
Daguenet (Julien), seigneur des Pélonnières. II, 303.
Dagues (Denis), seigneur de la Vassorerie. II, 292, 306, 308, 310, 311, 316, 320, 321, 324, 325.
Dagues (Jean), prêtre. II, 319.
Dagues (Julien). II, 318, 319.
Dagues (Michel). II, 309, 324.
Dagues (Robin). II, 308, 310.
Daguet (Juliot). II, 311.
Daillon (le seigneur de). I, 139 ; II, 341.
Daillon (François de), comte du Lude. II, 411.
Daillon (Guy de), comte du Lude, baron d'Illiers, Chêne-Doré, Magne et Rillé, seigneur de Champchevrier, la Ferrière, Channais, Boispouilly et Saint-Maxerre. I, 152 ; II, 411.
Daillon (Henri de), marquis d'Illiers. II, 510, 515.
Daillon (Jean de), seigneur du Lude. I, 130 ; II, 221, 227.
Daillon (Timoléon de), comte du Lude. II, 495.
Daillon du Lude (Jeanne de), femme de Pierre de Rohan. I, 88.
Dalence (Jean), marchand. II, 435.
Dalibard, notaire. III, 131.
Dall... (Helias). II, 199.
Dallougny. Voir Allougny.
Damany, en Basse-Bretagne, III, 119. — (seigneur de). Voir Maillé (Donatien II et Henri de).
Damaris de Briqueville la Luzerne (Bonne). Voir Briqueville la Luzerne (Bonne Damaris de).
Damas d'Anlezy (Pierre - Marie, comte de), mari de Marie-Jeanne-Louise-Mathilde de Maillé de la Tour-Landry. I, 381.
Dammartin (comte de). Voir Boulainvillier (Philippe de), Chabannes (Antoine de).
Damond. II, 489, 490, 494.
Damours (Jacques). II, 292.
Dampierre (le comte de), maréchal de camp. I, 427.
Dampierre (Bertrand). III, 223.
Dampierre (Louis), collecteur des tailles. II, 289.

Danemarck (le). I, 160, 161; III, 118.
Dangé (Indre-et-Loire). II, 149, 157.
Dangeau (le marquis de). I, 211, 212, 214, 215.
Dangeul (Sarthe). — (dame de). Voir Sourches (Jeanne de).
Danjou (Jean). I, 103; III, 223.
Dathan. II, 17.
Dauphin (le quai), à Paris. III, 35.
Dauphine (la), en 1717. III, 138; — en 1748 et 1749. I, 286; III, 159.
Dauson (sieur du). Voir Benoist (Jean de).
David, moine de Marmoutier, David, monachus. I, 4, 21; II, 3, 21.
Davou, notaire. III, 111.
Davoust (Liger), conseiller du roi. II, 435.
Davy (Étienne). II, 311.
Déan de Saint-Martin (M.). III, 188.
Deauville (Calvados). I, 423.
Debordes. II, 394.
Deffita (Jacques), avocat. III, 6, 7.
Delafons (Barthélemy), avocat. II, 442.
Delalande, curé de Marboué. III, 26.
Delaunay (Madeleine), femme de René II Le Simple. I, 260; II, 429.
Delaville Le Roulx. I, 75.
Delenye (Geoffroy), curé de Parcé (Maine-et-Loire). I, 90; III, 228.
Delhoumeau (Mathurin), chapelain de Sainte-Catherine de Milly. II, 360.
Delpech (Marie-Jeanne-Angélique), femme de Marie-Jacques, marquis de Bréhan. I, 417.
Demay. I, 112, 153; II, 134, 144, 164, 171, 173, 174, 257, 353, 354, 367, 378.
Denée. II, 217.
Denée (Thibaut de), seigneur de l'Étang. II, 211.
Denfernet (Guillaume), trésorier des guerres. II, 171-173.

Deniau, notaire. III, 149.
Denis (l'abbé L.-J.). I, 202, 213.
Denis, curé de Voulpaix et de Laigny. III, 156, 158.
Denisot, commissaire. II, 348, 349.
Denyau. II, 318.
Déols (Indre), bourg et abbaye. III, 183, 184.
Déols (Ebbes de), prince du Bas-Berry. III, 183, 184.
Deplays (Catherine), femme de Jean Bernard et de Pierre de la Primaudaye. I, 304; II, 395-400.
Deplays (Jacques), seigneur de Lormaye. II, 397-400.
Derf (Gaufridus). II, 51.
Derosel (Charles), sieur du Vau-de-Vallères. II, 458.
Derval (le château de). II, 110.
Derval (la maison de). II, 110.
Derval (Aliénor I de), fille de Bonabes de Derval et de Berillosa de la Roche, femme d'Olivier de Rougé. II, 110.
Derval (Aliénor II de), fille de Bonabes de Derval et d'Aliénor de Châteaubriant, veuve dès 1324 de Thibaud de Beaumont, seigneur de Bressuire, dame de Bressuire. II, 110.
Derval (Bonabes, seigneur de), mari de Berillosa de la Roche et d'Aliénor de Châteaubriant. II, 110.
Derval (Jean Ier de), fils de Bonabes de Derval et d'Aliénor de Châteaubriant. II, 110.
Derval (Jean II de), fils de Jean Ier de Derval. II, 110.
Dervallières (les), en Bretagne, évêché de Nantes. III, 73. — (dame des). Voir Maillé (Marie-Urbaine de).
Dervois (la), maîtresse d'Urbain de Maillé-Brézé. I, 171, 172.
Desbouas (René), lieutenant à la Flèche. II, 432-435.
Deschamps (Michelet), seigneur de la Chevancière. II, 333.

Deschamps (René). II, 369.
Desile (René-François), prêtre. III, 162.
Deslin (Jean). II, 342.
Desmares (Louis-Simon). III, 96.
Despeaux (Pierre). I, 300; II, 451.
Despeaux (René), seigneur du Coudray et du Chemin. II, 451.
Desréal (Jean), garde du scel de la baronnie de Linières. II, 259-263.
Destempes. II, 289.
Diabolus (Giraldus). II, 24.
Digeon (Catherine-Jeanne-Madeleine), femme de Foulques-Marie-Albéric-Jacquelin de Maillé de la Tour-Landry. I, 422.
Dijon (le diocèse de). III, 156.
Dilles (Martin), seigneur de Saint-Antoine. II, 146.
Diodaty. II, 501, 502.
Dionisius (Mauricius). II, 57.
Diors (Indre). III, 182.
Divonne (comte de). Voir Forest (de la).
Dobert (le château de). II, 367.
Dodo de Ervi. II, 18.
Dohin (Pierre). III, 9.
Doisseau (Jacques), notaire. III, 92, 95.
Dôle (Jura). II, 492.
Dolisy (Guillaume), capitaine d'Artannes. I, 82, 83 ; II, 191.
Dona (Jérôme), notaire. III, 121, 122.
Donnes (Jean des), écuyer. II, 169.
Dorbillière (seigneur de la). Voir Rotrou (René de).
Dordogne (la). II, 145.
Dorizière (seigneur de la). Voir Picart (François).
Dorléans (Claude), cuisinier. III, 96.
Dorlerye (le sieur de la). II, 406.
Dosdefer (Jean), seigneur de la Gauleraie et du Breil, à Vaulandry, premier mari d'Honneur de Chemans. I, 292 ; III, 170, 172, 173.
Douce (le seigneur). II, 85.

Doucelles (Jeanne de), femme d'Hugues de Beauçay. II, 202.
Doucet (Héliot). II, 127.
Doué (Maine-et-Loire). I, 346; II, 96.
Doué (Thomasse de), femme de Jean Ier de Maillé-Clervaux. I, 51, 55.
Douet d'Arcq. I, 51, 83 ; II, 82, 246, 251.
Doussin (J.). III, 175.
Douves (Jean des), écuyer. II, 169.
Douzenain. I, 252.
Dovesan (dame du). Voir Albret (Jeanne d').
Doyen, notaire. III, 150.
Doyen (Le). Voir Le Doyen.
Doyens (les). II, 315.
Doyson (Jean). II, 201.
Dreue (Charles), notaire. II, 400-406.
Dreux (le comté de). I, 86.
Dreux (Marie de), femme de Barthélemy de Montbazon. I, 67 ; II, 111, 112.
Dreux (Pierre de), dit Mauclerc, duc de Bretagne. I, 40.
Dreux, fils d'Yvon Mouchevair. Voir Mouchevair.
Dreux, greffier. II, 505.
Drogo, bajulus. II, 26.
Drogo Beringerius. II, 44.
Drouard. II, 364.
Drouault, notaire. III, 146.
Drouet (Adam), sieur de Valoutin. III, 92.
Drouet (Pierre), curé de Vaulandry. III, 171.
Drouillet (Quentin). III, 170.
Drouin (Noël), clerc. II, 516.
Droullet (Étienne). III, 173.
Droullet (Jean). III, 180.
Droullon (Pierre-Jacques), sieur de Chéry. III, 158.
Drouyneau (Gillet). II, 310, 321.
Drugeon, notaire à Saumur. II, 358.
Drugeon. II, 435.
Dubois (G.). II, 132.

Dubois (Jacques). III, 51, 52.
Dubois (Julien), notaire. III, 131-135.
Dubois (René), praticien. III, 208.
Dubreuil (Ameil), archevêque de Tours. Voir Breuil (Ameil du).
Dubreuil-Chambardel (le docteur). I, 143.
Dubuisson-Aubenay. I, 174.
Duc (Le). Voir Le Duc.
Duchesne (René), premier chapelain de Bénéhart. II, 351.
Duchesne (R.), curé de Ruillé-sur-le-Loir. II, 379, 383, 387.
Duhalde (Marie-Angélique), visitandine. III, 129.
Dulphe (le sieur). II, 256.
Dun-le-Palleteau (Creuse). I, 337.
— (seigneur de). Voir Maillé de la Tour-Landry (Hardouin X, Jean Ier et Jean de).
Dunois (le). II, 512, 513; III, 23, 25, 27, 40-67.
Duplessis de Courçon (Jean), secrétaire des guerres. II, 275, 276.
Dupont (Joseph), notaire. III, 124-127.
Dupont (Michel), médecin. III, 23, 24.
Dupuy, notaire. III, 111.
Durance (la), rivière. I, 352.

Durand, notaire. II, 441, 442.
Durand, prieur de Saint-Christophe. III, 54.
Durand (frère), procureur de l'abbaye de Mélinais. III, 2.
Durandière (la). II, 249, 250.
Durandière (seigneur de la). Voir Oairon (Jean d').
Durandus Blotus vel Blocus. II, 10, 14.
Durandus de Matriaco. II, 12.
Durandus Moflardus. II, 26.
Durandus, pater Hilduini. II, 21, 26.
Durans (Madeleine des). Voir Bournen (Madeleine de).
Dureil (Geoffroy de), seigneur de la Barbée et de l'Étang-de-Gennes. II, 416.
Dureil (Jacques de), seigneur de la Barbée et de Moulines. III, 192.
Dureil (Jean de), seigneur de Dureil et de la Barbée. III, 179.
Durtebis. III, 165.
Dussieux. I, 211, 415.
Duval (Étienne), chapelain de Maillé. II, 354.
Dye (Jean), dit Brunet, écuyer. II, 162.
Dyonneaux (les prés des), à Chahaignes. II, 350.

E

Échasserie (l'), château à Allençon (Maine-et-Loire). — (seigneur de l'). — Voir Grudé (Charles), Maillé de la Tour-Landry (Marie-Urbain-Charles et Philippe-Joseph-Augustin de).
Échassier (l'), à Bouloire. II, 309.

Échemiré (baron d'). Voir Broc (Michel de).
Écheneau (l'), fief annexé à Bazouges. III, 33.
Écherieau (Guillaume). II, 406.
Écorpain (Sarthe). I, 338; II, 332, 335, 453.

Écosse (l'). I, 149, 340, 376.
Écottais (Marthe des), femme de René de Baigneux. I, 220; II, 378.
Écottais (Séraphin des), seigneur de Chantilly. III, 231.
Écottais de Chantilly (Anne-Élisabeth des), femme de Claude Le Jumeau. III, 146.
Écottay (le champ de l'), à Trangé. III, 85.
Écrivain (le pré de l'), à Trangé. III, 85.
Édouard III, roi d'Angleterre. II, 113, 152.
Effiat (d'). II, 488.
Église (l'étang de l'), à Maisoncelles. II, 331.
El-Afroun (le combat d'). I, 427.
Elbenne (le vicomte d'). I, 67, 84, 88, 94, 132, 134, 136, 147, 148, 165, 170, 172, 175-179, 349.
Elbeuf (le duc d'). I, 214.
Elbeuf (prince d'). Voir Lorraine (Charles de).
Elinandus, testis. II, 31.
Elisabeth, mater Hugonis. II, 34.
Élisabeth, reine d'Angleterre. I, 350.
Elisabeth, uxor Airardi de Bonæ. III, 232.
Émery (M.). I, 410.
Enfer (la rue d'), à Paris. I, 270; II, 507.
Engebault, archevêque de Tours, Engebaldus, archiepiscopus Turonensis. I, 33; II, 45, 46.
Enghien (duc d'). Voir Bourbon (Louis de).
Entragues (seigneur d'). Voir Balzac (François de).
Entrammes (Mayenne). I, 373, 405, 406, 408-412, 417; III, 83, 97, 136, 137, 139, 142-147, 160. — (baron d'). Voir Birague (Jacques, vicomte de), Maillé de la Tour-Landry (Charles, Charles-Louis et Charles-René de). — (curé d').

Voir Masseilles (Ambroise de). — (bailli d'). Voir Le Duc (Roland).
Entren (l'église d'). II, 84.
Envaulx (les bois d'). II, 341.
Épernon (seigneur d'). Voir Bourbon (Charles de). — (duc d'). Voir Valette (Jean-Louis de la).
Épichelière (l') ou les Épichelières, à Souligné-sous-Vallon. I, 232, 233; III, 104-108, 131-135. — (seigneur de l'). Voir Maillé (François-Henri de).
Épinay (l'), château à Saint-Georges-sur-Loire. I, 392.
Épinay (l'), à Sainte-Cerotte. II, 335.
Épinay (seigneur de l'). Voir Maillé de la Tour-Landry (Paul de).
Épinay (François de l'), seigneur de Courléon. II, 442.
Épinay (Jean de l'), Jean de l'Espinays, sieur de la Calabrière. I, 225; III, 4.
Épinay-Greffier (seigneur de l'). Voir Hamelin (Caude et René de).
Épine (l'), fief à Montreuil-Belfroy. I, 336; II, 272, 273.
Épine (le champ de l'), à Trangé. III, 85.
Épine (Bernard de l'), Bernardus de Spineto. I, 22; II, 25.
Épinettes (les), fief à la Chapelle-Gaugain, vassal de Maisoncelles. II, 333. — (seigneur des). Voir Baudellet (Guillaume), Gallon (Pierre), Gaultier (Robert).
Episcopus (Hilgodus). II, 34.
Eracles, empereur. I, 34; II, 49.
Érigné (seigneur d'). Voir Gentien (Louis).
Ermenardus, pater Martini. II, 26.
Ermençay, Ermentayum. Voir Armançay.
Ermensendis, soror Gaufridi et

Guillelmi de Malliaco. Voir Maillé (Ermesende de).

Ermitière (Notre-Dame de l'), *alias* l'Hermitière, *ou* Planche-de-Vaux, à Ambillou, Plancha Vallium. I, 101; II, 117; III, 176.

Ernulfus Gazel. II, 21.

Errault (François), seigneur de Chemans. III, 167.

Errault (Pierre), seigneur de Libaudière et de la Roche de Fresnay, mari de Jacquette de Maillé. III, 167.

Erro (Gaufredus). II, 44.

Ervi (Dodo de). II, 18.

Eschampart (Robertus). II, 67.

Eschelles (Catherine d'), femme de Jean Ier d'Illiers. I, 122, 129.

Eschelles (Jeanne d'), femme de Geoffroy d'Illiers. I, 122.

Escoubleau (Antoine d'), seigneur de la Chapelle. II, 460, 461, 506.

Escoubleau (Georges d'), baron d'Aulnoy. II, 506.

Escoubleau (Charlotte, *alias* Catherine *ou* Françoise d'), fille de René d'Escoubleau et de Jeanne de Rostaing, femme de Charles II de Maillé. I, 263, 268-272, 274, 275; II, 369, 446, 456, 460-462, 469, 485, 490, 502, 505-509, 516, 517; III, 6, 7, 69, 205, 206.

Escoubleau (Pierre d'), marquis de Sourdis. II, 506.

Escoubleau (René d'), seigneur de Sourdis. I, 269; II, 506.

Escruye (Saint-Jacques d'). Voir Saint-Jacques d'Escruye.

Esnault (Étienne), curé de Tennie. III, 70.

Esnault (l'abbé Gustave). II, 392; III, 71, 77, 96, 97, 103, 111, 112, 115, 121, 123, 130, 135, 136.

Esnault (Jacques), notaire. II, 407.

Espagne (l'). III, 165.

Espagne (René d'), seigneur de la Pierre, mari de Suzanne de Maillé. I, 300.

Espagnols (les). I, 167, 169, 170, 176, 177; II, 473, 474, 497.

Esperonnière (Antoine de l'), seigneur de la Saulaie et du Bas-Breil. I, 359, 360.

Esperonnière (François de l'), seigneur de Viralais. I, 139, 140; II, 344, 345.

Esperonnière (Jacques de l'), seigneur de Viralais. I, 151; II, 366, 414.

Espinay (seigneur d'). Voir Poncé (René de).

Espinay (François de l'). Voir Épinay (François de).

Espinays (Jean de l'). Voir Épinay (Jean de l').

Espinoy (Olivier de l'), seigneur des Cartes. I, 85; II, 212.

Esplenta. II, 71.

Esquillon. Voir Aiguillon.

Essarnier (l'), à Bouloire. II, 296, 299, 317.

Essarts (le clos des), à Milly. II, 412.

Estaing (Éléonore d'), femme de M. de Berville. III, 138.

Estampes (Henriette d'). I, 382.

Esterville (sieur d'). Voir Morans (Thomas).

Estillière (Aimée-Marie d'), femme de Rainulphe, marquis d'Osmond. I, 421.

Estissac (Roger, comte de la Rochefoucauld, duc d'). I, 430.

Estivaulx (Perrin). II, 236. Voir Étivaux.

Estoile (Pierre de l'). I, 166; II, 377; III, 192, 202.

Estore (Jean et Macé). II, 307, 310, 316, 321, 325.

Estrabonne (baron d'). Voir Aumont (Jean d').

Estrechy. Voir Étréchet.

Estrées (Jean d'). I, 136.

Estuert (François d'), seigneur de Thonins, baron de Grateloup, mari d'Anne de Maillé de la Tour-Landry. I, 338.
Étampes (duc d'). Voir Vendôme (César de).
Étampes (la Forêt d'). Voir Forêt-d'Étampes (la).
Étampes de Valençay (Henri d'), grand prieur de Champagne, abbé de Bourgueil. III, 29.
Étampes de Valençay (Léonard d'), évêque de Chartres et abbé de Bourgueil. II, 456.
Étang (seigneur de l'). Voir Denée (Thibaut de), Pelgrin.
Étang (le moulin de l'), à Bouloire. II, 295, 299, 311, 314, 317-319, 321.
Étang (l'), métairie à Milly. II, 413.
Étang (Jeanne de l'), dite de Brézé, fille de Mathieu de l'Étang et de Catherine de Brézé, femme de Payen Ier de Maillé, Jehanne de Bruisé, Jehanne, dame de Breisé, jadis femme feu Payen de Mailly. I, 109-113, 438; II, 105-107, 135, 136.
Étang (Mathieu ou Macé de l'), père de Jeanne de Brézé. I, 109; II, 105.

Étang-de-Gennes (l'), fief à Gennes, vassal de Milly. II, 416. — (seigneur de). Voir Dureil (Geoffroy de).
Étang-Gourmas (l'), à Channay. II, 216.
Étiau (marquis d'). Voir Shéridan.
Étienne (saint). I, 64.
Étival, à Écorpain. II, 335.
Étivaux (Perrin), vigneron. II, 253. Voir Estivaulx.
Étréchet, Estrechy (Indre). III, 182.
Eudes de Champagne, comte de Blois, Odo, comes. I, 4, 24; II, 1-4.
Eudes, fils de Thibauld, Eudo, filius Tebaldi. I, 11; II, 5.
Eudo, prior elemosinarie Sancti Johannis Andegavensis. II, 55.
Eustachia, relicta Aymerici Theobaldi. II, 75.
Évaillé (Sarthe), Availlé. II, 331, 332, 335.
Évêque (L'). Voir L'Évêque.
Évrard, père d'Hugues, chevalier d'Amboise. I, 8; II, 34.
Évreux. I, 392.
Évreux (le diocèse d'). III, 140.
Exbis (les). II, 341.
Explora metam (Herluinus). II, 14.

F

Faber (Arnulfus et Haimericus). II, 26.
Faia (Guillelmus de). Voir Faye (Guillaume de).
Faigne (la), à Pontvallain. I, 105. — (seigneur de la). Voir Laval (René II de).

Faix (les), à Écorpain. II, 335.
Falaiseau (Charles), sieur du Plessis. II, 397-400.
Falaiseau (Joseph), sieur de Boisjoly. II, 397-400.
Falaiseau (Isabeau), femme de Gatien Marbeau. II, 397.

Fallais (Jean de), premier mari de Jeanne de Champlais. I, 331.
Fallières (M.), président du Sénat. I, 428.
Falluau (Lucas). II, 308, 317.
Falluau (Sainton). II, 308, 309.
Farcy (Louis de). I, 186, 187.
Farcy (Paul de). I, vii.
Farnesio (cardinalis de). Voir Alexander.
Faucardus (Arnulfus). II, 44.
Faucherau (Estienne). II, 85.
Faucheux (Alyot). II, 342.
Faudoas (François de), seigneur de Sérillac. II, 512.
Faugère (P.). I, 67, 84, 88, 94, 132, 134, 136, 147, 148, 167, 170, 172, 175-179, 349.
Faugeron (le général). I, 428.
Faure (Léon), clerc. II, 127.
Faurreau (Jeanne). II, 405.
Fauscheux (Guillaume). II, 272.
Fautray (seigneur de). Voir Le Clerc (Pierre et René).
Fautrière (seigneur de la). Voir Le Gay (Louis).
Fauvelière (la), à Crannes. III, 106, 108.
Fauverière, en Poitou (N., seigneur de la), premier mari de Marguerite de Maillé. I, 263.
Faverolles. II, 504.
Favreau. II, 86.
Fay (seigneur de). Voir Musard (Jean de).
Fay (le bois du), à Maisoncelles. II, 331.
Fay (Gondemart du), bailli de Chaumont et de Vermandois. II, 129.
Fay, Faye (Jacques de), seigneur de Baucheron. II, 208, 356.
Fay (Pierre du), seigneur du Jau. II, 414.
Faya (E. de). II, 160.
Faye (le sire de Marmande et de). II, 138.

Faye (Guillaume de), Guillelmus de Faia. I, 39; II, 57.
Faye (Jacques de). Voir Fay (Jacques de).
Faye (Jean de), archevêque de Tours. II, 58, 62, 63.
Fayette (Jacqueline de la), comtesse de Pontgibault, vicomtesse de Montglandier, dame des baronnies de Maumont, le Montel, Gala, Veaulce et le Lucquet, femme de Guy de Daillon. I, 152; II, 410-416.
Febvre (Le). Voir Le Febvre.
Feideau (M.). II, 449.
Félicie, fille de Guiterne. I, 26; II, 36, 37.
Femusson, à Marcil-en-Champagne. III, 108.
Fenneric (la rue de la), à Rennes. II, 381.
Féraudière (seigneur de la). Voir Daen (Jean).
Fergon (Henri), sieur de la Bourdinière. II, 461.
Fermaut ou Fremot (Bernard), trésorier du duc de Normandie et de Guyenne. II, 132-134.
Ferrand (Élisabeth), comtesse de Canillac. III, 136.
Ferrandière (seigneur de la). Voir Cormier (Denis).
Ferrant (Marin), curé de Bouloire. II, 375.
Ferrant (Mathurin). II, 308.
Ferré (René), seigneur des Coutures, au Maine, mari de Nicole de Maillé. I, 264.
Ferré (Urbaine), fille de René Ferré et de Nicole de Maillé, femme de René de Grandière. I, 264; II, 459; III, 238.
Ferréol (Geoffroy). Voir Geoffroy Ferréol.
Ferrière (la) (Indre-et-Loire). I, 100; II, 266, 288. — (seigneur de la). Voir Batarnay (François de), Daillon (Guy de), Maillé (Fran-

çois de). — (dame de la). Voir Maillé (Françoise de).
Ferrière (seigneur de la). Voir Ceps (Pierre de). — (dame de la). Voir Avaugour (Claude d').
Ferrières, en Gastine. I, 93; II, 244.
Ferrières (les Grandes et les Petites-), à Saint-Célerin-le-Géré ou à Prévelles. III, 99.
Ferrières (Jean de), vidame de Chartres, seigneur de la Bouchardière et de Gallardon. II, 413.
Ferron (Le). Voir Le Ferron.
Ferté-Bernard (la). I, 345; II, 196, 464, 468.
Ferté-Hubert (seigneur de la). Voir Beauvillier (Jean de).
Fesnière (Huguette), femme de François II de Maillé-Lournay. I, 328.
Feu (le Grand et le Petit-), aux Loges II, 298.
Feubvre (Thibault Le), chapelain de Maillé. II, 274.
Feugerei (Harduins de). II, 49.
Feuillée (Jean de la). II, 183.
Feuilloley (Pierre), expert-juré. I, 225; III, 103.
Fèvre (Jean Le). II, 309, 318.
Fezensac (duc de). Voir Montesquiou (Philippe de).
Fiennes (Guillaume de). II, 82.
Figéac (abbé de). Voir Fumée des Roches.
Filgereto (Ameline de), fille de Gautier et d'Agnès de Maillé. I, 30; II, 44.
Filgereto (Gautier de), mari d'Agnès de Maillé, Gualterius de Filgereto, maritus Agnetis, sororis Jaguelini de Malliaco. I, 29, 30; II, 44; III, 236.
Filgereto (Philippus de). II, 44.
Filgereto (Rainier de), fils de Gautier et d'Agnès de Maillé, Rainerius. I, 30; II, 44.
Filippus Malus Clericus. II, 57.

Filles-Dieu (les). Voir Mans (le).
Fillesat (Richard), écuyer. II, 169.
Filleul (Antoinette), fille de Jacques Filleul et d'Antoinette de Baigneux, première femme d'Hercule de Maillé. I, 321, 322; II, 269; III, 6.
Filleul (Jacques), seigneur des Gats. I, 321; II, 269.
Fimarcon (M. de). II, 235.
Finet de Marcognet (Marie), nom donné par le P. Anselme à Marie-Louise Bignet de Marcognet. I, 282.
Finot (Claude). II, 405.
Fitz-James (Henriette-Victoire de), fille de Jacques-Charles, duc de Fitz-James et de Marie-Claudine-Sylvie de Thiard, première femme de Charles-François-Armand de Maillé de la Tour-Landry. I, 419, 420.
Fitz-James (Jacques-Charles, duc de), pair de France. I, 420.
Flacé (Sarthe). III, 105.
Flament (Jeanne). III, 23.
Flament (Nicolas). III, 22.
Flament (Le). Voir Le Flament.
Flandre (la). I, 66, 76, 115, 169, 176, 359; II, 103, 171-174.
Flandrine, fille de Gautier Hildemart. I, 25; II, 33.
Flé. III, 150. Lire : Ruillé. Voir III, 239.
Flèche (la). I, 204, 369, 393; II, 431-435, 450, 454, 455; III, 25, 28, 33, 67, 68, 70, 90, 101, 102, 124-129, 146, 174, 179. — (seigneur de la). Voir Bourbon (Charles de).
Flèche (les Capucins de la). III, 117. — (la Charité de la). III, 146. — (les Jésuites de la). II, 450. — (la Visitation, les Visitandines de la). I, 204; II, 509; III, 128-130. — (supérieure de la). Voir Villaines-Gaignon (Marie-Victoire de). — (prieure de).

Voir Maillé de la Tour-Landry (Anne-Élisabeth de).
Flée (Sarthe). III, 149-151. — (curé de). Voir Besnard (Urbain).
Fleuré, à la Chapelle-Saint-Remy. I, 211, 438, 439; II, 393; III, 15, 38-67, 97-102, 111. — (seigneur de). Voir Maillé (Henri, Jacques III, René Ier et René II de), Poncé (René de). — (dame de). Voir Mauny (Catherine de).
Fleury (l'hôtel de), à Fontainebleau. I, 210; III, 31. — à Paris. III, 41, 42, 52-55, 58, 61.
Fleury (seigneur de). Voir Clausse (Henri).
Fleury (Joly de). Voir Joly de Fleury.
Fleury (Le Caron de). Voir Le Caron de Fleury.
Flô (Le), notaire. III, 157.
Flocellière (la). I, 156; II, 446, 458. — (le marquis de la). I, 142; II, 454, 455. — (seigneur, marquis de la). Voir Hamon (Jean), Maillé (Claude et Jacques de), Surgères (Jacques de).
Flohault (Louise-Marie de), comtesse de Laigny. III, 156.
Florentia, uxor Pagani Borriel, domina de Fontanis Borrel. II, 56.
Flotte (seigneur de la). Voir Bellay (Jean et René du).
Flotté (seigneur de). Voir Maillé (Michel de).
Foin (la rue du), à Paris. III, 124.
Foines (Jaguelinus de). II, 66.
Foix (Ariège), Fuxum. II, 63-66.
Foix (Aimeri de), Hamericus. II, 65.
Foix (Loup de), Lupus. II, 65.
Foix (Roger-Bernard II, comte de), Rb., comes Fuxensis, vicecomes Castriboni. I, 41; II, 63-66.
Folchart (pons). II, 54.
Folie (René de la), sieur de la Moussardière. III, 197.
Folien (Ingelbertus). II, 39.

Fondettes (Indre-et-Loire), ecclesia, villa de Fundeta, in honorem Sanctae Mariae apud Fundetam; presbyter de Fundeto, de Fundetis. I, 11, 15, 16, 21, 32, 291, 326; II, 14, 21, 22, 24-28, 46, 84, 208, 232, 236, 253.
Fontaine (la), à Bouloire. II, 306, 308, 311, 313, 316, 321.
Fontaine (la), à Parçay. III, 195, 196, 198.
Fontaine (le champ de la), à Trangé. III, 85.
Fontaine (seigneur de la). Voir Maillé (Louis de).
Fontaine (sieur de la). Voir Auvé (Pierre).
Fontaine (Henri), sieur de la Crochinière. III, 124-126, 128, 129.
Fontaine (Jean de la), seigneur de Grandmaison. I, 224; III, 72.
Fontaine (Louis de la), sieur de la Brandelay. II, 386.
Fontaine (M. de la). II, 510.
Fontainebleau. I, 210, 344; II, 421-424; III, 31. Voir Fleury (l'hôtel de).
Fontaine-Borrel. Voir Fontaine-Bresson.
Fontaine-Bresson, à Vernantes, autrefois Fontaine-Borrel, villa de Fontibus-Borrel, de Fontanis-Borrel. I, 29; II, 54-57. — (seigneur de). Voir Borrel (Paganus). — (dame de). Voir Florentia, Maillé (Marie de).
Fontaine-d'Avort (la). Voir Avort.
Fontaine-de-Begault (la), à Bouloire. II, 311.
Fontaine de la Crochinière (Marie-Marthe), visitandine. III, 129.
Fontaine-du-Bout (la), à Écorpain. II, 335.
Fontaine-Guérin (Maine-et-Loire). II, 203. — (seigneur de). Voir Fontaines (Jean de). — (dame de). Voir Aménard (Jeanne).
Fontaine-l'Abbé (seigneur de). Voir

Herault (René). Cf. Corrections, III, 239.
Fontaine-la-Guyon (baron de). Voir Ligneris (Jacques de).
Fontaine-Milon (Maine-et-Loire), paroisse et prieuré. I, 126, 127; II, 270, 271, 276. — (seigneur de). Voir Masseilles (Pierre de).
Fontaine-Saint-Martin (la) (Sarthe), prieuré. III, 110, 117.
Fontaines, à Bazouges (Sarthe). II, 435.
Fontaines, fief à Montreuil-le-Henry (Sarthe). I, 187. — (seigneur de). Voir Boislenfray (René de).
Fontaines (Jean de), seigneur de Fontaine-Guérin. I, 125 ; II, 203.
Fontaines (René de). II, 203.
Fontaines (M. de), capitaine. I, 196; II, 382.
Pontaney (Olivier), seigneur de Kerprat. II, 509.
Fonte Cavo (Girardus de). II, 22.
Fontenay. III, 230. Lire : Frontenay. Voir Frontenay-l'Abattu.
Fontenay, avocat. II, 394.
Fonteneaux (la dîme de). II, 146.
Fontenelles (les), à Bouloire. II, 298, 299.
Fontenelles (René de), seigneur de Fontenelles. III, 190.
Fontette (Orceau de). Voir Orceau de Fontette.
Fontevrault (l'abbaye de). I, 87.
Fontibus Borrel (villa de). Voir Fontaine-Bresson.
Forcalquier (comte de). Voir Anjou (René d').
Force (la prison de la), à Paris. I, 375.
Force (le maréchal de la). I, 169; II, 488.
Force (Olivier-Emmanuel-Auguste-Louis-Ghislain-Nompar de Caumont, duc de la), mari d'Anne-Blanche-Élisabeth-Jeanne de Maillé de la Tour-Landry. I, 428.

Forceville (Somme). II, 248.
Forest (Louis-Marie-François de la), comte de Divonne, mari de Marie-Célinie de Viella. I, 380.
Forest (Louis-Marie-François de la), comte de Divonne, fils de Louis-Marie-François et de Marie-Célinie de Viella, mari de Claire-Clémence-Augusta de Maillé de la Tour-Landry. I, 380.
Forestier (Étienne le), de Champ-chevrier. II, 85.
Forêt (la), la Forest, château et baronnie à Languidic. I, 268, 270, 279; II, 379, 382, 502; III, 31, 203, 210, 211. — (seigneur, baron de la). Voir Kerman (Maurice de), Maillé (Antoine, Charles II, Donatien 1er et Henri de). — (comtesse de la). Voir Kerman (Claude de).
Forêt (la), fief vassal du Mortier. I, 223, 224; II, 512; III, 112. — (seigneur de la). Voir Maillé (Louis de), Saint-Aubin (N. de).
Forêt (seigneur de la). Voir Cordouan (Jacques et N. de), Guyet (Charles de).
Forêt (Guy de la). I, 111.
Forêt (Jean de la). III, 221-227.
Forêt-Campron (la), en l'évêché de Vannes. I, 268; II, 440.
Forêt-d'Étampes (la). I, 336; II, 265 ; III, 230. — (seigneur de la). Voir Maillé (Hardouin X de).
Forez (le). II, 254.
Forget (Pierre), seigneur de Beauval et de la Picardière, premier mari de Célestine de Maillé. I, 309.
Forgineau, métairie à la Petite-Boissière. I, 156; II, 588.
Fornier (Guillaume le). I, 48; II, 88.
Fornier (Jean). I, 54; II, 149.
Forrarius (Gaufridus et Odo). II, 57.
Fort (le), en la forêt de Milly. I, 412.

Forterie (la), à Bouloire, II, 298, 307, 316, 317, 320.
Forterie (le pré de la), à Chahaignes. II, 350.
Forterie (la), à Mettray. III, 168.
Fortis (Gauffredus). II, 9.
Forz (terra de). II, 68.
Fosse (la), à Grésillé, fief vassal de Milly. II, 340, 413. — (seigneur de la). Voir Cossé (Charles II de).
Fosse (la), aux Loges, commune de Coudrecieux, fief vassal des Loges. I, 220; II, 286. — (seigneur de la). Voir Maillé (Jean de).
Fosse (seigneur de la). Voir Maillé de la Tour-Landry (Louis de).
Fosse (Paul de la), chirurgien. III, 34.
Fosse-Hubert, à Bouloire. II, 306, 320.
Fosse-Pelart (le bois de), à Bouloire. II, 309.
Fossés (les), seigneurie. I, 131, 132.
Fou (baron du). Voir Tiercelin d'Appelvoisin.
Fou (Barbe du), sœur de Jean du Fou. II, 369.
Fou (Jean II du), baron de Pirmil, seigneur de Noyen, la Plesse-Chamaillard, la Fourelière, Latan et Beauchêne, mari de Jeanne de Maillé. I, 298, 299; II, 366, 367, 369, 431-435; III, 194-201.
Fou (Suzanne du), fille de Jean II du Fou et de Jeanne de Maillé, femme de Georges de Kerveno. I, 298.
Fouasse (La). Voir La Fouasse.
Foubert (le sieur). II, 489.
Foucaudière (sieur de la). Voir Le Peltier (Étienne).
Foucault (Nicolas), notaire. II, 363, 364.
Fouchart (Jean). II, 344.
Foucher, de Maillé, père d'Hardouin, Fulcherius, pater Harduini. Voir Fulcherius, pater Harduini.
Foucher (Marie), femme de Mathurin Odineau. II, 301, 307, 312.
Foucher (Pierre). II, 301, 307, 312.
Foucheraie (la), fief à la Chapelle-Gaugain, vassal de Maisoncelles. II, 333.
Fouchereau (Macé). II, 85.
Foucqué (René), prêtre. III, 162.
Foucquerolle. Voir Fougerolles.
Fougeray (le château du). II, 113.
Fougeré (Maine-et-Loire). I, 361. — (baron de). Voir Avoines (Jean-François d').
Fougeré à Fontaine-Milon. I, 127; II, 276, — (seigneur de). Voir Masseilles (Pierre de).
Fougères, en Berry. III, 183.
Fougères (le prieuré de). II, 109.
Fougères (seigneur de). Voir Reffuge (Pierre de), Villebresme (Jean de).
Fougerolle (René de). I, 417, 428.
Fougerolles (Indre). III, 183. — (seigneur de). Voir Buchepot.
Fouilloux (le bois du), le bois de Commodol, foresta Communalis seu Foillosus. I, 9; II, 35; III, 232, 233.
Fouilloy (Somme). II, 248.
Fouin (Guillaume), conseiller au grenier à sel de Ballon. III, 111.
Fouin (Guillaume), notaire au Mans. III, 113, 114.
Foulletourte, à Cérans (Sarthe). III, 114, 124, 126, 213. — (vicomte de). Voir Broc (Sébastien de). Voir l'article Cérans-Foulletourte.
Foulon (Christophe). III, 23.
Foulques III Nerra, comte d'Anjou, Fulco, comes. I, 9, 11; II, 4, 5.
Foulques IV Réchin, comte d'Anjou et de Touraine, Fulco, Fulgo, comes Andegavensis. I, 9, 22-24, 31; II, 5, 17-19, 29-31, 33, 35, 41; III, 232, 233.
Foulques V le Jeune, comte d'Anjou. I, 31, 32; II, 41-43.
Foulques de Maillé, Fulcodius de Malliaco. I, 30, 436; II, 44.

Foulques, moine, prieur de Saint-Venant de Maillé, Fulco, monachus, prepositus, prior Sancti Venantii de Malliaco. I, 11, 22-25; II, 7, 26-29, 33, 34.
Foultrais (seigneur de). Voir Le Gay (Louis).
Fouquet (Guillaume), seigneur de la Varenne. I, 299; II, 432-435.
Fourault (N.). II, 358.
Foureau (Jean), seigneur du Breil-de-Foin. III, 179.
Fourelière (la), à Roezé. I, 298, 299; II, 367, 431-435. — (seigneur de la). Voir Fou (Jean II du).
Fourerie (la), fief à Saint-Gervais-de-Vic (Sarthe). II, 334. — (seigneur de la). Voir Illiers (Jean d').
Fourmy (Macé). III, 8.
Fournerie (la), à Bouloire. II, 299, 300, 316.
Fournier (Guillaume), sieur de la Bardoullière. II, 284.
Fournier (Nicolas), avocat. I, 152; II, 391.
Fournier (René), sieur de la Goumenaudière. II, 435.
Fournier, notaire (1590). II, 416. — (1658). III, 10.
Fourrier (A.). III, 141.
Fouschiers (les). II, 268.
Foussard (Catherine), femme de Guillaume Fouquet. II, 432-435.
Fouteau (le), à Noyen. II, 369.
Foux (le château du). III, 74.
Foux (les). II, 274.
Foyer (seigneur du). Voir Billes (Antoine de).
Fracta Valle (Girardus de). II, 30.
Fraizeau. Voir Frezeau.
Français (les). I, 352, 427. — (empereur des). Voir Napoléon Ier, Napoléon III.
Francboucher (Gérald), commissaire. III, 219-227.
France (la), Francia. I, 60, 83, 84, 130, 131, 141, 160, 161, 168, 170, 178, 181, 199, 259, 269, 312, 321, 347, 351, 365, 367, 374, 380-382, 420; II, 11, 113, 123, 205, 229, 237, 238, 255, 269, 280, 287, 288, 294, 420, 432, 454, 478, 491-495, 498, 501, 502, 509, 517; III, 8, 30, 71, 93, 102, 110, 115, 116, 136, 138, 140, 161, 166, 167, 176, 187, 193, 211, 213.
France (rois de). Voir Charles IV, Charles V, Charles VI, Charles VII, Charles VIII, Charles IX, Charles X, François Ier, François II, Henri II, Henri III, Henri IV, Jean II, Louis IX, Louis XI, Louis XII, Louis XIII, Louis XIV, Louis XV, Louis XVI, Louis XVIII, Philippe Ier, Philippe II, Philippe III, Philippe IV, Philippe V, Philippe VI.
France (la reine de). II, 139. Voir Anjou (Marie d'), Autriche (Anne d'), Bourgogne (Jeanne de), Louise, Médicis (Catherine et Marie de), Montfort (Bertrade de), Navarre (Blanche de).
France (le régent de). II, 182. Voir Charles.
France (le connétable de), en 1352. I, 57; II, 142. Voir Albert (Charles d'), Angoulême (le comte d'), Guesclin (Bertrand du), Richemont.
France (maréchaux de). Voir Bassompierre, Beaujeu, Boucicaut, Bourmont, Bouton de Chamilly, Brissac, Chaulnes, Clermont, Cossé, Laval (Urbain de), Maillé (Urbain de), Montberon, Néelle, Raguse, Rieux, Rohan, Sancerre.
France (le grand-maître de). II, 235, 236. Voir Gouffier (Artus), Meilleraie (la).
France (la), pour l'Ile-de-France. Voir Ile-de-France (l').
Francesus (Witburtus). II, 9.
Francfort-sur-le-Mein. I, 168; II, 474-477.

TABLE ALPHABÉTIQUE

Francheut (Julien), chanoine. II, 420.
Franciscus (Alfredus). Voir Alfred, de Maillé.
Franciscus (Tetbaldus). II, 12.
François Ier, roi de France. I, 105, 136, 336.
François II, roi de France. I, 149, 150, 340.
François (Robert *ou* Robin), lieutenant du trésorier des guerres. II, 137, 144.
François, notaire, III, 71.
Françoise, femme de Michel Quentin. II, 316.
Francus (Alfredus). Voir Alfred, de Maillé.
Fraxinum. Voir Frêne (le).
Fréart (Nicolas), marchand hôte. III, 121.
Fredonnière (seigneur de la). Voir Coutances (Paul de).
Freigné (Maine-et-Loire). I, 349, 359, 366, 405; II, 361, 514; III, 188.
Frejucques (Joseph), huissier. III, 139.
Fremaut. Voir Fermaut.
Frementeau. I, 252.
Frémont, notaire. III, 115.
Frêne (le prieuré, la terre du), ad Fraxinum. I, 26; II, 37.
Frère (Urbain), prêtre. II, 468, 469.
Frères Mineurs (l'ordre des). II, 122. Voir Cordeliers (les).
Fresnay (seigneur de la Roche de). Voir Errault (Pierre).
Fresnaye (la) (Sarthe). III, 96.
Fresnaye (Antoine de la). III, 69.
Fresne (Loir-et-Cher). I, 204, 234-236; II, 484; III, 77, 83, 86, 91, 92, 100, 103, 105, 153, 158, 209, 212-214. — (curé de). Voir Baisnée, Cholet. — (seigneur de). Voir Maillé (François-Henri, Louis de), Maillé de la Tour-Landry (Louis de).

Fresne (Jean du), seigneur du Fresne. III, 179.
Fresne (Jeanne du), femme de Dominique de Rochefort. I, 235.
Fresneau (Jean), seigneur de Créans, Semur et les Touches, mari de Rose de Maillé. I, 122.
Fresneau (Louis-François), notaire. III, 143, 150.
Fresneau (Marie), femme d'Eustache Monge. III, 207.
Fresneau (Radegonde), femme de Jean de Thévalle. I, 166.
Fresnelle (Jeanne la), femme de Jocet. I, 47; II, 88.
Fresnoie (la), terre et abbaye. II, 85, 86.
Frétart (Guillaume), mari de Guyonne de Maillé. I, 257; III, 174, 175.
Frétault (Pierre), archevêque de Tours. II, 153.
Frezeau (Charlotte-Marie de), femme de François de Frezeau, dame de la Frezelière. I, 367.
Frezeau (François de), marquis de la Frezelière. I, 367; III, 93.
Frezeau, Fraizeau (Marie-Anne *alias* Marie-Louise *ou* Anne-Marie de), fille de François de Frezeau et de Charlotte-Marie de Frezeau, femme de Georges-Henri de Maillé de la Tour-Landry. I, 367-369; III, 88, 93, 102, 147.
Frezelière (marquis de la). Voir Frezeau (François de).
Fribaudière (la), métairie. III, 124.
Frican (Jean), prêtre. II, 306, 312, 321.
Frinles (seigneur de). Voir Barre (Louis de la).
Frodo de Curcellis. II, 44.
Frogier (Jean), receveur de Rillé. II, 216.
Froissart. II, 160.
Fromenteau, fief annexé à Fougerolles. III, 183. — (seigneur de). Voir Buchepot.

Fromentières (Louise de), seconde femme de Jean de Maillé-Ruillé, remariée à Jean de la Roussière. I, 193, 194, 219, 220; II, 348.
Fronde (la). I, 173.
Fronsac (le duché de). I, 178. — (duc de). Voir Maillé (Armand-Jean de). — (vicomte de). Voir Rohan (Pierre de).
Frontenay-l'Abattu ou Frontenay-Rohan - Rohan (Deux-Sèvres), Frontigniacum, Frontenay, Fontenay. I, 86, 92, 336; II, 75, 216, 231, 237, 238, 265; III, 230. — (seigneur de). Voir Maillé (Hardouin VIII, IX et X de).
Frotgerius, mariscalcus. II, 20.
Frotier, fief. Voir Geslant (le fief).
Frotier (Guy), seigneur de Camboneau, troisième mari de Jeanne de Maillé. I, 117.
Frotmundus, pater Bernardi. II, 16.
Frotmundus, pater Rainaldi *vel* Rainardi. II, 12-14.
Frotmundus, testis. II, 4.
Frumentinus (Arnulfus). II, 12.
Fulbertus, testis. II, 2.
Fulcherius, pater Harduini, Foucher, de Maillé, père d'Hardouin. I, 22; II, 20, 23, 26-28; III, 235.
Fulcherius Vindocinensis. Voir Tour (Foucher de la).
Fulco, comes. Voir Foulques.
Fulco de Candé. II, 42.
Fulco, frater Girorii de Bello Pratello. II, 10.
Fulco, monachus. Voir Foulques.
Fulco Pignons. II, 19.
Fulcodius de Malliaco. I, 32, 436; II, 44.
Fulcodius, serviens, testis. II, 38.
Fulcradus (Gaufredus). II, 35.
Fulgeriaco (Hardoynus de). II, 73.
Fulgo, comes. Voir Foulques.
Fumée des Roches (Jean-Armand), abbé de Figéac. III, 120.
Fumière (la), bordage à Saint-Jean-de-la-Chevrie, au Mans. III, 213.
Fundeta, Fundetum, Fundetis. Voir Fondettes.
Furneio (Hugo de). II, 53.
Fuxensis (comes). Voir Foix (comte de).
Fuxum. Voir Foix.
Fuzelier (Le). Voir Le Fuzelier.

G

G., decanus Sancti Martini [Andegavensis]. II, 6.
Gabillard. II, 280.
Gadellière (la), à Villaines-la-Gonais. I, 305; II, 420, 439.
Gagnerie (la), fief annexé à Bazouges. III, 33, 34.
Gagnerie (la). Voir Ganerie (la).
Gaignard (René), sieur des Maillets. III, 92.
Gaignart (Julien), seigneur de la Chapellière. II, 304.
Gaigneron-Morin (Henriette-Gabrielle-Marie-Suzanne de), fille de Ludovic, vicomte de Gaigneron-Morin, et de Thérèse de Sainte-Marie d'Ayneaux, femme d'Urbain-Armand, vicomte de Maillé de la Tour-Landry. I, 382.

Gaigneron-Morin (Ludovic, vicomte de). I, 382.
Gaillard (seigneur de). Voir Montéclerc (Charles de).
Gaillart (Jean), paroissien de Trèves. II, 272.
Gala (dame de). Voir Fayette (Jacqueline de la).
Galère (l'hôtel de la), à Tours. II, 516.
Galfridus de Pruilliaco. Voir Preuilly (Geoffroy de).
Galland (Michel). II, 397.
Galland. II, 83.
Gallant (Simon). I, 142.
Gallard. II, 480.
Gallardon, fief vassal de Milly. II, 413. — (seigneur de). Voir Ferrières (Jean de).
Gallet (André). II, 308, 315.
Gallet (Macé). II, 312.
Gallet (Michel), seigneur de la Bonnardière. II, 303, 308, 310, 314, 315, 318, 320.
Gallon (Pierre), seigneur des Épinettes et du Ruau. II, 333.
Galmet (Étienne), trésorier des guerres. II, 378.
Galoisière (la), fief à Pontigné. III, 145.
Galterius Aldemarus. Voir Hildemart (Gautier).
Galterius, gener Gauffredi, filii Hugonis. II, 28, 29.
Ganay (Jacques-Henri-Jean, comte de), mari de Renée-Berthe-Marie-Solange de Maillé de la Tour-Landry. I, 422.
Ganerie (la) alias la Gagnerie, fief à Écorpain, vassal de Maisoncelles. II, 334, 335. — (seigneur de la). Voir Baugé (Simon de).
Ganne (Françoise), femme du sieur du Vau-de-Vallères. II, 461.
Gannes (Louise), femme de Salomon de Gueffron. II, 427.
Gantier (Le). Voir Le Gantier.
Gap. I, 410. — (évêque de). Voir

Maillé de la Tour-Landry (Jean-Baptiste-Marie de).
Garde-Chamaillard (la), fief. III, 34.
Gareau (M.). II, 431.
Garelaye (Pierre de la), alias Pierre du Trac. I, 190; II, 282.
Garencerie (la), fief. I, 62, 63; II, 149. — (seigneur de la). Voir Larçay (Pierre de).
Garenne (seigneur de la). Voir Gentien (Louis).
Garinus, filius Gradulfi. II, 18.
Garnache (comte de la). Voir Rohan (Alain IX de).
Garnerius (Stephanus). II, 137.
Garnerius de Malliaco. Voir Garnier, de Maillé.
Garnerius, monachus, prepositus obedientiae Ville Berfodii. II, 23.
Garnerius (Raginaldus), camerarius. III, 233.
Garnier, abbé de Marmoutier, Garnerius, abbas Majoris Monasterii. I, 33; II, 45, 46.
Garnier, de Maillé, Guarnerius, vicarius de Malliaco, Garnerius, Guarinus, de Malliaco. I, 15, 17, 21; II, 7, 8, 14, 19-22.
Garnier (Charles), prêtre. II, 445.
Garnier (François), seigneur des Pélonnières. II, 303.
Garnier (Gervais), curé de Bouloire. I, 343; II, 431; III, 201.
Garnier (Jean), prêtre. II, 220.
Garnier (Jean), seigneur des Pélonnières. II, 303, 310, 312, 315, 321-324; III, 237.
Garnier (Pierre), curé de Breil. II, 285.
Garrault (Claude), trésorier des guerres. II, 370, 383.
Garrault (Pierre), seigneur de Villemesson et de la Roche-de-Vermand. II, 334.
Gascelinus, mariscallus. II, 18.
Gascogne (la). I, 49, 50, 112, 114; II, 96, 122, 123, 131, 132.
Gaserannum. Voir Gazeran.

Gaspard..., trésorier de l'épargne. II, 491.
Gasselinière (la), fief à Conflans, vassal de Maisoncelles. II, 334.
— (seigneur de la). Voir Boussard (Jean).
Gassion (M. de). II, 504.
Gast (seigneur du). Voir Maillé (Toussaint de).
Gasté (Marin). III, 75.
Gasteblé, seigneur du Chaussis. II, 364.
Gâtinais (comte de). Voir Geoffroy Ferréol.
Gâtines, à Contigné (Maine-et-Loire). — (seigneur de). Voir Charnacé (Hercule de).
Gâtines, château à Fougeré. I, 361, 370. — (seigneur, baron de). Voir Avoines (Jean-François d'), Maillé de la Tour-Landry (Charles-François et Charles-Henri de). — (dame de). Voir Avoines (Marie-Madeleine d').
Gats (seigneur des). Voir Filleul (Jacques).
Gaubourd, commune de Saint-Melaine (Maine-et-Loire). II, 126.
Gauchays (les). II, 318.
Gaudefredus de Rupibus. Voir Roches (des).
Gaudete (Jean), trésorier des guerres. II, 234.
Gaudin (Catherine), femme de Louis de la Tour-Landry. I, 336.
Gaudin (Jean), chevalier. II, 165, 166.
Gaudin (Jean), serviteur. II, 405.
Gaudinière (la). III, 80. Lire Baudinière (la). Voir III, 239.
Gaudion (Marie-Hyacinthe), visitandine. III, 129.
Gauffredus Casaria. II, 33.
Gauffredus de Ulmis. II, 33.
Gauffredus, filius Bernardi Bloii. Voir Bloi (Geoffroy).
Gauffredus, filius Hugonis. Voir Geoffroy, fils d'Hugues.

Gauffredus Fortis. II, 9.
Gauffredus, subvicarius. II, 26.
Gauffridus Viau. Voir Viau (Gauffridus).
Gaufredus, comes Andegavensis. Voir Geoffroy II et Geoffroy III.
Gaufredus de Calmonte. Voir Chaumont (Geoffroy de).
Gaufredus de Geneleio. II, 31.
Gaufredus de Malliaco. Voir Bloi (Geoffroy).
Gaufredus de Monsorel. II, 16.
Gaufredus de Salmoncel. II, 16.
Gaufredus Erro. II, 44.
Gaufredus, filius Bernardi Bloti. Voir Bloi (Geoffroy).
Gaufredus, filius Milesendis. Voir Bloi (Geoffroy).
Gaufredus, frater Harduini de Sancto Medardo. II, 30.
Gaufredus Fulcradus. II, 35.
Gaufredus, filius Hugonis. Voir Geoffroy, fils d'Hugues.
Gaufredus, monachus. II, 46.
Gaufredus Petit. II, 19.
Gaufridus (Alberici). II, 53.
Gaufridus Borsart. II, 55.
Gaufridus de Ambillou. Voir Ambillou (Geoffroy d').
Gaufridus de Brena. Voir Brenne (Geoffroy de).
Gaufridus de Calmonte. Voir Chaumont (Geoffroy de).
Gaufridus de Malliaco, miles. Voir Maillé (Geoffroy de).
Gaufridus de Medona. Voir Mayenne (Geoffroy de).
Gaufridus de Milleio, Geoffroy de Millé. II, 52, 53.
Gaufridus de Pereio, clericus. II, 55.
Gaufridus Derf. II, 51.
Gaufridus, filius Fulconis, comitis. Voir Geoffroy Martel le jeune.
Gaufridus Forrarius. II, 57.
Gaufridus, frater Gofridi Jordanis. II, 31.
Gaufridus Malus Canis. II, 56.

Gaufridus Samoel, prepositus Bellifortis. II, 56.
Gauleraie (seigneur de la). Voir Dosdefer.
Gaulteret (le), à Bouloire. II, 314.
Gaulterius Hildemarus. Voir Hildemart.
Gaultier (Charles), praticien. III, 89.
Gautier (Jacques), conseiller du roi. II, 434, 435.
Gaultier (Jean), trésorier des guerres. II, 356.
Gaultier (Julien), prêtre, seigneur de Teilleux. II, 333.
Gaultier (Robert), seigneur des Épinettes et du Ruau. II, 333.
Gaultier de Chiffreville (Louise-Ghilberte), visitandine. III, 129.
Gausbertus, canonicus de Castello. II, 33.
Gausbertus, Josbertus coquus. II, 12, 20.
Gausbertus, Gosbertus filius Alfredi seu Colfredi, militis. II, 15, 16, 21, 26.
Gausbertus, filius Milesendis de Malliaco. Voir Bloi (Gauzbert).
Gausbertus, frater Harduini, Bernardi Bloii et Gaufredi. Voir Bloi (Gauzbert).
Gausbertus, presbyter, capellanus. II, 38.
Gausbertus, prior claustri. II, 26.
Gauscelinus, forestarius. III, 232.
Gauscelinus, pater Girorii. II, 13.
Gauscelinus, piscator. II, 26.
Gausfredus Bastardus. II, 26.
Gausfredus Borrellus. II, 26.
Gausfredus de Sancto Amando. II, 13, 30.
Gausfredus, filius Ausfredi. II, 28.
Gausfredus, filius Hugonis. Voir Geoffroy, fils d'Hugues.
Gausfredus, filius Rainaldi Longini. II, 21.
Gausfredus, lavandarius. II, 26.
Gausfredus Mansellus. II, 10, 21.

Gausfredus, senescallus. II, 13.
Gausfridus, comes Andegavensis. Voir Geoffroy II.
Gausfridus, filius Milesendis. Voir Bloi (Geoffroy).
Gausmarus, clericus. II, 6.
Gauterius Bellargia. II, 19.
Gauterius de Capella. II, 20.
Gauterius de Parrana. II, 47.
Gauterius de Perunnario. II, 47.
Gauterius, testis. II, 47.
Gautier (Jacqueline), veuve du sieur Cottereau. III, 18, 19.
Gautier, surnommé Nerbone. Voir Nerbone.
Gauxfridus, filius Hugonis. Voir Geoffroy, fils d'Hugues.
Gauzbertus, homo Gilduini militis, Gauzbertus de Mailliaco. Voir Maillé (Gauzbert de).
Gauzfredus, testis. II, 2.
Gauzfridus Bibe Vini. II, 4.
Gauzfridus, comes. Voir Geoffroy II et Geoffroy III.
Gauzfridus de Ambiliaco. Voir Ambillou.
Gauzfridus de Calmonte. Voir Chaumont (Geoffroy de).
Gavre (Guy de). Voir Laval (Guy de).
Gay (Le). Voir Le Gay.
Gazel (Ernulfus). II, 21.
Gazelle (Marguerite), femme de Louis Ier de Maillé. I, 330.
Gazeran (Seine-et-Oise), Gaserannum. II, 22.
Gazeran (Menier de), second mari d'Agnès de la Tour, Mainerius de Gaseranno. I, 16, 21 ; II, 22, 23.
Gée (la rivière de), affluent de la Sarthe. III, 107.
Geerge (seigneur de). Voir Porte (Claude de la).
Gehildis. Voir Maillé (Gehilde de).
Geldinus, pater Hugonis. II, 6.
Gelduin ou Gédouin, vicomte de

Blois, Gelduinus, vicecomes Blesis. I, 22 ; II, 16-19.
Gelduinus Salmurensis, miles. Voir Saumur (Gelduin de).
Gelduinus, vicecomes Blesis. Voir Gelduin.
Gellin (Mme de). II, 425.
Gémasse, château à Saint-Ulphace (Sarthe). I, 345 ; II, 463-468. — (seigneur de). Voir Kaerbout (Lancelot de).
Gemerie (la) ou la Gesmerie, à Saint-Jean-d'Assé, fief vassal du Mortier. I, 223 ; II, 512 ; III, 72, 75. — (seigneur de la). Voir Maillé (Louis de).
Genainville ou Génesville, à Saint-Martin-du-Péan (Eure-et-Loir). III, 10. — (seigneur de). Voir Maillé (Nicolas de).
Gendrot (François), notaire. III, 103.
Genebraie (la), pièce de terre. I, 295 ; II, 280.
Geneleio (Gaufredus de). II, 31.
Generye, Generis (la forêt de), commune de la Pélerine. II, 357, 432.
Gênes (Italie), Janua. I, 37 ; II, 51.
Génesville. Voir Genainville.
Genetay (seigneur de ou du). Voir Ghaisne (Marie-Henri et Pierre de).
Genetière (la), village. II, 420.
Genève. I, 353.
Genevraie (la), manoir et bois à Gennes. I, 139 ; II, 341-344. — (seigneur de la). Voir Vau-de-Chavaignes (Charles du).
Genillé (Indre-et-Loire), Genilliacus. II, 146, 151.
Gennes (Maine-et-Loire). I, 66 ; II, 99, 229, 412. — (Saint-Eusèbe de). I, 132 ; II, 267, 274. — (Saint-Vétérin de). II, 342-344.
Gennes (Bertrand de), seigneur de Launay de Gennes et de Bonnette. III, 178.

Gennes (Jean de), seigneur de Launay de Gennes. III, 178, 179.
Gennes (Pierre de), conseiller. III, 132.
Gennes (René de), seigneur de Launay de Gennes. III, 179.
Genouillé (Charente-Inférieure). I, 116, 119 ; II, 183-185, 188-190. — (seigneur de). Voir Béchet (Guillaume et Pierre).
Gente (le clos), à Bouloire. II, 317.
Gentien (Louis), seigneur d'Érigné et de la Garenne. I, 388.
Gentilly (le sieur de). III, 99.
Geoffroy, abbé de Noyers. I, 17.
Geoffroy, abbé de la Trinité de Vendôme, Goffridus, abbas Vindocinensis. I, 26 ; II, 38, 39.
Geoffroy, fils d'Hugues, vassal de Maillé, Gaufredus, filius Hugonis, miles de Malliaco ; Gauxfridus vel Gaufredus, filius Hugonis, tenens tertiam partem terræ de Martiniaco, miles Gelduini de Malliaco ; Gausfredus quidam, filius Hugonis, militans cuidam honorato Gilduino nomine de castro Malliaco... pro parte terræ quam apud Martiniacum tenuerat ; Gauffredus et Guarnerius et Alfredus, qui tenebant singuli partes de Martiniaco ; mortuo Gauffredo, filio Hugonis. I, 7, 14, 16, 17, 25 ; II, 7, 8, 12, 13, 19, 28, 29.
Geoffroy II Martel, comte d'Anjou, Gosfridus, filius Fulconis comitis, Gausfridus, Gaufredus, Gaufridus, comes Andegavensis, Gauzfridus, comes. I, 9, 11, 13 ; II, 4-6, 8, 45 [ligne 1, lire : « Geoffroy le Bel »] ; III, 236.
Geoffroy III le Barbu, comte d'Anjou, Gauzfridus, Gaufredus, comes. I, 13 ; II, 8, 10.
Geoffroy IV le Bel, comte d'Anjou, Gosfridus, comes. I, 31, 32 ; II, 42, 43, 45 [ligne 1, lire : « Geof-

froy le Bel » au lieu de : « Geoffroy Martel »]; III, 236.
Geoffroy [Ferréol], comte de Gâtinais], père de Geoffroy le Barbu. II, 10.
Geoffroy Martel le jeune, fils de Foulques Réchin, Gaufridus, filius Fulconis comitis. II, 19.
Geoffroy II, duc de Bretagne. Geoffroy, Geffray (l'assise du comte). II, 380; III, 157.
Geoffroy de Vendôme, chevalier. II, 97.
Georges (saint), sanctus Georgius. I, 34; II, 51.
Georget (Grégoire). II, 312.
Georget (Jacques). II, 418.
Georget (Jean), seigneur de Villemesson et de la Roche-de-Vermand. II, 334.
Gerardus, testis. II, 2.
Gerberon (René). II, 318.
Germer (Guillaume). II, 190.
Geslant (le fief), Frotier ou Mortier-Branche, à Vaulandry. III, 172.
— (seigneur du). Voir Maillé (Pierre de). — (dame du). Voir Chemans (Honneur de).
Gesmerie (la). Voir Gemerie (la).
Gesvres (M. de). II, 504.
Geuffret. Voir Jouffray.
Gevalier (M. le). II, 489.
Ghaisne (Saint-Michel-de-). Voir Saint-Michel-de-Ghaisne.
Ghaisne (Marie-Henri de), fils de Pierre de Ghaisne et de Perrine du Rocher, mari de Marie-Hélène de Maillé de la Tour-Landry, comte de Ghaisne et marquis de Bourmont, seigneur de Genetay et de Montmort. I, 365, 366; III, 102, 103, 115, 117, 123, 239.
Ghaisne (Pierre de), seigneur du Genetay. I, 365; III, 102.
Ghaisne (N. de), fils de Marie-Henri de Ghaisne et de Marie-Hélène de Maillé de la Tour-Landry. I, 366; III, 123.

Ghaisne de Bourmont (comte de). Voir Bourmont.
Ghaisne de Classé (Pierre-Henri de). III, 123.
Gibraltar. III, 165.
Gidonnière (la), château à Lhomme (Sarthe). III, 6. — (seigneur de la). Voir Courtoux (Jacques de).
Gié (le maréchal de). Voir Rohan (Pierre de). — (seigneur de). Voir Rohan (François et Pierre de).
Gien (comte de). Voir Anjou (Charles d').
Gigault (Louis), notaire. II, 459.
Gilberdière (dame de la). Voir Chambes (Suzanne de).
Gilbourg, château et seigneurie à Faye (Maine-et-Loire). III, 104.
— (seigneur, baron, marquis de). Voir Le Corvasier (François-Jean), Maillé de la Tour-Landry (André, Charles-André, François, Jean II, Louis et Marie-Urbain-Charles de), Rohan (François de).
— (dame de). Voir Rohan (Françoise de).
Gilduini (filius). II, 2. Voir Chaumont (Geoffroy de).
Gilduinus, avunculus Rainaldi. II, 14; III, 235.
Gilduinus, frater Jaguelini. Voir Maillé (Gelduin de).
Gilduinus Salmurensis. Voir Saumur (Gelduin de).
Gilius, testis. II, 2.
Gillardus (Renerius). II, 47.
Gillière (seigneur de la). Voir Boylesve (Louis).
Gilo de Ambleio. II, 51.
Ginarde. Voir Saint-Michel-de-Ghaisne.
Giraldus, archipresbyter de Sancta Maura. Voir Blois (Girard de).
Giraldus, coquus. II, 20.
Giraldus Diabolus. II, 24.
Giraldus, filius Gauffredi de Malliaco. Voir Bloi (Girard).

Giraldus, piscator. II, 26.
Giraldus, pistor. III, 232.
Giraldus, sartor. II, 21.
Girard (Jean), curé de Saint-Calais. II, 439.
Girard (Jean), paroissien de Chahaignes. II, 214.
Girard, bienfaiteur de l'abbaye de Preuilly. I, 24; II, 31.
Girard, greffier. II, 241.
Girardet, fief à Sougé-sur-le-Loir, vassal de Maisoncelles. II, 333, 451-453. — (seigneur de). Voir Anjoubault.
Girardière (la), nom de deux métairies à Bouloire. II, 305, 307, 312, 316, 321, 322, 325.
Girardus Blesensis. Voir Blois (Girard de).
Girardus, celerarius. III, 233.
Girardus de Fonte Cavo. II, 22.
Girardus de Fracta Valle. II, 30.
Girardus Paganus. II, 19.
Girardur, piscator. II, 26.
Girardus, senescallus. II, 18.
Girauderie, (seigneur de la), *alias* de Giraudeau. Voir Maumeschin (François de).
Girault (René). II, 405.
Giroius, pater Mathei de Rupibus. Voir Roches (des).
Gironville. I, 210.
Girorius de Bello Pratello, de Bellopratorio. II, 10, 19.
Girorius, filius Gauscelini. II, 13.
Girulfus, pater Archembaldi. II, 21.
Gislebertus, frater Titionis. II, 4.
Gislebertus Rufus de Monte Sorel. II, 26.
Glatigny, à Savigny-sur-Braye. II, 335.
Glisiaco (Sanctus Hilarius de Monte). Voir Grésillé.
Glomel (seigneur de). Voir Rosmadec (Alain de).
Gobert (Marie-Madeleine). III, 158.
Gobiz, fief vassal du château d'Angers. I, 89; II, 221, 222. — (seigneur de). Voir Maillé (Hardouin IX de).
Godefredus, filius Airardi de Bonæ. III, 232.
Godinières (les), en la forêt de Milly. II, 412.
Godiscalis (Gosfredus). II, 43.
Goesbriant (de). III, 71.
Goffridus, abbas Vindocinensis. Voir Geoffroy.
Gofridus Jordanis. Voir Preuilly (Geoffroy de).
Gohan (le moulin de), à Bouloire. II, 295, 306, 307, 312, 314-317, 321, 322, 326.
Gohan (Étienne de). II, 318.
Goheau (Jeanne), femme d'Adrien de Centigny. I, 305.
Gohier (Maine-et-Loire). I, 93; II, 285; III, 237. Voir Verger (le). — (seigneur de). Voir Maillé (Hardouin de).
Gohin (Anne-Madeleine), visitandine. III, 129.
Gohin (Françoise-Marguerite), visitandine. III, 128, 129.
Goislard de Montsabert (N.), femme de Charles-Marie-Joseph de Maillé de la Tour-Landry. I, 392.
Gondi (Jean-François), archevêque de Paris. I, 172.
Gonsy (Catherine de). II, 397.
Gontaut-Biron (Marie-Auguste-François, comte de), mari de Solange-Marie-Eugénie-Laure de Maillé de la Tour-Landry. I, 422.
Goretière (la), à Bouloire. II, 296, 300, 316.
Gorgercia (Hugo). II, 10.
Gorran (le sire de). II, 138.
Gosbertus Chevrun. II, 19.
Gosbertus, filius Alfredi. Voir Gausbertus.
Goscelinus de Sancta Maura. Voir Sainte-Maure.
Gosfredus de Mailliaco. Voir Bloi (Geoffroy).
Gosfredus Godiscalis. II, 43.

Gosfredus Matheus. II, 43.
Gosfredus, miles de Castello Duno. Voir Châteaudun.
Gosfridus, comes. Voir Geoffroy IV.
Gosfridus, filius Fulconis, comitis, comes Andegavensis. Voir Geoffroy II.
Goubiz (Catherine de), femme de François de Chérité, dame de Sous-le-Puy. I, 360, 361; II, 514-516; III, 78-80.
Goubiz (Jacques de), aumônier de Saint-Nicolas d'Angers. II, 514-516.
Goubiz (Jacques de), seigneur de la Rivière et du Souchereau. II, 514.
Gouffay, métairie à Chahaignes. II, 350.
Gouffier (Artus), grand-maître de France. I, 347.
Gouffier (Claude), duc de Roannais, fils d'Artus Gouffier et d'Hélène de Hangest, troisième mari d'Antoinette de Maillé de la Tour-Landry. I, 347.
Gougeau (Jean). II, 342.
Gougeon (Pierre). II, 320.
Goujon, notaire. I, 147; II, 360.
Goulaine (Loire-Inférieure). II, 336.
Goulaine (la maison de). II, 380.
Goulaine (le seigneur de), oncle de Claude de Kerman. II, 444.
Goulaine (Christophe de), seigneur de Goulaine, la Guerche, Blaison et Martigné-Briand, I, 137; II, 335, 336.
Goulaine (Claude de). II, 381.
Goulaine (Gabriel, marquis de). II, 506.
Goulaine (Jeanne de), femme de Maurice de Kerman. I, 266; II, 379-382.
Goullard (seigneur de). Voir Bernard (Jean).
Goumenaudière (sieur de la). Voir Fournier (René).
Gourdin (J.), sacriste. III, 152.

Gourdin (René), sacriste à Chahaignes. III, 149, 150, 152, 154.
Gourdon (Lot). II, 126.
Gourreau (Françoise), première femme de Jean-François d'Avoines. I, 360, 361.
Gourreau (Françoise-Angélique), visitandine. III, 129.
Gouvion-Saint-Cyr (le général). I, 377.
Gouzil (Jean), l'aîné et le jeune. II, 214, 215.
Goyau (Pierre). III, 227.
Goyet (Jacques), trésorier-payeur. II, 352, 360.
Goyet (Macé), seigneur de Geuffret. II, 334.
Gradulfus de Calonna. II, 10.
Gradulfus, pater Garini. II, 18.
Gramat (Lot). II, 126.
Gramedo (Marie-Antoinette-Carmen-Consuelo Manuel de Gramedo, femme d'Adrien-Charles-Joseph-Robert de Wendel. I, 424.
Grammaticus (Beringerius). Voir Bérenger le Grammairien.
Grammont (le seigneur de). II, 236.
Grammont (Antoine-Pierre-Marie-Joseph-Gabriel-Théodule, comte de), mari d'Élisabeth-Jacqueline-Jeanne-Marie de Maillé de la Tour-Landry. I, 429.
Grand (Le). Voir Le Grand.
Grandchamp (le sieur). III, 54.
Grandier (Urbain). II, 495, 496.
Grandière (François de la), seigneur de Montgeoffroy et de Pouillé. II, 416.
Grandière (Pierre, baron de la), mari de Jeanne-Marie-Françoise de Maillé de la Tour-Landry. I, 400.
Grandière (René de la), chevalier. I, 263, 264; II, 459.
Grandinière (de la). Lire Grandière (de la).

Grand-Lucé (le). Voir Lucé (le Grand-).
Grandmaison (seigneur de). Voir Fontaine (Jean de la).
Grandmaison (L. de). I, 33, 37, 73; II, 48, 68, 123, 146, 150, 153, 157, 160, 356.
Grand-Maître (le). II, 235, 236. Voir Gouffier (Artus), Meilleraie (la).
Grandmont (l'ordre de), ordo Grandimontis. II, 71.
Grandmont (le prieuré de), en la forêt de Châteauroux. III, 183.
Grange (le champ de la), à Trangé. III, 85.
Grange-Bleneau (la), en Brie. II, 457.
Grange-d'Anez ou d'Ancy (la). I, 243; II, 176.
Grange-Ferrée (seigneur de la). Voir Grudé (Charles), Maillé de la Tour-Landry (Philippe-Joseph-Augustin de).
Grange-Guéret (la), à Brion. III, 6.
— (dame de la). Voir Barre (Charlotte de la).
Grange-Jacquelin (la). III, 2.
Grange-Moreau (la), fief à Vallon. I, 232; III, 104-108, 121. — (seigneur de la). Voir Langlée (Claude de), Maillé (François-Henri de).
Granger (R.), curé de Bouloire. II, 453.
Granges (les), à Bouloire. II, 309, 311.
Granges (seigneur des). Voir Châteaubriant (Jean de), Maillé de la Tour-Landry (André de).
Granges (Claude des). Voir Gravy (Claude de).
Granus (Matheus). II, 57.
Graslin (M. de). II, 199.
Grasse (seigneur de la). Voir Chérité (François de).
Grateloup (baron de). Voir Estuert (François d').

Grautel, moulin. I, 17.
Gravelle (la) (Mayenne), Gravella. I, 68; II, 113.
Gravothereau (l'étang de). I, 294; II, 279.
Gravy (Ambroise de), seigneur des Cousteaux. I, 151.
Gravy (Claude de), alias Claude des Granges, fille d'Ambroise de Gravy et de Renée-Claude Langeay du Belley, femme d'Arthus de Maillé. I, 149-154; II, 358, 359, 362-365, 372.
Grée (la), en la châtellenie de Quellan, évêché de Saint-Malo. I, 441, 444. — (seigneur de la). Voir Avaugour (Jean d').
Gréez-sur-Roc (Sarthe). II, 468.
Gregorius, nepos Lamberti. II, 16.
Grelaudière (la). II, 419.
Grelay (le). III, 83. Lire : Grolay (le). Voir III, 239.
Grelies (Barbe), femme d'Urbain Jusqueau. II, 415.
Gremorin (Richard de). I, 296.
Grenelle (la rue de), à Paris. I, 416.
Grenier (René du), marquis d'Oléron, seigneur de la Pelonnière, le Pin, Chanceaux, Saint-Jouin, Montcouplet, Château-Sénéchal, Ligron, Saint-Germain-du-Val, Poil-de-Rène, Verron, la Baudinière et Marigné, mari d'Anne de Maillé. I, 207, 208, 312; III, 35-70, 77, 80, 96, 98-102, 111, 113, 114, 209.
Grenier (dom). II, 134.
Greny sous Bourg, en Rethelois. III, 188.
Grésille (le sire de la). I, 74, 75; III, 214, 215.
Grésille (Claude de la), seigneur de Maurepart et de Bois-Rou. II, 415.
Grésillé (Maine-et-Loire), Grézillé, Sanctus Hilarius de Monte Glisiaco, prope castrum Vivarias. I,

11, 145, 438; II, 4, 340, 341, 413. — (curé de). Voir Maillé (Jacques et René de).
Grève (seigneur de la). Voir Chabot (Thibaut).
Grez (seigneur du). Voir Maillé (Nicolas de).
Grez-sur-Mayenne (Maine-et-Loire). II, 113.
Grignon (le moulin de), à Bouloire. II, 315.
Grillemont, château à Crissé. I, 225; III, 4.
Grillemont (seigneur de). Voir Ciral (Jacques).
Grimaldi (Louis-André de), des princes de Monaco, évêque du Mans. I, 410; III, 161-163.
Grimonville (Nicolas de), seigneur de l'Archant. I, 150; II, 377.
Grisons (les), en Suisse. III, 18.
Groirie (seigneur de la). Voir Rivière (Léonor de la).
Grolay (seigneur du). Voir Maillé de la Tour-Landry (Louis de).
Grolier (Jean), trésorier des guerres. II, 291.
Gros (Le). Voir Le Gros.
Grosse (René), huissier. III, 102.
Grosseteste (Guillaume), notaire. II, 260.
Groxmoulu (Laurent). II, 318.
Grudé (Charles), seigneur de l'Échasserie et de la Grange-Ferrée. I, 391; III, 151.
Grudé (Charlotte), fille de Charles Grudé et de Charlotte de Maunoir, femme de Marie-Urbain-Charles de Maillé de la Tour-Landry. I, 391, 392; III, 151, 153.
Grudé (Mathurin), notaire. I, 340; II, 372; III, 189.
Gruel (Félice), femme de M. de Neufvy. II, 438.
Gruellerie (la), à Mayet. — (sieur de la). Voir Hodon (René de).

Gualardon (Terricus de), senescallus Turoniae. II, 58, 59.
Gualterius de Filgereto. Voir Filgereto (Gautier de).
Gualterius, monachus. II, 6.
Gualterius Nerbona, de Malliaco. Voir Nerbone.
Guanilo, thesaurarius. II, 4.
Guantineau (Jacques de), seigneur de la Châtaigneraie. II, 442.
Guarinus de Booleto, de Bueleto. Voir Bueleto (Guarin de).
Guarinus de Malliaco. Voir Garnier, de Maillé.
Guarinus, presbyter de Fundeto, Guérin, prêtre. I, 15; II, 14, 21.
Guarnerius de Malliaco. Voir Garnier, de Maillé.
Guarnerius, frater Guillielmi, filii Landrici. II, 20.
Gué (le sieur). III, 55.
Gué-au-Chat (seigneur du). Voir Maillé (Henri, Louis et René II de). — Voir Corrections, III, 238.
Guébriant (le régiment de). III, 97.
Guébrunet (Pierre), prévôt de Lucé. II, 284.
Gué-des-Assemblées (le), à Bouloire. II, 310, 316.
Guédois (Louis de), prieur de Saint-Laurent, Saint-Victor et Briolay. II, 515.
Guédon (Pierre), sieur de la Marc. III, 68.
Gueffron (Salomon de), sieur de Bugné. II, 427.
Guehalain (Denis). II, 433.
Gué-Joubert, à Évaillé. II, 335.
Gué-Marie (le), à Bouloire. II, 296, 307, 313-315, 320.
Guémené (le prince de). I, 305. — (seigneur, prince de). Voir Rohan (Louis II et Louis de).
Guémorin. II, 249, 250. — (seigneur de). Voir Maillé (Louis de).
Guen (B. Le), notaire. II, 507; III, 206.
Guénault (Jacques), notaire. II, 253.

Guenay (Micheau et Sainxon de). II, 208.
Gué-Perré (le), à Bouloire. II, 290, 320.
Guerche (la), en Bretagne. — (seigneur de la). Voir Bourbon (Charles de), Goulaine (Christophe de).
Guerche (la) (Indre-et-Loire). I, 54; II, 149. — (seigneur de la). Voir Maillé (Jean de).
Guerche - Saint - Amand (Marie-Louise de la), femme d'André de Maillé de la Tour-Landry. I, 364, 388; III, 140.
Guérets (les), à Bouloire, chapelle et fief vassal de Meslève. II, 296, 302.
Guérin, prêtre, Guarinus, presbyter de Fundeto. I, 15; II, 14, 21.
Guérin (Jean). II, 244.
Guérineau (Antoine et Jean). I, 132; II, 267, 268.
Guérinet (Perrin). II, 311.
Guérinière (seigneur de la). Voir Bourdin (Roland).
Guéritaude (la), à Veigné (Indre-et-Loire), fief vassal de Montbazon. I, 71, 251, 252, 318, 441; II, 143, 400-406, 417-420, 424, 425; III, 5. — (seigneur de la). Voir Maillé (Gilles, Guy, Hélie, Hercule, Jean, Juhez, René et Yves de). — (dame de la). Voir Sazillé (Jeanne de).
Guéritaude (la chapelle de la), en l'église de Veigné. I, 318; II, 401-403, 406, 417-420.
Guerreau (Pierre), notaire. II, 456.
Guerry (Jean). II, 240, 243.
Guesclin (Bertrand du), connétable de France. II, 121.
Guesle (Franciscus de la), archiepiscopus Turonensis. II, 354.
Guesné (seigneur du). Voir Maillé (René-Louis-François de). — Voir Corrections, III, 239.
Guesnier (Françoise), femme de Robert Guitton. I, 406; III, 122. Lire : *Guesnier* au lieu de : *Guesmer*.
Guespray (Miée de). Voir Miée de Guespray.
Guiart (Georget). II, 208.
Guibert (François), notaire. III, 100.
Guichardi (terra). II, 73.
Guichardière (la), à Milly. II, 237, 413.
Guiche (le comte de). II, 494.
Guicherius de Castello Rainaldi. II, 30.
Guicherius, testis. II, 2.
Guido (Michelet), sergent. II, 206.
Guido de Barra. Voir Barre (Guy de la).
Guido de Livies, mariscalcus. II, 65.
Guido de Malliaco. Voir Maillé (Guy de).
Guido Torpin. II, 66.
Guierche (la) (Sarthe). I, 310, 441; II, 508; III, 12. — (bailli de la). Voir Louys (Mathurin).
Guierche (seigneur de la). Voir Buat (Jean du).
Guifrei, li filz Hamon. II, 49.
Guigard. I, 280.
Guignard (Jacquine), femme de François Charlerie. I, 369; III, 147.
Guignardières (les), à Souligné-sous-Vallon. III, 105.
Guildo (baron du). Voir Avaugour (Jean d').
Guilhart. II, 82.
Guillard, procureur fiscal de Bouloire. II, 468.
Guillart (Ambroise), seigneur de Bois-Gaudin. II, 294.
Guillart (Jacques), seigneur de Bois-Gaudin. II, 293, 294, 332.
Guillaume, abbé de Marmoutier, Willelmus, abbas Majoris Monasterii. I, 32; II, 36, 37, 39, 40.
Guillaume, chapelain d'Hardouin IX de Maillé. II, 265.
Guillaume, évêque d'Angers, Wil-

lelmus, episcopus Andegavensis. I, 29; II, 54, 55.
Guillaume, fils de Garnier, de Maillé, Guillelmus, filius Garnerii de Malliaco. I, 21; II, 21, 22.
Guillaume, religieux de Marmoutier, Guillelmus, monachus Majoris Monasterii. II, 80, 81.
Guillebert (Louis), marquis de Sicqueville, baron de Coulonce. I, 211.
Guillebert de Sicqueville (Gabrielle), fille de Louis Guillebert et de Louise d'Apchon, première femme de René II de Maillé-Bénéhart, marquise de Bénéhart. I, 209-213; III, 92, 207.
Guillelmus Bretellus. II, 94.
Guillelmus de Asperomonte. Voir Apremont.
Guillelmus de Faia. Voir Faye (Guillaume de).
Guillelmus de Maillé. Voir Maillé (Guillaume de).
Guillelmus, filius Axonis. II, 30.
Guillelmus, filius Garnerii de Malliaco, Guillaume, fils de Garnier, de Maillé. I, 20; II, 21, 22.
Guillelmus, frater Garnerii de Malliaco. II, 22.
Guillelmus, frater Gaufredi de Malliaco. Voir Maillé (Guillaume de).
Guillelmus, monachus. II, 46.
Guillelmus Rufus. II, 26.
Guillelmus, sinescalcus. II, 21.
Guillemine, chambrière d'Hardouin IX de Maillé. II, 266.
Guillermus Charbonelli. II, 66.
Guillet (Claude), marchand. I, 152; II, 372, 373.
Guillielmus, filius Landrici. II, 20.
Guillier (Jacques), notaire. II, 454.
Guillocher (Clément). II, 290, 306, 318.
Guillocher (Jean). II, 306, 318, 325, 326.
Guillocher (Mathurin). II, 306, 307, 309, 317, 325, 326.

Guillon (Jacques), sieur de Beauregard. III, 210.
Guillon, vicaire à Chahaignes. III, 154.
Guillonnière (seigneur de la). Voir Rousseau (Philippe).
Guillore (Jean). II, 306, 318.
Guillotière (la), à Bouloire. II, 297, 305.
Guimandière (la), à Bouloire. II, 299, 321.
Guimard, notaire. III, 118.
Guimpot, à Saint-Aignan. III, 12.
Guinebaldus, infirmarius. II, 26.
Guinebaudière (la), près Vendôme. III, 194.
Guingault (Jean). II, 231.
Guinoiseau, notaire. III, 77.
Guinoyseau, avocat. III, 78.
Guiot (Anne de), dame de Villodé, seconde femme de Louis de Maillé-Ruillé. I, 223; II, 438, 439, 442.
Guirche (pratum quod vocatur la), juxta pontem Folchart. II, 54.
Guiscard (Mme de), femme du marquis de Villequier. III, 133, 134.
Guise (Aisne). II, 492, 497. — (comte de). Voir Anjou (Charles d').
Guise (le chevalier de). I, 160.
Guiterne, viguier. I, 26; II, 36, 37.
Guitonnière (la), à Bouloire. II, 295, 313, 323.
Guitton (Jean), sieur des Bois. III, 75, 208.
Guitton (Marie), fille de Robert Guitton et de Françoise Guesnier, seconde femme de Charles de Maillé de la Tour-Landry. I, 405-408; III, 121, 122, 136, 137, 139, 142, 144-147.
Guitton (Robert), bourgeois de Paris. I, 406; III, 122.
Gustave-Adolphe, roi de Suède. I, 160, 161, 168, 169.
Guy, abbé de Pontlevoy, Widdo, abbas Sanctae Mariae Pontilevensis. I, 23; II, 16, 17.

Guy (Imbert), mari de Thomasse de Maillé. I, 56; II, 145, 152.
Guyais (Richard). II, 307, 310, 315.
Guyenne (la). I, 63, 149, 173; II, 152, 163, 174, 175, 218, 242, 372.
Guyenne (le duc de). I, 91, 92; II, 233-238. — Voir Jean II.
Guyet (Charles de), seigneur de la Forêt, mari de Lucrèce de Maillé. I, 300; II, 433.
Guyon, notaire. III, 131.
Guyon (un nommé). III, 223.
Guyonnière (la), château à Saint-Porchère-lès-Bressuire. I, 263; II, 461.
Guyz (les sieurs les), marchands. III, 93.
Gyenville (dominus). II, 106.

H

H., archidiaconus ecclesiae Aurelianensis. II, 60-62.
H., comes Cenomanorum. II, 6.
Habert (Louis), trésorier des guerres. II, 384.
Hachette, notaire. II, 516, 517.
Hadelisia. Voir Papebœuf (Adèle).
Haie-Normant (la), à Bouloire. II, 300, 317.
Haies (les), à Beaumont-la-Chartre. — (seigneur des). Voir Berziau (Guillaume de).
Haies (les), à Bouloire. II, 297, 299, 307, 315, 322-324.
Haies (les), château et seigneurie à Brion. I, 210, 321; II, 508; III, 5, 6, 40-67, 105. — (seigneur des). Voir Barre (Louis de la), Maillé (Henri et René II de).
Haies (les), à Flacé. III, 105.
Haies de Maillé (seigneur des). Voir Daen (Guillemot).
Haimericus Balista. II, 4.
Haimericus Barcardus. II, 43.
Haimericus Cochonus, Cochionus. II, 25, 31.
Haimericus Faber. II, 26.
Haimericus Quintinus. II, 57.
Haimericus Roineau, prepositus de Longeuio. II, 56.
Haimo, monachus. II, 46.
Haimo, prior Lavariaci. II, 38.
Hainaut (le), Henaut. I, 47; II, 85, 148.
Halcepedem (Vivianus). II, 38.
Hallay (Geneviève du), femme de Louis de Villeprouvée. I, 152; II, 373.
Hallet (Georges). II, 218.
Hallier (M. du). II, 491.
Halliers (sieur des). Voir Mabille (Jean).
Ham (Somme), Ham en Vermandois. I, 91; II, 234.
Hamelin (Claude de), seigneur des Moulins-de-Corzé, du Bois, en Mazé, et de l'Épinay-Greffier, baron de Bouloire, mari de Françoise de Maillé de la Tour-Landry. I, 346; II, 293, 376, 445, 478-480.
Hamelin (Claude de), fille de Claude de Hamelin et de Françoise de Maillé de la Tour-Landry, femme de Louis Testu de Balincourt. I, 346.

Hamelin (François de), fils de Claude de Hamelin et de Françoise de Maillé de la Tour-Landry. I, 346.
Hamelin (Louis de), fils de Claude de Hamelin et de Françoise de Maillé de la Tour-Landry, baron de Bouloire. I, 346.
Hamelin (René de), seigneur des Moulins-de-Corzé, du Bois, en Mazé, et de l'Épinay-Greffier. I, 346; II, 445.
Hamelinus, major. II, 4.
Hamelinus, sacerdos. II, 55.
Hamericus, frater comitis Fuxensis. II, 65.
Hamon (Guifrei, li filz). II, 49.
Hamon (Jean), seigneur de la Flocellière. I, 155.
Hamon (Robinette), fille de Jean Hamon et de Jeanne Punevère, femme de Claude de Maillé-Brézé. I, 155-164; II, 388, 446.
Hangest (Hélène d'), femme d'Artus Gouffier. I, 347.
Hangest (Jeanne d'), femme de Philippe de Maillé-Brézé. I, 145.
Hangest (Maximilien de), seigneur de Beaulieu. III, 6.
Hannes de la Sausnorière (Louise-Désirée de), femme de Gustave-Fortuné de Maillé de la Tour-Landry. I, 397, 398.
Hanovre, Hannoviae. II, 50.
Harcourt (Christophe de). II, 195.
Harcourt (Louis de), vicomte de Châtellerault. II, 157.
Hardas (sieur du). Voir Normand (Jean).
Hardois, le champ Hardois, à Mézières-sous-Ballon. I, 312; III, 12, 87.
Hardonnière (la), à Bouloire. II, 296, 299, 300, 310, 316, 324.
Hardouin (l'hôpital), à Saumur. I, 125; II, 208.
Hardouin, chevalier, seigneur de Trèves. I, 25; II, 35.
Hardouin, fils de Foucher de Maillé.

Voir Harduinus, filius Fulcherii.
Hardouin, trésorier. II, 35.
Hardoyneau (Michel). II, 99.
Hardoynus de Fulgeriaco. II, 73.
Harduinus Achardus. II, 26.
Harduinus de Alneto. II, 44, 47.
Harduinus de Malliaco. Voir Maillé (Hardouin de).
Harduinus de Restine. II, 46.
Harduinus de Sancto Medardo. II, 30, 42.
Harduinus, filius Bernardi Torti. II, 33.
Harduinus, filius Fulcherii, Hardouin, fils de Foucher de Maillé. I, 22; II, 20, 23, 26, 27, 28; III, 235.
Harduinus, filius Gualterii Nerbone. II, 44.
Harduinus, filius Mainardi. II, 29.
Harduinus, filius Milesendis. Voir Bloi (Hardouin).
Harduinus, frater Bernardi Bloii, Gaufredi et Gausberti, Gaufredi de Malliaco, Bernardi Bloii et Hervei. Voir Bloi (Hardouin).
Harduinus, frater Tetbaldi de Rupibus. Voir Roches (des).
Hardy (Anne), femme de François Joyet. II, 397, 400.
Harouis (Anne), femme de César Morin. I, 308.
Hauldry (Madeleine), femme de Jean Méon. II, 397-400.
Hault (Le). Voir Le Hault.
Haussonville (Aleth-Paule-Mathilde-Albertine d'), seconde femme de François-Charles-Edmond-Marie de Maillé de la Tour-Landry. I, 428.
Haute-Bergère (la), fief à Écorpain, vassal de Maisoncelles. II, 332.
Haute Curia (Petrus de). II, 140.
Hautefort (Jean-Louis-Gustave, comte de), mari d'Adélaïde de Maillé de la Tour-Landry. I, 376.
Hautefort (Marie-Thérèse-Thaïs de),

femme de Charles-Théodore-Bélisaire de Maillé de la Tour-Landry. I, 377, 378.
Hautereau (J.), notaire. III, 96.
Hauterives (seigneur d'). Voir Bellay (Jean du).
Hay (l'), près de Paris. II, 63. — (seigneur de l'). Voir Montmorency (Mathieu de).
Hay (Julien). II, 433.
Hayange (Lorraine). I, 425.
Haye (la), en Hollande. I, 161.
Haye (seigneur de la). Voir Barin (Jacques).
Haye (la baronnie de la), en Touraine, la Haye-Descartes. I, 18, 71; II, 156, 157, 258. — (baron de la). Voir Beaumont (Jacques de), Haye (Geoffroy II et Rainauld de la), Laval (Gilles et Pierre de), Maillé (Hardouin IX de). — (dame de la). Voir Marmande (Marguerite de).
Haye (Anne de la), femme d'Arquade de la Tour-Landry. I, 55.
Haye (Barthélemy de la). I, 36; II, 47.
Haye (Briand de la), mari de Mahaut de Rougé. I, 55.
Haye (Florentin de la), barbier d'Hardouin IX de Maillé. II, 265.
Haye (Geoffroy II de la), seigneur de la Haye, Mosé et la Croix-de-Bléré, mari de Marie de Maillé. I, 71; II, 156, 157.
Haye (Guillemin de la), receveur de la Ferrière. II, 266.
Haye (Isabelle de la), femme de Pierre de Marmande. I, 70; II, 157.
Haye (Jean de la), chevalier. I, 121; II, 201, 210.
Haye (Joachim de la). I, 121; II, 210.
Haye (Maurice de la), prêtre. III, 16.
Haye (Rainauld de la), seigneur de la Haye, mari d'Agnès de Maillé.

Rainaldus, sororgius Harduini de Malliaco. I, 17, 27; II, 38.
Haye (Renée de la), baronne de Mortagne, de Chemillé et de Beaupréau, dame de Sablé. I, 100, 137; II, 337, 338.
Haye (Renée de la), femme de René du Rivau. I, 205.
Haye (Thibaut de la), chevalier. I, 121; II, 209.
Haye (Yolande de la), douairière de Nemours. I, 100; II, 337.
Haye-Jean (le sire de la). II, 138.
Hayes (les). Voir Haies (les).
Heaulme (Charles), notaire. III, 137, 139.
Hébron. II, 488, 489.
Hées (Guillaume des), seigneur de Baucheron. II, 208.
Hégron (F.), curé de Ruillé. III, 87, 92.
Hégronnière (la), à Saint-Célerin-le-Géré. III, 111.
Heidelberg (Allemagne). I, 169; II, 469, 488.
Héliand (Louise-Anselme-Françoise d'), dame de la Mollière, fille de Pierre-Philippe d'Héliand et de Renée-Augustine-Élisabeth de Juigné, femme de Georges-Jacques-Camille de Maillé de la Tour-Landry. I, 393, 394.
Héliand (Pierre-Philippe d'), seigneur d'Ampoigné. I, 393.
Helvisa, uxor Jeremiae de Turre. II, 23.
Hélye. II, 287.
Hemericus Borsart. II, 55.
Hemericus Savarici. II, 55.
Hemmeno de Blesi. II, 9.
Henaut (le). Voir Hainaut (le).
Henaut (Charles de), notaire. III, 70.
Henebault (Gilles). II, 406.
Hénin-Liétard (comte d'). Voir Alsace (Jean-Louis d').
Hennebont (Morbihan). II, 380, 502, 509; III, 210, 211.

Henning. II, 488.
Henri, empereur des Romains. II, 45.
Henri Ier, roi d'Angleterre. I, 31; II, 41, 42, 45.
Henri II, roi d'Angleterre et comte d'Anjou. I, 38; II, 48.
Henri VI, roi d'Angleterre. II, 205.
Henri II, roi de France. I, 144, 149; II, 355.
Henri III, roi de France et de Pologne. I, 150, 297, 341, 350; II, 377, 391, 392.
Henri IV, roi de France et de Navarre et duc de Vendôme. I, 156, 165, 197, 344, 351; II, 389-391, 397, 421-424, 427-429, 442; III, 192-194, 202.
Henri au Court-Mantel, fils d'Henri II d'Angleterre. II, 48.
Henricus de Buxeio. II, 47.
Henricus de Marellio. II, 57.
Henricus, frater Girardi senescalli. II, 18.
Henricus, serviens. II, 55.
Hepnem. II, 488.
Héraudière (la), à Bouloire. II, 297, 298.
Herault (Colas). III, 198.
Herault (René), seigneur de Fontaine-l'Abbé et de Vanusson. III, 150.
Herbault (le prieuré d'). I, 139; II, 341. — (les bois d'). II, 343.
Herbertus, castellanus de Monte Bassonis. II, 74.
Herbertus de Capella, senescallus Pictavensis. II, 83.
Herbertus, prepositus Ambasiæ. II, 9.
Hercé (Jacques de), chapelain de Maillé. II, 285.
Hercé (Mgr de). I, 410.
Hérisson (Arnoul), avocat. III, 208.
Herlemont (la famille d'). I, 257.
Herluinus Explora metam. II, 14.
Hermençay. Voir Armançay.

Hermitière (l'). Voir Ermitière (Notre-Dame de l').
Herreau (René). II, 336.
Hersant (Françoise), femme de Claude Huger. III, 150.
Hersant (Nicolas), supérieur de l'Oratoire. III, 148-152.
Hervé (Quintien), sieur de la Barre. II, 457, 459.
Herveus, archidiaconus. II, 46.
Herveus Corvisini. II, 18.
Herveus de Orcasa. II, 26.
Herveus, filius Milesendis de Rupibus. Voir Bloi (Hervé).
Herveus, frater Gausfredi de Malliaco. Voir Bloi (Hervé).
Herveus, monachus, prepositus de Lavari. II, 21.
Hesdin (seigneur d'). Voir Bourbon (Charles de).
Hesse-Rinfeld (Charlotte de), duchesse de Bourbon. I, 283, 284.
Heudière (la), à Bouloire. II, 297, 319.
Heurtault (Gervais), seigneur des Pélonnières. II, 303.
Hevrardus de Brileio. II, 47.
Hilaire (saint). II, 149.
Hilaire (François), chapelain de Saint-Benoît. II, 511.
Hildebertus Caillel. II, 44.
Hildebertus, filius Aldegarii. II, 26.
Hildebertus, presbyter ecclesiae de Malliaco. II, 34.
Hildebrand, bienfaiteur de Saint-Venant de Maillé. I, 23; II, 29.
Hildegarde, femme de Foucher Ier Le Riche de Vendôme. I, 15.
Hildegarde, nièce de Geoffroy, Hildegardis, neptis Gausfredi militis. I, 14; II, 13.
Hildegardis, conjux Fulconis comitis, comitissa Andegavensis. II, 4.
Hildegardis, filia Gualterii Nerbone, uxor Pagani de Alneto. II, 44.
Hildegarus, mariscalcus. II, 6.
Hildemart (Gautier), Galterius Hil-

demarus, Aldemarus. I, 24, 25;
II, 26, 30, 33.
Hildemarus, coquus. II, 26.
Hildemarus, sanguinator. II, 12.
Hildricus de Malliaco. II, 26.
Hilduinus, filius Durandi. II, 21, 26.
Hilduinus, monachus. II, 8.
Hilgodus Episcopus. II, 34.
Hiraut (J.). II, 206.
Hirebec, métairie à Petit-Paris. II, 218.
Hocquedé (Pierre), bailli de Château-Gontier. II, 211.
Hodemer (Lambert). II, 40.
Hodon, greffier. II, 219.
Hodon (René de), sieur de la Gruellerie, à Mayet. III, 9, 10.
Hodon (Suzanne de), femme de Pierre Le Vexel. III, 9, 10, 75, 208.
Hogeau (Hardouin). II, 85.
Hollandais (les). I, 161.
Hollande (la). I, 215; II, 489-491; III, 30.
Hommaye (l'). Voir Lhommaye.
Homme (l'), moulin à Gennes. II, 415.
Hommes (Indre-et-Loire), Houlmes en Anjou. I, 266, 269, 274, 276, 277, 292; II, 212, 249, 440, 441, 457, 459, 507; III, 7, 31, 74, 205, 206. — (curé d'). Voir Baugé (Guillaume). — (seigneur d'). Voir Hommes (François d'), Maillé (Charles Ier, Charles II, Donatien Ier et François de). — (dame d'). Voir Maillé (Marie-Anne de).
Hommes (Anne d'), fille de François ou Pierre d'Hommes et de Marguerite d'Illiers, femme de Charles Ier de Maillé, dame d'Hommes, les Cartes et le Plessis-Bosnay. I, 257, 259, 262-264, 437; II, 379-382.
Hommes (François ou Pierre d'), seigneur d'Hommes. I, 262.

Hommet (dame du). Voir Beaumont (Jeanne de).
Hongrie (la). II, 120.
Hôpital (Simon de l'), bourgeois de Paris. III, 69.
Horn (le baron de). II, 475.
Horn (Gustave), maréchal de camp du roi de Suède. II, 477.
Hospiellus (Bernardus). III, 232.
Hossard (Nicolas), avocat. III, 85, 86.
Hoteau (Perrot). II, 86.
Hôtel de Ville (l'), à Paris. III, 41, 42, 52, 58, 61.
Hotgerius, presbyter. II, 38.
Houdencourt (de la Motte-). Voir Motte-Houdencourt.
Houdetot (Geneviève de), femme de Claude Mallier. I, 211; III, 92.
Houdineau (Urbain). II, 371, 382-385.
Houdrière (la), à Chaudefonds (Maine-et-Loire). II, 136.
Houlmes en Anjou. III, 74. Voir Hommes.
Houssay (le), ancien nom de la paroisse de Montboissier (Eure-et-Loir). I, 211, 212; III, 140. — (marquis du). Voir Mallier (Claude). — (dame du). Voir Mallier du Houssay (Louise-Marie). — (curé du). Voir Bourgarel. — (chapelain du). Voir Laurent. — Voir en outre l'article Montboissier.
Houssay (M. du). II, 493.
Houssay (Mallier du). Voir Mallier du Houssay.
Houssaye (la), alias Vaudejart, à Bouloire. II, 306, 325. Voir Vaudejart.
Houssaye (la), à Maisoncelles. II, 331.
Houssaye (le sieur de la). I, 275.
Houssaye (Alain de la). II, 160.
Housseau (dom). I, 21, 23, 24, 27; II, 1-101, 107, 140, 151, 161, 174, 175, 195, 229, 231, 280, 462.

Hoyau (Jacques), conseiller. III, 131-135.
Hozier (Charles d'), juge d'armes. III, 116.
Hozier (Louis-Pierre d'), juge d'armes. III, 152, 153, 159, 160.
Huart, notaire. III, 3.
Huas ou Huais (Jacques), prieur de la Chartreuse du Parc en Charnie. II, 121, 122.
Huaut (Louis), notaire. II, 517.
Hubelinus, telonearius. II, 9.
Hubert, évêque d'Angers, Hucbertus, episcopus Andegavensis. II, 5.
Hubert (Mathurin), jardinier. I, 201 ; III, 26.
Hubert (Maurice). II, 185.
Hubertus Auberici. II, 66.
Hubertus, cellerarius. II, 26.
Hubertus de Lavarzino. II, 14.
Hubertus de Malliaco. II, 9.
Hubertus, famulus. II, 55.
Hubertus Malus Vicinus. II, 26.
Hubertus, telonearius. II, 21, 26.
Hubertus. II, 29.
Huchet (Marc), procureur. III, 120.
Hudelaye (sieur de la). Voir Hudelot (Pierre).
Hudelot (Pierre), sieur de la Hudelaye. II, 442.
Huet (François), sieur du Bois. III, 100.
Huet (Micheau). II, 341.
Huger de Moutilly (Claude), bailli de Ruillé. III, 149, 150.
Huger (Louis), avocat. III, 125-127.
Huger (Marthe-Marie-Catherine-Joséphine), femme de Pierre Percheron. III, 149.
Hugo Ambaziacensis. Voir Amboise.
Hugo Borduil. Voir Bordeil.
Hugo Clarembaldus, Hugues Clerembault. Voir Clairembault (Hugues).
Hugo de Aloia. Voir Alluyes.
Hugo de Brihemu. II, 48.
Hugo de Brolio Hamonis. II, 52, 53.

Hugo de Cleers. II, 48.
Hugo de Cripta. II, 4.
Hugo de Furneio. II, 53.
Hugo de Lanjais. II, 18.
Hugo de Maillé. Voir Maillé (Hugues de).
Hugo de Mathafelonem. II, 41.
Hugo de Perreniaco, frater Roberti. II, 52, 53.
Hugo de Sancta Maura. Voir Sainte-Maure.
Hugo, decanus Turonensis. II, 48.
Hugo, episcopus Pictavensis, Hugues, évêque de Poitiers. II, 76, 77.
Hugo, filius Geldini. II, 6.
Hugo, filius Hemmenonis de Blesi. II, 9.
Hugo, filius Yvonis de Cripta. II, 4.
Hugo Gorgereia. II, 10.
Hugo, monachus, prepositus Burgi, Hugues, moine, prévôt de Bourg. I, 20, 21; II, 21.
Hugo, pater Gaufredi, Gauffredi, Gausfredi vel Gauxfridi, Hugues, père de Geoffroy. I, 7, 14, 16, 17, 25; II, 7, 8, 12, 28, 29.
Hugo, prepositus Blesis. II, 18.
Hugo Ridel. II, 60.
Hugo Rufus. II, 44.
Hugo, testis. II, 2, 20, 91.
Hugues, abbé de la Clarté-Dieu. II, 101, 102.
Hugues, chevalier d'Amboise, fils d'Évrard et d'Élisabeth, mari de N. Bloi. I, 6-8, II, 34; III, 235.
Hugues, évêque de Poitiers, Hugo, epicopus Pictavensis. II, 76, 77.
Hugues, moine, prévôt de Bourg; Hugo, monachus, prepositus Burgi. I, 20, 21; II, 21.
Hugues, père de Geoffroy, Hugo, pater Gausfredi. I, 7, 14, 16, 17, 25; II, 7, 8, 12, 28, 29.
Huguet, notaire. III, 79.
Hulgerius, frater Lescelini. II, 9.
Hune (la), fief à Bazougers. I, 331, 332.

Hune (Jean de la), seigneur de la Hune et des Brosses-Marquet. II, 271.

Hune (Louis la de), seigneur des Brosses-Marquet. I, 132; II, 267.

Hurault de Cheverny de Veuil (Marie-Angélique), première femme de François-Alexis de Maillé. I, 237; III, 164.

Hurollerie (la), à Vieil-Baugé. III, 145.

Hussault (Thomas), sergent. I, 189, 190; II, 281-283.

Husson (Charles d'), comte de Tonnerre. I, 102.

Hutel (Anne). III, 141.

Hutry (Marie), femme de Jacques de Courtoux. II, 387.

Hutteau d'Origny (Antoine-Joseph-Victor, vicomte), mari d'Hyacinthe-Marie-Thérèse de Maillé de la Tour-Landry. I, 381.

Huvetière (la), fief à Évaillé, vassal de Maisoncelles. II, 332, 335.

Hylgodus, testis. II, 2.

Hyret (Johannes), presbyter. II, 436, 437.

I

Ile (les Savariz de l'). II, 151.

Ile-Bouchard (l') (Indre-et-Loire). I, 263, 440; II, 371, 373, 382-385.

Ile-Bouchard (l'), ou l'Ile-Oger. Voir l'article Maillé (Jean II de), seigneur de la Guerche.

Ile-Bouchard (le sire de l'). II, 138.

Ile-Bouchard (Jean, seigneur de l'). II, 177.

Ile-Bouchard (la commanderie de l'), à Brizay (Indre-et-Loire). III, 144, 147. — (commandeur de l'). Voir Maillé de la Tour-Landry (Charles-Hardouin de).

Ile-de-France (l'), la France. I, 7; II, 128.

Ile-Dieu (l'abbaye de l'). I, 141. — (abbé de). Voir Maillé (Simon de).

Ile-Oger (Isabeau de l'), femme de Jean de Maillé, seigneur de la Guerche. I, 54. Voir l'article Maillé (Jean II de), seigneur de la Guerche.

Ile-Oger (Jean de l'), seigneur de Saint-Mars et de la Guerche. Voir les articles Lille (Jean de) et Maillé (Jean II de), seigneur de la Guerche.

Ile-Oger (Jeanne de l'), première femme de Bonnabes de Rougé. I, 55. Voir l'article Maillé (Jean II de), seigneur de la Guerche.

Ile-Oger (Jeanne de l'), la jeune, femme de Pierre de Rasilly. Voir l'article Maillé (Jean II de), seigneur de la Guerche.

Illiers (Eure-et-Loir). — (seigneur, baron, marquis, comte d'). Voir Daillon (Guy et Henri de), Illiers (Jean et Henri d'). — (dame, marquise d'). Voir Illiers (Antoinette d'), Schomberg (Françoise de).

Illiers (la famille d'), branche des Radrets. I, 262, 440.

Illiers (Antoinette d'), fille de Jean d'Illiers et de Marguerite de

Sourches, femme de Jean de Beauvillier, de Louis de Manton, de Robert Chabot et d'Hardouin X de Maillé, dame d'Illiers, le Chêne-Doré, Maisoncelles, Beauçay, Clervaux, Bouloire, etc. I, 335-340; II, 287, 288, 290-335, 348.

Illiers (François d'), seigneur des Radrets, Bordueil, le Tertre, la Berruère et Vaubouet. I, 262, 440.

Illiers (Geoffroy d'), seigneur des Radrets. I, 122.

Illiers (Henri, comte d'), seigneur de Beaumont-Pied-de-Bœuf. III, 141.

Illiers (Hugues d'). II, 331.

Illiers (Jean d'), seigneur d'Illiers et Maisoncelles, baron du Chêne-Doré. I, 337.

Illiers (Jean d'), seigneur de la Fourerie, de Rousiers et de Launay. II, 234.

Illiers (Jean Ier d'), seigneur des Radrets, la Mouchetière, Bordueil, le Tertre, mari de Catherine d'Eschelles et de Catherine de Maillé. I, 122, 123, 129; III, 171.

Illiers (Jeanne d'), seconde femme d'Olivier de Ronsard. I, 129.

Illiers (Marguerite d'), femme de François, *alias* Pierre d'Hommes. I, 262.

Illiers (Marie d'), femme de Guillaume Le Picart. II, 311.

Illiers (Milon d'), sous-chantre de Notre-Dame-de-Chartres. III, 171.

Indre (l'), rivière. II, 418; III, 181, 182.

Ingelbaldus, Ingebaldus de Nigronio. II, 26, 27.

Ingelbaldus de Ponte. II, 22.

Ingelbertus Folien. II, 39.

Ingenaldus Cantarellus. II, 16.

Ingrandes. II, 113, 495.

Innocents (le cimetière des), à Rillé. I, 49.

Insula (Bartholomeus de). II, 19.

Insula (Petrus de). II, 140.

Irlandais (les). II, 488.

Isabel, mater Johannis Borrel. II, 55.

Isembardus Bardo. II, 18.

Isembertus, vicarius. II, 21.

Islette (l'), à Cheillé (Indre-et-Loire). I, 72, 251, 258, 266, 268, 270, 274, 275, 279, 440; II, 369, 379, 381, 382, 402, 446, 457-462, 490, 507, 516, 517; III, 7, 8, 31, 74, 79. — (seigneur de l'). Voir Maillé (Abel, Charles Ier, Charles II, Donatien Ier, François, Guy, Hardouin, Henri, Jean, Juhez et René de). — (dame de l'). Voir Maillé (Marie-Anne de), Sazillé (Jeanne de).

Issoudun. II, 258-263; III, 182, 183. — (le chapitre Saint-Cyr d'). III, 183.

Italie (l'). I, 98, 125, 141, 276, 337, 339, 340, 358; III, 8.

Ives, neveu de Geoffroy, Ivo, nepos Gausfredi. I, 14; II, 13.

Ivo, filius Airardi de Bonæ. III, 232.

Ivo, monachus de Sancto Hilario. II, 23.

Ivo Muscavaria. Voir Mouchevair.

Izernay, Ysernaium, cne de Chambray (Indre-et-Loire). I, 72; II, 124.

J

J., subdecanus ecclesiae Aurelianensis. II, 60-62.
Jacob (Jean). II, 311.
Jacob (René). II, 459.
Jacobins (les). Voir l'article Poitiers.
Jacobus (sanctus). II, 112.
Jacobus de Jhota, civis Pisanus. II, 52.
Jaguelinus de Foines. II, 66.
Jaguelinus de Malliaco. Voir Maillé (Jacquelin de).
Jaille (la), château à Chahaignes (Sarthe). I, 204, 210; II, 214, 513; III, 37-67. — (seigneur de la). Voir Maillé (Henri, René II et René-Louis-François de).
Jaille (la), château à Noellet. I, 361. — (seigneur, marquis de la). Voir Avoines.
Jaille (le sieur de la). II, 246, 247.
Jaille (dame de la). Voir Maillé de la Tour-Landry (Antoinette de).
Jaille (Claude de la), seigneur de la Touche-Cadu et de Montguillon. II, 414.
Jaille (G... de Maillé ou de la). I, 436; II, 137.
Jaille (Jean de la). II, 137.
Jaille (Pierre de la). I, 186.
Jaille (Tristan de la), seigneur de Beuxe en Loudunois, premier mari d'Éléonore de Maillé. I, 116; III, 167, 168.
Jaille (Yvon de la). II, 138.
Jaille-Yvon (la) (Maine-et-Loire). I, 134; II, 345.

Jalesnes, château à Vernantes. I, 143, 158, 159, 360, 365, 368, 370, 375, 376, 378-382, 384; II, 447; III, 2, 75, 76, 80, 95, 96, 103, 109, 110, 144, 146, 147, 165. — (baron, marquis de). Voir Jalesnes, Maillé de la Tour-Landry (Charles, Charles-François, Charles-Hardouin, Charles-Hardouin-Jules-Xaxier, Charles-Henri, Charles-Henri-François, Charles-Louis, Charles-Théodore-Bélisaire et Georges-Henri de). — (chevalier de). Voir Maillé de la Tour-Landry (Michel de).
Jalesnes (Anne de), fille de Charles de Jalesnes et d'Éléonore de Maillé. II, 445.
Jalesnes (Anne de). II, 493.
Jalesnes (Charles de), marquis de Jalesnes, baron de la Bunèche, seigneur du Plessis-Botard, Vernantes, le Pin, les Brisoles, mari d'Éléonore de Maillé-Brézé. I, 158, 159, 358; II, 443, 445, 493; III, 2, 29.
Jalesnes (Éléonore ou Élisabeth de), fille de Charles de Jalesnes et d'Éléonore de Maillé-Brézé, première femme de Louis de Maillé de la Tour-Landry. I, 159, 358-361; II, 493, 496, 500, 514; III, 109.
Jaligny, auteur d'une *Histoire de Charles VIII*. I, 97.
Jalleau (Jean). II, 420.

Jallière (la), à la Chapelle-Saint-Sauveur. III, 97. — (seigneur de la). Voir Le Bel (Guy). — (dame de la). Voir Thieslin (Claude-Charlotte de).
Jamonières (comte des). Voir Juchaut.
Janua. Voir Gênes.
Janverie (la), à Bouloire et Maisoncelles. II, 297, 309, 309, 312, 321, 325.
Janvier (Jean). III, 180.
Janvier (l'abbé). I, 66, 67; II, 111, 112, 115, 120.
Japut, à Bouloire. II, 318.
Jarnac. II, 127.
Jarriay (Richard), seigneur de la Jucquelière. II, 302.
Jarzé (Maine-et-Loire). I, 147; II, 360. — (seigneur, comte de). Voir Bourré (François et Jean). — (dame de). Voir Briqueville la Luzerne (Bonne-Damaris de), Maillé (Marie de).
Jarzé (Jeanne de), femme de Toussaint de Maillé. I, 330.
Jarzé (Mathurin de), seigneur de Millé-les-Loges. II, 415.
Jau (le). Voir Millé-les-Loges.
Jaulnay (Jean), notaire. II, 431-435.
Jauneau (le champ du), à Trangé. III, 85.
Jean II, le Bon, roi de France et auparavant duc de Normandie et de Guyenne, comte de Poitou, d'Anjou et du Maine. I, 112; II, 113, 130-134, 140.
Jean (Guillaume-Louis), prieur de Joué. III, 142, 148, 149.
Jeanne, première femme d'Hardouin V de Maillé. I, 44-64; II, 84; III, 236.
Jeanne, femme de Jean Girard. II, 214.
Jeanne, veuve d'Étienne Droullet. III, 173.

Jeanne, veuve de Jean Gaillart. II, 272.
Jehanyn (Denis). II, 406.
Jeremias de Turre. II, 23.
Jérusalem (roi de). Voir Anjou (René d'). — (reine de). Voir Aragon (Yolande d').
Jésuites (les). Voir l'article Flèche (la).
Jetté (Rodolphe Le), notaire. III, 32.
Jeu (Indre). III, 183. — (seigneur de). Voir Maillé de la Tour-Landry (François de).
Jeulinière (la), à Bouloire. II, 298, 308, 309, 316, 319, 322-324, 326.
Jeune (Le). Voir Le Jeune.
Jhota (Jacobus de), civis Pisanus. II, 52.
Joanne (Marie), femme de Jean de la Rivière. III, 108.
Jocelinus de Sancta Maura. Voir Sainte-Maure.
Jocet, de Saint-Venant de Maillé. I, 47; II, 88.
Johanne, femme de Sainxon de Guenay. II, 208.
Johanne de Saumery (Louise de), femme de René Barjot. III, 135.
Johannes Baptista (beatus). II, 120.
Johannes Bastardus. II, 9.
Johannes Borrel, filius Isabellis. II, 55. — filius Pagani et Florentie. II, 56.
Johannes Borsart. II, 55.
Johannes Clarembaudi, Clerenbaut. Voir Clairembauld (Jean).
Johannes, clericus de Fundeto. II, 26.
Johannes, conversus. II, 14; III, 232.
Johannes de Alloia. Voir Alluyes.
Johannes de Amoribus. II, 67.
Johannes de Brolio Hamonis. II, 66.
Johannes de Cainone. Voir Chinon.

Johannes de Carcers. II, 34.
Johannes de Chastenaio. II, 51.
Johannes de Corcellis. II, 30, 33.
Johannes de Cremeilles, prior de Coral. II, 55.
Johannes de Malliaco, seneschaldus Gelduini. II, 9.
Johannes de Molineto. II, 74.
Johannes de Pomer. II, 66.
Johannes de Rupibus. Voir Roches (des).
Johannes de Sartrino. II, 22.
Johannes, filius Guarini presbyteri. II, 14.
Johannes Peloquin. II, 53.
Johannes, prior. II, 47.
Johannes Savarici. Voir Savary (Jean).
Joibertus de Sainte More. Voir Sainte-Maure.
Joinville (Haute-Marne). I, 144; II, 355.
Joly (J.). I, 156; II, 388.
Joly de Fleury (Marie-Jeanne), troisième femme de François-Alexis de Maillé-Roujoux. I, 237; III, 166.
Jonchais (les), à Milly-le-Meugon. I, 139; II, 341.
Joncheraie (seigneur de la). Voir Cirard (Gilles de).
Joncheray (Marthe Maussion du), femme de Roger-Marie de Maillé de la Tour-Landry. I, 401, 402.
Jonchère (seigneur de la). Voir Maillé (Gilles, Guillaume, Imbault et Yves de).
Jordanis (Gofridus). Voir Preuilly (Geoffroy de).
Jordanus de Bello Visu. Voir Beauvoir (de).
Joreau (le Bas et le Haut-), à Gennes, fiefs relevant de Milly-le-Meugon. I, 126; II, 229, 414.
Joreau (le sieur de). II, 274, 412. — Voir Laurent (François), Savary (François).

Josbertus, coquus. Voir Gausbertus, coquus.
Josce, archevêque de Tours. I, 36; II, 47.
Joscelinus de Campochevrier. Voir Champchevrier.
Joscellinus Papot. II, 57.
Joseph (le R. P.). II, 475.
Jouanne. III, 141.
Joubarde (Gillette la), vassale de Meslève. II, 302.
Joubert (André). I, 134; II, 430.
Joubert (François), curé de Contres. III, 158.
Joué (la châtellenie de), à Joué-Étiau. I, 57; II, 142.
Joué (prieur de). Voir Jean (Guillaume-Louis).
Joué-en-Charnie (Sarthe). III, 108.
Joué-Étiau (Maine-et-Loire). II, 136.
Jouet (J.). II, 330.
Jouet (Mathurin). II, 479.
Jouffray ou Geuffret, fief à Évaillé, vassal de Maisoncelles. II, 333, 334. — (seigneur de). Voir Goyet (Macé), Pasquier (André).
Jouin (Michel), sieur de la Pelouse. II, 457.
Joulain (Guillaume), dit Texier. II, 108.
Joullain (Paul), notaire. III, 188-190.
Jousseaulme (Robert). II, 310, 322, 323.
Jousseaume (André de), seigneur du Coudray. III, 76.
Jousselinière (seigneur de la). Voir Maillé de la Tour-Landry (Marie-Urbain-Charles de).
Jousset (Charles), notaire. III, 5, 32.
Jouye (Pierre), sieur des Roches. II, 435.
Joyant (Le). Voir Le Joyant.
Joyet (François), sieur de Vaufouynard. II, 397.
Juchaut (Louis-Marie), comte des Jamonières et de Lamoricière. I, 237; III, 164.
Jucquelière (la), fief à Bouloire, vas-

sal de Bouloire. II, 302, 305. — (seigneur de la). Voir Belot (Berthin), Jarriay (Richard).
Judei. II, 68.
Juhel, archevêque de Tours, Juhellus, archiepiscopus Turonensis. Voir Mathefelon (Juhel de).
Juigné (Renée-Augustine-Élisabeth de), femme de Pierre-Philippe d'Héliand. I, 393.
Juigné-sur-Loire. II, 489; III, 76, 238. — (seigneur de). Voir Châteaubriant (Jean de), Maillé de la Tour-Landry (André, Charles, Charles-André et Louis de).
Juigné-Verdelles (seigneur de). Voir Le Clerc (Colas et René).
Juillé (curé de). Voir Bouchet (Louis du).
Julitta, comitissa. Voir Langeais (Juliette de).

Jumeau (de *ou* Le). Voir Le Jumeau.
Jumelles. I, 439. — (seigneur de). Voir Maillé (Henri de).
Jumellière (la) (Maine-et-Loire). I, 428. — (seigneur de la). Voir Barjot (Alexis). — (dame de la). Voir Barjot de Roncé (Marie-Joséphine-Caroline).
Jumellière (la famille de la). II, 176.
Jumellière (Jeanne de la), femme de Geoffroy Le Roux. II, 176.
Jupill... (Robertus de). II, 55.
Justeau (Louis), chapelain de Maillé. II, 354.
Justice (le canton de la), au Mans. I, 298.
Jusqueau (Urbain), vassal de Milly. II, 415.
Juvardeil. I, 396.
Juvenal des Ursins (Jean). I, 80.

K

Kabylie (la campagne de). I, 380.
Kaerbout (la maison de). I, 345; II, 467.
Kaerbout (Angélique de), fille de Lancelot de Kaerbout et de Marie de Ligneris, femme de Pierre, dit Jean de Maillé de la Tour-Landry. I, 345; II, 464-468.
Kaerbout (Lancelot de), baron de Verrières et de Bailleau, seigneur de Gémasse et de Couléon. I, 345; II, 464-468.
Kaerbout (Louis de), seigneur de la Cruche. II, 464.
Kasbah (la), à Alger. I, 379.
Kerbrevet (la seigneurie de), en Bretagne. I, 279; 440; III, 210, 211.

— (seigneur de). Voir Maillé (Henri de).
Kergorlay (baronne de). Voir Ploeuc (Renée-Mauricette de).
Kergorlay (Jacques-Claude de). III, 71.
Kerguadavern, notaire. III, 157.
Kerisnel (la seigneurie de), en Bretagne. I, 274; II, 441, 509.
Kerman, Carman *ou* Kermaouan, seigneurie, comté et marquisat à Kernilis ou à Plounevez-Lochrist (Finistère). I, 266-269, 276, 279, 283; III, 31, 71, 84, 89, 202, 203.
Kerman (la maison de). II, 380. — (les sires de). III, 202.

Kerman (seigneur, comte, marquis de). Voir Maillé (Charles II, Charles-Sébastien, Donatien Ier, Donatien II, François et Henri de).

Kerman (abbé de). Voir Maillé (Charles, Charles-Henri et Louis-René de).

Kerman (chevalier de). Voir Maillé (Rogatien de).

Kerman (douairière de).Voir Luxembourg (Diane de), Plemca (la dame de).

Kerman (Christophe de), fils de Maurice de Kerman et de Jeanne de Goulaine. II, 381.

Kerman (Claude de), *alias* Claude de Plusquellec, fille de Maurice de Kerman, *alias* de Plusquellec, et de Jeanne de Goulaine, femme de François de Maillé, comtesse de Kerman, Seizploué et la Forest. I, 265-269; II, 379-382, 440-442, 444, 459; III, 69, 202, 205.

Kerman (Gabrielle de), fille de Maurice de Kerman et de Jeanne de Goulaine, femme de François de la Vove. II, 381.

Kerman (Louis de), fils de Maurice de Kerman et de Jeanne de Goulaine. II, 379-382.

Kerman (Maurice de), *alias* Maurice de Plusquellec, seigneur de Kerman, Seizploué, Brouillac, Peillac, la Forêt et Lesquellen. I, 266; II, 379-382.

Kerman (Mlle de). Voir Maillé (Anne-Angélique de).

Kermynytry (Alain de), bailli de Cornouailles. II, 287.

Kernilis (Finistère). I, 266.

Kérolland, terre en Bretagne. II, 441.

Kerprat (seigneur de). Voir Fontaney (Olivier).

Kersaint-Gilly (François de), seigneur de Saint-Gilles et de Tronjulien. I, 279; III, 137, 157.

Kersaint-Gilly (Guy-François de), seigneur de Saint-Gilles. III, 157.

Kersaint-Gilly (Louise-Marquise de), fille de François de Kersaint-Gilly et de Marie-Catherine de Kerscau, seconde femme d'Henri de Maillé, comtesse de Maillé-Kerman. I, 278-281, 440; III, 137, 157.

Kersaint-Gilly (le vicomte de). III, 137.

Kerscau (Marie-Catherine de), femme de François de Kersaint-Gilly. I, 279; III, 137, 157, 239.

Kerveno (Georges de). I, 298.

Kicorelainnes, en Normandie. I, 226. — (seigneur de). Voir Maillart (Gilles).

Knolles (Robert), Robinus Quenelle. II, 113.

L

L., decanus ecclesiae Aurelianensis. II, 60-62.
La Ballue (le cardinal). I, 92; II, 251.
Labbé (Nicolas), commissaire. III, 120.
Lachèse (Antoine). II, 364.
Ladeberg. II, 488.
La Fouasse (Jean-Baptiste), procureur. III, 35-67.
Lagarde (Jeanne). II, 311.
Lagny-sur-Marne (Seine-et-Marne). I, 38, 202; III, 13, 20, 30.
Laideguive, notaire. III, 115.
Laigné (Mayenne). I, 91; II, 211.
Laigné (l'église de Saint-Pierre et Sainte-Julitte de). I, 24; II, 31.
Laigny (Aisne). I, 286; III, 156-158. — (comtesse de). Voir Flohault (Louise-Marie de). — (curé de). Voir Denis.
Laigues (M. de). II, 504.
Laillou [et non Laillau ni Laillon], châtellenie et bois à Louerre (Maine-et-Loire). II, 343. — (le seigneur de). I, 139; II, 268, 341; III, 237.
Lainé, généalogiste. I, 346.
Lair de Vaucelle (Angélique-Antoinette), femme d'Hippolyte Amanieu, marquis d'Anglade. I, 381.
Laistre (Claude-Pierre de). III, 112.
Lalanne (Ludovic). I, 269.
Lalemont (seigneur de). Voir Pierre.
Laleu (la terre de). I, 329, 330.
Laleu (seigneur de). Voir Maillé (Bonaventure, Louis Ier, Pierre Ier, Pierre II et Pierre III de).
Laleu (la branche de), de la maison de Maillé. I, 325, 329, 330.
Lamandaye (Pierre de), vassal de Maisoncelles. II, 333.
Lambalays (le), archer. III, 226.
Lambert de Cambray (Charles-Anatole, baron), mari de Clémence-Marie-Augusta de Maillé de la Tour-Landry. I, 380.
Lambert Hodemer. II, 40.
Lambertus, avunculus Gregorii. II, 16.
Lambertus de Limoso. II, 65.
Lambroise, commune de Saint-Sulpice-sur-Loire. I, 142; II, 408. — (seigneur de). Voir Maillé (Philippe de).
Lamoignon (Marie-Élisabeth de), femme de César-Antoine de la Luzerne. III, 149.
Lamoignon (Nicolas), comte de Launay-Courson et de Bruc. I, 308, 309; III, 73.
Lamoricière (comte de). Voir Juchaut.
Lamyral. II, 359.
Lancastre (le duc de). II, 160.
Lancelin (Jean), notaire, seigneur des Pélonnières. II, 303, 308, 312, 313, 316, 322, 329.
Lancelinus de Carcere. II, 14.
Lancelinus de Mailliaco. Voir Maillé (Lancelin de).

Lancelot, serviteur de Jacques de Maillé. I, 219; II, 277.
Lançon, seigneurie à Brézé. 1, 166; II, 413.
Lande (la), probablement à Trèves-Cunaud (Maine-et-Loire). I, 66; II, 99.
Lande des Verchers (la). III, 175.
Landes (la terre de). I, 119; II, 188-190. — (seigneur de). Voir Béchet (Aimery). — (dame de). Voir Mornay (Alips de).
Landes (baron des). Voir Melun (Louis de).
Landes (les bois des). II, 341.
Landes (l'étang des), à la Chapelle-Craonnaise. III, 189.
Landivy (Jean de). II, 186.
Landrecies (le siège de). I, 305.
Landri (Jean). III, 169.
Landricus, coquus. II, 26.
Landricus, pater Guillielmi. II, 20.
Landricus, servus. II, 4.
Landuron (la terre de), au Maine. I, 122; II, 220.
Landuron (Geoffroy de), frère de Jean de Landuron. I, 77, 120; II, 180, 181.
Landuron (Jean de), seigneur de Courceille, Courseille ou Courteilles, fils de N. de Landuron et de Catherine de Souligné, premier mari d'Isabelle de Maillé. I, 77, 120-122; III, 179-181.
Landuron (N. de). I, 120.
Langan (seigneur de). Voir Boisbaudry (Gilles de).
Lange (François), notaire. III, 32, 89, 118-120.
Langeais (Indre-et-Loire), Saint-Laurent de Langey. I, 46, 82, 94, 326, 381; II, 82, 191. — (seigneur de). Voir Broce (Pierre III de la).
Langeais. Laniais (Hugo de). II, 18.
[Langeais] (Juliette de), femme de Geoffroy le Barbu, comtesse d'Anjou, Julitta, comitissa. II, 10.

Langeay du Bellay (Renée-Claude), femme d'Ambroise de Gravy. I, 151.
Langey. Voir Langeais.
Langlais (Geoffroy). II, 305.
Langlée (Claude de), seigneur de la Grange-Moreau. I, 232; III, 104-108, 133.
Langlesse (Jeanne). II, 318.
Langlois (Georges), mari de Françoise de Maillé. Voir Anglou (Georges d').
Langlois (Michel), avocat. III, 6, 7.
Langlois, notaire. III, 69.
Langres. II, 275.
Languedoc (le). I, 85; II, 163, 197, 204, 207, 218, 237, 239, 241, 254. — (receveur du). Voir Briçonnet (Jean).
Languidic (Morbihan). II, 379, 382, 502; III, 210.
Laniais (Hugo de). Voir Langeais.
Lanier (André), prêtre, sieur de la Chesnaye, prieur de Channay et curé de la Trinité d'Angers. I, 206, 207, 210; III, 14-19, 31, 55.
Lanloup (N. de), femme de N. de Maillé de la Tour-Landry. I, 392.
La Noue. Voir Noue (de la).
Lansac (le sieur de). II, 377.
Lansauceia (Philippus de). II, 56.
Lanson. Voir Lançon.
Lanssai (seigneur de). Voir Barre (René de la).
Lantivy (Jacques et Louis de). III, 69.
Laon. I, 111; II, 128, 133; III, 156-158.
Laon (le diocèse, l'évêché de). I, 280, 285, 286; III, 155-157.
Larçay (Catherine de), dame de la Chapelle-Gaugain et de la Chevancière. II, 333.
Larçay (Jean de), seigneur de Larçay, Boisneuf, Champart. II, 104; III, 167.
Larçay (Pierre de), seigneur de Larçay, en Touraine, et de la Garen-

cerie, mari de Jeanne de Maillé. I, 62, 63; II, 149; III, 167, 236.
L'Archevêque (Guillaume), seigneur de Parthenay. I, 54; II, 170.
L'Archevêque (Jean), seigneur de Parthenay. I, 76, 115; II, 170-173.
La Rippaudière, ministre calviniste. I, 298.
Larmandière (seigneur de). Voir Rochefort (Dominique de).
Larsay. Voir Larçay.
La Saigne (Jacques). III, 120.
Lasnier, lieutenant-général d'Angers. II, 495.
Lasnier. Voir Lanier.
Lassay (le sire de). II, 138.
Lasse (Maine-et-Loire). III, 178. — (seigneur de). Voir Breil (Denis du).
Latan (le château de), à Breil (Maine-et-Loire.) I, 290, 291, 299, 300; II, 221, 223, 235, 239, 248, 250, 278-280, 285, 357, 391-393, 431-435; III, 180, 191, 194-201. — (seigneur de). Voir Fou (Jean II du), Maillé (Louis, Pierre et René de). — (dame de). Voir Soucelles (Jeanne de).
Latan (la rivière de). II, 224, 433.
Lathay. III, 30. Lire Pathay.
Laubanie (Magontier de). Voir Magontier de Laubanie.
Laubanière (Catherine de), femme de Louis Bouchard. I, 116.
Laubrière (seigneur de). Voir Le Vayer (Jacques).
Launay, fief annexé à Bazouges. III, 24, 33, 68.
Launay, fief à la Chapelle-Gaugain, vassal de Maisoncelles. II, 334. — (seigneur de). Voir Illiers (Jean d').
Launay, à la Chapelle-Saint-Rémy. III, 98.
Launay, moulin à Vallon. III, 107.
Launay (seigneur de). Voir Barre (René de la), Razilly (Claude de).
Launay-Courson (comte de). Voir Lamoignon (Nicolas).
Launay de Gennes (seigneur de). Voir Gennes (Bertrand, Jean et René de).
Launay (Christophe), notaire. III, 211.
Launay (Guillaume). II, 315.
Launay (Hardouin de), seigneur de Chançay. I, 59; II, 182.
Launay (Louis de), seigneur de la Brosse et de la Maldemeure. II, 515.
Launay (Marie de). II, 350.
Launay (Michel de). II, 183.
Launier (Le). Voir Le Launier.
Laurendeau (Pierre). III, 75, 76.
Laurens (Guillaume), receveur. II, 244, 245.
Laurens, curé de Moriers. III, 140.
Laurent (François), seigneur de Joreau. II, 414.
Laurent, chapelain du Houssay. III, 140.
Laussay (seigneur de). Voir Marcillé (Marin de).
Laval. I, 360, 406; II, 121, 196; III, 82, 83, 137, 139, 147, 160. — (les Bénédictines de). I, 360.
Laval (le sire de), dominus Lavallensis. II, 42, 138.
Laval (la dame de), en 1439. II, 198-201. Voir Beauçay (Eustache de).
Laval (André de), mari d'Eustache de Beauçay. II, 202.
Laval (Anne de), femme de Philippe de Chambes. I, 205.
Laval (Anne de), femme de Claude de Chandio. I, 155.
Laval (Anne de), femme de François de Trémoille. I, 347.
Laval (Catherine de), femme de Guy de Chauvigny. I, 89; III, 184.
Laval (François de), seigneur de Marcilly-sur-Maulne. I, 103-106; III, 225-227.

Laval (Geoffroy de), doyen, puis évêque du Mans. II, 65.
Laval (Gilles de), fils de Pierre de Laval et de Philippa de Beaumont, baron de Maillé, seigneur de Loué, la Haye en Touraine, Marcilly, la Roche-Luzais, Bressuire, Rillé, mari de Françoise de Maillé. I, 101-106, 120; II, 277, 280; III, 176, 177, 216-231.
Laval (Guillaume de). I, 66; II, 105.
Laval (Guy VIII de). II, 97.
Laval (Guy XII de), Jean de Laval, seigneur de Laval et de Vitré. II, 121.
Laval (Guy II de), fils de Thibaud de Laval et de Jeanne de Maillé, seigneur de Loué et Benais. I, 120; II, 221, 227, 228.
Laval (Guy de), dit Guy de Gavre, fils de Guy XII de Laval. II, 121.
Laval-Lezay (Hilaire de), baron de Trèves. I, 177.
Laval (Jean de), seigneur de Brée et Montjean, fils de Thibaud de Laval et de Jeanne de Maillé. I, 120.
Laval (Jean de), seigneur de Loué, de Benais et de Maillé, second mari de Mahaud Le Vayer. I, 77, 79.
Laval (Jean de) (1405). II, 178; — (1455). I, 85.
Laval (Jeanne de), Jeanne de Laval-Châtillon, femme de Guy XII de Laval. II, 121, 183.
Laval (Jeanne de), fille de Thibaud de Laval et de Jeanne de Maillé, femme de Guillaume de Courceriers. I, 120.
Laval (Marie de), femme de Jean de Daillon. I, 130; II, 221.
Laval (Philippe-Emmanuel de). II, 430.
Laval (Pierre de), seigneur de Loué, Benais, la Haye. I, 101-103; II, 277; III, 176, 177, 216-231.
Laval (René II de), seigneur de la Faigne. I, 105, 106.
Laval (Thibaud de), seigneur de Loué et de Brée, mari de Jeanne de Maillé. I, 120.
Laval (Thomas de). I, 66; II, 105.
Laval (Urbain de), seigneur de Boisdauphin, maréchal de France. I, 351; II, 429, 430; III, 192.
Laval-Montmorency (Claude-Roland, comte de). III, 231.
Lavardin (Loir-et-Cher). II, 291.
Lavardin. Lavarzino (Hubertus de). II, 14.
Lavardin. Lavarzino, Lavarcino (Salomon de). II, 6, 30.
Lavardin (le marquis de). I, 276; III, 207. — (baron, marquis de). Voir Beaumanoir (Henri et Jean de).
Lavaré, commune de Fondettes (Indre-et-Loire), prieuré de Marmoutier, Lavariacum, Lavareium, Lavari. I, 21, 26-28, 32, 39, 40, 43, 46, 75; II, 20-23, 35-38, 40, 41, 57-59, 60-63, 82, 158, 159. — (prévôt de). Voir Adelaudus, Herveus. — (prieur de). Voir Carnoto (Teduinus de), Haimo.
Lavaré. Lavari (Adelardus de). II, 20, 21.
Lavaré. Lavariaco (Paganus, famulus de). II, 38.
Lavergne (Aymar de). I, 177.
Lavergne (M. de). II, 496.
La Vinette (Émerand). III, 2.
Lazarinus de Niela, mercator de Janua. II, 51.
Lealdus de Parciaco. II, 30.
Léaumont (Jean de) [*et non* de Beaumont], seigneur de Puygaillard, second mari de Marie de Maillé-Brézé. I, 147; II, 360, 368; III, 237.
Le Bailleur (Antoinette), dame de Bois-Cléreau, femme de Georges du Bosquet. I, 227.

Le Baleur. II, 349.
Le Bariller (Guillaume), seigneur du Grand-Mesnil. II, 332.
Le Bariller (Jean), seigneur du Bois. II, 332.
Le Bascle (Jean-Louis-Marie), marquis d'Argenteuil. I, 420.
Le Bascle d'Argenteuil (Blanche-Joséphine), fille de Jean-Louis-Marie Le Bascle, marquis d'Argenteuil, et de Marie-Joséphine-Caroline Barjot de Roncé, seconde femme de Charles-François-Armand de Maillé de la Tour-Landry. I, 419, 420.
Le Baveux (Guy). I, 75 ; II, 152.
Le Beau (Jean), menuisier. III, 92.
Le Bègue (Nicolas), bourgeois de Paris. III, 122.
Le Bel (Guy), seigneur de la Jallière. III, 97.
Le Berruyer (Jeanne), fille de Lidoire Le Berruyer et de Françoise d'Outre-la-Voie, femme de Jacques Ier de Maillé-Bénéhart et de Jean de Villebresme. I, 188-192 ; II, 278, 281-283 ; III, 178.
Le Berruyer (Lidoire), seigneur de Saint-Germain-sur-Indre. I, 188.
Le Berruyer (Mahaud), veuve de Jean, seigneur de Montigny, femme de Guillaume de Maillé. I, 252, 329.
Le Berruyer (Suzanne), dame de Taffonneau. II, 420, 425.
Le Berry (Marie), femme de Bonaventure de Maillé. I, 330.
Lebert (Guillaume), notaire. III, 70.
Lebert (Jean), II, 214.
Lebeuf (Jean). II, 338-344.
Le Bigot (Jean), chevalier. II, 165, 166.
Le Borgne, presbyter. II, 508.
Le Boucher (Émery), paroissien de Saint-Eusèbe de Gennes. II, 274.
Le Boucher (Jean). III, 127.
Le Boullenger (Macé), conseiller. II, 505, 506.

Le Bouthillier. Voir Bouthillier.
Le Boyst (Louis), marchand. III, 191.
Lebreton (André). II, 91.
Le Breton (Antoine ou François), seigneur de Chanceaux, près Loches, mari d'Antoinette de Maillé. I, 260, 264.
Le Breton (Georges), notaire. I, 345 ; II, 464-468.
Le Breton (Jean), procureur. III, 216.
Le Breton (Renée), veuve de Jean Cadu. I, 140 ; II, 352.
Le Breton. III, 141.
Le Brun (Charles-François), duc de Plaisance, architrésorier de l'Empire Français. I, 431.
Le Brun (Charles-Louis-Alexandre-Jules), comte, puis duc de Plaisance. I, 427.
Le Brun de Plaisance (Anne-Élisabeth-Adèle-Jeanne), fille de Charles-Louis-Alexandre-Jules Le Brun, comte, puis duc de Plaisance, et de Marie-Anne-Wilhelmine-Élisabeth Berthier de Wagram, femme d'Armand-Urbain-Louis de Maillé de la Tour-Landry. I, 426-430.
Le Brun (Julien), curé du Pré, au Mans. III, 16.
Le Camu de Tucé. II, 150.
Le Camus (Johan), de Beaulieu. II, 153.
Le Caron de Fleury (André-Marie, baron), mari de Marie-Hélène-Louise de Maillé de la Tour-Landry. I, 423.
Le Chanteur (Jean), notaire. III, 72, 154.
Le Chappelays (Jean). II, 150.
Le Cirier (Charlotte), femme de Pierre de Ceps. I, 319.
Le Clerc (Colas), seigneur de Juigné-Verdelles. III, 169.
Le Clerc (Eudes). II, 91.
Le Clerc (Jacques), fils de René Le

Clerc et de Renée de Champagne, mari d'Anne de Maillé-Bénéhart, seigneur de Souligné. I, 195.
Le Clerc (Jacques), seigneur de Villiers. II, 387.
Le Clerc (Jean), seigneur de la Boussinière. I, 62; III, 167.
Le Clerc (Madeleine), femme de Daniel Pélisson. I, 406; III, 83.
Le Clerc (Pierre), seigneur de Fautray. II, 515.
Le Clerc (Pierre), seigneur des Roches et du Bois-Mignot. I, 227; II, 468, 484.
Le Clerc (Pierre-Bonaventure), seigneur de Montafief. III, 156, 158.
Le Clerc (René), seigneur de Fautray. II, 515.
Le Clerc (René), seigneur de Juigné. I, 195, 198.
Leconte (Joseph), serger. III, 114.
Le Coq (Guillaume), notaire. II, 512, 513.
Le Corvaisier, historien. I, 80.
Le Corvasier (François-Jean), seigneur de Saint-Vallay, de Saint-Jean-des-Mauvrets et de Gilbourg. III, 139, 140.
Le Court, notaire. III, 155.
Le Courtoys (Louis), chapelain de Saint-Turibe. III, 3.
Le Coutelier (Marie et Françoise). II, 463.
Le Coutelier (Thomas), *alias* Thomas Coustelier, sieur du Puy et de la Roche-Vermant. II, 406, 462, 463.
Lecoy de la Marche. II, 213.
Lectoure. Voir Lethore.
Le Cuens (Guillaume). II, 158.
Ledain (B.). I, 68.
Le Doyen (Jean). II, 310, 316, 321.
Ledru (l'abbé Ambroise). I, 299, 354, 355, 362, 364; II, 103, 128, 129, 133, 215, 281, 371; III, 114.
Ledru (A.-P.). I, 298.
Leduc (Macé). II, 236.

Le Duc (Roland), avocat. III, 83; — bailli d'Entrammes. III, 142.
Lefebvre (François), secrétaire du Ronceray. II, 437, 438.
Le Febvre *ou* Lefèvre (Marin), avocat. II, 293, 376, 478, 479.
Le Febvre (Charles), sieur de la Valette. III, 103.
Le Febvre (Marie), veuve de Claude-Pierre de Laistre. III, 112.
Lefebvre (N.), femme de Jean III de Maillé. I, 331.
Le Ferron (Élisabeth), duchesse de Chaulnes. III, 71.
Le Feubvre (Thibault), chapelain de Maillé. II, 274.
Lefèvre (Olivier), commis trésorier. II, 367.
Le Fèvre (Jean). II, 309, 318.
Le Flament (Jean), trésorier des guerres. II, 164, 166, 167, 170, 175.
Le Flô, notaire. III, 157.
Le Forestier (Étienne), de Champchevrier. II, 85.
Le Fornier (Guillaume). I, 47; II, 88.
Le Fuzelier (Catherine), fille de René Le Fuzelier et de Catherine Le Mercier, première femme de Louis de Maillé-Roujoux. I, 234-236; III, 122, 123, 213, 214.
Le Fuzelier (René), seigneur de Cormeray. I, 234; III, 122.
Legaiger (Adrienne), femme de Jacques de Charnacé. I, 160.
Le Gantier (Georges). II, 383.
Le Gantier (Jean), seigneur de la Vallée. II, 387.
Le Gantier (Louis), seigneur de Ranay. I, 202.
Legarde, fille de Guillaume, femme de Robert de Semblançay. I, 21.
Le Gay (François). III, 219-230.
Le Gay (Jacques), bourgeois de Paris. I, 344; II, 427.
Le Gay (Jacques), seigneur de Limberlière, *alias* de la Reimbertière,

TABLE ALPHABÉTIQUE 345

mari de Marguerite de Maillé. I, 299; III, 194-201.
Legay (J.). II, 247.
Legay (Louis), vicomte de Sorges, seigneur de la Fautrière, *alias* de Foultrais, second mari de Louise de Maillé. I, 300; II, 410; III, 194-201.
Legay (Thomas). III, 172.
Legeay (F.). I, 248.
Legeté (Nicolas), chapelain de Saint-Sébastien. II, 436.
Le Gevalier (M.). II, 489.
Légion d'honneur (l'ordre de la). I, 238, 377, 424, 427.
Le Grand (Huet), seigneur de la Chapelle-Gaugain. II, 333.
Legrant (Olivier). III, 172.
Le Gros (A.). II, 136.
Legué (Gabriel). II, 495.
Le Guen (B.), notaire. II, 507; III, 206.
Le Hault (François), notaire. III, 103, 211.
Le Jetté (Rodolphe), notaire. III, 32.
Le Jeune (Yves), seigneur de Monteault et de Connival. II, 331.
Le Joyant (Anne), femme de Mathurin Louys. I, 310, 311; III, 12, 88.
Le Jumeau (Claude), seigneur des Perrières, les Aubiers et les Marais. III, 146.
Le Jumeau (René), seigneur de Salvert. III, 144-147.
Le Jumeau (René-Toussaint). I, 374.
Le Jumeau (N.), baron de Blou, probablement fils de René-Toussaint Le Jumeau et de Charlotte de Quatrebarbes, premier mari de Charlotte de Maillé de la Tour-Landry. I, 374.
Le Launier (M.), vicaire de Ruillé. III, 73.
Leleu, notaire. III, 118-120.
Le Liepvre (Michel), sieur de Chamaudet. III, 2.
Le Long (Johan), sergent. II, 109.

Le Lou (Louise-Françoise-Pélagie), dame de la Motte-Glain, femme de Joachim Robineau. I, 410.
Lemaignan (Nicolas), curé du Breil (Sarthe). II, 478.
Le Main (le sieur). III, 10.
Le Maire (Guillaume), évêque d'Angers. II, 95, 96.
Le Maire (Jacques), secrétaire de Marie de Médicis. II, 456.
Le Maistre (Claude), seigneur de Montsabert, conseiller. III, 35-67.
Le Maistre (Pierre). II, 295, 306, 319, 329.
Le Maître (Charles), substitut. III, 121.
Le Maréchal (Guillaume), comte de Striguil et de Pembroke, régent d'Angleterre. II, 48, 49.
Le Mareschal (P.). III, 96.
Le Marié (Pierre), seigneur de Mortève. II, 302.
Le Marreau (Jean) *ou* Jean Marreau, notaire. II, 490, 507.
Le Mayre de Millières (Henriette-Julienne), femme de Charles-Nicolas-Emmanuel Rapin du Chatel. I, 396.
Le Mengre de Boucicaut. Voir Boucicaut.
Le Mercier (Catherine), femme de René Le Fuzelier. I, 234; III, 122.
Le Mercier (la maison Johan), à Saumur. II, 91.
Le Mercier (Macé). II, 306, 318.
Le Mercier, notaire à Blois. I, 234; III, 122.
Le Mercier, notaire. III, 113.
Le Meriser (Jean), trésorier des guerres. II, 152.
Le Monnyer (Anne), femme de François Mauber. II, 369.
Le More (Élisabeth), femme de Pierre Amiard. III, 211.
Le More (François), praticien. III, 19.
Lemoy (le nommé). III, 143.

Le Moyne (Raullet), vigneron. II, 253.
Le Nain. III, 53.
Lenet. I, 172, 173.
Lenfant (Gédéon), seigneur de Boismoreau et de Bazouges. III, 33, 34, 67, 68.
Le Noir (Charles), sieur de la Cochetière. III, 148.
Le Noir (Marie). III, 127.
Lenoir (J.). II, 293, 376.
Lenoncourt (Mlle de), belle-fille du prince de Guémené. I, 305.
Le Normant. II, 324, 325.
Lens. I, 170.
Leo, frater Algerii. II, 4.
Léon (le pays, le diocèse, l'évêché de), en Bretagne. I, 278, 282; II, 507, 508; III, 71, 118, 120, 158, 206, 210. Voir Saint-Pol-de-Léon.
Léon (le vicomte de). I, 40. — Voir Rohan (Alain IX de).
Léon (François), médecin. III, 23, 24.
Le Paige. I, 157, 161, 162.
Le Pail. II, 160.
Le Peltier (Étienne), sieur de la Foucaudière. III, 132.
Le Picart (Étienne), messager. I, 57; II, 143.
Le Picart (Guillaume), seigneur du Boille, à Montmirail (Sarthe). II, 311.
Le Picard (Jeanne), femme de Louis de la Vove. I, 317; II, 268.
Le Pigeon (François), sieur de la Maison-Neuve. II, 381.
Lépinart (Jacques), page. II, 445, 446.
Lépine (Sébastien), notaire. III, 128, 129.
Le Piquart (Guillaume), maître des garnisons du roi. II, 125.
Le Piquart (J.). II, 91.
Le Poictevyn (Étienne), chapelain de Sainte-Marie du Ronceray. II, 359.

Le Porc (André), fils de René Le Porc et d'Anne de Maillé de la Tour-Landry, évêque de Saint-Brieuc. I, 353.
Le Porc (François), fils de René Le Porc et d'Anne de Maillé de la Tour-Landry, baron de la Tour-Landry et de Vézins. I, 353.
Le Porc (Jacques), baron de Vézins, mari de Marguerite-Claudine de la Noue-Bras-de-Fer et de Louise de Maillé. I, 299, 300, 352, 353; II, 394, 433; III, 195-201.
Le Porc (Jean), fils de Jacques Le Porc et de Louise de Maillé. I, 300; III, 195-201.
Le Porc (Madeleine), dame de Bois-Clereau. II, 458.
Le Porc (Marquise), fille de Jacques Le Porc et Louise de Maillé. I, 300; III, 195-201.
Le Porc (Marthe), fille de René Le Porc et d'Anne de Maillé de la Tour-Landry, femme de Charles d'Andigné, dame de Vézins. I, 353.
Le Porc de la Porte (René), baron de Vézins, premier mari d'Antoinette de Maillé de la Tour-Landry. I, 346.
Le Porc de la Porte (René), fils de Jacques Le Porc et de Marguerite-Claudine de la Noue-Bras-de-Fer, mari d'Anne de Maillé de la Tour-Landry, baron de Vézins et de Pordic. I, 300, 352, 353.
Le Poytevin (Guillaume), prieur-curé de Saint-Georges-du-Bois. II, 276.
Le Prestre (Jean). II, 228.
Le Rebours (Thérèse-Élisabeth), femme de Michel-Chamillart. I, 212; III, 124-129, 213.
Lermenier, notaire. III, 131.
Lerné (Indre-et-Loire). I, 263, 266; II, 223, 373, 381-385, 425, 459; III, 175.
Le Rouge (Louis), conseiller. III, 92.

Leroux (Alfred), archiviste de la Haute-Vienne. II, 125.
Le Roux (Ambroise). II, 308, 321, 322, 324, 326.
Le Roux (Antoine), sieur de Rochesne. II, 442.
Le Roux (Catherine), femme de Jean Aménard. I, 137; II, 336.
Le Roux (Charles), sieur de la Borde. II, 461.
Le Roux (Delaville). I, 75.
Le Roux (Geoffroy, *alias* Georges), seigneur de la Roche-des-Aubiers, second mari d'Henriette Ourceau. I, 58, 242, 245; II, 176.
Le Roux (Guillaume). I, 85.
Le Roux (Marguerite), fille de Geoffroy Le Roux et d'Henriette Ourceau, femme de Moreau de Maillé. I, 245.
Le Roux (Marie). III, 22.
Leroux (Perrine-Jeanne-Marguerite), femme de Jean-Louis de Maillé de la Tour-Landry. I, 411, 412; III, 164.
Le Roux (Raoulet), valet de chambre d'Hardouin IX de Maillé. II, 265.
Le Roux (René). III, 22.
Le Roux (M.). I, 406; III, 122.
Le Roy (Denis). II, 308, 313, 321.
Le Roy (Françoise), fille de Guyon Le Roy et d'Ysabeau de Beauval, femme de René Ier Le Simple et de René de Maillé. I, 259-261.
Le Roy (Guillaume), seigneur de la Rue. II, 426.
Le Roy (Guyon), seigneur de Chillou. I, 259.
Le Roy (Huguet), notaire. III, 72.
Le Roy (Pierre), maître d'hôtel de la reine. II, 201.
Le Royer (Charles), sieur de la Brisolière. III, 40, 44.
Leroyer (Madeleine), *alias* Marie Royer, femme de Nicolas de Cotignon, dame du Breil, en Saint-Paterne. I, 365.
Le Saige (Jean). I, 82; II, 190, 191.

Lesassier (Macé), bordager. III, 84.
Lescelinus, frater Hulgerii. II, 9.
Lescun (le seigneur de). II, 236.
Lescuyer (la veuve Louis). III, 23.
Lésigny (la terre de). I, 275.
Le Simple (Albert), seigneur de Beaulieu. I, 260, 261; II, 427, 438.
Le Simple (Madeleine). I, 261; II, 431.
Le Simple (René Ier), seigneur de la Cour-au-Berruyer. I, 259, 260.
Le Simple (René II), seigneur de la Cour-au-Berruyer. I, 260, 261; II, 427, 429, 431, 438, 440.
Lesneven (Finistère). II, 507; III, 120, 206.
Le Sot (Guillaume). II, 85.
Lesperonnière (de). Voir Esperonnière (de l').
Lespervier (François de), seigneur de Champbourdon, à Avoise. I, 306.
Lespervier (Françoise de), fille de François de Lespervier et de Marie de Mondragon, seconde femme de Louis de Maillé. I, 306.
Lesquelen, en Basse-Bretagne. I, 276, 279; III, 89, 119. — (seigneur, baron de). Voir Kerman (Maurice de), Maillé (Donatien II et Henri de).
Lesraut (Jean). II, 364.
Les Roptons (Simon). III, 6.
Lessay (seigneur de). Voir Bretin (Hugues).
Lestang (M. de). I, 311; II, 112.
Lesterp (Saint-Pierre de), abbaye au diocèse de Limoges. I, 368.
Le Tainthurice (Michel), conseiller du roi. II, 254.
Letardus, carpentarius. II, 27.
Le Tellier (Adrien), sous-prieur de l'abbaye de Mélinais. III, 2.
Le Tellier (Michel). III, 141.
Le Tendre (Charles). III, 24, 25.
Leterius, pater Mathei. II, 18.

Le Tessier (Jacques), notaire. III, 146.
Lethore, Lectoure? II, 235, 236.
Le Thuillier. Voir Le Tuillier.
Le Tourneur, notaire. III, 131.
Le Tuillier (Jean), procureur fiscal. III, 24, 28, 68.
Leuroux. III, 184. Lire : Levroux. Voir III, 239.
Le Vaché de la Chaise (Catherine-Julie), visitandine. III, 129.
Le Vanier. III, 99.
Le Vasseur (Antoine), seigneur de Cogners et d'Aillières. II, 332.
Le Vasseur (Arnoul), avocat. III, 131-135.
Le Vasseur (Claude), notaire. III, 8, 32, 74, 89, 91, 212.
Le Vasseur (Jacques), seigneur de Cogners. I, 344; II, 428, 429.
Le Vasseur (Jean), mari de Jeanne d'Argenson. II, 198-202, 233.
Le Vasseur (Julien), serrurier. II, 306, 316, 319.
Le Vasseur (Macé). II, 303.
Le Vasseur (Pierre), chevalier. II, 183, 202.
Le Vasseur (Pierre), seigneur du Petit-Bourdigné. II, 301.
Le Vayer (François), prêtre, seigneur de Pescheray et de Meslève. II, 301, 302, 333.
Le Vayer (Guyon). II, 211.
Le Vayer (Jacques), lieutenant général au Mans. I, 224; III, 71, 72, 75, 208.
Le Vayer (Jacques), seigneur de Laubrière. III, 131-135.
Le Vayer (Jean), seigneur de Pescheray et Meslève. II, 301.
Le Vayer (Mahaud), dame de la Clarté et de Brétignolles, femme d'Hardouin VII de Maillé et de Jean de Laval. I, 74-79, 119; II, 117, 139, 140.
Le Vayer (Marie), femme de Louis de Samson. III, 131-135.

Le Vayer, grand vicaire du Mans. III, 150.
Leveau (l'abbé M.). I, 311.
L'Évêque (Marguerite), dame du Mollant et d'Ossat, femme de Jean d'Ust et de Gilles de Maillé. I, 124-129; II, 226-228.
Le Vernois (Étienne), grenetier de Montpellier. I, 248; II, 204, 207.
Le Verrier (Jean), marchand. II, 367.
Le Verrier (Louis). II, 312.
Le Verrier, notaire. III, 150.
Lévesque (Habert). II, 311, 312, 317, 325.
Le Vexel (Pierre), seigneur du Tertre de Vimarcé. III, 9, 10, 75, 208.
Le Vexel (René). III, 75, 208.
Le Vexel (les sieur et dame). III, 96.
Lévière (les Dames Rouges de), à Angers. I, 400.
Levraudière (la), métairie. III, 6. — (dame de la). Voir Barre (Charlotte de la).
Levroux (Indre). III, 184, 239.
Lévy (Catherine-Angélique de), visitandine. III, 128, 129.
Lex (Léon). I, 4.
Lézin (saint), évêque d'Angers. II, 5.
Lhommaye, fief. I, 299; II, 432-435.
Lhomme (Sarthe). I, 213; III, 6, 73, 192, 207.
Lhomme, moulin à Gennes. II, 415.
Lhoste (Jean-Marie), avocat. III, 6, 7.
Lhuilier (P.), imprimeur. I, 141.
Lhuillier (Michel), vicaire de Pontigné. III, 180.
Libaudière (seigneur de). Voir Errault (Pierre).
Libois (Paganus de). II, 56.
Liébaut, notaire. II, 517.

Liepvre (Le). Voir Le Liepvre.
Lierchays (G.). II, 251.
Lièze (le prieuré de), cne de Chezelles (Indre-et-Loire). II, 117. — (prieure de). Voir Maillé (Jeanne de).
Liger, la Loire. Voir Loire (la).
Ligeré. II, 405.
Liget (la Chartreuse du), cne de Chemillé-sur-Indrois (Indre-et-Loire), ecclesia de Ligeto. II, 116.
Ligneris (Jacques de), baron de Fontaine-la-Guyon. II, 464.
Ligneris (Marie de), femme de Lancelot de Kaerbout. I, 345 ; II, 464-468.
Lignières (Loir-et-Cher). III, 171.
Lignières, fief vassal de Rochecorbon. I, 93 ; II, 251.
Lignières, baronnie. Voir Linières.
Ligron (Sarthe). I, 204, 215, 233, 310; III, 29, 100, 124, 126-129, 213. — (seigneur de). Voir Grenier (René du), Maillé (Henri de).
Ligue (la). I, 197.
Lille (Jean de), sire de Saint-Mars. I, 114; II, 138, 139. Voir l'article Ile-Oger (Jean de).
Limberlière (seigneur de). Voir Le Gay (Jacques).
Limoges. II, 165; III, 27.
Limoges (le diocèse de). I, 368.
Limoges (le vicomté de). II, 127.
Limoges (seigneur de). Voir Peschart (François de).
Limosin (Pierre-Jacob), sieur de Ronchère. III, 131-135, 141.
Limoso (Lambertus de). II, 65.
Limousin (le). I, 111 ; II, 125. — (capitaine de). Voir Lombart (Jourdain de). — (sénéchal de). Voir Maillé (Payen Ier de).
Linières ou Lignières, baronnie en Berry. II, 258-263 ; III, 183. — (baron de). Voir Beaujeu (François et Jacques de).

Linières (la seigneurie de), au Maine. I, 122 ; II, 220.
Linières (Antoine de), seigneur de Rochette, second mari de Renée Rousseau. I, 263 ; II, 461, 462.
Linières (François de). Voir Beaujeu (François de).
Linières (Marie Bigot de). Voir Bigot de Linières (Marie).
Lion d'Angers (le). — (seigneur du). Voir Châteaubriant (Geoffroy de).
Lisiardus de Cantiaco. II, 12.
Lisle (le sieur de). I, 168 ; II, 475.
Lisodius. Voir Chaumont (Lisois de).
Lisoia, filia Airardi de Bonæ. III, 232.
Lisoius, testis. II, 9.
Livies (Guido de), mariscalcus. II, 65.
Livilion (Prégent de). I, 202 ; III, 219-230.
Lizé, métairie à Milly. II, 272, 413.
Locacense (castrum). Voir Loches.
Loches, castrum Locacense. II, 10, 18, 109, 111, 147, 149. — (seigneur de). Voir Chaumont (Lisois de). — (prévôt de). Voir Wido.
Lociven (Jehanin). II, 85.
Lodière (Valentin de), religieux de Marmoutier. II, 250.
Lodonus, miles de Turono civitate. II, 13.
Loenai (Salomon de). II, 55.
Loerre. II, 341.
Loge (Joséphine Cassin de la), femme de Stanislas-Charles de Maillé de la Tour-Landry. I, 396.
Loges (les), châtellenie et ancienne paroisse, commune de Coudrecieux (Sarthe). I, 220 ; II, 286, 290, 298, 464.
Loges (Charlotte Martin des), femme de Claude Thieslin. I, 388.

Loges (Françoise des), femme de Félix de Savonnières. III, 146.
Loges (Jacques des), seigneur des Loges et d'Artins. I, 220; II, 286.
Loges (Jacques des), seigneur de Cherbonne-le-Vic. II, 464.
Loges (les), monastère. I, 300.
Lohéac (Françoise de), veuve de Michel Galland. II, 397-400.
Loire (la), Liger, fluvium Ligeris. I, 22, 28, 33, 41, 83, 84, 105, 326; II, 8, 13, 17, 25, 45, 46, 70, 117, 145, 191, 193, 196, 217, 253.
Loire (l'armée de la). I, 382.
Loiron (Mayenne). II, 113.
Loiseleur (Pierre). II, 86.
Loisellière, à Ligron. III, 127, 128.
Loison, notaire. III, 150.
Lombart (Jourdain de), sénéchal de Saintonge et capitaine de Poitou et de Limousin. I, 111; II, 127.
Lomelec. III, 210.
Lone (M. de). III, 187.
Long (Johan le), sergent. II, 109.
Longeuio (Haimericus Roineau et Raginaldus de Salmuro, prepositi de). II, 56.
Longhome (seigneur de). Voir Baudry (Guillaume).
Longinus (Rainaldus), pater Gausfredi. II, 21.
Longué (Maine-et-Loire), Longeium, Longueyum. II, 56, 180, 202, 415; III, 2.
Longueval (Guillaume de). II, 160.
Lonrai (Jeanne de), femme de Guillaume de Sillé. II, 112.
Lopin (Jean). II, 251.
Lorant (M. du), conseiller. III, 53.
Loratorium. Voir Louroux (le).
Lordacium. II, 65.
Lorendeau (Pierre). III, 75, 76.
Lorent (Jean-Baptiste-Urbain de), sieur du Plessis-Joreau. III, 145-147.

Loresher (Marie). III, 53.
Loreux. Voir Louroux.
Lorezais (la chapellenie de Saint-Gilles de), à Souligné-sous-Vallon. III, 105.
Lorgerais (seigneur de). Voir Porte (Claude de la).
Lorges (le sieur de). I, 150. — Voir Montgommery (François de).
Lorient. III, 165.
Lorier (Étienne), clerc. I, 65; II, 96.
Lorin. II, 290, 292.
Lormay (seigneur de). Voir Manton (Louis de).
Lormaye (seigneur de). Voir Deplays (Jacques).
Lorouer (le), ancien nom de Saint-Pierre-du-Lorouer (Sarthe). I, 204, 210; II, 350, 512; III, 37-67, 114, 238. — (seigneur du). Voir Maillé (Henri, René Ier, René II et René-Louis-François de). — (dame du). Voir Maillé (Catherine de). Cf. l'article Saint-Pierre-du-Lorouer.
Loroux (le). Voir Louroux (le).
Loroy. III, 13. Lire Lorouer (le).
Lorraine (la). III, 152, 222. — (duc de). Voir Anjou (René d'), Stanislas.
Lorraine (Charles de), prince d'Elbeuf. III, 94.
Lorraine (Claude II de), duc d'Aumale. I, 149; II, 356, 357.
Lorraine (Claude de), marquis de Mayenne. I, 149; II, 352-354.
Lorraine (François de), duc d'Aumale. I, 136.
Lorraine (le cardinal de). I, 141.
Losduno (Alo de). II, 6.
Losduno (Archembaldus de). II, 16.
Lothien (Jean), officier. III, 155.
Lou (Le). Voir Le Lou.
Louan (Anne, alias Octavie de), fille de Jean de Louan et de Madeleine Cléret, femme de Guy de

Maillé-Brézé. I, 136-148, 151; II, 336, 348, 354, 356.
Louan (Jacques de), seigneur de Nogent-l'Artault. I, 137; II, 336, 348.
Louan (Jean de), seigneur de Nogent-l'Artault. I, 136.
Loubeau (sire de). Voir Bourgère.
Loubes (Antoine de). I, 105.
Loudun. I, 56, 93, 110, 125, 398; II, 129, 130, 137, 144, 145, 158, 213, 246.
Loudun (M. de Rasilly, capitaine du château de). Voir l'article Maillé (Arthus de).
Loudun (l'église des Frères Mineurs de). I, 55; II, 136.
Loudun (Sainte-Croix de). II, 465.
Loudun (les diables de). II, 495, 496.
Loudun (Geoffroy de), évêque du Mans. II, 114.
Loudunois (le). I, 115, 116, 345; II, 465.
Loué (seigneur de). Voir Laval (Gilles, Guy II, Jean, Pierre et Thibaud de).
Louet (James), trésorier d'Anjou et lieutenant à Baugé. II, 231; III, 171-173.
Louet (Jean), prieur-curé de Saint-Georges-du-Bois. II, 276.
Louet (Marie-Françoise), visitandine. III, 129.
Louis IX, roi de France. I, 41, 42, 46; II, 63-66, 68, 70, 71, 78-80.
Louis XI, roi de France. I, 90-93, 131, 133; II, 213, 229-231, 234-238, 242, 251.
Louis XII, roi de France, d'abord duc d'Orléans. I, 98, 102, 190, 336; II, 282; III, 176.
Louis XIII, roi de France et de Navarre. I, 161, 167, 170, 268, 269, 304, 358; II, 477, 480, 487, 488, 490-492, 495, 500-503; III, 202-204.

Louis XIV, roi de France et de Navarre. I, 161, 162; III, 33, 207.
Louis XV, roi de France. I, 415.
Louis XVI, roi de France. I, 417.
Louis XVIII, roi de France. I, 375, 379.
Louis Ier et Louis II d'Anjou. Voir Anjou.
Louis, bâtard du Maine, baron de Mézières-en-Brienne. I, 93; II, 244.
Louis, évêque du Mans. III, 94. Voir Vergne (Louis de la).
Louise (la reine), femme de Charles IX. I, 352; II, 457.
Loumais, fief. III, 196.
Loumons. III, 201.
Louplande (Sarthe). II, 82. — (seigneur de). Voir Broce (Pierre III de la).
Louresse (Maine-et-Loire). I, 248; II, 271.
Lournay (l'île de), dans la Loire, à Luynes. I, 326.
Lournay (la terre de). I, 327, 328.
Lournay (la branche de), de la maison de Maillé. I, 325-328.
Louroux (le) (Indre-et-Loire), paroisse et prieuré de Marmoutier, parochia de Loratorio. I, 48; II, 88, 89, 93, 147.
Louroux (l'abbaye du), à Vernantes (Maine-et-Loire), Beata Maria de Oratorio, abbatia Oratorii, Loreux, Loroux, Loroux en Monnays. I, 38, 40, 41, 49, 83, 141, 295; II, 52, 53, 59, 60, 66, 70, 71, 84, 86, 97, 98, 195, 196, 280, 388, 434. — (abbé du). Voir Maillé (Simon de).
Louroux (le château du), alias du Loroux, à Vernantes. I, 380-382.
Louvain. I, 359; III, 19.
Louvatière (la), fief à Écorpain, vassal de Maisoncelles. II, 332.
Louvet (Marie), femme d'Henri-Louis-Auguste-Urbain, comte de Maillé de la Tour-Landry. I, 381.

Louvre (le), à Paris. II, 157, 158.
Louvrouer, près de Châteauroux. III, 182.
Louys (André), sieur des Malicottes. III, 12.
Louis (Marguerite), fille d'André Louys. III, 12; — femme d'Émery Thomas. III, 88.
Louys (Marie), fille de Mathurin Louys et d'Anne Le Joyant, seconde femme de Frédéric de Maillé, dame des Poteries, la Ronce, Malemouche et le fief Pantin. I, 310-312; II, 508, 510; III, 12, 29, 87-89, 94, 95.
Louys (Mathurin), sieur des Malicottes, bailli de la Guierche. I, 310; II, 508; III, 12, 88, 89.
Louzillé, à Bazouges. III, 190.
Loyer (Christophe), notaire. III, 32, 79, 81, 82.
Loyère (la), closerie. III, 124.
Loyseau (Jean), notaire. III, 71, 77, 208.
Luat (la terre de). II, 151.
Lubeck (la conférence de). I, 160.
Lubersac (Jean-Louis, marquis de). I, 376.
Lubersac (Jean-Louis-Marie, marquis de), fils de Jean-Louis, marquis de Lubersac, et de Marie-Jeanne-Élisabeth Magontier de Laubanie, mari de Jeanne-Cécile de Maillé de la Tour-Landry, I, 376.
Lubin (Ulricus de). II, 24.
Lucé (le Grand-). I, 81, 189-191; II, 255, 281-284, 335. — (le sire de). II, 138. Voir Coesmes. — (prévôt de). Voir Guébrunet.
Luçon (le diocèse, l'évêché de). I, 166, 340. — (évêque de). Voir Richelieu.
Lucquet (dame du). Voir Fayette (Jacqueline de la).
Luday (Philippe), sergent à Château-du-Loir. I, 189-192; II, 281-283.

Lude (le). I, 105; II, 203, 221, 416, 435; III, 146, 148. - - (le comte du). II, 434. — (seigneur, comte du). Voir Carné (Guy de), Daillon (François, Guy, Jean et Timoléon de). — (comtesse du). Voir Schomberg (Françoise de).
Ludovicus de Rupibus. Voir Roches (des).
Ludre (Ferri, comte de), mari de Louise de Maillé de la Tour-Landry. I, 429.
Luet (le bois du), à Bouloire. II, 299.
Lumagne (M.). II, 489.
Lupus, frater comitis Fuxensis. II, 65.
Lureau (Antoine), avocat. III, 28.
Lusigné (Jacques de). I, 336; II, 272, 273.
Lussault, à la Chapelle-Saint-Rémy. I, 211; III, 98.
Luxembourg (Diane de), douairière de Kerman. I, 267; II, 444.
Luxembourg (Marie de), comtesse de Vendôme et de Saint-Pol, dame de Mondoubleau et de Saint-Calais. I, 220, 258; II, 278, 284-286.
Luynes (Indre-et-Loire). I, Préface, 95, 326; II, 32. Voir Maillé.
Luynes (le duché de). I, 106.
Luynes (le duc de). I, 415, 416. — Voir Albert (Charles d'), Albert (Charles-Philippe d').
Luynes (de), enquêteur. III, 230.
Luzeau (Jean), notaire. II, 457, 461.
Luzerne (Anne-Madeleine-Françoise, alias Anne-Marie-Joséphine de la), fille de Guy-César de la Luzerne et de Madeleine-Françoise de Pommereuil, femme de René-Louis-François de Maillé. I, 214-216; III, 140-143, 148, 149, 150, 152, 160, 161.
Luzerne (Briqueville la). Voir Briqueville la Luzerne.

Luzerne (César-Antoine de la), comte de Beuzeville, seigneur de Moulin-Chapelle. III, 149.
Luzerne (César-Henri de la), comte de Beuzeville, seigneur de Ruillé. III, 161.
Luzerne (Guy-César de la), marquis de Beuzeville. I, 215.
Lyon. I, 167.
Lyonnais (le). I, 344; II, 254; III, 201.
Lyonnet (Bertrandus), presbyter. II, 436, 437.
Lyonnet, sergent. III, 225.
Lys (le seigneur du). II, 347. — Voir Boislinard.
Lys (la chapelle du), en l'église de Saint-Cyr-en-Bourg. I, 151; II, 387. — (chapelain du). Voir Texier (Charles).
Lys-Saint-Georges (le) (Indre). III, 183.
Lyvenière, à Bouloire. II, 298, 313.

M

Maan. I, 143.
Mabille (Émile). II, 22.
Mabille (Jean), sieur des Halliers. II, 415.
Macée (Jean), notaire. II, 381.
Maceriarum (via). II, 73.
Macheau, notaire. II, 240, 243.
Machecoul (Béatrix de). I, 42.
Machotière (la), fief à Sainte-Cerotte, vassal de Maisoncelles. II, 332.
Mac-Mahon (le général de). I, 380.
Macon, rapporteur. II, 277.
Madeleine (la), à Chahaignes. II, 350.
Mages (M. de). III, 205.
Magne (seigneur de). Voir Daillon (Guy de).
Magontier de Laubanie (Marie-Jeanne-Élisabeth), femme de Jean-Louis, marquis de Lubersac. I, 376.
Mahaut. Voir Mathilde.
Maigné (Maine-et-Loire). Voir Meigné-le-Vicomte.
Maigné (Sarthe), Meigné. I, 232, 233; III, 104-108, 131-135. — (seigneur de). Voir Maillé (François-Henri de).
Maignet, fief vassal de Châteauroux. III, 182.
Maillardière (Mlle de la). II, 451.
Maillart (Gilles), seigneur de Kicorelainnes, mari de Renée de Maillé. I, 226.
Maillasson (Jean de). III, 30.

MAILLÉ

(LIEUX ET TITRES)

Maillé (la ville de), actuellement Luynes (Indre-et-Loire), castrum Mailliacense, Malliacum, de Malleio, de Mailliaco. I, *Préface,* 3-7, 12-17, 20-24, 27, 32, 38, 41, 44-46, 69, 72, 82, 94, 95, 102-104; II, 3, 8, 11-13, 15-27, 30, 35, 37, 38, 40, 42, 44, 46, 52, 53, 58, 70, 71, 73, 78, 82, 84-88, 114, 115, 124, 153, 191, 208, 211, 215, 232, 246, 251, 253, 447; III, 175-177, 218-229. Voir Luynes.

Maillé (la terre, le domaine, la seigneurie, la baronnie de), castellania de Mailliaco. I, 3-5, 12, 13, 15, 39, 44, 83-86, 91, 92, 105, 106, 336; II, 3-8, 11-13, 107, 176, 195-197, 213, 230, 232; III, 168.

Maillé (le château de), castrum, castellum Mailliacense, Malliacum, de Malleio, de Mailliaco. I, *Préface,* 4, 5, 7, 22-24, 38, 81, 85, 92, 94, 98, 102-106; II, 3, 8, 11-13, 29, 52, 53, 114, 115, 124, 187, 241, 264-266; III, 218-229.
— (capitaine de). Voir Croix (Nicolas des), Oairon (Jean d').

Maillé (la chapelle du château de). II, 264.

Maillé (l'église Saint-Pierre de), ecclesia Sancti Petri, prope castrum de Mailliaco. II, 115.

Maillé (l'église de Saint-Solemne, à). I, 21; II, 24, 25.

Maillé (l'église, la paroisse, le prieuré de Saint-Venant de), abbatiola, ecclesia, obedientia Sancti Venantii juxta Malliacum, obedientia Malliaci, Seint Venens de Mallé, le prieuré de Maillé. I, 4, 21-24, 33, 47, 91, 105, 326; II, 1, 2, 6, 7, 12, 14, 15, 24-29, 31-34, 36, 38, 40, 44-46, 48, 80-82, 84, 88, 208, 232. — (prieur de). Voir Foulques, Rotbertus, Theobaudus.

Maillé (l'église et la paroisse de Sainte-Geneviève de). I, 326; II, 84.

Maillé (l'église collégiale de). I, 106; II, 264, 266.

Maillé (les chanoinesses du Saint-Sépulcre de). I, *Préface,* 94.

Maillé (l'hôtellerie du Mouton, à). I, 102, 104; III, 221-227.

Maillé (la tour de), turris Malliacensis, turris de Malliaco. I, 4; II, 1, 2, 68.

Maillé (vicaire, voyer ou viguier de). Voir Garnier, de Maillé, Pierre.

Maillé (la chapelle de), à Milly-le-Meugon. Voir Maillé et Milly (la chapellenie de).

Maillé (la chapelle de), en l'église des Cordeliers de Tours. I, 67.

Maillé (le comté, le château de), à Plounevez. II, 509; III, 31, 120, 210.

Maillé (le fief de), en Méhervé, paroisse de Courchamps. I, 134; II, 346.

Maillé (le Bois de). Voir Bois-de-Maillé (le).

Maillé et Milly (la chapellenie de), *alias* de Millé, en l'église de Milly-le-Meugon. I, 129, 132, 136, 151; II, 274, 354, 361, 366, 416. — (chapelain de). Voir Abraham, Bardoul, Duval, Hercé, Justeau, Le Feubvre, Maillé (René de),

Parène, Razillé (Jaspart de), Regouf, Sauleau, Vallet.

Maillé (baron de). Voir la branche aînée. I, 1-106.

Maillé (le chevalier de). Voir Maillé (N. de), Maillé de la Tour-Landry (Charles-Joseph de).

Maillé (comte de). Voir Maillé (Charles II, Donatien Ier, Donatien II, Donatien III, François-Henri, Henri, Jean-Charles-Hardouin, Léonor-Charles, Nicolas de).

Maillé (marquis de). Voir Maillé (Louis-Joseph, Philippe-François de).

Maillé-Brézé (comte de). Voir Maillé (Alexandre - Armand - Fortuné, François-Alexis, Louis de).

Maillé-Brézé (MM. de). I, 415.

Maillé-Brézé (Mme de). II, 449, 450. Voir Plessis (Nicole du).

Maillé de la Tour-Landry (comte de). Voir Maillé de la Tour-Landry (André, Armand-Urbain-Louis, Charles, Charles-Jean, Charles-Louis, Charles-René, Foulques-Marie-Albéric-Jacquelin, Henri-Louis-Auguste-Urbain et Louis-Armand-Joseph-Jules de).

Maillé de la Tour-Landry (duc de). Voir Maillé de la Tour-Landry (Charles-François-Armand, Charles-René, Jacquelin-Armand-Charles et Marie-Artus-Hippolyte-Jean de).

Maillé de la Tour-Landry (marquis de). Voir Maillé de la Tour-Landry (Charles-André, Charles-François, Charles-Hardouin-Jules-Xavier, Charles-Henri-François, Charles-Théodore-Bélisaire, François-Bertrand, Georges-Henri, Georges-Jacques-Camille, Gustave-Alfred, Gustave-Fortuné, Philippe-Joseph-Augustin, Roger-Marie et Stanislas-Charles de).

Maillé de la Tour-Landry (vicomte de). Voir Maillé de la Tour-Landry (Charles-François, Jean-Louis et Urbain-Armand de).

Maillé-Kerman (comtesse de). Voir Kersaint-Gilly (Louise-Marquise de).

MAILLÉ (Famille de)

(A L'EXCEPTION DES MAILLÉ DE LA TOUR-LANDRY)

Maillé (Abel de), fils d'Hardouin de Maillé et d'Agnès de la Roche-Rabasté, mari de Marguerite de Reffuge, seigneur de l'Islette, Villeromain, Cessigny et la Roche-Rabasté. I, 257, 258; II, 256, 278; III, 174, 175.

Maillé (Ada de), fille d'Hardouin II et de Béatrix, Ada, soror Jaguelini. I, 30, 33; II, 47.

Maillé (Agnès de), fille de Gelduin et d'Agnès de la Tour, femme de Rainauld de la Haye, Agnes, filia Agnetis de Malliaco. I, 16-18; II, 22.

Maillé (Agnès de), fille d'Hardouin II et de Béatrix, femme de Gautier de Filgereto, Agnes, soror Jaguelini de Malliaco, uxor Gualterii de Filgereto (1114-1155). I, 29, 30, 32, 33; II, 41, 44, 47.

Maillé-Lournay (Agnès de), fille de Jean et femme de Guillaume de la Roche. I, 327.

Maillé (Aimée-Angélique de). Voir Maillé (Anne-Angélique de).

Maillé (Albert de), fils d'Urbain de Maillé et de Françoise de Boisjourdain. I, 260; II, 427.

Maillé (Alexandre-Armand-Fortuné de), fils de François-Alexis de Maillé - Roujoux et de Marie-Jeanne Joly de Fleury, comte de Maillé-Brézé. I, 237, 238; III, 166.

Maillé (Alfred de). Voir Alfred, de Maillé.

Maillé (Aliénor de), fille de Payen III et de Marie de Maillé, abbesse de Saint-Jean de Bonneval. I, 123; II, 239, 240, 242, 243.

Maillé (Aliénor de), femme de Tristan de la Jaille. Voir Maillé (Éléonore ou Aliénor de).

Maillé (Ambroise de), fille d'Hardouin de Maillé-Brézé et d'Ambroise de Melun, femme de Jacques de Périers, dame de Saint-Georges-du-Bois. I, 134, 135; II, 345, 346; III, 178.

Maillé (Ambroise ou Françoise de). Voir Maillé (Françoise ou Ambroise de).

Maillé (Ameline de), fille de Gelduin et d'Agnès de la Tour, Amelina (vers 1060). I, 14-17; II, 10.

Maillé (Andrée de), fille de Jean de Maillé et d'Anne du Puy-du-Fou, femme de Guillaume de Sainte-Maure. I, 255.

Maillé (Anne de), fille de Frédéric de Maillé et de Marie Louys. I, 311; II, 507, 508.

Maillé (Anne de), fille d'Hélie de Maillé et de Madeleine de Chérité, femme de Guillaume de Berziau. I, 320.

Maillé (Anne de), fille d'Henri de Maillé-Bénéhart et de Françoise de la Barre, femme de René du Grenier, marquise d'Oléron, dame de la Pelonnière ou Plonnière, le Pin, Chanceaux ou Chauffeau, Saint-Jouin, Montecouplet, la Sansonnière, Château-Sénéchal. I, 207, 208, 210, 212, 215, 233, 312; III, 6, 35-70, 77, 80, 96, 98-102, 111, 113, 114, 125, 126, 129, 130, 213.

Maillé (Anne de), fille de Jacques II de Maillé-Bénéhart et de Marie de Villebresme, femme de Jacques Le Clerc. I, 195.

Maillé (Anne de), fille de Jean II de Maillé, seigneur de la Roche-Bourdeuil, et d'Henriette Ourceau, femme de Jean III de Maillé-Chançay et de Guillaume Bellier. I, 59, 60, 243, 244; II, 182, 192.

Maillé (Anne de), fille de Jean IV et probablement de Barbe du Coudray, femme de Charles de la Merrerie, dame de Souvré. I, 332.

Maillé (Anne de), fille de Pierre II et de Guyonne de Parthenay. I, 329, 330.

Maillé (Anne de), femme de Guillaume Bonnin. I, 435, 436.

Maillé (Anne, Armur ou Aumur de). Voir Maillé (Aumur de).

Maillé (Anne-Angélique, alias Aimée-Angélique de), dite Mlle de Kerman, fille de Charles II de Maillé et de Charlotte d'Escoubleau. I, 270, 274, 279; II, 446, 469, 506, 507, 511, 517; III, 6-8, 31, 32, 72, 81, 82, 90, 91.

Maillé (Antoine de), fils de Charles II de Maillé et de Charlotte d'Escoubleau, comte de la Marche et baron de la Forêt. I, 271, 274; II, 461, 505, 507, 511, 517; III, 6, 7, 206.

Maillé (Antoine de), fils de Louis de Maillé-Ruillé et de Renée de Baigneux, seigneur de Ruillé, la Touche, la Crèche et le Petit-Bénéhart, mari de Judith du Bosquet. I, 222, 223, 226-228; II,

389, 438, 443, 448, 451, 455, 456, 458, 468, 484, 506.

Maillé (Antoine de), fils de Louis de Maillé et de Marguerite de Clinchamps, chapelain de Saint-Turibe. I, 224, 225; III, 32, 90.

Maillé (Antoinette de), fille de René de Maillé et de Françoise Le Roy, *ou* de Charles Ier de Maillé et d'Anne d'Hommes, femme d'Antoine *ou* François Le Breton. I, 260, 264.

Maillé (Armand-Jean de), fils d'Urbain de Maillé-Brézé et de Nicole du Plessis, duc de Brézé, de Fronsac et de Caumont, seigneur de Beaufort. I, 172, 176-181; II, 448, 496, 509.

Maillé (Arnoul de). Voir Maillé (Hardouin VII de).

Maillé (Arthus de), fils de Guy de Maillé et d'Anne Louan, seigneur de Brézé, Milly, Baucheron, Villeneuve-Maslard, la Bouchardière, la Varenne, la Rivière-Marteau, Lançon et Meigné, mari de Claude de Gravy. I, 141, 147, 149-154, 156; II, 208, 352-367, 370, 372, 373, 377, 378, 383, 387-389, 391-393, 395, 410-416, 435. Nous insérons ici une lettre d'Arthus de Maillé qui ne figure pas dans nos Preuves :

1587, 21 novembre, Brézé. — LETTRE D'ARTHUS DE MAILLÉ « A MONSIEUR DE RASILLY, CAPITAINE ET GOUVERNEUR DU CHASTEAU DE LODUN ». — (Archives de Rasilly, *orig. signé*, publié dans la *Généalogie de la Famille de Rasilly*, Laval, 1903, pp. 215-216.)

« Monsieur, je ne sçaurois assez à mon gré vous remercier de tant d'honneur qu'il vous a pleu faire à feu mon filz et à moy, ny pareillement de l'honneste consolation et offres que m'avez faict par voz lettres, de quoy je vous suys et seray toute ma vye très obligé et tout ce qui deppend de moy. Et parce que mon filz ne peult plus recongnoistre les obligations qu'il vous a, Dieu luy a donné des enfans qui ne seront poinct ingrats les recongnoistre par touz les moyens qu'ilz auront de vous pouvoir faire service, dont de ma part ne faudray le leur commander, et de ce peu qui me reste à vivre je ne manqueray poinct d'y employer tout ce qui sera en ma puissance. Je n'ai pas faict faulte d'envoyer voz lettres à monsieur de Lessart; quant à moy je mettray peine me donner garde de ce dont m'avez adverty, en quoy y a grande apparence, qui sera l'endroit où me recommanderay humblement à vos bonnes grâces, suppliant Dieu, Monsieur, vous donner santé, très bonne et longue vye.

« De Brézé, ce XXIe de novembre 1587.

« Vostre plus humble et affectionné pour vous faire service.

« A. de Maillé. »

Maillé (Aumur, Armur *ou* Anne de), fille de Jean Ier de Maillé-Clervaux, femme de Guillaume Pierre et d'Amaury de Beauçay. I, 55, 56, 57, 436; II, 130, 136, 137, 142, 148, 158.

Maillé (Barbe de), fille de Louis de Maillé et de Jeanne de Baïf, femme de Pierre Cheminart. I, 300; II, 433, 451; III, 191, 195-201.

Maillé (Barthélemy de), fils d'Hardouin II et de Béatrix, Bartholomeus, frater Jaguelini. I, 26, 28, 32, 33; II, 35, 36, 41, 47.

Maillé (Béraud de), mari d'Eustachie Chabot (vers 1275). I, 43.

Maillé (Blanche de), fille de Jean IV

et probablement de Barbe du Coudray. I, 332.

Maillé (Bonaventure de), fils de Louis Ier et de Marguerite Gazelle, mari de Marie Le Berry, seigneur de Laleu. I, 330.

Maillé (Bonne de), fille de Louis de Maillé-Ruillé et de Renée de Baigneux, femme de Gilles de Mallard. I, 226; II, 443.

Maillé (Bouchard de), Buchardus de Mailliaco (1242); defunctus Bouchardus de Malliaco (1267). I, 43; II, 69, 77.

Maillé (Brohart, *alias* Bouchard de), fils de Jean II de Maillé de la Roche-Bourdeuil et de Perrette de Négron. I, 243; II, 177.

Maillé-Bénéhart (Casimir de). Voir Maillé (François-Casimir de).

Maillé (Catherine de), fille d'Artus de Maillé-Brézé, dame de Baucheron. Voir Maillé (Jeanne *ou* Catherine de).

Maillé (Catherine de), fille de Gilles de Maillé, femme de René de Rotrou. I, 129.

Maillé (Catherine de), fille d'Hardouin V, dame de Chahaignes en Touraine et de Saint-Brice. I, 52, 60-63, 75, 326; II, 109, 110, 123, 125, 128, 139, 140, 149; III, 168.

Maillé-Lournay (Catherine de), fille de Jean et femme de Jean Paumart. I, 327.

Maillé (Catherine de), fille de Payen II et de Jeanne Bouchard, femme de Guillaume Bonnet et de Guillaume Bouchet. I, 116, 119; II, 184, 185, 188-190.

Maillé (Catherine de), fille de Payen III et de Marie de Maillé, femme d'Hugues de Montalais. I, 122, 123.

Maillé (Catherine de), fille de René de Maillé et d'Anne de Mornay, religieuse à Nazareth. I, 296, 304, 306; II, 289, 385, 386.

Maillé (Catherine de), femme de Jean Ier d'Illiers. I, 122, 123; III, 171.

Maillé-Brézé (Catherine-Bonne de), fille de Louis de Maillé-Roujoux et de Françoise-Bonne de Rochefort, femme de Sylvain-Claude de Boislinard. I, 235; III, 159.

Maillé (Catherine-Urbaine de), fille de Michel de Maillé et de Françoise de Maumeschin. I, 305.

Maillé (Célestine de), fille de Florestan de Maillé et de Françoise de Chef-de-Bois, femme de Pierre Forget et de Daniel de Marcé. I, 309.

Maillé (César de), fils de César de Maillé et de Marie Bernard. I, 304.

Maillé (César de), fils de René de Maillé et d'Anne de Mornay, mari de Marie Bernard, seigneur du Sablon. I, 296, 300, 301; II, 289, 385, 386, 395-400, 430, 439.

Maillé (Charles de), dit de Thévalle, second fils de Charles de Maillé-Brézé et de Jacqueline de Thévalle. I, 165.

Maillé (Charles de), fils de Claude de Maillé-Brézé et de Robinette Hamon, mari de Jacqueline de Thévalle, seigneur de Brézé et de Milly. I, 156, 164, 165; II, 435, 443, 445, 454; III, 202, 240.

Maillé (Charles de), fils de Claude de Maillé-Brézé et de Robinette Hamon, chevalier de Malte. I, 157.

Maillé (Charles de), fils de Florestan de Maillé et de Françoise de Chef-de-Bois, mari de Claude Morin et de Claude Boulin, seigneur de Chefderue. I, 307, 308.

Maillé (Charles Ier de), fils de René de Maillé et de Françoise Le

Roy, mari d'Anne d'Hommes, seigneur de la Roche-Rabaté, l'Islette, Villeromain, le Plessis-Bosnay, Hommes, Cessigny, Nazelles, etc. I, 257, 259, 260, 262-264, 437, 440; II, 223, 369, 371, 373, 379-385.

Maillé (Charles II de), fils de François de Maillé et de Claude de Kerman, mari de Charlotte d'Escoubleau, marquis de Kerman, comte de Maillé et de Seizploué, baron de la Forêt, seigneur de l'Islette, Villeromain, Hommes, le Plessis-Bosnay. I, 263, 266-272, 274; II, 369, 440-442, 444, 446, 447, 456-461, 469, 485, 490, 502, 505, 507, 511, 517; III, 6, 69, 202-206.

Maillé (Charles de), dit l'abbé de Kerman, fils d'Henri de Maillé et d'Anne du Puy-Murinais, abbé de Moreaux. I, 280; III, 121, 157, 158, 161.

Maillé (Charles de), fils de Jacques de Maillé de la Roche-Bourdeuil et de Blanche Bellier, mari de Catherine de Beauvau, seigneur de Cravant, Négron, Narçay, Chançay, Chézelles, Pimpéan, la Bournée et la Roche-Bourdeuil. I, 59, 60, 113, 246-248; II, 203-207, 271, 274, 275. Voir l'article Maillé (Françoise de), femme de Lancelot du Raynier.

Maillé (Charles de), fils de Jean II de Maillé de la Roche-Bourdeuil et d'Henriette Ourceau, seigneur de Cravant. I, 243, 244; II, 187, 192.

Maillé (Charles de), fils d'Urbain de Maillé et de Françoise de Boisjourdain. I, 260, 261; II, 431.

Maillé (Charles de), homme d'armes sous la conduite de Philippe de Boulainvillier, comte de Dammartin, en 1523. I, 436; II, 291.

Maillé (Charles-Éléonor de). Voir Maillé (Léonor-Charles de).

Maillé (Charles-Henri de), fils de Donatien II de Maillé et de Marie-Louise Bignet de Marcognet, abbé de Kerman. I, 284; III, 154.

Maillé (Charles-Sébastien de), fils de Donatien Ier de Maillé et de Renée-Mauricette de Ploeuc, marquis de Kerman. I, 276, 278; III, 8, 31, 32, 207, 210.

Maillé (Charlotte, et non Françoise de), fille de Charles Ier de Maillé et d'Anne d'Hommes, femme de Bernard de la Carnaye. I, 264; II, 443.

Maillé (Charlotte de), fille de Charles II de Maillé et de Charlotte d'Escoubleau, femme de René Barjot, dame de Saint-Nervin, en Bretagne. I, 270-272, 274, 276; II, 460, 506, 507, 509, 511, 517; III, 6-8, 31, 32, 70, 72, 81, 82, 90, 91, 115.

Maillé (Charlotte de), fille de Guy de Maillé-Brézé et d'Anne Louan, femme de Lancelot de la Touche et de François de Montgommery. I, 147.

Maillé (Charlotte de), fille de Jean de Maillé-Ruillé, religieuse. I, 220.

Maillé (Charlotte de), fille d'Urbain de Maillé et de Françoise de Boisjourdain, probablement femme de Guillaume de Boissonnade. I, 261; II, 438, 458, 460, 469.

Maillé (Charlotte de). III, 94. Voir Maillé (Charlotte-Catherine de).

Maillé (Charlotte-Catherine de), fille de Frédéric de Maillé et de Marie Louys. I, 312; III, 29, 84, 88, 89, 94.

Maillé (Claire-Clémence de), fille d'Urbain de Maillé-Brézé et de Nicole du Plessis, femme de Louis de Bourbon, prince de

Condé, princesse de Condé, marquise de Brézé et dame de Beaufort. I, 172-175; II, 478; III, 1.

Maillé (Clairembaud de). Voir Clairembault (Jean) et Clarembaldus de Malliaco.

Maillé (Claude de), fils d'Arthus de Maillé-Brézé et de Claude de Gravy, mari de Robinette Hamon, baron des Cousteaux, seigneur de Milly, Brézé, Saumoussay, Vernon, Rochecervière, la Flocellière et Cerisay. I, 152, 154-164, 308; II, 372, 378, 384, 388, 446, 447.

Maillé (Claude de), fils de Claude de Maillé-Brézé et de Robinette Hamon, seigneur de Cerisay. I, 157.

Maillé (Claude de), fille d'Hardouin IX et d'Antoinette de Chauvigny, femme de Jean de Rieux. I, 86, 97, 98; II, 264, 265.

Maillé (Constance de), fille de René II de Maillé-Bénéhart et de Françoise de Billes, religieuse à la Visitation de Caen. I, 213.

Maillé (Cunégonde de), fille d'Henri de Maillé et d'Anne du Puy-Murinais, abbesse de Moncé-lès-Amboise. I, 280, 281.

Maillé (Denise de), fille de René Ier de Maillé-Bénéhart et de Dorothée Clausse, femme de François de Barton, dame de Montbas. I, 202; II, 484; III, 11, 13, 20, 29, 30, 53-55.

Maillé (Donatien Ier de), fils de Charles II de Maillé et de Charlotte d'Escoubleau, mari de Renée-Mauricette de Ploeuc, marquis de Kerman, comte de Maillé et de la Marche, baron de la Forêt, seigneur de l'Islette, Hommes, etc. I, 270, 271, 273-277, 279; II, 460, 481-484, 505, 506, 508, 509, 511, 516, 517; III, 6-8, 69-71, 74, 78, 79, 84, 89, 90, 205, 206, 210-212.

Maillé (Donatien II de), fils d'Henri de Maillé et d'Anne du Puy-Murinais, mari de Marie-Louise Bignet de Marcognet, marquis de Kerman, comte de Maillé, baron de Lesquelen, seigneur de Damany et de Villeromain. I, 280, 282-284; III, 118-121, 150, 151, 154-156, 158, 159, 239.

Maillé (Donatien III de), fils de Donatien II et de Marie-Louise Bignet de Marcognet, mari d'Élisabeth-Marie d'Anglebermer de Laigny, comte de Maillé. I, 283, 285, 286; III, 154-158.

Maillé (Donatien de). III, 159, ligne 1, lire : Henri, au lieu de : Donatien. Voir Corrections, III, 239.

Maillé (Donatien-Antoine de). Voir Maillé (Sébastien-Antoine de).

Maillé-Brézé (Dorothée de), fille de François-Henri de Maillé-Roujoux et de Françoise-Marguerite Bouteiller. I, 233.

Maillé (Dorothée de), fille d'Henri de Maillé-Bénéhart et de Françoise de la Barre, religieuse au Pré. I, 206, 207; III, 6, 14-19, 35-67.

Maillé (Dorothée-Aimée de), fille de Nicolas de Maillé-Bénéhart et d'Anne de Pathay. I, 201; III, 11, 26.

Maillé (Éléonor-Charles de). Voir Maillé (Léonor-Charles de).

Maillé (Éléonore de), fille de Claude de Maillé-Brézé et de Robinette Hamon, femme de Charles de Jalesnes. I, 158, 159, 358; II, 443, 445; III, 2, 29.

Maillé (Éléonore de), fille de Jean de Maillé et femme de René III de Maillé-Lournay. I, 327.

Maillé (Éléonore de), fille de Payen Ier et de Jeanne de Brézé, femme de Guy de Chausseroye. I, 112.

Maillé (Éléonore *ou* Aliénor de), fille de Payen II et de N. du Puy, femme de Tristan de la Jaille et de Robert d'Anjou. I, 116; III, 167.

Maillé (Élisabeth de), fille d'Antoine de Maillé-Ruillé et de Judith du Bosquet. I, 223, 228; II, 455, 510; III, 92, 238.

Maillé (Élisabeth de), fille de Frédéric de Maillé et de Marie Louys, femme de François Picart. Voir Maillé (Françoise-Élisabeth de).

Maillé (Ermesende de), Ermesendis, soror Gaufridi et Guillelmi de Malliaco (1225). I, 43; II, 62.

Maillé (Eustache de), fils de Jean Ier de Maillé-Clervaux. I, 54, 55; II, 170, 175.

Maillé (Eustache de), fils de Juhez de Maillé et d'Isabelle de Châteaubriant, abbé de Bourgueil. I, 252, 253; II, 193-195.

Maillé (Félice de), fille de Louis de Maillé et d'Anne de Guiot. I, 223; II, 438.

Maillé (Ferdinand de), fils de Nicolas de Maillé-Bénéhart et d'Anne de Pathay. I, 201; III, 9.

Maillé (Florestan, *alias* Florentin de), fils de René de Maillé et d'Anne de Mornay, mari de Françoise de Chef-de-Bois, seigneur de Chefderue. I, 303, 305, 307-309; II, 289, 386; III, 188.

Maillé (Foucher de), père d'Hardouin. Voir Fulcherius, pater Harduini.

Maillé (Foulques de). Voir Foulques de Maillé.

Maillé (François de), fils de Charles Ier de Maillé et d'Anne d'Hommes, mari de Claude de Kerman, comte de Kerman, seigneur de l'Islette, Villeromain, le Plessis-Bosnay, Hommes, etc. I, 263, 265-267, 269; II, 379-382, 440-442, 444, 446, 458, 459, 461; III, 69, 186, 187, 195-201, 205.

Maillé-Brézé (François de), fils de François-Henri de Maillé-Roujoux et de Françoise-Marguerite Bouteiller, marquis de Roujoux. I, 233; III, 131-135.

Maillé (François de), fils d'Hardouin IX et d'Antoinette de Chauvigny, mari de Marguerite de Rohan, baron de Maillé, Rochecorbon, Beauçay, Rillé, Champchevrier, la Ferrière, Beaumont-en-Véron. I, 96, 98-101, 336; II, 263-266, 270; III, 175-177, 218-231.

Maillé (François de), fils d'Hélie de Maillé et de Madeleine de Chérité. I, 320; III, 201.

Maillé (François de), peut-être fils de Jean de Maillé et d'Anne du Puy-du-Fou, protonotaire du Saint-Siège, abbé de Corbie. I, 255; II, 248.

Maillé (François de), fils de Michel de Maillé et de Françoise de Maumeschin. I, 305.

Maillé-Lournay (François Ier de), fils de Jean. I, 326, 327.

Maillé-Lournay (François II de), fils de Jacques et de Jeanne de la Roche, mari d'Huguette Fesnière. I, 328.

Maillé (François de), marquis de Bénéhart. Voir Maillé (René-Louis-François de).

Maillé (François-Alexis de), fils de Louis de Maillé-Roujoux et de Catherine Le Fuzelier, comte de Maillé-Brézé et de Roujoux, mari de : 1º Marie-Angélique Huraut de Cheverny de Veuil; 2º Rosalie de la Bourdonnaye; 3º Marie-Jeanne Joly de Fleury. I, 235, 237, 238; III, 164, 166.

Maillé (François-Casimir de), fils de

René-François de Maillé-Bénéhart et d'Anne-Madeleine-Françoise de la Luzerne. I, 216; III, 152, 154.

Maillé (François-Henri de), fils d'Henri de Maillé-Bénéhart et de Françoise de la Barre, mari de Françoise-Marguerite Bouteiller, comte de Roujoux et de Maillé, seigneur de Champ, Fresne, Vallon, Souligné-sous-Vallon, la Grange-Moreau, les Épichelières, Maigné, Crenon, le Plessis. I, 206, 231-233, 439; III, 35-67, 77, 83-87, 91, 92, 98-108, 111, 112, 116, 121, 122, 131-135, 209, 212.

Maillé (Françoise de), fille de François de Maillé et de Marguerite de Rohan, femme de Gilles de Laval-Loué, dame de Maillé, Rochecorbon et Beauçay. I, 98-106, 120; II, 277, 280; III, 176, 177, 216-231.

Maillé (Françoise de), fille de François de Maillé et de Marguerite de Rohan, femme de François de Batarnay et de René de Brosse, vicomtesse de Tours et de Brosse, dame de la Ferrière, Champchechevrier et Rillé. I, 98-101, 137; II, 277, 284, 286, 288, 337; III, 176, 177, 217-231.

Maillé (Françoise ou Ambroise de), fille de Guy de Maillé-Brézé et d'Anne Louan, religieuse à Poissy. I, 146.

Maillé (Françoise de), fille de Guy de Maillé et de Jeanne de Soucelles, femme de René Nepveu. I, 290; II, 220.

Maillé (Françoise de), fille d'Hardouin VIII et de Perrinelle d'Amboise, femme de Guillaume de Penhoet. I, 87, 88.

Maillé (Françoise de), fille d'Hardouin IX et d'Antoinette de Chauvigny, femme de François de Beaujeu et de Jean d'Aumont. I, 96, 97, 336; II, 258-266; III, 181-185.

Maillé (Françoise de), fille d'Hélie de Maillé et de Madeleine de Chérité, femme de René de la Barre. I, 320; III, 202.

Maillé (Françoise de), fille de Jeannon de Maillé et d'Anne Paumard, femme de Georges d'Anglou ou Langlois. I, 316; II, 269.

Maillé (Françoise de), fille de Jeannon de Maillé et de Charlotte de Salignac, femme de Guy d'Ausseure. I, 316.

Maillé (Françoise de), fille de Louis de Maillé et d'Antoinette de Cazeau, religieuse au Ronceray. I, 299; II, 434; III, 196-201.

Maillé (Françoise de), fille de Moreau de Maillé et de Marguerite Le Roux. I, 245.

Maillé (Françoise de), femme de Lancelot du Raynier. — On lit dans les *Preuves de Malte* d'Amador-Jean-Baptiste de Razilly, produites le 9 octobre 1633 : « Le contrat de mariage d'entre noble Gabriel de Razilly, écuyer, seigneur de Razilly, des Oiseauxmesle et Collombiers, avec d^{lle} Jeanne, fille de LANCELOT DU REGNIER, seigneur de la Tour-du-Regnier et de Chezelle, et de FRANÇOISE DE MAILLÉ... 15 mai 1544. » (*Généalogie de la famille de Rasilly*, Laval, 1903, p. XXXVI.) Une note de l'auteur indique qu'il y a erreur et que Françoise de Maillé était la grand'mère de Jeanne du Raynier, dont la mère s'appelait Antoinette de Mathefelon. Page 114, la généalogie répète que Gabriel de Rasilly épousa, par contrat du 15 mai 1544, Jeanne du Raynier, fille de Lancelot du Raynier et d'Antoinette de Mathefelon, petite-fille de Dimanche du Raynier, chevalier, seigneur de la Tour-du-Raynier, de Chezelles, de Timbroil, baron de Bonvoysin, maître d'hôtel du roi, capitaine de dix lances de sa grande ordonnance, et de Perrine de Maillé. — On peut croire que Lancelot du Raynier épousa sa cousine germaine, Françoise, peut-être fille de Charles de Maillé, d'autant plus que celui-ci n'est probablement pas mort sans postérité. — Voir I, 248, notes 3 et 6.

Maillé (Françoise-Élisabeth de), fille de Frédéric de Maillé et de Marie Louys, femme de François Picard. I, 312; III, 29, 80, 84, 87-89, 136, 213.

Maillé (Frédéric de), fils de Florestan de Maillé et de Françoise de Chef-de-Bois, mari de Marguerite de Samson et de Marie Louys, seigneur de Chefderue, du Tymur, des Poteries et de Voisines. I, 309-312; II, 507, 508, 510; III, 9, 10, 12, 29, 80, 87-89, 94, 95.

Maillé (Frédéric de), fils de Frédéric de Maillé et de Marie Louys. I, 311.

Maillé (Gargan de). Voir Maillé (Georges de).

Maillé (Gauzbert de), premier seigneur de Maillé (vers 995-vers 1038). I, 3-10, 13, 19, 37. — Gauzbertus, homo Gilduini militis (995-1004). II, 2. — Gauzbertus de Mailliaco (1034-1037). II, 3. — Gauzbertus. II, 8.

Maillé (Gauzbert de), fils de Gelduin de Maillé et d'Agnès de la Tour, Gausbertus, Gauzbertus, Josbertus (vers 1060-vers 1075). I, 9, 14-16, 19-22; II, 10, 13, 14, 16, 19, 21-23, 25, 27, 28; III, 235.

Maillé (Gauzbert de), fils d'Hardouin II et de Béatrix, Gausbertus (1114). I, 29, 32; II, 41.

Maillé (Gauzbert de), seigneur de Trèves. I, 9, 10; III, 232, 233.

Maillé (Gehilde, *alias* Tetlide *ou* Théhelde de), fille de Gauzbert de Maillé, Gehildis, Tedlidis, Tichildis *vel* Tiehildis (1050, vers 1060). I, 9, 10, 12, 26; II, 8, 9; III, 232, 233.

Maillé (Gelduin de), fils de Gauzbert de Maillé et mari d'Agnès de la Tour, seigneur de Maillé, Gelduinus de Mailliaco, filius Gauzberti, Gelduinus, frater Harduini de Malliaco, sponsus Agnetis Vindocinensis, Gilduinus de castro Malliaco, successor honoris Harduini, fratris sui (vers 1050-vers 1067). I, 4-20; II, 3, 6-10, 12-16, 19, 20; III, 231, 232, 235.

Maillé (Gelduin de), fils d'Hardouin II et de Béatrix, Gilduinus, frater Jaguelini (1114-1136). I, 29, 30, 32, 436; II, 41, 44.

Maillé (Geoffroy de), Gosfredus de Mailliaco. Voir Bloi (Geoffroy).

Maillé (Geoffroy de), chevalier, frère de Guillaume et d'Ermesende [et non mari de celle-ci], Gaufridus de Mailliaco, miles, frater Guillelmi et Ermensendis (1225). I, 43; II, 60-62.

Maillé (Geoffroy de), curé des Ulmes-Saint-Florent (1291). I, 63; II, 96.

Maillé (Georges, *alias* Gargan de), fils de Jean Ier de Maillé de la Roche-Bourdeuil et de Louise de Bourdeuil. I, 241.

Maillé (Gilbert de), fils d'Hardouin II de Maillé, archevêque de Tours. I, 30.

Maillé (Gilles de), fils de Jean de Maillé et d'Anne du Puy-du-Fou, seigneur de la Guéritaude et de la Jonchère. I, 255.

Maillé (Gilles de), fils de Payen III

et de Marie de Maillé, seigneur de Brézé, Milly, Saint-Georges-du-Bois et le Verger, mari de Jeanne Aménard et de Marguerite L'Evêque. I, 120, 124-130, 138; II, 198, 203, 205, 206, 208, 213, 221, 226-229, 339-344.

Maillé (Guillaume de), chevalier, frère de Geoffroy et d'Ermesende, Guillelmus, frater Gaufredi de Malliaco, miles (1225), Guillelmus de Maillé, sororius Ameline de Poivendre (1267-1270). I, 43; II, 62, 75.

Maillé (Guillaume de), fils d'Imbault de Maillé, mari de Mahaud Berruyer, seigneur de la Touche et de la Jonchère. I, 252, 329; II, 211.

Maillé (Guillemine de), fille de Jacques de Maillé de la Roche-Bourdeuil et de Blanche Bellier, femme de René de Mauléon. I, 246.

Maillé (Guy ou Guyon de), chanoine de Tours, Guido de Malliaco. I, 72; II, 124, 146, 153.

Maillé (Guy ou Guyon de), fils d'Hardouin VI et de Jeanne de Montbazon, mari de Jeanne de Sazillé, seigneur de l'Islette et de la Guéritaude. I, 71, 72, 251; II, 142, 143, 146, 153, 161, 162.

Maillé (Guy de), fils d'Hardouin de Maillé-Brézé et d'Ambroise de Melun, mari d'Anne de Louan, seigneur de Brézé, Milly et le Verger. I, 100, 129, 132, 133, 136-148; II, 280, 284, 285, 335-348, 352, 356.

Maillé (Guy ou Guyon de), fils de Juhez de Maillé et d'Isabelle de Châteaubriant, seigneur de Chatigny et de Marolles, mari de Jeanne de Soucelles. I, 252, 289-292; II, 208, 224; III, 170-173. Dans ces derniers actes, Guy est dit, probablement par erreur, mari d'Honneur de Chemans.

Maillé (Guyonne de), fille de Gilles de Maillé et de Jeanne Aménard, femme de François d'Ust. I, 126-128; II, 226-228, 252.

Maillé (Guyonne de), fille d'Hardouin de Maillé et d'Agnès de la Roche-Rabasté, femme de Guillaume Frétart. I, 257; III, 174, 175.

Maillé ou de la Jaille (G... de) (1349). I, 436; II, 137.

Maillé (Hardouin Ier de), fils de Gauzbert et seigneur de Maillé, Arduinus de Mailliaco, filius Gauzberti, Harduinus de Malliaco, de Maillio, Malliacensis (vers 1038-vers 1050). I, 4-14, 19, 37, 326, 441; II, 3, 4, 6, 7, 15, 19, 20. Au tome Ier, p. 326, il s'agirait d'Hardouin II et non d'Hardouin Ier.

Maillé (Hardouin II de), fils de Gelduin et d'Agnès de la Tour, mari de Béatrix, Harduinus, Arduinus de Malliaco, Malliacensis (1069-vers 1110). I, 10, 14-31, 37, 326, 441; II, 10, 13-16, 19-22, 24-39. — Au tome Ier, p. 326, il s'agirait d'Hardouin II plutôt que d'Hardouin Ier. — Le 29 mars 1073, Hardouin II comparait en qualité de témoin de la donation de l'église de Cosme faite à l'abbaye de la Trinité de Vendôme par Hugues d'Alluyes. (*Cartulaire de la Trinité*, publié par l'abbé Métais, n° 242.) — En 1096 il fut appelé à Angers, avec plusieurs autres seigneurs de l'Anjou, pour soutenir les intérêts de l'abbaye de Saint-Nicolas, compromis par suite des prétentions du seigneur de Trèves. (*Revue du Maine*, t. VII, p. 288.)

Maillé (Hardouin III de), fils de Jacquelin Ier et d'Adèle Papebœuf, Harduinus, filius Jaguelini, Harduinus, Hardoinus de Malleio

(1165-vers 1195). I, 33, 36-38, 41; II, 45-48, 52.

Maillé (Hardouin IV de), probablement fils d'Hardouin III, mari de Jeanne de Thouars, Harduinus, Hardoinus, Hardwinus, Ardouinus de Malliaco, dominus Malliaci, Mallei, miles, senescallus Pictavensis (1218-1245). I, *Préface*, 27, 37-42; II, 57-60, 62, 63, 65-71, 83, 86, 89-91, 97.

Maillé (Hardouin V de), fils d'Hardouin IV et de Jeanne de Thouars, mari de Jeanne et de Jeanne de Beauçay, seigneur de Maillé, Rillé, Champchevrier, Chançay, Mouliherne, Milly, Saint-Martin-de-la-Place, Clervaux, Armançay, Trizay, Saint-Georges du Bois et Bois-d'Aménine (1248-1306). I, 27, 37, 42, 44-67, 72, 109; II, 72-104, 108.

Maillé (Hardouin VI de), fils d'Hardouin V et de Jeanne de Beauçay, mari de Jeanne de Montbazon, seigneur de Milly, Champchevrier et Maillé (1291-1340). I, 47-50, 65-74, 241; II, 86, 87, 89-91, 96-100, 103-105, 107, 108, 111, 112, 124.

Maillé (Hardouin VII de), fils d'Hardouin VI et de Jeanne de Montbazon, mari de Mahaud Le Vayer, baron de Maillé, seigneur de Rillé et de Champchevrier, dominus Hardouinus de Maillé, le sire de Moilly, Arnoul de Maillé (1340-après 1383). I, 52, 61, 68, 70-72, 74-79, 119; II, 137, 138, 146, 148, 149, 151-153, 158-160, 162-165, 172, 173, 179; III, 214, 215.

Maillé (Hardouin VIII de), fils d'Hardouin VII et de Mahaud Le Vayer, mari de Perrinelle d'Amboise, baron de Maillé, seigneur de Champchevrier, Rochecorbon, Rillé, Beauçay, Beaumont-en-Véron, Ballon, Parcé, Mouliherne, Frontenay-l'Abattu, Ambrières, le Plessis de Marigné (avant 1393-1459). I, 77-88, 251, 327, 437; II, 177-179, 183, 186-188, 190-193, 195-202, 205, 207, 209-213, 215-219, 222, 233.

Maillé (Hardouin IX de), fils d'Hardouin VIII et de Perrinelle d'Amboise, mari d'Antoinette de Chauvigny et de Marguerite de la Rochefoucauld, baron de Maillé et de Frontenay-l'Abattu, vicomte de Tours, seigneur de Rillé, Champchevrier, Rochecorbon, Beauçay, Beaumont-en-Véron, Bois-Preuilly, la Haye, Parcé, Montils-lès-Tours, le Plessis de Marigné, Bray et Gobiz (1453-1487). I, *Préface*, 85, 87-98, 292, 335, 437; II, 104, 211, 221, 222, 224, 225, 228-252, 254-260, 264-267.

Maillé (Hardouin X de), dit de la Tour-Landry, fils d'Hardouin IX et d'Antoinette de Chauvigny, mari de Françoise de la Tour-Landry et d'Antoinette d'Illiers, seigneur de Frontenay-l'Abattu, Benais, la Forêt d'Étampes, la Tour-Landry, Bourmont, Cornouailles, Clervaux, Ampoigné, baron de Saint-Chartier, Châteauroux, la Châtre, seigneur de Dun-le-Palleteau, Murat, Maisoncelles, Bouloire, etc. I, 96, 97, 335-339; II, 264, 265, 272, 273, 286-288, 290-292; III, 181-185, 230, 231.

Maillé (Hardouin de), fils de Foucher. Voir Harduinus, filius Fulcherii.

Maillé (Hardouin de), fils de Gilles de Maillé et de Jeanne Aménard, mari d'Ambroise de Melun, seigneur de Brézé, Milly, Gohier et le Verger (1459-1508). I, 126, 127, 129-135, 137-139; II, 221,

253, 254, 267, 268, 271, 272, 274, 336, 339-344.

Maillé (Hardouin de), fils d'Hardouin de Maillé-Brézé et d'Ambroise de Melun, seigneur de Saint-Georges-du-Bois. I, 127, 133, 134, 139; II, 343, 344.

Maillé (Hardouin de), fils de Jean de Maillé et d'Anne du Puy-du-Fou, mari d'Agnès de la Roche-Rabasté, seigneur de l'Islette, Villeromain et Cessigny (1437-1484). I, 255-257, 315, 440; II, 198, 223, 233, 256, 268; III, 175.

Maillé (Hardouin de), fils de Payen III de Maillé et de Marie de Maillé, mari d'Anne de Villiers, seigneur de Bénéhart, la Crèche, Ruillé, Champagne-Hommet, Saint-Denis (vers 1460-vers 1480). I, 120, 185-187, 193, 219, 221; II, 232, 256, 348; III, 169. Ce dernier acte, nº 916 des *Preuves*, daté de 1385, lui donnerait une longévité bien invraisemblable, attendu qu'Hardouin avait des enfants mineurs en 1484. Voir I, 438.

Maillé (Hector de), fils de Jean III et de N. Lefebvre. I, 331, 332; II, 377; III, 191.

Maillé (Hélie de), fils de René de Maillé et d'Anne de la Vove, mari de Marguerite de Ceps et de Madeleine de Chérité, seigneur de Verrières, de la Guéritaude et de l'Olive. I, 318-320; II, 269, 406, 448; III, 5, 201, 202.

Maillé (Henri de), fils de Donatien Ier de Maillé et de Renée-Mauricette de Ploeuc, comte de Maillé et de la Marche, marquis de Kerman, baron de la Forêt, Kerbrevet, Sébrevet, Lesquelen et Damany, seigneur de l'Islette et du Plessis-Igné, mari d'Anne du Puy-Murinais et de Louise de Kersaint-Gilly. I, 275, 276, 278-281, 440;
III, 70, 71, 74, 79, 81, 89-91, 118-121, 137, 159 [ligne 1, lire : Henri au lieu de : Donatien], 210-212, 239.

Maillé-Brézé (Henri de), fils de François-Henri de Maillé-Roujoux et de Françoise-Marguerite Bouteiller. I, 233.

Maillé (Henri de), fils de Frédéric de Maillé et de Marie Louys. I, 311; II, 510.

Maillé (Henri de), fils d'Henri de Maillé-Bénéhart et de Françoise de la Barre, seigneur de Fleuré. I, 205, 206, 208, 213; III, 35-67, 97-102, 112, 212.

Maillé (Henri de), fils de René Ier de Maillé-Bénéhart et de Dorothée Clausse, marquis de Bénéhart, seigneur de Ruillé, le Lorouer, la Pommeraie, Chahaignes, la Jaille, Roujoux, Chéripeau, Pommerieux, Jumelles, le Puits, Romfort, les Hayes de Brion, Château-Sénéchal, Ligron, les Bancs, Saint-Germain-du-Val, Verron, la Baudinière, Gué-au-Chat, Moléans, Fleuré, mari de Françoise de la Barre. I, 199, 203-211, 231, 322, 439; II, 484, 485, 508, 509, 512, 513; III, 3, 5, 12, 13, 14-20, 24, 28, 31, 32, 35-68, 77, 206.

Maillé (Henri de), parrain à Ruillé en 1622. I, 436; II, 456.

Maillé (Henri-Honorat-Anne de), fils de René II de Maillé-Bénéhart et de Françoise de Billes. I, 213.

Maillé (Henri-Procope de), fils d'Henri de Maillé et de Louise de Kersaint-Gilly. I, 281; III, 137.

Maillé (Henriette de), fille de Frédéric de Maillé et de Marie Louys. I, 312; III, 29.

Maillé (Henriette de), fille de Jean II de Maillé de la Roche-Bourdeuil

et de Perrette de Négron, femme de Simonin Berguin. I, 243.
Maillé (Henriette de), fille de Louis de Maillé et de Marguerite de Clinchamps. I, 224.
Maillé (Hercule de), fils d'Hélie de Maillé et de Madeleine de Chérité, mari d'Antoinette Filleul et de Charlotte de la Barre, seigneur de la Guéritaude, de l'Olive et de Verrières. I, 319, 321, 322; II, 269, 270, 484, 506, 515; III, 5, 6, 112.
Maillé (Honorat de), fils de René Ier de Maillé-Bénéhart et de Dorothée Clausse. I, 199.
Maillé (Hugues de), fils de Gelduin de Maillé et d'Agnès de la Tour, Hugo (vers 1060-1092). I, 14-17, 20-22, 24; II, 9, 10, 13, 14, 20, 22, 26, 27, 29, 31.
Maillé (Hugues de), fils d'Hardouin II et de Béatrix, mari d'Alix de Vendôme, Hugo de Maillé (1114). I, 28, 29, 32; II, 41, 56.
Maillé (Hugues de), fils d'Hardouin IV et de Jeanne de Thouars. I, 42, 47; II, 87.
Maillé (Hugues de), fils de Jacquelin et de Marguerite (1250). I, 42; II, 71, 72.
Maillé (H. de) (1645). I, 69.
Maillé (Imbault de), fils de Juhez de Maillé et d'Isabelle de Châteaubriant, seigneur de la Touche et de la Jonchère. I, 252.
Maillé (Isabeau de), fille d'Hardouin V et femme de Pierre de la Broce. I, 47, 50; II, 87.
Maillé (Isabeau de), fille d'Hardouin VI et de Jeanne de Montbazon, femme de Jean de Beaumont. I, 62, 68; II, 124, 141.
Maillé (Isabelle de), fille de Jacquelin de Maillé et de Marguerite. I, 42; II, 71, 72.
Maillé (Isabelle de), fille de Payen Ier et de Jeanne de Brézé, femme de Geoffroy de Saumoussay, dame de Narçay et Sonnay. I, 113; II, 160, 161.
Maillé (Isabelle de), fille de Payen III et de Marie de Maillé, femme de Jean de Landuron et de Jean II de Brie, dame de Serrant, la Roche-au-Duc, la Roche-Brochart et Saint-Léger. I, 77, 120-122, 438; II, 179-181, 209, 214, 215, 217, 218, 220, 225, 229, 231.
Maillé (Jacquelin Ier de), fils d'Hardouin II et de Béatrix, mari d'Adèle Papebœuf, Jaguilinus, Jaguelinus de Malliaco, Jagelinus Malleacensis, Jacobus, Jaquelin, sire de Maillé (1107-1155). I, 26-35, 436; II, 35-38, 40-47; III, 236.
Maillé (Jacquelin II de), probablement fils de Jacquelin Ier et frère du maréchal du Temple, Jakelins de Mailli (vers 1180), Jaguelinus de Malleio (1195). I, 28, 35, 38; II, 49, 52, 53.
Moillé (Jacquelin de), maréchal du Temple, probablement fils de Jacquelin Ier, Jacques de Mailli, mareschal dou Temple, Jakelinus de Malliaco (1187). I, 28, 33-35, 38; II, 49-51.
Maillé (Jacquelin de), chevalier, mari de Marguerite, Jaguelinus de Mailleyo, miles, Jaquelinus de Mailliaco, miles, avunculus Radulphi de Asperomonte (1250). I, 42, 43; II, 71, 72, 79.
Maillé (Jacquelin de), vassal d'Amboise (1360-1367). I, 63; II, 146, 150, 151.
Maillé (Jacques de), fils de Charles Ier de Maillé et d'Anne d'Hommes, mari de Renée Rousseau, seigneur de Cessigny, la Maison-Neuve, la Roche-Rabaté, la Rue, Nazelles. I, 263, 269, 270, 440; II, 223, 381, 393, 426, 438, 459, 461; III, 205.

Maillé (Jacques de), fils de Claude de Maillé-Brézé et de Robinette Hamon, marquis de la Flocellière, mari de Julienne d'Angennes. I, 156, 157; II, 446, 458.

Maillé (Jacques de), fils de Gilles de Maillé. I, 127.

Maillé (Jacques, *alias* René de), fils de Guy de Maillé-Brézé et d'Anne Louan, abbé de Montfaucon, curé de Grésillé. I, 145, 148.

Maillé (Jacques de), fils d'Hardouin IX et d'Antoinette de Chauvigny, mort sans postérité. 1, 96.

Maillé (Jacques Ier de), fils d'Hardouin de Maillé-Bénéhart et d'Anne de Villiers, mari de Jeanne Le Berruyer, seigneur de Bénéhart, la Crèche, Ruillé et Champagne-Hommet. I, 186, 188-192, 219; II, 256, 268, 277, 278, 282; III, 178 [Preuves, n° 937, lire : Jacques, au lieu de : René].

Maillé (Jacques II de), fils de Jacques Ier de Maillé-Bénéhart et de Jeanne Le Berruyer, mari de Marie de Villebresme, seigneur de Bénéhart, Ruillé, la Crèche et Champagne-Hommet. I, 189-196, 205, 221; II, 278, 281-283, 291, 348-352, 355, 358; III, 178 [Preuves, n° 937, lire : Jacques, au lieu de : René].

Maillé (Jacques III de), fils de Jacques II de Maillé-Bénéhart et de Marie de Villebresme, mari de de Renée de Poncé, seigneur de Bénéhart, Ruillé, la Crèche, Champagne-Hommet et Fleuré. I, 197-199, 205, 438; II, 382, 393, 409, 410, 454; III, 192-194.

Maillé (Jacques de), le jeune, peut-être « Monsieur de Villiers », fils de Jacques II de Maillé-Bénéhart et de Marie de Villebresme. I, 195; II, 409, 410.

Maillé (Jacques de), fils de Louis de Maillé-Ruillé et de Renée de Baigneux. I, 225; II, 387.

Maillé (Jacques de), fils de Moreau de Maillé et de Marguerite Le Roux, mari de Blanche Bellier, seigneur de Cravant et de Négron. I, 60, 245, 246.

Maillé (Jacques de), fils de Payen II et de Jeanne Bouchard, mari de Marie de Taveau, seigneur d'Ampure. I, 117, 119; II, 183-185, 189.

Maillé (Jacques de), fils de René de Maillé et de Françoise Le Roy, mari de Françoise d'Hommes, seigneur de la Rastre. I, 260.

Maillé (Jacques de), fils de René de Maillé et de Françoise Le Roy ou d'Ysabeau de Beauvau, archidiacre de Bourges et prieur de Voves. I, 259, 260.

Maillé-Brézé (Jacques de), fils de Louis de Maillé-Roujoux et de Catherine Le Fuzelier. I, 235.

Maillé-Lournay (Jacques de), fils de René III et d'Éléonore de Maillé, mari de Jeanne de la Roche. 1, 327, 328.

Maillé (Jacquette de), femme de Pierre Errault. III, 167.

Maillé (Jean de), fils de Gilles de Maillé, seigneur de Saint-Georges-du-Bois. 1, 126, 127; II, 270, 271, 276.

Maillé (Jean Ier de), fils d'Hardouin V, mari de Jeanne de Parthenay et de Thomasse de Doué, seigneur de Clervaux et de Chançay (1326-1346). I, 48, 50-60, 63, 113, 252; II, 89-91, 108-111, 122, 123, 126, 130, 131, 135.

Maillé (Jean II de), l'aîné, seigneur de Clervaux, fils de Jean Ier de Maillé, seigneur de Clervaux et de Chançay. I, 51-54, 62, 63, 75, 254; II, 137, 144, 145, 147-150, 165-171, 174, 175. Voir l'article suivant.

Maillé (Jean II de), seigneur de la Guerche en Touraine, peut-être le même que Jean II de Maillé-Clervaux, mari d'Ysabeau de l'Ile-Oger. I, 54; II, 149. — Dans un Essai de généalogie fait en 1403 lors d'un procès relaté à la p. xv de la *Généalogie de la Famille de Rasilly*, il est dit : « Jean de l'Isle, dit de l'Isle-Ogier, chevalier banneret, seigneur de Saint-Mars et de la Guerche, épousa Jeanne de Montbazon, dame de Château-Galle, et en eut quatre enfants : 1° Jean, mort sans postérité; 2° ISABEAU, dite DE L'ISLE-OGIER, dame de Saint-Mars et de la Guerche après son frère, femme de JEAN DE MAILLÉ, chevalier, seigneur de Clervaux, fils d'HARDOUIN DE MAILLÉ, chevalier, seigneur de Maillé, et de JEANNE DE BEAUÇAY, sans postérité; 3° Jeanne, dame de Saint-Mars et de la Guerche après la mort de sa sœur aînée Isabeau, femme de Bonabes de Rougé, chevalier, seigneur de Derval, Neuville, la Rochederé, dont quatre enfants; 4° Jeanne, la jeune, femme de Pierre de Rasilly, chevalier, seigneur de Rasilly, d'Auzon, du Rouillis. » — Il semble probable que cette généalogie fait erreur en donnant Jean de Maillé, mari d'Isabeau, comme fils d'Hardouin V, alors qu'il n'était sans doute que son petit-fils. — Dans le même ouvrage, p. 17, on lit : « Pierre de Razillé, chevalier, seigneur de Razillé, d'Auzon et du Rouillis, vivant en 1323, épousa Jeanne de l'Isle-Bouchard, fille de Jean de l'Isle-Bouchard, dit de l'Isle-Ogier, chevalier, seigneur de Saint-Mars et la Guerche en Touraine, et d'Isabeau de Montbazon. Jeanne de l'Isle-Bouchard avait un frère, Jean, mort sans postérité, et deux sœurs : ISABEAU, dame de Saint-Mars et de la Guerche, qui épousa JEAN DE MAILLÉ, seigneur de Clervaux, et une autre Jeanne, mariée à Bonabes de Rougé, seigneur de Derval. » Si l'on acceptait l'affirmation de Carré de Busserolle (I, 475 et III, 275), qui fait mourir Jean de Maillé, seigneur de la Guerche, en 1368, il faudrait admettre que Jean II de Maillé-Clervaux aurait eu un fils, Jean III, que ce fils aurait épousé Isabeau, dame de la Guerche, et qu'il serait mort avant son père. La note 3 de la page 54 de notre *Histoire généalogique,* dans laquelle nous émettons l'hypothèse d'un Jean III, est en partie ou entièrement fausse, car les Preuves 228 à 241 (si vraiment le seigneur de la Guerche est mort en 1368) sont relatives à Jean II, seigneur de Clervaux, qui vécut jusque vers 1391. La Preuve 250 prouve que Jean et Eustache de Maillé étaient frères. Il résulte de la montre citée en note à la Preuve 242 que Jean, Payen et Eustache étaient frères. Il ressort de la Preuve 250 que Jean de Maillé, cité frère d'Eustache, est bien le fils de Jean Ier de Maillé-Clervaux, puisque Payen de Maillé, leur frère, est dit en 1350 (n° 163) *filius et heres defuncti* (1350) *Johannis de Malliaco*. C'est donc bien de Jean II et non de l'hypothétique Jean III qu'il est question dans la Preuve 250.

Maillé (Jean III de), peut-être fils de Jean II de Maillé-Clervaux. I, 54. Voir l'article précédent.

Maillé (Jean II de), le puîné, seigneur de Chançay et bailli de Touraine, fils de Jean Ier de Maillé, seigneur de Clervaux et de Chançay, ledit Jean II mari de

Jeanne de Villeblanche et d'Henriette Ourceau. I, 54-58, 61, 63, 242, 243; II, 135, 137, 139-145, 150, 151, 192.

Maillé (Jean III de), fils de Jean II et de Jeanne de Villeblanche, mari d'Anne de Maillé, seigneur de Chançay. I, 53, 58-60, 244; II, 165, 166, 169, 182.

Maillé (Jean Ier de), fils d'Hardouin VI et de Jeanne de Montbazon, mari de Louise de Bourdeuil, seigneur de la Roche-Bourdeuil. I, 68, 241.

Maillé (Jean II de), fils de Jean Ier de Maillé de la Roche-Bourdeuil et de Louise de Bourdeuil, mari de Perrette de Négron et d'Henriette Ourceau, seigneur de la Roche-Bourdeuil, Négron, Cravant et Narçay. I, 58, 59, 113, 241-244; II, 176-178, 192.

Maillé (Jean de), probablement fils d'Hardouin V et de Jeanne de Beauçay, mari de Sedelle de Champart, seigneur de Boisneuf-sous-Châteaux. I, 62, 63; II, 104, 105.

Maillé (Jean de), fils naturel d'Hardouin VIII. I, 88, 96; II, 266.

Maillé (Jean de), fils d'Hardouin de Maillé-Bénéhart et d'Anne de Villiers, seigneur de Ruillé, du Petit-Bénéhart, de la Fosse et de Coudrecieux, mari de Jeanne de Mesnes et de Louise de Fromentières. I, 187, 189-194, 219, 220; II, 256, 277, 281-283, 286, 348.

Maillé (Jean de), fils de Jacques II de Maillé-Bénéhart et de Marie de Villebresme, seigneur de Bénéhart. I, 194-196; II, 361, 365, 367, 368, 370, 371.

Maillé (Jean ou Jeannon de), fils d'Hardouin de Maillé et d'Agnès de la Roche-Rabasté, mari d'Anne Paumard et de Charlotte de Salignac, seigneur de la Guéritaude et de Saint-Martin. I, 257, 315, 316; II, 268, 269.

Maillé (Jean de), fils de Juhez de Maillé et d'Isabelle de Châteaubriant, seigneur de l'Islette, Villeromain et la Guéritaude, mari d'Anne du Puy-du-Fou. I, 252, 254, 255; II, 178.

Maillé (Jean de), fils de Payen II et de Jeanne Bouchard. I, 116, 118; II, 176.

Maillé (Jean de), fils de René de Maillé et d'Honneur de Chemans. I, 293.

Maillé (Jean Ier de), tige de la branche de Souvré, mari de Jeanne de Champlais. I, 331.

Maillé (Jean II de), fils ou descendant de Jean Ier et de Jeanne de Champlais, mari de Louise de Varennes, seigneur de Souvré. I, 331.

Maillé (Jean III de), fils ou successeur de Jean II et de Louise de Varennes, mari de N. Lefebvre, seigneur de Souvré. I, 331.

Maillé (Jean IV de), fils de Jean III et de N. Lefebvre, probablement mari de Barbe du Coudray, seigneur de Souvré. I, 331, 332; II, 376, 377.

Maillé (Jean de), père d'Éléonore, femme de René III de Maillé-Lournay. I, 327.

Maillé (Jean de), homme d'armes sous la conduite du maréchal de Gié (1498). I, 436; II, 275.

Maillé (Jean de), prétendu seigneur de Maillé. I, 327.

Maillé-Lournay (Jean de), fils, dit-on, de Gelduin et d'Agnès de la Tour, et frère d'Hardouin II. I, 326.

Maillé-Lournay (Jean de), fils de René II. I, 327.

Maillé (Jean-Charles-Hardouin de), fils de René II de Maillé-Béné-

hart et de Gabrielle Guillebert de Sicqueville, comte de Maillé. I, 213; III, 98-102.
Maillé (Jeanne *ou* Catherine de), fille d'Arthus de Maillé-Brézé et de Claude de Gravy, femme de Jean Prévost, dame de Baucheron. I, 152, 154; II, 208, 372, 456.
Maillé (Jeanne de), fille de Claude de Maillé-Brézé et de Robinette Hamon, femme d'Hercule de Charnacé. I, 159-163; II, 447.
Maillé (Jeanne de), dite de Sainte-Maure, fille de Guy de Maillé et de Jeanne de Sazillé. I, 71, 72; II, 161, 162.
Maillé (Jeanne de), fille de Guy de Maillé-Brézé et d'Anne Louan, abbesse du Ronceray. I, 145, 146, 157; II, 359.
Maillé (Jeanne de), fille de Guy de Maillé-Brézé et d'Anne Louan, femme d'Hector de Montberon. I, 148.
Maillé (Jeanne de), fille d'Hardouin VII et de Mahaud Le Vayer, femme de Guillaume de Souligné, dame de Mouliherne et de la Tour-de-Menive. I, 77, 78, 120, 122; II, 179-181, 186.
Maillé (Jeanne de), fille d'Hardouin de Maillé-Bénéhart et d'Anne de Villiers, femme de René de Boislanfray. I, 187; II, 255.
Maillé (Jeanne de), fille de Jacques de Maillé et de Marie de Taveau, femme d'Amaury de Tigné, de Guillaume de Tucé et de Guy Frotier. I, 117, 119; II, 183-185, 189, 190.
Maillé (Jeanne de), fille de Jean de Maillé et de Sedelle de Champart, femme de Pierre de Larçay, héritière de Boisneuf et du Petit-Baugé. I, 62, 63; II, 149; III, 167.
Maillé (Jeanne de), fille de Jean I⁽ᵉʳ⁾ de Maillé-Clervaux, femme de Bonnabes de Rougé. I, 54-56; II, 110, 111.
Maillé (Jeanne de), fille de Jean de Maillé-Ruillé, femme de Jean de Cibert. I, 220.
Maillé (Jeanne de), fille de Juhez de Maillé et d'Isabelle de Châteaubriant, femme de Jean du Bailleul. I, 253.
Maillé (Jeanne de), fille de Louis de Maillé et d'Antoinette de Cazeau, femme de Jean II du Fou. I, 298, 299; II, 366, 367, 369, 431-435; III, 194-201.
Maillé (Jeanne de), fille de Michel de Maillé et de Françoise de Maumeschin, femme de René de la Valette. I, 305.
Maillé (Jeanne de), fille de Payen III et de Marie de Maillé, femme de Thibaud de Laval. I, 120.
Maillé (Jeanne de), fille de Payen III et de Marie de Maillé, abbesse de Saint-Jean de Bonneval. I, 123; II, 243-245.
Maillé (Jeanne de), fille de René de Maillé et d'Anne de la Vove. I, 318; II, 269, 419, 424, 425.
Maillé (Jeanne de), prieure de Lièze et abbesse de Beaumont-lès-Tours. I, 63, 78; II, 117.
Maillé (Jeanne de), femme de Guillaume Cheorchin. I, 78.
Maillé (Jeanne de), première femme d'Olivier de Ronsard. I, 129.
Maillé (Jeanne-Marguerite de), fille de Louis de Maillé et de Marguerite de Clinchamps. I, 225; III, 103.
Maillé (Jeanne-Marie de), fille d'Hardouin VI et de Jeanne de Montbazon, femme de Robert de Sillé, béatifiée par Pie IX. I, *Préface*, 66, 68-70, 270; II, 111-122, 460.
Maillé (Jeannin de), fils d'Hardouin IV et de Jeanne de Thouars. I, 42, 47; II, 87.

Maillé (Jehèse de), dame de Champ-le-Roy, femme de Frion de la Beure. I, 73; II, 148.

Maillé-Brézé (Joseph-Anne de), fils de Louis de Maillé-Roujoux et de Catherine Le Fuzelier. I, 235.

Maillé (Juhez de), fils d'Hardouin VIII et de Perrinelle d'Amboise, seigneur de l'Islette, la Guéritaude et Villeromain, mari d'Isabelle de Châteaubriant. I, 87, 251-254, 289, 329, 440.

Maillé (J. de). I, 436; II, 437.

Maillé (Lancelin de), fils de Gauzbert, Lancelinus de Mailliaco, filius Gauzberti (vers 1034-vers 1060). I, 4, 5; II, 3, 9.

Maillé (Léonard de). Voir Maillé (Léonor-Charles de).

Maillé (Léonor-Charles *alias* Éléonor et Léonard de), fils de Charles II de Maillé et de Charlotte d'Escoubleau, mari de Marie de Peschart, comte de Maillé, baron de Camzon. I, 271, 274, 275; II, 456, 469, 505, 507, 511, 517; III, 6-8, 206, 207.

Maillé (Louis de), fils de François-Henri de Maillé-Roujoux et de Françoise-Marguerite Bouteiller, mari de Catherine Le Fuzelier et de Françoise-Bonne de Rochefort, comte de Maillé-Brézé, seigneur de Roujoux, Fresne, Terreneuve, Guéauchat, Mareuil, la Terre-du-Bois, Vaujelay, l'Almandière et Vallon. I, 233-236; III, 83, 84, 116, 122, 123, 131-135, 153, 158, 212-214.

Maillé (Louis de), fils d'Hardouin IX et d'Antoinette de Chauvigny, mort sans postérité. I, 96.

Maillé (Louis de), peut-être fils de Jean I*er* de Maillé-Clervaux (1369-1380). I, 63; II, 152, 157, 160, 165.

Maillé (Louis de), fils de Jean de Maillé-Ruillé et de Louise de Fromentières, seigneur de Ruillé, du Petit-Bénéhart et de la Touche, à Ruillé, mari de Renée de Baigneux. I, 194, 220-226; II, 358, 378, 379, 383, 387, 389, 407, 408.

Maillé-Brézé (Louis de), fils de Louis de Maillé-Roujoux et de Catherine Le Fuzelier, comte de Maillé-Brézé et de Roujoux. I, 235; III, 212, 213.

Maillé (Louis de), fils de Louis de Maillé-Ruillé et de Renée de Baigneux, seigneur de la Forêt, de Saint-Jean-d'Assé et de Villodé, mari de N. de Saint-Aubin, d'Anne de Guiot et d'Élisabeth de Baigneux. I, 222-225; II, 383, 438, 439, 442.

Maillé (Louis de), fils de Louis de Maillé et mari de Marguerite de Clinchamps, seigneur de la Forêt, de Saint-Jean-d'Assé et de la Gemerie. I, 223-225; II, 501, 511, 512; III, 2-4, 32, 71, 72, 74, 75, 113.

Maillé (Louis de), fils de Louis de Maillé et de Marguerite de Clinchamps, chapelain de Saint-Turibe. I, 223, 224; III, 4, 32.

Maillé (Louis de), fils de Michel de Maillé et de Françoise de Maumeschin. I, 305.

Maillé (Louis de), fils de Pierre de Maillé et d'Anne de Montberon, mari d'Antoinette de Cazeau et de Jeanne de Baïf, seigneur de Latan, Marolles, Breil, Guémorin, la Cochonnière, le Plessis-Beaugeau et la Fontaine. I, 295-300, 304, 305, 353, 440; II, 289, 357, 385, 386, 392, 393, 395, 409, 432; III, 180, 191, 192, 194-201.

Maillé (Louis de), fils de René de Maillé et d'Anne de Mornay, mari de Marguerite de Centigny et de Françoise de Lespervier, seigneur du Margat. I, 296, 304-307; II, 385, 386, 420, 427, 439.

Maillé (Louis Ier de), fils de Pierre II et de Guyonne de Parthenay, mari de Marguerite Gazelle, seigneur de Laleu. I, 329, 330.

Maillé (Louis II de), fils de Pierre III et de Blanche de Villeneuve, mari de Michelle Malineau, seigneur de la Cochinière. I, 330.

Maillé (Louis III de), fils de Louis II et de Michelle Malineau, mari de Catherine Thomas, seigneur de Villeneuve. I, 330.

Maillé-Brézé (Louis-Joseph de), fils de François-Henri de Maillé-Roujoux et de Françoise-Marguerite Bouteiller, comte de Brézé. I, 233; III, 116, 131-135.

Maillé (Louis-Joseph de), fils de René II de Maillé-Bénéhart et de Gabrielle Guillebert de Sicqueville, marquis de Maillé, baron de Coulonce, seigneur de Sicqueville, mari de Louise-Marie Mallier du Houssay. I, 211-213; III, 92, 96, 98-102, 116, 124, 212.

Maillé (Louis-René de), fils de Donatien II de Maillé et de Marie-Louise-Bignet de Marcognet, abbé de Moreaux, peut-être désigné aussi sous le nom d'abbé de Kerman. I, 280, 284; III, 154.

Maillé (Louise ou Laure de), fille d'Hardouin de Maillé et d'Agnès de la Roche-Rabasté, femme de Damien de Rillé. I, 257.

Maillé (Louise de), fille d'Henri de Maillé et de Louise de Kersaint-Gilly. I, 281; III, 137.

Maillé (Louise de), fille de Louis de Maillé et d'Antoinette de Cazeau, femme de Jacques Le Porc et de Louis Le Gay. I, 299, 300, 353; II, 394, 410, 433; III, 194-201.

Maillé (Louise de), fille de Louis de Maillé et de Marguerite de Clinchamps, femme de Jean Amiart. I, 225; III, 103, 211.

Maillé (Louise de), fille de Robert de Maillé. I, 332.

Maillé (Louise-Antoinette de), fille de Nicolas de Maillé-Bénéhart et d'Anne de Pathay. I, 202; III, 18.

Maillé (Louise-Gabrielle de), fille de Donatien III de Maillé et d'Élisabeth-Marie d'Anglebermer de Laigny. I, 286; III, 157, 158.

Maillé (Louise-Gabrielle de), fille d'Henri de Maillé et d'Anne du Puy-Murinais. I, 280; III, 121, 158.

Maillé (Louise-Renée de), fille de Donatien Ier de Maillé et de Renée-Mauricette de Ploeuc. I, 276, 277; III, 74.

Maillé-Brézé (Lucie-Flore-Virginie de), fille de François-Alexis de Maillé-Roujoux et de Marie-Jeanne Joly de Fleury, femme de Jacques-Casimir-Emmanuel, comte de Monthiers. I, 238.

Maillé (Lucrèce de), fille de Louis de Maillé et d'Antoinette de Cazeau, femme de Charles de Guyet. I, 300; II, 433; III, 195-201.

Maillé (L. de), femme de René de la Touche. I, 436, 437; II, 223.

Maillé (Madeleine de), fille d'Antoine de Maillé-Ruillé et de Judith du Bosquet. I, 228; II, 458.

Maillé (Madeleine de), fille de Donatien Ier de Maillé et de Renée-Mauricette de Ploeuc. I, 277; III, 74.

Maillé (Madeleine de), fille d'Hélie de Maillé et de Madeleine de Chérité, religieuse au Ronceray, prieure de Bourg-en-Moutiers. I, 320; III, 202.

Maillé (Madelon de), fils d'Hélie de Maillé et de Madeleine de Chérité. I, 319; III, 201.

Maillé (Mahaud de), fille d'Hardouin VIII et de Perrinelle d'Amboise, femme de Jean Angier, dame de la Clarté. I, 87 ; II, 210.

Maillé (Margile de), fille de René de Maillé et d'Honneur de Chemans, femme de Louis de Vonnes. I, 293.

Maillé (Marguerite de), fille de Charles Ier de Maillé et d'Anne d'Hommes, femme de N. de la Fauverière et de Claude d'Augustin. I, 257, 259, 260, 263, 264.

Maillé (Marguerite de), fille de Frédéric de Maillé et de Marie Louys. I, 312 ; III, 29.

Maillé (Marguerite de), fille de Gelduin de Maillé et d'Agnès de la Tour. I, 17 ; II, 10.

Maillé (Marguerite de), fille de Louis de Maillé et d'Antoinette de Cazeau, femme de Jacques Le Gay. I, 299 ; III, 194-201.

Maillé (Marguerite de), fille de Louis de Maillé et de Françoise de Lespervier. I, 306.

Maillé-Lournay (Marguerite de), fille de René III et d'Éléonore de Maillé, femme de Jean Daen. I, 327.

Maillé (Marie de), fille de Charles II de Maillé et de Charlotte d'Escoubleau, demoiselle de Villeromain. I, 271, 274, 440 ; II, 469, 506, 507, 511, 517 ; III, 6-8, 31, 32, 72, 91, 139.

Maillé (Marie de), fille de Frédéric de Maillé et de Marie Louys, femme de Louis de Clinchamps, dame de Voisines. I, 311, 312 ; III, 88, 89, 94, 95, 136.

Maillé (Marie de), fille de Gilles de Maillé. I, 129.

Maillé (Marie de), fille de Guy de Maillé-Brézé et d'Anne Louan, femme de François Bourré et de Jean de Léaumont, dame de Jarzé et du Plessis-Bourré. I, 147 ; II, 360, 368.

Maillé (Marie de), fille d'Hardouin VI et de Jeanne de Montbazon, femme de Geoffroy II de la Haye, dame de la Croix-de-Bléré. I, 70, 71 ; II, 153-157.

Maillé (Marie de), fille d'Hardouin VII et de Mahaud Le Vayer, femme de Payen III de Maillé-Brézé. I, 77, 118-124, 185 ; II, 181.

Maillé (Marie de), fille d'Hardouin VIII et de Perrinelle d'Amboise, femme de Jean II de Montjean. I, 87.

Maillé (Marie de), fille d'Hardouin VIII et de Perrinelle d'Amboise. Voir Maillé (Renée, dite Marie de).

Maillé (Marie de), fille d'Hardouin de Maillé-Brézé et d'Ambroise de Melun, femme de Jean de Brézé. I, 133, 134.

Maillé (Marie de), peut-être fille d'Hugues de Maillé, dame de Fontaine-Borrel, Maria de Maillé (1203-1215). I, 29 ; II, 54-56.

Maillé (Marie de), fille de Juhez de Maillé et d'Isabelle de Châteaubriant, femme de Jean Artaud. I, 253.

Maillé (Marie de), fille de Payen III et de Marie de Maillé, femme de Gilles Clérembaud. I, 120.

Maillé (Marie de), fille de René de Maillé et de Françoise Le Roy, femme de Louis Marafin. I, 260.

Maillé-Lournay (Marie de), fille de François II et d'Huguette Fesnière, femme de Jean de Sylas. I, 328.

Maillé (Marie-Anne de), fille de Donatien Ier de Maillé et de Renée-Mauricette de Ploeuc, femme de Charles Tiercelin d'Appelvoisin, dame de l'Islette et d'Hommes. I, 277, 279 ; III, 74, 90, 91, 153.

Maillé-Brézé (Marie-Anne de), fille de Louis de Maillé-Roujoux et de

Françoise-Bonne de Rochefort. I, 236; III, 158.
Maillé-Brézé (Marie-Anne-Charlotte de), fille de François-Henri de Maillé-Roujoux et de Françoise-Marguerite Bouteiller. I, 233; III, 130, 159.
Maillé (Marie-Anne-Geneviève de), fille de Louis-Joseph de Maillé et de Louise-Marie Mallier, femme de Philippe-Claude de Beaufort-Canillac, marquise de Montboissier. I, 212, 213; III, 96, 124-126, 130, 136, 138, 156.
Maillé - Brézé (Marie - Catherine-Louise de), fille de Louis de Maillé-Roujoux et de Catherine Le Fuzelier, femme de Charles-Noël de Pelgrin. I, 235; III, 152, 153, 214.
Maillé (Marie-Éléonore de), fille de Donatien II de Maillé et de Marie-Louise-Bignet de Marcognet, femme de Jean-Baptiste-Joseph-François de Sade. I, 283, 284; III, 154, 164.
Maillé-Brézé (Marie-Françoise de), fille de Louis de Maillé-Roujoux et de Françoise-Bonne de Rochefort, femme de Charles-François-Élie du Val. I, 235, 236; III, 153.
Maillé (Marie-Louise-Élisabeth de), fille de Donatien III de Maillé et d'Élisabeth-Marie d'Anglebermer de Laigny, femme d'Henri-François de Rosières. I, 286; III, 156, 159, 160.
Maillé (Marie-Urbaine de), fille de Charles de Maillé et de Claude Morin, femme de Jean-François Bonnin de Messeignac, dame du Vau-de-Chavaignes, des Grand et Petit-Montrevault, baronne de Bohardy, des Dervallières et du Tymur (Thimas). I, 308; III, 73.
Maillé (Michel de), fils de César de Maillé et de Marie Bernard, seigneur de Flotté et de Champart,
mari de Françoise de Maumeschin. I, 304, 305; II, 289.
Maillé (Michelle de), fille de Michel de Maillé et de Françoise de Maumeschin. I, 305.
Maillé (Milsende de), fille de Gauzbert de Maillé et femme de Bernard Bloi, nommée aussi Milsende des Roches, Milesindis, uxor Bernardi Bloii, Milesindis de Rupibus (1050-1096). I, 5-10, 12, 14, 15; II, 7, 8, 24, 34; III, 235.
Maillé (Moreau de), fils de Jean II de Maillé de la Roche-Bourdeuil et de Perrette de Négron, mari de Marguerite Le Roux, seigneur de la Roche-Bourdeuil et de Négron. I, 243, 245; II, 177, 182.
Maillé (Nicolas de), fils de René Ier de Maillé-Bénéhart et de Dorothée Clausse, mari d'Anne de Pathay, comte de Maillé, seigneur des Coudreaux, le Grez, Saint-Père, Genainville ou Genesville et Serrant. I, 200-202; III, 7, 9-11, 13, 18, 20-27, 55.
Maillé (Nicolas de), archer sous la conduite du maréchal de Gié (1498). I, 437; II, 275.
Maillé (Nicole de), fille de Charles Ier de Maillé et d'Anne d'Hommes, femme de René Ferré. I, 263, 264; II, 459. — Outre leur fille Urbaine, René Ferré et Nicole de Maillé en eurent une autre, Charlotte Ferré, dame des Coutures, près Saumur, qui épousa, par contrat du 12 décembre 1599, Philibert de la Chapelle, seigneur de Poillé et de Varennes-Lenfant, fils de François de la Chapelle et de Renée de Launay. Cf. *Revue du Maine*, t. XLV, p. 262.
Maillé (Payen Ier, *alias* Péan de, fils d'Hardouin V et de Jeanne de Beauçay, mari de Jeanne de l'Étang, dite de Brézé, seigneur de

Milly, Saint-Georges-du-Bois et Brézé, sénéchal de Périgord, Quercy, Poitou et Limousin, bailli de Vermandois et de Chaumont-en-Bassigny, Payem de Maylli, Paganus de Mailleyo, Poing de Mailly (1318-1347). I, 50, 109-113; II, 105-107, 125-129, 131-135, 416.

Maillé (Payen II de), fils de Payen Ier et de Jeanne de Brézé, mari de N. du Puy et de Jeanne Bouchard, seigneur de Milly, Saint-Georges-du-Bois et Brézé, Payent de Maillé. I, 113-118; II, 138, 139, 144, 147, 162, 163, 171-173, 176; III, 169.

Maillé (Payen III de), fils de Payen II et de Jeanne Bouchard, mari de Marie de Maillé, seigneur de Brézé, Milly et Saint-Georges-du-Bois. I, 71, 77, 116-124, 185, 243; II, 176-181, 183-185, 188-190.

Maillé (Payen de), fils de Jean Ier de Maillé-Clervaux, Paganus de Mailliaco, miles, filius Joannis de Mailliaco. I, 54; II, 131, 170.

Maillé (Péan de), fils de René de Maillé et d'Honneur de Chemans. I, 293, 295; II, 284, 285.

Maillé (Perrine de), fille de Jacques de Maillé de la Roche-Bourdeuil et de Blanche Bellier, femme de Dimanche du Raynier. I, 246. Voir l'article Maillé (Françoise de), femme de Lancelot du Raynier.

Maillé (Perrinelle de), fille d'Hardouin VIII et de Perrinelle d'Amboise, femme d'Alain IX de Rohan et de Roland de Rostrenan. I, 88; II, 225.

Maillé (Perrinelle de), fille d'Hardouin de Maillé et d'Agnès de la Roche-Rabasté, femme de François de Rasiné. I, 257.

Maillé (Persoyse de), fille de Jacquelin et de Marguerite (1250). I, 42; II, 71, 72.

Maillé (Philippe de), dit de Brézé, fils de Guy de Maillé-Brézé et d'Anne Louan, seigneur du Verger, de Verneuil et de Lambroise, mari de Jeanne d'Hangest. I, 144, 145; II, 355.

Maillé (Philippe de), page du haras de Saint-Léger (1616). I, 437; II, 445, 446.

Maillé (Philippe-François de), fils de René-François de Maillé-Bénéhart et d'Anne-Madeleine-Françoise de la Luzerne, marquis de Maillé et de Bénéhart. I, 215, 439; III, 141, 142, 148, 149, 152.

Maillé (Pierre de), fils de Gelduin de Maillé et d'Agnès de la Tour. I, 14-17; II, 13, 21.

Maillé (Pierre de), fils de Guillaume de Maillé et de Mahaud Berruyer, seigneur de la Touche. I, 252, 329.

Maillé (Pierre de), fils de Juhez de Maillé et d'Isabelle de Châteaubriant, mari de Jeanne de Targé. I, 252.

Maillé (Pierre de), fils de Moreau de Maillé et de Marguerite Le Roux, seigneur de Narçay. I, 113, 245.

Maillé (Pierre Ier de), tige des seigneurs de Laleu. I, 329.

Maillé (Pierre II de), fils de Pierre Ier et mari de Guyonne de Parthenay, seigneur de Laleu et de Coulon. I, 329.

Maillé (Pierre III de), fils de Bonaventure de Maillé et de Marie Le Berry, mari de Blanche de Villeneuve, seigneur de Laleu. I, 330.

Maillé (Pierre de), fils de René de Maillé et d'Honneur de Chemans, mari d'Anne de Montberon, seigneur de Latan, Marolles, Breil et le fief Geslant. I, 293-295, 303;

II, 270, 278-280, 284, 285, 288, 289, 293; III, 173, 174, 177-180.

Maillé (Pors de), fils d'Hardouin V et de Jeanne de Beauçay. I, 60, 113; II, 130, 135, 136.

Maillé (Rainauld de), fils d'Hardouin II et de Béatrix, Rainaldus (1114). I, 29, 32; II, 41.

Maillé (Rainauld de), Reginaldus de Mailleio (1191). I, 36, 37; II, 51.

Maillé (Raoul de), chevalier (1174-1200), Rad[ulfus] de Malliaco. I, 37; II, 48.

Maillé (Regnaut de). Voir Maillé (René ou Regnaut de).

Maillé (René de), fils d'Abel de Maillé et de Marguerite de Reffuge, mari de Françoise Le Roy et peut-être d'Ysabeau de Beauvau, seigneur de Villeromain, l'Islette, Cessigny, la Maison-Neuve et la Roche-Rabasté. I, 258-261; II, 223, 286.

Maillé (René de), l'aîné, fils d'Antoine de Maillé-Ruillé et de Judith du Bosquet (1620). I, 228; II, 451.

Maillé (René de), le puîné, fils d'Antoine de Maillé-Ruillé et de Judith du Bosquet (1622-1648). I, 228; II, 456, 511.

Maillé (René de), fils de Frédéric de Maillé et de Marie Louys. I, 311.

Maillé (René de), fils de Gilles de Maillé, curé de Montbrun et de Grésillé, chapelain de Maillé et du Verger. I, 129, 132, 136, 139; II, 274, 285, 343, 344.

Maillé (René de), fils de Guy de Maillé et de Jeanne de Soucelles, seigneur de Breil, Latan, Chatiguy et Marolles, mari d'Honneur de Chemans. I, 93, 290-293, 295; II, 220, 221, 223, 224, 231-236, 239, 245, 248-253, 279, 284, 288; III, 170-173.

Maillé (René ou Regnaut de), fils d'Hardouin de Maillé-Ruillé et d'Anne de Villiers, seigneur en partie de Ruillé, curé de Saint-Pierre-du-Lorouer. I, 186, 187, 189-193, 219; II, 256, 277, 278, 281-283, 348.

Maillé (René Ier de), fils de Jacques III de Maillé-Bénéhart et de Renée de Poncé, mari de Dorothée Clausse, seigneur de Bénéhart, Ruillé, Fleuré, le Lorouer, la Pommeraye, Pommerieux, Chéripeau, le Puits, Romfort, Roujoux et Blasmecourt. I, 197-203, 205, 438; II, 442, 443, 453, 454, 484, 485, 513; III, 9, 13, 20, 206.

Maillé (René II de), fils d'Henri de Maillé-Bénéhart et de Françoise de la Barre, mari de Gabrielle Guillebert de Sicqueville et de Françoise de Billes, marquis de Bénéhart, seigneur de Ruillé, Chahaignes, le Lorouer, la Jaille, Moléans, Fleuré, Roujoux, le Gué-au Chat, Pommerieux, Chéripeau, le Puits, Romfort, les Hayes, Château-Sénéchal, Verron, Saint-Germain-du-Val. I, 206, 209-213, 439; III, 5, 11, 13, 28, 30, 31, 33-68, 92, 98-102, 207, 208.

Maillé (René de), fils de Jeannon de Maillé et d'Anne Paumard, mari de Catherine d'Avaugour et d'Anne de la Vove, seigneur de la Guéritaude, de l'Olive et de Verrières. I, 316-318; II, 268, 269, 417-420, 424.

Maillé (René de), fils de Louis de Maillé-Ruillé et de Renée de Baigneux. I, 222; II, 379.

Maillé (René de), fils de Louis de Maillé et d'Anne de Guiot. I, 223; II, 442.

Maillé (René de), fils de Nicolas de Maillé-Bénéhart et d'Anne de Pathay. I, 201; III, 11.

Maillé (René de), fils de Pierre de Maillé et d'Anne de Montberon, mari d'Anne de Mornay, seigneur de Chefderue. I, 295, 296, 303, 306; II, 289, 386.

Maillé (René de), fils de René Ier de Maillé-Bénéhart et de Dorothée Clausse. I, 199.

Maillé (René de), fils de René de Maillé et de Françoise Le Roy, seigneur de l'Islette. I, 260.

Maillé-Brézé (René de), fils de Louis de Maillé-Roujoux et de Catherine Le Fuzelier. I, 235.

Maillé (René de), sieur de « Brenart » et de Champagne, mari de Jehanne Lebrionez, et René, leur fils. III, 178. Lire : Jacques de Maillé, mari de Jeanne Le Berruyer, et Jacques, leur fils. Voir Maillé (Jacques Ier et Jacques II de).

Maillé-Lournay (René Ier de), fils de François Ier. I, 327.

Maillé-Lournay (René II de), fils du précédent. I, 327.

Maillé-Lournay (René III de), fils de Jean et mari d'Éléonore de Maillé. I, 327.

Maillé (René, *alias* Jacques de). Voir Maillé (Jacques, *alias* René de).

Maillé (René-César-François de), fils de René-Louis-François de Maillé-Bénéhart et d'Anne-Madeleine-Françoise de la Luzerne, seigneur de Bénéhart. I, 216; III, 143, 149, 150, 152, 160.

Maillé (René-Louis-François de), fils de René II de Maillé-Bénéhart et de Françoise de Billes, mari d'Anne-Madeleine-Françoise de la Luzerne, marquis de Bénéhart, seigneur de Chahaignes, Ruillé, le Lorouer, la Jaille, le Guesné, Neuville. I, 210, 213-216, 439; III, 98-102, 116, 126, 127, 129, 130, 136, 138, 140-143, 148-152, 160, 161, 213.

Maillé (Renée de), fille d'Antoine de Maillé-Ruillé et de Judith du Bosquet, femme de Joachim de Cervon, dame de Ruillé, la Touche, le Petit-Bénéhart et la Rochère. I, 227, 228; II, 448, 449, 506, 510; III, 73, 87.

Maillé (Renée de), fille de Charles Ier de Maillé et d'Anne d'Hommes, femme de René de la Touche. I, 264, 437.

Maillé (Renée de), fille de Frédéric de Maillé et de Marie Louys. I, 311.

Maillé (Renée, dite Marie de), fille d'Hardouin VIII et de Perrinelle d'Amboise, femme de Jacques de Surgères, dame de Ballon et d'Ambrières. I, 88; II, 273.

Maillé (Renée de), fille de Jean de Maillé-Ruillé, femme de N., seigneur de Rochambeau. I, 220.

Maillé (Renée de), dite par erreur fille de Guy de Maillé-Brézé et d'Anne Louan et abbesse de Noirmoutier. I, 148.

Maillé (Renée de), fille de Louis de Maillé-Ruillé et de Renée de Baigneux, femme de Gilles de Cirard. I, 225, 226; II, 510; III, 2, 4, 5.

Maillé (Renée de), fille de Louis de Maillé et d'Antoinette de Cazeau, religieuse aux Loges. I, 300.

Maillé (Renée de), fille de Louis de Maillé-Ruillé et de Renée de Baigneux, femme de Gilles Maillart. I, 226. On peut l'identifier, soit avec Renée, soit avec Bonne de Maillé.

Maillé (Renée de), fille de René de Maillé et d'Anne de la Vove. I, 318; II, 269, 417-420.

Maillé (Robert de), fils de Jean IV et probablement de Barbe du Cou-

dray, seigneur de Souvré. I, 332 ; II, 376, 377.
Maillé (Robin de), ou de Mailly (1433). I, 437 ; II, 196.
Maillé (Rogatien de), dit le chevalier de Kerman, fils d'Henri de Maillé et d'Anne du Puy-Murinais. I, 280; III, 121.
Maillé (Rose de), fille de Payen III et de Marie de Maillé, femme de Jean Fresneau. I, 122.
Maillé (Sanzo de), fils de Gauzbert de Maillé, Sanzo, frater Harduini de Malliaco (vers 1145), Sanzo, clericus (1050). I, 8, 9, 12 ; II, 6-8.
Maillé (Sanzo de), fils de Gelduin et d'Agnès de la Tour (avant 1069). I, 14-17 ; II, 13.
Maillé (Sébastien-Antoine, alias Donatien-Antoine de), fils de Donatien Ier de Maillé et de Renée-Mauricette de Plœuc. I, 276 ; II, 508 ; III, 74, 238.
Maillé (Siméon de), fils de Louis de Maillé et d'Anne de Guiot. I, 223 ; II, 439.
Maillé (Simon de), fils de Guy de Maillé-Brézé et d'Anne de Louan, archevêque de Tours, abbé de l'Ile-Dieu et du Louroux. I, 140-144 ; II, 356, 371, 372, 377, 388, 394, 408, 413.
Maillé (Simonne de), fille de Claude de Maillé-Brézé et de Robinette Hamon, abbesse du Ronceray. I, 146, 157 ; II, 437, 438, 462, 468, 469.
Maillé (Simonnet de), homme d'armes sous la conduite du maréchal de Gié (1498). I, 437 ; II, 275.
Maillé (Suzanne de), fille de Frédéric de Maillé et de Marie Louys. I, 312.
Maillé (Suzanne de), fille de Louis de Maillé et de Jeanne de Baïf, femme de René d'Espagne. I, 300 ; II, 433 ; III, 195-201.

Maillé (Tetlide, Théhelde de). Voir Maillé (Gehilde de).
Maillé (Thomasse de), fille de Jean Ier de Maillé-Clervaux, femme d'Imbert Guy. I, 56 ; II, 136, 145, 152.
Maillé (Toussaint de), fils de Pierre III et de Blanche de Villeneuve, mari de Jeanne de Jarzé, seigneur du Gast. I, 330.
Maillé (Urbain de), fils de Charles de Maillé-Brézé et de Jacqueline de Thévalle, mari de Nicole du Plessis, marquis de Brézé, seigneur de Milly, maréchal de France. I, 162, 163, 165-175, 177 ; II, 448, 456, 469-477, 485-504 ; III, 1.
Maillé (Urbain de), probablement fils de René de Maillé et de Françoise Le Roy, mari de Françoise du Boisjourdain, seigneur de la Roche, I, 260, 261 ; II, 427, 429, 431, 438.
Maillé (Urbain de), fils d'Urbain de Maillé et de Françoise du Boisjourdain. I, 260 ; II, 429.
Maillé (Urbaine de), fille de François de Maillé et de Claude de Kerman, femme de Jean d'Avaugour. I, 266, 267, 269 ; II, 440-442, 444.
Maillé (Urbaine de), fille de Louis de Maillé et de Marguerite de Clinchamps. I, 224, 225.
Maillé (Yves de), fils de Jean de Maillé et d'Anne du Puy-du-Fou, seigneur de la Guéritaude et de la Jonchère. I, 255 ; II, 248.
Maillé (Yves de), fils de René de Maillé et d'Anne de la Vove, seigneur de la Guéritaude et de l'Olive. I, 318, 319 ; II, 269, 400-406.
Maillé (Yvonne de), fille de Claude de Maillé-Brézé et de Robinette Hamon, prieure de Cohémon et

abbesse du Ronceray. I, 157, 158, 436; II, 436-438, 511.

Maillé (Yvonne de), fille de Guy de Maillé-Brézé et d'Anne Louan, prieure d'Avénières et abbesse du Ronceray. I, 146, 157.

Maillé (N. de), fille d'Hardouin V et de Jeanne de Beauçay, femme de Guillaume de Maulévrier. I, 62.

Maillé (N. de), fille de René-François de Maillé-Bénéhart et d'Anne-Madeleine-Françoise de la Luzerne. I, 215; III, 140, 141.

Maillé (N. de), premier fils de François-Henri de Maillé et de Françoise-Marguerite Bouteiller. I, 439; III, 209.

Maillé (N. de), fils de Louis de Maillé et d'Anne de Guiot. I, 223.

Maillé (N. de), fils de René-François de Maillé-Bénéhart et d'Anne-Madeleine-Françoise de la Luzerne, chevalier de Maillé. I, 216; III, 143.

MAILLÉ DE LA TOUR-LANDRY (Famille de)

Maillé de la Tour-Landry (Adélaïde de), fille de Charles-Henri-François et de Jeanne de Shéridan, femme de Jean-Louis-Gustave, comte de Hautefort. I, 376, 378.

Maillé de la Tour-Landry (Adèle de), fille de Charles-Hardouin et d'Anne-Constance-Louise-Marie-d'Orceau de Fontette. I, 384.

Maillé de la Tour-Landry (André de), fils de Charles et de Marie-Madeleine de Broc, peut-être mari de Marie-Louise Petit et de Marie-Louise de la Guerche-Saint-Amand. I, 364, 366, 388; III, 140.

Maillé de la Tour-Landry (André de), fils de Louis et de Louise de Chérité, mari de Marie-Louise Thieslin et peut-être de Marie-Louise Petit et de Marie-Louise de la Guerche-Saint-Amand, comte de Maillé de la Tour-Landry, marquis de Gilbourg, seigneur de Saint-Jean-des-Mauvrets, Juigné-sur-Loire, Tigné, les Granges, Montfrou. I, 361, 387, 388; III, 77, 78, 80, 83, 90, 91, 93, 109, 140.

Maillé de la Tour-Landry (André-Marie-François de), fils de Roger-Marie et de Marthe Maussion du Joncheray. I, 402.

Maillé de la Tour-Landry (Anne de), fille de François et de Diane de Rohan, femme de René Le Porc de la Porte, dame de la Tour-Landry. I, 300, 352, 353; II, 439.

Maillé de la Tour-Landry (Anne de), fille d'Hardouin X et de Françoise de la Tour-Landry, femme de François d'Estuert. I, 338.

Maillé de la Tour-Landry (Anne de), fille de Jean Ier et d'Anne Chabot, femme de Payen d'Averton. I, 346.

Maillé de la Tour-Landry (Anne-Blanche-Élisabeth-Jeanne de), fille d'Armand-Urbain-Louis et d'Anne-Élisabeth-Adèle-Jeanne Le Brun de Plaisance, femme d'Olivier-Emmanuel-Auguste-Louis-Ghislain-Nompar de Caumont, duc de la Force. I, 428.

Maillé de la Tour-Landry (Anne-Charlotte de), fille de Charles-

André de Maillé de la Tour-Landry et de Suzanne-Antoinette de Rancurel, femme de Charles du Vau-de-Chavaignes. I, 390; III, 123.

Maillé de la Tour-Landry (Anne-Élisabeth de), fille de Georges-Henri et de Marie-Anne de Frezeau, prieure de la Visitation de la Flèche. I, 369; III, 129.

Maillé de la Tour-Landry (Anne-Marie-Mathilde de), fille de René-Charles-François et de Marie-Germaine-Alexandrine de Trimont. I, 400.

Maillé de la Tour-Landry (Antoinette de), fille de Jean Ier et d'Anne Chabot, femme de René Le Porc de la Porte, de Claude de la Trémoille et de Claude Gouffier, dame de Saint-Mars et de la Jaille. I, 346, 347.

Maillé de la Tour-Landry (Armand-Foulques-Guy-Marie de), fils de Foulques-Marie-Albéric-Jacquelin et de Catherine-Jeanne-Madeleine Digeon. I, 422.

Maillé de la Tour-Landry (Armand-Gustave-Marie de), fils de René-Charles-François et de Marie-Germaine-Alexandrine de Trimont. I, 400.

Maillé de la Tour-Landry (Armand-Louis-Joseph-François de), fils de Louis-Armand-Joseph-Jules et d'Hélène-Thérèse-Philippine-Marie de la Rochefoucauld. I, 431.

Maillé de la Tour-Landry (Armand-Roger-Claude de), fils de Charles-François-Armand et d'Henriette-Victoire de Fitz-James. I, 420.

Maillé de la Tour-Landry (Armand-Urbain-Louis de), fils de Charles-François-Armand de Maillé de la Tour-Landry et de Blanche-Joséphine Le Bascle d'Argenteuil, mari d'Anne-Élisabeth-Adèle-Jeanne Le Brun de Plaisance, comte de Maillé de la Tour-Landry. I, *Préface*, 420, 426-430; II, 481, 482; III, 30, 165, 205.

Maillé de la Tour-Landry (Artus-Jean-Foulques-Marie de), fils de Foulques-Marie-Albéric-Jacquelin et de Catherine-Jeanne-Madeleine Digeon. I, 422, 423.

Maillé de la Tour-Landry (Aurélie-Jenny-Charlotte de), fille de Philippe-Joseph-Augustin et de Marie-Hyacinthe-Françoise Pissonnet de Bellefonds, femme de Charles-Nicolas-Emmanuel Rapin du Chatel. I, 396.

Maillé de la Tour-Landry (Blanche-Félicité-Charlotte de), fille de Jean-Louis et de Perrine-Jeanne-Marguerite Leroux, femme de N. de Montaigu. I, 412; III, 164.

Maillé de la Tour-Landry (Carmen-Louise-Jeanne-Marie de), fille de Marie-Artus-Hippolyte-Jean et de Marthe-Charlotte-Consuelo-Carmen de Wendel. I, 425.

Maillé de la Tour-Landry (Caroline de), fille de Charles-Marie-Joseph et de N. Goislard de Montsabert, femme de Thimothée, marquis de Cumont. I, 392.

Maillé de la Tour-Landry (Charles de), fils de François et de Diane de Rohan, mari d'Isabelle de Vivonne, comte de Châteauroux, baron de la Tour-Landry, seigneur de Bourmont et de Saint-Chartier. I, 351; II, 436.

Maillé de la Tour-Landry (Charles, *alias* Georges de), fils de Georges-Jacques-Camille. Voir Maillé de la Tour-Landry (Georges, *alias* Charles de).

Maillé de la Tour-Landry (Charles de), fils de Louis et d'Éléonore de Jalesnes, mari de Marie-Madeleine de Broc, marquis de la Tour-Landry et de Jalesnes, seigneur de

Bourmont, Saint-Jean-des-Mauvrets, Juigné, Tigné. I, 360, 362-366, 388; II, 493; III, 27-29, 75-77, 91, 93, 95, 96, 102, 104, 108-110, 114-117, 207, 208.
Maillé de la Tour-Landry (Charles de), fils de Louis et de Louise de Chérité, mari de Jeanne Pélisson et de Marie Guitton, comte de la Tour-Landry et baron d'Entrammes. I, 361, 389, 405-407; III, 78-80, 82, 83, 91, 97, 121, 122, 136, 137, 139, 142, 144-147.
Maillé de la Tour-Landry (Charles-André de), fils d'André et de Marie-Louise Thieslin, mari de Suzanne-Antoinette de Rancurel, marquis de Maillé de la Tour-Landry, de Châteaubriant et de Gilbourg, seigneur de Saint-Jean-des-Mauvrets, Juigné-sur-Loire, Montfrou. I, 388-390; III, 91, 93, 97, 104, 123, 151.
Maillé de la Tour-Landry (Charles-Antoine de), fils naturel reconnu de Charles-René et de Catherine-Élisabeth Ray de la Cour. I, 418; III, 164.
Maillé de la Tour-Landry (Charles-François de), fils de Charles-Henri et de Marie-Madeleine d'Avoines, mari de Marie-Antoinette de Maillé de la Tour-Landry, marquis de Maillé de la Tour-Landry et de Jalesnes, baron de Gâtines. I, 371-374, 409; III, 160.
Maillé de la Tour-Landry (Charles-François, *alias* Charles-Marie de), fils de Charles-Louis et de Marie-Françoise de Savonnières, vicomte de Maillé de la Tour-Landry, mari d'Anne-Françoise de Certaines. I, 412, 413.
Maillé de la Tour-Landry (Charles-François-Armand de), fils de Charles-René et de Madeleine-Angélique-Charlotte de Bréhan, mari d'Henriette-Victoire de Fitz-James et de Blanche-Joséphine Le Bascle d'Argenteuil, duc de Maillé de la Tour-Landry. I, 417, 419, 420, 426; III, 163.
Maillé de la Tour-Landry (Charles-Hardouin de), fils de Charles et de Marie-Madeleine de Broc, chevalier de Malte, commandeur de l'Ile-Bouchard. I, 364-366; III, 109, 110, 117, 144-147.
Maillé de la Tour-Landry (Charles-Hardouin de), fils de Charles-Hardouin-Jules-Xavier et de Marie-Eudoxie-Mathilde Baudon de Mony, mari d'Anne-Constance-Louise-Marie d'Orceau de Fontette, marquis de Maillé de la Tour-Landry et de Jalesnes. I, 380, 383, 384.
Maillé de la Tour-Landry (Charles-Hardouin-Jules-Xavier de), fils de Charles-Théodore-Bélisaire et de Marie-Thérèse-Thaïs de Hautefort, mari de Marie-Eudoxie-Mathilde Baudon de Mony, marquis de Maillé de la Tour-Landry et de Jalesnes. I, 378-382.
Maillé de la Tour-Landry (Charles-Henri de), fils de Charles et Marie Guitton. Voir Maillé de la Tour-Landry (Charles-Louis de).
Maillé de la Tour-Landry (Charles-Henri-François de), fils de Charles-François et de Marie-Antoinette de Maillé de la Tour-Landry, mari de Jeanne de Shéridan et d'Isabelle de Campbell, marquis de Maillé de la Tour-Landry et de Jalesnes. I, 373, 375, 376.
Maillé de la Tour-Landry (Charles-Henri de), fils de Georges-Henri et de Marie-Anne de Frezeau, mari de Marie-Madeleine d'Avoines, marquis de la Tour-Landry, Jalesnes, Amaillou et Saint-Germain, baron de Gâtines. I, 367, 370, 371, 408; III, 88, 137, 142, 144-148, 160.

Maillé de la Tour-Landry (Charles-Jean de), fils de Charles-René et de Madeleine-Angélique-Charlotte de Bréhan, comte de Maillé de la Tour-Landry. I, 417-419; III, 163.

Maillé de la Tour-Landry (Charles-Joseph-Marie de), fils de Marie-Urbain-Charles et de Charlotte Grudé. I, 392.

Maillé de la Tour-Landry (Charles-Louis, *alias* Charles-Henri de), fils de Charles et de Marie Guitton, mari de Marie-Françoise de Savonnières, comte de la Tour-Landry, baron d'Entrammes et de Jalesnes, seigneur de Meaulne. I, 373, 407-413, 415; III, 137, 142-148, 160.

Maillé de la Tour-Landry (Charles-Marie de), fils de Charles-Louis et de Marie-Françoise de Savonnières. I, 409.

Maillé de la Tour-Landry (Charles-Marie de). Voir Maillé de la Tour-Landry (Charles-François, *alias* Charles-Marie de).

Maillé de la Tour-Landry (Charles-Marie-Joseph de), fils de Marie-Urbain-Charles et de Charlotte Grudé, dit le chevalier de Maillé, mari de N. Goislard de Montsabert. I, 392; III, 153.

Maillé de la Tour-Landry (Charles-René de), fils de Charles-Louis et de Marie-Françoise de Savonnières, mari de Louise-Bonne-Félicité de Savary de Brèves de Jarzé et de Madeleine-Angélique-Charlotte de Bréhan, comte et duc de Maillé de la Tour-Landry, baron d'Entrammes. I, 409, 414-419; III, 148, 160, 161, 163, 164, 166.

Maillé de la Tour-Landry (Charles-Théodore-Bélisaire de), fils de Charles-Henri-François et de Jeanne de Shéridan, mari de Ma-rie-Thérèse-Thaïs de Hautefort, marquis de Maillé de la Tour-Landry et de Jalesnes. I, 376-378.

Maillé de la Tour-Landry (Charlotte de), fille de Charles-François et de Marie-Antoinette de Maillé de la Tour-Landry, femme de N. Le Jumeau et de N. de Meril. I, 373, 374.

Maillé de la Tour-Landry (Charlotte-Henriette-Françoise-Jacquine de), fille de Georges-Jacques-Camille et de Louise-Anselme-Françoise d'Héliand, femme de Théodore Berthelot de Villeneuve. I, 394.

Maillé de la Tour-Landry (Claire-Clémence-Augusta de), fille de Charles-Hardouin-Jules-Xavier et de Marie-Eudoxie-Mathilde Baudon de Mony, femme de Louis-Marie-François de la Forest, comte de Divonne. I, 380.

Maillé de la Tour-Landry (Claire-Clémence-Henriette-Claudine de), fille de Charles-François-Armand et d'Henriette-Victoire de Fitz-James, femme d'Edmond-Eugène-Philippe-Hercule de la Croix, marquis de Castries. I, 420.

Maillé de la Tour-Landry (Claire-Clémence-Jeanne-Marie de), fille de François-Charles-Edmond-Marie et de Madeleine-Raymonde-Isaure-Mathilde de Montesquiou-Fezensac. I, 428.

Maillé de la Tour-Landry (Claude de), fils de Jean Ier et d'Anne Chabot. I, 341.

Maillé de la Tour-Landry (Claude-Louise-Marie de), fille de Jacquelin-Armand-Charles et de Marie-Charlotte-Eustachine-Jeanne d'Osmond, femme de Jean-François-Albert-Sigismond du Pouget, marquis de Nadaillac. I, 422.

Maillé de la Tour-Landry (Clémence

de), fille de Charles Henri-François et d'Isabelle de Campbell. I, 376.

Maillé de la Tour-Landry (Clémence-Henriette de), fille de Philippe-Joseph-Augustin de Maillé de la Tour-Landry et de Marie-Hyacinthe-Françoise Pissonnet de Bellefonds. I, 395.

Maillé de la Tour-Landry (Clémence-Marie-Augusta de), fille de Charles-Hardouin-Jules-Xavier et de Marie-Eudoxie-Mathilde-Baudon de Mony, femme de Charles-Anatole, baron Lambert de Cambray. I, 380.

Maillé de la Tour-Landry (Diane de), fille de François et de Diane de Rohan. Voir Maillé de la Tour-Landry (Françoise, *alias* Diane de).

Maillé de la Tour-Landry (Diane de), fille de Jean II et de Louise de Châteaubriant, femme d'Aymar de Nicolaï, dame de Saint-Chartier. I, 357.

Maillé de la Tour-Landry (Éléonore-Jacqueline, *alias* Marie-Suzanne de), fille de Louis et d'Éléonore de Jalesnes. I, 360; II, 496.

Maillé de la Tour-Landry (Éliane de), fille de Foulques-Marie-Albéric-Jacquelin et de Catherine-Jeanne-Madeleine Digeon. I, 423.

Maillé de la Tour-Landry (Élisabeth-Jacqueline-Jeanne-Marie de), fille d'Armand-Urbain-Louis et d'Anne-Élisabeth-Adèle-Jeanne Le Brun de Plaisance, femme d'Antoine-Pierre-Marie-Joseph-Gabriel-Théodule, comte de Grammont. I, 428, 429.

Maillé de la Tour-Landry (Félicité-Émilie de), fille de Charles-François et de Marie-Antoinette de Maillé de la Tour-Landry, femme d'Anne-Pierre Boylesve. I, 374; III, 166.

Maillé de la Tour-Landry (Fortuné-Charles-Louis-François de), fils de Jean-Louis et de Perrine-Jeanne-Marguerite Leroux. I, 373, 411, 412; III, 164.

Maillé de la Tour-Landry (Foulques-Jacquelin-Marie-Urbain de), fils de Foulques-Marie-Albéric-Jacquelin et de Catherine-Jeanne-Madeleine Digeon. I, 422.

Maillé de la Tour-Landry (Foulques-Marie-Albéric-Jacquelin de), fils de Jacquelin-Armand-Charles et de Marie-Charlotte-Eustachine-Jeanne d'Osmond, mari de Catherine-Jeanne-Madeleine Digeon, comte de Maillé. I, 422, 423.

Maillé de la Tour-Landry (François de), l'aîné, fils de François et de Diane de Rohan. I, 351.

Maillé de la Tour-Landry (François de), le puiné, fils de François et de Diane de Rohan, chevalier de Malte. I, 352, 357.

Maillé de la Tour-Landry (François de), fils d'Hardouin X et de Françoise de la Tour-Landry. I, 338, 339.

Maillé de la Tour-Landry (François de), fils de Jean Ier et d'Anne Chabot, mari de Diane de Rohan, baron de la Tour-Landry, Châteauroux, Clairambault, Clervaux, la Rue-d'Indre, seigneur de Saint-Chartier, Bourmont, Gilbourg, Ardente, Jeu, Cornouailles, et en partie de Bouloire et Maisoncelles. I, 340, 341, 343, 348, 355; II, 361, 373-375, 421, 426, 430, 435, 436; III, 181-185, 188-190.

Maillé de la Tour-Landry (François-Bertrand de), fils de Gustave-Fortuné et de Louise-Désirée de Hannes de la Sausnorière, marquis de Maillé de la Tour-Landry. I, 396, 398.

Maillé de la Tour-Landry (François-

TABLE ALPHABÉTIQUE

Charles-Edmond-Marie de), fils d'Armand-Urbain-Louis et d'Anne - Élisabeth - Adèle - Jeanne Le Brun de Plaisance, mari de Madeleine - Raymonde - Isaure - Mathilde de Montesquiou-Fezensac et d'Aleth-Paule-Mathilde-Albertine d'Haussonville. I, 428.

Maillé de la Tour-Landry (François-René-Alexandre de), fils de Charles-François et de Marie-Antoinette de Maillé de la Tour-Landry, grand vicaire de l'évêque du Puy. I, 373, 412.

Maillé de la Tour-Landry (Françoise, *alias* Diane de), fille de François et de Diane de Rohan, femme de François Brachet. I, 354 ; II, 457.

Maillé de la Tour-Landry (Françoise de), fille de Jean et de Marie Barjot de la Pallu, femme de Claude de Hamelin, dame de Bouloire. I, 345, 346 ; II, 445, 478-480.

Maillé de la Tour-Landry (Françoise-Germaine de), fille de René-Charles-François et de Marie-Germaine-Alexandrine de Trimont, religieuse aux Dames Rouges de Lévière d'Angers. I, 400.

Maillé de la Tour-Landry (Geneviève-Louise-Françoise de), fille de Charles-Louis et de Marie-Françoise de Savonnières, femme de N., marquis de Montaigu. I, 409.

Maillé de la Tour-Landry (Georges, *alias* Charles de), fils de Georges-Jacques-Camille et de Louise-Anselme - Françoise d'Héliand. I, 393.

Maillé de la Tour-Landry (Georges-Henri de), fils de Charles et de Marie-Madeleine de Broc, mari de Marie-Anne de Frezeau, marquis de Jalesnes et de la Tour-Landry. I, 364, 366-369, 406, 407 ; III, 29, 88, 93, 102, 137, 147.

Maillé de la Tour-Landry (Georges-Jacques-Camille de), fils de Marie-Urbain-Charles et de Charlotte Grudé, mari de Louise-Anselme Françoise d'Héliand, marquis de Maillé de la Tour-Landry. I, 392-394.

Maillé de la Tour-Landry (Germaine de), fille de René-Charles-François et de Marie-Germaine-Alexandrine de Trimont. I, 400.

Maillé de la Tour-Landry (Gustave-Alfred de), fils de Gustave-Fortuné et de Louise-Désirée de Hannes de la Sausnorière, marquis de Maillé de la Tour-Landry. I, 397, 398.

Maillé de la Tour-Landry (Gustave-Fortuné de), fils de Philippe-Joseph-Augustin et de Marie-Hyacinthe-Françoise Pissonnet de Bellefonds, mari de Louise-Désirée de Hannes de la Sausnorière, marquis de Maillé. I, 396-398.

Maillé de la Tour-Landry (Guy-Marie-Gabriel-Roger de), fils de Roger-Marie et de Marthe Maussion du Joncheray. I, 402.

Maillé de la Tour-Landry (Hardouin X de). Voir Maillé, dit de la Tour-Landry (Hardouin X de).

Maillé de la Tour-Landry (Hélène de). Voir Maillé de la Tour-Landry (Marie-Hélène de).

Maillé de la Tour-Landry (Hélène-Jeanne-Blanche de), fille de Jacquelin-Armand-Charles et de Marie-Charlotte-Eustachine-Jeanne d'Osmond. I, 421.

Maillé de la Tour-Landry (Henri de), dit de la Chapelle, fils naturel légitimé de René de Maillé de la Tour-Landry et d'Andrée du Verger. I, 342.

Maillé de la Tour-Landry (Henri-Armand-Roger de), fils de René-Charles-François et de Marie-Germaine-Alexandrine de Trimont. I, 400.
Maillé de la Tour-Landry (Henri-Georges de). Voir Maillé de la Tour-Landry (Georges-Henri de).
Maillé de la Tour-Landry (Henri-Louis-Auguste-Urbain, comte de), fils de Charles-Hardouin-Jules-Xavier et de Marie-Eudoxie Mathilde Baudon de Mony, mari de Marie Louvet. I, 380, 381.
Maillé de la Tour-Landry (Hyacinthe-Marie-Thérèse de), fille de Charles-Hardouin-Jules-Xavier et de Marie-Eudoxie-Mathilde Baudon de Mony, femme d'Antoine-Joseph-Victor, vicomte Hutteau d'Origny. I, 381.
Maillé de la Tour-Landry (Isabelle de), fille de Charles-Henri-François et d'Isabelle de Campbell, femme de Camille-Auguste de Contades. I, 376.
Maillé de la Tour-Landry (Jacquelin-Armand-Charles de), fils de Charles-François-Armand et de Blanche-Joséphine Le Bascle d'Argenteuil, mari de Marie-Charlotte-Eustachine-Jeanne d'Osmond, duc de Maillé de la Tour-Landry. I, 420-423.
Maillé de la Tour-Landry (Jacquelin-Marie-Armand-Rainulphe de), fils de Jacquelin-Armand-Charles et de Marie-Charlotte-Eustachine-Jeanne d'Osmond. I, 422.
Maillé de la Tour-Landry (Jacquelin-Marie-François de), fils de Roger-Marie et de Marthe Maussion du Joncheray. I, 401.
Maillé de la Tour-Landry (Jacqueline-Mathilde-Blanche de), fille de Charles-Hardouin-Jules-Xavier et de Marie-Eudoxie-Mathilde Baudon de Mony, femme de Julien-Gabriel Budan de Russé. I, 381.
Maillé de la Tour-Landry (Jean Ier de), fils d'Hardouin X et de Françoise de la Tour-Landry, mari d'Anne Chabot, baron de la Tour-Landry et de Saint-Chartier, comte de Châteauroux, seigneur de Bourmont, Cornouailles, Clervaux, Dun-le-Palleteau, Ampoigné, Cosmes, la Motte-Sorchin. I, 338-348; II, 286, 287; III, 181-185.
Maillé de la Tour-Landry (Jean II de), fils de François et de Diane de Rohan, mari de Louise de Châteaubriant, baron et marquis de Gilbourg, comte de Châteauroux, baron de Saint-Chartier et seigneur de Bourmont. I, 352, 354, 356, 357; II, 435, 436, 439, 457, 489, 514, 516; III, 8, 76.
Maillé de la Tour-Landry (Jean de), fils de François et de Diane de Rohan. I, 351.
Maillé de la Tour-Landry (Jean de), fils de Jean Ier et d'Anne Chabot, mort sans alliance. I, 340.
Maillé de la Tour-Landry (Jean de), fils de Jean Ier et d'Anne Chabot, mari de Marie Barjot de la Pallu, baron de Bouloire et seigneur de Dun-le-Palleteau. I, 343-346, 349; II, 374, 385-387, 421-424, 426-429, 431; III, 201.
Maillé de la Tour-Landry (Jean, alias Pierre de), fils de Jean et de Marie Barjot de la Pallu, mari d'Angélique de Kaerbout, baron de Bouloire. I, 345, 346; II, 431, 445, 451-453, 462-468, 477-480.
Maillé de la Tour-Landry (Jean-Baptiste-Marie de), fils de Charles-Louis et de Marie-Françoise de Savonnières, évêque de Gap, de Saint-Papoul et de Rennes. I, 410; III, 161-163.
Maillé de la Tour-Landry (Jean-

Hardouin de), fils de Georges-Henri et de Marie-Anne de Frezeau, chevalier de Malte, commandeur d'Amboise et du Temple d'Angers. I, 368.

Maillé de la Tour-Landry (Jean-Louis de), fils de Charles-Louis et de Marie-Françoise de Savonnières, mari de Perrine-Jeanne-Marguerite Leroux, vicomte de Maillé de la Tour-Landry, seigneur de Parné. I, 410-412, 417; III, 164, 165.

Maillé de la Tour-Landry (Jean-Marie de). Voir Maillé de la Tour-Landry (Jean-Baptiste-Marie de).

Maillé de la Tour-Landry (Jean-Marie-Robert-Jacquelin de), fils de Marie-Artus-Hippolyte-Jean et de Marthe-Charlotte-Consuelo-Carmen de Wendel. I, 425.

Maillé de la Tour-Landry (Jeanne-Cécile de), fille de Charles-Henri-François et de Jeanne de Shéridan, femme de Jean-Louis-Marie, marquis de Lubersac. I, 376.

Maillé de la Tour-Landry (Jeanne-Hélène-Marie-Yolande de), fille de Foulques-Marie-Albéric-Jacquelin et de Catherine-Jeanne-Madeleine Digeon. I, 423.

Maillé de la Tour-Landry (Jeanne-Marie de), fille de Louis-Armand-Joseph-Jules et d'Hélène-Thérèse-Philippine-Marie de la Rochefoucauld. I, 431.

Maillé de la Tour-Landry (Jeanne-Marie-Consuelo-Glossinde-Osmonde de), fille de Marie-Artus-Hippolyte-Jean et de Marthe-Charlotte-Consuelo-Carmen de Wendel. I, 425.

Maillé de la Tour-Landry (Jeanne-Marie-Françoise de), fille de René-Charles-François et de Marie-Germaine-Alexandrine de Trimont, femme de Pierre, baron de la Grandière. I, 400.

Maillé de la Tour-Landry (Jeanne-Marie-Solange-Charlotte-Consuelo de), fille de Marie-Artus-Hippolyte-Jean et de Marthe-Charlotte-Consuelo Carmen de Wendel. I, 425.

Maillé de la Tour-Landry (Joseph-de), fils de Jean Ier et d'Anne Chabot, prieur de Réaumur. I, 340, 348.

Maillé de la Tour-Landry (Joseph-Antoine-Éléonor-Isidore de), fils de Georges-Henri et de Marie-Anne de Frezeau, chevalier de Malte, mari d'Henriette-Catherine-Marie-Pélagie Charlerie. I, 368, 369; III, 102, 147.

Maillé de la Tour-Landry (Landry de), fils de François et de Diane de Rohan. I, 352.

Maillé de la Tour-Landry (Louis de), fils de Charles et de Marie Guitton. Voir Maillé de la Tour-Landry (Charles-Louis de).

Maillé de la Tour-Landry (Louis de), fils de François et de Diane de Rohan. I, 352.

Maillé de la Tour-Landry (Louis de), fils de Jean Ier et d'Anne Chabot, seigneur de la Fosse. I, 343.

Maillé de la Tour-Landry (Louis de), fils de Jean II et de Louise de Châteaubriant, mari d'Éléonore de Jalesnes et de Louise de Chérité, seigneur marquis de Gilbourg, Bourmont, le Grolay, le Fresne, Saint-Jean-des-Mauvrets, Juigné-sur-Loire, la Beunèche, etc. I, 159, 357-361, 364, 387, 405; II, 493, 496, 499, 513, 516; III, 27, 28, 76, 80, 82, 83, 109, 110, 207.

Maillé de la Tour-Landry (Louis-Armand-Joseph-Jules de), fils d'Armand-Urbain-Louis et d'Anne-Élisabeth-Adèle-Jeanne Le Brun de Plaisance, mari d'Hélène-Thérèse-Philippine-Marie de la Rochefoucauld, comte de Maillé de la Tour-Landry, duc de Plaisance. I, 428, 430, 431.

Maillé de la Tour-Landry (Louise de), fille d'Armand-Urbain-Louis et d'Anne-Élisabeth-Adèle-Jeanne Le Brun de Plaisance, femme de Ferri, comte de Ludre. I, 429.

Maillé de la Tour-Landry (Louise de), fille de François et de Diane de Rohan. I, 352.

Maillé de la Tour-Landry (Louise-Claire de), fille de Gustave-Fortuné et de Louise-Désirée de Hannes de la Sausnorière. I, 398.

Maillé de la Tour-Landry (Louise-Claire de), fille de Philippe-Joseph-Augustin de Maillé de la Tour-Landry et de Marie-Hyacinthe-Françoise Pissonnet de Bellefonds, femme d'Alexandre-Clément de Boyslève et de Philippe-Théodore Berthelot de Villeneuve. I, 396.

Maillé de la Tour-Landry (Louise-Marie-Bérengère de), fille de Gustave-Fortuné et de Louise-Désirée de Hannes de la Sausnorière, femme d'Alfred-Pierre de la Berruière de Saint-Laon et d'Henri, vicomte de Nettencourt. I, 397, 398.

Maillé de la Tour-Landry (Madeleine de), fille de François et de Diane de Rohan, femme de François III de Menon, dame de la Cornouaille. I, 354, 355.

Maillé de la Tour-Landry (Madeleine de), fille de Jean II et de Louise de Châteaubriant. I, 357; II, 439.

Maillé de la Tour-Landry (Marie de), fille de Jean Ier de Maillé de la Tour-Landry et d'Anne Chabot. I, 347.

Maillé de la Tour-Landry (Marie de), fille de Jean II et de Louise de Châteaubriant. I, 357.

Maillé de la Tour-Landry (Marie de), fille de Louis et de Louise de Chérité, femme de Charles de Buchepot. I, 361; III, 78-80.

Maillé de la Tour-Landry (Marie-Antoinette, *alias* Marie-Henriette de), fille de Charles-Louis et de Marie-Françoise de Savonnières, femme de Charles-François de Maillé de la Tour-Landry. I, 372-374, 409; III, 160.

Maillé de la Tour-Landry (Marie-Armand-Gilles de), fils de Marie-Artus-Hippolyte-Jean et de Marthe-Charlotte-Consuelo-Carmen de Wendel. I, 425.

Maillé de la Tour-Landry (Marie-Armand-Jacquelin-Foulques-Hardouin de), fils de Foulques-Marie-Albéric-Jacquelin et de Catherine-Jeanne-Madeleine-Digeon. I, 422.

Maillé de la Tour-Landry (Marie-Artus-Hippolyte-Jean de), fils de Jacquelin-Armand-Charles et de Marie-Charlotte-Eustachine-Jeanne d'Osmond, mari de Marthe-Charlotte-Consuelo-Carmen de Wendel, duc de Maillé de la Tour-Landry. I, 422, 424, 425.

Maillé de la Tour-Landry (Marie-Charlotte-Augusta de), fille de Charles Hardouin-Jules-Xavier et de Marie-Eudoxie-Mathilde Baudon de Mony, dame du chapitre de Sainte-Anne de Munich. I, 381, 382.

Maillé de la Tour-Landry (Marie-Claude-Henri-Robert de), fils de Marie-Artus-Hippolyte Jean et de Marthe-Charlotte-Consuelo-Carmen de Wendel. I, 425.

Maillé de la Tour-Landry (Marie-Hélène de), fille de Charles et de Marie-Madeleine de Broc, femme de Marie-Henri de Ghaisne, comtesse de Bourmont. I, 365, 366; III, 102, 103, 115, 117, 123.

Maillé de la Tour-Landry (Marie-Hélène-Louise de), fille de Jacquelin-Armand-Charles et de Marie-Charlotte-Eustachine-Jeanne d'Osmond, femme d'André-Marie, baron Le Caron de Fleury. I, 423.

Maillé de la Tour-Landry (Marie-Henriette de). Voir Maillé de la Tour-Landry (Marie-Antoinette de).

Maillé de la Tour-Landry (Marie-Jeanne-Louise-Mathilde de), fille d'Henri-Louis-Auguste-Urbain et de Marie Louvet, femme de Pierre-Marie, comte de Damas d'Anlezy. I, 381.

Maillé de la Tour-Landry (Marie-Pierre-René-Roland de), fils de Marie-Artus-Hippolyte-Jean et de Marthe-Charlotte-Consuelo-Carmen de Wendel. I, 425.

Maillé de la Tour-Landry (Marie-Suzanne de). Voir Maillé de la Tour-Landry (Éléonore-Jacqueline de).

Maillé de la Tour-Landry (Marie-Urbain-Charles de), fils de Charles-André et de Suzanne-Antoinette de Rancurel, mari de Charlotte Grudé, marquis de Maillé de la Tour-Landry, seigneur de la Pouèze, Gilbourg, la Jousselinière, le Ménil-Boutcille et l'Échasserie. I, 390-392; III, 151, 153.

Maillé de la Tour-Landry (Marie-Ursule de), fille de Charles-Louis et de Marie-Françoise de Savonnières, femme de Charles-Paul-François de Beauvilliers. I, 409.

Maillé de la Tour-Landry (Marie-Ursule de), fille de Charles-Louis et de Marie-Françoise de Savonnières, femme de Jérôme-Joachim-Michel Robineau. I, 410.

Maillé de la Tour-Landry (Marthe-Raymounda-Mathilde de), fille de Charles-Hardouin-Jules-Xavier et de Marie-Eudoxie-Mathilde Baudon de Mony, femme d'Arthur Amanieu, marquis d'Anglade. I, 381.

Maillé de la Tour-Landry (Mélanie-Augusta de), fille de Charles-Hardouin-Jules-Xavier et de Marie-Eudoxie-Mathilde Baudon de Mony. I, 382.

Maillé de la Tour-Landry (Michel de), fils de Georges-Henri et de Marie-Anne de Frezeau, chevalier de Jalesnes. I, 369; III, 144-147.

Maillé de la Tour-Landry (Michel-François de), fils de Georges-Henri et de Marie-Anne de Frezeau, abbé de Saint-Pierre de Lesterp et chefcier de la cathédrale de Chartres. I, 368; III, 93.

Maillé de la Tour-Landry (Michel-Philippe de), fils de Charles et de Marie-Madeleine de Broc, chevalier de Malte. I, 364-366; III, 109, 110, 117.

Maillé de la Tour-Landry (Michelle-Philippe de), fille, d'après le P. Anselme et Saint-Allais, de Charles de Maillé de la Tour-Landry et de Marie-Madeleine de Broc. I, 366.

Maillé de la Tour-Landry (Paul de), fils de Jean Ier et d'Anne Chabot, seigneur de Beauçay, la Motte-Sorchin, l'Épinay, Cosmes, Cossé, et en partie de Bouloire et Maisoncelles. I, 340, 341, 343, 347, 349; II, 361 [lire : Paoul, au lieu de : Raoul], 374; III, 188-190, 237.

Maillé de la Tour-Landry (Paul-Roger de), fils de Gustave-Fortuné et de Louise-Désirée de Hannes de la Sausnorière. I, 397.

Maillé de la Tour-Landry (Paule

de), fille de François et de Diane de Rohan, dite Mademoiselle de Châteauroux. I, 352, 354 ; II, 457.

Maillé de la Tour-Landry (Philippe-Armand de), fils de Philippe-Joseph-Augustin et de Marie-Hyacinthe-Françoise Pissonnet de Bellefonds, mari de Mathilde de Soyer. I, 396, 399, 400.

Maillé de la Tour-Landry (Philippe-Armand-Jean de), fils de François-Charles-Edmond Marie et de Madeleine-Raymonde-Isaure-Mathilde de Montesquiou-Fezensac. I, 428.

Maillé de la Tour-Landry (Philippe-Joseph-Augustin de), fils de Georges-Jacques-Camille et de Louise Anselme - Françoise d'Héliand, mari de Marie-Hyacinthe-Françoise Pissonnet de Bellefonds, marquis de Maillé de la Tour-Landry, seigneur de l'Échasserie et de la Grange-Ferrée. I, 394-396, 399.

Maillé de la Tour-Landry (Pierre, dit Jean de), fils de Jean et de Marie Barjot de la Pallu. Voir Maillé de la Tour-Landry (Jean, alias Pierre de).

Maillé de la Tour-Landry (Raphaël de), fils de Jean Ier et d'Anne Chabot, co-seigneur d'Ampoigné et en partie de Bouloire et Maisoncelles, baron de la Motte-Sorchin, seigneur de la Chapelle, Cosmes et Cossé-le-Vivien. I, 342, 343, 349 ; II, 361, 374.

Maillé de la Tour-Landry (René de), fils de François et d'Anne Chabot, seigneur d'Ampoigné et en partie de Clervaux, Bouloire et Maisoncelles. I, 339, 341-343, 349, 351 ; II, 361, 374, 420, 430.

Maillé de la Tour-Landry (René-Charles-François de), fils de Philippe Armand et de Mathilde de Soyer, mari de Marie-Germaine-Alexandrine de Trimont. I, 399, 400.

Maillé de la Tour-Landry (Renée-Berthe-Marie Solange de), fille de Jacquelin-Armand-Charles et de Marie-Charlotte Eustachine-Jeanne d'Osmond, femme de Jacques-Henri-Jean, comte de Ganay. I, 422.

Maillé de la Tour-Landry (Roger-Marie de), fils de Philippe-Armand et de Mathilde de Soyer, mari de Marthe Maussion du Joncheray, marquis de Maillé de la Tour-Landry. I, 399, 401, 402.

Maillé de la Tour-Landry (Simonne de), fille de Louis-Armand Joseph-Jules et d'Hélène-Thérèse-Philippine-Marie de la Rochefoucauld. I, 431.

Maillé de la Tour-Landry (Simonne Marie-Marguerite-Antoinette-Jacqueline de), fille de René-Charles-François et de Marie-Germaine-Alexandrine de Trimont. I, 400.

Maillé de la Tour-Landry (Solange-Marie-Eugénie-Laure de), fille de Jacquelin-Armand Charles et de Marie - Charlotte - Eustachine - Jeanne d'Osmond, femme de Marie-Auguste François, comte de Gontaut-Biron. I, 422.

Maillé de la Tour-Landry (Stanislas-Charles de), fils de Philippe-Joseph-Augustin et de Marie-Hyacinthe-Françoise Pissonnet de Bellefonds, mari de Joséphine Cassin de la Loge, marquis de Maillé de la Tour-Landry. I, 396, 401.

Maillé de la Tour-Landry (Suzanne de), fille de Louis et d'Éléonore de Jalesnes, femme de Jean-François d'Avoines. I, 360, 361 ; II, 499, 500.

Maillé de la Tour-Landry (Suzanne-Éléonore de), fille de Charles et

de Marie-Madeleine de Broc, femme de Joseph-Antoine de Cotignon. I, 365, 366; III, 115, 117, 231.
Maillé de la Tour-Landry (Urbain-Armand, vicomte de), fils de Charles-Hardouin-Jules-Xavier et de Marie-Eudoxie-Mathilde Baudon de Mony, mari d'Henriette-Gabrielle-Marie-Suzanne de Gaigneron-Morin, I, 382.
Maillé de la Tour-Landry (Victor de), fils naturel légitimé de René et d'Andrée du Verger, curé de Maisoncelles (Mayenne). I, 342.
Maillé de la Tour-Landry (Vincente de), fille de Jean Ier et d'Anne Chabot. I, 347.
Maillé de la Tour-Landry (N. de), fils de Charles et de Marie Guitton. I, 407.
Maillé de la Tour-Landry (N. de), fils de Marie-Urbain-Charles et de Charlotte Grudé, mari de N. de Lanloup. I, 392.
Maillé de la Tour-Landry (N. de), fille de Paul. I, 341.

M *(suite et fin)*

Maillet (Catherine), femme de Jacques de Faye. II, 356.
Maillets (sieur des). Voir Gaignard (René).
Maillezais (le diocèse de). II, 437.
Mailli (Mahi de), Mathieu de Montmorency, seigneur de Marly. Voir Montmorency (Mathieu de).
Mailliaco (de). Voir Maillé (de).
Mailly (la maison de). I, 33, 48; II, 80, 93, 103, 128, 129, 133.
Mailly (Gilles II de). I, 48; II, 80.
Mailly (Mathieu de). II, 63.
Mailly (Robin de). l, 437; II, 196.
Main (Le). Voir Le Main.
Mainardus, pater Harduini. II, 29.
Mainardus, pistor. II, 26.
Maindray. I, 31; II, 43.
Maine (le). I, 32, 68, 75, 77, 80, 83, 120, 122, 198, 203, 209, 253, 328, 331, 406, 437; II, 41, 82, 138, 150, 152, 158, 159, 180, 186, 197, 199, 201, 202, 211, 219, 220, 232, 273, 287, 293, 348, 360, 371, 374, 376, 390, 427, 439, 464-468, 484, 512, 513; III, 4-6, 11, 13, 18, 19, 30, 38-67, 75, 85, 95-101, 109, 111, 113, 114, 124, 132, 140, 206, 208, 213, 232. — (comte, duc du). Voir Anjou (Charles, Louis II et René d'), H., Jean II. — (vicomte du). Voir R.
Maine (Louis, bâtard du), baron de Mézières-en-Brienne. I, 93; II, 244.
Maine-et-Loire (le conseil général de). I, 427, 428.
Maine-et-Loire (les mobilisés de). I, 427.
Mainerius de Gaseranno. Voir Gazeran.
Maintenon (marquise de). Voir Aubigné (Françoise d').
Maion (la forêt de). II, 102.
Maire (Le). Voir Le Maire.
Mairocheau de Bonnemore (Valentin), seigneur d'Aissé, les Rouaux, et la Salle. III, 119, 239.
Maisoncelles (Mayenne). I, 337, 342. — (curé de). Voir Maillé de la Tour-Landry (Victor de).
Maisoncelles (Sarthe). I, 337-339, 343, 344, 349; II, 287, 291-294, 297, 307, 309, 330-335, 373-376, 389-391, 421-424, 427-429, 453,

478, 479. — (seigneur de). Voir Chabot (Paul), Illiers (Jean d'), Maillé de la Tour-Landry (François, Hardouin X, Paul, Raphaël et René de). — (dame de). Voir Illiers (Antoinette d').

Maisonfort (seigneur de). Voir Amboise (Hue d').

Maison-Neuve (la), à Villebernier, fief vassal de Montsoreau. I, 259, 440; II, 223, 393. — (seigneur de la). Voir Maillé (Jacques et René de).

Maison-Neuve (sieur de la). Voir Le Pigeon (François).

Maistre (Le), Maître (Le). Voir Le Maistre, Le Maître.

Majoris Monasterii (Sanctus Martinus). Voir Marmoutier.

Malbran. I, 17.

Maldemeure (seigneur de la). Voir Launay (Louis de).

Maleacensis (diocesis. II, 437.

Malemort, en Provence. I, 352.

Malemouche (dame de). Voir Louys (Marie).

Malescot (de), greffier. III, 209.

Malicorne (M. de). I, 332; III, 190. — (baron de). Voir Beaumanoir (Henri de).

Malineau (Michelle), femme de Louis II de Maillé. I, 330.

Malicottes (sieur des). Voir Louys (André et Mathurin).

Mallai (Samuel de). II, 43.

Mallard (Gilles de), seigneur de Ricordanne, mari de Bonne de Maillé. I, 226; II, 443.

Mallard (Renée de), fille de Gilles de Mallard et de Bonne de Maillé. I, 226; II, 443.

Mallet (Noël), curé de Conlie. II, 510.

Malliaco (Agnès de). Voir Tour (Agnès de la).

Malliaco (Fulcodius de). Voir Foulques de Maillé.

Malliaco (Hildricus de). II, 26.

Malliaco (Hubertus de). II, 9.

Malliaco (Johannes de), seneschadus Gelduini. II, 9.

Malliaco (Matheus de). Voir Montmorency (Mathieu de).

Malliaco (de). Voir Maillé (de).

Mallier (Claude), marquis du Houssay, vicomte de Bonneval, seigneur de Moriers, Chassonville, Montharville, Vouvray, Saint-Maurice. I, 211; III, 92, 96.

Mallier du Houssay (Louise-Marie), fille de Claude Mallier et de Geneviève de Houdetot, femme de Louis-Joseph de Maillé-Bénéhart, dame du Houssay. I, 211-213; III, 92, 96, 116, 124-126, 130, 140, 212.

Malo Nido (manerium de). Voir Mauny.

Malte. I, 160, 352, 368.

Malte (l'ordre de). I, 157, 233, 272, 352, 364, 366, 368, 380; III, 212. Voir Saint-Jean-de-Jérusalem (l'ordre de), et l'article Maillé (Françoise de), femme de Lancelot du Raynier.

Malus Canis (Gaufridus). II, 66.

Malus Clericus (Filippus et Petrus). II, 57.

Malus Vicinus (Hubertus). II, 26.

Malville (la), au May-en-Mauges. II, 514.

Malvoisine, à Vallon. III, 107.

Manceau (Léonard), chapelain de Saint-Sébastien, à Saint-Chartier. II, 421.

Manceau (l'abbé). I, 63.

Manceaux (les), Cenomanenses. II, 42.

Manchelain (la paroisse de). II, 147.

Mandon (seigneur de). Voir Périers (Jacques de).

Mandrot. I, 100.

Mans (le), civitas Cenomanensis. I, 32, 52, 80, 81, 224, 225, 232-234, 247, 298, 306, 310-312, 410, 439; II, 44, 45, 120, 165,

166, 187, 306, 309, 310, 315-317, 367, 369, 404, 464, 508; III, 9-19, 28, 71, 72, 75, 77, 83-88, 92-97, 103-115, 121, 123, 130-136, 140, 159, 161-163, 192, 197, 208, 209, 212, 213.

Mans (le diocèse du), Cenomanensis diocesis. II, 89, 120-122; III, 123, 162.

Mans (l'église du). II, 352; III, 115.

Mans (le chapitre du). II, 186.

Mans (l'évêque du). I, 57, 223, 298; II, 335, 351; III, 3, 4, 32, 90, 149, 150, 209. Voir Angennes (Claude d'), Beaumanoir (Philibert-Emmanuel de), Bellay (René du), Craon (Jean de), Grimaldi (Louis-André de), Laval (Geoffroy de), Loudun (Geoffroy de), Rogier du Crévy, Vergne (Louis de la).

Mans (doyen du). Voir Laval (Geoffroy de).

Mans (grand vicaire, vicaire général du). Voir Maillé de la Tour-Landry (Jean-Marie de), Le Vayer.

Mans (lieutenant du). Voir Le Vayer (Jacques).

Mans (les Capucins du). III, 117.

Mans (les Filles-Dieu du). III, 132-135. — (abbesse des). Voir Braulle (Marie-Ignace de).

Mans (les Ursulines du). III, 130, 159.

Mans (le). Voir les articles Bretagne (l'hôtel de), Couture (la), Crucifix, Fumière (la), Justice, Place Royale, Pont-Neuf, Pré, Quatre-Roues, Saint-Benoît, Saint-Jean-de-la-Chevrie, Saint-Pierre-de-la-Cour, Saint-Nicolas, Saint-Ouen, Saint-Pavin-de-la-Cité, Saint-Pierre, Saint-Pierre-de-la-Cour, Saint-Pierre-le-Réitéré, Saint-Vincent, Soleil, Tête-Noire.

Mansellus (Gausfredus). II, 10, 21.

Mansellus (Rainaidus). II, 21, 26.

Mantes. I, 94.

Manton (Louis de), seigneur de Lormay, second mari d'Antoinette d'Illiers. I, 337.

Mar (du). Voir Matz (du).

Marafin (Louis), seigneur des Nots, mari de Marie de Maillé. I, 260.

Marais (seigneur des). Voir Le Jumeau (Claude).

Marbeau (Gatien). II, 397-400.

Marboué (Eure-et-Loir). I, 200-202; III, 9, 11, 18, 20-27, 30. — (curé de). Voir Baron, Delalande.

Marc (du). Voir Matz (du).

Marcé (Daniel de), seigneur de la Poquetière, second mari de Célestine de Maillé. I, 309.

Marchais (seigneur des). Voir Sanzay (René de).

Marchais-aux-Rousseaux (le), en la forêt de Milly. II, 412.

Marchant (Léonard). III, 72.

Marchant (Marguerite), femme de Charles de Chambes. II, 485.

Marche (le comté de la). I, 316, 337; II, 240, 269. — (le comte de la). II, 120. Voir Bourbon (Jacques de).

Marche (la seigneurie, la baronnie, le comté de la), en Bretagne. I, 268; III, 203. — (comte de la). Voir Maillé (Antoine, Donatien Ier et Henri de).

Marche (le collège de la), à Paris. I, 216.

Marche (Jean), procureur. III, 219.

Marche (Lecoy de la). II, 213.

Marchegay (Paul). I, 5; II, 41, 43.

Marchenoir. III, 23.

Marches (la prévôté des), au comté de Châteauroux. III, 183.

Marches (duc de). Voir Anjou (René d').

Marchesais, à Écorpain. II, 335.

Marchesseau (Antoine), notaire. III, 146.

Marciacum. I, 30; II, 44.
Marcillac (sire de). Voir Craon (Guillaume II de).
Marcillé (Marin de), seigneur de Laussay. I, 193, 221; II, 348; III, 237.
Marcillé (René de). I, 185, 188, 219; II, 256, 268.
Marcilly-sur-Maulne. I, 105, 106.
— (seigneur de). Voir Laval (François et Gilles de).
Marcognet (comte de). Voir Bignet (Nicolas).
Marcognet (Bignet ou Binet de). Voir Bignet de Marcogné.
Marçon (Sarthe). I, 205. — (seigneur de). Voir Quatrebarbes (Jacques de).
Mare (sieur de la). Voir Guédon (Pierre).
Maréchal (Le), Mareschal (Le). Voir Le Maréchal, Le Mareschal.
Mareil-en-Champagne (Sarthe). III, 104-108.
Mareille. II, 348. Lire : Marcillé. Voir Corrections, III, 237.
Marellio (Bochardus et Henricus de). II, 57.
Mares (les champs des Grandes et des Petites-), à Trangé. III, 85.
Mareschal (Gilles). III, 219-230.
Mareschal (Jehan). II, 185.
Maresché (seigneur de). Voir Cordouan (Honorat de).
Marest (Anne de), femme de Charles Richer. I, 208; III, 113, 114.
Mareuil (seigneur de). Voir Maillé (Louis de).
Marfontaine (Thomas de). II, 107.
Margat (seigneur du). Voir Maillé (Louis de).
Marguerite, femme de Jacquelin de Maillé (1250). I, 42; II, 71, 72.
Marguerite, femme de Robert Papeboeuf, Marguerita, uxor Papa Bovem. I, 33; II, 43.

Maria de Maillé. II, 54-56. Voir Maillé (Marie de).
Maridor (Chambes de). Voir Chambes de Maridor.
Maridor (Charles de). I, 205.
Maridor (François de). III, 94.
Maridor (Françoise de), femme de Charles de Chambes. I, 205.
Marie, notaire. II, 381.
Marie, femme de Jean Gouzil le jeune. II, 214.
Marié (Jacques), procureur. III, 35-67.
Marié (Le). Voir Le Marié.
Marigné (Maine-et-Loire). II, 215.
Marigné, Marigné-Peuton (Mayenne). — (seigneur, marquis de). Voir Rohan (François et Louis de).
Marigné, fief vassal de Bazouges. I, 206, 208; III, 12, 24, 68-70. — (seigneur de). Voir Grenier (René du). — (dame de). Voir Barre (Françoise de la).
Marine (le régiment de la). I, 305.
Marion (N.), notaire. III, 71.
Marle (comte de). Voir Bourbon (Charles de).
Marly (Seine-et-Oise). I, 48. — (seigneur de). Voir Montmorency (Mathieu de).
Marly (Mathieu de Montmorency, dit de). Voir Montmorency (Mathieu de).
Marmande (Marguerite de), femme de Jean III, comte de Sancerre, dame de Marmande, la Haye et Saint-Michel-sur-Loire. I, 70; II, 157.
Marmande (Pierre de), seigneur de la Roche-Clermault. I, 70; II, 157.
Marmande et de Faye (le sire de). II, 138.
Marmoutier (l'abbaye de), Sanctus Martinus Majoris Monasterii, la cour de Saint-Martin. I, 3-33, 37, 39, 40, 43, 46-52, 62, 66,

76, 91, 93, 145, 248, 292; II, 1-48, 57-62, 80-82, 88, 89, 93, 94, 107-109, 135, 139, 140, 145, 147-149, 159, 182, 207, 232, 234, 243, 248-251, 274, 275; III, 168, 232. — (abbé de). Voir Albert, Barthélemy, Bernard, Garnier, Guillaume, Odo. — (prieur de). Voir Robertus.
Marquer, notaire. II, 509.
Marquise (Jean), laboureur. II, 344.
Marquise, blasphémateur. I, 138; II, 340.
Marolles (marquis de). Voir Barde (Jean de la).
Marolles (seigneur de). Voir Maillé (Guy, Louis, Pierre et René de). — (dame de). Voir Chemans (Honneur de), Montberon (Anne de). Voir Corrections. I, 240.
Maron (Indre). III, 182.
Marrandus, testis. II, 4.
Marreau (Jean), *ou* Le Marreau, notaire. II, 490, 507.
Marsault (Jean), apothicaire. I, 151; II, 365.
Marseille. I, 125, 160; II, 213; III, 116.
Marseille (l'évêque de). II, 246.
Marsellière (la), à Marçon (Sarthe). I, 205.
Marsilhac (Raymond de), Raymundus de Marsilhaco. I, 110; II, 126.
Marteau (Jean). II, 314.
Marteau (Micheau), sergent. II, 206.
Martigné (Michel), notaire. III, 112, 115, 121.
Martigné-Briand. II, 335, 336. — (seigneur de). Voir Goulaine (Christophe de).
Martigny, Martiniacus, la mairie de Martigné, le Petit-Martigny, à Fondettes. I, 5-20, 24, 45, 292; II, 6, 7, 11-13, 15, 19-21, 29-31, 79, 213, 253.

Martigny (seigneur de). Voir Samson (Louis de).
Martigues (prince de). Voir Vendôme (César de).
Martin (saint), évêque de Tours. I, 12; II, 6.
Martin (François), seigneur des Pelonnières. II, 303.
Martin (Geoffroy), receveur de Saintonge. II, 238.
Martin (Guillaume), lieutenant à Cormery. II, 406.
Martin (Guy), prêtre. II, 468.
Martin (Jamet), vassal de Milly. II, 415, 416.
Martin, curé de Ruillé. III, 149, 150.
Martin. II, 365.
Martin des Loges (Charlotte), femme de Claude Thieslin. I, 388.
Martine, femme de Jean Parthenay. II, 208.
Martinet (Jean), avocat. III, 6, 7.
Martinière (la), fief à Channay, vassal de Rillé. I, 90; II, 212, 225.
Martinus Buccellus. II, 26.
Martinus, filius Ermenardi. II, 26.
Martinus, pater Alcherii. II, 12.
Martoin (D. de). II, 137.
Martreuil (Guillaume de). II, 152.
Marzelière, *alias* Mazelière (Pierre de la), seigneur de la Marzelière. II, 227, 228.
Maslonnière (la), en la forêt de Milly. II, 412.
Massardière (seigneur de la). Voir Touche (René de la).
Masseilles (Ambroise de), curé d'Entrammes. III, 83.
Masseilles (Pierre de), seigneur de Fougeré et en partie de Fontaine-Milon. I, 127; II, 276.
Masselin (Olivier). I, 94.
Massicaudière (la), à Sainte-Cerotte. II, 335.
Masson (Gustave). I, 162, 163, 167, 168, 170.

Masson, notaire. III, 120.
Massonneau, notaire. II, 516, 517.
Mathea de Campochevrier, monialis de Bonoloco. Voir Champchevrier.
Mathefelon (Antoinette de), femme de Lancelot du Raynier. Voir l'article Maillé (Françoise de), femme de Lancelot du Raynier.
Mathefelon. Mathafelonem (Hugo de). II, 41.
Mathefelon (Jean de), seigneur de Connival. II, 331.
Mathefelon (Juhel de), archevêque de Tours, Juhellus, archiepiscopus. I, 41; II, 68.
Mathefelon. Mathafelonem (Theobaldus, filius Hugonis de). II, 41, 42.
Mathefelon (Thibaut, sire de). II, 97.
Mathefelon (le sire de). II, 138.
Matheus (Gosfredus). II, 43.
Matheus, archidiaconus Turonensis. II, 48.
Matheus Auberti, Alberti. II, 58, 59.
Matheus de Brachesac. Voir Brissac (Mathieu de).
Matheus de Malliaco. Voir Montmorency (Mathieu de).
Matheus de Monte Aureo. Voir Montoire.
Matheus de Rupibus. Voir Roches (des).
Matheus, filius Leterii. II, 18.
Matheus Granus. II, 57.
Mathieu, notaire. II, 509.
Mathilde ou Mahaut, fille d'Henri Ier, roi d'Angleterre, femme de Geoffroy IV le Bel. I, 31, 32; II, 45.
Matignon (Anne de), femme de Charles de Maridor. I, 205.
Matriaco (Durandus de). II, 12.
Matz (Jeanne du), du Mar ou du Marc, dame de Champagne-Hommet, Bénéhart, la Crèche et Ruillé,

femme de Guillaume de Villiers. I, 185, 188; II, 214, 232, 268.
Mauber (François), seigneur de la Boussardière. II, 369.
Mauboussin (Pierre), receveur. III, 18, 19.
Maubuisson. II, 127, 128.
Maucler (Pierre). Voir Dreux (Pierre de).
Maulde (de). I, 336; III, 218, 227.
Maulduict (Charles), notaire. III, 13, 19, 25-27.
Mauléon (René de), seigneur de Touffou, mari de Guillemine de Maillé. I, 246.
Maulévrier (Guillaume de), mari de N. de Maillé. I, 62; II, 141.
Maulévrier (Renaud de), fils de Guillaume de Maulévrier. I, 62; II, 141.
Maulévrier (le sire de). II, 138.
Maulny (Michel), bailli de Touvoie. III, 136.
Maulny. Voir Mauny.
Maumeschin (François de), seigneur de la Chevalerie et de la Girauderie, alias de Giraudeau. I, 304, 310; II, 289.
Maumeschin (Françoise de), fille de François de Maumeschin et de Jeanne Clain, femme de Michel de Maillé. I, 304, 305; II, 289.
Maumont, à Luynes. II, 32.
Maumont (dame de). Voir Fayette (Jacqueline de la).
Maumont (Jean de), sire de Saulay. II, 109.
Maumont (Jean de), seigneur de Tonnay-Boutonne. II, 185.
Maunoir (Charlotte de), femme de Charles Grudé. I, 391; III, 151.
Maunon, à Bouloire. II, 317.
Mauny ou Maulny (le manoir de), à Rochecorbon, manerium de Malo Nido. I, 66; II, 107, 108.
Mauny (Catherine de), dame du Lorouer et de Fleuré, femme de René de Poncé. I, 197, 438.

Maupeou (Adrienne de). III, 81.
Mauper (Pierre). II, 428.
Maupertuis. II, 249, 250.
Maupertuis (Christophe). III, 172.
Maupertuis (Jean). III, 174.
Maurepart, fief à Brigné, vassal de de Milly. II, 415, 416. — (seigneur de). Voir Grésille (Claude de la).
Mauricius de Credunte. Voir Craon.
Mauricius Dionisius. II, 57.
Mauricius, presbyter. II, 26, 27.
Maussion du Joncheray (Marthe), femme de Roger-Marie de Maillé de la Tour-Landry. I, 401, 402.
Mausson (Guillaume de). II, 177.
Mauvière (sieur de la). Voir Amellon (Jean).
Mayence (Allemagne). II, 470-472, 477. — (l'archevêque de). I, 168. Voir Reiffemberg.
May-en-Mauges (le) (Maine-et-Loire). II, 514.
Mayenne (la), rivière, fluvium Meduanae. II, 10, 121, 273.
Mayenne (le sire de), dominus Meduanensis. II, 42, 138.
Mayenne (capitaine de). Voir Avaugour (Juhel d').
Mayenne (le duc de). I, 136.
Mayenne (marquis de). Voir Lorraine (Claude de).
Mayenne (Geoffroy de), Gaufridus de Medona. I, 23 ; II, 18.
Mayet (Sarthe). III, 9.
Mayet (une dame). I, 411.
Mayre (Le). Voir Le Mayre.
Mazarin (le cardinal de). I, 174.
Mazé (Maine-et-Loire). I, 140, 346 ; II, 347.
Mazelière (de la). Voir Marzelière (de la).
Mazerelles (les). II, 253.
Mazure (la), chapellenie à Saint-Michel-de-Chaisne. I, 341 ; II, 420.
Meanze (Jehan). II, 151.
Meau (Guillelmus de). II, 137.

Méaulerie (la Petite-Métairie, *alias* la), à la Chapelle-Saint-Rémy. I, 211 ; III, 98, 99.
Meaulne *ou* Meaune, château à Broc. III, 144, 147. — (seigneur, dame de). Voir Maillé de la Tour-Landry (Charles-Louis de), Savonnières (Henri-François et Marie-Françoise de).
Meaulne (Renée-Angélique de), visitandine. III, 129.
Meaulx (Jacobus). II, 199.
Meaux (le bailli de). II, 256.
Meaux (vicomte de). Voir Bourbon (Charles de).
Médicis (Catherine de). I, 269 ; II, 377 ; III, 181.
Médicis (Marie de). I, 166, 167 ; II, 456 ; III, 204.
Medona (Gaufridus de). Voir Mayenne (Geoffroy de).
Meduanensis (dominus). Voir Mayenne.
Mée (le seigneur du). III, 10.
Mée (René du Tertre de). I, 204.
Meesnesie (via). II, 73.
Mégrettière (la), à Pontigné. III, 179.
Méhervé, paroisse de Courchamps. I, 134 ; II, 346.
Meigné (Sarthe). Voir Maigné.
Meigné (seigneur de). Voir Maillé (Arthus de).
Meigné-le-Vicomte (Maine-et-Loire). I, 295, 303, 441 ; II, 284, 432-435.
Meillé. III, 147. Lire Neuillé. Voir III, 239.
Meilleraie (M. de la), grand-maître de l'artillerie. II, 495, 503, 504.
Meiré (Raginardus, miles de). II, 58.
Melay (Guillaume de). II, 177.
Melin, notaire. III, 131, 149.
Mélinais (l'abbaye de). II, 434 ; III, 2. — (procureur de). Voir Durand (frère). — (sous-prieur de). Voir Le Tellier (Adrien).

Melle (l'église de). II, 84.
Mellier (Jean), avocat. II, 463.
Mellionnec (Côtes-du-Nord). I, 266, 440; II, 380.
Melun, Meledunum. I, 41, 202, 269; II, 69, 70; III, 11, 13, 20, 30, 100.
Melun (Ambroise de), fille de Charles de Melun et d'Anne-Philippe de la Rochefoucauld, femme d'Hardouin de Maillé-Brézé. I, 130-135, 137; II, 268, 274, 336, 342-344.
Melun (Arthuse de), femme d'Olivier de la Chapelle. I, 131.
Melun (Catherine de), fiancée de Charles de Maillé de la Roche-Bourdeuil. I, 248; II, 203-205.
Melun (Charles de), seigneur de Normanville. I, 130, 131.
Melun (Louis de), baron des Landes et seigneur de Normanville. I, 131.
Melun (Louis de), chanoine de Sens. I, 131.
Ménantière (les fiefs de la), relevant du château d'Angers. I, 308.
Ménard (Aimé), notaire. II, 515.
Ménard (Claude). I, 142, 143.
Ménard (Jacques), chapelain du Verger. II, 254.
Menard, apothicaire. II, 377.
Ménarderie (seigneur de la). Voir Clinchamps (Louis de).
Mengre de Boucicaut (Le). Voir Boucicaut.
Ménil-Bouteille (seigneur du). Voir Maillé de la Tour-Landry (Marie-Urbain-Charles de).
Menon (la maison de). I, 355.
Menon (François II de). I, 355.
Menon (François III de), fils de François II de Menon et d'Anne de la Trémoille, mari de Madeleine de Maillé de la Tour-Landry, seigneur de Turbilly, Brèche-Chaloux, le Plessis-au-Maire. I, 354, 355.

Menon (Jean de), seigneur de la Pommeraye. III, 180.
Menoys, en Berry. III, 183.
Mentana (la bataille de). I, 382.
Méon (Jean), procureur. II, 397-400.
Mérault (Jean), trésorier de France. III, 120.
Méraut (Jean), seigneur de Villiers-le-Bâcle. III, 70.
Mercerie (la), à Bouloire. II, 300, 305, 306, 310, 314, 317, 320.
Mercier (la maison Johan Le), à Saumur. II, 91.
Mercier (Le). Voir Le Mercier.
Mercœur (duc de). Voir Vendôme (César de).
Meril (N. de), second mari de Charlotte de Maillé de la Tour-Landry. I, 374.
Meriser (Jean Le), trésorier des guerres. II, 152.
Merlet (L.). I, 368.
Merlin. II, 246.
Méron (le prieuré de). I, 116, 118; II, 175, 176.
Merrerie (Charles de la), mari d'Anne de Maillé. I, 332.
Meslay (Mayenne). II, 506. — (curé de). Voir Bruneau (Étienne).
Meslay (le château de), près Vendôme. III, 193.
Meslay, fief vassal de Rillé. I, 8, 90; II, 34, 224.
Meslay, Masliacum, prieuré de Marmoutier. II, 34.
Meslève, fief à Saint-Mars-de-Locquenay, vassal de Bouloire, de Maisoncelles et de Saint-Calais. II, 301, 302, 333. — (seigneur de). Voir Le Vayer (François et Jean).
Meslève (Phelipot). II, 316.
Mesme (J.). II, 242.
Mesme (Urbain), curé de Breil. II, 409.
Mesnes (Jeanne de), première

femme de Jean de Maillé-Ruillé. I, 219, 220; II, 286.
Mesnier (Urbain). III, 198.
Mesnil (seigneur du). Voir Aménard (Jean).
Mesnil (le Grand-). Voir Boisgaudin.
Messeignac (Bonnin de). Voir Bonnin de Messeignac.
Messine. I, 36, 37; II, 51.
Métaier (Édin). II, 307, 311, 317, 323, 325.
Métairie (la Grande-), à la Chapelle-Saint-Rémy. I, 211; III, 98, 99.
Métairie (la Petite-), *alias* la Méaulerie, à la Chapelle-Saint-Rémy. I, 211; III, 98, 99.
Métais (l'abbé). I, 212, 213.
Métayer (Jean), sergent royal. II, 122.
Métivier (Nicolas), prêtre. III, 115.
Mettray (Indre-et-Loire). II, 153; III, 168.
Metz. I, 164; II, 476, 477.
Meunier, notaire. III, 122.
Meurthe-et-Moselle (le département de). I, 429.
Meyer (Paul). II, 49.
Mezengeau (Perrin). III, 171.
Mézières (Ardennes). II, 499.
Mézières-en-Brienne (baron de). Voir Maine (Louis, bâtard du).
Mézières-sous-Ballon (Sarthe). I, 312; III, 12, 87.
Micault, receveur. III, 126.
Michaud, II, 50.
Michel (le capitaine). II, 378.
Michel, notaire. III, 30.
Miée de Guespray (Charlotte de), abbesse du Pré. I, 206, 207; III, 13-18.
Mignaloux (Vienne). I, 398.
Mignot (Marie). III, 141.
Milan. I, 336; III, 176.
Milesindis de Rupibus. Voir Maillé (Milsende de).

Milesindis, uxor Bernardi Bloii. Voir Maillé (Milsende de).
Milesse (baron de la). Voir Beaumanoir (Henri de).
Militum de Rosdonio (fevum). II, 22, 23. Voir Rodon.
Millé. Voir Milly-le-Meugon.
Millé (la chappellenie de). Voir Maillé et Milly (la chapellenie de), Sainte-Catherine (la chapellenie de).
Milleio (Gaufridus de), Geoffroy de Milly. II, 52, 53.
Millé-les-Loges, *alias* le Jau, fief à Chavagnes, vassal de Milly-le-Meugon. II, 414, 415. — (seigneur de). Voir Fay (Pierre du) Jarzé (Mathurin de).
Mille Scuta (Suplicius, filius). II, 12.
Mille Scuta (Warinus, frater Suplicii, filii). II, 12.
Millet (Jean). II, 214.
Millet (Julien). II, 251.
Millières (Henriette-Julienne Le Mayre de), femme de Charles-Nicolas-Emmanuel Rapin du Chatel. I, 396.
Millon (René). III, 22, 27.
Milly-le-Meugon, Millé, ancienne paroisse (Maine-et-Loire). I, 64, 100, 125, 126, 132, 133, 137-140, 152, 171, 176, 177; II, 86, 96, 98, 226, 229, 236, 267, 268, 271-274, 337-347, 352, 366, 391, 410-416, 448, 450, 478, 496, 509; III, 1. — (seigneur de). Voir Maillé (Arthus, Charles, Claude, Gilles, Guy, Hardouin V, Hardouin VI, Hardouin, Payen Ier, Payen II, Payen III et Urbain de).
Milly-le-Meugon (l'église Saint-Pierre de). I, 129, 132, 142, 151, 179, 180; II, 274, 354, 361, 366, 410-416; III, 1. — (curé de). Voir Sauleau (Jean). Cf. l'article Maillé et Milly (la chapellenie de).

Milon (Jean de). II, 169.
Minotière (M. de la). II, 449, 450.
Miramion (Mme de). III, 89.
Mirebeau. I, 83 ; II, 192.
Mirebeau (Payen de). I, 24.
Miron (Charles), évêque d'Angers. II, 420.
Mischinus (Rainaldus). II, 20.
Missions-Étrangères (l'église des), à Paris. I, 381.
Misy-sur-Yonne (seigneur de). Voir Regnouart.
Miterie (la), à Bouloire. II, 296, 297, 299, 324.
Modetaie (seigneur de la). Voir Boylesve (Anne-Pierre).
Moet, notaire. III, 135.
Moflardus (Durandus). II, 26.
Moillet (l'aître, le clos de), à Bouloire. II, 296, 305, 326.
Moléans (Eure-et-Loir). I, 199, 206, 209, 210; II, 513; III, 13, 19, 20, 32, 40-67. — (seigneur de). Voir Clausse (Henri), Maillé (Henri et René II de). — (dame de). Voir Clausse (Dorothée).
Molières (Jean de). II, 169.
Molineto (Johannes de). II, 74.
Molinherna. Voir Mouliherne.
Molinier. II, 75-77, 79.
Molins (Roger des), maître du Temple. I, 34 ; II, 50.
Mollant (seigneur du). Voir Ust (François d'). — (dame du). Voir L'Évêque (Marguerite).
Mollière (dame de la). Voir Héliand (Louise-Anselme-Françoise d').
Mommige (le régiment de). II, 498, 499.
Monachi (via quae vocatur ad Barram). II, 58.
Monaco (les princes de). III, 161.
Monbuel (la Motte-). Voir Motte-Monbuel (la).
Moncé-lès-Amboise (abbesse de). Voir Maillé (Cunégonde de).
Monceau (Jean de). II, 364.
Monceau-le-Bérard (la métairie de),
à Souligné-sous-Vallon. III, 105.
Monceau-Ponnaveaux (la métairie de), à Flacé. III, 104-108.
Monceaux. II, 150.
Moncontour (Côtes-du-Nord). II, 441, 442.
Moncontour (la bataille de)(Vienne). I, 195 ; II, 371.
Mondoubleau (baron de). Voir Bourbon (Charles de). — (dame de). Voir Luxembourg (Marie de).
Mondragon (Marie de), femme de François de Lespervier. I, 306.
Monesteau (Balthazar). II, 408.
Monfrou. Voir Montfrou.
Monge (Eustache). III, 207.
Monge (Gabriel-Eustache), fils du précédent. III, 207.
Mongrimaud (Jean de), prêtre. II, 181.
Monnaie, près Tours. I, 427.
Monnais (la forêt de). I, 294, 440 ; II, 235, 280, 388. — (le prieuré de). II, 415.
Monnier, notaire. III, 71.
Monnyer (Le). Voir Le Monnyer.
Mons Glisiacus. Voir Grésillé.
Mons Granerii. II, 65.
Monsieur, frère de Louis XIII. II, 494, 495.
Monsieur, frère de Louis XIV. III, 111, 112.
Monsorel. Voir Montsoreau.
Monstrelet (Enguerran de). I, 83.
Mont (M. du). II, 499.
Montafiéf (seigneur de). Voir Le Clerc (Pierre-Bonaventure).
Montagnat (dame de). Voir Rostaing (Anne de).
Montaiglon (Anatole de). I, 51, 55 ; II, 175 ; III, 240.
Montaigu (dame de). Voir Ourceau (Henriette).
Montaigu (N., marquis de), mari de Geneviève-Louise-Françoise de Maillé de la Tour-Landry. I, 409.

Montaigu (N. de), mari de Blanche-Félicité-Charlotte de Maillé de la Tour-Landry. I, 412.
Montaillé (Sarthe). II, 335.
Montalais (Anne de), abbesse du Pré. III, 18, 19.
Montalais (Hugues de), seigneur de Chambellay, mari de Catherine de Maillé. I, 122, 123.
Montandre, en Saintonge. I, 92.
Montargis. I, 83 ; II, 195.
Montarry (dame de). Voir Chabot (Isabeau).
Montauban (Tarn-et-Garonne). I, 112, 247 ; II, 131, 132, 206, 207.
Montauban (seigneur, comte de). Voir Rohan (Louis et Pierre de).
Montault. Voir Monto.
Montausier (Suzanne de), femme de Jean de Châteaubriant. I, 356 ; II, 436, 500.
Montbas (comte, vicomte de). Voir Barton (François et Jean).
Montbas (messire de). III, 64. Voir Barton (Jean).
Montbas (dame de). Voir Maillé (Denise de).
Montbazon (Indre-et-Loire), Mons Bazonis. I, 71 ; II, 112, 142, 143, 162, 211, 402, 417, 420, 424. — (M. de). I, 160. — (le sire de). II, 138. — (seigneur, comte de). Voir les articles Montbazon et Rochefoucauld (Aymar de la), Rohan (Louis de). — (châtelain de). Voir Herbertus.
Montbazon (la maison de). I, 349.
Montbazon (Barthélemy de), seigneur de Montbazon, mari de Marie de Dreux. I, 67 ; II, 112, 124.
Montbazon (Isabeau ou Jeanne de), dame de Château-Galle. Voir l'article Maillé (Jean II de), seigneur de la Guerche.
Montbazon (Jeanne de), fille de Barthélemy de Montbazon et de Marie de Dreux, femme d'Har-
douin VI de Maillé et peut-être de Guillaume de Craon, dame de Maillé. I, 61, 65-73, 241 ; II, 111, 112, 114, 124, 125, 139-141 ; III, 214, 215.
Montbazon (Renaud de). I, 68 ; II, 139.
Montberon (Anne de), fille de René de Montberon et de Louise de Sainte-Maure, femme de Pierre de Maillé, dame de Marolles et du Breil. I, 294, 295, 303 ; II, 289 ; III, 180, 237.
Montberon (Claude de), femme de Jean de Vay. I, 297.
Montberon (Hector de), seigneur d'Avoir, mari de Jeanne de Maillé-Brézé. I, 148.
Montberon (Jacques de). I, 242.
Montberon (René de), seigneur d'Avoir. I, 295 ; II, 289.
Montberon (le maréchal de). I, 245 ; II, 182.
Montbizot (Sarthe). III, 94, 95, 103, 112, 211.
Montboel (la motte de). II, 78.
Montboissier (Eure-et-Loir). I, 211-213 ; III, 92, 96, 130, 136, 138, 140, 156. — (curé de). Voir Bourgarel. Cf. l'article Houssay (le).
Montboissier (abbé de). Voir Beaufort-Canillac (Jean-Éléonor de).
Montboissier (marquis de). Voir Beaufort-Canillac (Philippe-Claude de). — (marquise de). Voir Maillé (Marie-Anne-Geneviève de).
Montboissier-Canillac (de). Voir Beaufort-Canillac.
Montbourcher (Gabriel de), seigneur de Tremereuc. II, 441.
Montbron. Voir Montberon.
Montbrun (curé de). Voir Maillé (René de).
Mont-Carmel (l'ordre du). Voir Saint-Lazare.

Montchevreau (seigneur de). Voir Barbes (Pierre).
Montcontour. Voir Moncontour.
Montcouplet ou Montecouplet (seigneur de). Voir Grenier (René du). — (dame de). Voir Maillé (Anne de).
Monteault (seigneur de). Voir Le Jeune (Yves).
Monte Aureo (de). Voir Montoire.
Montéclerc (Charles de), seigneur de Gaillard. II, 393.
Montecoublet. (la terre de), à la Fresnaye. III, 96.
Montecouplet. Voir Montcouplet.
Monte Glisiaco (Sanctus Hilarius de). Voir Grésillé.
Montéhard. Voir Monthéard.
Monte Johannis (de). Voir Montjean.
Montel (dame du). Voir Fayette (Jacqueline de la).
Montenson (seigneur de). Voir Regnouart.
Monteordelli (Andreas de), canonicus Cenomanensis. II, 186.
Monte Sorel (de). Voir Montsoreau.
Montesquiou (Philippe de), duc de Fezensac. I, 428.
Montesquiou-Fezensac (Madeleine-Raymonde-Isaure-Mathilde de), fille de Philippe, duc de Fezensac, première femme de François-Charles-Edmond-Marie de Maillé de la Tour-Landry. I, 428.
Montfaucon (abbé de). Voir Maillé (Jacques, alias René de).
Montfort (seigneur de). Voir Rieux (Jean de).
Montfort (Bertrade de), fille de Simon, comte de Montfort, femme de Foulques Réchin et de Philippe Ier, roi de France. I, 24; II, 31.
Montfort (Simon de), père de Bertrade de Montfort. II, 31.
Montfort-le-Rotrou. II, 313, 314, 335; III, 98, 99. — (le doyen de). I, 343.
Montfrou (seigneur de). Voir Maillé de la Tour-Landry (André et Charles-André de), Thieslin (Claude).
Montgaillard (le marquis, le sieur de). Voir Percin (Charles-Maurice de).
Montgeoffroy, fief à Mazé. II, 459. — (seigneur de). Voir Grandière (François de la).
Montgeroul (le sire de). II, 138.
Montglandier (vicomtesse de). Voir Fayette (Jacqueline de la).
Montgommery (François de), seigneur de Lorges, second mari de Charlotte de Maillé. I, 147.
Montguillon (les fiefs de), en la baronnie de Château-Gontier. I, 134; II, 345.
Montguillon, fief vassal de Milly. II, 414. — (seigneur de). Voir Cadu (Hélie), Jaille (Claude de la).
Montharville (seigneur de). Voir Mallier (Claude).
Monthéard ou Montéhard (seigneur de). Voir Richer (Charles et Philibert-Emmanuel de).
Monthiers (Jacques-Casimir-Emmanuel, comte de), seigneur du Bosc-Roger, mari de Lucie-Flore-Virginie de Maillé-Brézé. I, 238.
Montigné ou Montigny, à Entrammes. III, 83, 122. — (seigneur de). Voir Pélisson (Daniel).
Montigné (Guyot de). II, 174.
Montigny, à Montbizot. III, 105.
Montigny (Jean, seigneur de). I, 252.
Montigny (seigneur de). Voir Baigneux (Charles de).
Montilliers (Maine-et-Loire). II, 215.
Montilly (Huger de). Voir Huger de Montilly.
Montils-lès-Tours. Voir Plessis-lès-Tours (le).

Montison, seigneurie. II, 418.
Montjean (le sire de). II, 138. Voir Laval (Jean de).
Montjean. Monte Johannis (Albericus de). II, 6.
Montjean (Jean Ier de), seigneur de Sillé-le-Guillaume. I, 87.
Montjean (Jean II de), seigneur de Sillé-le-Guillaume, mari de Marie de Maillé. I, 87.
Montjean (Jean III de). I, 87.
Montjean (Louis de). I, 87.
Montjean (Madeleine de), religieuse à Fontevrault. I, 87.
Montjean (René de), protonotaire du Saint-Siège. I, 87.
Montléon, en Bretagne. I, 81, 82; II, 187.
Mont-Levauz, à Saint-Germain-du-Val. III, 125.
Montlhéry. I, 174.
Montlongis, à Écorpain. II, 335.
Montloron, à Saint-Mars de Locquenay. II, 301.
Montlouis, près de Tours. I, 75.
Montmartin (le sieur de). II, 498, 499.
Montmartre. I, 418.
Montmigen (Étienne de), trésorier des guerres. II, 162, 163.
Montmorency (Marguerite de). II, 456.
Montmorency (Mathieu de), dit de Marly, seigneur de l'Hay, Matheus de Malliaco (1229). II, 63-66.
Montmorency (Mathieu de), seigneur de Marly, Mahi de Mailli (1303). II, 103.
Montmort (M. de). II, 493.
Montmort (seigneur de). Voir Ghaisne (Marie-Henri de).
Monto, ou mieux Montault, fief vassal d'Antoigné. I, 222; II, 407.
Montoire. Monte Aureo (Matheus de). II, 9.
Montortier (Girard de). II, 251.
Montortier (Jean de). III, 172.

Montpellier. I, 248, 269; II, 204, 207. — (grenetier de). Voir Le Vernois.
Montpensier (le duc de). I, 97, 147, 265; II, 360; III, 181, 187.
Montpont (Dordogne). II, 160.
Montrésor (le sire de). II, 138.
Montreuil (le château de). I, 32; II, 41.
Montreuil (Geoffroy de). II, 138.
Montreuil-Belfroy. I, 151, 336; II, 272, 273, 365.
Montreuil-Bellay. I, 134. — (le baron de). II, 346. — (les religieux de). II, 394, 408.
Montreuil-le-Henri (Sarthe). I, 187; II, 255.
Montrevault (Maine-et-Loire). III, 73.
Montrevault (le Grand et le Petit-), comté et vicomté relevant du château d'Angers. I, 308. — (comte, vicomte de). Voir Bonnin de Messcignac. — (dame de). Voir Maillé (Marie-Urbaine de).
Montroc, en Berry. III, 183.
Montrond. I, 173, 174.
Montroyal. I, 111.
Montsabert (seigneur de). Voir Le Maistre (Claude).
Montsabert (N. Goislard de), femme de Charles-Marie-Joseph de Maillé de la Tour-Landry. I, 392.
Montsoreau (Maine-et-Loire). II, 206, 223, 380, 381, 393, 425, 447, 448. — (seigneur de). Voir Chabot (Louis et Thibaut), Chambes (Charles, Jean et Philippe de), Craon (Guillaume II de).
Montsoreau. Montsorel (Gaufredus de). II, 16.
Montsoreau. Monte Sorel (Gislebertus Rufus de). II, 26.
Montsoreau. Monte Sorel (Philippus, filius Gisleberti Rufi de). II, 26.
Montsoreau (Jean II de), archevêque de Tours. II, 86.

Montsumier, à Savigny-sur-Braye. II, 335.
Mony (Baudon de). Voir Baudon de Mony.
Morans (Thomas), sieur d'Esterville. II, 445, 446.
Mordret (Guillaume), prêtre. III, 74, 75.
Mordret. II, 107.
More (Le). Voir Le More.
Moré (Marie-Pacifique de), visitandine. III, 129.
Moréac (seigneur de). Voir Cherbaye (Jacques de).
Moreau (Guillaume), notaire. III, 14-19.
Moreau (Pierre). II, 323.
Moreau (René), notaire. II, 515, 516.
Moreau (la veuve). II, 447.
Moreaux (l'abbaye de), au diocèse de Poitiers. I, 280; III, 161. — (abbé de). Voir Maillé (Charles et Louis-René de).
Morel (G.), imprimeur. I, 141.
Morendière (Pierre de la). II, 85.
Moréri. I, 59.
Mores (seigneur de). Voir Saint-Denis (François de).
Moricière (la), à Bouloire. II, 298, 299, 311.
Moriers (Eure-et-Loir). III, 140. — (seigneur de). Voir Mallier (Claude). — (curé de). Voir Laurens.
Morillandes (les). III, 198.
Morin (César), seigneur du Vau-de-Chavaignes. I, 308.
Morin (Claude), dame du Chapeau, près Saumur, et du Vau-de-Chavaignes, fille de César Morin et d'Anne Harouis, première femme de Charles de Maillé. I, 308.
Morin (Gaigneron-). Voir Gaigneron-Morin.
Morin (Jean), écuyer. II, 174.
Morin (Jean), trésorier de la maison du roi. II, 359.

Morin (Urbain), curé de Breil. II, 395.
Morinière (sieur de la). Voir Chauvrays (Victor).
Morisset. III, 120.
Morize (M.). I, 95.
Morlaix. III, 137. — (l'église Saint-Martin de). I, 279. — (recteur de). Voir Roussel (H.).
Mornac (comte de). Voir Boscal de Réal.
Mornay (Alips de), dame des Landes, seconde femme de Guillaume Béchet. I, 116, 119; II, 183-185, 188-190.
Mornay (Anne, Jeanne ou Catherine de), fille de N. de Mornay, baron d'Achères, femme de René de Maillé. I, 303-306; II, 289, 386.
Mornay (N. de), baron d'Achères. I, 303.
Morniaco (Andreas et Stephanus de). II, 30.
Mortagne (baronne de). Voir Haye (Renée de la).
Mortain (comte de). Voir Anjou (Charles d').
Mortemer (seigneur de). Voir Taveau.
Mortève, fief au Breil (Sarthe), vassal de Bouloire. II, 302. — (seigneur de). Voir Belot (Berthin), Le Marié (Pierre).
Mortier (le), fief à la Bazoge. I, 223; II, 512. — (baron du). Voir Beaumanoir (Henri de).
Mortier-Branche. Voir Geslant (le fief).
Mortiercrolles (seigneur de). Voir Rohan (François et Louis de).
Mortiers (les), seigneurie. II, 434.
Mosé, près de la Haye. I, 71; II, 156, 157. — (seigneur de). Voir Haye (Geoffroy II de la).
Moselle (la). II, 474.
Motaudière (la), closerie. III, 125.

Mothe (la), châtellenie en Berry. III, 182, 183.
Mothe (les plesses de la), à Bouloire. II, 300.
Mothe (Mme de la). I, 175.
Motte (la), métairie à la Chapelle-Craonnaise. III, 189.
Motte (le Bois de la). Voir Bois-de-la-Motte (le).
Motte (seigneur de la). Voir Nepveu (René).
Motte, en Saint-Martin (sieur de la). Voir Patras (Félix de).
Motte-Châtellier (seigneur de la). Voir Rohan (Louis de).
Motte-de-Beauçay (la), en la châtellenie de Loudun. II, 158. — (seigneur de la). Voir Beauçay (Amaury de).
Motte-Glain (dame de la). Voir Le Lou (Louise-Françoise-Pélagie).
Motte-Houdencourt (le comte de la). III, 84, 212.
Motte-Monbuel (la). I, 45.
Motte-Sorchin (la), fief à la Chapelle-Craonnaise. I, 341, 349 ; III, 188-190. — (seigneur, baron de). Voir Maillé de la Tour-Landry (Jean Ier, Paul et Raphaël de).
Motte-sous-le-Lude (la). II, 221 ; III, 148.
Moubonnault (seigneur de). Voir Aménard (Jean).
Mouceau du Nollant (M. du), intendant des armées. III, 87.
Mouchant, prêtre. II, 436.
Mouchetière (la), fief à Avezé (Sarthe). — (seigneur de la). Voir Illiers (Jean Ier d').
Mouchevair (Dreux), fils d'Yvon. II, 32.
Mouchevair (Yvon), Ivo Muscavaria. II, 23, 26, 32.
Mouliherne (Maine-et-Loire), Molihernc. I, 77, 78, 85 ; II, 82, 84, 86, 180, 209. — (seigneur de). Voir Broce (Pierre III de la), Maillé (Hardouin V et Hardouin VIII de). — (dame de). Voir Maillé (Jeanne de).
Mouliherne. Molinherna (Bonus Amicus de). II, 47.
Moulin (l'étang du), à Bouloire. II, 295.
Moulin (Julien), commis greffier. III, 97.
Moulin-Chapelle, au diocèse d'Évreux. III, 140, 239. — (seigneur de). Voir Luzerne (César-Antoine de la). — (dame de). Voir Pommereuil (Madeleine-Françoise de).
Moulines (seigneur de). Voir Dureil (Jacques de).
Moulineur (Nicolas), écuyer. II, 196.
Moulin-Neuf (le), métairie à Brion (?). III, 6. — (dame du). Voir Barre (Charlotte de la).
Moulins (la commanderie de). II, 465.
Moulins-de-Corzé (seigneur des). Voir Hamelin (Claude et René de).
Moulins-Neufs (les), à Cérans-Foulletourte. III, 114.
Mounerie (la), à Bouloire. II, 305, 318, 323, 324.
Moussardière (sieur de la). Voir Folie (René de la).
Mousset (feu). II, 310.
Moussy (le marquisat de), en Vexin, près Pontoise. III, 31. — (marquis de). Voir Barjot.
Moussy (Renaud de), seigneur du Puy-Boulard. I, 316.
Moutart (Péan), prieur de Rillé. II, 248, 251.
Mouton (l'hôtellerie du), à Maillé. I, 102, 104 ; III, 221-227.
Mouzaia (l'assaut du col de la). I, 427.
Moyne (Le). Voir Le Moyne.
Moys (Berthelotus). II, 95.
Munich (Bavière). I, 382.
Munster (la conférence de). I, 169.
Murat, en la Marche. I, 337. —

(seigneur de). Voir Maillé (Hardouin X de).
Muret (Pierre), notaire. III, 32.
Murinais (le comte de). III, 165.
Musard (Jean de), sieur de Fay. III, 5.
Musca Varia. Voir Mouchevair.

Mussidan (le sire de). II, 160. — (dame de). Voir Rochefoucauld (Marguerite de la).
Mussière (Marie). III, 208.
Muy (M. du), mari de N. d'Alsace. I, 286.
Myette (Jean). II, 438.

N

Na... II, 377. Voir Nancey.
Nadaillac (Jean-François-Albert-Sigismond du Pouget, marquis de), mari de Claude-Louise-Marie de Maillé de la Tour-Landry. I, 422.
Nadelet. Voir Nédelet.
Nain (Le). Voir Le Nain.
Najac. III, 215. — (seigneur de). Voir Tour (Antoine de la).
Namur. I, 359.
Na[ncey] (Gaspard de la Chastre, seigneur de), capitaine des gardes. II, 377.
Nancy. II, 492.
Nantail. II, 488.
Nantes. I, 161, 257, 308, 365, 411; II, 73, 102, 115.
Nantes (le diocèse, l'évêché de). II, 511; III, 73, 97.
Naples. I, 160, 178.
Naples (le royaume de). I, 125.
Napoléon Ier, empereur des Français. I, 430. Voir Bonaparte.
Napoléon III, empereur des Français. I, 430.
Narbonensis (archiepiscopus). II, 65.
Narçay, à Cravant (Indre-et-Loire). I, 113, 243, 246; II, 177. — (seigneur de). Voir Maillé (Char-

les, Jean II et Pierre de). — (dame de). Voir Maillé (Isabelle de).
Narrays (Colas), seigneur de la Bonnardière. II, 302, 305, 307, 315, 321, 323, 325.
Narrays (Étienne). II, 298, 308, 322.
Narrays (Jean). II, 308, 321, 322, 324, 326.
Narrays (Mathurin). II, 308, 309, 322-324, 326.
Narrays, curé de Chahaignes. II, 143, 148-150, 152, 154.
Nau. II, 394, 408.
Navarre (roi de). Voir Charles le Mauvais, Henri IV, Louis XIII, Louis XIV. — (reine de). Voir Albret (Jeanne d').
Navarre (les créanciers de). II, 428.
Navarre (le régiment de). I, 276; III, 207.
Navarre (le collège de), à Paris. I, 140.
Navarre (Blanche de), reine de France, femme de Philippe VI. II, 128.
Nazareth, monastère. I, 506.
Nazelles, fief à Lerné. I, 85, 266, 440; II, 213, 380, 381. — (sei-

gneur de). Voir Maillé (Charles Ier et Jacques de).

Nédelet (Jean de), *alias* Jean Nadelet, curé de Breil. II, 395, 409.

Néelle (Guy de), sire d'Auffremont, maréchal de France. II, 110.

Négrepelisse (le siège de). I, 357.

Négron, fief à Panzoult (Indre-et-Loire). I, 243; II, 177. — (seigneur de). Voir Maillé (Charles, Jacques, Jean II et Moreau de), Négron (Pierre de).

Négron (Guillaume de). II, 85.

Négron (Perrette de), fille de Pierre, seigneur de Négron, première femme de Jean II de Maillé de la Roche-Bourdeuil. I, 242-244.

Négron (Pierre, seigneur de). I, 242; II, 177.

Nemore (Willelmus de). II, 55.

Nemours (le duché de). III, 216, 217. — (la duchesse de). III, 216. — (douairière de). Voir Haye (Yolande de la).

Nepveu (René), seigneur de la Motte, mari de Françoise de Maillé. I, 290; II, 220, 221.

Nepveu (Renée-Lucie), visitandine. III, 129.

Néra, notaire. III, 74.

Nerbonne (Gautier, surnommé), Gualterius Nerbona, de Malliaco. I, 29, 30; II, 44.

Nesmond (M. de). II, 483.

Nettencourt. II, 488.

Nettencourt (Henri, vicomte de), second mari de Louise-Marie-Bérengère de Maillé de la Tour-Landry. I, 398.

Neuchèses (Pierre de), seigneur de Persac. III, 11.

Neuf (l'étang), à Bouloire. II, 295.

Neufville (Ferdinand de), évêque de Saint-Malo, nommé à l'évêché de Chartres. I, 201; III, 9.

Neufville (Nicolas de). I, 205.

Neufville - Villeroy (Denise de), femme d'Henri Clausse. I, 199, 205; II, 454.

Neufvy (M. de). II, 438.

Neuillé [*et non* Meillé] (Maine-et-Loire. III, 147, 239.

Neuillé-Pont-Pierre (Indre-et-Loire), Nulleyum de Ponte-Petrino. I, 365; II, 409; III, 168.

Neuve (la Rue-), à Bouloire. II, 295, 320.

Neuve-des-Petits-Champs (la rue), à Paris. III, 104.

Neuve-Saint-Lambert (la rue), à Paris. III, 122.

Neuvillalais (Sarthe). — (curé de). Voir Champion (Jean).

Neuville (seigneur de). Voir Maillé (René-Louis-François de). Voir Corrections. III, 239. Voir aussi l'article Maillé (Jean II de), seigneur de la Guerche.

Neuvillette (Sarthe). — (curé de). Voir Charpentier.

Neuvy (Indre). III, 183.

Nevers (le comte de). II, 120.

Neveu (Alain). II, 325.

Neveu (René), curé de Breil. II, 270.

Neveu, lieutenant criminel au Mans. III, 135.

Nicholay (Rodulphus). II, 95.

Nicolaï (Aymar de), seigneur de Bernay, mari de Diane de Maillé de la Tour-Landry. I, 357.

Nicolas Ier, empereur de Russie. I, 379.

Nicolas, évêque d'Angers. II, 462.

Nicolaus, prepositus Turonensis. II, 48.

Nicolay (H. de), géographe. III, 181-185.

Nicolay (Jean). I, 49, 50; II, 104, 108.

Nicopolis. II, 120.

Niela (Lazarinus de), mercator de Janua. II, 51.

Nigronio (Ingelbaldus, Ingebadus de). II, 26, 27.

Nimègue. I, 276; II, 485-488.
Niort, Nyort, præpositura Niorti. I, 51, 111, 114, 332; II, 68, 127, 128, 138, 139, 144, 145; III, 190.
Nisy (Robert de). I, 57; II, 142.
Noblet (Jean). II, 308, 314, 317.
Noe du Ruisseau (le pré de la), à Trangé. III, 85.
Noe du Tremble (le pré de la), à Trangé. III, 85.
Noel (C.), curé de Ruillé-sur-le-Loir. II, 443.
Noellet (Maine-et-Loire). I, 361.
Nogent (le chevalier de). I, 214.
Nogent (seigneur de). Voir Bourbon (Charles de).
Nogent-l'Artaud (seigneur de). Voir Louan (Jacques et Jean de).
Nogent-le-Roi (Eure-et-Loir), Nogent-l'Érembert, Nongentum Leremberti. II, 76, 77.
Noguette (Albin), chapelain des Columbeaux et de Sainte-Marie du Ronceray. II, 359.
Noir (le champ), à Montbizot. III, 211.
Noir (Le). Voir Le Noir.
Noirmoutier (l'abbaye de). I, 148.
— (abbesse de). Voir Maillé (Renée de).
Noirmoutier (baron de). Voir Trémoille (Claude de la).
Nollant (Mouceau du). Moir Mouceau du Nollant.
Nonneau. II, 198.
Normand (Jean), sieur du Hardas. III, 91, 97.
Normand. II, 451, 455, 456.
Normandie (la), Normannia. I, 7, 226; II, 11; III, 30, 70. — (le duc de). II, 18, 130. Voir Jean II. — (grand sénéchal de). Voir Brézé (Jacques et Jean de).
Normandière (la), à Saint-Mars-de-Locquenay. II, 301.
Normands (les), li Normanz. II, 49.
Normant (Le). Voir Le Normant.

Normanville (seigneur de). Voir Melun (Charles et Louis de).
Notre-Dame (l'île), à Paris. III, 35, 87.
Notre-Dame-de-Bon-Conseil (la chapelle de), au château du Bouchet. I, 134; III, 178.
Notre-Dame-de-Chemisson, en Touraine. III, 222.
Notre-Dame du Mont-Carmel (l'ordre de). I, 375.
Nots (seigneur des). Voir Marafin (Louis).
Notz (des), notaire. III, 79.
Noue (la), à Évaillé. II, 335.
Noue (Guillaume de la), conseiller. II, 444.
Noue (Pierre de la), rouyer. III, 227.
Noue (de la). III, 141.
Noue-Bras-de-Fer (François de la). I, 353.
Noue-Bras-de-Fer (Marguerite-Claudine de la), femme de Jacques Le Porc. I, 300, 352.
Noue-Chanvrier (la), dans les bois de Milly. I, 139; II, 343, 412.
Noue-du-Premier-Chêne (la), à Latan. I, 291; II, 235.
Noury (Jean), chapelain de Saint-Gervais. II, 271.
Noury (Renault). II, 320.
Nouveau. II, 198.
Noyant (Maine-et-Loire). II, 223.
Noyau (le Grand et le Petit-), à Maigné. III, 106, 107.
Noyen (Sarthe). I, 298, 299, 311; II, 367, 369, 431-435, 507, 510; III, 9, 88, 89, 94. — (Notre-Dame de). I, 299. — (Saint-Germain de). I, 299. — (Saint-Pierre de). I, 299; II, 507, 510. (curé de). Voir Boiteau. — (seigneur de). Voir Fou (Jean II du). — (bailli de). Voir Tuffière.
Noyer (Michel du), notaire. II, 441.
Noyers (l'abbaye de). I, 17. — (abbé de). Voir Geoffroy.

Noyers (M. de). II, 491, 492, 497-499, 503, 504.
Noyers (De). I, 171.
Noyon (Maine-et-Loire). II, 228.
Nuillé (la terre de), près de la Haye. I, 71; II, 156, 157.

Nulleyum de Ponte Petrino. Voir Neuillé-Pont-Pierre.
Nupat (Guillaume), notaire. II, 440.
Nyoiseau (l'abbaye de) (Maine-et-Loire). II, 47.

O

Oairon (Jean d'), seigneur de la Durandière, capitaine de Maillé. II, 207, 211.
Odespung (Pierre), avocat. II, 440.
Odet (Pierre). III, 219-230.
Odiart (Guy), sieur de la Piltière. III, 76.
Odiau (Guy), sénéchal de Bazouges. III, 68.
Odineau (Mathurin), seigneur de Raganne et des Pélonnières. II, 301-303, 307-309, 312, 320, 322-324, 326.
Odo, abbas Majoris Monasterii. II, 43.
Odo, cellerarius. II, 26.
Odo, comes. Voir Eudes de Champagne.
Odo de Rupibus. Voir Roches (Eudes des).
Odo [de Sarmasiis]. II, 12.
Odo, filius Gauffredi de Malliaco. Voir Bloi (Eudes).
Odo Forrarius. II, 57.
Odon, doyen de Tours. I, 28.
Odricus de Castello Celso. II, 6.
Oger (François). III, 208.
Ogier (Jean). II, 295, 306.
Ogis Savari. II, 56.
Oirvau (seigneur d'). Voir Chausseroye (Guy de).

Oiseauxmesle (seigneur des). Voir Rasilly (Gabriel de).
Oiselière (l'), à Écorpain. II, 335.
Oiselière (l'), Loisellière, à Ligron. III, 127, 128.
Oléron. I, 282; III, 118. — (marquis, marquise d'). Voir Grenier (René du), Maillé (Anne de).
Olive (l'), seigneurie à Chinon. II, 425. — (seigneur de l'). Voir Maillé (Hélie, Hercule, René et Yves de), Paumard (Philippe). — (dame de l'). Voir Paumard (Anne).
Olivet (Loiret). I, 379.
Olivier (Guillaume). II, 87.
Olivier (Jehan). II, 87.
Ollivier (Urbaine), femme du sieur de Prouze. III, 198.
Onglée (seigneur d'). Voir Barre (René de la).
Orange (le prince d'). I, 161.
Oratoire (les prêtres de l'). III, 135, 148-152. — (supérieur de l'). Voir Hersant (Nicolas).
Oratorio (Beata Maria de). Voir Louroux (l'abbaye du).
Orbitello. I, 178; II, 509.
Orcasa (Herveus de). II, 26.
Orceau de Fontette (Anne-Constance-Louise-Marie d'), fille d'Em-

manuel, baron d'Orceau de Fontette, et de Clémence de Venoix, femme de Charles-Hardouin de Maillé de la Tour-Landry. I, 383, 384.
Orceau de Fontette (Emmanuel, baron d'). I, 383.
Orfeille (les bois d'). II, 341.
Orfrasière (le château de l'). I, 425.
Orgeries (les), pièce de terre de la Baudinière. III, 34.
Orguin, en la forêt de Milly. II, 412.
Origny (Hutteau d'). Voir Hutteau d'Origny.
Origny-le-Butin (Orne). I, 225 ; III, 4.
Orléans. I, 92, 136, 150, 399 ; II, 148, 251, 397.
Orléans (le diocèse d'). III, 158. — (l'évêque d'). I, 78. — (l'archidiacre d'). I, 43. — Aurelianensis (L., decanus, J., subdecanus, et H., archidiaconus ecclesie). II, 60-62.
Orléans (le duc d'), dux Aurelianensis. I, 84, 258, 278, 307 ; II, 118, 205 ; III, 71, 149. Voir Louis XII.
Orléans (Françoise d'), comtesse de Soissons. I, 197, 198.
Orly (Hélie d'). II, 105, 106.
Orri (Bochard). II, 85.
Orry (Marthe), femme de Pierre du Puy-du-Fou. I, 254.
Orsennes (Indre). III, 183.
Ory (Charles), marchand. III, 132.
Osmond (Marie-Charlotte-Eustachine-Jeanne d'), fille de Rainulphe, marquis d'Osmond, et d'Aimée-Marie d'Estillière, femme de Jacquelin-Armand-Charles de Maillé de la Tour-Landry. I, 421-423.
Osmond (Rainulphe, marquis d'), menin du dauphin. I, 421.
Osnabrück (la conférence d'). I, 169.
Ossat (dame d'). Voir L'Évêque (Marguerite).
Otbertus, avunculus Rainaldi juvenis. II, 9.
Otbertus, filius Arnulfi clerici. II, 26.
Otgerius, carpentarius. II, 20.
Otgerius, filius Huberti de Malliaco. II, 9.
Ouarville (seigneur d'). Voir Prunelé (Pierre de).
Ouches (les), à Brion. III, 6. — (dame des). Voir Barre (Charlotte de la).
Oudart (Pierre). II, 87.
Oulmes (de Vivonne d'). Voir Vivonne d'Oulmes (de).
Ourceau (Bertrand). II, 177.
Ourceau (Henriette), dame de Montaigu, femme de : 1° Jean II de Maillé - Chançay ; 2° Geoffroy, *alias* Georges Le Roux ; 3° Jean II de Maillé de la Roche-Bourdeuil. I, 58, 59, 242-245 ; II, 176, 177, 192.
Outre-la-Voie (Françoise d'), femme de Lidoire Le Berruyer. I, 188.
Outre-Loire (archidiacre d'). Voir Cardonal.
Oxford. II, 50.

P

P., archevêque de Tours. II, 123, 124.
Paganus Borriel, dominus de Fontanis Borrel. II, 56.
Paganus de Alneto. II, 44.
Paganus de Clarevallis. II, 42.
Paganus de Lavariaco. II, 38.
Paganus de Libois. II, 56.
Paganus de Mailleyo. Voir Maillé (Payen Ier de).
Paganus de Malliaco. Voir Maillé (Payen de).
Paganus (Girardus). II, 19.
Pagerie (la), à Bouloire. II, 308, 317, 324.
Pages (sieur des). Voir Sillay.
Pail (Le). II, 160.
Pail-Dreux (seigneur des moulins de la). Voir Barre (Louis de la).
Pailloux, fief en Berry. III, 183.
Palais (la Table de Marbre du), à Paris. III, 8, 182.
Palais-Cardinal (le), à Paris. I, 172.
Palais-Royal (le), à Paris. I, 163.
Palatinat (le). II, 473.
Paleteau (le sieur), valet de chambre du roi. II, 447.
Pallu (Marie Barjot de la). Voir Barjot de la Pallu.
Pallu, notaire. III, 150.
Panchien, notaire. III, 6.
Pantigny (seigneur de). Voir Cherbaye (Jacques de).
Pantin (le fief), vassal de Château-Sénéchal. I, 312; III, 80. — (dame du). Voir Louys (Marie).

Papa Bovem. Voir Papebœuf.
Pape (le), Summus Pontifex. II, 122. — Voir Alexandre V, Pie IX, Urbain II, Urbain VIII.
Papebœuf (Adèle), fille de Robert Papebœuf et femme de Jacquelin de Maillé, Adeladis, uxor Jaguelini de Malliaco (1133), Adelisia, Hadelisia (1147-1155). I, 31-35; II, 43, 45-47.
Papebœuf (Geoffroy). I, 26; II, 36.
Papebœuf (Robert), fils de Geoffroy et seigneur de Rillé, Rotbertus Papa Bovem de Reilliaco. I, 26, 33; II, 36, 43.
Papillon (Marin), prêtre. II, 309, 311, 325.
Papin (André), receveur de Touraine. II, 128.
Papodius, testis. II, 19.
Papot (Joscellinus). II, 57.
Parc (la chartreuse du), en Charnie. II, 121. — (prieur de). Voir Huas (Jacques).
Parc (le château du), à Châteauroux. III, 182.
Parc (l'étang du), à Milly-le-Meugon. II, 411.
Parc (seigneur du). Voir Avaugour (Juhel d').
Parçay, prieuré de Marmoutier. II, 11, 39.
Parcé (Maine-et-Loire). I, 90; II, 228, 432; III, 200. — (curé de). Voir Belas, Delenye. — (seigneur

de). Voir Maillé (Hardouin VIII et Hardouin IX de).
Parciaco (Lealdus de). II, 30.
Parenaium. Voir Parnay.
Parène ou Parent (François), chapelain de Maillé. II, 284, 285.
Parennes (Sarthe). I, 227; II, 468; III, 146.
Parenteau (Robin). II, 217.
Parfait (Marthe), femme de Jean de Vion. III, 8.
Parigné-le-Polin (Sarthe). I, 363; III, 95, 109, 110, 114, 116, 117, 208.
Paris. I, 45, 48, 60, 103, 104, 114, 141, 142, 170, 173, 174, 177, 199, 211, 214, 216, 254, 268, 270, 273, 279, 283-285, 297, 308, 318, 344, 351, 357, 365, 375, 376, 381, 383, 390, 395, 406, 410-412, 416, 417, 419-431; II, 63-68, 77-85, 92, 96, 103-110, 123-140, 152-160, 174, 200-206, 248, 280, 336, 348, 360, 364, 375-377, 391-408, 425-457, 479-517; III, 3, 8, 30-91, 104-139, 149-166, 182, 184, 202, 203, 211-218, 224.
Paris (l'archevêque de). III, 156. Voir Gondi (Jean-François de). — (vicaire général de). Voir Urvoy.
Paris (Notre-Dame de). I, 179; II, 492. — (l'île Notre-Dame à). III, 35, 87.
Paris (l'abbaye du Port-Royal, à). III, 55, 59. — (abbesse du). Voir Perdreau (Dorothée).
Paris (églises, paroisses, etc. de). Voir les articles Assomption, Célestins, Missions-Étrangères, Montmartre, Passy, Saint-André-des-Arts, Saint-Étienne-du-Mont, Saint-Eustache, Saint-Germain-l'Auxerrois, Saint-Jacques-du-Haut-Pas, Saint-Laurent, Saint-Louis, Saint-Magloire, Saint-Merry, Saint-Paul, Saint-Roch, Saint-Sulpice, Sainte-Clotilde. — (palais, etc.) Voir Hôtel de Ville, Louvre, Palais, Palais-Cardinal, Palais-Royal, Saint-Paul, Table de Marbre, Tuileries. — (hôtels). Voir Angleterre, Château-Vieux, Fleury, Saint-Paul. — (collèges). Voir Marche, Navarre, Polytechnique. — (prisons, etc.). Voir Abbaye, Bastille, Châtelet, Conciergerie, Force, Saint-Lazare. — (rues, quais). Voir Bretonvilliers, Caumartin, Dauphin, Enfer, Foin, Grenelle, Neuve-des-Petits-Champs, Neuve-Saint-Lambert, Perdue, Quinquempoix, Saint-André-des-Arts, Saint-Antoine, Saint-Germain-l'Auxerrois, Saint-Honoré, Saint-Louis-des-Marais, Savoie, Théatins, Tournelle, Tournon, Trône.
Paris (le Petit-). II, 218.
Parisière (sieur de la). Voir Rousseau (René).
Parnay (Maine-et-Loire), Perrenay. II, 84.
Parnay, Parenaium, commune de Vernoil-le-Fourrier (Maine-et-Loire). II, 55, 56.
Parnay (seigneur de). Voir Maillé de la Tour-Landry (Jean-Louis de).
Parque (Pierre), notaire. II, 456.
Parrana (Gauterius de). II, 47.
Parthenay (le sire de). II, 138. — Voir L'Archevêque (Guillaume et Jean).
Parthenay (Guyonne de), femme de Pierre II de Maillé. I, 329, 330.
Parthenay (Jean). II, 208.
Parthenay (Jeanne de), femme de Jean Ier de Maillé-Clervaux, dame de Clervaux. I, 51, 52, 55, 61, 113; II, 110, 135, 136, 139, 140, 147.
Parthenay (Marguerite de), femme

TABLE ALPHABÉTIQUE 413

de Geoffroy de Châteaubriant. I, 252.
Parvus (Arnulfus). II, 26.
Pascal (François), trésorier des guerres. II, 361, 365, 367.
Pas-de-Suze (le). I, 167.
Passais (archidiacre de). Voir Broullier.
Passavant. I, 257; III, 175.
Passavant (le sire de). II, 138.
Passetemps, fief. I, 99; III, 177.
Pasquier (André), seigneur de Geuffret. II, 333.
Pasquier (François). III, 8, 31, 69.
Pasquier (Jacquet). II, 306, 307, 311, 322, 326.
Pasquier (Jean). II, 251.
Passy. I, 410.
Pastiz (Michelet). II, 311.
Pathay (Anne de), femme de Nicolas de Maillé-Bénéhart. I, 200-202; III, 7, 9, 11, 18, 20-24, 26.
Pathay (Henri de), baron de Claireau et de Pathay. I, 201; III, 26, 30, 238.
Pathay du Val (de). III, 7.
Patin. II, 394.
Patras (Félix de), sieur de la Motte, en Saint-Martin, *alias* sieur de la Roche-Patras. III, 192.
Paumard (Anne), fille de Philippe Paumard et de Jeanne d'Aubigné, première femme de Jeannon de Maillé, dame de l'Olive. I, 315, 316; II, 268.
Paumard (Philippe), seigneur de l'Olive. I, 315; II, 268.
Paumart (Jean), seigneur de Crémilles, mari de Catherine de Maillé-Lournay. I, 327.
Paumeric (la), à Sainte-Cerotte. II, 335.
Paumy (vicomte de). Voir Voyer (René de).
Pauvert (Louise-Emmanuelle), visitandine. III, 129.
Pavée (G.). III, 94.

Pavie (la bataille de). I, 339.
Payneau (Pierre), seigneur de Pegon. III, 80.
Pays-Bas (les). I, 169.
Pegon (seigneur de). Voir Payneau (Pierre).
Peillac (seigneur de). Voir Kerman (Maurice de).
Peinc-Perduc (la), à Maisoncelles. II, 335.
Pelais (Jean). II, 479.
Pelard, notaire. III, 44.
Pelet *ou* Peleys (Micheau). II, 311, 315.
Peletier (Denis), chapelain de Sainte-Catherine. II, 393.
Pelgrin (Charles-Noël de), seigneur de l'Étang, mari de Marie-Catherine-Louise de Maillé-Brézé. I, 235.
Pélisson (Daniel), sieur de Montigné. I, 406; III, 83.
Pélisson (Jeanne), fille de Daniel Pélisson et de Madeleine Le Clerc, femme de Jacques, vicomte de Birague, et de Charles de Maillé de la Tour-Landry. I, 405-407; III, 83, 97, 122.
Pellé (Jean), receveur d'Anjou. II, 388.
Pellisson (Michel), notaire. III, 67.
Pellouer (le pré du), à Chahaignes. II, 350, 351.
Pelonnière (la), *ou* Plonnière, château, paroisse du Pin, au Perche. I, 207; III, 68, 77, 100, 111. — (seigneur de la). Voir Grenier (René du). — (dame de la). Voir Maillé (Anne de).
Pélonnières (les), fiefs à Bouloire. II, 296, 297, 299, 303, 304. — (seigneur des). Voir Chereau, Daguenet, Garnier, Heurtault, Lancelin, Martin, Odineau, Royau, Veau.
Peloquin (Johannes). II, 53.
Pelouse (sieur de la). Voir Jouin (Michel).

Peltier (le). Voir Le Peltier.
Pelu, notaire. III, 163.
Pelu ou Velu. II, 446.
Pembroke. II, 48. — (comte de). Voir Le Maréchal (Guillaume).
Penchien (seigneur de). Voir Viau.
Penennech, terre en Bretagne. II, 441.
Penhoet (Françoise de), femme de Pierre de Rohan. I, 87, 88.
Penhoet (Guillaume de), seigneur de Penhoet et de la Chapelle, mari de Françoise de Maillé. I, 87, 88.
Penhoët (l'amiral). I, 381.
Penthièvre (le seigneur de). II, 337. — (comte de). Voir Brosse (René de la). — (duc de). Voir Vendôme (César de).
Pentière (la), à Bouloire. II, 319.
Perche (le). I, 207, 225; III, 68, 77, 100, 103, 111.
Percheron (Françoise d'Ardrée de). III, 138.
Percheron (Pierre), sieur de Crousille. III, 149.
Percin (Charles-Maurice de), marquis de Montgaillard, second mari de Renée-Mauricette de Plocuc. I, 275; III, 69, 79, 84, 89.
Perdreau (Dorothée), abbesse du Port-Royal de Paris. III, 55, 59.
Perdue (la rue), à Paris. III, 85, 86.
Pereio (Gaufridus de), clericus. II, 55.
Périer (Jean). II, 325.
Périer (Jeanne du), comtesse de Quintin, femme de Pierre de Rohan. I, 88.
Périer (Madelon), seigneur du Grand-Bourdigné. II, 290-292, 301, 304, 306 309, 311, 312, 315-320, 322-326.
Périer (Madet). II, 308, 309, 311, 314, 321, 323-325.
Périer (Mathurin), vicaire de Bouloire. I, 337; II, 290.

Périer (Michel). II, 318.
Périers. II, 346.
Périers (Ambroise de), seigneur du Bouchet et de Périers. III, 179.
Périers (Jacques de), seigneur de Périers, du Bouchet, d'Ampignelle et de Mandon, mari d'Ambroise de Maillé. I, 134, 135; II, 345, 346; III, 178.
Périers (Jacques de), successeur du précédent. III, 178.
Périers (Macé de), seigneur de Périers et du Bouchet. III, 178.
Périgord (le). I, 40; II, 125. — (sénéchal du), senescallus Petragoricensis. Voir Maillé (Payen Ier de).
Périgueux. II, 126.
Perpignan. I, 47, 170; II, 84-87.
Perrais (le château des), à Parigné-le-Polin. I, 363; III, 95, 108-110, 114, 116, 117, 168-174, 177-180, 191.
Perray (le), fief à la Chapelle-aux-Choux. III, 145, 146. — (seigneur du). Voir Savonnières (Félix et Henri-François de).
Perray (Jacques du), praticien. III, 6.
Perreau, fief vassal de Milly. II, 415.
Perrenay. Voir Parnay.
Perreniaco (Hugo de), frater Roberti. II, 52, 53.
Perreniaco (Robertus de). II, 52, 53.
Perreniaco (Willelmus de), pater Roberti et Hugonis. II, 52, 53.
Perrerie (la), à Ligron. III, 127, 128.
Perrette (Jean-Baptiste). III, 155.
Perrette (Pierre), prêtre. III, 156.
Perrier, vicaire à Saint-Laurent de Paris. III, 356.
Perrière (la), châtellenie. III, 4.
Perrières (le château des), à Blou. I, 374. — (seigneur des). Voir Le Jumeau (Claude).

TABLE ALPHABÉTIQUE 415

Perrigault (Gilles), receveur de Touraine. II, 215, 218.
Perrigne (l'abbaye de la), à Saint-Corneille (Sarthe). II, 305, 308, 323, 324.
Perrin... II, 181.
Perrine, chambrière d'Hardouin IX de Maillé. II, 266.
Perrine, femme de Jean Gouzil l'aîné. II, 214.
Perrin-Savineau (le), fief à Angers. I, 151; II, 365.
Perronais (Carbonellus de). II, 44.
Perrot (André), commis payeur. II, 370.
Persac (seigneur de). Voir Neuchèses (Pierre de).
Perseval (Jacques), notaire. III, 91, 92.
Persin. Voir Percin.
Personne (Jean), curé de Broc. III, 148.
Pérucher (sieur du). Voir Chartier (Guillaume).
Perunnario (Gauterius de). II, 47.
Pérusse (seigneur de la). Voir Aubusson (François d'), Brachet (François).
Pescharières (les), fief annexé à Bazouges. III, 33.
Peschart (François de), seigneur de Limoges. I, 271.
Peschart (Marie de), fille de François de Peschart et d'Olive du Coudray, femme de Léonor-Charles de Maillé. I, 271.
Pescherat (Catherine), veuve de René Deschamps. II, 369.
Pescheray, seigneurie au Breil (Sarthe). — (seigneur de). Voir Le Vayer (François et Jean).
Pescon, Peston. Voir Peuton.
Péteillard (Simon), notaire. III, 103, 108, 111-113, 132-134.
Petit (Gaufredus). II, 19.
Petit (Marie), sacristaine du Ronceray d'Angers. II, 511.
Petit (Marie-Louise), femme d'André de Maillé de la Tour-Landry. I, 364, 388.
Petit (René), seigneur de Salvert. II, 414, 415.
Petit-Jean (Jacobus de). II, 451.
Petroniacum. II, 73.
Petrus Borsart. Voir Borsart (Pierre).
Petrus Cameliacensis. II, 42.
Petrus, capellanus. II, 47.
Petrus Cassinus. II, 26.
Petrus, clericus. II, 69.
Petrus, coquus. II, 12, 20.
Petrus de Calvo Monte. Voir Chaumont (Pierre de).
Petrus de Haute Curia. II, 140.
Petrus de Insula. II, 140.
Petrus de Vicinis. II, 65.
Petrus, filius Ascelini. II, 21.
Petrus Malus Clericus. II, 57.
Petrus, molendinarius. II, 44.
Petrus Pictavensis. II, 13.
Petrus Savinellus. II, 57.
Petrus, telonearius. II, 9.
Petrus, vicarius de Malliaco. Voir Pierre, voyer de Maillé.
Peuge (la), en Berry. III, 183.
Peuton (Mayenne), Pescon, Peston. I, 91, 437; II, 211, 237.
Pezé (seigneur de). Voir Courtarvel (Charles de).
Pezé-le-Robert. I, 410.
Pézenas. II, 204.
Phelippeau. II, 86.
Philippe Ier, roi de France. I, 24; II, 30, 31, 33.
Philippe II, Auguste, roi de France. I, 39; II, 55-57.
Philippe III, le Hardi, roi de France. I, 47; II, 82, 83.
Philippe IV, le Bel, roi de France. I, 49, 66; II, 89, 91, 92, 96, 98, 99, 103, 104.
Philippe V, le Long, roi de France. II, 105, 106, 107.
Philippe VI de Valois, roi de France. I, 111; II, 109, 110, 129-131, 135.
Philippus de Filgereto. II, 44.

Philippus de Lansauceia. II, 56.
Philippus de Turon... II, 57.
Philippus, filius Gisleberti Rufi de Monte Sorel. II, 26.
Philippus Roberti. II, 53, 66.
Philippus, subdecanus. II, 46.
Piau (Denis). II, 351.
Piau (Louis), notaire. III, 4, 5.
Picard (Charles), praticien. III, 10.
Picard (François), seigneur de la Dorizière, mari de Françoise-Élisabeth de Maillé. I, 312; III, 88, 136, 213.
Picard (Jean). III, 231.
Picard. II, 197.
Picardie (la). I, 114; II, 134, 489, 491, 492, 495.
Picardière (seigneur de la). Voir Forget (Pierre).
Picart (Le). Voir Le Picart.
Pichart (Naau). II, 146.
Pichois (Laurent), lieutenant à Saumur. II, 205.
Pichonnière (la), à Bouloire. II, 301.
Picolomini. II, 497.
Picot (Louis), enquêteur. III, 227.
Picqueneau (Marie), femme de Thomas Le Coutelier. II, 462, 463.
Pictavensis (Petrus). II, 13.
Pidourière (seigneur de la). Voir Chérité (François de).
Pie IX, pape. I, 69; II, 122.
Pie IX (l'ordre de). I, 381.
Piébouchard, paroisse de Bl..., en Bourbonnais. III, 79. — (seigneur de). Voir Buchepot.
Piémont (comte de). Voir Anjou (René d').
Pierre (la), château à Coudrecieux (Sarthe). — (seigneur de la). Voir Vove (François et Louis de la).
Pierre (la), château à Meigné-le-Vicomte (Maine-et-Loire). — (seigneur de la). Voir Espagne (René d').
Pierre (le pré), parti de Maurepart. II, 416.

Pierre (François de la), sieur des Salles. III, 210, 211.
Pierre (Guillaume), seigneur du Plessis-Baudoin, premier mari d'Aumur de Maillé. I, 55; II, 158.
Pierre (Guillaume), fils de Guillaume Pierre et d'Aumur de Maillé. I, 55, 57; II, 136, 142, 144, 148, 158.
Pierre (Jean), fils de Guillaume Pierre et d'Aumur de Maillé. I, 55; II, 136, 158.
Pierre (Marguerite), fille de Guillaume Pierre et d'Aumur de Maillé. I, 55; II, 136, 158.
Pierre II, duc de Bretagne. I, 88.
Pierre, seigneur d'Amboise, de Thouars, de Bennon et de Lalemont. I, 245; II, 182.
Pierre, voyer de Maillé, Petrus, vicarius de Malliaco. I, 15, 27; II, 14, 38.
Pierre-Gort, fief à Saint-Sulpice-sur-Loire. II, 347.
Pierres (Charlotte), prieure de Cohémon. II, 438.
Pigeon (François Le), sieur de la Maison-Neuve. II, 381.
Piges (François), argentier. III, 81.
Pigis (Gabriel), conseiller. III, 79.
Pigné. III, 76. Lire Vigné. Voir III, 238.
Pignons (Fulco). II, 19.
Pilleau (Jean), orfèvre. III, 208.
Pillet (Jacques), notaire. III, 75, 95, 108-110, 114, 208.
Pillon (Antoine), avocat. III, 131-135.
Pillon (Arnoul), avocat. III, 209.
Piltière (sieur de la). Voir Odiart (Guy).
Pimpéan, château à Grésillé. I, 248, 346; II, 271. — (seigneur, marquis de). Voir Maillé (Charles de), Robin de la Tremblaye.
Pin (l'abbaye du), au diocèse de Poitiers. I, 43; II, 77.
Pin (le), au Perche. I, 207; III, 68,

TABLE ALPHABÉTIQUE 417

77, 100, 111. — (seigneur du). Voir Grenier (René du). — (dame du). Voir Maillé (Anne de).
Pin (le), métairie à Chahaignes. III, 37-67.
Pin (le), à Entrammes. III, 137.
Pin (le), château à Vernantes. III, 2. — (seigneur du). Voir Jalesnes (Charles de).
Pin (le), seigneurie. II, 434.
Pinart (Jean). II, 214.
Pinart (Pierre), sieur des Roches. II, 284.
Pinaudière (la), à Sainte-Cerotte. II, 335.
Pinçonnet, notaire. II, 393.
Pineau (Julien), notaire. III, 100, 101.
Pineau (Julien). III, 20.
Pineau, notaire. III, 72, 74, 75.
Pinot (Françoise), femme de Guillaume Fouin. III, 111.
Pinot (Guillaume). II, 316.
Pins (le lieu des), de Pinis. I, 36; II, 47.
Pintore, Pintars *ou* Pintiers (Mathurin-François), prieur de Saint-Pierre-du-Bois et chapelain de Chambord. III, 149, 150.
Pioche (Claude), sieur de Rondray. III, 122.
Piochon, en la forêt de Milly. II, 412.
Pioger, dresseur de chiens. I, 161, 162.
Piolière (la), à Gennes. II, 272, 274.
Piolin (Marie-Aimée), visitandine. III, 129.
Piollière (le), en la forêt de Milly. II, 412.
Piquart (Guillaume Le), maître des garnisons du roi. II, 125.
Piquart (J. Le). II, 91.
Pirmil (Sarthe). I, 298; III, 88. — (baron de). Voir Fou (Jean II du).
Pirmil (Vincent de), archevêque de Tours. I, 63, 64.

Piron (Denis), receveur de Rillé. II, 270.
Piron (Hardouin). II, 251.
Pisans (marchands), Pisani cives. I, 36; II, 52.
Pise (le concile de). II, 122.
Pisserot (le champ et le pré de), à Trangé. III, 85.
Pissonnet de Bellefonds (Louis). I, 395.
Pissonnet de Bellefonds (Marie-Hyacinthe-Françoise), fille de Louis Pissonnet de Bellefonds et de Marie-Augustine-Hyacinthe du Bois-de-Maquillé, femme de Philippe-Joseph-Augustin de Maillé de la Tour-Landry. I, 395, 396, 399.
Pissot (Jean), notaire. III, 4.
Place (la). Voir Saint-Martin-de-la-Place.
Place-Royale (l'hôtellerie de la), au Mans. III, 86, 97, 105, 112.
Plaisance (comte, duc de). Voir Le Brun (Charles-François et Charles-Louis-Alexandre-Jules), Maillé de la Tour-Landry (Louis-Armand-Joseph-Jules de).
Plaisance (Anne-Élisabeth-Adèle-Jeanne Le Brun de), fille de Charles-Louis-Alexandre-Jules Le Brun, comte, puis duc de Plaisance, et de Marie-Anne-Wilhelmine-Élisabeth Berthier de Wagram, femme d'Armand-Urbain-Louis de Maillé de la Tour-Landry. I, 426-430.
Planche (Jacques de la), marchand. II, 468.
Planche-de-Bourdigné (la), à Bouloire. II, 296.
Planche-de-Vaux (la). Voir Ermitière (Notre-Dame de l').
Planchenault (M.). I, 9; III, 232.
Plante (la terre de la). III, 133.
Plante (la), vigne de la Baudinière. III, 34.
Plantes (le clos des), à Saint-Célerin-le-Géré ou à Prévelles. III, 99.

Plantis (les seigneurs du). I, 396.
Planty (Boylesve du). Voir Boylesve du Planty.
Plassac. II, 482, 484; III, 205.
Platterie (seigneur de la). Voir Berthelot de Villeneuve (Théodore).
Plaudren (Morbihan). III, 206.
Plays (de). Voir Deplays.
Plemea (la dame de), douairière de Kerman. II, 441.
Plesse-Chamaillart (la), à Roezé. I, 298, 299. — (seigneur de la). Voir Fou (Jean II du).
Plessis (le), en Berry. III, 183.
Plessis (le), à Entrammes. III, 137.
Plessis (le), à Mareil-en-Champagne. I, 232, 233; III, 104-108, 131-135. — (seigneur du). Voir Maillé (François-Henri de).
Plessis (le), à Sainte-Cerotte. II, 335.
Plessis (le). III, 201.
Plessis (seigneur du). Voir Charnacé (Hercule de).
Plessis (sieur du). Voir Champs (Jean des), Falaiseau (Charles).
Plessis (dame du). Voir Ploeuc (Renée-Mauricette de).
Plessis (Armand-Jean du), cardinal de Richelieu. Voir Richelieu.
Plessis (Nicole du), fille de François du Plessis et de Suzanne de la Porte, femme d'Urbain de Maillé Brézé. I, 166-175; II, 448-450.
Plessis-Angier (seigneur du). Voir Angier (Jean).
Plessis-au-Maire (seigneur du). Voir Menon (François III de).
Plessis-au-Prévôt (le), à Saint-Jean-de-Combrand. I, 157; II, 458.
Plessis-Barbe (seigneur du). Voir Bucil (Antoine-Pierre de).
Plessis-Baudouin (le), à Joué-Étiau (Maine-et-Loire). II, 136. — (seigneur du). Voir Pierre (Guillaume).
Plessis-Baugean (le), à Meigné-le-Vicomte. I, 299; II, 432-435. —

(seigneur du). Voir Maillé (Louis de).
Plessis-Bosnay (le), fief vassal de Châtellerault. I, 262, 270, 274; II, 502, 507; III, 7. — (seigneur du). Voir Maillé (Charles Ier, Charles II et François de). — (dame du). Voir Hommes (Anne d').
Plessis-Botard (le). III, 2. — (seigneur du). Voir Jalesnes (Charles de).
Plessis-Bourré (seigneur du). Voir Bourré (François). — (dame du). Voir Maillé (Marie de).
Plessis-Charnacé (baron du). Voir Soucelles (Paul de).
Plessis de Marigné (le), à Marigné-Peuton (Mayenne). I, 85, 96, 97; II, 211, 264. — (seigneur du). Voir Maillé (Hardouin VIII et Hardouin IX de).
Plessis-Igné (seigneur du). Voir Maillé (Henri de).
Plessis-Joreau (sieur du). Voir Lorent.
Plessis-lès-Tours (le), le Plessis-du-Parc, Montils-lès-Tours, château royal près de Tours. I, 90, 91; II, 213, 229-231, 235-238. — (seigneur de Montils-les-Tours). Voir Maillé (Hardouin IX de).
Plessis-Mornay (le seigneur du). I, 307.
Plo (la paroisse de). II, 509.
Ploermel. II, 380.
Ploeuc (Renée-Mauricette de), fille de Sébastien, marquis de Ploeuc, et de Marie de Rieux-Sourdéac, femme de Donatien Ier de Maillé et de Charles-Maurice de Percin, seigneur de Montgaillard, marquise du Timeur, baronne de Kergorlay, vicomtesse de Coreguegnan, dame de Ploeuc, Brigon et le Plessis. I, 273-277, 279, 283; II, 508, 516, 517; III, 6-8,

69, 71, 74, 78, 79, 84, 89, 211, 212.
Ploeuc (Sébastien de), marquis du Timeur. I, 273; II, 506, 508.
Plonnière (la). Voir Pelonnière (la).
Ploret (Roland de), lieutenant du château d'Amboise. I, 103; III, 219-230.
Plounevez (Finistère), Plounevez-Lochrist, Plounevez - Maillé. I, 266, 276, 279; II, 508; III, 71, 210, 238, 240. — (sous-curé de). Voir Cadour.
Plumergat (Morbihan). III, 206.
Plusquellec (de). Voir Kerman (de).
Pluys (Catherine de), femme de Jean Bernard. II, 289.
Poictevyn (Étienne Le), chapelain de Sainte-Marie du Ronceray. II, 359.
Poigny (seigneur de). Voir Angennes (Jean d').
Poil-de-Rène, moulin à Sainte-Colombe. I, 212; III, 125, 239. — (seigneur de). Voir Grenier (René du).
Poillé (Sarthe). II, 122.
Poillé (Geoffroy de), seigneur de Bouloire. II, 323.
Pointeau, notaire. III, 2.
Poirier (Julien), avocat. III, 85, 86, 92, 209.
Poiriers (les), fief à Montreuil-Belfroy. I, 151; II, 365.
Poisson (Jean). II, 320.
Poissy (l'abbaye de). I, 146.
Poissy (le colloque de). I, 141.
Poitevin (Suzanne), femme de Philippe de la Vairie et de Gédéon Lenfant. III, 33, 34, 67.
Poitiers. I, 53, 68, 76, 84, 115, 119, 124, 316, 397, 398; II, 149, 162, 163, 174, 175, 183, 187, 189, 197, 198, 432, 459.
Poitiers (les Jacobins de). I, 121.
Poitiers (la bataille de). II, 113.
Poitiers (comte de), comes Pictavensis. II, 69. Voir Jean II, Poitiers (Alfonse de).
Poitiers (le diocèse de). I, 43, 280; II, 111; III, 161.
Poitiers (l'évêque de), episcopus Pictavensis. I, 45; II, 75, 76. Voir Hugues.
Poitiers (Alfonse de), Alfonsus, comes Pictavensis et Tholosanus. I, 42, 43, 45; II, 75-77, 79, 80, 83.
Poitou (le), Pictavia. I, 41, 111, 151, 166, 247, 263, 316, 330; II, 83, 113, 158, 255, 269, 407, 411, 432; III, 118, 119, 202. — (comte de). Voir Poitiers (comte de). — (capitaine de). Voir Lombart (Jourdain de). — (le receveur de). II, 127. — (le sénéchal de). I, 41, 45; II, 75-80, 83, 106. Voir Capella (Herbertus de), Maillé (Hardouin IV et Payen Ier de).
Poitiers (Diane de). I, 141.
Poivendre (Ameline de). I, 43; II, 75.
Poix (François de), chanoine de la collégiale de Saint-Calais. III, 209.
Polhar (Étienne). III, 158.
Poli (le vicomte Oscar de). I, 306.
Pologne (la). I, 161; II, 377. — (roi de). Voir Henri III, Stanislas.
Polotsk (Russie). I, 377.
Polytechnique (l'école). I, 426.
Pomer (Johannes de). II, 66.
Pomerio Acri (domus de). Voir Pommier-Aigre.
Pommeraie (la), fief au Maine. I, 210; III, 38-67, 238. — (seigneur de la). Voir Maillé (Henri et René Ier de).
Pomerie (la). II, 484. Lire : Pommeraie (la). Voir III, 238.
Pommeraie (sieur de la). Voir Amiart (Jean). — (seigneur de la). Voir Menon (Jean).
Pommerais, avocat. II, 394.
Pommereuil (Madeleine-Françoise de), dame de Moulin-Chapelle,

femme de Guy-César de la Luzerne. I, 215.
Pommerieux (Mayenne). I, 210; III, 44-67. — (seigneur de). Voir Maillé (Henri, René Ier et René II de).
Pommier (le), métairie. II, 266.
Pommier-Aigre (le prieuré de), en Touraine, domus de Pomerio Acri. I, 42; II, 71, 72.
Poncé (René de), seigneur de Chéripeau, la Beuvrière, Espinay, la Talonnière et Fleuré. I, 197, 205, 438.
Poncé (Renée de), fille de René de Poncé et de Catherine de Mauny, femme de Jacques III de Maillé, dame de Bénéhart. I, 196, 197, 205; II, 379, 454.
Ponceau (le), fief annexé à Bazouges. III, 33.
Poncet de la Rivière de Chamilly (Catherine), femme de François de Bouton. III, 118.
Ponchien (Jean), notaire. III, 6.
Pondaven (C.), notaire. II, 507.
Ponent (la flotte du). I, 176.
Ponsleveus. Voir Pontlevoy.
Pont (le prince de). III, 155.
Pont (le sieur du). III, 53.
Pont (Jean du). II, 144.
Pont (Joseph du), notaire. III, 213.
Pont (Pierre du), seigneur de Pouillé. II, 416.
Pont (Vincent du), receveur des aides. II, 430.
Pontalier (M. de). II, 440.
Pontays (Mauricet). II, 234.
Pont-du-Château, en Auvergne. I, 213.
Ponte (Ingelbaldus de). II, 22.
Pontgibault (comtesse de). Voir Fayette (Jacqueline de la).
Pontigné (Maine-et-Loire). III, 145, 172, 179, 180. — (vicaire de). Voir Lhuillier (Michel).
Pontilevensis (Sancta Maria). Voir Pontlevoy.

Pontilleux, fief à Évaillé, vassal de Maisoncelles. II, 332.
Pontisara. Voir Pontoise.
Pontlevoy (l'abbaye de), Ponsleveus, Sancta Maria Pontilevensis. I, 4, 22, 23; II, 16-19. — (abbé de). Voir Ansbert, Guy.
Pontlevoy (Jean de). II, 119.
Pontlieue. I, 80; II, 187.
Pont-Neuf (la porte du), au Mans. I, 298.
Pontoise, Pontisara. I, 41, 49; II, 70, 71; III, 31.
Pontorson. I, 76; II, 164, 165.
Pont-Sainte-Maxence, Pons Sanctae Maxcenciae. II, 100, 101.
Ponts-de-Cé (les). I, 147; II, 368.
Popinus (Andreas). II, 33.
Poquetière (la), en Touraine, près de Châtillon-sur-Indre. I, 309. — (seigneur de la). Voir Marcé (Daniel de).
Porc (Le). Voir Le Porc.
Porchell (G.), notaire. II, 509.
Porcher (Gilles). II, 405.
Porcher (le chanoine). I, 23.
Pordic (baron de). Voir Andigné (Charles d'), Le Porc de la Porte (René).
Porrhoet (comte de). Voir Rohan (Alain IX de).
Port (Célestin). I, 5, 29, 129, 134, 135, 140, 145-148, 151, 155, 157, 159, 161, 166, 167, 170-172, 176-179, 300, 303, 308, 341, 346, 353, 360, 361, 364, 366, 368, 370, 371, 374, 388, 391, 392, 420, 437-441; II, 35, 54, 55, 91, 95, 176, 208, 210, 223, 224, 356; III, 178, 236.
Portais, notaire. II, 485.
Porte (Barbe de la), dame du Tremblay. II, 410.
Porte (Claude de la), seigneur de George et de Lorgerais. III, 195-201.
Porte (Le Porc de la). Voir Le Porc de la Porte.

TABLE ALPHABÉTIQUE 421

Porte (Olivier de la). I, 125; II, 203.
Porte-Joyau (la), à Ligron. III, 127, 128.
Portes (le bordage des), à Bouloire. II, 300.
Porto (évêque de). Voir Bonaventura (Romanus).
Port-Royal (l'abbaye du), à Paris. Voir Paris.
Port-Sainte-Marie. I, 112; II, 133.
Portugal (le). I, 177.
Posset (seigneur de). Voir Breslay (Pierre de).
Possonnière (la) (Maine-et-Loire). II, 210.
Possonnière (la), à Coutures (Loir-et-Cher). I, 128, 129, 458. — (seigneur de la). Voir Ronsard.
Potardière (la), à Crosmières. III, 34.
Potentiana vel Pudentiana, virgo. II, 33.
Poterie (la), à Joué-en-Charnie. III, 108.
Poterie (la Grande-), fief vassal de Château-Sénéchal. I, 312; III, 80.
Poteries (les), fief à Ligron. I, 310. — (seigneur des). Voir Maillé (Frédéric de). — (dame des). Voir Louys (Marie), Samson (Marguerite de).
Potier (Jean). II, 316, 323.
Potier, vicaire à Chahaignes, III, 143.
Potier de Courcy. I, 380, 390-395, 409-414, 417, 419, 420.
Pouèze (seigneur de la). Voir Maillé de la Tour-Landry (Marie-Urbain Charles de).
Pouget (Jean-François-Albert-Sigismond du), marquis de Nadaillac, mari de Claude-Louise-Marie de Maillé de la Tour-Landry. I, 422.
Pouillé, fief à Mazé, vassal de Milly. II, 416. — (seigneur de).

Voir Grandière (François de la), Pont (Pierre du).
Poulain (Pierre), notaire. I, 406; III, 83.
Poulet, notaire. I, 436.
Pouliet (Cyr), bourgeois d'Issoudun. II, 258-263.
Poullain (Guillemin), seigneur de Prévolle. II, 304, 305, 318, 323, 324.
Poullaouen (Finistère). II, 516; III, 238.
Poullet (Jean). II, 314.
Poupardeau (la femme de). III, 25.
Poupeline (Robin). II, 311.
Pourboulain (Jean de), receveur. I, 57; II, 143.
Pouriaz (Ignace), avocat, III, 79, 80.
Pourpel. II, 406.
Pouvardière (la), à Bouloire. II, 290, 297, 298, 299.
Povinier. II, 85.
Poytevin (Guillaume Le), prieur-curé de Saint-Georges-du-Bois. II, 276.
Prague. II, 477.
Pré (l'abbaye, la paroisse, le faubourg du), au Mans. I, 206, 207, 318; II, 404; III, 13-19, 53. — (abbesse du). Voir Miée de Guespray (Charlotte de), Montalais (Anne de). — (curé du). Voir Le Brun (Julien).
Précigné (baron de). Voir Beauvau (Bertrand de).
Précigny (Paul de), seigneur de la Scaury. II, 400.
Prégent. II, 293.
Prehée (l'abbaye de la). III, 183.
Premeville (M. de). II, 450.
Pren (le moulin), à Vallon. III, 106.
Prés (le champ de sur les), à Trangé. III, 85.
Prés (seigneur des). Voir Vove (Louis de la).
Presaye (la dame de la). II, 347.

Presblame (seigneur de). Voir Augustin (Claude d').
Presles, fief vassal de Châteauroux. III, 182.
Pressigny (le Grand-) (Indre-et-Loire). II, 149.
Pressigny (le sire de). II, 138.
Pressoir (le), à Bouloire. II, 309, 311, 325.
Pressoir (la terre du), en Touraine, à Panzoult (Indre-et-Loire). III, 70.
Pressoirs (les), à Saint-Célerin-le-Géré ou à Prévelles. III, 99.
Prestre (Jean Le). II, 228.
Preuilly (l'abbaye de). I, 24; II, 31. — (abbé de). Voir Constance.
Preuilly (le seigneur de). I, 247.
Preuilly (Gauzbert, Almodis, Hildiarde et Ademodis de), enfants de Geoffroy de Preuilly. II, 11.
Preuilly (Geoffroy de), seigneur des Roches (1063). II, 11.
Preuilly (Geoffroy de), Gofridus Jordanis (1092). I, 24; II, 31.
Preuilly (Geoffroy de), Galfridus de Pruilliaco (1229). II, 66.
Preuilly-Leschouart (le sire de). II, 138.
Prévelles (Sarthe). III, 99.
Préveranges (Cher). III, 183.
Préville (François). III, 77.
Préville (Marie), femme de Marin Bouteiller. I, 232; III, 77.
Prévolle, fief à Bouloire, vassal de Bouloire. II, 304. — (seigneur de). Voir Poullain (Guillemin), Vérité (Julien et Mathurin).
Prévost (Jean), seigneur de Sansac, mari de Jeanne de Maillé-Brézé. I, 154; II, 456.
Prez (Guillaume de). II, 186, 202; III, 236.
Prez (Olivier de), seigneur de Prez et de Beauçay. I, 81; II, 185, 186, 187, 196, 199-202, 217, 233.

Prez (le sire de). II, 138.
Prie (le seigneur de). I, 118; II, 183.
Prieuré (le), à Luynes. Voir la Préface.
Prigeot, notaire. III, 197.
Primaudaye (Pierre de la), seigneur de la Barre, second mari de Catherine Deplays. I, 301; II, 396-400.
Prinsseprez (Jacques). III, 141.
Prionlière (la), à Ligron. III, 127, 128.
Privas. I, 168.
Prolière (la), à Milly. II, 413.
Prouterie (la), à la Chapelle-Saint-Rémy. III, 98.
Prouterie (sieur de la). Voir Thomas (Roland).
Proutière (la), à Sainte-Cerotte. II, 335.
Prouze (le sieur de). III, 198.
Provence (la). I, 352. — (comte de). Voir Anjou (Louis II et René d').
Prudhomme (Jeanne), femme de Nicolas de Neufville. I, 205.
Prudhomme (Louis), notaire. III, 92, 95, 96.
Pruillé-l'Éguillé (Sarthe). I, 192; II, 283. — (le sire de). II, 138. Voir Coesmes (de).
Pruilliaco (Galfridus de). Voir Preuilly (Geoffroy de).
Prunelé (Pierre de), seigneur d'Ouarville, premier mari de Marguerite de Reffuge. I, 258.
Pudentiana vel Potentiana, virgo. II, 33.
Puilly (Alexandre et François de), chapelains de Sainte Catherine de Breil. II, 293.
Puisaye (la), au diocèse de Chartres. I, 106.
Puits (le), seigneurie à Laigné (Mayenne). I, 210. — seigneur du). Voir Maillé (Henri, René Ier et René II de).

Punevère (Jeanne), *alias* Jeanne de Pannevère, femme de Jean Hamon. I, 155.
Putibale, à Écorpain. II, 335.
Puy (l'évêque du). I, 373.
Puy (le), métairie. I, 274; III, 7.
Puy (le), lieu indéterminé. II, 425.
Puy (seigneur du). Voir Le Coutelier (Thomas).
Puy (sieur du). Voir Trajean (Jean).
Puy (la maison du), en Loudunois. I, 115.
Puy (Jean du), seigneur des Roches-Saint-Quentin. II, 116.
Puy (N. du), première femme de Payen II de Maillé. I, 114-117.
Puy-Boulard (seigneur du). Voir Moussy (Renaud de).
Puy de Montbazon (seigneur du). Voir Artaud (Jean).

Puy-du-Fou (Anne du), fille de Pierre du Puy-du-Fou et de Marthe Orry, femme de Jean de Maillé. I, 254, 255.
Puy-du-Fou (Pierre du), seigneur de Saint-Georges. I, 254.
Puygaillard (M. de). I, 155; II, 378, 384. — (seigneur de). Voir Léaumont (Jean de).
Puy-Laurens (M. de). II, 493.
Puy-Milleroux (le), à Dangé (Indre-et-Loire). II, 157.
Puy-Murinais (Anne du), fille d'Antoine-François du Puy-Murinais et d'Anne Barbes, première femme d'Henri de Maillé. I, 278-281; III, 70, 71, 118-121, 159, 210, 211.
Puy-Murinais (Antoine-François du). I, 278; III, 71.

Q

Quarré (Charles), notaire. II, 490, 507.
Quarterie (le bois de la). II, 35.
Quartes-du-Puy (les). II, 457.
Quatrebarbes (Jacques de), seigneur de Marçon. I, 139; II, 342, 343.
Quatre-Roues (la rue de), au Mans. I, 312; III, 136.
Quatre-Vents (l'hôtellerie des), à la Flèche. III, 68.
Quattrevault (des), notaire. II, 457.
Quellan, châtellenie. II, 441.
Quellenec (Françoise du), dame de Tyouarlain. II, 287, 288.
Quendeville (Étienne). III, 20.
Quenelle (Robinus). Voir Knolles (Robert).
Quentin (Michel). II, 308, 316.
Quercy (le). II, 125. — (sénéchal du), senescallus Cartucensis. Voir Maillé (Payen Ier de).
Quergorlay. Voir Kergorlay.
Quesné. III, 101. Lire : Guesné. Voir III, 239.
Queste (la), à Saint-Jean-de-Combrand. I, 157; II, 458.
Quindordière (la), métairie. III, 38.
Quinepot, à Saint-Aignan. I, 312; III, 84.
Quinquempoix (la rue), à Paris. II, 439.
Quintin (comtesse de). Voir Périer (Jeanne du).
Quintinus (Haimericus). II, 57.
Quintinus, homo filiorum Milesendis de Malliaco. II, 24.
Quiquempoys (le pré de), à Bouloire. II, 311.
Quistinic. III, 210.
Quoquery (Jean). III, 173.

R

R., vicecomes Cenomanorum. II, 6.
Rabasté, Rabaté. Voir Roche-Rabasté (la).
Rabineau (Étienne), seigneur de Rouassé. II, 239.
Rablaie (la), à Écorpain. II, 335.
Raby (Samuel), marchand. III, 92.
Radray (seigneur de). Voir Clinchamps (Louis de).
Radrets (les), à la Bazoche-Gouet (Eure-et-Loir). — (seigneur des). Voir Illiers (François, Geoffroy et Jean Ier d').
Radulfus, archiepiscopus Turonensis. Voir Raoul.
Rad[ulfus] de Malliaco. Voir Maillé (Raoul de).
Radulfus, monachus. II, 46.
Radulfus, testis. II, 2.
Radulphus Borduil. Voir Bordeil.
Radulphus de Asperomonte. Voir Apremont.
Raffray (René), notaire. III, 78, 80.
Raganne, ancien moulin à Bouloire, fief vassal de Meslève. II, 302. — (seigneur de). Voir Odineau (Mathurin).
Raginaldus de Castrogunterii. Voir Château-Gontier (Renaud de).
Raginaldus de Salmuro, prepositus de Longevio. II, 56.
Raginaldus de Sarmasiis. II, 12.
Raginaldus Garnerius, camerarius. III, 233.
Raginardus, miles de Meiré. II, 58.
Ragueliniére (la), à Bouloire. II, 298, 306, 307, 309, 318, 322, 325, 326.
Raguse (le duc de), maréchal de France. I, 379.
Rahay (Sarthe). I, 223; II, 409, 438, 439, 442. — (curé de). Voir Chambois (Émile-Louis).
Raimbauld, neveu de Geoffroy, Raimbaldus, nepos Gausfredi, militis. I, 14; II, 13.
Raimbault, notaire. III, 26.
Raimbaut (Alain). III, 175.
Rainaldus Cadilo. II, 26.
Rainaldus, Rainardus, filius Frotmundi. II, 12, 13.
Rainaldus, filius Gausfredi Manselli, Rainaldus Mansellus. II, 21, 26.
Rainaldus, juvenis. II, 9.
Rainaldus Longinus, pater Gausfredi. II, 21.
Rainaldus, major. II, 4.
Rainaldus Mansellus, filius Gausfredi Manselli. II, 21, 26.
Rainaldus, maritus filiae Gaulterii Hildemari. Voir Rainauld.
Rainaldus Mischinus. II, 20.
Rainaldus, nepos Gilduini. II, 14; III, 235.
Rainaldus, puer, filius Alfredi seu Colfredi, militis. II, 15.
Rainaldus, sororgius Harduini de Malliaco. II, 58. Voir Haye (Rainauld de la).
Rainardus anna habes. II, 10.
Rainaudus, pater Suplicii. II, 18.
Rainauld, mari de la fille de Gau-

TABLE ALPHABÉTIQUE

tier Hildemart, Rainaldus, maritus filiae Gaulterii Hildemari. I, 24, 25; II, 30, 33.
Rainerius, presbyter de Sancto Venantio. II, 46.
Rainfredus, presbyter. II, 4.
Raingfridus, archipresbyter. II, 14.
Ralière (la), fief. III, 124, 125.
Rallay, à Écorpain et Maisoncelles. II, 331, 335.
Rallet (P.), notaire. III, 67.
Rallu, notaire. III, 79, 81.
Rambouillet (le seigneur de). II, 377.
Ranay (seigneur de). Voir Le Gantier (Louis).
Rancurel (Alexis-Joseph de), seigneur de Saint-Aubin et de Saint-Martin. I, 390.
Rancurel (Suzanne-Antoinette de), fille d'Alexis-Joseph de Rancurel et d'Élonore-Dorothée de Walkembourg, femme de Charles-André de Maillé de la Tour-Landry. I, 389, 390; III, 123, 151, 239.
Randoyneau (Jean), fermier de la châtellenie de Vendôme. II, 293, 376, 480.
Raneuvel. Lire : Rancurel.
Rannulfus, archidiaconus [Turonensis]. II, 31.
Ranty (Catherine de), femme de René de Poncé. I, 205, 438.
Raoul, archevêque de Tours, Radufus, archiepiscopus Turonensis. I, 26; II, 31, 35, 38, 39.
Raoul (Jean). III, 168.
Raoul (Louis), sergent. III, 227.
Rapin du Chatel (Charles-Nicolas-Emmanuel), mari d'Henriette-Julienne Le Mayre de Millières et d'Aurélie-Jenny-Charlotte de Maillé de la Tour-Landry. I, 396.
Rasilly (la famille de). Voir les articles Maillé (Arthus, Françoise et Jean II de).
Rasilly (Amador-Jean-Baptiste de). Voir l'article Maillé (Françoise de), femme de Lancelot du Raynier.
Rasilly (Gabriel de), seigneur de Rasilly, des Oiseauxmesle et Collombiers. Voir l'article Maillé (Françoise de), femme de Lancelot du Raynier.
Rasilly (Pierre de), seigneur de Rasilly, d'Auzon, du Rouillis. Voir l'article Maillé (Jean II de), seigneur de la Guerche.
Rasilly (M. de), capitaine du château de Loudun. Voir l'article Maillé (Arthus de).
Rasilly (le marquis de). III, 169.
Rasilly. Voir Razillé, Razilly.
Rasiné (François de), seigneur de la Bulle-Charpentier, mari de Louise ou Laure de Maillé. I, 257.
Rastre (seigneur de la). Voir Maillé (Jacques de).
Raterie (la), fief uni au Grand-Bourdigné. II, 304.
Rave (Pierre). II, 145.
Ravenne (Italie). I, 338, 339.
Raverie (la maison à la), à Saumur. II, 91.
Raveul (Espérance de), femme de Pierre de Salignac. I, 316.
Ray de la Cour (Catherine-Élisabeth), mère de Charles-Antoine de Maillé de la Tour-Landry. I, 418; III, 164.
Rayneau (G.). II, 222.
Raynier (Dimanche du), seigneur de la Tour-du-Regnier et de Thimbroil, mari de Perrine de Maillé. I, 246. — Voir l'article Maillé (Françoise de), femme de Lancelot du Raynier.
Raynier (Jeanne du), fille de Lancelot du Raynier et de Françoise de Maillé, femme de Gabriel de Rasilly. Voir l'article Maillé (Françoise de), femme de Lancelot du Raynier.
Raynier (Lancelot du), fils de Dimanche du Raynier et de Perrine

de Maillé, seigneur de Chançay, mari de Françoise de Maillé. I, 246. Voir l'article Maillé (Françoise de), femme de Lancelot du Raynier.
Rays (Jeanne de), femme de François de Chauvigny. III, 184.
Razillé (Jaspart de), chapelain de Maillé. II, 361.
Razilly (Claude de), seigneur de Launay. II, 516.
Razilly (Raoul de). II, 174.
Razilly. Voir Rasilly.
Rb., comes Fuxensis, vicecomes Castriboni. Voir Foix (Roger-Bernard II, comte de).
Ré (l'île de). I, 83, 410; II, 193.
Rearchon (Robert), bailli de Touraine. II, 109.
Réaumur (le prieuré de), au diocèse de Luçon. I, 340. — (prieur de). Voir Maillé de la Tour-Landry (Joseph de).
Rebel. II, 497-499.
Rebours (Le). Voir Le Rebours.
Recoquillé (François), marchand. III, 190.
Redon... (Alanus de). II, 55.
Reffuge (Marguerite de), fille de Pierre de Reffuge et de Marguerite Chambellan, femme de Pierre de Prunelé et d'Abel de Maillé. I, 258.
Reffuge (Pierre de), seigneur de Fougères. I, 258.
Reginaldus de Mailleio. Voir Maillé (Renaud de).
Reginardus, pater Adelardi. II, 6.
Regnard (Louis), praticien. II, 435.
Regnart. II, 237.
Regnier (seigneur du). I, 246. Lire : seigneur de la Tour-du-Regnier. Voir Raynier (Dimanche du).
Regnouart (Noël), seigneur de Misy-sur-Yonne et de Montenson. III, 11.
Regnouart (M. et Mme). III, 27.

Regouf (François), chapelain de Millé. II, 366.
Regueneau (Jean). III, 225-227.
Reiffemberg (Anselme - Casimir Wambold d'Umbstatt de), archevêque de Mayence. II, 470-472.
Reillé, Reilleyum, Reilliacus, Reilé. Voir Rillé.
Reilli (Rideau de). Voir Rillé (Rideau de).
Reimbertière (seigneur de la). Voir Le Gay (Jacques).
Reims. I, 83.
Remeure. Lire : Rancurel.
Remond (Mathurin), curé de Crissé. III, 70.
Renard (Louis), sieur de la Brainière. III, 112, 131-135.
Renard (Marie), femme du seigneur de Sougé. III, 131-135.
Renard, notaire. III, 131.
Renart (Jacques), conseiller du roi. II, 165.
Renaudière (la), à Bouloire. II, 309, 313, 315, 318.
Rendoyneau. Voir Randoyneau.
René, bâtard de Savoie. I, 100; II, 228.
Renerius Gillardus. II, 47.
Renigravius. II, 474.
Rennes. I, 160, 266; II, 228, 379, 381, 441, 442, 444, 454; III, 210. — (la rue Fennerie, à). II, 381. — (le diocèse, l'évêché de). II, 75, 379, 410. — (évêque de). Voir Maillé de la Tour-Landry (Jean-Baptiste-Marie de).
Renou (Simon), archevêque de Tours, Simo Renulphus, archiepiscopus Turonensis. II, 115.
Renty (Mme de). I, 415.
Renusson (Mathurin). II, 313, 320.
Reperant, notaire. I, 199; II, 454.
Reseaux, paroisse de Manchelain. II, 147.
Restière (la), à Joué-en-Charnie. III, 108.

Restigné (Indre-et-Loire). II, 433; III, 200.
Restine (Harduinus de). II, 46.
Rethelois (le). III, 188.
Rétif (J.). II, 449.
Retore (Perrin ou Perrot). II, 310, 319.
Retours (les), pièce de terre de la Baudinière. III, 34.
Retz (M. de). II, 449.
Reugny (de). II, 400.
Reverdy (Jean). II, 321.
Rex (Ulricus). II, 18.
Rezay (Cher). II, 259-263. — (baron de). Voir Beaujeu (François de).
Rhin (le). II, 488.
Riaille (Jean de), curé de Saint-Lambert, près Saumur, et chapelain du Verger. II, 254, 285.
Riancourt. II, 504.
Ribouet (l'étang), à la Jaille-Yvon. II, 345.
Riboul (la famille des). I, 56.
Riboul (Foulques), seigneur d'Assé-le-Riboul. I, 56; II, 145, 150, 160.
Rich... II, 481.
Richardie (Marie-Anne de la). III, 158.
Richardus, major. II, 4.
Richart (Jean), écuyer. II, 169.
Richelieu (seigneur de). Voir Clérembaud (Gilles).
Richelieu (le duc de). II, 369.
Richelieu (Armand-Jean du Plessis, cardinal de), évêque de Luçon. I, 160, 166-173, 176-178; II, 448, 475, 481, 487, 490-492, 496; III, 203.
Richelieu (le régiment du Cardinal de). I, 199.
Richemont (le connétable de). I, 81, 82; II, 187.
Richer (Charles), seigneur de Monthéard. I, 208, 224; III, 77, 86, 113, 209.
Richer (Charles-Guillaume), chapelain de Saint-Turibe. III, 90.
Richer (Niexant). II, 405.
Richer (Olivier), seigneur de la Baronnière. II, 302.
Richer (Philbert-Emmanuel), seigneur de Monthéard et de Saint-Jean-d'Assé. III, 90.
Richer, notaire. III, 18, 19.
Richer, prieur de Cru. I, 139; II, 341.
Richomme (Robert), enquêteur. III, 171-173.
Ricordanne (seigneur de). Voir Mallard (Gilles).
Rideau de Reilli. Voir Rillé (Rideau de).
Ridel (Hugo). II, 60.
Ridellus Rilliaci. Voir Rillé (Rideau de).
Ridouet (Georges de), seigneur de Sancé. II, 515.
Rieux (Jean de), comte d'Aumale, seigneur de Rieux et de Montfort, mari de Claude de Maillé. I, 97; II, 264.
Rieux (Louise de), femme de Louis II de Rohan. I, 98.
Rieux (le maréchal de). I, 80, 81; II, 187.
Rieux-Sourdéac (Marie de), femme de Sébastien, marquis de Ploeuc. I, 273.
Rigandière (la), à Bouloire. II, 297.
Rigoreau, sergent en Vendômois. II, 479.
Rileio (Saleon de). II, 47.
Rillé (Indre-et-Loire), Reilliacus, Reilleyum, Rellé, Ruillé, Reillé en Anjou, ville, église, paroisse, prieuré, châtellenie, baronnie, étang, cimetière, etc. I, 26, 33, 46, 49, 65, 83, 85, 86, 90, 91, 292-296, 304; II, 36, 43, 60, 82, 84-86, 94, 95, 97, 98, 144, 195, 196, 207, 211, 212, 216, 223-225, 234, 248-251, 270, 277, 284, 385, 386, 432, 434, 459; III, 236. — (seigneur de). Voir

Batarnay (François de), Daillon (Guy de), Laval (Gilles de), Maillé (François, Hardouin V, Hardouin VII, Hardouin VIII, Hardouin IX de), Papebœuf (Robert). — (dame de). Voir Maillé (Françoise de). — (bailli de). Voir Baro. — (châtelain de). Voir Barre (Hardouin de la). — (prieur de). Voir Moutard. — (receveur de). Voir Barre (Hardouin de la), Buron, Frogier (Jean), Piron (Denis).

Rillé (Damien de), seigneur d'Azay-sur-Indre ou d'Azay-sous-Loches, mari de Louise de Maillé. I, 257.

Rillé (Rideau de), Ridellus Rilliaci (vers 1130). II, 43; — Rideau de Reilli (1285). II, 85.

Rions *ou* Rious (Denis). II, 109.

Riou (Guillaume), curé de Breil. I, 291; II, 223, 224, 239, 270.

Riousse (le Grand-), à Saint-Jean-d'Assé. III, 75.

Rippart (Marie-Anne), marquise de Silly. III, 150.

Rippaudière (la), ministre calviniste. I, 298.

Rivau (Louise du), Louise de Rivaux, femme de Jean de la Barre, seigneur de la Brosse. I, 205; III, 3.

Rivau (René du). I, 205.

Riverelles, fief à Saint-Gervais-de-Vic. II, 331, 335. — (seigneur de). Voir Baïf (Jean de).

Rivière (seigneur de la). Voir Cozerieu, Goubiz (Jacques de). — (sieur de la). Voir Chartier (Guillaume).

Rivière (François de la), marquis de la Rivière. III, 211.

Rivière (Jean de la), lieutenant de police au Mans. III, 108.

Rivière (Jean-François de la), juge au Mans. III, 132.

Rivière (Léonor de la), seigneur de la Groirie. I, 252; III, 84-87.

Rivière de Chamilly (Poncet de la). Voir Poncet.

Rivière-Marteau (seigneur de la). Voir Maillé (Arthus de).

Roannais (le duc de). I, 341. — Voir Gouffier (Claude).

Roaudière (Jean de la), *alias* Jean de la Ruaudière. II, 165, 166.

Robeline (Marguerite), femme de Pierre de Targé. I, 252.

Robert (Anne-Nicolas), marquis de la Chartre. III, 138.

Robert (Jean), chanoine de Saint-Martin de Tours. II, 119, 120.

Robert, fils de Geoffroy Papebœuf. Voir Papebœuf (Robert).

Robert, seigneur des Roches. Voir Roches (Robert des).

Robert (M.). II, 419.

Roberti (Philippus). II, 53, 66.

Robertus de Boloio *vel* Bloio. II, 42.

Robertus de Bomez. II, 66.

Robertus de Castrobrientii. Voir Châteaubriant (Robert de).

Robertus de Chantille. II, 47.

Robertus de Jupill... II, 55.

Robertus de Perreniaco. II, 52, 53.

Robertus de Sancto Florentio. II, 4.

Robertus de Semblecevaco. Voir Semblançay (Robert de).

Robertus Eschampart. II, 67.

Robertus, prior Majoris Monasterii. II, 48.

Robertus Roce, Roscie. Voir Rocé (Robert).

Robertus, testis. II, 47.

Robespierre. I, 411.

Robin (Michau), dit l'Oisonnière, voleur. I, 138; II, 340.

Robin (René-Henri), marquis de la Tremblaye. III, 141.

Robin de la Tremblaye (Amable), marquis de Pimpéan, sénéchal d'Anjou. III, 146, 239.

Robineau (Jean), seigneur de Vermand. II, 334.

Robineau (Jérôme-Joachim Michel), fils de Joachim Robineau et de

Louise-Françoise-Pélagie Le Lou, mari de Marie-Ursule de Maillé de la Tour-Landry. I, 410.
Robineau (Joachim), seigneur de la Rochequairie. I, 410.
Robinus Quencile. Voir Knolles (Robert).
Rocamadour (Lot), Ruppis Amatoris. I, 110; II, 125, 126.
Rocé (Robert), chevalier. I, 40, 41; — Robertus Roscie, vavassor de Malleio (1195). II, 53; — Robertus Roce, miles (1226). II, 62, 63; — Robertus Roce, vavassor de Malleio (1232). II, 66; — Robertus Roce, miles (1233). II, 66, 67. — Voir Roscae (Rotbertus, filius.
Rochambeau (A. de). I, 129.
Rochambeau (N., seigneur de), mari de René de Maillé-Ruillé. I, 220.
Roche (la), à Bouloire. II, 307, 311.
Roche (la), à Évaillé. II, 335.
Roche (la), à Souligné-sous-Vallon. III, 105.
Roche (le clos de la), en Touraine. II, 146.
Roche (seigneur de la). Voir Bueil (Antoine-Pierre de), Daen (Guillemot), Maillé (Urbain de).
Roche (Benoît), sergent. III, 227.
Roche (Berillosa de la), première femme de Bonabes de Derval. II, 110.
Roche (Étienne de la). III, 143.
Roche (Guillaume de la), mari d'Agnès de Maillé-Lournay. I, 327.
Roche (Jeanne de la), femme de Guillemot Daen. III, 167.
Roche (Jeanne de la), fille de Phelippon de la Roche, femme de Jacques de Maillé-Lournay. I, 327, 328.
Roche (Phelippon de la), seigneur de la Roche-sous-Chasteau. II, 105.
Roche (Philippon de la). I, 328.
Roche, curé de Saint-Maur. III, 140.

Roche-au-Duc (la), auparavant la Roche-aux-Moines, actuellement la Roche-de-Serrant, commune de la Possonnière (Maine-et-Loire). I, 121; II, 209, 210, 220, 225, 231. — (seigneur de la). Voir Brie (Jean II de). — (dame de la). Voir Maillé (Isabelle de).
Roche-Bardet (la), à Bouloire. II, 314, 325.
Roche-Bernard (la). I, 126, 352; II, 228.
Roche-Bourdeuil (la), à Beaumont-la-Ronce. I, 243; II, 176, 177. — (seigneur de la). Voir Maillé (Charles, Jean Ier, Jean II et Moreau de). — (dame de la). Voir Bourdeuil (Louise de).
Roche-Brochart (la), fief à Montilliers. II, 215. — (seigneur de la). Voir Brie (Jean II de). — (dame de la). Voir Maillé (Isabelle de).
Rochecervière (seigneur de). Voir Maillé (Claude de).
Roche-Clermaut (la) (Indre-et-Loire). II, 380, 381. — (seigneur de la). Voir Marmande (Pierre de).
Rochecorbon (Indre-et-Loire). I, 23, 58, 81, 82, 90, 91, 93, 97, 99, 245; II, 18, 48, 107, 151, 180, 187, 188, 225, 230, 251, 265; III, 177. — (seigneur de). Voir Amboise (Ingelger II et Louis II d'), Brenne (Geoffroy de), Maillé (François, Hardouin VIII et Hardouin IX de). — (dame de). Voir Amboise (Perrinelle d'), Maillé (Françoise de). — (capitaine de). Voir Chardoine.
Rochecorbon (l'île de). I, 99; III, 177.
Rochecorbon (Thibaut de). Voir Roches (Thibauld des).
Roche-Daen (seigneur de la). Voir Daen (François).
Roche de Fresnay (seigneur de la). Voir Errault (Pierre).

Roche-de-Meigné (la). I, 290; II, 221. — (dame de la). Voir Soucelles (Jeanne de).
Rochederé (seigneur de la). Voir l'article Maillé (Jean II de), seigneur de la Guerche.
Roche-des-Aubiers (la), à Coron (Maine-et-Loire). II, 176. — (seigneur de la). Voir Le Roux (Geoffroy, *alias* Georges).
Roche-de-Serrant (la). Voir Roche-au-Duc (la).
Roche-de-Vermand (la), fief à Sougé-sur-le-Loir, vassal de Maisoncelles. II, 334, 462, 463. — (seigneur de la). Voir Garrault (Pierre), Georget (Jean), Le Coutelier (Thomas).
Roche-du-Maine (marquis de la). Voir Tiercelin d'Appelvoisin.
Rochefardière (seigneur de la). Voir Baïf (Jean de), Vay (Jean de). — (dame de la). Voir Vay (Jeanne de).
Rochefolle, fief en Berry. III, 183.
Rochefort (Charente-Inférieure). II, 184.
Rochefort (la seigneurie de). II, 347.
Rochefort (comte de). Voir Rohan (Louis de).
Rochefort-sur-Creuse (marquis de). Voir Allongny (Louis d').
Rochefort-sur-Loire (la cure de Saint-Symphorien de). II, 462.
Rochefort-sur-Loire (seigneur de). Voir Allongny (Louis d').
Rochefort (Dominique de), seigneur de Larmandière. I, 235.
Rochefort (Françoise-Bonne de), fille de Dominique de Rochefort et de Jeanne du Fresne, seconde femme de Louis de Maillé-Roujoux. I, 234-236; III, 153, 158.
Rochefoucauld (la). II, 241, 267.
Rochefoucauld (le duc de la). I, 174.
Rochefoucauld (Aimar de la), seigneur de Montbazon et de Sainte-Maure. II, 211.
Rochefoucauld (Anne-Philippe de la), femme de Charles de Melun. I, 130.
Rochefoucauld (Hélène-Thérèse-Philippine-Marie de la), fille de Roger, comte de la Rochefoucauld, duc d'Estissac, et de Juliette de Ségur, femme de Louis-Armand-Joseph-Jules de Maillé de la Tour-Landry. I, 430, 431.
Rochefoucauld (Marguerite de la), seconde femme d'Hardouin IX de Maillé, dame de Verteuil, Barbezieux et Mussidan. I, 88-97; II, 241, 242, 247, 248, 267.
Rochefoucauld (Roger, comte de la), duc d'Estissac. I, 430.
Rochefoucque (baron de la). Voir Soucelles (Paul de).
Roche-Froissart (seigneur de la). Voir Begeon.
Roche-Giffart (le régiment de la). II, 498, 499.
Roche-Guillebault (la), en Berry. III, 183.
Roche-Guyon (le château de la). I, 420.
Rochelle (la), Rupella, Ruppella. I, 160, 167, 177, 270, 282, 283, 285, 331, 358; II, 68, 83, 236, 255, 258, 377; III, 118-120. — (l'église Saint-Jean de la). III, 155.
Rochelle (Bonaventure), notaire. II, 380, 382.
Roche-Luzais (seigneur de la). Voir Laval (Gilles de).
Roche-Patras (seigneur de la). Voir Patras (Félix de).
Rochequairie (seigneur de la). Voir Robineau (Joachim).
Rocher (le), à Bouloire. II, 299, 310, 313, 317, 321.
Rocher (l'étang du), à Bouloire. II, 295, 297.
Rocher (Perrine du), femme de

Pierre de Ghaisne. I, 365; III, 102.
Rocher (Renée). II, 311, 316, 317, 320, 322, 324, 329, 330.
Roche-Rabasté (la), Rabaté, fief à Souzay (Maine-et-Loire), vassal de Montsoreau. I, 257, 259, 437, 440; II, 223; III, 174, 175. — (seigneur de). Voir Maillé (Abel, Charles Ier, Jacques et René de), Touche (René de la).
Roche-Rabasté (Agnès *ou* Anne de la), dame de Cessigny, fille de Jean de la Roche-Rabasté et d'Anne de Cessigny, femme d'Hardouin de Maillé, seigneur de l'Islette. I, 256, 257, 315; II, 268.
Roche-Rabasté (Jean de la), seigneur de Cessigny. I, 256; II, 223.
Roche-Racan (le château de la). I, 365.
Rochère (seigneur de la). Voir Cervon (Joachim de). — (dame de la). Voir Maillé (Renée de).
Rocherols. II, 151.
Roches (le fief des), honor Rupium Turonensium. II, 11.
Roches (les), près Chahaignes (Sarthe). I, 210; II, 350; III, 37-67.
Roches (les), à Gennes. II, 272, 344.
Roches (les), métairie et moulin à vent, à Milly. II, 412, 413.
Roches (seigneur des). Voir Le Clerc (Pierre).
Roches (seigneur des). Voir Preuilly (Geoffroy de).
Roches (sieur des). Voir Jouye (Pierre), Pinart (Pierre).
Roches (la famille des). I, 6.
Roches (Alexandre des), Alexander de Rupibus. II, 24.
Roches (Aucher des), Alcherius de Rupibus. II, 29.
Roches (Bérenger des), Beringe-

rius, filius Ludovici de Rupibus. II, 13.
Roches (Eudes des), Odo de Rupibus. II, 12.
Roches (Geoffroy des), Gaudefredus de Rupibus (vers 1063). II, 11.
Roches (Geoffroy des) (1365). II, 150.
Roches (Geoffroy de Brenne, dit des). Voir Brenne (Geoffroy de).
Roches (Girois des), Giroius, pater Mathei de Rupibus. II, 13.
Roches (Guillaume des), sénéchal d'Anjou, Willelmus de Rupibus, senescallus Andegavensis. II, 55, 56.
Roches (Hardouin des), Harduinus, frater Tetbaldi de Rupibus. II, 13.
Roches (Jean des), Johannes de Rupibus, prepositus Gaufredi, comitis Andegavensis. II, 10.
Roches (Jean-Armand Fumée des), abbé de Figéac. III, 120.
Roches (Louis des), Ludovicus de Rupibus. II, 10, 13.
Roches (Mathieu des), Matheus de Rupibus, filius Giroii. II, 13.
Roches (Milsende des), Milesindis de Rupibus. Voir Maillé (Milsende de).
Roches (Odon des), Odo de Rupibus. II, 12.
Roches (Robert des), seigneur des Roches, Rotbertus de Rupibus. I, 8; II, 33, 37, 39.
Roches (Sulpice des), Sulpitius, Suplicius de Rupibus. II, 11, 13.
Roches (Tedase des), Tedasius de Rupibus. II, 13.
Roches (Thibauld des), Tetbaldus, Tetbaudus, Theobaudus, dominus de Rupibus, Rupium, Thibaut de Rochecorbon, Thibaut, seigneur des Roches. I, 6, 23; II, 13, 18, 23, 43.

Roches Baritaud (le marquis des). III, 109.
Rochesne (sieur de). Voir Le Roux (Antoine).
Roches-Saint-Quentin (les), à Saint Quentin (Indre-et-Loire), Rupis S. Quintini. I, 68; II, 111, 116.
— (seigneur des). Voir Puy (Jean du).
Roche-sous-Château (la). II, 105.
— (seigneur de la). Voir Daen (Jean), Roche (Phelippon de la).
Roche-sur-Yon (prince de la). Voir Bourbon (Louis de).
Roche-Talbot (la). II, 113. — (seigneur de la). Voir Anjou (Macé et Robert d').
Rochette (la), à Savigny-sur-Braye. II, 335.
Rochette (seigneur de). Voir Linières (Antoine de).
Roche-Vermant (la). Voir Roche-de-Vermand (la).
Rocque (Bernard de la), seigneur d'Apremont. III, 217.
Rodbertus, testis. II, 2.
Rodelle (Gillette). II, 307.
Rodon, fevum Militum de Rosdonio. I, 16, 17, 21; II, 22, 23.
Rodulfus, vicarius. II, 18.
Rodulphus Nicholay. II, 95.
Roezé (Sarthe). I, 298, 299; II, 367, 431-435. — (curé de). Voir Roullin.
Roger, abbé de Cormery. I, 36; II, 47.
Roger-Bernard II, comte de Foix, Rb., comes Fuxensis, vicecomes Castriboni. I, 41; II, 63-66.
Rogier (Pierre). notaire. II, 410.
Rogier (Simon). II, 275, 276.
Rogier du Crévy (Pierre), évêque du Mans. III, 140, 141, 143.
Roguegautier (sieur de la). Voir Boissonnade (Guillaume de).
Rohan (la maison de). I, 355.
Rohan (le vicomte de). I, 40.
Rohan (Alain IX de), vicomte de Rohan et de Léon, comte de Porrhoet et de la Garnache, mari de Perrinelle de Maillé. I, 88; II, 225; III, 237.
Rohan (Anne de), femme de Louis de Rohan. III, 3.
Rohan (Charles de), bailli de Touraine, fils de Pierre de Rohan. I, 102; III, 185, 219-231.
Rohan (Diane de). Voir Rohan (Françoise, dite Diane de).
Rohan (Éléonore de). I, 349.
Rohan (François de), baron de Château-du-Loir, seigneur de Gié, le Verger, Mortiercrolles, Marigny, Gilbourg, etc. I, 348, 349; II, 56:; III, 185.
Rohan (Françoise, dite Diane de), fille de François de Rohan et de Catherine de Silly, femme de François de Maillé de la Tour-Landry, dame de Gilbourg. I, 348-355; II, 361, 426, 435; III, 185.
Rohan (Françoise de), femme de Charles d'Husson. I, 102.
Rohan (Jacqueline de), première femme de François de Balzac. I, 349.
Rohan (Léonore de), femme de Louis de Rohan. I, 340, 341; III, 189, 190.
Rohan (Louis II de), seigneur de Guémené, mari de Louise de Rieux (1490). I, 98; III, 176.
Rohan (Louis de), prince de Guémené, comte de Montbazon, baron de Marigné, du Verger, la Motte-Châtellier, Mortiercrolle. Romfort, mari de Léonor de Rohan (1574, 1591). I, 340, 341, 349; III, 3, 188-190.
Rohan (Louis de), prince de Guémené, comte de Rochefort et de Montauban, marquis de Marigné, mari d'Anne de Rohan (1651). I, 204; III, 3.
Rohan (Marguerite de), fille de

Louis II de Rohan et de Louise de Rieux, femme de François de Maillé. I, 98-103; II, 280; III, 175-177, 218-231.
Rohan (Pierre de), seigneur de Gié, vicomte de Fronsac, maréchal de France. I, 88, 96, 98, 99, 101-103, 336, 436, 437; II, 266, 275; III, 176, 185, 216-231.
Rohan (Pierre de), fils d'Alain IX et de Perrinelle de Maillé, mort sans postérité. I, 88.
Rohan (Pierre de), seigneur de Montauban. II, 439; III, 3.
Rohart (Guillaume). II, 344.
Roi-Infanterie (le régiment du). I, 216, 372.
Roineau (Haimericus), prepositus de Longeuio. II, 56.
Roiserie (la), à Sainte-Cerotte. II, 335.
Rolland (Noël), notaire. III, 162, 163.
Romains (Henri, empereur des). II, 45.
Rome. I, 14, 16, 160; II, 10, 22, 23, 33, 64, 413; III, 29.
Romé-Breteville (Marie-Anne-Victoire-Casimir), chanoinesse en Lorraine. III, 152.
Romegoux (le château de), en Saintonge. III, 118.
Romfort. I, 210. — (seigneur de). Voir Maillé (Henri, René Ier et René II de), Rohan (Louis de).
Romorantin. II, 148. — (capitaine de). Voir Vaux (Jean de).
Ronce (la), fief vassal de Château-Sénéchal. I, 312; III, 80. — (dame de la). Voir Louys (Marie).
Roncé (seigneur de). Voir Avallioles (Hector d'). — (comte de). Voir Barjot.
Roncé (Barjot de). Voir Barjot de Roncé.
Ronceray (l'abbaye du), à Angers. I, 145, 146, 157, 299, 320, 336,
436; II, 272, 359, 434, 436-438, 511; III, 144, 196. — (abbesse du). Voir Maillé (Jeanne, Simonne et Yvonne de). — secrétaire du). Voir Lefebvre (François). Voir les articles Saint-Benoît et Sainte-Marie (chapellenies de).
Ronchère (sieur de). Voir Limosin.
Roncier (Julien). II, 317, 324.
Rondray (sieur de). Voir Pioche (Claude).
Ronsard (Jean de). I, 129.
Ronsard (Louis de), seigneur de la Possonnière, de la Chapelle-Gaugain et de la Chevancière. II, 333.
Ronsard (Olivier de), seigneur de la Possonnière et de la Chapelle-Gaugain, mari de Jeanne de Maillé et de Jeanne d'Illiers. I, 129.
Ronsart (Antoinette et Michel). II, 389.
Roperville (dame de). Voir Rougé (Huette de).
Roperville (Adam de), fils d'Huette de Rougé. I, 56; II, 175.
Roptons (Simon les). III, 6.
Roques (M. de). II, 496.
Rosaria (Bartholomeus de), Bertolomeus de Roseria. II, 47, 48.
Roscae (Rotbertus, filius), testis (1133). II, 43. — Roscia (Rotbertus), testis (1136). II, 44. — Voir Rocé (Robert).
Rosdonio (fevum Militum de). II, 22, 23. Voir Rodon.
Rose (Catherine), veuve de Claude de Langlée. III, 106.
Roseria (Bertolomeus de), Bartholomeus de Rosaria. II, 47, 48.
Rosières (Henri-François de), mari de Marie-Louise-Élisabeth de Maillé. I, 286.
Rosiers (le curé des). I, 353.
Rosmadec (Alain de), fils de Jean III

et de Jeanne de la Chapelle, seigneur de Tyouarlain, Rosmadec et Glomel. II, 287, 288.

Rosmadec (Jean III de), mari de Jeanne de la Chapelle, seigneur de Bouloire. II, 287, 329.

Rosmadec (Jean, Louise et Jeanne de), enfants de Jean III et de Jeanne de la Chapelle. II, 287, 288.

Rosmadec (Sébastien, marquis de). II, 506.

Rosoir (le moulin, l'étang de), à Sonzay (Indre-et-Loire), Rosers, Rosens. II, 102, 109.

Rossignol (Jeanne). III, 22, 23.

Rostaing (Anne de), dame de Montagnat. II, 446.

Rostaing (Jeanne de), femme de René d'Escoubleau. I, 269.

Rostaing (Renée de), femme d'Henri de Beaumanoir. I, 223; II, 511, 512.

Rostrenan (Roland de), second mari de Perrinelle de Maillé. I, 88.

Rota (abbas de). II, 55.

Rotbertus, clericus, filius Gualterii Nerbonc. II, 44.

Rotbertus de Rupibus. Voir Roches (des).

Rotbertus, filius Roscae. Voir Roscae.

Rotbertus, major. II, 6.

Rotbertus Papa Bovem. Voir Papebœuf (Robert).

Rotbertus, pontenarius. II, 26.

Rotbertus, prior de Malliaco. II, 36.

Rotbertus Roscia. Voir Roscae.

Roterie (la), fief à Maisoncelles, vassal de Maisoncelles. II, 331, 332. — (seigneur de la). Voir Ardenay (Paul d').

Rotours (Robert des), seigneur des Rotours et du Coudray, en Saint-Denis-du-Maine. I, 331, 332; II, 376, 377.

Rotrou (René de), seigneur de la Dorbillière, mari de Catherine de Maillé. I, 129.

Rottier, notaire ou prêtre. III, 149, 150, 152.

Rottier, prêtre. III, 154.

Rouairie (la), à la Chapelle-Saint-Rémy. III, 98.

Rouardière (la). I, 247.

Rouassé, paroisse de Breil. II, 239.
— (seigneur de). Voir Rabineau.

Rouaudière (seigneur de la). Voir Brie (Gilles de).

Rouault (Tristan). I, 86.

Rouaux (seigneur des). Voir Mairocheau de Bonnemore.

Rouen, Rothomagum. I, 31, 145, 380; II, 42, 456; III, 236. — (archevêque de). Voir Colmieu (Pierre de).

Rouergue (le). I, 304; III, 215. — (trésorier de). Voir Cadel.

Rouez (seigneur de). Voir Andigné (Charles d').

Rouez-en-Champagne (Sarthe). I, 225; II, 468.

Rouge (Le). Voir Le Rouge.

Rougé (la maison de). II, 110.

Rougé (Bonnabes Ier de), seigneur de Rougé, fils d'Olivier de Rougé et d'Aliénor de Derval. II, 110.

Rougé (Bonnabes II de), sire de Rougé, fils de Guillaume de Rougé et mari de Jeanne de Maillé. I, 54, 55; II, 110, 137, 138.

Rougé (Bonnabes de). Voir l'article Maillé (Jean II de), seigneur de la Guerche.

Rougé (Guillaume de), seigneur de Rougé, fils de Bonnabes Ier de Rougé. I, 55; II, 110.

Rougé (Huette de), dame de Roperville, fille de Bonnabes II de Rougé et de Jeanne de Maillé. I, 54-56; II, 175.

Rougé (Jeanne de), fille de Bonnabes de Rougé et de Jeanne de Maillé, femme de Geoffroy de

la Tour-Landry. I, 56; II, 175.
Rougé (Mahaut de), fille de Bonnabes II de Rougé et de Jeanne de Maillé, femme de Briand de la Haye. I, 55, 56.
Rougé (Olivier de), mari d'Aliénor de Derval et père de Bonnabes Ier de Rougé. II, 110.
Rougemont (Guillaume de). II, 150.
Rougemortier (Geoffroy), seigneur du Grand-Bourdigné. II, 301, 304, 312.
Rougemortier (Guillemin). II, 318.
Rouillis (seigneur du). Voir Rasilly (Pierre de).
Roujoux, paroisse de Fresne, en Sologne. I, 204, 206, 232; II, 484; III, 39-67, 77, 86, 91, 92, 100, 103, 105, 134, 135. — (seigneur, comte, marquis de). Voir Maillé (François, François-Alexis, François-Henri, Henri, Louis, René Ier et René II de).
Roullin (Claude). III, 31, 81.
Roullin (René), curé de la Suze et de Roezé. I, 298.
Rousiers, fief à Cogners, vassal de Maisoncelles. II, 334. — (seigneur de). Voir Illiers (Jean d').
Rousseau (Anne-Louise), visitandine. III, 128, 129.
Rousseau (Guillemin). II, 306, 316.
Rousseau (Marie-Anne). III, 117.
Rousseau (Philippe), seigneur de la Guillonnière. I, 263.
Rousseau (René), sieur de la Parisière. II, 431-435.
Rousseau (Renée), fille de Philippe Rousseau, femme de Jacques de Maillé et d'Antoine de Linières. I, 263, 269, 270; II, 459, 461.
Roussel (H.), recteur de Saint-Martin de Morlaix. III, 137.
Roussière (Jean de la), second mari de Louise de Fromentières. I, 220; II, 348.
Roux (Le). Voir Le Roux.

Roy (Jean). II, 216.
Roy (Pierre), prêtre. II, 406.
Roy (Le). Voir Le Roy.
Royal-Auvergne (le régiment de). I, 374; III, 166.
Royal-Picardie (le régiment de). I, 375.
Royau (Jean du). II, 305, 317.
Royau (Patry), seigneur des Pélonnières. II, 303, 317.
Royer (Marie). Voir Leroyer (Madeleine).
Royer (Michau). III, 173.
Royer, notaire. III, 79.
Royer (Le). Voir Le Royer.
Roysné, fief à Mazé. I, 140; II, 347.
Rozière, greffier. III, 143.
Ruau (le), fief à la Chapelle-Gaugain, vassal de Maisoncelles. II, 333. — (seigneur du). Voir Baudellet, Gallon (Pierre), Gaultier (Robert).
Ruau-Chaignon (le), à Bouloire. II, 316.
Ruaudière (de la). Voir Rouaudière (de la).
Rue (Somme). II, 290.
Rue (la), fief à Lerné, vassal de Montsoreau. I, 440; II, 425, 426. — (seigneur de). Voir Le Roy (Guillaume), Maillé (Jacques de).
Rue (la Grande-), à Bouloire. II, 294, 295, 312, 313.
Rue-Chèvres, à Fondettes. II, 232.
Rue-d'Indre (la), baronnie au comté de Blois. III, 184. — (baron de la). Voir Maillé de la Tour-Landry (François de).
Ruel (Seine-et-Oise). I, 163; II, 490, 496.
Ruelles (les), à Lignières (Loir-et-Cher). III, 171.
Rues (le sieur des). III, 40, 44.
Ruete de Vareines (la), in parrochia Sancti Vincentii. II, 54.
Rufus (Gislebertus) de Monte Sorel. II, 26.

Rufus (Guillelmus). II, 26.
Rufus (Hugo.) II, 44.
Ruillé (seigneur de). Voir Luzerne (César-Henri de la).
Ruillé. Voir Rillé.
Ruillé-sur-le-Loir (Sarthe). I, 189-191, 193, 194, 209, 211, 213, 219, 221, 222, 225-228, 436; II, 232, 278, 281-283, 291, 355, 358, 378, 379, 383, 387, 389, 443, 448, 451, 455-457, 506, 510; III, 38-67, 73, 87, 92, 114, 149, 150, 208, 212, 239. — (seigneur de). Voir Maillé (Antoine, Hardouin, Henri, Jacques Ier, Jacques II, Jacques III, Jean, Louis, René, René Ier, René II et René-Louis-François de). — (dame de). Voir Maillé (Renée de), Matz (Jeanne du). — (bailli de). Voir Huger de Montilly. — (curé de). Voir Duchesne (R.), Hégron (F.), Martin, Noël, Trotté. — (vicaire de). Voir Le Launier.
Rumeau (Mgr), évêque d'Angers. I, 400, 428.
Rupella, Ruppella. Voir Rochelle (la).
Rupibus (de). Voir Roches (des).
Russé (Budan de). Voir Budan de Russé.
Russie (la). I, 377. — (empereur de). Voir Nicolas Ier.
Ruzé (Guillaume), conseiller au parlement. I, 104; III, 216.
Ruzé, secrétaire du roi. II, 424.

S

Saarbrück. II, 475.
Sablé (Sarthe), Sabolium. I, 53, 100, 137; II, 42, 167, 196, 337. — (dame de). Voir Haye (Renée de la).
Sablé (André de), moine, Andreas de Sabolio vel Sablolio, monachus, qui tunc morabatur apud Malliacum. I, 27; II, 38.
Sablon (seigneur du). Voir Maillé (César de).
Sablonnay (le), en la forêt de Milly. II, 412.
Sac (le clos du), à Bouloire. II, 296, 312, 313, 316, 318, 319.
Sachet (feu). II, 311.
Sacierges (Indre). III, 182.
Sade (Jean-Baptiste-Joseph-François de), comte de la Coste et de Saumane, dans le Comtat-Venaissin, mari de Marie-Éléonore de Maillé. I, 283, 284; III, 154, 164.
Saige (Le). Voir Le Saige.
Saigne (Jacques La). III, 120.
Saillant (Charles), vicaire de Bouloire. II, 445.
Sainct (Pierre), armurier. III, 220.
Saint-Agil (Loir-et-Cher). II, 427.
Saint-Aignan, en Berry. I, 102; III, 176.
Saint-Aignan (Sarthe). I, 312; III, 12, 84, 98. — (dame de). Voir Sourches (Jeanne de).
Saint-Allais (de), généalogiste. I, 195, 336-343, 347, 349, 351, 357, 358, 360-362, 365-367, 370-

374, 376, 387-395, 406, 407, 414, 415, 417.
Saint-Amand (de la Guerche-). Voir Guerche-Saint-Amand (de la).
Saint-André (l'église et la paroisse), à Châteauroux. I, 338; III, 181.
Saint-André-des-Arts (la paroisse, la rue), à Paris. I, 365; III, 111, 113, 123.
Saint-Ange (cardinal-diacre de). Voir Bonaventura (Romanus).
Saint-Antoine (seigneur de). Voir Dilles (Martin).
Saint-Antoine (la rue), à Paris. III, 155.
Saint-Antoine-du-Rocher (seigneur de). Voir Croix (Nicolas des).
Saint-Antonin, en Rouergue. I, 304.
Saint-Août (Indre). III, 182.
Saint-Aubin (l'abbaye de), à Angers. II, 12, 175.
Saint-Aubin (la terre de), au Maine. II, 273.
Saint-Aubin (seigneur de). Voir Rancurel (Alexis-Joseph de).
Saint-Aubin (N. de), seigneur de la Forêt et de Thomassin. I, 222.
Saint-Aubin (N. de), fille de N. de Saint-Aubin, première femme de Louis de Maillé-Ruillé. I, 222.
Saint-Aubin-de-la-Perrine, prieuré. I, 294; II, 279.
Saint-Augustin (l'ordre de). II, 276.
Saint-Aurois (seigneur de). Voir Chérité (Philippe de).
Saint-Benoît (la chapellenie de), au Ronceray d'Angers. I, 157, 158; II, 511. — (chapelain de). Voir Ameryau (Julien), Hilaire (François).
Saint-Benoît (la paroisse), au Mans. III, 12, 85, 86, 113, 132.
Saint-Benoît (l'ordre de). II, 437; III, 14, 161.

Saint-Bomer, au Perche. I, 225; III, 103.
Saint-Brice, terre en Bretagne. II, 186.
Saint-Brice (dame de). Voir Maillé (Catherine de).
Saint-Brieuc. III, 210, 211. — (évêque de). Voir Le Porc (André).
Saint-Calais. I, 198, 344; II, 286, 287, 291-335, 374-376, 389-391, 422, 428, 478, 480; III, 209. — (seigneur, baron de). Voir Bourbon (Antoine et Charles de), Vendôme (César de). — (dame de). Voir Albret (Jeanne d'), Luxembourg (Marie de). — (curé de). Voir Girard (Jean).
Saint-Célerin-le-Géré (Sarthe). II, 196; III, 99, 112.
Saint-Cenard. Voir Saint-Civiard.
Saint-Chartier (Indre). I, 337, 350, 351; II, 421, 426, 436; III, 183. — (seigneur, baron de). Voir Maillé de la Tour-Landry (Charles, François, Hardouin X, Jean Ier et Jean II de). — (dame de). Voir Maillé de la Tour-Landry (Diane de).
Saint-Christophe (Indre-et-Loire). I, 57; II, 100-102, 142.
Saint-Christophe de l'Isle, près Tours (les religieux de). I, 67; II, 124.
Saint-Christophe (prieur de). Voir Durand.
Saint-Civiard ou Saint-Cenard. I, 190-192; II, 281-283.
Saint-Clément-de-la-Place (Maine-et-Loire). III, 145.
Saint-Cohard (la chapelle de), en l'église de Saint-Quentin. I, 371.
Saint-Cosme (le prieuré de), Sanctus Cosma. II, 53, 58.
Saint-Cyr (Seine-et-Oise). I, 235, 286, 424, 426; III, 122, 152, 159, 160, 205, 206, 211-213.
Saint-Cyr, près Tours. II, 230.

Saint-Cyr-en-Bourg (Maine-et-Loire), Saint-Cir. I, 151; II, 213, 387.
Saint-Denis (la paroisse), à Châteauroux. III, 181, 182.
Saint-Denis (le prieuré de). Voir Sainte-Geneviève.
Saint-Denis (seigneur de). Voir Maillé (Hardouin de).
Saint-Denis (le sieur de). III, 54.
Saint-Denis (François de), seigneur de Mores. II, 379.
Saint-Denis-d'Alençon (Jean de), seigneur de la Chapellière. II, 304, 305.
Saint-Denis-du-Maine (Mayenne). I, 331; II, 376.
Saint-Esprit (l'ordre du). I, 150, 169, 416, 419.
Saint-Étienne (M. de). II, 469, 470.
Saint-Étienne-du-Mont (la paroisse), à Paris. III, 85, 86.
Saint-Eustache (la paroisse), à Paris. I, 357, 418; II, 489; III, 164.
Saint-Évroul (abbé de). Voir Brie (Augier de).
Saint-Ferdinand d'Espagne (l'ordre de). I, 377.
Saint-Florent (l'abbaye de), à Saumur. I, 11, 32, 65, 79, 118, 125, 140; II, 4, 44, 45, 96, 177-179, 207, 208, 229, 347.
Saint-Fraimbault (la chapelle). I, 190-192; II, 281-283.
Saint-Gatien de Tours. I, 141; II, 266.
Saint-Genoux (l'abbaye de). III, 183.
Saint-Georges (seigneur de). Voir Puy-du-Fou (Pierre du).
Saint-Georges-du-Bois (Maine-et-Loire), Saint-Jorge. I, 114, 115, 126, 127, 134; II, 84, 86, 147, 163, 228, 276, 346; III, 169. — (seigneur de). Voir Maillé (Gilles, Hardouin V, Hardouin, Jean, Payen Ier, Payen II et Payen III de). — (dame de). Voir Maillé (Ambroise de). — (prieur-curé de). Voir Le Poytevin (Guillaume), Louet (Jean).
Saint-Georges-sur-Loire (Maine-et-Loire). I, 392; II, 218. — (abbé de). Voir Brie (Augier de).
Saint-Germain (marquis de). Voir Maillé de la Tour-Landry (Charles-Henri de).
Saint-Germain (Jean de). I, 90; II, 224, 225.
Saint-Germain-du-Val (Sarthe). I, 208, 212; II, 509; III, 45, 125. — (seigneur de). Voir Grenier (René du), Maillé (Henri et René II de).
Saint-Germain-en-Laye. I, 163, 178, 265; II, 500, 501; III, 186, 187, 207.
Saint-Germain-en-Saint-Laud-lès-Angers (la paroisse de). III, 27.
Saint-Germain-l'Auxerrois (l'église, la rue), à Paris. I, 308; II, 440.
Saint-Germain [-lès-Alluyes], ancienne paroisse (Eure-et-Loir). III, 140. — (curé de). Voir Chasles.
Saint-Germain-sur-Indre (seigneur de). Voir Le Berruyer (Lidoire).
Saint-Gervais (la chapelle de), à Louresse. I, 248; II, 271. — (chapelain de). Voir Noury (Jean), Tramblier (James).
Saint-Gervais-de-Vic (Sarthe). II, 335.
Saint-Gilles. I, 263; II, 371, 373, 382-385.
Saint-Gilles (seigneur de). Voir Kersaint-Gilly (François et Guy-François de).
Saint-Gilles (Louise de), veuve de Jean de la Feuillée. II, 183.
Saint-Gilles-de-Lorezais (la chapellenie de), à Souligné-sous-Vallon. III, 105.
Saint-Gobert (Aisne). I, 285; III, 155.

Saint-Grégoire-le-Grand (l'ordre de). I, 380, 381.
Saint-Guingallois (la paroisse), à Château-du-Loir. III, 131.
Saint-Hilaire (l'église de), Sanctus Hilarius de Monte Glisiaco, prope castrum Vivarias. I, 11; II, 4. Voir Grésillé.
Saint-Hilaire-l'Abbaye (Maine-et-Loire). I, 65; II, 96; III, 236.
Saint-Hilaire-Saint-Florent (Maine-et-Loire). II, 180.
Saint-Honoré (la rue), à Paris. I, 380.
Saint-Jacques (la chapelle de), à Cessigny. I, 263.
Saint-Jacques (la chapelle), à Milly. II, 416.
Saint-Jacques d'Escruye (la chapelle de), en l'église de Saint-Jean-des-Mauvrets. I, 363; III, 76, 77. — (chapelain de). Voir Broc (René de).
Saint-Jacques-du-Haut-Pas (l'église, la paroisse), à Paris. I, 284; II, 507; III, 164.
Saint-Jean, près de Foix, Sanctus Johannes, juxta Fuxum. II, 63, 66.
Saint-Jean (l'église), à la Rochelle. I, 285.
Saint-Jean-Baptiste et Saint-Lézin d'Angers (l'église, les chanoines de). Voir Angers.
Saint-Jean-d'Acre, Acre, Accon. I, 36; II, 52.
Saint-Jean-d'Angély. II, 185, 238.
Saint-Jean d'Angers (l'hôtel-Dieu, l'hôpital). Voir Angers.
Saint-Jean-d'Assé (Sarthe). I, 223-225; II, 464, 512; III, 3, 4, 32, 71, 72, 74, 75, 90, 112, 113. — (seigneur de). Voir Maillé (Louis de), Richer (Philbert-Emmanuel).
Saint-Jean-de-Bonneval (l'abbaye de), près Thouars. II, 240-245.

— (abbesse de). Voir Maillé (Aliénor et Jeanne de).
Saint-Jean-de-Combrand. I, 157; II, 458.
Saint-Jean-de-Jérusalem (l'ordre de). I, 206, 208; III, 97, 100, 144. — Voir Malte (l'ordre de).
Saint-Jean-de-la-Chevrie (la paroisse), au Mans. III, 213.
Saint-Jean-des-Mauvrets (Maine-et-Loire). I, 356, 357, 363, 364, 388; II, 435, 436, 439, 489, 499; III, 76, 77, 83, 90, 139. — (seigneur de). Voir Châteaubriant (Jean de), Le Corvasier (François-Jean), Maillé de la Tour-Landry (André, Charles, Charles-André et Louis de). — (dame de). Voir Châteaubriant (Louise de).
Saint-Jeanvrin (Cher). II, 262. — (seigneur de). Voir Blanchefort (Jean de).
Saint-Jorge. Voir Saint-Georges-du-Bois.
Saint-Jouin (seigneur de). Voir Grenier (René du). — (dame de). Voir Maillé (Anne de).
Saint-Julien (la chapellenie de). II, 254.
Saint-Julien de Champigné. Voir Champigné.
Saint-Julien de Tours (l'abbaye, l'église de). I, 28, 32, 45, 66, 102; II, 40, 41, 74, 75, 104, 266; III, 221, 223.
Saint-Lambert, près Saumur. — (curé de). Voir Riaille (Jean de).
Saint-Laon (Alfred-Pierre de la Berruière de), premier mari de Louise-Marie-Bérengère de Maillé de la Tour-Landry. I, 398.
Saint-Laud (l'église), à Angers. I, 9, 362; III, 232, 233.
Saint-Laurent (prieur de). Voir Guédois (Louis de).
Saint-Laurent (seigneur de). Voir Avaugour (Jean d').

Saint-Laurent (l'église et la paroisse), à Paris. I, 285; III, 155, 156.
Saint-Laurent de Langey. Voir Langeais.
Saint-Laurent-des-Mortiers. I, 204; III, 3.
Saint-Lazare (la prison), à Paris. I, 412.
Saint-Lazare et de Notre-Dame du Mont-Carmel (l'ordre de). I, 416.
Saint-Léger (dame de). Voir Maillé (Isabelle de).
Saint-Léger (le haras de). I, 437; II, 445.
Saint-Léger, gentilhomme. II, 494.
Saint-Léger-des-Bois (Maine-et-Loire). II, 218.
Saint-Ligier en Charnie. II, 121.
Saint-Lô. I, 76; II, 164.
Saint-Louis (la paroisse), à Paris. III, 35.
Saint-Louis (l'ordre de). I, 235, 237, 285, 371, 375-377, 391, 395, 416; III, 144-146, 148, 155-157.
Saint-Louis-des-Marais-du-Temple (la rue), à Paris. I, 279; III, 120.
Saint-Loup (l'église, la foire de), à Rillé, Sanctus Lupus. I, 26, 33; II, 36, 43.
Saint-Magloire, à Paris. III, 135.
Saint-Mahé (seigneur de). Voir Buat (Jean du).
Saint-Maixent (Sarthe). — (curé de). Voir Centigny (François de).
Saint-Malo (l'évêché de). II, 444. — (évêque de). Voir Neufville (Ferdinand de).
Saint-Marc, seigneurie. I, 131, 132.
Saint-Marceau (Sarthe). I, 223; II, 501; III, 3, 4. — (seigneur de). Voir Clinchamps (François et Jacques de).
Saint-Mars (sire de). Voir Lille (Jean de). Voir aussi l'article Maillé (Jean II de), seigneur de la Guerche.
Saint-Mars (seigneur de). Voir Baigneux (Jean de).
Saint-Mars (dame de). Voir Maillé de la Tour-Landry (Antoinette de).
Saint-Mars (le fief), à Maisoncelles et environs, vassal de Saint-Calais. I, 338; II, 291-293, 330-335, 389-391, 478, 479.
Saint-Mars-de-Locquenay (Sarthe). II, 301, 302.
Saint-Mars-la-Pile (le sire de). II, 138, 347.
Saint-Mars-sous-Ballon (Sarthe). I, 222; II, 407.
Saint-Martial (la paroisse de), à Châteauroux. III, 181.
Saint-Martin (l'église), à Châteaudu-Loir. I, 215; III, 161.
Saint-Martin (l'église et la paroisse), à Châteauroux. I, 175; III, 181.
Saint-Martin (la paroisse), à Vendôme. III, 194.
Saint-Martin (seigneur de). Voir Rancurel (Alexis-Joseph de).
Saint-Martin (Thomas Couet, paroissien de). III, 173.
Saint-Martin. Voir Marmoutier.
Saint-Martin (seigneur de). Voir Maillé (Jean ou Jeannon de).
Saint-Martin (dame de). Voir Salignac (Charlotte de).
Saint-Martin (M. Déan de). III, 188.
Saint-Martin d'Angers. Voir Angers.
Saint-Martin-de-la-Place (Maine-et-Loire), la Place, Sanctus Martinus de Platea. II, 86, 90. — (seigneur de). Voir Maillé (Hardouin V de).
Saint Martin de Tours (l'église, le chapitre, le cloître de). I, 45, 49, 58, 72, 84, 93, 253, 280; II, 65, 68, 78, 79, 96, 115, 116, 123;

124, 146, 151, 193-197, 251, 266, 394, 418.
Saint-Martin-du-Bois (Maine-et-Loire). II, 451.
Saint-Martin-du-Fouilloux (Maine-et-Loire). II, 35.
Saint-Martin-du-Péan, ancienne paroisse (Eure-et-Loir). I, 201, 439; III, 10, 26.
Saint-Maur (Eure-et-Loir). III, 140. — (curé de). Voir Roche.
Saint-Maur-sur-Loire (l'abbaye de). I, 133, 137-139; II, 338-344.
Saint-Maurice (le chapitre de), en la châtellenie de Joué. I, 57.
Saint-Maurice (le chapitre et l'église), à Angers. Voir Angers.
Saint-Maurice [-sur-Loir], ancienne paroisse (Eure-et-Loir). III, 140. — (seigneur de). Voir Mallier (Claude). — (curé de). Voir Sauvage (N.).
Saint-Maurice et Saint-Lazare (l'ordre de). III, 116.
Saint-Maurille (la paroisse), à Angers. II, 410; III, 144.
Saint-Maxerre (seigneur de). Voir Daillon (Guy de).
Saint-Mélaine (Maine-et-Loire). II, 126.
Saint-Meloir (François de). II, 375, 376.
Saint-Meloir (Nicolas de), lieutenant à Saint-Calais. II, 428.
Saint-Merry (la paroisse de), à Paris. II, 439.
Saint-Michel, au comté de Bar. II, 145.
Saint-Michel (l'ordre de). I, 136, 150, 154, 341.
Saint-Michel-de-Ghaisne ou Saint-Michel-des-Bois, ancienne paroisse d'Anjou, peut-être désignée ici sous le nom de Saint-Michel-de-Ginarde. I, 341; II, 420; III, 238. — (chapelain de). Voir Buffart, Charruau.

Saint-Michel-de Ginarde. Voir Saint-Michel-de-Ghaisne.
Saint-Michel-du-Tertre, à Angers. I, 389; III, 78, 80.
Saint-Michel-sur-Loire. I, 82; II, 191. — (dame de). Voir Marmande (Marguerite de).
Saint-Nervin, en Bretagne (dame de). Voir Maillé (Charlotte de).
Saint-Nicolas (l'abbaye de), à Angers. I, 9, 26, 33; II, 35, 514; III, 233. — (aumônier de). Voir Goubiz (Jacques de).
Saint-Nicolas (la paroisse), au Mans. III, 132.
Saint-Nicolas-aux-Bois (l'abbaye de). I, 111; II, 128, 129.
Saint-Omer. II, 497. — (prévôt de). Voir Colmieu (Pierre de).
Saint-Ouen (la paroisse), au Mans. III, 163.
Saint-Papoul. I, 410. — (évêque de). Voir Maillé de la Tour-Landry (Jean-Baptiste-Marie de).
Saint-Pater (Jean de), lieutenant du bailli de Touraine. II, 141.
Saint-Paterne (Indre-et-Loire). I, 365; II, 101; III, 115, 231.
Saint-Paul (l'église et la paroisse), à Paris. I, 212, 283; III, 31, 124, 130, 136, 138, 155, 156.
Saint-Paul (l'hôtel de), à Paris. II, 152.
Saint-Paul (le palais royal de), à Paris, domus regia de S. Paulo. II, 118.
Saint-Paul (le régiment de). II, 498, 499.
Saint-Pavin-de-la-Cité (la paroisse), au Mans. III, 132.
Saint-Père (seigneur de). Voir Maillé (Nicolas de).
Saint-Phal (Aube). III, 155. — (marquis de). Voir Alsace (Jean-Louis d').
Saint-Pierre (la paroisse), à Angers. I, 368; III, 147.

Saint-Pierre (la paroisse du Grand-), au Mans. III, 112, 208.
Saint-Pierre-de-Chevillé (Sarthe), Chivileum. I, 15; III, 231, 232.
Saint-Pierre-de-la-Cour (la collégiale, la paroisse), au Mans. II, 82; III, 132. — (chantre de). Voir Broce (Jean de la).
Saint-Pierre de Lesterp (l'abbaye de), au diocèse de Limoges. I, 368. — (abbé de). Voir Maillé de la Tour-Landry (Michel-François de).
Saint-Pierre de Maillé (l'église). Voir Maillé.
Saint-Pierre-de-Moutiers (Nièvre). III, 169.
Saint-Pierre-des-Corps (Indre-et-Loire). II, 208.
Saint-Pierre-du-Bois (prieur de). Voir Pintore.
Saint-Pierre-du-Lorouer (Sarthe). II, 512. — (curé de). Voir Maillé (René de), Tournet (Innocent). Cf. l'article Lorouer (le).
Saint-Pierre-le-Pullier (le chapitre de), à Tours. I, 243; II, 176.
Saint-Pierre-le-Réitéré (la paroisse), au Mans. III, 132.
Saint-Pierre-sur-Orthe (Mayenne). II, 114.
Saint-Pol (comtesse de). Voir Luxembourg (Marie de).
Saint-Pol. II, 488.
Saint-Pol-de-Léon. I, 276; II, 395, 509; III, 157. Voir Léon.
Saint-Pons (l'évêque de). I, 275.
Saint-Porchère-lès-Bressuire (Deux-Sèvres). I, 263; II, 461.
Saint-Pourçaint. II, 125.
Saint-Quentin (Indre-et-Loire). II, 111.
Saint-Quentin, en Craonnais. I, 152; II, 372.
Saint-Quentin (l'église de). I, 371.
Saint-Quentin (Hervé de). II, 151.
Saint-Quentin-des-Prés. II, 154.
Saint-Quentin-sur-Androys. II, 153.

Saint-Renan (Finistère). III, 71.
Saint-René (la chapelle), à Milly. II, 416.
Saint-Roch. II, 40, 74.
Saint-Roch (le camp de). III, 165.
Saint-Roch (la paroisse), à Paris. III, 104.
Saint-Saturnin (la paroisse de). II, 489.
Saint-Sébastien (la chapelle de), au cimetière de Saint-Chartier. I, 350, 351; II, 421, 426, 436. — (chapelain de). Voir Legeté (Nicolas), Manceau (Léonard).
Saint-Senart. Voir Saint-Civiard.
Saint-Sépulcre de Maillé (le). Voir Maillé.
Saint-Serge (l'abbaye de), à Angers. II, 10, 462.
Saint-Sever. I, 91; II, 236.
Saint-Siège (le). I, 340.
Saint-Simon. I, 28, 30, 40, 66, 84, 88, 94, 132-134, 136, 147, 148, 167, 170, 172, 175-179, 212, 349.
Saint-Solemne de Maillé. Voir Maillé.
Saint-Sulpice (l'église et la paroisse), à Paris. I, 216, 237, 238, 390, 406, 412, 417, 419; III, 121-124, 127, 160, 163, 164, 166. — (vicaire de). Voir Chaboureau.
Saint-Sulpice, fief à Saint-Sulpice-sur-Loire. I, 140; II, 347.
Saint-Sulpice-sur-Loire (Maine-et-Loire). I, 142; II, 347.
Saint-Symphorien (Indre-et-Loire). I, 6.
Saint-Turibe (la chapelle de), en l'église de Saint-Jean-d'Assé. I, 223, 224; III, 3, 4, 32, 90. — (chapelain de). Voir Bouchet (Louis du), Le Courtoys (Louis), Maillé (Antoine et Louis de), Richer (Charles-Guillaume).
Saint-Ulphace (Sarthe). I, 345.
Saint Vallay (seigneur de). Voir Le Corvasier (François-Jean).

Saint-Venant (le comte R. de). I, 15.
Saint-Venant de Maillé. Voir Maillé.
Saint-Victor (prieur de). Voir Guédois (Louis de).
Saint-Vincent (l'église de), à la Chartre-sur-le-Loir. I, 213.
Saint-Vincent (l'abbaye et la paroisse), au Mans. III, 85, 87, 91, 92, 97.
Sainte-Anne (la chapelle), à Milly. II, 416.
Sainte-Anne (la chapelle de), en l'église Saint-Martin de Tours, capella B. Annae, in ecclesia Sancti Martini Turonensis. II, 115.
Sainte-Anne de Munich (le chapitre des dames nobles de l'ordre royal de). I, 382.
Sainte-Catherine (la chapellenie de), *alias* de Millé, à Breil. I, 151, 294, 295, 297; II, 278, 293, 360, 393. — (chapelain de). Voir Bariller (Macé), Delhoumeau, Peletier (Denis), Puilly (Alexandre et François de), Vallet (René).
Sainte-Cerotte (Sarthe). II, 332, 335.
Sainte-Clotilde (l'église), à Paris. I, 383.
Sainte-Colombe, ancienne paroisse près de la Flèche. III, 125.
Sainte-Croix (la paroisse), à Angers. I, 391, 392; II, 365; III, 151, 153.
Sainte-Gemme (le sieur de). I, 165; III, 202.
Sainte-Geneviève (le prieuré de), *alias* de Saint-Denis, à Breil, dépendance de l'abbaye de Nyoiseau, Sancta Genovefa. I, 36; II, 47, 86, 434. — (prieure de). Voir Bertilina.
Saint-Geneviève de Maillé. Voir Maillé.
Sainte-Geneviève-des-Bois, près de Montlhéry. I, 174.

Sainte-Marguerite (la chapelle de), à Trangé. III, 85, 86.
Sainte-Marie (la chapellenie de), en l'église du Ronceray d'Angers. I, 145; II, 359. — (chapelain de). Voir Le Poictevyn, Noguette.
Sainte-Marie (la ville de). I, 171.
Sainte-Marie d'Ayneaux (Thérèse de), femme de Ludovic, vicomte de Gaigneron-Morin. I, 382.
Sainte-Maure, Sancta Maura, in ecclesia Turonensi. II, 81, 82. — (archiprêtre de). Voir Blois (Girard de).
Sainte-Maure (le comté de). II, 229, 258.
Sainte-Maure (le sire de). II, 138. — Voir Rochefoucauld (Aymar de la).
Sainte-Maure (Charlotte de), femme de Guy de Laval-Loué. II, 221.
Sainte-Maure (Gauscelin de), Goscelinus de Sancta Maura. II, 42.
Sainte-Maure (Guillaume de), chanoine de Tours, Guillelmus de Sancta Maura. I, 72; II, 124.
Sainte-Maure (Guillaume de), seigneur de Valennes, mari d'Andrée de Maillé. I, 255.
Sainte-Maure (Hugues de), Hugo de Sancta Maura. II, 18.
Sainte-Maure (Jeanne de), femme, selon le P. Anselme, de Geoffroy de Châteaubriant. I, 252.
Sainte-Maure (Jocelin de), Jocelinus de Sancta Maura. II, 6.
Sainte-Maure, Sainte-More (Joibertus de). II, 65.
Sainte-Maure (Louise de), femme de René de Montberon. I, 295.
Sainte-Maure (Pierre de). II, 138.
Sainte-Radegonde (Indre-et-Loire). I, 422.
Sainte-Radegonde (la paroisse), à Nantes. III, 73.
Sainte-Rufine (évêque de). Voir Bonaventura (Romanus).

444 — TABLE ALPHABÉTIQUE

Sainte-Sevère (le seigneur de). I, 247.
Sainte-Sollange (Renaud de), bailli du roi de France en Touraine. II, 71.
Sainte-Suzanne. I, 52; II, 149, 150.
Saintes, baillivia Xanctonensis. II, 75, 234.
Saintonge (la). I, 50, 60, 92, 94; II, 123, 127, 158, 197, 231, 238, 255, 257, 258; III, 118. — (sénéchal de). Voir Lombart (Jourdain de). — (receveur de). Voir Martin (Geoffroy), Val (Guillaume du), Vincent (Guillaume).
Saintonge (seigneur de). Voir Amiot (Jean d').
Salans (Étienne de), seigneur de Teilleux. II, 332.
Salcon de Rileio. II, 47.
Salignac (Charlotte de), dame de Saint-Martin, fille de Pierre de Salignac et d'Espérance de Raveul, femme de Jean de la Touche et seconde femme de Jeannon de Maillé. I, 315, 316; II, 269.
Salignac (Pierre de). I, 316.
Saligné. Voir Chaligné.
Salins. I, 367; III, 93.
Sallaines (Marie de). III, 2.
Salle (la), terre dépendant de Villeromain. I, 254, 256; II, 178, 198, 485.
Salle (seigneur de la). Voir Mairocheau de Bonnemore.
Salle (dame de la). Voir Tour (Catherine de la).
Salles (sieur des). Voir Pierre (François de la).
Sallier (Pierre), notaire. II, 438.
Salmon (Jean de), seigneur du Châtellier, à Savigny-sur-Braye. II, 464.
Salmon (André). I, 5; II, 41.
Salmoncel (Gaufredus de). II, 16.
Salmurensis (Gelduinus), Salmuro (Gelduinus de). Voir Saumur (Gelduin de).

Salmuro (Raginaldus de), prepositus de Longeuio. II, 56.
Salomon de Lavarcino, de Lavarzino. II, 6, 30.
Salomon de Locnai. II, 55.
Saludie (dominus de). II, 470, 471.
Salvert, château et fief à Neuillé (Maine-et-Loire). III, 144 147. — (seigneur de). Voir Le Jumeau (René), Petit (René).
Samblanciaco (Adelelmus de). Voir Semblançay.
Samoel (Gaufridus), prepositus Bellifortis. II, 56.
Samson (Louis de), seigneur de Martigny. III, 130-135.
Samson (Marguerite de), dame des Poteries, femme de Pierre de Breslay, de François de Maumeschin et de Frédéric de Maillé. I, 310-312.
Samson (le capitaine). I, 157.
Samuel de Mallai. II, 43.
Sancé (seigneur de). Voir Ridouet (Georges de).
Sancerre (le comte de). II, 434. — Voir Bueil (Antoine de).
Sancerre (Jean III, comte de). I, 70; II, 157.
Sancerre (Louis de), maréchal de France. I, 53; II, 172, 175.
Sancta Genovefa. Voir Sainte-Geneviève.
Sancta Maria Pontilevensis. Voir Pontlevoy.
Sancta Maura. Voir Sainte-Maure.
Sancti Petri (ecclesia), prope castrum de Mailliaco. Voir Maillé.
Sancti Valeriani de Campo Caprarii (capella). Voir Champchevrier.
Sanctio, archidiaconus. II, 9.
Sancto Amando (Gausfredus de). II, 13, 30.
Sancto Aniano (Dado de). II, 18.
Sancto Florentio (Robertus de). II, 4.
Sancto Hilario (Ivo, monachus de). II, 23.

Sancto Medardo (Gaufredus, frater Harduini de). II, 30.
Sancto Medardo (Harduinus de). II, 30, 42.
Sanctus Cosma. Voir Saint-Cosme.
Sanctus Hilarius de Monte Glisiaco, prope castrum Vivarias. I, 7; II, 4. Voir Grésillé.
Sanctus Lupus. Voir Saint-Loup.
Sanctus Martinus [Andegavensis]. Voir Angers.
Sanctus Martinus Majoris Monasterii. Voir Marmoutier.
Sanctus Nicholaus. II, 43.
Sanctus Vincentius, parrochia. II, 54.
Sandré (M.). I, 49, 65, 78, 92, 97, 98, 145, 151, 157, 171, 189, 192, 210, 211, 251, 268, 270, 276, 283, 284, 286, 289, 308, 325, 339, 364, 368-370, 373, 376, 388, 390, 405, 406; II, 209, 210, 213, 222, 225, 263.
Sangré (les bois de). II, 343.
Sansac (seigneur de). Voir Prévost (Jean).
Sansonnière (la), à Bouloire. II, 300, 308, 314, 317, 322.
Sansonnière (la), fief à Ligron. I, 215, 233; III, 126-129, 213. — (dame de la). Voir Maillé (Anne de).
Sanxon, sergent royal à Tours. I, 103; III, 220-227.
Sanzay (René de), seigneur de Sanzay et des Marchais. I, 145; II, 355.
Sanzio de Brucia. II, 33.
Sapaillé, à Saint-Symphorien (Indre-et-Loire). I, 6, 13, 16, 17; II, 10.
Sardy (François), fermier de la Baudinière. III, 12.
Sarilla, abbesse de Beaumont lès-Tours. II, 74.
Sarmasiis (Odo et Raginaldus de). II, 12.

Sarracena, uxor Gualterii Nerbone. II, 44.
Sarrasins (les). I, 34.
Sarrazin (Micheau le). I, 111; II, 128.
Sarrazine, fille de Gautier Hildemart. I, 25; II, 33.
Sarsenay. Voir Charcenay.
Sartrino (Johannes de). II, 22.
Saulaie (la), fief à Freigné, vassal de Bourmont. I, 359. — (seigneur de la). Voir Esperonnière (Antoine de l').
Saulay (sire de). Voir Maumont (Jean de).
Saulcereau (Robin). II, 305, 309.
Sauleau (Jean), chapelain de Maillé et curé de Milly-le-Meugon. II, 284, 338.
Saulges. III, 172.
Saulières ou Soulière, procureur. III, 35-67.
Saulnerie (la). Voir Saunerie (la).
Saumane (comte de). Voir Sade.
Saumery (Johanne de). Voir Johanne de Saumery.
Saumoussay. I, 106, 155, 166; II, 160. — (seigneur de). Voir Maillé (Claude de).
Saumoussay (Geoffroy de), mari d'Isabelle de Maillé. I, 113; II, 160, 161.
Saumur. I, 4, 32, 48, 65, 118, 125, 138, 140, 152, 167, 169, 308; II, 45, 90-92, 96, 98-100, 182, 183, 205-208, 213, 215, 272, 285, 338, 342, 343, 346, 347, 358, 363, 377, 380, 381, 391, 412, 450, 459, 492, 493. — (l'église Notre-Dame de). II, 254. — (les Capucins de). III, 117. — (l'hôpital Hardouin, à). I, 125; II, 208.
Saumur (Saint-Florent de). Voir Saint-Florent.
Saumur (Gelduin de), Gelduinus miles, Gilduinus Salmurensis, de Salmuro. I, 4, 5, 12; II, 1-4, 6, 8; III, 235.

Saumurois (le grand chemin), à Milly-le-Meugon. II, 411.
Saunerie (la), proche Saumur, fief vassal de l'abbaye de Saint-Florent. I, 140; II, 208, 347.
Sauronce (le clos de), à Bouloire. II, 296, 308, 310-312, 315-318.
Sausac (Jean de), auditeur des comptes. II, 279, 280.
Sausnorière (Louise - Désirée de Hannes de la), femme de Gustave-Fortuné de Maillé de la Tour-Landry. I, 397, 398.
Saut-des-Mariés (le), à Bouloire. II, 327.
Saute-au-Porcher-Moreau (la), en la forêt de Milly. II, 412.
Saut-Loup, à Bouloire. II, 309.
Sauvage (N.), curé de Saint-Maurice. III, 140.
Sauvagère (la), fief à Bouloire, vassal de Bouloire. II, 303, 309, 310, 316. — (seigneur de la). Voir Borde (René de la).
Sauzayo (de). II, 195.
Savari (Ogis). II, 56.
Savarici (Hemericus). II, 55.
Savariz de l'Ile (les). II, 151.
Savary (la terre de). I, 247.
Savary (François), seigneur de la Crilloire et de Joreau. I, 126; II, 229.
Savary (Guillaume). II, 216.
Savary (Jean), Johannes Savarici. I, 29; II, 54, 55.
Savary de Brèves (Paul-Louis-Camille-Jean-Baptiste de), marquis de Jarzé. I, 414.
Savary de Brèves de Jarzé (Louise, *alias* Marie-Renée-Bonne-Félicité de), fille de Paul-Louis-Camille-Jean-Baptiste de Savary de Brèves et de Bonne-Damaris de Brigueville la Luzerne, première femme de Charles-René de Maillé de la Tour-Landry. I, 414-418; III, 160, 161.
Saverne (Alsace). II, 492.

Savigny (M. de). II, 494.
Savigny (de), notaire. III, 135.
Savigny-sur-Braye (Loir-et-Cher). II, 335, 464; III, 6.
Savinellus (Petrus). II, 57.
Savoie (la). I, 316; III, 116.
Savoie (René, bâtard de). I, 100; II, 228.
Savoie (le prince Thomas de). I, 178.
Savoie (la rue de), à Paris. III, 111, 113.
Savonnière (la terre de). I, 105.
Savonnières (le prieuré de). I, 86; II, 215.
Savonnières (Élisabeth de). III, 145-147.
Savonnières (Félix de), seigneur du Perray. III, 146.
Savonnières (Françoise de). III, 145.
Savonnières (Henri-François de), seigneur de Meaulne et du Perray. I, 408; III, 144-147, 231.
Savonnières (Jean de). III, 145-147, 231.
Savonnières (Louis-Joseph de). III, 145-147.
Savonnières (Marie-Françoise de), fille d'Henri-François de Savonnières et de Marie-Hélène des Champs, femme de Charles-Louis de Maillé de la Tour-Landry, dame de Meaulne. I, 373, 408-413; III, 143-148, 160.
Savonnières (Renée de), marquise de la Tremblaye, femme de René-Henri Robin. III, 144-148.
Savonnières de la Troche (Marie-Catherine de). III, 144-147.
Saxe (l'électeur de). II, 477.
Sazillé (Jeanne de), dame de l'Islette et de la Guéritaude, veuve de Guillaume Turpin, femme de Guy de Maillé. I, 71, 72, 251; II, 143, 161, 162.
Scaury (sieur de la). Voir Précigny (Paul de).

Schomberg (le maréchal de). I, 168.
Schomberg (Françoise de), comtesse du Lude, marquise d'Illiers, dame du Chêne-Doré et la Chitardière. II, 515.
Schonberg (mareschallus della Torra et). II, 474.
Sébrevet. I, 279, 440; III, 210, 211.
— (seigneur de). Voir Maillé (Henri de).
Secousse, procureur. II, 449.
Séez (l'évêque de). II, 195.
Ségnéauchapt. Lire : Gué-au-Chat (le).
Segrais (Urbaine de), femme de M. de la Fontaine. II, 510.
Séguin (le président). III, 133, 134.
Ségur (le marquis de). III, 165.
Ségur (Mgr de). I, 381.
Ségur (Juliette de), femme de Roger, comte de la Rochefoucauld, duc d'Estissac. I, 430.
Seiches. I, 305, 349.
Seilly. Voir Silly.
Seizploué ou Coat-Seizploué, aujourd'hui Maillé, à Plounevez Lochrist (Finistère). I, 266, 268; II, 458; III, 203. — (seigneur, comte de). Voir Kerman (Maurice de), Maillé (Charles II de). — (comtesse de). Voir Kerman (Claude de).
Selyer (Perrin). II, 237.
Semblançay (Indre-et-Loire). I, 81, 82; II, 187, 188; III, 168.
Semblançay (Alcaume de), Adelelmus de Samblanciaco. II, 42.
Semblançay (Robert de), Robertus de Sembleceyaco. I, 21; II, 42.
Semur (seigneur de). Voir Fresneau (Jean).
Senef (la bataille de). I, 276.
Senlis (l'église de). I, 410; III, 162, 163.
Senlis (l'évêque de). I, 415; III, 161.

Senlis (bailli de). Voir Brie (Jean II de).
Sens. I, 131.
Sentica (silva). Voir Sudais.
Sérigné. Voir Sorigny.
Sérillac (seigneur de). Voir Faudoas (François de).
Serin (Jean), bourgeois de Loches. II, 147.
Serpillon (Jean). II, 177.
Serrant (le château de). II, 179, 180, 209, 214, 217, 218, 220, 225, 229, 231. — (seigneur de). Voir Brie (Gilles et Jean II de), Maillé (Nicolas de). — (dame de). Voir Maillé (Isabelle de).
Serre (Jean de la), serviteur d'Hardouin IX de Maillé. II, 265.
Servien (M.). II, 487.
Seutica (silva). Voir Sudais.
Sève (Guillaume de), conseiller du roi. II, 430.
Sévigné (Mme de). I, 278.
Sevin (Jean), berger. III, 23.
Sevin (Marie), femme de Jacques Le Vayer. III, 208.
Sevin, clerc de Barthélemy Auzanet. III, 7.
Shéridan (Jacques de), marquis d'Étiau, baron d'Avoir et de Bréhabert. I, 375, 376.
Shéridan (Jeanne de), fille de Jacques de Shéridan, femme de Louis-Marie-René de l'Angle-Beaumanoir et de Charles-Henri-François de Maillé de la Tour-Landry. I, 375, 376.
Sibille (Marie-Anne), visitandine. III, 129.
Sicile (le roi de). II, 231. Voir Anjou (Charles Ier, Charles II et René d'). — (la reine de). II, 186. Voir Aragon (Yolande d'), Blois (Marie de).
Sicqueville (marquis de). Voir Guillebert (Louis). — (seigneur de). Voir Maillé (Louis-Joseph de).

448   TABLE ALPHABÉTIQUE

Sigebran, chevalier, Sigebrannus, miles. I, 11; II, 4.
Sigebran, sénéchal, Sigibrarnus, conestabularius. I, 24; II, 19.
Sillay (Michel de), sieur des Pages. II, 386.
Sillé-le-Guillaume (Sarthe), Seilleyum Guilielmi, castrum de Silleyo, collegium B. Mariae de Silleyo. I, 68, 69, 87; II, 111-120.
— (le sire de). II, 138. Voir Montjean (Jean Ier et Jean II de), Sillé-le-Guillaume (Guillaume et Robert de), Silly (Guillaume de).
— (dame de). Voir Coulans (Béatrix de).
Sillé-le Guillaume (Anne de), dame de Sillé-le-Guillaume, femme de Jean Ier de Montjean. I, 87.
Sillé-le-Guillaume (Guillaume de), seigneur de Sillé-le-Guillaume, cru père de Robert de Sillé. II, 112.
Sillé-le-Guillaume (Guillaume de), mari de Perronelle de Coesmes, successeur de Robert de Sillé. II, 114, 120, 150, 186.
Sillé-le-Guillaume (Jean de), fils de Guillaume de Sillé et de Perronelle de Coesmes. II, 114.
Sillé-le-Guillaume (Robert de), fils de Guillaume de Sillé et mari de Jeanne-Marie de Maillé, Robertus de Silleyo, le sire de Sillé. I, 68-70; II, 112-120, 138.
Silloire (la), à Sainte-Cerotte. II, 335.
Silly (marquise de). Voir Rippart (Marie-Anne de).
Silly (Catherine de), femme de François de Rohan. I, 349; II, 361.
Silly (Guillaume de), peut être un Guillaume de Sillé-le Guillaume (1433). II, 196.
Simiane (le chevalier de). I, 214.
Simon (Marc), doyen de Bueil. III, 231.

Simon (l'abbé), historien de Vendôme. III, 193, 194.
Simon, notaire. III, 44.
Simon de Chastellon. II, 46.
Simon, presbiter de Cocorcan. II, 55.
Simple (Le). Voir Le Simple.
Siquart (Jean). II, 181.
Sireau (Marie), femme de Charles Falaiseau. II, 397-400.
Sohier (Jean). II, 310, 320.
Soissons (comte de). Voir Bourbon (Charles de). — (comtesse de). Voir Orléans (Françoise d').
Soleil (l'hôtellerie du), au Mans. III, 112.
Solms (comes a). II, 473, 474.
Sologne (la). I, 204, 236; II, 484; III, 158.
Sonnay, à Cravant (Indre-et-Loire). I, 113; II, 160. — (dame de). Voir Maillé (Isabelle de).
Sonnois (seigneur de). Voir Bourbon (Charles de).
Sonzay (Indre-et-Loire). II, 102, 409.
Sorges (vicomte de). Voir Le Gay (Louis).
Sorigny, Sérigné (Indre-et-Loire). II, 400, 405, 406, 418.
Sorinière (seigneur de la). Voir Bouju (Michel).
Sot (Guillaume le). II, 85.
Sottern (Philippe-Christophe de), archevêque de Trèves. II, 472-474.
Soucelles (Jeanne de), dame de Breil, Latan et la Roche-de-Meigné, femme de Guy de Maillé. I, 289, 290; II, 221.
Soucelles (Paul de), baron dudit lieu, de la Rochefoucque et du Plessis-Charnacé. II, 515.
Souche (la), à Évaillé. II, 335.
Souche (les étangs de la), à la châtellenie de Maisoncelles. II, 331.

Souche-Brûlée (la), à Crosmières. III, 34.
Souchereau (seigneur du). Voir Goubiz (Jacques de).
Soucy (Guillaume). II, 305, 311, 317, 322-326.
Soucy (Jamet). II, 255.
Soucy (Jean). II, 311, 315, 317, 323, 325.
Soudée (Guillaume), nautonnier. II, 246.
Sougé (le seigneur de). III, 131.
Sougé-sur-le-Loir (Loir-et-Cher). II, 333, 334, 451, 452, 462.
Soul (Guillermus et Petrus du). II, 194.
Soulié. I, 211, 415.
Soulière, procureur. Voir Saulières.
Souligné, fief. I, 122; II, 220.
Souligné (seigneur de). Voir Le Clerc (Jacques).
Souligné (Catherine de), femme de N. de Landuron, dame de Courseille ou Courteilles. I, 77, 120, 121; II, 181.
Souligné (Guillaume de), seigneur d'Auvours, mari de Jeanne de Maillé. I, 77, 78, 120, 122; II, 179-181, 186.
Souligné-sous-Vallon (Sarthe). I, 232, 233; III, 104-108. — (seigneur de). Voir Maillé (François-Henri de).
Soullaines. III, 104.
Sourches (le château, la seigneurie de). II, 223, 371, 378, 468, 484. — (le seigneur de). I, 222. — (la marquise de). III, 126.
Sourches (Jeanne de), femme de Patry d'Argenson et de Pierre Le Vasseur, dame de Saint-Aignan et de Dangeul. II, 183, 201, 202.
Sourches (Marguerite de), femme de Jean d'Illiers. I, 337.
Sourches (Patry de), Patrice de Chaources (1180). II, 49. — Patris de Chaourses (1291). II, 97.

— Patri de Chaourses (1350). II, 138. — Patri de Seurches, mari de Denise de Beauçay. II, 201, 202.
Sourdeau de Beauregard (Marie), femme d'Anne de Boylesve. I, 396.
Sourdeau de Beauregard (Marie-Perrine), femme d'Anne Boylesve du Planty. I, 374; III, 166.
Sourdeval (Ch.). I, 365.
Sourdis (seigneur, marquis de). Voir Escoubleau (Pierre et René d').
Sous-le-Puy (seigneur de). Voir Chérité (François de). — (la dame de). III, 78. Voir Goubiz (Catherine de).
Soutière (la), à Pontigné. III, 145.
Souvain (Raoul), chevalier. II, 142.
Souverainne. II, 193.
Souvigné (la paroisse de). II, 104.
Souvignon (la paroisse de), au Maine, nom erroné. I, 328.
Souvré, château et terre à Bazougers. I, 331, 332. — (seigneur de). Voir Maillé (Jean II, Jean III, Jean IV et Robert de). — (dame de). Voir Champlais (Jeanne de), Coudray (Barbe du), Maillé (Anne de).
Souvré (la branche de), de la maison de Maillé. I, 325, 331, 332.
Souvré (Lucrèce de), femme de Marin Ier de Vanssay, seigneur de la Barre. II, 439.
Souzay (Maine-et-Loire). II, 223.
Soyer (Mathilde de), femme de Philippe-Armand de Maillé de la Tour-Landry. I, 399, 400.
Spincto (Bernardus de), Bernard de l'Épine. I, 22; II, 25.
Spineto (Johannes de). II, 140.
Spire. I, 169. — (l'évêché de), episcopatus Spirensis. II, 474.
Squin (le fort de). II, 490.

Stanislas, duc de Lorraine, ancien roi de Pologne. I, 237.
Stephanus (beatus), protomartyr. II, 120.
Stephanus, capicerius. III, 232.
Stephanus Caprarius. II, 12.
Stephanus de Morniaco. II, 30.
Stephanus Garnerius. II, 137.
Stephanus, mariscalcus de Malliaco. II, 10.
Strasbourg. II, 476; III, 118.
Striguil. II, 48. — (comte de). Voir Le Maréchal (Guillaume).
Stuart (Marie). I, 149.
Stuerhelt, graveur. I, 143.
Subrardière (la). II, 252.
Sudais (le bois des), Seutica silva. I, 22; II, 16-19.
Suède (le roi de). II, 469-477. — Voir Gustave-Adolphe.
Suédois (les). II, 473, 474.
Sueur (Philippe), procureur. II, 375.
Suhard (Charles), fermier de la cure de Saint-Germain de Noyen. I, 299.
Suisse (la). III, 18.
Suliacensis (dominus). II, 42.

Sully (Guillaume de), seigneur de Vouillon. II, 261.
Sulpicius de Calvo Monte. Voir Chaumont (Sulpice de).
Sulpicius, dominus Ambaziensis. Voir Amboise (Sulpice II d').
Sulpitius, Suplicius de Rupibus. Voir Roches (des).
Sulpitius, pater Alcherii. II, 13.
Suplicius, filius Mille Scuta. II, 12.
Suplicius, filius Rainaudi. II, 18.
Supplicius, dominus Ambaziensis. Voir Amboise (Sulpice II d').
Surfond (la bruyère de), à Bouloire. II, 300.
Surgères (Jacques de), seigneur de la Flocellière, mari de Renée, dite Marie de Maillé. I, 88; II, 273.
Surgères (Jean de), seigneur de Ballon. II, 273.
Suze (la) (Sarthe). III, 28. — (curé de). Voir Roullin (René).
Sylas (Guy, seigneur de). I, 328.
Sylas (Jean de), mari de Marie de Maillé-Lournay. I, 328.
Sylvestre, notaire. III, 154.
Symon de Campochevrier. Voir Champchevrier (Simon de).

T

Table de Marbre (la), à Paris. III, 8, 182.
Taffonneau, fief à Veigné (Indre-et-Loire). II, 424. — (dame de). Voir Le Berruyer (Suzanne).
Tafna (le traité de la). I, 426.
Tahureau (Jacques), lieutenant au Maine. II, 348.
Taine (H.). I, 412.

Tainière (Jean), bailli de Vendômois. II, 291.
Tainthurice (Michel Le), conseiller. II, 254.
Talhouet (la seigneurie de). I, 127; II, 227. — (le seigneur de). I, 157. Voir Ust (François d').
Talie (Pierre ou Perrotin de). II, 169.

Tallays (Jean de la), vassal de Maisoncelles. II, 333.
Talonnerie (la), à Bouloire. II, 322.
Talonnière (seigneur de la). Voir Poncé (René de).
Taon (J.). II, 192.
Taqué (G.), notaire. II, 368.
Tarascon. I, 93 ; II, 246, 247.
Tardif (Lucrèce). III, 205.
Tardiveau, notaire. III, 151.
Tarente. I, 160.
Targé (Jeanne de), fille de Pierre de Targé et de Marguerite Robeline, femme de Pierre de Maillé. I, 252.
Targé (Pierre de). I, 252.
Tarragone. I, 178.
Tartannière (la), métairie à Saint-Bomer. I, 225 ; III, 103.
Tartel (Nicolas), bourgeois de Paris. III, 130.
Tartifume (Bruneau de). I, 142.
Taupinière (la), à Breil. II, 436.
Tausves (le bois de), *alias* de Fleuré, à Saint-Célerin-le-Géré ou à Prévelles. III, 99.
Taveau (Guillaume de), seigneur de Mortemer. I, 117.
Taveau (Marie de), fille de Guillaume de Taveau, femme de Jacques de Maillé. I, 117.
Tays (la seigneurie de). II, 418.
Tebaldus, filius Cadilonis. II, 5.
Tebaldus, filius alter Cadilonis, pater Eudonis, Thibauld, père d'Eudes. I, 11 ; II, 5.
Tedasius de Rupibus. Voir Roches (des).
Tedasius, testis. II, 4.
Tedlidis. Voir Maillé (Gehilde de).
Teduinus de Carnoto, prior Lavariaci. II, 38.
Tehillac (Gabrielle de). II, 460.
Teillay (le), en la forêt de Chinon. I, 262 ; II, 369.
Teillé (Sarthe). II, 464. — (seigneur de). Voir Clinchamps (Jacques de).

Teilleau, à Bonneval (Eure-et-Loir). III, 10.
Teilleux, fief à Maisoncelles, vassal de Maisoncelles. II, 333. — (seigneur de). Voir Gaultier (Jean), Salans (Étienne de).
Teixier. Voir Texier.
Télamont. I, 178.
Tellier (Le). Voir Le Tellier.
Temple (le), bordage à Vallon. III, 106.
Temple (le), les Templiers. I, 34 ; II, 49, 50. — (maître du). Voir Molins (Roger des). — (maréchal du). Voir Maillé (Jacquelin de). — Temple d'Angers (commandeur du). Voir Maillé de la Tour-Landry (Jean-Hardouin de).
Tendre (Le). Voir Le Tendre.
Tennegot (Jean), chanoine de Saint-Martin de Tours. II, 119.
Tennie, Tannie (Sarthe). III, 70. — (curé de). Voir Esnault (Étienne).
Teodoricus de Avezai. II, 18.
Terracusa (le marquis de). I, 171.
Terraz (le). II, 144.
Terre-Blanche (la), à Fondettes. II, 233.
Terre-du-Bois (seigneur de la). Voir Maillé (Louis de).
Terreneuve (seigneur de). Voir Maillé (Louis de).
Terre Sainte (la). I, 44.
Terrice, sénéchal de Touraine, Terricus de Gualardon. Voir Gualardon.
Tertre (le), seigneurie à Lignières (Loir-et-Cher). — (seigneur du). Voir Illiers (François et Jean Ier d').
Tertre (le), métairie et champs à Trangé. I, 232 ; III, 85, 86.
Tertre (le), à Vimarcé. — (seigneur du). Voir Le Vexel (Pierre).
Tertre (Johan dou). II, 88.
Tertre (du), notaire. II, 514.
Tertre de Mée (René du). I, 204.

Tertre-Godicheau (le). II, 216.
Tesnier (Pierre), notaire. III, 104.
Tesserie (la), à Sainte-Cerotte. II, 335.
Tessier (Le). Voir Le Tessier.
Testu de Balincourt (la famille). I, 346.
Testu de Balincourt (Louis), seigneur de Balincourt et baron de Bouloire, mari de Claude de Hamelin. I, 346.
Tetbaldus, comes. Voir Thibauld II et Thibauld III.
Tetbaldus de Rupibus. Voir Roches (Thibauld des).
Tetbaldus Franciscus. II, 12.
Tetbaldus, homo Sulpitii. II, 13.
Tetbaudus de Rupibus. Voir Roches (Thibauld des).
Tête-Noire (l'hôtellerie de la), au Mans. III, 97.
Tévalle (Mme de). II, 450. Voir Thévalle.
Texier (Charles), chapelain du Lys. I, 151; II, 387.
Texier (Guillaume Joulain, dit). II, 108.
Tezé, notaire. I, 311.
Théatins (le quai des), à Paris. III, 124, 127.
Theillau. Voir Teilleau.
Thenote, femme de Robin Parenteau. II, 217.
Theobaldus (Aymericus). II, 75.
Theobaldus, filius Hugonis de Mathafelonem. II, 41, 42.
Theobaudus, dominus Rupium. Voir Roches (Thibauld des).
Theobaudus, prior Sancti Venantii de Malliaco. II, 46.
Therreau (Pierre et Toussaint). II, 405.
Thévalle (Charles de Maillé, dit de). Voir Maillé (Charles de).
Thévalle (Jacqueline de), fille de Jean de Thévalle et de Radegonde Fresneau, femme de Charles de Maillé-Brézé. I, 164, 165; II, 443, 445, 448, 454, 455.
Thévalle (Jean de), seigneur de Thévalle (à Chemeré-le-Roi), Aviré, Bouillé, comte de Créans. I, 164.
Thévalle (Mme de). II, 450.
Thevet (Indre). II, 259-263. — (seigneur de). Voir Beaujeu (François de).
Thézen, fief vassal de Châteauroux. III, 183.
Thianges (le régiment de). I, 411.
Thiard (Marie-Claudine-Sylvie de), femme de Jacques-Charles, duc de Fitz-James. I, 420.
Thibauld II, comte de Blois et de Chartres, Tetbaldus comes. I, 4; II, 1, 2.
Thibauld III, comte de Blois, Tetbaldus comes. I, 23; II, 17, 18.
Thibauld, père d'Eudes. Voir Tebaldus.
Thibault (Mathurin), notaire. III, 84.
Thibaut, seigneur des Roches. Voir Roches (Thibauld des).
Thielin (Charlotte), dame de la Jallière. Voir Thieslin (Claude-Charlotte de).
Thierry, greffier. III, 151.
Thierry (Madeleine), femme de Jean d'Augennes. I, 156.
Thieslin (Claude de), chevalier. III, 77.
Thieslin (Claude), seigneur de Montfrou. I, 388.
Thieslin (Claude-Charlotte de), dame de la Jallière, femme de Guy Le Bel, seigneur de la Jallière. III, 93, 97.
Thieslin (Marie-Louise), fille de Claude Thieslin et de Charlotte Martin des Loges, femme de Louis Gentien et d'André de Maillé de la Tour-Landry. I, 387, 388; III, 78, 91, 93.
Thimas. Voir Tymur.

Thimat, en l'évêché de Vannes. III, 73.
Thimbroil (seigneur de). Voir Raynier (Dimanche du).
Thomas (saint). I, 64.
Thomas (Catherine), femme de Louis III de Maillé. I, 330.
Thomas (Émery), sieur de Beaumont. III, 88, 89.
Thomas (Jean). II, 217-219.
Thomas (Roland), sieur de la Prouterie. I, 232; III, 86, 87.
Thomassin (seigneur de). Voir Saint-Aubin (N. de).
Thonins (seigneur de). Voir Estuert (François d').
Thory (Jacqueline-Rosalie de), visitandine. III, 128, 129.
Thory (Louis de), seigneur de la Varenne. II, 415.
Thou (Adrien de), conseiller au parlement. I, 221; II, 358.
Thouarcé (Maine-et-Loire). III, 175.
Thouars (Deux-Sèvres). I, 83, 123, 330; II, 192, 195, 197, 240-245.
Thouars (le vicomte, le sire de). I, 82, 83; II, 138, 191, 192. Voir Amboise (Louis d'), Pierre, Trémoille (François de la). — (duc de). Voir Trémoille (M. de la). (Mme de). II, 236. — (receveur de). Voir Cartier.
Thouars (Aimery de). I, 42.
Thouars (Jeanne de), fille d'Aimery de Thouars et de Béatrix de Machecoul, femme d'Hardouin IV de Maillé. I, 39-43.
Thouars (Perrinelle de), femme d'Amaury IV de Craon et de Tristan Rouault. I, 86.
Thouars (Raymond de), Raimundus de Thoarcio. II, 55, 56.
Thouet (l'aître), à Chahaignes. II, 350.
Thouet (Denis). II, 350.
Thourail (les bois du). II, 341, 343.
Thourenjaz. Voir Tourangeaux.
Thuillier (Le). Voir Le Tuillier.

Tibériade. I, 28, 34; II, 49-51.
Tichildis, Tiehildis. Voir Maillé (Gehilde de).
Tiercelin (Huet), seigneur de Villefoulon et de Vauminault. II, 334.
Tiercelin (Jean), seigneur de la Chevalerie. II, 332.
Tiercelin (Jean), seigneur de Vauminault. II, 334.
Tiercelin (Jeanne), dame de Villefoulon et de Vauminault. II, 334.
Tiercelin (Macé), seigneur de Vauminault. II, 334.
Tiercelin d'Appelvoisin (Charles), marquis de la Roche-du-Maine, baron du Fou, Chitré, etc., mari de Marie-Anne de Maillé. I, 277, 279; III, 74, 90, 153, 239.
Tigerie (la), à Bouloire. II, 314, 319, 321-323, 325. Voir Bonnardière-Tigerie (la).
Tigier (Jean). II, 307, 312.
Tigné [*et non* Vigné] (Maine-et-Loire). III, 76, 238. — (seigneur de). Voir Châteaubriant (Jean de), Maillé de la Tour-Landry (André et Charles de).
Tigné (Amaury de), premier mari de Jeanne de Maillé. I, 117.
Tigny (le baron de). I, 308.
Tilhart. II, 236.
Tillet (du). II, 429.
Tillon (Christophe de), seigneur du Chêne, à Saint-Jean-d'Assé. II, 464.
Tilloy-le-Bargue. II, 504.
Tilly (M. de). II, 477.
Timeur (le), à Poullaouen (Finistère). I, 274, 275; II, 516; III, 79. — (marquis du). Voir Ploeuc (Sébastien de). — (marquise du). Voir Ploeuc (Renée-Mauricette de).
Tinténiac (Will. de). II, 49.
Titio (Valterius). II, 4.
Tombes (les), à Saint-Célerin-le-Géré ou à Prévelles. III, 99.

Tommelleries (seigneur des). Voir Beauvais (Guillaume de).
Tonnay-Boutonne (Charente-Inférieure). II, 185. — (seigneur de). Voir Maumont (Jean de).
Tonnay-Charente (Charente-Inférieure). II, 184, 257.
Tonnerre (le comte de). III, 176. Voir Husson (Charles d').
Torcé (Sarthe). II, 392, 393; III, 99, 111.
Toreau (Micheau), receveur. I, 84; II, 198.
Tornacensis (episcopus). II, 65.
Torpin (Guido). II, 66.
Torra et Schonberg (mareschallus della). II, 474.
Tortinière (M. de la). II, 394, 408.
Tortus (Bernardus). II, 26, 32, 33.
Toscane (la). I, 178.
Toublanc (Marc), notaire. II, 365.
Touchard (Jean), notaire. III, 86.
Touche (la), à Milly. II, 413.
Touche (la), château à Ruillé-sur-le Loir. I, 227; II, 506; III, 238. — (seigneur de la). Voir Cervon (Joachim de), Maillé (Antoine, Guillaume, Imbault, Louis et Pierre de). — (dame de la). Voir Maillé (Renée de).
Touche (le seigneur de la). II, 268.
Touche (la Petite-), à Torcé (Sarthe), fief vassal de Fleuré. II, 393.
Touche (Jean de la). I, 316.
Touche (Lancelot de la), seigneur de Tranchylon, premier mari de Charlotte de Maillé. I, 147.
Touche (Marguerite de la), femme de Renaud de Moussy. I, 316.
Touche (René de la), seigneur de la Massardière, mari de Renée de Maillé. I, 264, 436, 437; II, 379-382.
Touche (René de la), seigneur de Rabasté, mari de L. de Maillé (1559). I, 436, 437; II, 223.
Touche-Cadu (seigneur de la). Voir Cadu (Hélie et Jean), Jaille (Claude de la).
Touche-de-Lin (seigneur de la). Voir Valette (René de la).
Touche-Lize (la), en la forêt de Milly. II, 412.
Touche-Maquillé (M. de la). II, 454, 455.
Touche-Quatrebarbes (la), fief en Saint-Quentin et Ampoigné. I, 152; II, 372.
Touches (les), aux Verchers (Maine-et-Loire). II, 111.
Touches (le seigneur des). I, 298.
Touches (seigneur des). Voir Fresneau (Jean).
Touchet (Marie), maîtresse de Charles IX et femme de François de Balzac. I, 349.
Touffou (seigneur de). Voir Mauléon (René de).
Toulon (évêque de). Voir Bonnin de Chalucet.
Toulouse. I, 76, 112; II, 118, 132, 133, 149, 162. — (comte de). Voir Poitiers (Alfonse de), Toulouse (Raymond de).
Toulouse (l'évêque de), episcopus Tholosanus. II, 65. — (l'archevêque de). II, 483.
Toulouse (Raymond de), R., comes Tholosanus. II, 63-66.
Toulouse. III, 101. Lire : Coulonse. Voir III, 239.
Tour (le sieur de la). II, 469.
Tour (seigneur de la). I, 246. Lire : seigneur de la Tour-du-Regnier. Voir Raynier (Dimanche du).
Tour (Agnès de la), fille de Roger de la Tour et d'Adèle, femme de Gelduin de Maillé et de Menier de Gazeran, Agnes de Malliaco. I, 9, 13-19, 21, 24; II, 9, 10, 13, 14, 16, 20-23, 28, 31.
Tour (Antoine de la), sire de Clervaux, viguier de Najac. III, 215.
Tour (Catherine de la), dame de la Salle et de Bournan, femme de

Thibaud de la Haye. I, 121; II, 209, 210.
Tour (Foucher de la), fils de Roger de la Tour, Fulcherius Vindocinensis. I, 15; II, 9.
Tour (Marguerite de la), probablement la même que Françoise de la Tour-Landry. II, 273.
Tour (Roger de la), mari d'Adèle et père d'Agnès de la Tour. I, 15.
Touraine (la), pagus Turonicus. I, 4, 42, 52, 66, 68, 75, 76, 83, 89, 94, 106, 110, 113, 141, 190, 224, 305, 309; II, 1, 2, 18, 71, 86, 102, 105, 106, 124, 135, 137, 138, 142-145, 150, 152, 157-159, 190, 193, 199, 202, 206, 215, 218, 232, 248-250, 282, 368, 379-382, 395, 444, 490, 512-516; III, 5, 14, 28, 31, 36-67, 70, 72, 113-115, 127, 140, 144, 147, 167, 213, 219-231.
— (comte, duc de). Voir Anjou (Louis Ier d'), Foulques IV. —
— (bailli de). Voir Maillé (Jean II de), Rearchon, Rohan (Charles de), Sainte-Sollange. — (receveur de). Voir Papin, Perrigault. —
— (sénéchal de). Voir Gualardon (Terricus de).
Tourangeaux (les), Turonici, Thourenjaz. II, 50, 103.
Tour-de-Ménive (la), à Saint-Hilaire-Saint-Florent (Maine-et-Loire). II, 180. — (dame de la). Voir Maillé (Jeanne de).
Tour-Landry (la) (Maine-et-Loire). I, 353. — (seigneur de la). Voir Maillé (Hardouin X de). — (baron de la). Voir Maillé de la Tour-Landry (Charles, François et Jean Ier de), Le Porc (François).
— (marquis de la). Voir Maillé de la Tour-Landry (Charles, Charles-Henri et Georges-Henri de).
— (comte de). Voir Maillé de la Tour-Landry (Charles-Louis de).
— (vicomte de). Voir Maillé de la Tour-Landry (Jean-Louis de).
— (dame de la). Voir Maillé de la Tour-Landry (Anne de).
Tour-Landry (Arquade de la), mari d'Anne de la Haye. I, 55.
Tour-Landry (Françoise de la), fille de Louis de la Tour-Landry et de Catherine Gaudin, première femme d'Hardouin X de Maillé. I, 335-338; II, 272, 273; III, 185, 239, 240.
Tour-Landry (Geoffroy de la), auteur du *Livre du chevalier de la Tour-Landry*. I, 56; II, 175.
Tour-Landry (Louis de la), seigneur de la Tour-Landry, Bourmont, Cornouailles, Clervaux et Ampoigné. I, 336.
Tournelle (le quai de la), à Paris. III, 89.
Tournelle (le pont de la), à Saumur. I, 125; II, 208.
Tourneminière (la), à Bouloire. II, 308, 311, 317, 323, 325.
Tournet (Innocent), curé de Saint-Pierre-du-Lorouer. I, 204; II, 512.
Tourneur (Le). Voir Le Tourneur.
Tournon (la rue de), à Paris. I, 406; III, 121, 122.
Tours, Turones, Turonensis civitas, Tors. I, 31, 39, 57, 69, 72, 75, 81-83, 92, 93, 102, 103, 142, 243, 265, 280, 304, 305, 425, 427, 436; II, 13, 14, 18, 42, 43, 53-78, 89, 97, 98, 101, 102, 109-118, 124, 143-147, 150, 151, 161, 162, 176, 182, 187-195, 200-208, 214, 219, 229, 243-251, 266, 275, 334, 368-372, 394-409, 425, 440, 460, 484, 485, 513-517; III, 18, 19, 55, 161, 168, 186, 223-227.
Tours (l'archevêché de). I, 70, 141; II, 123, 153, 157.
Tours (l'archevêque de). I, 70, 71, 82, 83; II, 146, 150, 153-156, 158, 190-192; III, 177.

Tours (évêques et archevêques de). Voir Alexander, Barthélemy, Breuil (Ameil du), Craon (Olivier de), Engebault, Faye (Jean de), Frétault (Pierre), Guesle (Franciscus de la), Josce, Maillé (Gilbert et Simon de), Martin (saint), Mathefelon (Juhel de), Montsoreau (Jean II de), P., Pirmil (Vincent de), Raoul, Renou (Simon).

Tours (la cathédrale de). I, 63, 64, 141, 142; II, 356.

Tours (le château de). I, 91; II, 190, 230, 250.

Tours (le châtellenie de). II, 176.

Tours (le diocèse de), diocesis Turonensis, le diocèse de Torene. II, 61, 101, 111, 122, 160, 361.

Tours (l'église de), ecclesia Turonensis. II, 81, 82. — (trésorier de l'église de). Voir Brête (Jean).

Tours (la généralité de). II, 288, 289; III, 132, 148.

Tours (la vicomté de). I, 91; II, 230, 258. — (vicomte de). Voir Maillé (Hardouin IX de). — (vicomtesse de). — Voir Maillé (Françoise de).

Tours (le Carmel de). I, 69.

Tours (les Cordeliers, les Frères Mineurs de). I, 67-69, 252, 260, 270; II, 85, 104, 111, 118, 119, 460. — F. F. Minorum Turonensium (guardianus). Voir Bois-Gaultier (Martin de).

Tours (archidiacre de). Voir Matheus, Rannulfus.

Tours (archiprêtre de). Voir Chevrier (Jean).

Tours (doyen de). Voir Hugo, Odon.

Tours (élu de). Voir Bonnart (Pierre).

Tours (l'official de). I, 104; II, 74, 75, 91.

Tours (prévôt de), prepositus Turonensis. Voir Bartholomeus, Berthelot (Jacques), Nicolaus.

Tours (le trésorier de). II, 157. Voir Agon (Bouchard d').

Tours (l'abbaye de Beaumont-lès-). Voir Beaumont-lès-Tours.

Tours. Cf. les articles Galère (l'hôtel de la), Saint-Gatien, Saint-Julien, Saint - Martin, Saint-Pierre-le-Pullier et Sainte-Anne.

Tourtay (Jean), greffier. II, 479.

Tourtay (Roger), greffier. II, 375.

Toussaint (l'abbaye de), à Angers. I, 127; II, 147, 215, 270, 271, 276.

Touville. III, 101. Lire Neuville. Voir III, 239.

Touvoie (la baronnie de). III, 136. — (bailli de). Voir Maulny (Michel).

Trac (Pierre du). Voir Garclaye (Pierre de la).

Tragin (N...), nièce de Jeanne de Maillé de la Guéritaude. II, 425.

Trajean (Jean), sieur du Puy. III, 5.

Tramblier (James), chapelain de Saint-Gervais. II, 271.

Tramblier, criminel. II, 340.

Tranchée. II, 506. Lire : de la Touche. Voir Corrections. III, 238.

Tranchylon (seigneur de). Voir Touche (Lancelot de la).

Trangé (Sarthe). I, 232; III, 85.

Travers (Jean). II, 306, 308-310, 315, 321-324.

Travers (Jouyn), prêtre. II, 310, 313, 323.

Treffours, fief à Villaines-la-Gonais. I, 305; II, 427.

Trégarantec, seigneurie à Mellionnec (Côtes-du-Nord). I, 266; II, 380.

Tréguier (l'évêché de). II, 440.

Trémault (A. de). I, 197, 199; II, 9.

Tremblay (le), fief à Channay, vassal de Rillé. I, 90; II, 212, 225.

Tremblay (le). III, 198, 200.

Tremblay (dame du). Voir Porte (Barbe de la).
Tremblaye (marquis de la). Voir Robin (René-Henri). — (marquise de la). Voir Savonnières (Renée de).
Tremereuc (seigneur de). Voir Montbourcher (Gabriel de).
Trémoille (la maison de la). I, 355.
Trémoille (le seigneur de la). I, 83.
Trémoille (M. de la), duc de Thouars. II, 465.
Trémoille (Anne de la), femme de François II de Menon. I, 355.
Trémoille (Claude de la), baron de Noirmoutier, fils de François de la Trémoille et d'Anne de Laval, deuxième mari d'Antoinette de Maillé de la Tour-Landry. I, 346, 347.
Trémoille (François de la), vicomte de Thouars. I, 347.
Trémoille (Georges de la). II, 195.
Trémoille (Georges de la), seigneur de Craon. II, 232.
Trémoille (Jacques de la), seigneur de Bommiers. II, 260, 261.
Trente (le concile de). I, 141.
Trepereau (Étienne). II, 214.
Tressan (Louis de la Vergne de Montenard de), évêque du Mans. Voir Vergne (de la).
Trete... II, 76.
Treungen (Guyonne de), femme de Charles de Courtarvel. II, 441.
Trèves (Allemagne). I, 168; II, 474. — (archevêque de). Voir Sottern.
Trèves (Maine-et-Loire). I, 9, 10, 140, 177; II, 208, 267, 272, 274, 343, 347. — (le sire de). II, 195, 341. Voir Maillé (Gauzbert de). — (baron de). Voir Laval-Lezay (Hilaire de).
Trèves (Hardouin, seigneur de). I, 9, 26; II, 35; III, 233.
Trèves (Théhelde de), Thehelda de Trevis. I, 9, 10; III, 233.

Trèves (N. de). I, 9, 26.
Trigavou (Côtes-du-Nord). II, 444; III, 238.
Trigueneau (Jean), notaire. III, 6.
Trimont (Marie-Germaine-Alexandrine de), femme de René-Charles-François de Maillé de la Tour-Landry. I, 399, 400.
Trinité (l'église et la paroisse de la), à Angers. I, 157, 158; II, 443, 469; III, 144. — (curé de la). Voir Lanier (André).
Trinité (l'abbaye de la), à Vendôme. I, 26; III, 194. — (abbé de la). Voir Geoffroy.
Tristega (Berlaudus de). III, 232.
Trizay, à Joué-lès-Tours. I, 72; II, 86, 153. — (seigneur de). Voir Maillé (Hardouin V de).
Trobert (G.), notaire. II, 441, 442.
Trochelle (Jean). II, 307.
Trocherecte (la feue). II, 318.
Trogof (Pierre de), conseiller. II, 444.
Trois-Chiens (les), métairie. III, 198, 200.
Trois-Croix (les). II, 253.
Trois-Seigneurs (le fief aux), à la Chapelle-Gaugain et environs, vassal en partie de Maisoncelles. II, 333-335.
Tromeneur, châtellenie. II, 441.
Trône (la place du), à Paris. I, 412.
Tronjulien (seigneur de). Voir Kersaint-Gilly (François de).
Trôo (le prieuré de). I, 32; II, 41.
Trotté, curé de Ruillé-sur-le-Loir. II, 458, 506, 510.
Troussel (Guillaume). II, 138.
Troussier (Étienne). II, 312, 316.
Trouvé, notaire. III, 124-130.
Troyen (Julien), commissaire. II, 399.
Troyes (évêque de). Voir Bouthillier.
Troyes (Nicolas de), trésorier des guerres. II, 354.
Troyes (de), notaire. III, 81, 82.

Tryac (Olivier de), sieur de la Chapelle. II, 442.
Tucé (le sire de). II, 186.
Tucé (baron de). Voir Beaumanoir (Henri de).
Tucé (Baudouin, seigneur de). II, 199.
Tucé (Guillaume, seigneur de), en 1365. II, 150.
Tucé (Guillaume de), second mari de Jeanne de Maillé. I, 117.
Tucé (Le Camu de). II, 150.
Tuffé (Sarthe). III, 98, 99.
Tuffière (François), bailli de Noyen. III, 89.
Tuffière-le-Vieil (seigneur de la). Voir Barre (Raoul de la).
Tuileries (les), à Paris. I, 417.
Tuillier (Le). Voir Le Tuillier.
Turbatus *vel* Curbatus (Beringerius). II, 10, 14, 20.
Turbilly, château et seigneurie à Vaulandry. I, 354, 355. — (seigneur de). Voir Menon (François III de).

Turbilly (Louise-Marie de), visitandine. III, 129.
Turcs (les). I, 157; II, 51.
Turenne (M. de). II, 498.
Turon... (Philippus de). II, 57.
Turones. Voir Tours.
Turpin (Guillaume), premier mari de Jeanne de Sazillé. I, 71; II, 161, 162.
Turpin (Guy). I, 110; II, 105.
Turpin (Jean), sergent. III, 227.
Turquie (la). III, 32.
Turre (Jeremias de). II, 23.
Tusquio (Petrus de). II, 194.
Tussé. Voir Tucé.
Tusson (le), affluent de la Braye. II, 331, 334.
Tymur *ou* Thimas (seigneur du). Voir Maillé (Frédéric de). — (dame du). Voir Chef-de-Bois (Françoise de), Maillé (Marie-Urbaine de).
Tyouarlain (seigneur de). Voir Rosmadec (Alain de). — (dame de). Voir Quellenec (Françoise de).

U

Ucé. Voir Ussé.
Uguetière (l'), à Bouloire. II, 305, 317.
Ulm (Bavière). II, 477.
Ulmes-Saint-Florent (les) (Maine-et-Loire). II, 96. — (curé des). Voir Maillé (Geoffroy de).
Ulmis (Bartholomeus de). II, 33, 34.
Ulmis (Gauffredus de). II, 33.
Ulricus de Lubin. II, 24.
Ulricus Rex. II, 18.

Urbain II, pape. II, 34.
Urbain VIII, pape. I, 358.
Ursins (Jean Juvenal des). I, 80.
Urson (Balthazar d'). II, 459.
Ursulines (les). Voir Angers, Mans (le).
Ursus, coquus. II, 12.
Urvoy, vicaire général de l'archevêque de Paris. III, 156.
Usages (Guillaume d'). II, 202.
Usages (Jeanne d'), dite aussi de

TABLE ALPHABÉTIQUE 459

Saint-Brice, femme d'Olivier de Prez. I, 81; II, 183, 186, 187, 202.
Usages (Trouillart d'). II, 138.
Usellière (la), métairie. III, 6.
Ussé (le sire d'). II, 138.
Ust (François d'), fils de Jean d'Ust et de Marguerite L'Évêque, mari de Guyonne de Maillé, seigneur d'Ust, du Mollant et de Talhouet. I, 126-128; II, 226-228, 252.
Ust (Jean, seigneur d'). I, 126, 127.
Utrecht. I, 390.
Uziez (Perrot d'). I, 52; II, 150.

V

Vaas (Sarthe). III, 93.
Vabres (Louise-Marie-Henriette de). III, 212.
Vabres, Vasbres (M. ou P. de). III, 149, 150.
Vabres (de). II, 392.
Vaché de la Chaise (Catherine-Julie Le), visitandine. III, 129.
Vacher, notaire. II, 516, 517.
Vachés (Antoine de), seigneur de la Chaise. II, 485.
Vaesen (J.). II, 235, 242.
Vaidie (Jacques), prieur-curé de Châtillon de la Chartre et doyen de la Chartre. III, 149-151.
Vaidie (René), sergent au Maine. II, 293, 376.
Vailly (Thiébaut de), boucher. I, 112; II, 133.
Vairie (Philippe de la), seigneur de Bazouges. III, 33, 67.
Val (Charles-François-Élie du), mari de Marie-Françoise de Maillé-Brézé. I, 236.
Val (Guillaume du), receveur de Saintonge. II, 257, 258.
Valençay (d'Étampes de). Voir Étampes de Valençay (d').
Valennes (Bridoul de). II, 138.

Valennes (Geoffroy de). II, 332.
Valennes ou mieux Valesnes. Voir Valesnes.
Valesnes, fief à Saché (Indre-et-Loire). — (seigneur de). Voir Sainte-Maure (Guillaume de).
Valette (Gaston de la). III, 205.
Valette (Jean-Louis de la), duc d'Épernon. II, 446, 447, 481-484.
Valette (René de la), seigneur de Brosse et de la Touche-de-Lin, mari de Jeanne de Maillé. I, 305.
Valette (le cardinal de la). II, 481, 482, 492.
Valette (le duc de la). II, 481.
Valette (sieur de la). Voir Le Febvre (Charles).
Vallaines. Voir Valennes.
Vallaut (Louis, Marie et Pierre). III, 22, 27.
Valleaux (Jean de), chevalier. II, 211.
Vallée (la), fief à la Chartre-sur-le-Loir. — (seigneur de la). Voir Le Gantier (Jean).
Vallée (la), à Sainte-Cerotte. II, 331, 335.
Vallée (Eugène). II, 294.

Vallée (Michel), notaire. III, 6.
Vallées (les), domaine, bois et étangs à Bouloire. II, 297, 298, 300, 320, 329.
Vallet (René), chapelain de Sainte-Catherine de Milly et de Maillé et Millé. II, 360, 366.
Vallette (de la). Voir Valette (de la).
Vallier (Germain), dit La Barre. III, 8.
Vallière (le duché de la). III, 43.
Vallières. I, 45, 326; II, 40, 74, 75; III, 183, 223, 224.
Vallon-sur-Gée (Sarthe). I, 222, 232, 233; III, 104-108, 116, 121, 123, 131-135. — (seigneur de). Voir Maillé (François-Henri et Louis de).
Valois (Charles de), frère de Philippe III. I, 50; II, 103.
Valois (Noël). II, 442.
Valoutin (sieur de). Voir Drouet (Adam).
Valterius Titio. II, 4.
Vanier (Le). III, 99.
Vannes. III, 206. — (l'église, l'évêché de). I, 268; II, 381, 382, 440, 502, 516; III, 73. — (archidiacre de). Voir Bogar.
Vanssay (Marin Ier de), seigneur de la Barre, M. de la Barre. II, 439.
Vanusson. III, 239. — (seigneur de). Voir Herault (René).
Varannes (le champ des), à Trangé. III, 85.
Varasses (les), à Écorpain. II, 331, 335.
Vareines (la Ruete de), in parrochia Sancti Vincentii. II, 54.
Varenne (le marquis de la). II, 455; III, 34.
Varenne (seigneur de la). Voir Fouquet (Guillaume).
Varenne (seigneur de la). Voir Maillé (Arthus de).
Varenne (seigneur de la). Voir Thory.
Varennes (Somme). II, 248.

Varennes (l'abbaye de Notre-Dame de). III, 183.
Varennes (Louise de), femme de Jean II de Maillé. I, 331.
Varie (Guillaume de), général des finances. II, 230.
Varrie, chatellenie réunie au comté de Montsoreau. II, 448.
Vasbres (de). Voir Vabres (de).
Vassal. II, 197.
Vasseur (Le). Voir Le Vasseur.
Vassorerie (la), à Bouloire, fief vassal de Meslève. II, 300, 301, 308. — (seigneur de la). Voir Dagues (Denis).
Vassorerie (la), aux Loges. II, 298.
Vau (le), à Sainte-Cerotte. II, 335.
Vau (Jean du). II, 313.
Vaubert (Pierre), sieur de Vauluisant. III, 104-108.
Vaubouet, métairie et fief à Villeromain (Loir-et-Cher). I, 440. — (seigneur de). Voir Illiers (François d').
Vaucelle (Lair de). Voir Lair de Vaucelle.
Vaucenay (Antoine de), seigneur dudit lieu. II, 515.
Vauchaignon, à Bouloire. II, 315.
Vauchevallier (la), en la forêt de Milly. II, 412.
Vauchoin (la garenne de). III, 124.
Vaudavy (le Bouillon-de-), en la forêt de Milly. II, 412.
Vau-de-Chavaignes (seigneur, dame du). Voir Maillé (Marie-Urbaine de), Morin (César et Claude).
Vau-de-Chavaignes (Charles du), seigneur de la Génevraie, mari d'Anne-Charlotte de Maillé de la Tour-Landry. I, 390.
Vaudejart, à Bouloire. II, 306. Voir Houssaye (la).
Vau-de-Vallères (sieur du). Voir Derosel.
Vau-du-Poil (l'étang du), proche Chahaignes. II, 350.

Vaufouynard (sieur de). Voir Joyet (François).
Vaugé (Colin de), écuyer. II, 169.
Vauguefin (Catherine de), femme de René de Cervon. I, 228; II, 506.
Vauguion (Patrice de), prêtre. III, 209.
Vaujelay (seigneur de). Voir Maillé (Louis de).
Vaujour. I, 304.
Vaulandry (Maine-et-Loire). I, 355; III, 170-172, 180, 191. — (curé de). Voir Drouet (Pierre).
Vaulion. III, 53.
Vauluisant (sieur de). Voir Vaubert.
Vaulx (Louis de). II, 309, 311, 325.
Vauminault, fief à Écorpain, vassal de Maisoncelles. II, 334. — (seigneur, dame de). Voir Tiercelin (Huet, Jean, Macé et Jeanne).
Vau-Saint-Pierre (le), fief vassal de Saint-Pierre-du-Lorouer. I, 204; II, 512.
Vauville. III, 98. Lire Neuville. Voir III, 239.
Vaux. I, 204.
Vaux (le), terre près de Gémasse. II, 468.
Vaux (la terre de). III, 3.
Vaux (les bois de). III, 34.
Vaux (Guillaume des), seigneur du Bois-du-Pin. II, 377.
Vaux (Jean de), capitaine de Romorantin. II, 148.
Vay (Jean de), seigneur de la Rochefardière. I, 297.
Vay (Jeanne de), dame de la Rochefardière, fille de Jean de Vay et de Claude de Montberon, femme, selon le P. Anselme, de Louis de Maillé, seigneur de Latan. I, 297.
Vaydie. Voir Vaidic.
Vayer (Le). Voir Le Vayer.
Veau (Jacques), trésorier des guerres. II, 352, 353.

Veau (Macé), seigneur des Pélonnières. II, 303.
Veaulce (dame de). Voir Fayette (Jacqueline de la).
Veausse (Pierre de). II, 165, 166.
Veigné (Indre-et-Loire). I, 71, 318-320; II, 162, 401-406, 417-420, 424, 425; III, 5, 201, 202.
Vélinière (la), à Bouloire. II, 290, 298, 306, 307, 318, 320, 325, 326.
Velu *ou* Pelu. II, 446.
Vendevre. II, 144.
Vendôme. I, 195, 197, 199, 247, 357, 440; II, 373, 390, 410, 423, 428, 442; III, 171, 192-194.
Vendôme (les Cordeliers de). I, 197; III, 192-194. — (gardien des). Voir Chessé.
Vendôme (l'Hôtel-Dieu de). III, 171.
Vendôme (la Trinité de). Voir Trinité (la).
Vendôme (la châtellenie, le comté, le duché de). I, 344, 346; II, 293, 376, 452, 453, 480.
Vendôme (le comte, le duc de). I, 160, 193, 194, 254, 256, 259, 335, 337, 339; II, 97, 138, 198, 233, 256, 346, 485. Voir Bourbon (Antoine, Charles et Louis de), Henri IV, Vendôme (César de).
Vendôme (la comtesse, la duchesse de). I, 189, 335. Voir Albret (Jeanne d'), Luxembourg (Marie de).
Vendôme (Alix de), femme d'Hugues de Maillé. I, 28.
Vendôme (César de), duc de Vendômois, Beaufort, Étampes, Mercœur et Penthièvre, prince d'Anet et Martigues, seigneur de Saint-Calais. II, 293, 376, 478-480.
Vendôme (Foucher Ier Le Riche de), mari d'Hildegarde et père d'Adèle. I, 15.

Vendôme (Geoffroy de), chevalier. II, 97.
Vendômois (le). I, 191; II, 283, 330, 373-376, 382, 391, 422, 423, 428, 462, 479; III, 6, 48, 113, 114. — (bailli de). Voir Tainière (Jean).
Vennerie (seigneur de la). Voir Cirard (David de).
Venoix (Clémence de), femme d'Emmanuel, baron d'Orceau de Fontette. I, 383.
Verain, notaire. III, 113.
Verchers (les), Verché (Maine-et-Loire). II, 111; III, 175.
Verchers (la Lande des). III, 175.
Verdelles (seigneur de Juigné-). Voir Le Clerc (Colas).
Verderie (seigneur de la). Voir Chérité (Charles de).
Verger (l'église paroissiale du), pour Gohier (Maine-et-Loire). II, 285; III, 237.
Verger (le), fief à Gohier. I, 93, 127; II, 227, 253. — (seigneur du). Voir Maillé (Gilles, Guy, Hardouin et Philippe de).
Verger (la chapelle du), à Gohier. I, 93, 129, 130, 136; II, 254, 285. — (chapelain du). Voir Maillé (René de), Ménard (Jacques), Riaille (Jean de).
Verger (le), fief à Saint-Sulpice, près Blaison. I, 140; II, 347.
Verger (le), château à Seiches. I, 102, 305, 349; II, 361; III, 221-227. — (seigneur du). Voir Rohan (François et Louis de).
Verger (Andrée du), mère de Victor et d'Henri de Maillé de la Tour-Landry. I, 342.
Verger (H. du), notaire. II, 509.
Vergeret (le), à Bouloire. II, 307, 310, 314.
Vergier (Naudin). II, 85.
Vergne (Jacques de la), avocat. III, 121.
Vergne de Montenard de Tressan

(Louis de la), évêque du Mans. I, 234; III, 83, 94, 123, 212.
Vergne de Tressan (Élisabeth de la), femme du comte de la Motte-Houdencourt. III, 83, 212.
Vérité (Julien), prêtre, seigneur de Prévolle. II, 304, 305, 323, 324.
Vérité (Mathurin), seigneur de Prévolle. II, 304, 318.
Vérité (Pierre). II, 319.
Vermand, fief à Sougé-sur-le-Loir, vassal de Maisoncelles. II, 334. — (seigneur de). Voir Robineau (Jean).
Vermandois (le). I, 111, 112; II, 128, 129, 133, 234; III, 156, 158. — (bailli de). Voir Fay (Gondemart du), Maillé (Payen Ier de).
Vernancourt (le régiment de). II, 498, 499.
Vernantes (Maine-et-Loire). I, 29, 158, 159, 360, 362, 365, 367, 368, 370, 373-375, 380; II, 54, 56, 97, 445, 493, 496; III, 2, 27, 29, 75, 76, 80, 88, 93, 95, 96, 102, 109, 144, 147, 165, 207. — (seigneur de). Voir Jalesnes (Charles de).
Verneil-le-Chétif (Sarthe). I, 248.
Verneuil (la bataille de). I, 245.
Verneuil, Verneuil-sur-Indre (seigneur de). Voir Chaumont (Lisois de).
Verneuil (seigneur de). Voir Maillé (Philippe de).
Verneuil (Hue de). II, 150.
Vernoil-le-Fourrier (Maine-et-Loire). II, 55; III, 144, 147.
Vernois (Le). Voir Le Vernois.
Vernon, au diocèse de Rennes. II, 75.
Vernon (seigneur de). Voir Maillé (Claude de).
Vernou. I, 141.
Vérons (les aunais des), à Chahaignes. II, 350.
Verrie (Maine-et-Loire). II, 208.
Verrier (Le). Voir Le Verrier.

Verrières (la baronnie de), en Loudunois. I, 345; II, 465-468. — — (baron de). Voir Kaerbout (Lancelot de).
Verrières (seigneur de). Voir Maillé (Hélie, Hercule et René de).
Verrières (Briande de), femme de Jean de Ronsard. I, 129.
Verron (Sarthe). I, 204, 208, 212, 439; III, 44, 45, 125. — (seigneur de). Voir Barre (Louis de la), Grenier (René du), Maillé (Henri et René II de).
Versailles. II, 490, 492; III, 152, 160.
Vert (Jehan de). II, 496.
Verteuil (dame de). Voir Rochefoucauld (Marguerite de la).
Vertus (comte de). Voir Avaugour (Claude d').
Veuil (Cheverny de). Voir Cheverny de Veuil.
Veuve (la), affluent du Loir. II, 350.
Vexel (Le). Voir Le Vexel.
Vexin (le). III, 31.
Vézins (Maine-et-Loire). I, 353. — (seigneur, baron, marquis de). Voir Andigné (Charles et Charles d'), Le Porc (François, Jacques et René). — (dame de). Voir Le Porc (Marthe).
Viantais (Boursault de). Voir Boursault de Viantais.
Viau (Gauffridus, Jofroy). II, 66, 85, 87.
Viau, Vyau (Hardouin), seigneur de Penchien. II, 211, 244, 266.
Viau (Philippon). III, 175.
Vicelle (la borde de la), sur la Braye, à Sougé-sur-le-Loir. II, 331.
Vicinis (Petrus de). II, 65.
Vieil-Baugé (Maine-et-Loire). III, 145.
Vieille-Coupe (la), en la forêt de Milly. II, 412.
Vieil (Françoise), femme de Mathurin Ferrant. II, 308.

Viel (Olivier). II, 306, 308.
Viella (Marie-Célinie de), femme de Louis-Marie-François de la Forest, comte de Divonne. I, 380.
Viers (Merigot de), alias de Viez. II, 165, 166.
Vieulxmont (Philippe de), seigneur du Brossay. II, 366.
Vieux-Château (le), à Bouloire et aux Loges. II, 298, 319, 320, 329.
Viezville (Thomas de la). II, 165, 166.
Vigne (René de la), notaire. III, 113.
Vigné. Lire Tigné.
Vigneau (le). III, 198.
Vigneau (Jean), notaire. III, 14, 28.
Vigny (de), receveur de la ville de Paris. II, 391.
Viguier (Thiebaut). II, 127.
Vihiers (Maine-et-Loire). II, 215.
Vilemereau. II, 85.
Villaines-Gaignon (Marie-Agathe de), visitandine. III, 129.
Villaines-Gaignon (Marie-Victoire de), supérieure de la Visitation de la Flèche. III, 128, 129.
Villaines-la-Gonais (Sarthe). I, 305; II, 420, 427, 439.
Villaines-sous-Lucé (Sarthe). II, 255.
Villare super fluvium Cubsonem. Voir Villesablon.
Villarée (Antoine), procureur. II, 435.
Villars (le marquis de). II, 372.
Ville (l'étang de la), à Bouloire. II, 295, 312, 320, 321.
Ville (le bordage de la), à la Chapelle-Saint-Rémy. III, 98.
Ville-au-Fèvre (la). II, 227.
Ville-aux-Dames (la) (Indre-et-Loire). II, 208.
Ville Berfodii (Garnerius, monachus, prepositus obedientiae). II, 23.
Villebernier (Maine-et-Loire). II, 393.
Villeblanche (la famille de). II, 222.

Villeblanche (Henri de). I, 89; II, 222.
Villeblanche (Jeanne de), femme de Jean II de Maillé-Chançay. I, 58.
Villebœufve (la), en la châtellenie de Tromeneur. II, 441.
Villebresme (Jean de), seigneur de Fougères, mari de Jeanne Le Berruyer. I, 188, 192, 193.
Villebresme (Marie de), fille de Jean de Villebresme, femme de Jacques II de Maillé-Bénéhart. I, 193-196, 205 ; II, 349.
Villedieu. I, 81 ; II, 187.
Villefoulon, fief à Écorpain, vassal de Maisoncelles. II, 334. — (seigneur, dame de). Voir Tiercelin (Huet et Jeanne).
Villeloin (l'abbaye de). II, 141.
Villemesson, fief à Sougé-sur-le-Loir, vassal de Maisoncelles. II, 334. — (seigneur de). Voir Garrault (Pierre), Georget (Jean).
Villemolin (le château de). I, 413. — (seigneur de). Voir Certaines (Jean-Pierre de).
Villemore (le clos de), paroisse de Saint-Hilaire l'Abbaye (Maine-et-Loire). I, 65 ; II, 96.
Villeneuve, à Bouloire. II, 297, 299, 305, 311, 315.
Villeneuve (seigneur de). Voir Maillé (Louis III de).
Villeneuve (Berthelot de). Voir Berthelot de Villeneuve.
Villeneuve (Blanche de), femme de Pierre III de Maillé. I, 330.
Villeneuve-Maslard, seigneurie. I, 140; II, 356. — (seigneur de). Voir Maillé (Arthus de).
Ville-Olivier (la), en la châtellenie de Tromeneur. II, 441.
Villeprouvée (Louis de). I, 152 ; II, 373.
Villequier (le marquis de). III, 133, 134.
Villeromain (Loir-et-Cher). I, 254,
256, 258, 259, 262, 283, 440; II, 178, 198, 460, 485. — (seigneur de). Voir Maillé (Abel, Charles Ier, Charles II, Donatien II, François, Hardouin, Jean, Juhez et René de). — (dame de). Voir Maillé (Marie de).
Villesablon, sur le Cosson, paroisse de Chailles (Loir-et-Cher), Villare super fluvium Culsonem. I, 23 ; II, 17.
Villesablon (Marie-Josèphe Charon de), visitandine. III, 129.
Villevieille (dom). I, 27 ; II, 7, 23-45, 72-80, 88-96, 107-114, 126-149, 163, 175-182, 197-276.
Villiers. II, 263.
Villiers (le moulin de), à Bessé-sur-Braye. II, 335.
Villiers (seigneur de). Voir Le Clerc (Jacques).
Villiers (M. de). Voir Maillé (Jacques de).
Villiers (Anne de), fille de Guillaume de Villiers et de Jeanne du Matz, femme d'Hardouin de Maillé-Bénéhart. I, 185-187, 193, 219, 221, 438 ; II, 232, 256, 349 ; III, 169, 178.
Villiers (Guillaume de), seigneur de Champagne - Hommet. I, 185, 188 ; II, 232, 268 ; III, 178.
Villiers (Henri de), seigneur de Boisy. III, 188.
Villiers (Jeanne de), femme de René de Marcillé. I, 185.
Villiers-le-Bascle (seigneur de). Voir Méraut (Jean).
Villodé, à Rahay, actuellement Coulonges. II, 438. — (seigneur de). Voir Maillé (Louis de). — (dame de). Voir Guiot (Anne de).
Villoutrays (de). II, 427.
Vimarcé (Mayenne). I, 311 ; III, 9.
Vinceguerre (Baudin et Gautier). II, 130.
Vincelot (Pierre), notaire. II, 433 ; III, 199.

Vincennes. II, 157.
Vincent (saint). I, 127.
Vincent (Guillaume), receveur de Saintonge. II, 197.
Vincent, notaire. III, 69.
Vincentius, testis. II, 18.
Vindocinensis (Fulcherius). Voir Tour (Foucher de la).
Vinette (Émerand la). III, 2.
Vion (Jean de), seigneur d'Anville. III, 8.
Vipart (Françoise de), femme d'Antoine de Billes. I, 211.
Viralais, fief vassal de Milly. I, 140; II, 343-345, 366, 414. — (seigneur de). Voir Esperonnière (François et Jacques de l').
Virdoux (M.). II, 450.
Vire. I, 211.
Virginité (l'abbaye de la). I, 220.
Visitandines, Visitation (la). Voir les articles Caen et Flèche (la).
Vital [de Bueleto], père de Guarin de Bueleto. I, 23; II, 29.
Vitré (le château de). II, 121. — (seigneur de). Voir Laval (Guy XII de).
Vitry. II, 491.
Vivarias (castrum). II, 4.
Vivianus Halcepedem. II, 38.
Vivier (Michel du), notaire. II, 459, 460.
Vivier (René du), avocat. II, 389, 390.
Viviers (l'évêché de). I, 141.
Viviers (Charles de), sieur de la Brémeusière, à Origny-le-Butin. I, 225; III, 4, 5.
Vivonne (Charles de), seigneur de la Châtaigneraie. I, 351.
Vivonne (Isabelle de), fille de Charles de Vivonne et de Renée de Vivonne d'Oulmes, femme de Charles de Maillé de la Tour-Landry. I, 351.
Vivonne d'Oulmes (Renée de), femme de Charles de Vivonne. I, 351.

Voisin, château à Corzé. I, 360; II, 513-516. — (le sieur de). III, 69. Voir Chérité (Charles et François de). — (chapelain de). Voir Chevreul (René).
Voisin (A), libraire. II, 429.
Voisines, château à Noyen. I, 298, 311; III, 9, 10, 88. — (seigneur de). Voir Clinchamps (Louis de), Maillé (Frédéric de). — (dame de). Voir Maillé (Marie de).
Voisinière (le bois de la), à Bouloire. II, 299.
Volerie (la), à Bouloire. II, 300, 307, 308, 310, 314, 315, 317, 321, 323, 324.
Vonnes (Louis de), seigneur du Breuil, mari de Margile de Maillé. I, 293.
Vonsy (Catherine de). I', 397.
Vouillon (Indre). — (seigneur de). Voir Sully (Guillaume de).
Voulpaix (Aisne). III, 156, 158. — (curé de). Voir Denis.
Vouvant (Vendée). I, 330.
Vouvray (seigneur de). Voir Mallier (Claude).
Vove (Anne de la), fille de Louis de la Vove et de Jeanne Le Picard, seconde femme de René de Maillé, remariée à N. de Benoist ou de Beuris. I, 317, 318; II, 268, 269.
Vove (François de la), seigneur de la Pierre, à Coudrecieux. II, 381.
Vove (Louis de la), seigneur de la Pierre et des Prés. I, 317; II, 268.
Voves (prieur de). Voir Maillé (Jacques de).
Voyer (Pierre de), seigneur de la Baillollière et Chastres. II, 395-400.
Voyer (René de), vicomte de Paumy. II, 382.
Vulgrinus, prepositus. II, 18.
Vyau. Voir Viau.
Vynem. II, 488, 489.

W X Y Z

Wagram (la bataille de). I, 377.
Wagram (Marie-Anne-Willelmine-Élisabeth Berthier de), femme de Charles-Louis-Alexandre-Jules Le Brun, comte, puis duc de Plaisance. I, 427.
Wairy (la cense de). I, 111; II, 128, 129.
Walestin (le). II, 477.
Walkembourg (Éléonore-Dorothée de), femme d'Alexis-Joseph de Rancurel. I, 390.
Wanverden (Marie-Thérèse de), femme de Nicolas Bignet, comte de Marcognet. I, 282; III, 119.
Warinus, frater Suplicii, filii Mille Scuta. II, 12.
Wendel (Adrien-Charles-Joseph-Robert de). I, 424.
Wendel (Marthe-Charlotte-Consuelo Carmen de), fille d'Adrien-Charles-Joseph-Robert de Wendel et de Marie-Antoinette-Carmen-Consuelo Manuel de Gramedo, femme de Marie-Artus-Hippolyte-Jean de Maillé de la Tour-Landry. I, 424.
Wentz, commissarius. II, 473.
Widdo, abbas Sanctae Mariae Pontilevensis. Voir Guy, abbé de Pontlevoy.
Wido, prepositus Locacensis castri. II, 10.
Willelmus, abbas Majoris Monasterii. Voir Guillaume, abbé de Marmoutier.
Willelmus de Botevilla. II, 56.
Willelmus de Chavigniaco, dominus Castri Radulfi. II, 65. Voir Châteauroux et Chauvigny.
Willelmus de Cocai. II, 55.
Willelmus de Nemore. II, 55.
Willelmus de Perreniaco, pater Roberti et Hugonis. II, 52, 53.
Willelmus de Rupibus. Voir Roches (Guillaume des).
Willelmus, episcopus Andegavensis. Voir Guillaume, évêque d'Angers.
Willelmus, sacerdos. II, 55.
Witburtus Francesus. II, 9.
Worms (Allemagne). II, 488.

Xanctonensis (baillivia). Voir Saintes.

Ysambert. II, 292.
Yserneium. Voir Izernay.
Yvandeau (les taillis d'). III, 125.
Yvard (Étienne), notaire. III, 78, 80.
Yver (Mathurin), sieur de la Coudre. III, 76.
Yvo de Britannia (beatus). II, 115.
Yvo de Cripta, pater Hugonis. II, 4.
Yvon, surnommé Musca Varia. Voir Mouchevair.
Yvré-l'Évêque (Sarthe). II, 180.

Zuongenberg. II, 488.

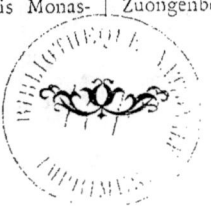

Achevé d'imprimer

le vingt-cinq mars mil neuf cent cinq

PAR

ALPHONSE LEMERRE

6, RUE DES BERGERS, 6

A PARIS

4013.

www.ingramcontent.com/pod-product-compliance
Lightning Source LLC
Chambersburg PA
CBHW050238230426
43664CB00012B/1745